Strafrichter in Deutschland und England

Schriften zum Strafrecht und Strafprozeßrecht

Herausgegeben von Manfred Maiwald

Band 62

PETER LANG
Frankfurt am Main · Berlin · Bern · Bruxelles · New York · Oxford · Wien

Sandra Schulte-Nover

Strafrichter in Deutschland und England

Ein systematischer Rechtsvergleich im Hinblick auf die richterlichen Kompetenzen im Strafverfahren

PETER LANG
Europäischer Verlag der Wissenschaften

Bibliografische Information Der Deutschen Bibliothek
Die Deutsche Bibliothek verzeichnet diese Publikation in der Deutschen Nationalbibliografie; detaillierte bibliografische Daten sind im Internet über <http://dnb.ddb.de> abrufbar.

Zugl.: Trier, Univ., Diss., 2002

D 385
ISSN 0938-6181
ISBN 3-631-50615-5

Europäischer Verlag der Wissenschaften
Frankfurt am Main 2003

www.peterlang.de

Für Thomas

Someone must be trusted.
Let it be the judges.

(Lord Denning, 1982)

Danksagung

Die vorliegende Arbeit wurde im Sommersemester 2002 vom Fachbereich Rechtswissenschaft der Universität Trier als Dissertation angenommen. Literatur und Rechtsprechung konnten bis Herbst 2002 berücksichtigt werden.

Mein ganz besonderer Dank gilt meinem Doktorvater, Herrn Professor Dr. Hans-Heiner Kühne. Er war es, der mein Interesse für eine rechtsvergleichende Untersuchung weckte und mein Augenmerk auf dieses Thema lenkte. Er hat mich von Beginn an gefördert und mit seinen wissenschaftlichen Ratschlägen und konstruktiven Anregungen jederzeit unterstützt. Während meiner langjährigen Tätigkeit als wissenschaftliche Mitarbeiterin an seinem Lehrstuhl habe ich – nicht zuletzt aufgrund des hohen Maßes an wissenschaftlichem und auch persönlichem Freiraum – viele wertvolle Erfahrungen sammeln können, für die ich sehr dankbar bin.

Dank gebührt ebenfalls Herrn Professor Dr. Rainer Zaczyk für die zügige Erstellung des Zweitgutachtens. Zudem danke ich Herrn Professor Dr. Manfred Maiwald für die freundliche Aufnahme der Dissertation in die von ihm herausgegebene Schriftenreihe.

Des weiteren danke ich allen, die mir während der Zeit der Promotion zur Seite gestanden und mich auf unterschiedlichste Art und Weise unterstützt haben, allen voran meinem Verlobten Hans-Thomas Nehlep. Ihm ist diese Arbeit gewidmet, denn er hat den Anlaß zu meiner Promotion gegeben.

Besonderer Dank gilt Martina Färber und Anja Oberhausen, die mir stets wertvolle Gesprächspartner waren, in juristischer und insbesondere in persönlicher Hinsicht. Ein herzliches Dankeschön auch an Martin Holbach für die computertechnische Unterstützung.

Zu guter Letzt danke ich meinen Eltern, Katharina und Rolf Schulte-Nover, die immer für mich da waren und stets an mich geglaubt haben. Sie haben mehr für mich getan als Worte zum Ausdruck bringen können.

Hamburg, im Oktober 2002

Sandra Schulte-Nover

Inhaltsverzeichnis

Abkürzungsverzeichnis

a.A.	anderer Ansicht
a.a.O.	am angegebenen Ort
A.C.	Law Reports: Appeal Cases
a.E.	am Ende
All E.R.	All England Reports
Anm.	Anmerkung
AnwBl.	Anwaltsblatt
Art.	Artikel
BayVBl.	Bayrische Verwaltungsblätter
Beschl.	Beschluß
BGBl.	Bundesgesetzblatt
BGH	Bundesgerichtshof
BGHSt	Entscheidungen des Bundesgerichtshofes in Strafsachen
BGHZ	Entscheidungen des Bundesgerichtshofes in Zivilsachen
BNotO	Bundesnotarordnung
BR	Bundesrat
BRAGO	Bundesrechtsanwaltsgebührenordnung
BRAO	Bundesrechtsanwaltsordnung
BT	Bundestag
BVerfG(E)	(Entscheidungen des) Bundesverfassungsgericht(s)
BVerwG(E)	(Entscheidungen des) Bundesverwaltungsgericht(s)
C.A.	Court of Appeal
Col.	Column
Cr.App.R.	Criminal Appeal Reports
Cr.App.R. (S)	Criminal Appeal Reports (Sentencing)
Crim.L.R.	Criminal Law Review
DJT	Deutscher Juristentag
DÖV	Die Öffentliche Verwaltung
DR	Deutsches Recht
DRiG	Deutsches Richtergesetz
DRiZ	Deutsche Richterzeitung
Drs.	Drucksache
EG	Europäische Gemeinschaft
EGMR	Europäischer Gerichtshof für Menschenrechte

EMRK	Europäische Menschenrechtskonvention
EU	Europäische Union
EuGRZ	Europäische Grundrechtezeitschrift
EuR	Europarecht
ex p.	ex parte
Fn.	Fußnote
GA	Goldtammer's Archiv für Strafrecht
GG	Grundgesetz
GVG	Gerichtsverfassungsgesetz
H.L.	House of Lords
h.M.	Herrschende Meinung
HMSO	Her Majesty's Stationary Office
Hrsg.	Herausgeber
J.P.	Justice of the Peace Reports
JA	Juristische Arbeitsblätter
JGG	Jugendgerichtsgesetz
JJ	Justices
JR	Juristische Rundschau
JuS	Juristische Schulung
Jura	Juristische Ausbildung
JZ	Juristenzeitung
K.B.	King's Bench Division
KG	Kammergericht
L.R.	Law Reports
LG	Landgericht
LS	Leitsatz
m.M.	Mindermeinung
m.w.N.	mit weiteren Nachweisen
MDR	Monatsschrift für Deutsches Recht
NJW	Neue Juristische Wochenschrift
No.	Number
NStZ	Neue Zeitschrift für Strafrecht
NVwZ	Neue Zeitung für Verwaltungsrecht
OLG	Oberlandesgericht
Q.B.	Queen's Bench Division
r.	Rule
R.	Rex / Regina
RabelsZ	Rabels Zeitschrift für ausländisches und internationales Privatrecht
reg.	Regulation
RGSt	Entscheidungen des Reichsgerichts in Strafsachen

RiStBV	Richtlinien für das Straf- und Bußgeldverfahren
Rn.	Randnummer
Rspr.	Rechtsprechung
s.	Section
Sch.	Schedule
SI	Statutory Instrument
st. Rspr.	ständige Rechtsprechung
StA	Staatsanwaltschaft
StGB	Strafgesetzbuch
StPO	Strafprozeßordnung
str.	strittig
StV	Der Strafverteidiger
Urt.	Urteil
v.	versus
Vol.	Volume
W.L.R.	Weekly Law Review
Wistra	Zeitschrift für Wirtschafts- und Steuerstrafrecht
ZaöRV	Zeitschrift für ausländisches öffentliches Recht und Völkerrecht
ZEuP	Zeitschrift für Europäisches Privatrecht
ZIP	Zeitschrift für Wirtschaftsrecht
zit.	zitiert
ZRP	Zeitschrift für Rechtspolitik
ZStW	Zeitschrift für die gesamte Strafrechtswissenschaft

Vorwort

"There is a world elsewhere" – dieser Titel eines Aufsatzes von Lord Justice Bingham aus dem Jahre 1992 soll auch die Botschaft dieser Arbeit sein. Das zusammenwachsende Europa verändert die Welt der Justiz und stellt die nationalen Rechts- und Justizsysteme vor neue, bisher unbekannte Herausforderungen. Die aktuelle Herausforderung für die nationale Justiz eines jeden Mitgliedstaates betrifft die schrittweise Heranbildung eines europäischen Rechtsraumes, ein Unternehmen, welches zur Zeit noch in den Kinderschuhen steckt, im Laufe der nächsten Jahre jedoch von zunehmender Bedeutung sein wird. Fundamentaler Grundstein einer fruchtbringenden Zusammenarbeit auf europäischer Ebene ist daher der Blick über den nationalen Tellerrand hinaus, die Öffnung des nationalen Visiers für ausländische Rechtssysteme. Dabei sind jedoch Sprachkenntnisse sowie die Übersetzung einzelner Gesetzesnormen sicherlich nicht ausreichend. Erforderlich ist vielmehr das durchdringende Verständnis ausländischer Rechtssysteme durch Erfassung ihrer verfassungsrechtlichen Grundlagen und ihrer Rechtskultur. In diesen historischen Grundpfeilern wurzeln letztlich die spezifischen Eigenarten eines jeden Rechtssystems, namentlich Rechtsfindungsmethodik, Denk- und Argumentationstechniken, Verfahrensbesonderheiten, etc.

Die Rechtssysteme anderer Mitgliedstaaten sind den nationalen Rechtspraktikern in aller Regel nicht vertraut. Insbesondere das englische *Justiz*system ist den deutschen Rechtspraktikern weitestgehend unbekannt, ein Faktum, welches den Ausgangspunkt und gleichermaßen auch die Zielsetzung dieser Arbeit begründet. Die vorliegende Arbeit untersucht die allgemeine Stellung und die Kompetenzen des englischen Richters im Strafverfahren, welche sodann den Befugnissen des deutschen Strafrichters im Rahmen einer rechtsvergleichenden Analyse gegenüber gestellt werden. Dies ist jedoch nicht nur von allgemeiner rechtsvergleichender Bedeutung. Vielmehr häufen sich im Rahmen der wachsenden Einheit der Europäischen Union die Fälle, in denen verschiedene Justizbehörden und Gerichte der Mitgliedstaaten miteinander kooperieren.

Im Gegensatz zu anderen rechtsvergleichenden Arbeiten im strafverfahrensrechtlichen Bereich begnügt sich die vorliegende Arbeit nicht mit einer kontrastierenden Gegenüberstellung der markanten Unterschiede zwischen dem inquisitorischem Verfahrensmodell auf der einen Seite und dem adversatorischen Verfahrenstypus auf der anderen Seite, zumal weder das deutsche noch das englische Strafverfahren in derartiger Reinkultur bestehen. Statt dessen verfolgt sie eine besondere Herangehensweise, welche als *verfahrensübergreifender Untersuchungsansatz* bezeichnet werden soll. So richtet sich der Fokus der Arbeit nicht gleich zu Beginn auf die richterlichen Kompetenzen im Strafverfahren, sondern setzt bereits im Vorfeld des Strafprozesses an. Im Rahmen einer umfassenden Grundlagenanalyse werden zunächst die Grundpfeiler des Richteramtes in England und Deutschland ausgeleuchtet, insbesondere im Hinblick auf die unterschiedliche Ausbildung und Sozialisation der Richter sowie hinsichtlich der verfassungsrechtlichen Konzeption des Richters in beiden Ländern.

Dieser Untersuchungsansatz beruht auf dem Gedanken, daß eine isolierte Betrachtung der richterlichen Kompetenzen im Strafverfahren ohne Berücksichtigung des umfassenden ideologischen Gesamtkontexts des jeweiligen Rechtssystems lediglich zu einer abstrakten Würdigung im Sinne einer vordergründigen Gegenüberstellung führen kann, nicht jedoch zu einer grundlegenden Analyse. Ein wirkliches Verständnis der richterlichen Kompetenzen im Strafverfahren erfordert die Einbettung des Richters in die kulturellen, gesellschaftlichen, politischen und verfassungsrechtlichen Eigenheiten der englischen und deutschen Rechtskultur, mithin eine Einordnung in die rechtsideologische Makroebene.

Vor diesem Hintergrund werden sodann unterschiedliche Facetten der strafrichterlichen Stellung in der englischen Rechtsordnung aus verschiedenen Blickwinkeln beleuchtet, so daß sich diese schließlich zu einem einheitlichen Gesamtbild zusammenfügen. Besonderes Augenmerk gilt hierbei den englischen Traditionen richterlichen Verhaltens, welche nicht gesetzlich fixiert sind und sich auch nicht in juristischen Lehrbüchern finden lassen, aber dennoch dem englischen *common-law* sein spezifisches Gepräge und seine besondere Note verleihen. Im Zuge dieser Grundlagenanalyse gibt die Arbeit zugleich einen vertiefenden Einblick in die englische Rechtskultur.

Auf rechtsvergleichender Ebene zeigt die Arbeit zudem die Relativität nationaler Rechtstraditionen sowie die funktionalen Ähnlichkeiten zwischen dem englischen und dem deutschen Rechtssystem, insbesondere im Hinblick auf das Strafverfahren auf. In diesem Zusammenhang werden alternative Rechtsinstrumentarien zur Lösung gleichgelagerter Problembereiche veranschaulicht, wobei vor allen Dingen die spezifischen Lösungsansätze und Hintergründe des englischen Rechtssystems erörtert werden. Besonderes Augenmerk gilt dabei dem Faktum, daß beide Systeme trotz ihrer Grundverschiedenheit an vielen Stellen durchaus Konvergenzen aufweisen. So werden nicht selten die gleichen Zielsetzungen verfolgt, wobei sich beide Rechtssysteme lediglich anderer rechtlicher Instrumentarien bedienen, mithin die gleichen Probleme lediglich auf eine andere Art und Weise einer Lösung zuführen. Diese Erkenntnis ist nicht nur im Rahmen der dogmatischen Grundlagenforschung, sondern vielmehr auch für die praktische Zusammenarbeit auf europäischer Ebene von großer Bedeutung. In diesem Zusammenhang werden zudem zahlreiche Schnittstellen zwischen dem englischen und dem deutschen Rechtssystem generell sowie zwischen den unterschiedlichen Strafverfahrensmodellen in concreto aufgezeigt.

Im Hinblick auf die richterlichen Kompetenzen im Strafverfahren nimmt die Arbeit zugleich einen systematischen Vergleich zwischen dem englischen und dem deutschen Strafverfahren vor, wobei die einzelnen Verfahrensabschnitte – Ermittlungsverfahren, Zwischenverfahren und Hauptverfahren – jeweils einzeln untersucht werden. Zwar richtet sich der Fokus grundsätzlich auf die spezifischen Funktionen und Kompetenzen des Richters, jedoch werden in einigen Verfahrensabschnitten auch die Aufgabenbereiche anderer Verfahrensbeteiligter, wie etwa der Polizei oder der Staatsanwaltschaft, näher beleuchtet, sofern sich auf rechtsvergleichender Ebene funktionale Entsprechungen mit dem richterlichen Kompetenzbereich offenbaren. Auf der Erkenntnisbasis der vorangegangenen Grundlagenanalyse erschließt sich sodann ein klares und umfassendes Bild des englischen und auch des deutschen Richters im Strafverfahren, so daß sich der Kreis im Sinne des verfahrensübergreifenden Untersuchungsansatzes schließt.

Ferner berücksichtigt die Untersuchung in weitem Umfang zukünftige Entwicklungstendenzen und Veränderungen in beiden Ländern, wobei sie sich nicht auf den strafverfahrensrechtlichen Bereich beschränkt. In diesem Zusammenhang wird auf englischer Seite insbesondere der im Oktober 2001 veröffentlichte *Review of the Criminal Courts of England and Wales* betrachtet, welcher eine grundlegende Reform der englischen Strafgerichtsbarkeit avisiert und daher in vielerlei Hinsicht auch die Stellung des englischen Strafrichters betrifft. Doch auch das deutsche Strafverfahren sieht sich in Zukunft einigen Änderungen gegenüber, da die Bundesregierung ebenfalls eine Reform des Strafprozesses plant, wenngleich die Reformüberlegungen auf deutscher Seite nicht die gleiche Sprengkraft aufweisen wie das englische Reformkonzept. Gleichwohl veranschaulichen diese Entwicklungen, daß sich beide Strafverfahrenssysteme als durchaus flexibel erweisen und sich ohne Zweifel im Umbruch befinden.

Die vorliegende Arbeit ist im Hinblick auf die fortschreitende Kooperation und Integration auf europäischer Ebene von besonderer Bedeutung, da sie Interesse für das englische Rechts- und Justizsystem im allgemeinen, sowie für das englische Strafverfahrenssystem im besonderen wecken soll und damit eine wichtige Grundvoraussetzung für eine fruchtbringende Zusammenarbeit im strafjustiziellen Bereich legt. Darüber hinaus gibt sie einen tiefen Einblick in die englische Rechtskultur, indem die richterliche Stellung im Strafverfahren nicht isoliert beleuchtet, sondern vielmehr eingebettet wird in eine systematische Grundlagenanalyse. Auf diese Weise werden zahlreiche spezifische Besonderheiten der englischen Rechtskultur für den ausländischen Betrachter verständlich. Insbesondere im verfassungsrechtlichen Bereich versucht die Arbeit hinter die Fassade der ungeschriebenen englischen Verfassung zu blicken und dort die nationalen Schwierigkeiten im Hinblick auf die europäische Integration aufzuzeigen.

Erster Teil: Der englische Strafrichter

A. Grundlagen

Ein effizienter Vergleich der Strafrichter in Deutschland und England kann nicht isoliert anhand eines bloßen Abgleichens der unterschiedlichen Funktionen und Kompetenzen im Strafverfahren erfolgen, sondern ist vielmehr nur unter Berücksichtigung einer umfassenden Gesamtbetrachtung möglich. Aus diesem Grunde werden zu Beginn dieser rechtsvergleichenden Untersuchung zunächst die Grundlagen des Richteramtes gewissermaßen auf der Makroebene des englischen Rechtssystems näher beleuchtet, darunter in erster Linie die Sozialisation der Richter in Form der englischen Juristenausbildung sowie die verfassungsrechtlichen Grundlagen des Richteramtes. Erst im Anschluß daran werden auf der Mikroebene die einzelnen Kompetenzen des Richters im Strafprozeß erörtert.

I. Die Ausbildung zum Richter in England[1]

In England gibt es keine spezielle Ausbildung zum Richter. Vielmehr ist die Ernennung zum Richter nur nach langjähriger Berufserfahrung als zugelassener Rechtsanwalt möglich.[2] Aus diesem Grunde wird im Folgenden zunächst die Ausbildung der englischen Anwaltschaft, aus deren Reihen die Richter ernannt werden, anhand eines summarischen Überblickes dargestellt. Dies ist auch deshalb von Bedeutung, da Qualität und Standard der Juristenausbildung grundlegende Rückschlüsse auf den fachlichen Hintergrund sowie die Sozialisation der Richter zulassen. Ferner haben die charakteristischen Merkmale der Ausbildung

---

1 Die Ausführungen im Rahmen dieser Arbeit beziehen sich stets auf England und Wales. Zwar sind sowohl Schottland, als auch Nordirland Teil des Vereinigten Königreiches, doch herrschen in diesen Ländern selbständige Rechtssysteme. Rechtliche Grundlage für die Eigenständigkeit der Justiz in Schottland ist der Act of Union von 1707, der die Schotten allerdings gleichzeitig durch Auflösung des bis dahin bestehenden schottischen Parlamentes ihres essentiellen Legislativorgans beraubte und somit die proklamierte Unabhängigkeit stark einschränkte. Nach jahrhundertelanger indirekter Abhängigkeit von Westminster ist nun durch den Scotland Act 1998 die Konstituierung eines schottischen Parlamentes beschlossen worden mit Sitz in der Hauptstadt Edinburgh. Vgl. Scotland Act 1998, Sections 1 (1), 28. Nordirland wurde nach Entstehung der Republik Irland im Jahre 1949 eine begrenzte selbständige Gesetzgebung für den Bereich Justiz zugestanden.

2 Die Mindestdauer der praktischen Berufserfahrung ist gesetzlich geregelt in unterschiedlichen Gesetzen, wird in der Praxis jedoch um ein Vielfaches überstiegen. Zu dieser und anderen Ernennungsvoraussetzungen vgl. die Ausführungen unter A. II. 3. c).

weitreichende Auswirkungen auf die Rekrutierung künftiger Richter sowie auf das Ansehen und die Stellung der Richter innerhalb der englischen Gesellschaft.

1. Juristenausbildung in England

a) Die geteilte Anwaltschaft

Markantes und wohl auch bekanntestes Kennzeichen des englischen Anwaltsstandes ist dessen Zweiteilung in *Solicitors* auf der einen Seite und *Barristers* auf der anderen Seite. Die unterschiedlichen Arbeitsbereiche beider Berufsgruppen werden oftmals in Analogie zu einem allgemeinen Arzt und einem medizinischen Facharzt dahingehend charakterisiert, daß der Solicitor dem allgemeinen Hausarzt entspricht, welcher für jede Art juristischen Rates aufgesucht wird, während der Barrister mit einem Spezialisten verglichen wird.[3] Diese traditionelle Differenzierung trifft jedoch nur auf den ersten Blick zu und erweist sich bei näherer Betrachtung als verallgemeinernde Simplifikation.[4] Ein weitverbreitetes Mißverständnis stellt auch die Vorstellung der Barristers als reine Prozeßanwälte und der Solicitors als Büroanwälte dar.[5]

Über Jahrhunderte hinweg haben sich beide Berufe hinsichtlich Entstehung, Ausbildung, Organisation und Berufsbild streng voneinander unterschieden, eine Abgrenzung, die sich trotz diverser Annäherungsversuche bis in die Gegenwart gehalten hat. Diese Zweiteilung findet in Kontinentaleuropa gegenwärtig

---

3 Vgl. hierzu Marsh/Soulsby, Outlines of English Law, S. 53; Romberg, Richter Ihrer Majestät, S. 25.

4 Im Gegensatz zu der "legal profession" in England ist der medizinische Berufsstand nämlich nicht zweigeteilt. Zwar gibt es auch unter den Ärzten allgemeine Ärzte und Spezialisten, doch ist es erstens möglich sowohl als allgemeiner Hausarzt und gleichzeitig auch als Spezialist zu praktizieren und zweitens setzt die Tätigkeit sowie Bezeichnung als Spezialist eine zusätzliche Ausbildung auf dem jeweiligen, speziellen medizinischen Fachgebiet voraus. Diese Anforderungen werden an einen Barrister jedoch nicht gestellt. Im Bereich der Anwaltschaft gilt vielmehr schon die Bezeichnung als Spezialist, welche im alltäglichen Sprachgebrauch gewöhnlich synonym mit dem Berufsstand der Barristers verbunden wird, als bedeutungsvoller Titel, obwohl dem in aller Regel keine fachgerichtliche Spezialausbildung zugrunde liegt. In diesem Zusammenhang wird zudem übersehen, daß sich im Laufe der letzten 10 Jahre zunehmend mehr Solicitors auf bestimmte Rechtsgebiete spezialisiert haben, deren Anzahl von Jahr zu Jahr zunimmt, so daß die fachliche Differenzierung anhand der Analogie zu den medizinischen Berufen auch aus diesem Grunde nicht zutrifft.

5 Ganz im Gegenteil werden beinahe 90 % der Prozesse an den unteren Gerichten von Solicitors geführt. Zudem verbringen auch manche Barristers einen Großteil ihrer Arbeitszeit mit Büroarbeit. Dies gilt um so mehr, wenn sie sich auf bestimmte Rechtsgebiete wie bspw. Steuerrecht spezialisiert haben. Vgl. dazu Zander, Public Interest, S. 271; Johnstone/Hopson, Lawyers' Work, S. 359.

keine echte Parallele.[6] Die Suche nach dem historischen Ursprung dieser Spaltung führt etwa 900 Jahre zurück in die Geschichte Englands zu den Wurzeln der *legal profession.*[7] Als die Normannen 1066 n.Chr. in der Schlacht von Hastings mit William dem Eroberer *(William the Conqueror)* die Herrschaft über England errangen, existierte dort kein anwaltlicher oder anwaltsähnlicher Berufsstand. Die Normannen pflegten ihre Rechtsstreitigkeiten in Form von Zweikämpfen auszutragen *(trial by battle)*, wobei die Streitentscheidung zugunsten des jeweils körperlich Stärkeren ausfiel. Zu diesem Zwecke war sogar die Beauftragung erfahrener und starker Kämpfer, sog. *champions* möglich, die jedoch nach dem Ende der Normannenherrschaft (1066 - 1154) verboten wurde.[8]

In der Folgezeit etablierten die verschiedenen Invasoren zwar ihre Rechtssätze und errichteten zum Teil auch eigene Gerichte, doch war eine Vertretung in Rechtsangelegenheiten durch eine andere Person vor Gericht nicht anerkannt. Vielmehr herrschte der strenge Grundsatz des persönlichen Erscheinens vor Gericht. Gleichwohl war selbst in derart einfachen Rechtssystemen die unterstützende Hilfe von Freunden bei der Verteidigung erlaubt. Diese sog. *Pleaders*[9] assistierten den Parteien durch ihre individuellen Fähigkeiten wie scharfsinnige und präzise Argumentation sowie eine versierte Ausdrucksweise. Da es sich bei dem Vortrag vor Gericht um einen Freundschaftsdienst handelte, erhielten sie jedoch keine Vergütung, sondern nur eine Art Belohnung, das sog. *honorari-*

---

6 In Nordirland und Schottland, aber auch in anderen Ländern mit englisch beeinflußtem Rechtssystem wie bspw. in der Republik Irland, in Hong Kong sowie in Neuseeland gibt es jedoch ebenfalls keinen einheitlichen Berufsstand des Rechtsanwaltes. Siehe hierzu näher Triebel, Facetten des Anwaltsberufes, S. 184. Zwar erinnert diese Zweiteilung auf den ersten Blick an die in den romanischen oder romanisch beeinflußten Rechtsordnungen übliche Unterscheidung zwischen dem "advocat" und dem "procurator", doch hat diese Differenzierung ihre praktische Bedeutung heute – außer in Frankreich – verloren. In Deutschland wurde die aus dem kanonischen Recht stammende Trennung zwischen Advokaten, die als rechtsgelehrte Verfasser der Schriftsätze galten, und Prokuratoren, welche als Prozeßbevollmächtigte der Parteien alle Prozeßhandlungen und den Vortrag vor Gericht übernahmen, mit Erlaß der Rechtsanwaltsordnung 1878 endgültig beseitigt. Seitdem existiert ein einheitlicher Anwaltsberuf, der sich allenfalls nach speziellen Sachgebieten in typologische Facetten aufgliedern läßt, z.B. Wirtschaftsanwalt, Strafanwalt, Scheidungsanwalt, etc. Vgl. zum Ganzen die umfassenden Ausführungen von Everling, Gutachten 58. DJT, S. 69 ff, 91; Liermann, Advokaten, S. 42 ff.

7 Auf die Zeit um 1340 abstellend Walker/Ward, English Legal System, S. 204, allerdings im Hinblick auf die "professional advocacy", d.h. auf die Ausformung eines zur Erhaltung der Lebensgrundlage betriebenen Berufes.

8 Teilweise werden bereits diese "champions" als direkte Vorfahren der "legal profession" gesehen, da sie ihre Auftraggeber respektive Partei im "trial by battle" – dem zu dieser Zeit angewandten Rechtsfindungsverfahren – vertreten haben. So etwa Jenks, Short History of English Law, S. 198; Palmer, Origins of the Legal Profession, S. 141 - 145.

9 Diese wurden auch "narratores" oder "placitatores" genannt. Vgl. Drinker, Legal Ethics, S. 13; Holdsworth, History of English Law, Vol. II, S. 312.

um.[10] Auch hafteten sie in keiner Weise für einen unzulänglichen Vortrag. Zudem war die Prozeßpartei nicht an die Ausführungen eines Pleaders gebunden, worin zweifellos der Hauptvorteil eines solchen bestand, denn durch Bestreiten eines dem Pleader unterlaufenen Fehlers konnte der Prozeß trotz verbaler Unachtsamkeiten noch gewonnen werden. Folglich besaß diejenige Partei, die einen Pleader engagiert hatte, theoretisch zwei Chancen einen Fehler im Rahmen der Verteidigung wieder gutzumachen.[11]

Für das persönliche Erscheinen vor Gericht war zunächst aufgrund des langen und strapaziösen Anreiseweges zu dem entsprechenden Gerichtsstandort und des gewöhnlich mehrere Tage andauernden Aufenthaltes dort ein nicht unerheblicher finanzieller sowie körperlicher Aufwand in Kauf zu nehmen. Zudem drohten den Anreisenden (Lebens-)-Gefahren durch Wegelagerer oder gar professionelle Räuber. Um Zeitverluste, wie bspw. bei Krankheit, zu vermeiden, wurde den Parteien schließlich erlaubt sog. *Attorneys*[12] zu benennen, die statt ihrer vor Gericht auftreten konnten. Dazu war jedoch eine königliche Verfügung erforderlich, die zunächst nur in einzelnen Ausnahmefällen erteilt wurde. Erst durch das Statute of Merton 1235 wurde das Recht eines jedermann festgelegt, sich frei einen Attorney als Vertreter vor Gericht wählen zu dürfen, ohne daß es einer königlichen Erlaubnis bedurfte, wodurch die Professionalisierung der Attorneys maßgeblich angestoßen wurde. Hauptaufgabe des Attorney war die ordnungsgemäße Prozeßführung vor Gericht. Im Gegensatz zu den Pleaders handelte der Attorney verbindlich für seine Prozeßpartei und erhielt eine Vergütung für seine Dienste. Angesichts des im mittelalterlichen England herrschenden *writ*-Systems, wonach eine Klage nur durch einen schriftlichen Erlaß des Königs *(writ)* eingeleitet werden konnte, benötigte er vor allen Dingen prozessuale und nur einige materiellrechtliche Kenntnisse. In diesem streng formalen Klagesystem, welches den prozessualen Aspekten weitaus größere Bedeutung beimaß als der materiellrechtlich richtigen Entscheidung, war der sichere Umgang mit den *writs* und dem sich später entwickelnden *register of writs*[13] essentielle Grundvoraussetzung, um überhaupt ein Klageverfahren zu veranlassen. Entscheidend für den Prozeßerfolg war letztlich die Wahl des richtigen *writs*, denn das Berufen auf die falsche Klageform führte unweigerlich zum Scheitern des Verfahrens.

---

10 Dazu Cohen, History of the English Bar, S. 327; Drinker, Legal Ethics, S. 13.

11 Vgl. Pollock/Maitland, English Law History, S. 212; Palmer, Origins of the Legal Profession, S. 127.

12 In Anlehnung an das englische Verb "to respond" (= antworten) wurden diese auch "responsals" genannt.

13 Im Laufe der Zeit entwickelten sich Standardformulare für immer wiederkehrende Fälle, die in einem speziellen Verzeichnis, dem sog. "register of writs", aus Gründen der Übersichtlichkeit und Vollständigkeit sowie zur Vermeidung einer unkontrollierten Expansion neuer writs gesammelt wurden. Siehe auch Kiralfy, Legal System, S. 33 - 35; Wegerich, Anwaltsrecht, S. 26 f; Harding, Law Courts, S. 77.

Im Laufe des 13. Jahrhunderts entwickelten sich sowohl die Pleaders als auch die Attorneys beständig weiter. Nach erfolgreichen Auftritten vor Gericht wurden die Pleaders nun auch von anderen Parteien um ihre Unterstützung im Prozeß gebeten, so daß sie aufgrund ihres häufigen Auftretens rasch an Sicherheit und Erfahrung im gerichtlichen Vortrag gewannen. Infolgedessen erhielten die Pleaders – anders als die Attorneys – gewisse Exklusivrechte vor bestimmten Gerichtshöfen. Die Arbeitsteilung zwischen Attorney und Pleader verfestigte sich schnell und entsprach bereits Ende des 13. Jahrhunderts der allgemeinen Praxis.[14] Dabei handelte es sich jedoch zunächst nur um eine rein faktische Aufteilung zwischen dem prozeßrechtlich spezialisierten Attorney und dem rhetorisch versierten Pleader, welche sich nicht nur aus pragmatischen Gründen, sondern auch zum Zwecke der Verfahrensbeschleunigung beiden Gruppierungen geradezu aufdrängte. Der rechtlich relevante Unterschied zwischen beiden bestand darin, daß der Attorney an Stelle seines Mandanten als Partei im Prozeß auftrat, der Pleader hingegen erschien lediglich neben seinem Mandanten, um dessen Anliegen aufgrund seiner Fachkunde und Rhetorik zu unterstützen. Mit dieser funktionalen Arbeitsteilung waren bereits gegen Ende des 13. Jahrhunderts die Grundpfeiler der heutigen Zweiteilung gelegt und deutliche Konturen eines entsprechenden Anwaltsstandes erkennbar.

In der Folgezeit spalteten sich die Pleaders in zwei Gruppen auf, die *Serjeants-at-law* und die *Apprentices-at-law*, wobei die Serjeants im Laufe des 14. und 15. Jahrhunderts zu einer kleinen Spitzenklasse heranreiften, der die Verleihung von Richterämtern durch den König vorbehalten war. Die Apprentices hatten zunächst eine Stellung als Auszubildende angenommen und lebten in den *Inns of Court*[15], welche ursprünglich im wahrsten Sinne des Wortes "Inns" waren, mit anderen Worten Herbergen. Die Gemeinschaft von Studenten und praktizierenden Anwälten in den Inns ließ sich in drei Ränge unterteilen. Die *benchers*[16] waren die ältesten und erfahrensten Mitglieder, welche die Aufgaben eines Vorstandes wahrnahmen und über die Zulassung zur Anwaltschaft entschieden. Die Apprentices-at-law, die durch den *call to the bar* zur praktizierenden Anwalt-

---

14 Näher hierzu Baker, Historical Essays, S. 99.

15 Die genauen Ursprünge der Inns of Court sind mangels schriftlicher Aufzeichnungen aus dieser Zeit bis heute nicht eindeutig geklärt. Fest steht nur, daß aus einer zunächst größeren Anzahl die vier bedeutendsten und heute noch bestehenden Inns hervorgegangen sind: Lincoln's Inn, Gray's Inn, Inner Temple und Middle Temple. Anhaltspunkte hinsichtlich der Entstehung können jedoch die von den Innungen geführten Bücher geben, deren Aufzeichnungen beim Lincoln's Inn in den sog. "Black Books" im Jahre 1422, beim Middle Temple in den "Middle Temple Records" im Jahre 1501, in den "Inner Temple Records" im Jahre 1501 sowie in den "Gray's Inn Records" im Jahre 1569 beginnen. Vgl. hierzu Megarry, Inns ancient and modern, S. 7 m.w.N.

16 Die Bezeichnung "Bencher" ist aus den Prozeßspielen hervorgegangen, bei denen diese Anwälte auf der Richterbank, der "bench", saßen.

schaft zugelassen worden waren, nannten sich *Barristers*[17]. Die *students* stellten schließlich die jüngeren und lernenden Mitglieder dar.

Im Laufe des 15. bis 17. Jahrhunderts entwickelten die Inns of Court ihr eigenes Ausbildungssystem, welches aufgrund der Konzentration auf die Fähigkeit zum gerichtlichen Vortrag und juristische Rhetorik speziell auf die Tätigkeit des später als Prozeßanwalt praktizierenden Barristers zugeschnitten war. Zunächst wurden in den Inns of Court sowohl Apprentices, als auch Attorneys ausgebildet. Erst als die Richter das Recht zur Ausbildung und Zulassung der Apprentices auf die Inns übertrugen[18], die Aufsicht über die Attorneys aufgrund eines ständigen Wachstums und einer rasch eintretenden Überfülle jedoch weiterhin selbst ausübten[19], setzte eine Entwicklung ein, die im Laufe der nächsten Jahrhunderte zur endgültigen Spaltung der Anwaltschaft führen sollte. Dabei hatte die alte Unterscheidung zwischen Attorney und Pleader aufgrund der zunehmend erweiterten freien Mandatserteilung und anerkannten Stellvertretung auf den verschiedenen Rechtsgebieten und bei unterschiedlichen Rechtsgeschäften sowie der zahlreichen professionellen Attorneys beinahe zu verwischen tendiert. Aber die Differenzierung der Aufgaben und Funktionen sowie die verschiedenartigen Beziehungen der beiden Branchen zur Richterschaft verstärkten die Perpetuierung der alten Abgrenzung und begünstigten somit das primär von Seiten der Inns of Court betriebene Spaltungsbestreben. Als *Officers of the Court* unterstanden die Attorneys nunmehr weiterhin der Gewalt der Richter, während die Barristers direkt von den Inns kontrolliert wurden. In einer Übergangsphase konnten die Attorneys zwar noch in den Inns ausgebildet werden, doch blieb ihnen der *call to the bar* und damit die Qualifikation zum Barrister versagt.[20] Die Ausbildungsqualität der Attorneys erlangte mithin nicht mehr das Niveau der Ausbildung in den Inns, was zu richterlichen Vorbehalten gegenüber den Attorneys bei der Ernennung zum Richter führte. Schließlich folgte im 16. Jahrhundert der endgültige Ausschluß der Attorneys aus den Innungshäusern, woraufhin sich diese fortan in eigenen Standesverbindungen zusammenschlossen, den sog. *Inns of Chancery*[21].

---

17 Die Bezeichnung "Barrister" leitet sich von dem englischen Begriff "bar" (= Schranke) ab. Darunter ist eine hölzerne oder gar eiserne Schranke zu verstehen, die den plädierenden Anwalt früher an den höheren Gerichten von den Richtern trennte. Siehe auch Drinker, Legal Ethics, S. 18; Kellermann, Standesrecht, S. 18.

18 Holdsworth, History of English Law, Vol. VI, S. 434; Wegerich, Anwaltsrecht, S. 18.

19 Vgl. die gesetzliche Regelung im Solicitors Act 1974, Section 50 (1), (2) sowie die umfassenden Ausführungen bei Holdsworth, History of English Law, Vol. VI, S. 434 f.

20 Zu den Gründen für die exklusive Befugnis der Inns zum "call to the bar" vgl. ausführlich Holdsworth, History of English Law, Vol. II, S. 496 - 497.

21 Diese waren jedoch nicht so gut organisiert wie die Inns of Court und verloren im 17. und 18. Jahrhundert jegliche Bedeutung. Nachdem sie im Laufe der Zeit zu besseren "dining-clubs" herabgesunken waren, wurden sie Ende des 18. Jahrhunderts letztlich ver-

Die Barristers, wie sich die Prozeßanwälte fortan nannten, sahen sich aufgrund ihrer Spezialisierung auf das gerichtliche Verfahren als den privilegierten Stand an und überließen Mandantengespräche sowie die Vorbereitung des Verfahrens daher dem anderen Anwaltszweig. Im Laufe der Zeit kristallisierte sich die Trennlinie zwischen Attorneys und Barristers durch Akzentuierung der Unterschiede immer deutlicher heraus. Dieses primär von den Barristers und den Inns of Court ausgehende Trennungsbestreben erfaßte auch die Solicitors[22], eine neue Berufsgruppe, die erstmals Mitte des 15. Jahrhunderts auftrat und ursprünglich eine Art Hilfe für den Attorney gewesen zu sein scheint.[23] Als Folge dieser Spaltungspolitik setzte sodann ein Verschmelzungsprozeß von Solicitors und Attorneys ein, der in dem *Act for better Regulations of Attorneys and Solicitors 1729* seine Dokumentation fand. Nur zehn Jahre später wurden 1739 erstmals beide Teile der Anwaltschaft unter einem gemeinsamen Dachverband zusammengefaßt, der *Society of Attorneys, Solicitors, Proctors*[24] *and others not being Barristers, practising in the Courts of Law and Equity in the United Kingdom.* Es folgte der das Gerichtswesen grundsätzlich neu ordnende Supreme Court of Judicature Act 1873 wonach die früheren Berufsbezeichnungen Attorney, Proctor und Solicitor in dem Begriff Solicitor aufgingen.[25] Des weiteren wurde festgelegt, daß der Titel eines Serjeant-at-law für das Richteramt nicht mehr erforderlich sein sollte. Vielmehr sollte jeder Barrister, der 10 Jahre lang als praktizierender Anwalt zugelassen war, zum Richter ernannt werden können. Infolgedessen wurde der Titel des Serjeant-at-law abgeschafft und die Serjeants' Inns aufgegeben.[26] Schließlich löste sich der Orden der Serjeants 1877 endgültig

---

kauft. Vgl. näher Jenks, Short History of English Law, S. 206; Holdsworth, History of English Law, Vol. XII, S. 44 f; Reeves, Two professions, S. 4.

22 Diese Berufsbezeichnung ist auf das englische Verb "to solicit" (= ersuchen, dringend bitten) zurückzuführen.

23 Holdsworth, History of English Law, Vol. VI, S. 451 beschreibt die Erforderlichkeit rechtskundiger Assistenten für den Attorney wie auch für die Prozeßpartei selbst folgendermaßen: *„(...) a litigant who lived in the country might find it advisable to employ skilled persons to send him early information from Westminster of the next move of his opponent, or to watch and report upon his opponent's relations with sheriffs, possible jurymen, or witnesses, in the county where the action was to be tried."*. Eine derartige Vorsicht war durchaus nicht unangebracht in einer Zeit, in der die Fälschung von Urkunden, die Bestechung von Sheriffs oder Zeugen sowie die gezielte Manipulation der Jury keine Ausnahmeerscheinungen darstellten. In diesem Sinne auch Holdsworth, History of English Law, Vol. II, S. 458 - 459.

24 Die Proctors übten ihre anwaltliche Tätigkeit ausschließlich in den Kirchen- und Marinegerichtshöfen aus. Ab dem 18. Jahrhundert führten sie jedoch nur noch ein Schattendasein und gingen schließlich ganz unter. Vgl. Jowitt/Walsh, Dictionary of Law, S. 1672; Curzon, English Legal History, S. 205.

25 Siehe Supreme Court of Judicature Act 1873, Section 87.

26 Vgl. Barton, Inns of Court, S. 10, 11; Drinker, Legal Ethics, S. 16.

auf.[27] Parallel zur fortschreitenden Ausformung des Berufsbildes verlief auch die Organisation der Solicitors in selbstverwaltenden Standesvertretungen. So wurde bereits 1831 die *Incorporated Law Society* ins Leben gerufen, die Vorgängerorganisation der 1903 gegründeten und bis in die Gegenwart bestehenden *Law Society*.

Der Stand der Barristers verzeichnete im 17. Jahrhundert aufgrund des exzessiven Machtsicherungsstrebens der Königshäuser und wachsender Korruption ein bedenklich sinkendes Ausbildungsniveau, infolgedessen er viel seines anfänglichen Glanzes und Prestige einbüßte.[28] Zur Verbesserung der Ausbildungssituation wurde 1852 schließlich von allen vier Inns of Court der *Council of Legal Education* gegründet. Im Jahre 1894 wurde sodann der *General Council of the Bar*, kurz auch *Bar Council* genannt, ins Leben gerufen, welcher auch gegenwärtig noch als höchstes Organ der Bar diese nach außen vertritt und allgemeine Richtlinien für die gesamte Profession der Barristers erläßt. Im Laufe des 20. und 21. Jahrhunderts etablierten sich die Standesvertretungen sowohl der Solicitors, als auch der Barristers und ordneten ihr Standeswesen durch interne Regulierungen und weitgehende Selbstverwaltung.[29]

Vor dem Hintergrund dieses kurzen historischen Überblickes lassen sich nunmehr diverse Gründe für die Zweispaltung der englischen Anwaltschaft ausmachen, welche jeweils den Zeitgeist und den derzeitigen Entwicklungsstand der *legal profession* wiederspiegeln.[30] Das englische Rechtssystem war von den frühesten Anfängen an auf professionellen Beistand vor Gericht zugeschnitten, denn es war den einzelnen Prozeßparteien nahezu unmöglich, ihre Interessen selbst und ohne fremde Unterstützung vor Gericht zu vertreten. Dies hatte übrigens nicht nur fachliche Gründe, wie beispielsweise die Sachkenntnis oder die Rhetorik der sodann beauftragten Interessenvertreter, sondern auch ganz einfach einen sprachlichen Anlaß, denn im 12. Jahrhundert war die Sprache vor den Gerichten *Norman French*.[31] Insofern benötigten die Parteien allein aus diesem

---

27 Vgl. Kayser, Richterauswahl, S. 26; Curzon, English Legal History, S. 205. Der letzte Überlebende, Lord Lindley, starb im Jahre 1921.

28 Ausführlich hierzu Wegerich, Anwaltsrecht, S. 22 ff; Holdsworth, History of English Law, Vol. VI, S. 490.

29 Nähere Einzelheiten zu der heutigen Organisation der beiden Anwaltszweige im Anschluß unter A. I. 1. b) (1) und A. I. 1. c) (1) sowie unter Law Society, Overview of the Law Society*; Bar Council, The Role of the Bar Council*.

30 Zu den Vor- und Nachteilen der Zweiteilung in der Gegenwart vgl. A. I. 3. a).

31 Bis zu Beginn der Tudor-Zeit war Französich die Sprache bei Hofe und damit auch bei den königlichen Gerichten. Während der Gebrauch der englischen Rechtssprache mit zunehmendem Einfluß dieser Gerichte zunächst verschwand, stellte sich im 16. Jahrhundert eine geradezu gegenläufige Entwicklung ein, infolgederer das Französisch in der Literatur zugunsten des Englischen mehr und mehr in den Hintergrund trat, bis schließlich

Grunde einen Übersetzer vor Gericht. Zudem waren die später folgenden königlichen *writs* in lateinischer Sprache verfaßt.[32]

Die zunächst nur rein faktische Arbeitsteilung zwischen dem rhetorisch versierten Pleader und dem prozeßrechtlich spezialisierten Attorney ab dem 13. Jahrhundert ist auf das streng formalistische Verfahrensrecht und den dadurch bedingten Ablauf des Gerichtsverfahrens zurückzuführen. Mit zunehmender Komplexität der Fälle und fortschreitender Entwicklung des Prozeßrechts zerfiel die Verfahrensführung schon bald in zwei eigenständige Teile, die vorbereitende Phase und die mündliche Präsentation des Falles vor Gericht, welche jeweils ausreichenden Raum für die Spezialisierung und nachfolgende Professionalisierung beider Gruppierungen bot. Auf der einen Seite erforderte das Klageverfahren im Vorfeld der Verhandlung einen erfahrenen Prozeßrechtler, der vor allen Dingen den sicheren Umgang mit den königlichen *writs* beherrschte. Auf der anderen Seite setzte es im Rahmen der mündlichen Verhandlung aber auch einen geschickt Vortragenden voraus, welcher die Parteien aufgrund seiner Wortgewandtheit und kunstreichen Phantasie in der mündlichen Verhandlung unterstützte. Infolgedessen drängte sich eine zweiteilige Arbeitsweise nicht nur wegen der damit erreichten Verfahrensbeschleunigung, sondern auch aufgrund der wirtschaftlichen Effizienz und dem Ausblick auf die Ausformung eines selbständigen Berufsbildes geradezu auf.

In diesem Zusammenhang sind ferner die unterschiedlichen historischen Ursprünge der Pleaders und Attorneys als Vorfahren der heutigen Barristers und Solicitors zu berücksichtigen. Die Pleaders begannen als helfende Freunde, welche die Parteien vor Gericht verbal und personal unterstützten, jedoch keine professionellen juristischen Ratgeber waren. Sie eigneten sich rasch eine geschickte Rhetorik an, um ihren Vortrag vor Gericht möglichst effektiv zu gestalten. Grund für die Erforderlichkeit und den Nutzen eines Pleaders war der das Gerichtsverfahren schon früh dominierende Formalismus und der strenge Mündlichkeitsgrundsatz. Die Wurzeln der Attorneys hingegen sind zumindest teilweise auf den Aspekt der Bequemlichkeit zurückzuführen, denn durch die vollständige Vertretung in persona wurde den Prozeßparteien der oftmals lange und beschwerliche Anreiseweg zum Gericht inklusive aller damit verbundenen Gefahren und Kosten erspart. In diesem Zusammenhang darf gleichwohl nicht übersehen werden, daß die unterstützende Hilfe von Freunden und Verwandten in der mündlichen Verhandlung auch in den einfachsten Rechtssystemen anerkannt ist, während die vollständige Vertretung einer Person durch einen Vertreter in persona Kennzeichen eines modernen Rechtsverständnisses ist. Noch bedeutender als die bloße Distanz oder Unannehmlichkeiten war für die Entwicklung der At-

---

1731 Latein und Französisch offiziell abgeschafft wurden. Siehe auch Will in David/Grasmann, Große Rechtssysteme, S. 440.

32 Vgl. Baker, Legal History, S. 67.

torneys jedoch der rasante Zuwachs an Gerichten und die zunehmende Häufigkeit der Gerichtssitzungen im Laufe des 12. und 13. Jahrhunderts, welche das persönliche Erscheinen der Parteien schwierig und teilweise sogar unmöglich machten. Während der Pleader folglich als hilfreiche, jedoch unverbindliche Unterstützung lediglich neben seinem Mandanten vor Gericht erschien, trat der Attorney an Stelle seines Mandanten und für diesen rechtlich verbindlich auf.

Des weiteren dürfen die unterschiedlichen Beziehungen beider Branchen zu den Richtern nicht außer Acht gelassen werden. Während zwischen den Barristers und den Richtern, den *benchers*, seit jeher eine relativ enge und vertraute Verknüpfung bestand, waren die Attorneys und Solicitors lediglich *Officers of the Court* und unterstanden lange Zeit der richterlichen Kontrollgewalt, bis sie sich schließlich ebenfalls in selbstverwaltenden Standesvertretungen organisierten.

Schließlich ist auch der allgemeine soziologische Aspekt der Klassen- und Standeszugehörigkeit für die Zweiteilung in Betracht zu ziehen. Nicht zuletzt aufgrund des elitären Standesbewußtseins der Barristers und der exklusiven Ausbildung in den Inns of Court galten die Barristers und ihre Vorgänger noch bis in das 20. Jahrhundert hinein als Anwälte erster Klasse, während die Solicitors und Attorneys als Anwälte zweiter Klasse angesehen wurden.[33] Letztlich waren im Laufe der jahrhundertelangen Entwicklung zu jeder Zeit auch wettbewerbspolitische Gründe für die anfängliche Arbeits(zwei)teilung und spätere Spaltung von Bedeutung, denn die wirtschaftliche Effizienz der geteilten Anwaltschaft zeichnete sich schon frühzeitig ab, so daß diese Struktur insbesondere ab dem 19. Jahrhundert trotz diverser Fusionsbestrebungen im Grunde stillschweigend akzeptiert und nur zögerlich angegriffen wurde.

b) Die Solicitors

(1) Organisation der Solicitors

Zentrales Selbstverwaltungs- und Kontrollorgan der Solicitors ist die Law Society, konstituiert in der königlichen Gründungsakte von 1945 *(Royal Charter)* mit Ergänzungen aus den Jahren 1872, 1903, 1909 und 1954. Die Law Society fungiert in einer doppelten Rolle, denn sie ist zum einen das interne Führungsorgan der Solicitors und zum anderen deren professionelle Vertretung nach außen.[34] Die essentielle Rechtsgrundlage für die Rechte und Pflichten der Law Society bildet der Solicitors Act 1974 und dazu ergangene Ausführungsregelungen.

---

[33] Siehe Fischer/Burwell, England Lexikon, S. 27 sowie kritisch hierzu Johnstone/Hopson, Lawyers' Work, S. 394.

[34] Die Law Society repräsentiert über 80.000 Solicitors in England und Wales. Für die Angelegenheiten in Schottland und Nordirland sind die "Law Society of Scotland" sowie die "Law Society of Northern Ireland" zuständig.

Die Mitgliedschaft in der Law Society ist zwar freiwillig, doch ist die große Mehrheit der Solicitors Mitglied.[35] Als Standesorganisation der Solicitors hat die Law Society zudem das Recht, bindende Anordnungen für alle Solicitors in England und Wales zu erlassen, d.h. auch für solche, die ihr nicht angeschlossen sind.[36] Ferner benötigt jeder Solicitor einen Tätigkeitsnachweis, sog. *Practising Certificate*, um in England und Wales als solcher praktizieren zu dürfen, welches durch die Law Society ausgegeben wird und jedes Jahr neu beantragt werden muß.[37]

Die Law Society wird geleitet durch den Präsidenten, den Vize-Präsidenten und einem Council mit derzeit 75 Mitgliedern, die für eine Amtszeit von 4 Jahren gewählt werden.[38] Die Finanzierung der Law Society gestaltet sich weniger komplex als die der Bar. Haupteinnahmequelle ist die jährliche Gebühr für den Tätigkeitsnachweis sowie Mitgliedsbeiträge[39], Beiträge für den Entschädigungsfond *(compensation fund)*[40], Prüfungsgebühren und Einnahmen aus der von ihr herausgegebenen Fachzeitschrift, *The Law Society's Gazette*.[41]

(2) Ausbildung und Zulassung

Der Ausbildungsverlauf eines Solicitors ist in den *Training Regulations* der Law Society festgelegt.[42] Danach müssen sich alle Bewerber zunächst als Mitglied der Law Society einschreiben[43], bevor sie im Anschluß eine theoretische, wis-

---

35 Vgl. Walker/Ward, English Legal System, S. 212 f.

36 Hierzu Rawert, Zweiteilung, S. 97; Smith/Bailey, Modern English Legal System, S. 114; Reeves, Two Professions, S. 19.

37 Derzeit sind über 80.000 Solicitors als solche registriert, d.h. "on the roll". Vgl. Law Society, Overview of The Law Society*.

38 Dabei repräsentieren 61 Mitglieder des Council die 41 Wahlbezirke, welche den Wahlkreisen der Parlamentsabgeordneten in etwa gleichen. Weitere 14 Sitze werden sodann an gewählte Mitglieder vergeben, die spezielle Gruppen der praktizierenden Solicitors oder besondere Rechtsgebiete vertreten, welche durch das Wahlkreissystem ansonsten nicht erfaßt würden. Siehe auch Law Society, Overview of The Law Society*; Walker/Ward, English Legal System, S. 213.

39 Für das Jahr 2000 hat der Council eine Gebühr in Höhe von 1.300 Pfund für den Tätigkeitsnachweis und den Mitgliedsbeitrag festgelegt. Für Solicitors, die weniger als drei Jahre tätig sind, beträgt die Gebühr nur 1.082 Pfund. Siehe dazu N. N., Council Meeting on 10.12.1999, S. 40.

40 Näher dazu Lawrenson, Solicitors in England, S. 329 f.

41 Eine ausführliche Auflistung der Einnahmen und Ausgaben der Law Society für das Jahr 1984 findet sich bei Reeves, Two Professions, S. 20.

42 Die gesetzliche Regelungskompetenz (statutory authority) der Law Society zum Erlaß eigener Ausbildungsregelungen folgt aus den Sections 2 und 80 des Solicitors Act 1974.

43 Um sich als Mitglied der Law Society einschreiben zu können, muß der Bewerber mindestens 18 Jahre alt sein, gute englische Sprachkenntnisse vorweisen können und als eine geeignete Person ("suitable person") für den Anwaltsberuf erscheinen. Dabei werden die Geeignetheit und der persönliche Charakter teilweise in persönlichen Gesprächen und In-

senschaftliche *(academic stage)* sowie eine darauffolgende praktische, berufsmäßige Ausbildungsphase *(vocational stage)* absolvieren.

(a) Wissenschaftliche Ausbildungsphase (Academic Stage)

Es gibt drei unterschiedliche Möglichkeiten, um die wissenschaftliche Ausbildungsphase als Solicitor zu durchlaufen.[44] Dabei wird ein abgeschlossenes Jurastudium jedoch nicht notwendig vorausgesetzt, was aus kontinentaleuropäischer Perspektive befremdlich anmutet. Vielmehr kann der fehlende juristische Universitätsabschluß durch diverse Ersatzqualifikationen ersetzt und mithin kompensiert werden.

Den üblichen und verständlicherweise auch schnellsten Weg der Ausbildung stellt die sog. *Law Degree Route* dar, welche sich für Universitätsabsolventen mit einem abgeschlossenen juristischen Studium anbietet und von etwa zwei Dritteln aller Bewerber wahrgenommen wird. Erforderlich ist ein sog. *Qualifying Law Degree*, d.h. das Jurastudium muß mit einem möglichst hohen Notendurchschnitt beendet worden sein[45] und zudem sieben rechtswissenschaftliche Kern- und Grundlagenfächer[46] abgedeckt haben. Nach dem Studium müssen die Bewerber an einem in der Regel einjährigen rechtswissenschaftlichen Kursus teilnehmen, dem *Legal Practice Course (LPC)*, der von einigen Polytechnischen Hochschulen und Universitäten angeboten wird.[47] Der Sinn und Zweck dieses Kurses besteht darin, den angehenden auszubildenden Solicitor mit den für sein zukünftiges Ausbildungsverhältnis *(Training Contract)* im Rahmen der praktischen Ausbildungsphase erforderlichen Kenntnissen und Fähigkeiten auszurü-

---

terviews überprüft. Jährlich werden von Seiten der Law Society ca. 6000 Bewerbungen entgegengenommen. Da die Gutachter bzw. Fürsprecher eines jeden Bewerbers persönlich kontaktiert werden, dauert die Einschreibeprozedur sehr lange und es können teilweise mehrere Wochen oder sogar Monate vergehen, bis eine Antwort ergeht. Vgl. ausführlich zum Ganzen Law Society, Solicitor Qualification, S. 29.

44 Es bieten sich folgende Ausbildungsmöglichkeiten an: die "Law Degree Route" für Universitätsabsolventen mit einem abgeschlossenen juristischen Studium, die "Non-Law Degree Route" für Universitätsabsolventen, die nicht Rechtswissenschaften studiert haben, und die "Non-Graduate Route" für Bewerber ohne einen Universitätsabschluß. Vgl. dazu auch die anschauliche Übersicht in Law Society, Becoming a Solicitor, S. 12.

45 Ein hoher Notendurchschnitt ist unter anderem auch deshalb erforderlich, weil die Anzahl der Ausbildungsplätze in den "Legal Practice Courses" begrenzt ist und der Wettbewerb um diese überaus groß ist. Vgl. auch Wegerich, Anwaltsrecht, S. 53; Law Society, Training Regulations 1998, reg. 2 (3).

46 Folgende sieben Grundlagenfächer müssen abgedeckt werden: "Contract Law", "Law of Torts", "Criminal Law", "Equity and the Law of Trusts", "Law of the European Union", "Property Law" und "Public Law". Diese Fächerkombination wurde 1996 neu festgelegt. Siehe dazu Law Society, Solicitor Qualification, S. 4.

47 Der Vollzeit LPC ist auf die Dauer eines akademischen Jahres angelegt, während der Teilzeitkurs auf zwei Jahre gestreckt ist. Eine umfassende Auflistung der den LPC anbietenden Institutionen findet sich in Law Society, Solicitor Qualification, S. 20 ff.

sten. Dabei werden essentielle Grundlagen für die praktische Berufserfahrung vermittelt wie bspw. "Interviewing and Advising", "Professional Conduct and Client Care" sowie "Ethical Context". Anschließend muß eine Abschlußprüfung *(Final Examination)* bestanden werden, die zur Gewährleistung eines einheitlichen Niveaus von der Law Society zentral ausgegeben wird und eine hohe Durchfallquote birgt.[48] Mit Bestehen der Abschlußprüfung wird die wissenschaftliche Ausbildungsphase abgeschlossen.[49]

Die sog. *Non-Law Degree Route* eignet sich für Universitätsabsolventen, die kein rechtswissenschaftliches Studium absolviert haben und etwa 20 % aller Bewerber stellen. Diese müssen im Rahmen der theoretischen Ausbildungsphase zunächst das *Common Professional Examination (CPE)* bestehen, dem ein einjähriges intensives juristisches Kurzstudium vorausgeht.[50] Das CPE soll auf den *Legal Practice Course* vorbereiten und ersetzt gleichzeitig ein universitäres Jurastudium. Geprüft werden auch hier die sieben Kerngebiete des Rechts sowie ein frei wählbares Wahlfach.[51] Vollzeitstudenten müssen das CPE nach maximal 3 Jahren bestanden haben, für Teilzeit- und distance-learning Studenten gilt die Höchstdauer von 4 Jahren.[52] Alternativ zu dem CPE kann auch ein *Postgraduate Diploma in Law (PGDL)* erworben werden. Beide Qualifikationsmöglichkeiten werden von diversen Universitäten, Colleges und Law Schools angeboten. Nach erfolgreichem Bestehen des CPE folgen der Legal Practice Course und die Abschlußprüfung, womit die wissenschaftliche Ausbildungsstation abgeschlossen wird.

---

48 Die Namen der erfolgreichen Prüflinge werden in der Londoner TIMES veröffentlicht.

49 Zur Bestätigung erhält der Student ein Zertifikat von der Law Society (Certificate of Completion of the Academic Stage of Training), das für den Beginn der praktischen Ausbildungsphase erforderlich ist. Vgl. auch Law Society, Training Regulations 1998, reg. 14 (2).

50 In Einzelfällen kann bei der Law Society eine Freistellung vom CPE beantragt werden, wenn ein gemischtes, abgeschlossenes Universitätsstudium vorliegt, in dessen Verlauf mindestens vier der obligatorischen juristischen Pflichtfächer abgedeckt wurden. Siehe dazu Law Society, Becoming a Solicitor, S. 13.

51 Die Prüfungsaufgaben werden intern vom "Examination Board" der lehrenden Institution festgelegt und variieren daher zwischen den unterschiedlichen Ausbildungsstätten. Jedoch wird der generelle akademische Standard der CPE-Kurse von einem übergeordneten CPE-Board landesweit überwacht. In Einzelfallentscheidungen der Institution kann jedoch nicht eingegriffen werden.

52 Vgl. Law Society, Solicitor Qualification, S. 14. Grundsätzlich kann das CPE nur bestanden werden, wenn alle Prüfungsarbeiten im Rahmen derselben Prüfungskampagne bestanden werden. In Einzelfällen ist zwar ein Wiederholungsverfahren möglich, doch wird dies intern durch die Prüfungsordnung der ausbildenden Institution bzw. durch die diesbezüglichen Vorschriften des CPE-Board geregelt.

Bewerbern ohne einen Universitätsabschluß steht die Ausbildung zum Solicitor schließlich über das *Institute of Legal Executives (ILEX)* offen, sog. *Non-Graduate Route*. Jedoch beschreitet nur eine verschwindend geringe Anzahl diesen Ausbildungsweg, der sich aufgrund der Kombination von praktischer Berufstätigkeit und Studium *(earn and learn)* nicht nur sehr zeitaufwendig, sondern auch äußerst arbeitsintensiv gestaltet. Die Studieninhalte werden gewöhnlich in Abendkursen am College vermittelt oder im Rahmen eines selbständigen Eigenstudiums zu Hause *(home-study course)*. Dabei unterteilt sich die theoretische Grundausbildung in zwei Abschnitte. Zunächst muß sich der Bewerber als *FILEX (Fellow of the Institute of Legal Executives)* qualifizieren, indem er zwei Examina des ILEX besteht und eine mehrjährige Berufserfahrung in einem vom ILEX anerkannten Angestelltenverhältnis nachweisen kann.[53] Erst danach beginnt für ihn die oben beschriebene wissenschaftliche Ausbildung zum Solicitor mit dem Bestehen des CPE, des Legal Practice Course sowie des Final Examination.

(b) Praktische Ausbildungsphase (Vocational Stage)

Nach erfolgreicher Beendigung der wissenschaftlichen Ausbildungsphase folgt die praktische Ausbildungsstation. Diese stellt mittlerweile eine qualitativ hochwertige und besonders effektive Berufsvorbereitungszeit dar, die von der Law Society streng kontrolliert und überwacht wird. Im Gegensatz dazu handelte es sich früher um eine bloße Formalie, denn es mußte lediglich eine Bestätigung seitens des Ausbilders eingereicht werden mit dem Inhalt, daß die erforderliche praktische Ausbildungszeit geleistet worden ist.[54]

Die praktische Ausbildungsphase umfaßt eine in der Regel zweijährige Lehrzeit *(articles)* bei einem Solicitor, der mindestens schon fünf Jahre Berufserfahrung hat und von der Law Society als Ausbilder anerkannt worden ist.[55] Zwar ist die große Mehrheit der Ausbildungsstellen in privaten Anwaltskanzleien angesiedelt, doch besteht auch die Möglichkeit in der Verwaltung, Handel und Industrie sowie beim Crown Prosecution Service oder dem Magistrates' Court Service tätig zu sein. Dabei gestaltet sich die eigenständige Suche nach einem geeigneten Ausbildungsplatz oftmals sehr schwierig, da Konkurrenz und Wettbewerb am Markt groß sind.[56]

---

53 Einzelheiten hierzu in Law Society, Solicitor Qualification, S. 18 f.

54 Vgl. Reeves, Two Professions, S. 23 f mit dem Hinweis darauf, daß der auszubildende Solicitor früher kein festes Gehalt erhielt und teilweise sogar noch bis zu 5.000 Pfund Lehrgeld an seinen Ausbilder zahlen mußte.

55 Law Society, Training Regulations 1998, reg. 15, 17; Reeves, Two Professions, S. 24

56 Aus diesem Grunde bewerben sich viele Studenten bereits während ihres Studiums für einen späteren Ausbildungsplatz. Tatsächlich rekrutieren die größeren Anwaltskanzleien und Firmen, welche den Großteil der Ausbildungsplätze anbieten, neue Auszubildende bereits zwei Jahre im voraus, so daß eine frühzeitige Bewerbung absolut notwendig ist.

Zu Beginn der praktischen Ausbildungsstation schließen der ausbildende Solicitor *(training principal)* und der Trainee Solicitor eine Vereinbarung *(agreement)* mit den wichtigsten Bedingungen und Regelungen der Ausbildung.[57] Während der Lehrzeit erhält der Trainee Solicitor ein von der Law Society festgesetztes Mindestgehalt[58]. Falls dieses Mindestgehalt nicht nachweislich auch gezahlt worden ist oder lediglich ein darunter liegender Betrag, erkennt die Law Society die geleistete praktische Ausbildungszeit nicht an.[59] Abgesehen von der Einführung in spezielle Rechtsgebiete und der Vermittlung grundsätzlicher juristischer Fähigkeiten soll die praktische Ausbildungsphase die alltägliche Routine und Arbeitsweise innerhalb einer Kanzlei aufzeigen.[60] Der Auszubildende hat die Möglichkeit, unter Aufsicht eigene Fälle zu bearbeiten sowie Klientengespräche zu führen und viele andere Aufgaben eines Solicitors wahrzunehmen. Auf diese Weise kann er das erlernte theoretische Wissen und seine bisherigen juristischen Fähigkeiten in die Praxis umsetzen. Dabei hat der Trainee Solicitor über den Ablauf und die Inhalte seiner praktischen Ausbildungsstationen Protokoll zu führen, sog. *training records*.[61] Die inhaltliche Gestaltung der Lehrzeit ist sehr flexibel, so daß der Trainee Solicitor seine praktische Ausbildungsstation auch bis zu einem Jahr im Ausland oder in anderen Institutionen ableisten kann wie etwa bei einem Barrister oder bei der Staatsanwaltschaft *(Crown Prosecution Service)*. Im Laufe der praktischen Ausbildungszeit muß der Trainee Solicitor

---

Eine Garantie für einen Ausbildungsplatz steht den angehenden Solicitors demzufolge nicht zur Seite.

57 Diese Vereinbarung muß unter anderem Regelungen enthalten hinsichtlich des vereinbarten Gehaltes, wichtiger Details bezüglich der grundsätzlichen Themengebiete, die zur Einführung angeboten werden, sowie die laufende Führung der Ausbildungsprotokolle (Training Records) ermöglichen und eine Versöhnungsklausel (Conciliation Clause) beinhalten, welche das Verfahren festlegt, falls Schwierigkeiten oder Dispute zwischen Ausbilder und Auszubildendem aufkommen sollten. Eine Muster-Vereinbarung (Model-Agreement) wird von der Law Society herausgegeben und enthält auch eine Reihe zwingender Bestimmungen. Vgl. den Abdruck dieses Mustertextes bei Reeves, Two Professions, Appendix A, S. 134 ff.

58 Die Law Society legt jedes Jahr Mindestgehälter für die Regionen London-City, London-Vororte und die Provinzen fest. Die tatsächlichen Durchschnittsgehälter variieren folglich je nach geographischer Lage und sind zudem von der wirtschaftlichen Situation des Ausbilders abhängig. Zur Höhe des Mindestgehaltes für das Jahr 2000 siehe N. N., Council Meeting on 12.11.1999, S. 40 f.

59 Vgl. Law Society, Training Regulations 1998, reg. 23 (ii). Praktische Ausbildungsstationen, die nicht bei der Law Society registriert sind, können ebenfalls nicht anerkannt werden. Auf diese Weise gewährleistet die Law Society eine effektive Kontrolle der praktischen Ausbildung.

60 Einen Einblick in Ablauf und Inhalt einer praktischen Ausbildungssatation aus der Sicht eines ausbildenden Solicitors bietet Armstrong, Practice in Training, S. 1429 f.

61 Vgl. Law Society, Training Regulations 1998, reg. 27 (1). Die Law Society stellt sogar Muster-Tagebücher und Checklisten zur Verfügung, die die Protokollführung wesentlich erleichtern. Siehe hierzu Reeves, Two Professions, Appendix B und C, S. 138 ff.

einen *Professional Skills Course (PSC)* absolvieren, der sich in drei Pflichtkurse aufgliedert, namentlich "Advocacy and Oral Communication", "Financial Awareness and Business Accounts" sowie "Ethics and Client Responsibilities".[62] Nach Ablauf der praktischen Ausbildungsphase stellt der Ausbilder eine Ausbildungsbescheinigung *(Certificate of Training)* aus, die an die Law Society weitergeleitet wird. Diese kann sodann die erfolgreiche Beendigung der Ausbildung bestätigen.[63]

(c) Aufnahme in das Anwaltsverzeichnis (Admission to the Roll)

Bestätigt die Law Society die Beendigung der Ausbildung sowie die persönliche Eignung des Bewerbers in Form eines entsprechenden Zertifikates, so kann beim Master of the Rolls die Zulassung beantragt werden. Nachdem der zugelassene Solicitor sodann die Gebühr für den Tätigkeitsnachweis *(Practising Certificate)* gezahlt hat, wird er in das von der Law Society verwaltete Verzeichnis aller praktizierenden Solicitors, die sog. *roll* aufgenommen und kann fortan als solcher praktizieren.[64] Der Tätigkeitsnachweis muß jedoch jährlich neu beantragt und bezahlt werden, um als Solicitor arbeiten zu können.[65] Ein mögliches Praktizieren ohne einen gültigen Tätigkeitsnachweis begründet nicht nur einen Verstoß gegen den Solicitors Act 1974 sondern stellt darüber hinaus auch eine Straftat dar und kann zusätzlich disziplinarrechtliche Folgen nach sich ziehen. Nach Aussage des *Practising Certificate Department* der Law Society wird der Besitz eines gültigen Tätigkeitsnachweises eines jeden praktizierenden Solicitors von Seiten der Law Society zwar nicht automatisch kontrolliert, doch über-

---

62 Eine Übersicht der Institutionen, die einen Professional Skills Course anbieten, findet sich in Law Society, Solicitor Qualification, S. 32. Teilweise werden die Kurse aber auch von großen Firmen, Handelsorganisationen oder den örtlichen Vertretungen der Law Society angeboten. Bei einem Vollzeitstudium kann der PSC in 20 Tagen absolviert werden. Für diese Zeit wird der Auszubildende von Seiten des Ausbilders freigestellt.

63 Sollte die Law Society Zweifel an der ordnungsgemäßen Beaufsichtigung oder Instruktion in die aufgeführten Rechtsgebiete haben, so kann sie die Ausbildungsprotokolle anfordern und auf dieser Grundlage entscheiden, ob eine weitere Trainingsphase erforderlich ist oder nicht. Siehe Law Society, Training Regulations 1998, reg. 29 (3), (4).

64 Solicitors Act 1974, Sections 1, 11 sowie Section 6 (1) hinsichtlich der von der Law Society verwalteten "roll". Im Jahre 1996 wurden 4.620 neue Solicitors in das Anwaltsverzeichnis aufgenommen. Vgl. dazu Law Society, Becoming a Solicitor, S. 12. In den ersten drei Jahren nach der Zulassung darf sich der Solicitor nach den Regeln der Law Society jedoch noch nicht selbständig machen. Vgl. Berlins/Dyer, Law Machine, S. 47.

65 Die Zahl der jährlich ausgestellten Tätigkeitsnachweise steigt von Jahr zu Jahr rapide an: Während im Jahre 1986 noch 47.830 Solicitors in England und Wales einen Tätigkeitsnachweis besaßen, waren es 1996 bereits 68.037. Dabei ist die Anzahl der weiblichen Solicitors im gleichen Zeitraum von 15,5 % auf 31 % gestiegen. Vgl. Law Society, Becoming a Solicitor, S. 5.

prüft sie dies teilweise im Rahmen vereinzelter Inspektionen in den Kanzleien.[66] Dabei ist unter anderem erforderlich, daß der Solicitor die ordnungsgemäße Führung seiner Bücher sowie die vorschriftsmäßige Verwaltung der Mandantengelder von einem Wirtschaftsprüfer bestätigen läßt.[67] Nach dem Courts and Legal Services Act 1990, Section 87 (2 A) können Tätigkeitsnachweise neuerdings auch für unterschiedlich lange Zeiträume erteilt werden. Bei der Höhe der zu zahlenden Gebühr können zudem die wirtschaftlichen Verhältnisse des Anwalts berücksichtigt werden.

(3) Aufgaben und Tätigkeitsbereiche

Die Zahl der praktizierenden Solicitors ist in den letzten 10 Jahren rapide angestiegen, ein Trend, der sich aller Voraussicht nach auch fortsetzen wird. Dabei umfassen die Tätigkeitsbereiche und Arbeitsfelder der praktizierenden Solicitors zu etwa 82 % Anwaltstätigkeiten in der Privatwirtschaft[68], zu 8 % eine Tätigkeit im Handel und in der Industrie, zu 6 % eine Beschäftigung in der Verwaltung oder im Staatsdienst, zu 2 % eine Anstellung bei der Staatsanwaltschaft, dem *Crown Prosecution Service*, und zu 2 % sonstige Tätigkeiten.[69] Solicitors praktizieren entweder alleine oder als Partner in gewöhnlich kleineren Anwaltssozietäten oder Firmen.[70] Im Einzugsgebiet der Hauptstadt London finden sich jedoch auch eine Reihe (teilweise fusionierter) Großkanzleien *(megafirms)*, mit mehr als einhundert Partnern, die sich auf die rechtlichen Bedürfnisse und die finanzielle Beratung großer Unternehmen spezialisiert haben.[71] Im Laufe der letzten Jahre war auch im Rahmen der *legal profession* ein signifikanter Trend in Richtung Globalisierung sowie eine zunehmende Bereitschaft zu Fusionen zu beo-

---

66 Obwohl keine Pflicht besteht, den aktuellen Tätigkeitsnachweis deutlich sichtbar in der Kanzlei auszuhängen, kann der die Inspektion durchführende Beamte verlangen diesen zu sehen. Potentielle Mandanten können die Vorlage des "Practising Certificate" ebenfalls verlangen. Im Ganzen obliegt es dem Solicitor selbst, den Besitz eines aktuellen Tätigkeitsnachweises sicherzustellen.

67 Solicitors Act 1974, Sections 33, 34.

68 Dabei wird offenbar nicht zwischen privatgeschäftlicher und gerichtlicher Tätigkeit der Solicitors differenziert.

69 Vgl. die anschauliche Übersicht bei Law Society, Becoming a Solicitor, S. 6.

70 Nahezu 40 % der Unternehmen sehen einen einzelnen Solicitor an deren Spitze vor, wobei die Mehrzahl keine zusätzlichen Solicitors als Assistenten einstellt. Vier von fünf Sozietäten haben weniger als fünf Partner und nur 5 % beschäftigen mehr als zehn Partner. Vgl. dazu Berlins/Dyer, Law Machine, S. 47.

71 Den größte Bekanntheitsgrad dürfte hier Clifford Chance als die größte Rechtsanwaltssozietät Großbritanniens mit rund 200 Partnern genießen, welche erst kürzlich mit der deutschen Kanzlei Pünder, Volhard, Weber & Axster sowie der amerikanischen Kanzlei Rogers & Wells fusioniert ist, ein Zusammenschluß, durch den die größte als ein integriertes Unternehmen tätige Anwaltssozietät entstanden ist, die in allen wesentlichen Wirtschaftszentren der Welt präsent ist. Daneben existiert jedoch auch eine Reihe mittelgroßer Zusammenschlüsse mit 20 bis 40 Partnern.

bachten, eine Tendenz, die derzeit alle Bereiche der Unternehmenswelt maßgeblich beeinflußt und steuert.

Die gerichtliche Arbeit des Solicitors beschränkte sich bis zum Inkrafttreten des Courts and Legal Services Act 1990 lediglich auf die unteren Gerichte der Gerichtshierarchie *(lower courts)*[72], da er nur vor diesen ein sog. *right of audience* besaß. Mit anderen Worten war er zwar an allen Gerichten des Landes zugelassen, durfte jedoch nur vor den niederen Gerichten auftreten und plädieren. Aus diesem Grunde mußte für Rechtsstreitigkeiten vor den höheren Gerichten stets ein Barrister beauftragt werden, der den Fall aufgrund seines uneingeschränkten *right of audience* sodann vor diesem Gericht vertreten konnte.[73] Der Courts and Legal Services Act 1990 berechtigt nunmehr aber in Section 27 (1), (2) (a), (9) die Law Society, über die Prozeßführungsbefugnisse ihrer Mitglieder selbst zu entscheiden, wobei die Voraussetzungen für die Gewährung erweiterter Anhörungsrechte in den *Higher Courts Qualification Regulations 1992* geregelt sind. Bis vor Kurzem beaufsichtigte das eigens dafür geschaffene *Lord Chancellor's Advisory Committee on Legal Education and Conduct (ACLEC)* die rechtmäßige Einhaltung dieser Qualifikationserfordernisse, welches darüber hinaus in Zusammenarbeit mit den Standesorganisationen die bislang geltenden Qualifikationsvoraussetzungen in wesentlichen Teilen weiterentwickeln sollte.[74] Diese Institution wurde jedoch durch den Access to Justice Act 1999, Section 35 (1) aufgelöst. Statt dessen fungiert nunmehr das *Legal Services Consultative Panel*[75] als Beratungsausschuß des Lord Chancellor, wenngleich auch mit deutlich reduzierten Kompetenzen.[76]

---

72 Zu den "lower courts" gehören die Magistrates' Courts und die County Courts.

73 Dieses Monopol der Barristers ist auf die historische Entwicklung der Berufsstände zurückzuführen. Dazu ausführlich Halsbury's Laws of England, Vol. 3 (1), § 396.

74 Das ACLEC wurde durch den Courts and Legal Services Act 1990, Section 19 ins Leben gerufen. Zu seinen Aufgaben siehe Courts and Legal Services Act 1990, Section 20, (1) sowie Griffith-Williams, New Framework, S. 5 ff.

75 Vgl. dazu die durch Section 35 (1), (2) des Access to Justice Act 1999 in den Courts and Legal Services Act 1990 eingefügte Section 18A. Zu den Aufgaben des Consultative Panels im Zusammenhang mit der Bezeichnung professioneller Körperschaften sowie der Anerkennung von Ausbildungsregelungen siehe Courts and Legal Services Act 1990, Section 29, Schedule 4, Part I, §§ 1 (4), 2, Part II, §§ 10, 11, Part III, § 19, Part IV, § 27, jeweils in dem durch Section 41, Schedule 5 des Access to Justice Act 1999 geänderten Gesetzeswortlaut.

76 Die deutlich reduzierten Kompetenzen des neuen Legal Services Consultative Panel sind maßgeblich auf das langsame Vorwärtskommen des ACLEC zurückzuführen. Dazu Lord Steyn, Winds of Change, S. 54 sowie N. N., Responses, S. 1346. Aus diesem Grunde wurden durch den Access to Justice Act 1999, Section 41, Schedule 5, die essentiellen Kompetenzen im Zusammenhang mit der Anerkennung bestimmter Ausbildungsregelungen sowie der Gewährung erweiterter Anhörungsrechte auf die Person des Lord Chancellor übertragen. Diese Kompetenzverlagerung zum Zwecke der Verfahrensbeschleunigung erfährt jedoch scharfe Kritik aus den Reihen der Richterschaft, welche den

Bislang wurde die Möglichkeit der Gewährung erweiterter Anhörungsrechte vor höheren Gerichten in England und Wales von Seiten der Solicitors nur in sehr geringem Maße wahrgenommen.[77] Dies ist zum einen auf ökonomische Barrieren[78], zum anderen aber auch auf die in England sehr flexibel und aus diesem Grunde in höchstem Maße unzuverlässig gestaltete Art und Weise der Festsetzung von Gerichtsverhandlungen und -terminen *(court listings)*[79] zurückzuführen.[80] Die Regierung scheint jedoch auch weiterhin um eine verstärkte Inanspruchnahme der erweiterten Anhörungsrechte von Seiten der Solicitors bemüht. Aus diesem Grunde veröffentlichte das Lord Chancellor's Department im Juni 1998 das in dieser Frage wegweisende Consultation Paper "Rights of Audience and Rights to Conduct Litigation in England and Wales: The Way Ahead"[81],

---

Verlust ihres traditionellen Einflusses befürchtet, sowie von Seiten der Bar, welche aus den gleichen Motiven von einer stillen verfassungsrechtlichen Revolution und der Gefahr eines totalitären Staatsregimes spricht. Dazu ausführlich Kentridge, Quiet Revolution, S. 24 f; de Wilde, Constitutional Issue, S. 1424, 1449; Zander, Cardinal Wolsey, S. 1084.

77 Bis Mai 1998 hatten sich insgesamt nur 624 Solicitors für die Gewährung erweiterter Anhörungsrechte qualifiziert, wovon jedoch nur wenige einen entsprechenden Trainingskurs absolviert hatten. Bei den meisten handelte es sich daher wohl um ehemalige Barristers. Vgl. Zander, Reforms and Public Interest, S. 969.

78 Die Vertretung eines Falles vor Gericht stellt sich für einen Solicitor nicht als besonders lukrative Tätigkeit dar, da die darauf verwendete Arbeitszeit die Kosten eines beauftragten Barristers bei weitem übersteigen würde. Zudem müßte sich ein Solicitor weitaus gründlicher und intensiver auf seinen gerichtlichen Auftritt vorbereiten als ein Barrister, für den die Vertretung von Fällen vor Gericht zur alltäglichen Routine gehört. Vgl. näher Kerridge/Davis, Alternative Way Ahead, S. 811.

79 Die Festsetzung der Verhandlungstermine wird in England sehr flexibel gehandhabt. Insofern gehört es zum Alltag eines jeden Gerichtes, daß Termine kurzfristig verschoben oder neu angesetzt werden. Dieses System bevorzugt logischerweise den Vollzeit bei Gericht tätigen Barrister gegenüber dem gewöhnlich in der Kanzlei arbeitenden Solicitor, der auf die planmäßige Einhaltung eines Verhandlungstermins angewiesen ist. Anschaulich dazu auch die Ausführungen eines Solicitor über dessen örtlichen County Court in Kerridge/Davis, Alternative Way Ahead, S. 820. Diese Terminierungspraxis stellt sich jedoch nicht als spezifisches Phänomen der unteren Gerichte dar, sondern findet sich auf allen Stufen der englischen Gerichtshierarchie wieder.

80 Vgl. zum Ganzen das von ACLEC beaufsichtigte Research-Projekt zu der Frage nach den Gründen der bislang geringen Inanspruchnahme erweiterter Anhörungsrechte durch Solicitors mit Beteiligung eines Teams der Westminster University unter Leitung von Professor John Flood sowie eines Teams der Bristol University unter Leitung von Professor Gwynn Davis. Zu den wesentlichen Ergebnissen dieser bis dato unveröffentlichten Untersuchung siehe Zander, Long Shadow, S. 1422 f.

81 Vgl. insbesondere Lord Chancellor's Department, The Way Ahead, Part i, wo der "disappointingly limited effect" des Courts and Legal Services Act 1990 im Hinblick auf die Inanspruchnahme erweiterter Anhörungsrechte von Seiten der Solicitors zwar festgestellt wird, die Gründe für eine derartige Zurückhaltung der Solicitors jedoch nicht eruiert oder dargestellt werden. Die entscheidende Zielsetzung für die Zukunft findet sich in § 3.2 und sieht vor, daß: *„All barristers and solicitors, including those in employment, should*

dessen Kernaussagen nach ausführlichen Stellungnahmen der Standesorganisationen in dem neueren Access to Justice Act 1999 Niederschlag gefunden haben. An der verhaltenen Reaktion der Solicitors und der nahezu uneingeschränkten Dominanz der Barristers auf dem Gebiete der Prozeßführung vor den höheren Gerichten hat sich bislang jedoch nichts geändert. Die gerichtliche Arbeit der Solicitors besteht daher auch nach Inkrafttreten des Courts and Legal Services Act 1990 sowie des Access to Justice Act 1999 hauptsächlich in der Vertretung einfach gelagerter Fälle vor den Magistrates' Courts und den County Courts. In schwierigen und komplexeren Fällen vor den höheren Gerichten wird in der Regel nach wie vor ein Barrister zu Rate gezogen.

Im Rahmen seiner außergerichtlichen Haupttätigkeit berät der Solicitor seine Klienten hinsichtlich aller in Betracht kommenden rechtlichen Angelegenheiten. Aus diesem Grunde wird er gewöhnlich auch als *jack of all trades* bezeichnet.[82] Ferner leistet er den Großteil der rechtlichen Vorbereitung eines Falles sowohl für Zivilprozesse, als auch für Strafprozesse, indem er Mandantengespräche führt und den zugrundeliegenden Sachverhalt eruiert. Darüber hinaus nimmt der Solicitor die gleichen Aufgaben wie ein deutscher Notar wahr, d.h. er beurkundet Unterschriften, entwirft Testamente sowie Grundstücks- und Gesellschafterverträge und agiert als Testamentsvollstrecker oder Vermögensverwalter.[83] Da er neben seiner gerichtlichen Tätigkeit auch Geschäftsmann ist, gilt der Solicitor allgemein als "man of affairs"[84], während der Barrister auch im modernen England noch Reste seines alten Nimbus als "a brain and a tongue and a character"[85] bewahrt hat.

Eine Haupteinnahmequelle der Solicitors im außergerichtlichen Bereich stellte bis vor kurzem die Übertragung von Grundeigentum, das sog. *conveyancing* dar. Diese aus deutscher Perspektive etwas befremdlich anmutende Tätigkeit eines praktizierenden Rechtsanwaltes ist in erster Linie auf das englische Grundbuchsystem zurückzuführen, welches nicht so klar und übersichtlich strukturiert ist wie das deutsche, so daß teilweise aufwendige Prüfungen der Eigentumsverhältnisse erforderlich sind. Insbesondere für kleine bis mittelgroße Kanzleien stellte diese Tätigkeit über viele Jahrzehnte hinweg die Haupteinnahmequelle dar. Im Laufe der letzten 15 Jahre mußte dieses einstige Monopol der Solicitors jedoch wesentliche Einschnitte hinnehmen. Zunächst entstand durch den Administrati-

---

obtain full statutory rights of audience on call to the Bar or an admission to the Roll of solicitors.".

82 In diesem Sinne wohl auch Berlins/Dyer, Law Machine, S. 46. Doch ist insbesondere in den letzten Jahren ein zunehmender Grad an Spezialisierung auch unter den Solicitors zu beobachten. Vgl. statt Vieler dazu Gibbons, Same Arguments, S. 1546.

83 Vgl. im einzelnen Kayser, Richterauswahl, S. 85; Henkel, Ausbildung der englischen Juristen, S. 135; Wegerich, Anwaltsrecht, S. 44 f.

84 Kayser, Richterauswahl, S. 86.

85 Megarry, Lawyer and Litigant, S. 15.

on of Justice Act 1985 erstmals Konkurrenz auf diesem Sektor durch die neugeschaffene Spezialistengruppe der sog. *licensed conveyancers.*[86] Nach dem Courts and Legal Services Act 1990 dürfen ferner auch Banken, Bausparkassen und Versicherungsunternehmen das *conveyancing* durchführen[87], wodurch der wirtschaftliche Druck insbesondere auf die kleinen Kanzleien noch stärker zugenommen hat. Mittlerweile ist den Solicitors dieser lukrative Markt nahezu gänzlich verloren gegangen.[88]

c) Die Barristers

(1) Organisation der Barristers

Der Berufsstand der Barristers ist mit einem umfassendem Selbstverwaltungsrecht ausgestattet und unterliegt daher keinen gesetzlichen Regelungen. Ein mit dem Solicitors Act 1974 vergleichbarer "Barristers Act" existiert nicht. Im Gegensatz zum Stand der Solicitors gestaltet sich die Organisation der Barristers nicht vergleichbar übersichtlich und zentralisiert auf ein bestimmtes Organ. Vielmehr sind für die Führung und Verwaltung der Barristers fünf unterschiedliche Institutionen von Bedeutung: der *General Council of the Bar*, die vier *Inns of Court*, der *Council of the Inns of Court*, der *Council of Legal Education* und die sechs *Circuit Messes*.

Höchstes Organ der Standesorganisation ist der *General Council of the Bar*, kurz auch *Bar Council* genannt.[89] Dieser vertritt die Bar nach außen und verfaßt allgemeine Richtlinien, die das berufliche Niveau, die Ehre sowie die Unabhängigkeit der Bar bewahren sollen.[90] Dabei setzt sich der Bar Council aus einem breit gefächerten Mix führender Persönlichkeiten des Rechtslebens zusammen, deren Mitgliedschaft teilweise obligatorisch ist und teilweise durch Wahlen vergeben wird.[91]

Die Inns of Court, namentlich *The Honourable Societies of Lincoln's Inn, The Inner Temple, The Middle Temple and Gray's Inn* stellen voneinander unabhängige, nicht rechtsfähige Gesellschaften gleichen Ranges und mit ähnlichen Verfassungen dar, in denen die wissenschaftliche Ausbildungsphase zum Barrister erfolgt. Die Inns werden geführt durch die *benchers*, die aus den Reihen der erfahrensten Barristers berufen werden. Sie entscheiden über die Aufnahme neuer

---

86 Siehe dazu Administration of Justice Act 1985, Sections 11 ff.

87 Vgl. Courts and Legal Services Act 1990, Sections 36 und 37.

88 Näher dazu Berlins/Dyer, Law Machine, S. 46 f.

89 Siehe dazu auch Bar Council, The General Council of the Bar – Role of the Bar Council* sowie ders., The General Council of the Bar – Summary of Activities*.

90 Vgl. Bar Council, Constitution of the General Council of the Bar, § 1.

91 Zur genauen Zusammensetzung siehe Bar Council, Constitution of the General Council of the Bar, § 2.

students sowie über die Zulassung zur Anwaltschaft. Unter Führung der *benchers* und in Zusammenarbeit mit dem *Council of Legal Education* haben die vier Inns die *Consolidated Regulations of the four Inns of Court*[92] erlassen, wodurch die Zulassung der Studenten, die Ausbildung, die Prüfungen sowie der *call to the bar* einheitlich geregelt werden.

Am 01.01.1987 gründeten die vier Inns den *Council of the Inns of Court,* kurz auch *Inns' Council* genannt.[93] Er vertritt die vier Inns nach außen und legt verbindliche Leitlinien der Politik der vier Inns fest. Zudem kommt ihm eine wichtige Funktion als Vermittler zwischen den Inns, dem Bar Council und dem Council of Legal Education zu.[94] Der *Council of Legal Education* ist verantwortlich für die Ausbildung und die Prüfung der Studenten der vier Inns und leitet zu diesem Zweck die *Inns of Court School of Law*, welche entsprechende Vorlesungen, Kurse und Seminare anbietet.[95] Der Inhalt der Ausbildung wird in Absprache mit dem Inns' Council sowie dem Bar Council festgelegt.

Die *Circuit Messes* stellen die standesrechtlichen Vertretungsorgane der in den sechs Gerichtsbezirken außerhalb Londons *(circuits*[96]*)* praktizierenden Barristers dar. Während die *Messes* ursprünglich nur die Funktion hatten, gemeinsame Essen der Barristers zu organisieren, überwachen sie heute das standesgemäße Verhalten der Barristers ihres Bezirks und stellen auch selbst verbindliche Standesregeln auf.[97]

---

92 Die vollständige Bezeichnung lautet "The Consolidated Regulations of the Honourable Societies of Lincoln's Inn, Inner Temple, Middle Temple and Gray's Inn". Diese Vorschriften werden jedes Jahr aktualisiert.

93 Gleichzeitig wurde der seit 1974 bestehende "Senate of the Inns of Court and the Bar" aufgelöst. Dieser war bis dahin das zentrale Verwaltungsorgan der gesamten Bar gewesen und hatte die allgemeinen Leitlinien für den Berufsstand der Barristers festgelegt. Vgl. dazu noch Kellermann, Standesrecht, S. 146 f.

94 Zur personellen Zusammensetzung des Inns' Council siehe Bar Council, Constitution of the Council of the Inns of Court, § 2.

95 Vgl. Halsbury's Laws of England, Vol. 3 (1), § 371; Rawert, Zweiteilung, S. 106. Vgl. aber auch Plowden, Tomorrow's Lawyers, S. 100 f mit dem Hinweis darauf, daß sich die meisten in der Ausbildung befindlichen Barristers durch den Besuch privater Repetitorien (sog. "Crammers") auf die Examensprüfungen vorbereiten, anstatt die regulären Kurse zu besuchen.

96 Aus verwaltungstechnischen Gründen sind England und Wales in sechs anerkannte Gerichtsbezirke aufgeteilt: the Midland and Oxford Circuit, the North Eastern Circuit, the Northern Circuit, the South Eastern Circuit, the Western Circuit und the Wales and Chester Circuit. Zur erst krüzlich erfolgten neuen Grenzziehung dieser Zuständigkeitsbezirke siehe Lord Chancellor's Department, Revised Circuit Boundaries and Court Groups with effect from 1 April 2001*.

97 Siehe hierzu Halsbury's Laws of England, Vol. 3 (1), § 372; Johnstone/Hopson, Lawyers' Work, S. 364 f.

(2) Ausbildung und Zulassung

Die Ausbildung und Zulassung der Barristers wird in den *Consolidated Regulations of the Honourable Societies of Lincoln's Inn, The Inner Temple, The Middle Temple and Gray's Inn* geregelt. Vergleichbar mit dem Ausbildungsverlauf der Solicitors muß auch der angehende Barrister nach der Aufnahme in eines der vier Inns of Court zunächst eine theoretische, wissenschaftliche Ausbildungsphase absolvieren und im Anschluß daran eine praktische Lehrzeit.

(a) Wissenschaftliche Ausbildungsphase in den Inns of Court

Zur Aufnahme in ein Inn ist ein juristischer Studienabschluß nicht erforderlich, obwohl dies den mit Abstand üblichsten Weg der Ausbildung darstellt. Vielmehr können auch Universitätsabsolventen anderer Disziplinen *(Non-Law-Graduates)* sowie Bewerber ohne Hochschulabschluß *(Non-Graduates)* aufgenommen werden, sofern sie das *Common Professional Examination (CPE)*[98] erfolgreich abgelegt haben. Dem Aufnahmeantrag sind zwei unabhängige Referenzen über die Eignung und den persönlichen Charakter des Bewerbers beizufügen *(Certificates of Good Character)*.[99] Die Aufnahme steht jedoch im Ermessen des jeweiligen Inns.[100] Nach dieser *academic stage* der juristischen Ausbildung durchläuft der Student die *vocational stage*, die aus einem einjährigen Vorbereitungskurs an der *Inns of Court School of Law (ICSL)*[101] und der anschließenden Abschlußprüfung *(Bar Examination)* besteht. Das Bar Examen stellt eine umfassende praxisbezogene Prüfung des materiellen und formellen Rechts dar, wobei neben den juristischen Schwerpunktfächern auch eine Reihe von Nebengebieten abgeprüft wird wie bspw. das Recht der Europäischen Gemeinschaften sowie internationales Handelsrecht.[102] Mit Bestehen dieser Prüfung ist die wissenschaftliche Ausbildungsphase in den Inns of Court abgeschlossen.

---

98 Vgl. dazu die entsprechenden Ausführungen oben unter A. I. 1. b) (2) (a).

99 Bar Council, Consolidated Regulations 2000, reg. 3 (a) i.V.m. Schedule 3.

100 Bar Council, Consolidated Regulations 2000, reg. 4 (e). An dieser Stelle sei angemerkt, daß der Student und spätere Barrister sein ganzes Leben lang Mitglied seines Inns of Court bleiben wird, auch dann noch, wenn er zum Richter ernannt wird.

101 Da die Schule nur ca. 900 Plätze zur Verfügung stellen kann, die Zahl der Anwärter jedoch wesentlich größer ist, werden die Plätze in der Regel an diejenigen Bewerber vergeben, die ihre Absicht belegen können, später als Barrister in England und Wales praktizieren zu wollen. Ausländische Studenten, die nach Ablegung der Prüfung in ihr Heimatland zurückkehren wollen, sowie diejenigen, welche die Qualifikation für eine spätere Tätigkeit in Handel, Industrie oder Verwaltung erwerben wollen, müssen sich auf andere Art und Weise auf die Abschlußprüfung (Bar Examination) vorbereiten. Sie sind nicht berechtigt an dem einjährigen und ganztägigen Vorbereitungskurs der Inns of Court School of Law teilzunehmen. Vgl. Bar Council, Career at the Bar, S. 12.

102 Bar Council, Consolidated Regulations 2000, reg. 16 (a) (ii) i.V.m. den Schedules 12, 13, reg. 20; Wegerich, Anwaltsrecht, S. 59.

(b) Zulassung zur Anwaltschaft (Call to the Bar)

Im Rahmen einer feierlichen Zeremonie erteilen die Inns of Court den examinierten Studenten viermal im Jahr den *call to the bar* in Form des traditionellen und symbolischen Rufes vor die Gerichtsschranke. Die Zulassung zur Anwaltschaft setzt jedoch voraus, daß der Student neben dem erfolgreichen Abschluß der *vocational stage* und einem Mindestalter von 21 Jahren[103] bei acht *dining terms* seines Inns anwesend war. Die dining terms stellen ein Relikt aus den Anfängen der jahrhundertelangen Tradition der Inns of Court dar und beinhalten, daß ein angehender Barrister an insgesamt 24 gemeinsamen Abendessen in den Speisesälen seines Inns teilgenommen haben muß.[104] Die Zulassung zur Anwaltschaft berechtigt dazu, den Titel Barrister zu führen.

(c) Praktische Ausbildungsphase (Pupillage)

Die Ausbildung zum Barrister wird abgeschlossen durch eine einjährige praktische Lehrzeit *(pupillage)* bei einem erfahrenen Barrister *(pupil master)*.[105] Dabei wird der angehende Anwalt in den ersten sechs Monaten mit der alltäglichen Arbeit eines Barristers vertraut gemacht, während er in den zweiten sechs Monaten bereits selbständig Mandate übernehmen und in eigenem Namen vor Gericht auftreten darf.[106] In der Regel verdienen die *pupils* während der praktischen Ausbildungsphase kein Geld mit eigenen Mandaten.[107] Der junge Barrister erhält gleichwohl ein kleines Gehalt von seinem Ausbilder oder dem *set of chamber*, in dem er arbeitet. Erst nach Beendigung der *pupillage* kann der Barrister

---

103 Bar Council, Consolidated Regulations 2000, reg. 22 (a).

104 Vgl. auch Hazell, Bar on Trial, S. 51 mit einer anschaulichen Beschreibung der Atmosphäre während des Dinners sowie die offizielle Regelung in Bar Council, Consolidated Regulations 2000, reg. 8-10. Dieses Ritual des "dining in hall" wird von vielen Seiten als nicht mehr zeitgemäß und insofern als anachronistisches Relikt aus längst vergangenen Tagen betrachtet. Dabei darf wohl zu Recht angezweifelt werden, ob diese jahrhundertelange Tradition ihr Ziel, welches in der Förderung des Standesbewußtseins sowie der Zusammengehörigkeit besteht, auch in der heutigen Zeit noch erreichen kann. Vgl. näher zur Diskussion, ob das "keeping terms" beibehalten werden sollte oder nicht, Graffy, Keeping Terms, S. 14 mit Darstellung des aktuellen Meinungsstandes; Megarry, Lawyer and Litigant, S. 114 sowie Wegerich, Anwaltsrecht, S. 60 mit Hinweis darauf, daß eine Anpassung der Consolidated Regulations an moderne Verhältnisse in diesem Zusammenhang mittlerweile unverkennbar sei. Siehe insofern auch Bar Council, Consolidated Regulations 2000, reg. 10.

105 Eine Auflistung aller Chambers sowohl in London, als auch außerhalb in den Provinzen findet sich in dem Verzeichnis des General Council of the Bar, Chambers Handbook.

106 Vgl. Bar Council, Consolidated Regulations 2000, reg. 41.2.

107 Aus diesem Grunde war die Ausbildung zum Barrister lange Zeit den elitären Gesellschaftsschichten vorbehalten, da sich die angehenden Barristers bis zum Abschluß ihrer Ausbildung in erster Linie selbst finanzieren und zu diesem Zwecke auf ein gesichertes Kapital zurückgreifen können mußten.

eine *chamber* in einem der *sets of chambers* in den Inns of Court oder außerhalb Londons erhalten und damit als selbständiger Barrister praktizieren.

(3) Aufgaben und Tätigkeitsbereiche

Derzeit praktizieren rund 9.000 unabhängige Barristers in England und Wales. Während die große Mehrheit des Berufsstandes nach wie vor in London tätig ist, arbeiten etwa 3.000 Barristers in den großen Städten außerhalb Londons.[108]

Die Barristers lassen sich grundsätzlich in zwei Klassen unterteilen, die elitären *Queen's Counsels (Q.C.)* und die *Junior Counsels (J.C.)*. Dabei stellen erstere, welche im allgemeinen Sprachgebrauch auch *silks*[109] genannt werden, die absolute Spitzenklasse der Barristers dar.[110] Die höchst ehrenvolle Auszeichnung als Queen's Counsel wird nur selten und ausschließlich an langjährige und außerordentlich qualifizierte Barristers verliehen.[111] Diese verlangen in der Regel höhere Gebühren und fertigen normalerweise keine Schriftsätze und Stellungnahmen mehr an, sondern konzentrieren sich ausschließlich auf das Auftreten vor Gericht.[112] Die Bezeichnung Junior Counsel steht entgegen dem ersten Eindruck in keinem Zusammenhang mit dem Alter der Person und bezieht sich auf alle Barristers, die nicht zu den top 10 % der Queen's Counsels gehören.

Anders als Solicitors dürfen Barristers keine Sozietäten eingehen oder Firmen gründen. Vielmehr sind sie selbständige und unabhängige Vertragspartner. Sie arbeiten in sog. *sets of chambers* mit durchschnittlich etwa 17 Mitgliedern, welche in London in den vier Inns of Court angesiedelt sind[113] und außerhalb Lon-

---

108 Vgl. Bar Council, The General Council of the Bar – Profession of the Bar*.

109 Diese Bezeichnung ist darauf zurückzuführen, daß die Queen's Counsels im Gegensatz zu den gewöhnlichen Barristers eine seidene Robe statt der einfachen Stoffrobe tragen.

110 Näher dazu Kayser, Richterauswahl, S. 82 f; Kellermann Standesrecht, S. 166; Zander, Guide to Law, S. 26.

111 So sind im Jahre 1999 beim Lord Chancellor's Department insgesamt 533 Bewerbungen für eine Ernennung zum Queen's Counsel eingegangen, doch nur 69 Bewerber erreichten ihr Ziel. Vgl. Hawthorne, Silk Cut, S. 32. Zu den Ernennungsvoraussetzungen, welche von Seiten des LCD nur sehr vage umschrieben werden, vgl. ausführlich Lord Chancellor's Department, Queen's Counsel Information* sowie dass., Peach-Report*, The Appointment of Queen's Counsel.

112 Bis zum Jahre 1977 konnte ein Queen's Counsel vor Gericht nur gemeinsam mit einem Junior Counsel auftreten, was zur Folge hatte, daß derjenige Mandant, der sich durch einen Queen's Counsel vertreten lassen wollte insgesamt drei Anwälte bezahlen mußte: den Solicitor, den Junior Counsel und den Queen's Counsel. Diese sog. "two-counsel-rule" wurde zwar 1977 durch den Bar Council aufgehoben, doch wird die gewohnte Tradition in vielen Fällen auch heute noch praktiziert. Vgl. auch Rawert, Zweiteilung, S. 114 f; Wegerich, Anwaltsrecht, S. 101.

113 Aufgrund der zunehmenden Expansion der "legal profession" in den letzten Jahren ist der Platz für Chambers in den Inns of Court jedoch sehr knapp geworden. Daher ist man neuerdings dazu übergegangen, auch außerhalb der Inns gelegene Büroräume anzumieten. Dies entspricht zwar nicht der jahrhundertelangen Tradition, doch stellt diese Maß-

dons in den Städten der *circuits*. Dabei stellen die *chambers* lediglich eine Art Bürogemeinschaft dar, an deren Kosten sich jeder Barrister beteiligt.[114] Jedes *set of chambers* wird von einem *Barristers' Clerk* verwaltet. Dieser nimmt die Aufträge von Seiten der Solicitors entgegen, handelt entsprechende Gebühren aus und legt die Gerichtstermine für jeden Barrister der *chamber* fest. Dabei stellt das Aushandeln der Gebühren eine der wichtigsten Aufgaben des Clerk dar, denn anders als der Solicitor, dessen Vergütung sich in der Regel nach der erforderlichen Anzahl von Stunden oder bei alltäglichen Transaktionen wie dem *conveyancing* oder dem Aufsetzen von Testamenten *(making wills)* nach pauschalierten oder im Vorfeld vereinbarten Beträgen richtet[115], wird die Gebühr eines Barristers ausschließlich durch den Clerk ausgehandelt.[116] Eine feste Gebührenordnung vergleichbar mit der deutschen Bundesrechtsanwaltsgebührenordnung (BRAGO) existiert in England demnach nicht. Vielmehr richten sich die Honorare und Gebühren beider Anwaltszweige nach dem marktwirtschaftlichen Prinzip von Angebot und Nachfrage.[117]

Da die Festsetzung von Gerichts- und Verhandlungsterminen in England nicht gerade sehr zuverlässig gestaltet wird und aus diesem Grunde viele Termine kurzfristig entfallen oder verschoben werden, sorgt der *Clerk* in der Regel für

---

nahme ein Tribut an die modernen Lebensverhältnisse und den immer knapper werdenden Wohn- und Arbeitsraum in der Hauptstadt London dar.

114 Zu den anfallenden Kosten zählen beispielsweise Mietkosten, Mietnebenkosten, Personalkosten, Telefongebühren, Schreibmaterial, etc. Der Gewinn eines jeden Barristers wird unter den Mitgliedern der Chamber jedoch nicht aufgeteilt.

115 Dabei wurde die einstige Haupteinnahmequelle der Solicitors, das "conveyancing", lange Zeit durch gesetzlich festgelegte Gebührenordnungen kontrolliert, welche jedoch im Jahre 1972 abgeschafft wurden. Siehe Zander, Guide to Law, S. 27. Zur heutigen Kostenveranschlagung der Solicitors vgl. instruktiv Halpin/Flynn, Taxing Times, S. 22 ff.

116 Für einen Barrister verstößt es gegen die traditionelle Etikette der Bar, mit einem Solicitor persönlich über die zu entrichtende Gebühr zu verhandeln. Dies stellt vielmehr ausschließlich eine Aufgabe des Clerk dar. Ein entsprechendes Relikt aus vergangenen Tagen stellt in diesem Zusammenhang die an der Rückseite der Robe des Barristers aufgenähte kleine Stofftasche dar, in welche die Solicitors oder Mandanten zur Vermeidung einer direkten Übergabe an den Barrister das sog. "honorarium" zu legen pflegten. Zwar werden die Honorare der Barristers heute nicht mehr auf diese Weise übergeben, doch spiegelt sich die Eigenschaft als solches in der Tatsache wieder, daß die Gebühren eines Barristers bei Nichtzahlung vor Gericht nicht eingeklagt werden können. Vgl. dazu Boon/Levin, Ethics and Conduct, S. 289 f.

117 Dadurch werden die erfahrenen Barristers in die Lage versetzt, für ihre Dienste Gebühren ohne finanzielle Obergrenze zu erheben, während sich die jüngeren Barristers teilweise einem harten Wettbewerb gegenüber sehen. Auch der Großteil der Solicitors sieht sich mit einer großen Konkurrenz konfrontiert und aus diesem Grunde nicht gerade selten zu günstigen Tarifen veranlaßt. Vgl. auch Yaqub, Barristers in England, S. 312 sowie Lawrenson, Solicitors in England, S. 325 f mit Hinweis auf die Möglichkeit des Mandanten, den Gebührenbescheid eines Solicitors durch die Law Society überprüfen zu lassen anhand der Solicitors' Remuneration Order 1972.

eine Überbuchung *(overbooking)* des Barristers unter Berücksichtigung des gewöhnlichen Ausmaßes an Ausfällen, so daß dieser möglichst keine freie Minute seiner wertvollen Zeit ohne einen Auftrag verbringt. Insofern werden diejenigen Aufträge *(briefs)*[118], die aus Zeitgründen von Seiten des Barristers nicht mehr bearbeitet oder vertreten werden können, teilweise überaus kurzfristig an den Clerk zurückgegeben *(returned briefs)*, welcher sie sodann einem anderen Barrister zuteilt. Diese Vorgehensweise veranschaulicht sehr deutlich die machtvolle Position des Clerk innerhalb der *chamber.*[119] Vor diesem Hintergrund erscheint es bemerkenswert, daß der Clerk in den meisten Fällen neben einem gewöhnlichen Schulabschluß keine juristische oder zumindest wirtschaftswissenschaftliche Ausbildung vorzuweisen hat, zumal das durchschnittliche Gehalt eines Clerk insofern völlig außer Verhältnis zu dessen sonstigen akademischen Qualifikationen zu stehen scheint.[120]

Den Schwerpunkt der gerichtlichen Arbeit eines Barristers bildet zweifellos die Prozeßführung vor Gericht respektive deren Vorbereitung. Der einfache Mandant *(lay client)* hat jedoch keinen unmittelbaren Zugang zu einem Barrister. Vielmehr erfolgt eine Vermittlung der von Seiten des Barristers verfügbaren Dienste ausschließlich über die Person des Solicitors.[121] Insofern ist auch eine

---

118 Zu diesen vgl. ausführlich Morison/Leith, Barrister's World, S. 78 ff.

119 Der Clerk fungiert für die Barristers daher nicht nur als Bürovorsteher, sondern auch als Geschäftsmanager sowie als ihr Agent im Hinblick auf die Vermittlung von Aufträgen, die von Seiten der Solicitors an die Chamber herangetragen werden. Aus diesem Grunde verwundert es nicht, daß beruflicher Erfolg sowie finanzielles Einkommen, insbesondere der jungen und unerfahrenen Barristers maßgeblich von der Person des Clerk abhängen. In diesem Sinne wohl auch Megarry, Lawyer and Litigant, S. 55, welcher die Rolle des Clerk als „*a complicated cross between a theatrical agent, a business manager, an accountant and a trainer*" beschreibt sowie Flood, Barristers' Clerks, S. 3: „*(...) essentially the clerk is the middleman, or mediator, between the diverse interests of the legal system, namely those of barristers, solicitors, judges, list offices, and occasionally the client upon whom the system depends.*".

120 Obwohl mittlerweile ein leichter Trend zu beobachten ist, zunehmend auch professionell ausgebildete Manager als Clerk einzustellen, ist in den meisten Chambers nach wie vor der traditionelle Clerk anzutreffen. Vgl. dazu sowie generell zu der einflußreichen Position des Clerk Morison/Leith, Barrister's World, S. 29 ff. Siehe ferner auch Berlins/Dyer, Law Machine, S. 45: „*Yet the clerk has no legal qualifications, and in most cases will have begun straight from school as a junior clerk, carrying books and running errands, gradually working his way up to a position of power and influence – and a level of earnings – out of all proportion to his academic attainments.*".

121 Vgl. hierzu auch Rawert, Zweiteilung, S. 111 f mit Hinweis darauf, daß weder zwischen Barrister und Mandant, noch zwischen Barrister und Solicitor ein Vertragsverhältnis zustande kommt, auch nicht mit der Annahme des Auftrages. Nach dem Courts and Legal Services Act 1990, Section 61 (1) ist es zwar auch Barristers erlaubt, derartige vertraglichen Bindungen einzugehen. Diese Neuerung steht jedoch unter dem Vorbehalt des (2), welcher bestimmt, daß der General Council of the Bar unabhängig von (1) Regelungen

rechtliche Beratung des Klienten nur im Beisein eines Solicitors möglich.[122] Lediglich für besondere Berufsgruppen *(professional clients)* sowie im Rahmen des internationalen Rechtsverkehrs besteht die Möglichkeit einer direkten Mandatserteilung ohne die Zwischenschaltung eines Solicitors, sog. *Direct Professional Access (DPA)*.[123]

Der außergerichtliche Arbeitsbereich eines Barristers besteht in der Erstellung von Rechtsgutachten *(Counsel's opinion)*, in dem Aufsetzen von Schriftstücken, Übertragungsurkunden und anderen Rechtsdokumenten sowie in der Ausarbeitung von Verträgen. Ferner gestaltet es sich für Barristers relativ problemlos, ihre berufliche Arbeit mit der Ausübung eines politischen Amtes zu verbinden, was insbesondere im Bereich der Hauptstadt London nicht selten in Anspruch genommen wird.[124]

2. Spezifische Merkmale des englischen Ausbildungssystems

Die englische Juristenausbildung ist im Gegensatz zum deutschen Modell nicht auf das Berufsbild des Richters, sondern auf das Berufsbild des Rechtsanwaltes ausgerichtet. Dies liegt darin begründet, daß in England weder eine spezielle Ausbildung zum Richter noch eine separate Richterlaufbahn existiert. Vielmehr werden die englischen Richter aus den Reihen der erfolgreichen Rechtsanwälte berufen. Charakteristisches Merkmal der englischen Anwaltschaft ist deren

---

erlassen kann, die den Barristers die Eingehung vertraglicher Verpflichtungen nach wie vor verbieten, was bislang auch der Fall war. Vgl. Yaqub, Barristers in England, S. 309 f.

122 Vgl. Henkel, Ausbildung der englischen Juristen, S. 168. Zwar finden zuweilen auch Besprechungen zwischen Solicitor und Barrister im Beisein des Mandanten statt, doch treffen die meisten Angeklagten in strafrechtlichen Fällen erst am Tag der Verhandlung auf den sie vertretenden Barrister. In diesem Zusammenhang kam die von der Royal Commission on Criminal Justice in Auftrag gegebene und von Zander/Henderson durchgeführte Gerichtsstudie am Crown Court zu dem Ergebnis, daß mehr als die Hälfte aller sich schuldig bekennenden Angeklagten ihren Barrister erstmalig am Morgen der Verhandlung getroffen haben. Vgl. ausführlich dazu Zander/Henderson, Crown Court Study, S. 54 f, 2.5.7. mit Table 2.15.

123 Siehe dazu Bar Council, The General Council of the Bar – Main Page*, The Role of the Specialist. Zu den professionellen Institutionen, die sich direkt und damit ohne die Vermittlung durch einen Solicitor an einen Barrister wenden können sowie zu den "Direct Professional Access Rules" siehe Yaqub, Barristers in England, S. 309 f.

124 Dies wird durch mehrere Faktoren begünstigt. Zum einen arbeiten die meisten Barristers im Zentrum von London und damit nah an der politischen Basis, während die Mehrzahl der Solicitors in mittelgroßen bis kleinen Städten außerhalb der Hauptstadt tätig ist. Zum anderen setzt das politische System Englands nicht voraus, daß ein Parlamentsmitglied in seinem eigenen Wahlkreis auch wohnhaft sein muß. Und schließlich finden die Parlamentssitzungen traditionell immer am späten Nachmittag oder abends statt, was es den Barristers ermöglicht, ihre Gerichtstermine auf den Morgen und frühen Nachmittag zu legen. Vgl. näher dazu und m.w.N. Kritzer, Courts, Justice, and Politics, S. 87.

Zweiteilung in Solicitors und Barristers, eine Differenzierung, mit der auch die entsprechend getrennten Ausbildungen korrespondieren.

Gleichwohl weisen beide Ausbildungswege auch eine Reihe grundlegender Gemeinsamkeiten auf. So ist weder für die Ausbildung zum Barrister, noch für den Werdegang eines Solicitor ein juristischer Universitätsabschluß erforderlich. Damit ermöglichen beide Berufsgruppen auch nichtjuristischen sowie nichtakademischen Bewerbern den Zugang, jedoch stellt die *Law Degree Route* den üblichen Ausbildungsweg dar.[125] Der Grund für das fehlende Erfordernis eines rechtswissenschaftlichen Studiums ist hauptsächlich historisch bedingt, denn die juristische Ausbildung durch Universitäten hat in England eine noch sehr junge Geschichte. Während in den meisten europäischen Ländern die Rechtswissenschaft und damit verbundene Lehre schon seit Jahrhunderten eine Domäne der Universitäten verkörpert, konnte eine rechtswissenschaftliche Ausbildung in England bis Mitte des 19. Jahrhunderts ausschließlich von den Berufsorganisationen selbst vermittelt werden. Zwar wurde an den Universitäten Oxford und Cambridge seit dem 12. Jahrhundert römisches Recht[126] gelehrt, doch erschien das englische *common-law* im Vergleich dazu nahezu primitiv und demnach ungeeignet für ein Universitätsstudium. Erst in der zweiten Hälfte des 19. Jahrhunderts entwickelten sich dann langsam diverse *Law Courses* und erst nach dem Zweiten Weltkrieg war es für angehende Rechtsanwälte üblich, ein rechtswissenschaftliches Studium an einer Universität zu absolvieren.

Des weiteren verlaufen die Ausbildungswege der Barristers und Solicitors nach dem gleichen Grundschema, denn nach einer theoretischen, wissenschaftlichen Phase folgt jeweils eine praktische Lehrzeit (*articles* bzw. *pupillage*). Kennzeichnend für das englische Juristenausbildungssystem ist zudem die Tatsache, daß die Ausbildungsvoraussetzungen sowie die Regelungen der Berufszulassung nicht gesetzlich vorgesehen sind, sondern von den entsprechenden Standesorga-

---

125 Dabei haben jedoch nicht alle erfolgreichen Barristers und späteren Richter ein Jurastudium an einer renommierten Universität absolviert. Vielmehr war noch bis vor kurzem das Studium der humanen Geisteswissenschaften wie beispielsweise Philosophie oder Geschichte als Vorstufe der Juristenausbildung wesentlich angesehener. Tatsächlich haben die berühmtesten englischen Richter des 19. Jahrhunderts kein universitäres Jurastudium durchlaufen: Lord Denning studierte Mathematik und Lord Diplock beendete erfolgreich ein Chemiestudium, während Lord Parker einen Universitätsabschluß in Naturwissenschaften vorzuweisen hatte. Vgl. Lord Goff of Chieveley, The role of the judge in England, S. 445. Siehe aber auch die scharfe Kritik an dem fehlenden Erfordernis eines rechtswissenschaftlichen Studiums bei Zander, Public Interest, S. 24.

126 Das römische Recht wurde in England nicht rezipiert und konnte sich demnach nicht durchsetzen. Anders hingegen das schottische Rechtssystem, welches maßgeblich auf den Grundlagen des römischen Rechts basiert. Insofern treffen in Großbritannien mit dem schottischen "civil-law" und dem englischen "common-law" zwei grundlegend unterschiedliche Rechtssysteme aufeinander.

nisationen, Law Society und Bar Council, in eigenverantwortlicher Selbstverwaltung festgelegt werden.

3. Kritik und Reformansätze

a) Vor- und Nachteile der geteilten Anwaltschaft

Im Folgenden werden die Vor- und Nachteile der in Solicitors und Barristers geteilten Anwaltschaft erörtert, wobei die Vorteile dieser Zweiteilung maßgeblich von den Vertretern der Bar aus Gründen der Erhaltung und Rechtfertigung des status quo geltend gemacht werden, während die Law Society mit Blick auf eine mögliche Fusion bevorzugt auf die Nachteile dieses Systems hinweist. Zuvor sei jedoch angemerkt, daß eine ausführliche Diskussion und inhaltliche Auseinandersetzung mit den aufgeführten Argumenten für diese Arbeit lediglich von peripherer Bedeutung ist, weshalb weitgehend auf die Fülle der diesbezüglichen rechtswissenschaftlichen Literatur verwiesen sei.[127]

Als Vorteil der zweigeteilten Anwaltschaft wird zunächst geltend gemacht, daß die Dienstleistungen der spezialisierten Barristers auf diese Weise grundsätzlich allen Solicitors offenstünden, den kleinsten Firmen gleichsam wie den großen Zusammenschlüssen, da die sog. *cab-rank-rule*[128] in aller Regel vorschriftsmäßig beachtet werde. Kleinere Firmen könnten daher mit der Sicherheit operieren, daß sie – falls dies erforderlich sein sollte – auf die Dienstleistungen der fähigen und erfahrenen Barristers zurückgreifen könnten, welche teilweise auch auf exotische Rechtsgebiete spezialisiert seien. Insofern könnten kompliziertere Fälle an einen Barrister weitergegeben werden, ohne den Mandanten zu verlieren.[129] Eine Fusion der beiden Anwaltszweige würde jedoch dazu führen, daß die erfahrensten und fähigsten Barristers von den großen *Solicitor-firms* abgeworben würden und somit nicht mehr jedermann zur Verfügung stehen könnten.[130] Des weiteren wird angeführt, der Barrister sei in seiner Meinungsbildung unabhängiger als der Solicitor und aus diesem Grunde für das Auftreten vor Gericht besser geeignet,

---

127 Ausführliche Auseinandersetzungen mit dieser Diskussion sowie eine inhaltliche Analyse der Argumente finden sich insbesondere bei Reeves, Two Professions, S. 51 ff; Johnstone/Hopson, Lawyers' Work, S. 385 ff; Zander, Public Interest, S. 270 ff; Rawert, Zweiteilung, S. 118 ff.

128 Der Begriff "cab-rank" bedeutet übersetzt Taxistand. Unter der "cab-rank-rule" versteht man daher die gewohnheitsrechtliche Regelung, daß ein Barrister, ähnlich wie ein Taxifahrer in einer Schlange wartender Taxis, jeden Klienten annehmen muß, der sich an ihn wendet. Aus der Perspektive des Mandanten bedeutet dies theoretisch, daß er somit von dem Barrister seiner Wahl vertreten werden muß.

129 Dazu Johnstone/Hopson, Lawyers' Work, S. 388: „*In a fused system, outside counsel is much less likely to be drawn on, for lawyers are fearful that clients will be lost to the outsiders, and also under such systems there is some tendency for clients to doubt the competency of lawyers who seek outside help.*". Siehe auch Zander, Public Interest, S. 273 f.

130 So Zander, Public Interest, S. 290 f; Rawert, Zweiteilung, S. 120.

denn während der Barrister den Klienten wahrscheinlich nicht mehr wiedersehe, sei der Solicitor um eine gute Beziehung zu seinem Mandanten sowie um einen festen Kundenstamm bemüht und daher voreingenommen.[131] Da er sich mit dem Fall identifiziere, sei er nicht mehr objektiv, sondern enthusiastisch und parteiisch, was der Wahrheitsfindung im Laufe des Gerichtsverfahrens schade. Der Barrister hingegen sei wegen des fehlenden persönlichen Kontaktes zu dem Mandanten losgelöster vom Fall und innerlich unabhängiger.[132]

Ferner wird die Kompetenz der Barristers im Bereich rechtlicher Spezialgebiete sowie die elitäre Ausbildung durch die Bar in Verbindung mit dem regelmäßigen Auftreten vor Gericht geltend gemacht, wodurch die Barristers zu erfahrenen Prozeßanwälten würden. Die Spezialisierung der Barristers werde durch die traditionelle Zweiteilung der Anwaltschaft entscheidend gefördert, da diese sich durch die arbeitstechnische Aufteilung ganz auf das Auftreten vor Gericht konzentrieren könnten und nicht durch störende Telefonanrufe oder Mandantengespräche von der juristischen Arbeit an einem Fall abgehalten würden.[133] Aufgrund der ständig zunehmenden Nachfrage nach Spezialisten sei eine Verdopplung des Arbeitsaufwandes in diesem Zusammenhang unvermeidbar, zumal die Bar nach ihrer Grundidee auf einen *second-line service* ausgerichtet sei, weshalb die Barristers auch nur von Mitgliedern anerkannter Berufsgruppen direkt aufgesucht werden könnten. Im übrigen biete die geteilte Anwaltschaft

---

131 Vgl. Zander, Public Interest, S. 292 f; Reeves, Two Professions, S. 9 sowie Johnstone/Hopson, Lawyers' Work, S. 390.

132 In diesem Sinne wohl auch der psychologische Ansatz von Watson, Humane Legal System, S. 63 f: „*Solicitors seem to be drawn from a sector of the community which makes them a bit more able to identify with, and be responsive to, the personal concerns of their clients. On the other hand, barristers, generally educated at the older universities and drawn from families more familiar with abstract social concerns, quite naturally fit into the more formal atmosphere of courtroom pleading and consultative work.*". Siehe aber auch Zander, Public Interest, S. 298 mit dem Hinweis darauf, daß der Mandant von seinem Anwalt vor Gericht gleichwohl ein gewisses Maß an Parteilichkeit erwartet: „*(...) the client may respond that detachment is not the main quality he wants from his advocate. It is the judge's function to be detached. The advocate is by definition a partisan whose duty is to bring to the attention of the court all the arguments that can fairly be mobilised on behalf of the client.*".

133 Vgl. dazu Zander, Public Interest, S. 279: „*The solicitors has to be available for the long-winded client with his tale of woe; he spends hours on the telephone, has to cope with correspondence and is involved in all the normal problems of running an office. The barrister, by contrast, has a simple life. He keeps no files, deals with no correspondence, hardly uses the phone and only speaks to clients in conferences with the solicitor.*", der diesen Vorteil wenig später jedoch selbst in Frage stellt: „*The seclusion of the cloister may be more congenial than the hum of the world to some professional men; but the main question is whether the cloister's relative peace produces significantly better work. Lawyers all over the world seem to manage to produce work of good calibre without the degree of isolation peculiar to the English barrister.*".

den Vorteil einer günstigeren Kosteneffizienz. Ausgehend von der These, daß die Vertretung durch lediglich einen Anwalt nur bei einfach gelagerten, unkomplizierten Fällen zu Kostenersparnissen führen könne, gestalte sich die Arbeitszeit eines Solicitors im Endeffekt teurer als die eines Barristers, da ersterer einen größeren personellen Arbeitsapparat beschäftige. Daher sei die Beauftragung eines Barristers durch den Solicitor für den Rechtssuchenden insgesamt kostengünstiger.[134] Eine Fusion der beiden Anwaltsstände würde zudem zu einer inakzeptablen Reduktion der kleineren Firmen führen und dies sowohl im Hinblick auf die Zahl der praktizierenden Solicitors, als auch hinsichtlich deren flächenmäßiger Verteilung respektive geographischer Arbeitsstandorte.

Schließlich wird darauf hingewiesen, daß in dem derzeitigen System der Solicitor – bei Bedarf – einen geeigneten Barrister für seinen Mandanten aussuche, während sich der Rechtssuchende als Laie in einem fusionierten System selbständig einen geeigneten Anwalt aus der Vielzahl aller praktizierender Rechtsanwälte auswählen müßte.[135]

Einen wesentlichen Nachteil der Zweiteilung und damit einen großen Vorteil einer möglichen Fusion stellt die freie Wahl eines rechtlichen Beistandes durch den Klienten dar, welcher ihn sodann von Anfang bis Ende durch das Verfahren begleiten könnte. Dabei würde der direkte und unmittelbare Zugang zu allen Rechtsanwälten idealerweise korrespondieren mit einer direkten und unmittelbaren Verantwortlichkeit des beauftragten Anwalts gegenüber dem Klienten. In diesem Zusammenhang wird zudem angeführt, die Barristers seien mit der anfallenden Arbeitslast ohnehin völlig überfordert. Die Folge des sog. *overbooking* zeige sich in der Praxis vor allen Dingen daran, daß für einen festen Gerichtstermin oftmals in letzter Minute Kollegen einspringen müßten in einem Fall, den sie gar nicht kennen und nicht bearbeitet haben.[136] Diese Vergabepraxis erschüttere das Vertrauen des Klienten zutiefst[137] und sei an den unteren Gerichten, auf

134 So Reeves, Two Professions, S. 62; Rawert, Zweiteilung, S. 120.

135 Siehe hierzu Johnstone/Hopson, Lawyers' Work, S. 388 f sowie Darbyshire, English Legal System NS, S. 53.

136 Siehe dazu ausführlich Reeves, Two Professions, S. 57 mit dem Hinweis darauf, daß die "Court Officials" einen Gerichtstermin nur äußerst ungern verschieben, so daß dem Beauftragten auch nichts anderes übrig bleibt, als die Vertretung zu akzeptieren.

137 Aus der Sicht des Mandanten drängt sich in diesen Situationen geradezu der Eindruck auf, daß sich der Barrister nicht intensiv genug mit dem Fall beschäftigt hat, was oftmals der Wahrheit entspricht. Insbesondere in Familienstreitigkeiten oder wenn es um Gefängnisstrafen geht, gestaltet sich diese Vorgehensweise für den Klienten als sehr befremdlich, so beispielsweise, wenn er einen Tag vor der Verhandlung noch einmal den Fall schildern oder grundsätzliche Fragen von entscheidender Bedeutung für den Prozeß beantworten muß. Diejenigen "briefs", auf denen kein Name eines bestimmten Barristers vermerkt ist, werden oftmals erst am Abend vor der Verhandlung zugeteilt.

welche die Solicitors bis zum Inkrafttreten des Courts and Legal Services Act 1990 beschränkt waren, nicht zu beobachten.

Vor diesem Hintergrund wird des weiteren geltend gemacht, die Differenzierung zwischen der Repräsentation vor Gericht und allen anderen Aspekten eines Falles stelle eine künstliche Trennung eines einheitlichen Verfahrens zu Gunsten der elitären Bar dar. Realer Existenzgrund – aber damit noch lange nicht Existenzberechtigung – der Barristers sei zum einen das fehlende Anhörungsrecht der Solicitors vor den höheren Gerichten[138] und zum anderen die hohe Arbeitsbelastung der Solicitors, infolge derer oftmals Fälle aus Gründen der Arbeitserleichterung und Zeitersparnis ungesehen an Barristers weitergegeben würden.[139] Zudem sei auch die Erfahrung und Routine der Barristers vor den höheren Gerichten kein stichhaltiges Argument für die separate Existenz der Bar, sondern vielmehr ein Zirkelschluß, denn wenn die Solicitors auch bei diesen Gerichten zugelassen wären, so könnten sie auch rasch an entsprechender Berufserfahrung gewinnen.[140] Ein vergleichbarer Zirkelschluß liegt wohl auch dem Argument zugrunde, die Barristers hätten im Gegensatz zu den Solicitors ihren Finger stets am Puls der Gerichte.[141]

Gegen die bestehende Zweiteilung der englischen Anwaltschaft wird weiter eingewandt, eine separate Bar sei für die Gewährleistung juristischer Beratung auf entlegenen Spezialgebieten nicht erforderlich, da in der freien Wirtschaft bereits viele Firmen mit spezialisierten Solicitors existierten, welche wiederum von anderen Solicitors wegen ihres Expertenwissens in Anspruch genommen würden. Anders als noch vor 20 Jahren, bestehe heutzutage auch für Solicitors ein Bedürfnis nach Spezialisierung. Die Zahl der fachlich spezialisierten Solicitors sei aus diesem Grunde steigend, was die zunehmende Anzahl an Veröffentlichungen zu Spezialthemen von dieser Seite belegten. Insofern solle die Charakterisierung als Spezialist auf einem bestimmten Rechtsgebiet nicht anhand des Kriteriums Barrister oder Solicitor vorgenommen werden, sondern in Abhängigkeit

---

138 Seit dem Court and Legal Services Act 1990 können nunmehr auch Solicitors unter bestimmten Voraussetzungen einen Antrag auf Gewährung von Anhörungsrechten vor den höheren Gerichten stellen, wovon bislang jedoch nur sehr zögerlich und zurückhaltend Gebrauch gemacht worden ist. Vor dieser gesetzlichen Neuerung war es obligatorisch, einen Barrister für den gerichtlichen Vortrag vor einem höheren Gericht zu konsultieren.

139 Siehe Johnstone/Hopson, Lawyers' Work, S. 389 f; Reeves, Two Professions, S. 54 f.

140 Vgl. dazu Reeves, Two Professions, S. 60: *„(...) the more you do it and see others doing it the better you become."*. Ähnlich auch Rawert, Zweiteilung, S. 120, mit Hinweis darauf, daß das Monopol der Vortragsrechte vor den höheren Gerichten den unerfahrenen – und nicht etwa den spezialisierten – Barrister auf Kosten der Solicitors schütze.

141 Vgl. Megarry, Lawyer and Litigant, S. 26 ff; Zander, Public Interest, S. 280 f: *„The barrister will hear about the crucial unreported decision, he will absorb the gossip in Hall at lunch, he will see more of the judges through constantly being in and around the courts."*.

zu der jeweils einschlägigen Rechtsmaterie und der Komplexität des konkreten Einzelfalles.[142]

Als weiterer Nachteil der Zweiteilung werden ferner die hohen Verfahrenskosten angeführt, die durch die Einschaltung eines Barristers entstehen. Insbesondere in den Fällen vor den Crown Courts müsse zwangsläufig immer ein Barrister beauftragt werden, auch wenn der Fall dies per se nicht erfordere und auch durch einen erfahrenen Solicitor vor Gericht vertreten werden könnte.[143] Daher sei die Betrauung eines Solicitor mit dem ganzen Fall im Endeffekt kostengünstiger als die Beauftragung eines Solicitors und eines Barristers für ein und denselben Fall. Schließlich erweise sich die *cab-rank-rule* in der Praxis als illusorischer Mythos, da sie von Seiten der erfolgreichen Barristers in der Regel unterwandert werde. Dies beruhe zum einen auf entsprechend hohen Gebührenforderungen der Barristers und zum anderen auf dem in der Praxis üblichen *overbooking*, infolgedessen die überbuchten Fälle in letzter Minute zurückgegebenen werden *(returned briefs)*, und der Mandant mithin doch nicht den Barrister seiner Wahl erhält.

b) Fusion der Anwaltsstände

Eine mögliche Fusion der beiden Anwaltsstände wird bereits seit Jahrzehnten lebhaft diskutiert. Mittlerweile haben sich Meinungen und Argumente jedoch derartig polarisiert, daß an einen Kompromiß derzeit nicht zu denken ist.[144] Zudem weisen beide Gruppierungen ein starkes ökonomisches Interesse an der Wahrung der Besitzstände und Monopole auf, welche im Laufe der Jahrhunderte durch die Zweiteilung entstanden sind. Dabei scheinen diese ökonomischen Interessen in Verbindung mit einem jeweils stark ausgeprägten Standesbewußtsein die maßgeblichen Gründe für die bislang erfolgte rigorose Einhaltung der Zweiteilung ohne jegliche Versuche informeller Absprachen sowie unzulässiger Zusammenschlüsse von Seiten der Solicitors wie auch der Barristers darzustellen, eine Situation, die aus kontinentaleuropäischer Perspektive nicht ohne weiteres nachvollziehbar ist.[145]

---

142 So die überzeugende Schlußfolgerung von Rawert, Zweiteilung, S. 121.

143 Dieser Einwand des sog. “double manning” wiegt um so schwerer angesichts der Tatsache, daß ca. 50 % aller Fälle vor dem Crown Court “guilty pleas” sind. Vgl. auch Reeves, Two Professions, S. 63. Von daher wäre das Tätigwerden nur eines Anwalts in jedem Falle kostengünstiger. Siehe dazu ausführlich Zander, Public Interest, S. 318 ff; Johnstone/Hopson, Lawyers‘ Work, S. 391 f.

144 In diesem Sinne wohl auch N. N., Divided we fall, S. 1054, der maßgeblich auf die psychologischen Barrieren auf beiden Seiten abstellt.

145 Die meisten kontinentaleuropäischen Rechtsanwaltsstände dürften wohl zum einen nicht gleichsam diszipliniert und derartig standesbewußt sein. Zum anderen sind sie aber auch weitaus weniger kontrollierbar, da ihr Berufsumfeld nicht in diesem Maße staatlich reglementiert sowie monopolisiert ist, sondern – abgesehen von einem gewissen Grundstock an gesetzlichen Regelungen – vielmehr durch das freie Spiel der Marktkräfte beein-

Ausgangspunkt einer Diskussion über eine mögliche Fusion sollte jedoch stets die Frage sein, welche organisatorische Form der Anwaltschaft am besten dem öffentlichen Interesse zu dienen vermag. Insofern muß das Hauptaugenmerk auf das Interesse der Öffentlichkeit an einem funktionierenden, effektiven und möglichst wirtschaftlichen System gerichtet sein. Die entscheidende Fragestellung lautet daher, ob eine vereinte Anwaltschaft einen besseren Service für die Allgemeinheit bereitstellen könnte als die geteilte Anwaltschaft dies bisher geleistet hat. Diese zentrale Grundsatzfrage stand in England bislang jedoch selten im Mittelpunkt der Diskussionen über eine mögliche Fusion.[146] Vielmehr schienen beide Anwaltszweige auf die Wahrung oder gar Verbesserung ihres status quo fixiert, wobei das öffentliche Interesse zwar formal als Aufhänger für entsprechende Auseinandersetzungen diente, inhaltlich jedoch weitestgehend ausgeblendet wurde. In diesem Sinne schien die Streitfrage einer möglichen Fusion lange Zeit untrennbar verknüpft mit der Kontroverse über die Gewährung erweiterter Anhörungsrechte an die Solicitors und mithin der Aufhebung eines essentiellen Monopols der Barristers.[147] Aus diesem Grunde wurde der Courts and Legal Services Act 1990 zunächst als erster Schritt in die Richtung einer Fusion gesehen. Entgegen den ersten Schätzungen und Befürchtungen von Seiten der Bar haben bislang jedoch nur sehr wenige Solicitors einen Antrag auf Gewäh-

---

flußt wird. Ebenfalls überrascht über diese rigorose Einhaltung der Zweiteilung von beiden Seiten, jedoch vor dem Hintergrund des amerikanischen Rechtssystems, stellen Johnstone/Hopson, Lawyers' Work, S. 398 fest: *„But violations are almost nonexistent in England. Barristers do not acquire clients other than through solicitors, with minor permissible exceptions; they do not enter into counter-referral arrangements with solicitors; nor do barristers and solicitors team up into informal partnerships, pooling clients and sharing work and fees.* ".

146 Diese zentrale Grundsatzfrage kann und soll im Rahmen dieser Arbeit nicht beantwortet werden. Vielmehr sollen an dieser Stelle lediglich Denkanstöße für die theoretische Handhabung einer effizienten und an den Interessen der Allgemeinheit ausgerichteten Diskussion gegeben werden. Anzumerken bleibt jedoch, daß insbesondere im Hinblick auf strafrechtliche Verfahren fraglich ist, ob eine einheitliche Anwaltschaft einen besseren Service bereitstellen könnte als das derzeitige zweigeteilte System. Instruktiv dazu die Untersuchung der Strafverteidiger in England von McConville/Hodgson/Bridges/Pavlovic, Standing Accused. Vgl. aber auch die realistische Einschätzung Zanders, Reforms and Public Interest, S. 969.

147 Die logischen Gedankengänge waren, daß die Gewährung erweiterter Anhörungsrechte an die Solicitors faktisch auf eine Fusion hinauslaufen würde, da sich die Barristers nach dem Wegfall ihres essentiellen Monopols nicht mehr behaupten könnten. In diesem Sinne auch Lord Gardiner, Two Lawyers, S. 3f: *"It would mean that solicitors could do everything that barristers can do, while the barristers would remain unable to do most of the things solicitors do. On those terms, what possible object would anyone have in being a barrister?* ".

rung erweiterter Anhörungsrechte vor allen Gerichten in England und Wales gestellt.[148]

Derzeit steht einen mögliche Fusion der beiden Anwaltszweige nicht auf der Agenda, obwohl sich viele aktuelle Diskussionen und Debatten mit den signifikanten Unterschieden zwischen Solicitors und Barristers beschäftigen. Angesichts der bis dato sehr verhaltenen Resonanz seitens der Solicitors auf die Möglichkeit der Gewährung erweiterter Anhörungsrechte wird eine Existenz der elitären Bar in der Zukunft nicht mehr angezweifelt.[149] Tatsache ist zudem, daß die traditionellen Trennlinien zwischen Solicitors und Barristers immer mehr verwischen, eine Tendenz, die sich aller Voraussicht nach auch zukünftig fortsetzen wird. Vor diesem Hintergrund dürfte es sicherlich im Interesse der Allgemeinheit liegen, die derzeit stattfindende Neuorganisation der *legal profession* zumindest in manchen Aspekten dem freien Spiel der Marktkräfte zu überlassen, statt – wie bislang – durch anachronistische Restriktionen zu reglementieren.

c) Aktuelle Tendenzen und Zukunftsperspektive der Legal Profession

Die *legal profession* in England befindet sich zweifellos im Umbruch.[150] Auslöser dieser Entwicklung stellt in erster Linie die Kampagne zur Gewährung erweiterter Anhörungsrechte der Solicitors dar, welche zunächst durch den Courts and Legal Services Act 1990 initiiert worden war und nunmehr durch den neueren Access to Justice Act 1999 von Seiten der Labour Regierung noch stärker forciert wird. Für die Zukunft ist eine zunehmende Inanspruchnahme der uneingeschränkten *rights of audience* durch die Solicitors jedoch nicht zu erwarten. Dies ist nach Ansicht der Verfasserin maßgeblich darauf zurückzuführen, daß der Access to Justice Act 1999 zu einseitig auf die erweiterten Anhörungsrechte per se und damit zusammenhängende Änderungen in den Ausbildungsregelungen der Standesorganisationen fokussiert, anstatt die wirklichen Gründe für die

---

148 Bis September 1998 hatten insgesamt gerade einmal 689 Solicitors eine entsprechende Qualifikation für die höheren Gerichte erlangt. Davon hatten jedoch nur 187 einen Trainingskurs durchlaufen und eine entsprechende Prüfung absolviert. Die Mehrheit der Solicitors hat sich wohl durch die sog. “exemption route” qualifiziert, d.h. sie konnten eine anwaltliche Erfahrung vor bestimmten höheren Gerichten vorweisen oder bereits richterliche Erfahrungen oder eine Kombination von beidem. Siehe dazu die Higher Courts Qualification Rules, 1992. Vgl. hierzu sowie zu den maßgeblichen Gründen dieser Zurückhaltung von Seiten der Solicitors oben A. I. 1. b) (3).

149 Die Bar wird voraussichtlich auch weiterhin existieren, jedoch in einer weitaus kleineren und schlankeren Form als bisher. Dies ist in erster Linie nicht auf die erweiterten Anhörungsrechte der Solicitors zurückzuführen, sondern primär auf die Expansion der großen Solicitor-firms sowie die zunehmende Spezialisierung auf ein bestimmtes Rechtsgebiet bzw. auf das Auftreten vor Gericht unter den Solicitors. Ähnlich wie hier Berlins/Dyer, Law Machine, S. 54.

150 In diesem Sinne auch Bahl, Golden Future, S. 920, der sich für ein neues Image der Solicitors unter der nunmehr veränderten Marktsituation einsetzt.

bisherige diesbezügliche Zurückhaltung von Seiten der Solicitors anzugehen.[151] Aus diesem Grunde wird die Mehrzahl der Solicitors wohl auch in Zukunft weiter wie bisher praktizieren, unabhängig davon, wie einfach und unkompliziert der Erwerb der erweiterten Prozeßführungsbefugnisse gestaltet wird.

Des weiteren sieht sich die englische Anwaltschaft neben einem verschärften Wettbewerb innerhalb der Profession auch einer zunehmenden Konkurrenz von Seiten fachfremder Anbieter juristischer Dienste gegenüber, denn das Berufsmonopol der Anwälte ist in England nicht staatlich geschützt. Demnach existiert keine mit dem deutschen Rechtsberatungsgesetz vergleichbare gesetzliche Reglementierung. Ganz im Gegenteil hatte der Gesetzgeber bereits im Courts and Legal Services Act 1990 klar zum Ausdruck gebracht, daß juristische Dienstleistungen von einem weiteren Personenkreis angeboten werden sollen, wovon in der Vergangenheit in erster Linie Banken, Versicherungsunternehmen sowie die *licensed conveyancers* profitiert haben.[152] In diesem Zusammenhang sei zudem auf die unglaubliche Vielzahl rechtlicher Beratungsinstitutionen[153] in England hingewiesen, welche den einst lukrativen Markt der klassischen Anwaltsberufe zusätzlich beschränkt haben.

Ferner bleibt auch die *legal profession* nicht von den aktuellen marktwirtschaftlichen Trends im Sinne zunehmender Expansion und Spezialisierung verschont. Insofern sind derzeit grundlegende Veränderungen sowohl auf der Nachfrageseite, als auch von Seiten der Provider zu beobachten, welche Ausdruck eines fluktuierenden Wirtschaftslebens sind. Vor diesem Hintergrund wird der Beruf des Solicitors von vielen hochqualifizierten Studienabsolventen mittlerweile als weitaus attraktiver eingestuft als der Beruf des Barristers, obwohl neuerdings

---

151 Zu den Gründen der bislang auffallenden Zurückhaltung der Solicitors vgl. das von ACLEC beaufsichtigte Research-Projekt der Universitäten Westminster und Bristol, dessen Ergebnisse von Zander, Long Shadow, S. 1422 f zusammengefaßt werden.

152 Section 17 (1) des Courts and Legal Services Act 1990 lautet: „The general objective of this Part (Part II: Legal Services) is the development of legal services in England and Wales (and in particular the development of advocacy, litigation, conveyancing and probate services) by making provision for new or better ways of providing such services and a wider choice of persons providing them, while maintaining the proper and efficient administration of justice.".

153 An erster Stelle sind hier sicherlich die sog. "Citizens' Advice Bureaux" (CABx) zu nennen. Dies sind staatlich und von den Lokalverwaltungen finanzierte Bürgerberatungsstellen, welche als landesweit eingerichtete Büros hauptsächlich durch freiwillige Mitarbeiter aufrecht erhalten werden und eine Hauptquelle für kostenlose Rechtshilfe darstellen. Vgl. dazu Pollock, Legal Aid, S. 148; Wegerich, Anwaltsrecht, S. 127 f. Weitere Anlaufstellen sind die sog. "Law Centres" für Bürger aus sozial schwächeren Gesellschaftsschichten. Näher dazu Law Centres Federation, Law Centre, S. 1 ff. Einen umfassenden Überblick über die Vielzahl und das Spektrum rechtsberatender Institutionen in England und Wales vermittelt Community Legal Service, Just Ask* sowie Community Legal Service, Just Ask – Directory* mit einer Suchmaschine für die örtlich am nächsten liegenden Beratungsstellen.

eine breit gefächerte Palette an Stipendien und anderen finanziellen Fördermöglichkeiten von Seiten der Bar für angehende Barristers angeboten wird.[154]

II. Das Richteramt

1. Richterbild in England

Unter dem Begriff des Richterbildes ist nicht die objektive Stellung des Richters im Gerichtsverfahren oder die ihm kraft Gesetzes verliehenen Kompetenzen zu verstehen, sondern vielmehr die subjektive Vorstellung und Einschätzung der Richterposition seitens der Gesellschaft, d.h. sein Ansehen, Einfluß und Sozialprestige. Diese Beurteilung ist aus dem Grunde interessant und von Bedeutung, da sie die Autorität und gesellschaftliche Stellung des Richters losgelöst von der gesetzlichen Ebene wiederspiegelt und damit Aufschluß über seinen historisch gewachsenen Platz im englischen Staatsgefüge gibt.

In der englischen Öffentlichkeit genießen die Richter ein außerordentlich hohes Ansehen, welches mit der gesellschaftlichen Stellung kontinentaleuropäischer Richter nicht zu vergleichen ist. Die exzeptionelle Stellung der Berufsrichter stellt in Verbindung mit der jahrhundertelangen Tradition und Ehre dieses Amtes zweifellos das Herzstück der englischen Rechtskultur und – gemessen an kontinentaleuropäischen Standards – ein spezifisches englisches Phänomen dar. Zwar genießen die am unteren Ende der Gerichtshierarchie angesiedelten Laienrichter, die sog. *Lay Magistrates*, nicht so hohes Ansehen wie die Berufsrichter, doch gelten sie als Symbol des Gemeinsinns, da sie Ihre Zeit und Arbeitskraft der Gesellschaft zur Verfügung stellen, ohne daraus für sich materiellen Nutzen zu ziehen.[155]

Die Gründe für dieses Prestige der englischen Berufsrichter sind vielfältig und nicht nur rein fachlicher Natur. Da die Hintergründe des außerordentlichen Ansehens, welches die englischen Richter genießen, in diesem und dem folgenden

---

154 Dazu Berlins/Dyer, Law Machine, S. 36: „*In recent years the acute shortage of openings at the Bar and the uncertain level of earnings in the first few years have frightened many high-quality graduates who have otherwise gone to the Bar into opting for the greater security of the solicitors' branch. Recently more law graduates with good degrees from Oxford or Cambridge have been choosing the solicitors' branch rather than the Bar, a reversal of the traditional preference.*".

155 Der Laienrichter erhält zwar keine materielle Vergütung für seine Dienste, doch beinhaltet dieses Amt eine Vielzahl verantwortungsvoller Aufgaben, die sich automatisch auf dessen Träger übertragen. Insofern erfährt er ideelle Vorteile wie bspw. Einfluß, Ehre und Respekt von Seiten der Bevölkerung. Zudem kann er eventuell angefallene Reisekosten und Betriebsausfallkosten geltend machen, wobei letztere insbesondere bei kleineren Betrieben keine echte Kompensation darstellen. Vgl. Justices of the Peace Act 1997, Section 10; Lord Chancellor's Department, How to Become a Magistrate*, Allowances.

Kapitel noch ausführlich erörtert und weiter verdichtet wird, soll an dieser Stelle eine kurze Auflistung der markanten Ansatzpunkte genügen. So sind die Richter aufgrund des ansehnlichen Gehalts sowie der gesicherten Pensionsansprüche finanziell unabhängig.[156] Hinzu kommt die praktische Unabsetzbarkeit[157] sowie eine weitgehende Immunität sowohl innerhalb als auch außerhalb des Gerichtssaals.[158] Zudem räumt der Grundsatz der richterlichen Unabhängigkeit, welcher im englischen Verfassungsrecht eine absolute Verfassungsdoktrin darstellt, den Richtern eine umfassende und einflußreiche Machtposition ein.[159] Des weiteren existiert in England nur eine sehr geringe Anzahl von Berufsrichtern, so daß angesichts des entsprechend strengen Auswahlverfahrens – nahezu zwangsläufig – eine fachliche Elite entsteht.[160] Die angesehene Autorität der englischen Richter ist unter anderem auch auf deren durchweg gehobenen sozialen Hintergrund zurückzuführen. Statistisch nachweisbar besuchten etwa 80 % aller Richter in England exklusive Privatschulen wie Eton und Harrow, welche paradoxerweise als "public schools" bezeichnet werden, und über 75 % studierten an den Universitäten von Oxford und Cambridge.[161] Folglich gehören rund 75 % der englischen Richter der Aristokratie oder der gehobenen Mittelklasse an.[162] Die Ursache für

---

156 Zu den aktuellen richterlichen Jahreseinkommen, welche erst kürzlich mit Wirkung zum 01.04.2001 um 3,3 % erhöht worden sind, vgl. die tabellarische Übersicht unter Lord Chancellor's Department, Judicial Salaries 2001-2002*.

157 Die Entfernung eines Richters aus dem Amt setzt ein kompliziertes Verfahren voraus, das nur selten erfolgreich ist. Tatsächlich ist in den letzten 300 Jahren erst ein einziger hoher Richter im Jahre 1830 aus dem Amt entfernt worden. Bezüglich der Richter an den unteren Gerichten gelten für das Amtsenthebungsverfahren zwar andere Maßstäbe, doch sind auch in diesem Bereich unfreiwillige Entlassungen äußerst selten. Ausführlich hierzu unter A. III. 3. b) (2).

158 Traditionell schienen die Richter lange Zeit sogar immun gegen öffentliche Kritik durch die Medien. Dies entspricht heutzutage aber nicht mehr uneingeschränkt der Realität.

159 Näher zur richterlichen Unabhängigkeit unter A. III. 3.

160 Derzeit praktizieren in England nur 758 hauptberufliche Richter, davon 12 Law Lords, 35 Richter am Court of Appeal, 107 Richter am High Court of Justice sowie 604 Circuit Judges. Darüber hinaus ist jedoch eine Vielzahl qualifizierter Rechtsanwälte als Richter im Nebenberuf oder als Richter auf Probe tätig. Vgl. die aktuelle Übersicht unter Lord Chancellor's Department, Judicial Appointments*. Ausführlich zum Auswahlverfahren der englischen Richter unter A. II. 3.

161 Siehe Berlins/Dyer, Law Machine, S. 65 mit Hinweis auf die bekannte Ausnahme Lord Dennings, dessen Vater ein Tuchhändler ("draper") war. Vgl. auch Griffith, Politics of the Judiciary, S. 20; Denham, Modern Introduction, S. 94.

162 Vor diesem Hintergrund wird auch die in der englischen Bevölkerung dominierende Vorstellung eines typischen Richters verständlich, wie sie äußerst treffend von Keeling, Richterbild in Großbritannien, S. 99 beschrieben wird: *„Er ist ziemlich alt, männlich, weiß, konservativ, gehört dem oberen Mittelstand an, wohnt in einem grünen Vorort Londons oder in einem schönen Dorf in Surrey oder Sussex, jedenfalls soweit wie möglich vom aufregenden Innenstadtleben entfernt. Weiter: Er hat wenig Kontakt zur täglichen Realität und zum normalen Bürger; er fährt nicht mit dem Bus oder der U-Bahn, er*

diese erstaunliche Homogenität liegt unter anderem auch darin begründet, daß die absolute Grundvoraussetzung für eine Ernennung zum Richter eine mehr als 20jährige erfolgreiche Berufserfahrung als praktizierender Rechtsanwalt darstellt, für die eine gewisse finanzielle Unabhängigkeit angesichts des geringen Einkommens in den ersten Berufsjahren unentbehrlich ist. Die englische Richterschaft stellt somit keinen Querschnitt der Gesellschaft dar, sondern spiegelt vielmehr deren *upper class* wieder.[163]

Des weiteren werden hohe englische Richter aufgrund ihrer Autorität, Kompetenz und Unparteilichkeit nicht gerade selten mit nichtrichterlichen Aufgaben von allerhöchster Bedeutung betraut, indem sie zu Vorsitzenden von Untersuchungskommissionen *(Commissions)* oder sogar einer Königlichen Kommission *(Royal Commission)* ernannt werden.[164] Nicht gesetzlich vorgesehen, aber ausnahmslos Sitte ist zudem, daß die Königin den neu ernannten Richtern an den höheren Gerichten den Adelstitel verleiht.[165] Schließlich trägt auch das optische Erscheinungsbild der Richter zu deren besonders angesehener Ehrenstellung bei, denn im Gegensatz zu den meisten ihrer kontinentaleuropäischen Kollegen tragen die englischen Richter traditionell noch Perücken[166] sowie aufwendige Roben bei Gericht und thronen auf ihrem Richterstuhl im wahrsten Sinne des Wortes über dem Gerichtssaal[167].

---

geht abends lieber ins Theater oder in die Oper als in die Pubs; Samstagnachmittag schaut er sich lieber ein Kricket- oder ein Rugbyspiel als ein Fußballspiel an. ".

163 Vgl. dazu auch Lord Chancellor, Lord Irvine of Lairg, Speech to the Association of Women Barristers (AWB) am 11.02.1998*, mit positivem Blick in die Zukunft: „*Yes, it is true that many judges today are white, Oxbridge educated men. (...) For too long Barristers were drawn from a narrow social background. As this changes over time, I would expect the composition of the Bench to change too.* ".

164 Ausführlich zu der Rolle des Richters in derartigen Untersuchungskommissionen Lord Nolan, Judicial Inquiries, S. 147 ff. Näher hierzu auch Romberg, Richter Ihrer Majestät, S. 65; Cohn, Richter und Staat in England, S. 31; Griffith, Politics of the Judiciary, S. 25; Berlins/Dyer, Law Machine, S. 55.

165 Vgl. Cohn, Richter und Staat in England, S. 17; Romberg, Richter Ihrer Majestät, S. 61.

166 Dabei ist jedoch zu differenzieren zwischen den schulterlangen Perücken ("full-bottomed wigs"), welche nur zu besonderen Anlässen und Zeremonien getragen werden, und der kürzeren Version, welche nur auf dem Kopf aufliegt und in der alltäglichen Gerichtspraxis zu sehen ist. Trotz wiederholter Kritik an diesem Relikt aus einer Zeit, in der die Perücken der Richter noch die Macht, Autorität und Unanfechtbarkeit der Krone und des Rechts symbolisierten, kam eine Umfrageuntersuchung des Lord Chancellor's Department im Jahre 1993 zu dem Ergebnis, daß sich die Mehzahl der befragten Richter, Rechtsanwälte sowie ein Großteil der breiten Öffentlichkeit für die Beibehaltung dieser Tradition aussprachen. Zu dem gleichen Ergebnis gelangte die Gerichtsstudie von Zander/Henderson, Crown Court Study, S. 221 f, 8.7.3.

167 Die einsame und imposante Erscheinung des englischen Richters ist auch auf die räumliche Gestaltung des Gerichtssaals zurückzuführen und die Tatsache, daß dieser nicht wie sein deutscher Kollege zusammen mit Schöffen, Staatsanwalt und Protokollführer an ei-

2. Die verschiedenen "Richterberufe"

In England gibt es grundsätzlich zwei Arten von Richtern. Auf der einen Seite existiert eine kleine Anzahl auserlesener und qualifizierter Berufsrichter, die *Judges*, und auf der anderen Seite eine Vielzahl von Laienrichtern, *Lay Magistrates* oder auch *Justices of the Peace* genannt, welche die richterlichen Aufgaben an den Untergerichten unentgeltlich und ehrenamtlich wahrnehmen. Daher wird nicht jeder Richter auch als "Judge" bezeichnet. Aus diesem Grunde orientiert sich die folgende Darstellung der verschiedenen Richterberufe nicht an der englischen Terminologie, sondern vielmehr an den Aufgaben und Funktionen des entsprechenden Amtes, da die offiziellen englischen Bezeichnungen teilweise nicht ohne weiteres auf eine richterliche oder zumindest richterähnliche Tätigkeit schließen lassen und daher aus kontinentaleuropäischer Perspektive auf den ersten Blick verwirrend anmuten.[168] Zum besseren Verständnis sei daher zusätzlich auf die graphische Darstellung der englischen Gerichtsbarkeit mit Benennung der unterschiedlichen Richterämter im Anhang verwiesen.

In diesem Zusammenhang sei ferner angemerkt, daß die Labour Regierung im Rahmen einiger grundlegender Verfassungsreformen[169] die Reform des gesamten britischen Oberhauses *(House of Lords)* beabsichtigt. So wurde durch den House of Lords Reform Act 1999 bereits die vererbte Mitgliedschaft der sog. *Hereditary Peers* abgeschafft. Die endgültige Gestaltung der schon seit Jahrzehnten diskutierten Neuordnung ist derzeit jedoch noch nicht absehbar. Denkbar und durchaus sinnvoll wäre wohl die Einrichtung eines *Supreme Court* als oberster Gerichtshof, welcher den Berufungsausschuß des House of Lords *(Appellate Committee of the House of Lords)* ersetzen würde. Diese Alternative sollte von der eingesetzten *Royal Commission on the Reform of the House of Lords* jedoch ausdrücklich nicht in Betracht gezogen werden. Da eine baldige Entscheidung in dieser Hinsicht nicht zu erwarten ist, bleibt die zukünftige Konstitution des House of Lords bis auf weiteres ungewiß. Die im Anschluß folgenden

---

nem leicht erhöhten Tisch sitzt, sondern eindrucksvoll auf einem deutlich erhöhten Richterstuhl thront.

168 Vgl. hierzu Cohn, Richter und Staat in England, S. 13 mit dem Hinweis darauf, daß das englische Recht mit dem Titel "Judge" einerseits verschwenderisch und andererseits sehr sparsam umgeht, indem es ihn an Tausende juristisch ungeschulter Laienrichter verleiht, aber einer Vielzahl juristisch voll qualifizierter Personen vorenthält, die Aufgaben wahrnehmen, welche überall in der Welt als richterliche gelten.

169 Auf verfassungsrechtlicher Ebene wird maßgeblich die Reform des House of Lords sowie die Einführung eines formellen und transparenteren Selektionsverfahrens im Rahmen der Richterauswahl avisiert. Zudem gilt es die neuen selbständigen Regierungen und Parlamente in Wales und Schottland zu implementieren ("devolution"). Zu den grundsätzlichen Reformbestrebungen der Labour Regierung vgl. das vor der Wahl 1997 erstellte Manifest mit 177 "Commitments" und entsprechenden bis dato erreichten Fortschritten unter 10 Downing Street, Manifesto Commitments*.

Erläuterungen zur Stellung und Funktion der Law Lords im House of Lords beziehen sich daher auf die gegenwärtige Situation.

a) Lord Chancellor (L.C.)

Der Lord Chancellor ist der ranghöchste Richter in der Gerichtshierarchie von England und Wales.[170] Dabei übt er richterliche Gewalt als Vorsitzender des Berufungsausschusses des House of Lords *(Appellate Committee of the House of Lords)* sowie des richterlichen Ausschusses des geheimen Staatsrates *(Judicial Committee of the Privy Council)* aus.[171] Zudem ist er Präsident des Supreme Court of England[172], ex-officio Richter des Court of Appeal[173] sowie Präsident der Chancery Division des High Court[174]. Der Lord Chancellor agiert in der Praxis jedoch selten als Richter. Denn gerade dieses höchste Richteramt ist von einer deutlich sichtbaren Bipolarität geprägt, welche im Hinblick auf die in England stets besonders hervorgehobene richterliche Unabhängigkeit nicht gerade unproblematisch erscheint. Auf der einen Seite fungiert der Lord Chancellor zwar als Oberhaupt der Judikative, auf der anderen Seite erhält er dieses ehrenwerte Amt jedoch aus politischen Gründen, denn es wird durch den Premierminister vergeben wie jeder anderer Regierungsposten auch. Somit ist der Lord Chancellor gleichzeitig auch ein prominentes Mitglied der Regierung und hat einen ständigen Sitz im Kabinett. Er ist daher nicht wie andere hohe Richter faktisch unabsetzbar. Vielmehr hängt die Dauer seiner Amtszeit vom Premierminister ab, d.h. er kann jederzeit ersetzt werden und wenn die Regierung zurücktritt, scheidet auch er wie jeder andere Minister aus seinem Amt. Ferner fungiert er als Leiter des Lord Chancellor's Department, eines Ministeriums der Exekutive mit großer Verantwortung.[175]

Die durchaus konträren Aufgaben und Funktionen des Lord Chancellor bedeuten aus kontinentaleuropäischer Perspektive offensichtlich eine völlige Abkehr von der verfassungsrechtlichen Maxime der Gewaltenteilung. Aus diesem Grunde werden die diesbezügliche englische Sichtweise sowie die Bedeutung

---

170 An der Spitze der Gerichtshierarchie in Schottland steht der "Lord President" und in Nordirland der "Lord Chief Justice of Northern Ireland".

171 Lord Chancellor's Department, The Lord Chancellor and the Constitutional Framework*.

172 Supreme Court Act 1981, Section 1 (2). Die durchaus geläufige Bezeichnung als "Supreme Court" ist jedoch irreführend, da es in England und Wales gar keinen Supreme Court per se gibt. Nach dem Interpretation Act 1978, Section 5, Schedule 1, ist unter dem Begriff "Supreme Court" im Hinblick auf England und Wales der Crown Court, der High Court und der Court of Appeal zu verstehen; bezüglich Nordirland ist der Supreme Court of Judicature of Northern Ireland gemeint.

173 Supreme Court Act 1981, Section 2 (2) (a).

174 Supreme Court Act 1981, Section 5 (1) (a).

175 Näher zum Lord Chancellor's Department: Woodhouse, Lord Chancellor, S. 625 ff sowie Lord Chancellor's Department, About the Department*.

dieses Verfassungsgrundsatzes im Rahmen des englischen Verfassungsgefüges weiter unten näher beleuchtet.[176]

Das Gehalt des Lord Chancellor beträgt nach der Erhöhung der Richtergehälter um 3,3 % infolge der Empfehlungen des Senior Salaries Review Board (SSRB) mit Wirkung zum 01. April 2001 173.875 Pfund.[177] Derzeitiger Amtsinhaber ist Lord Irvine of Lairg.

b) Lord Chief Justice (L.C.J.)

Der Lord Chief Justice ist nach dem Lord Chancellor der ranghöchste Richter. Er ist Vorsitzender der Abteilung für Strafsachen am Court of Appeal *(Criminal Division)* sowie der Queen's Bench Division des High Court. Mit seiner Ernennung wird der Lord Chief Justice gleichzeitig ein Mitglied des House of Lords und damit *Peer*.[178]

Das Gehalt des Lord Chief Justice beträgt 171.375 Pfund.[179] Der derzeitig amtierende Lord Chief Justice ist Lord Woolf.

c) Master of the Rolls (M.R.)

Der Master of the Rolls führt den Vorsitz in der zivilrechtlichen Abteilung des Court of Appeal *(Civil Division)* und organisiert die diesbezügliche Arbeit. Er hat diverse Aufsichtspflichten hinsichtlich der Solicitors, insbesondere deren formelle Zulassung sowie die Genehmigung von Regulierungen seitens der Law Society.[180]

Der Titel ist darauf zurückzuführen, daß der Master of the Rolls formell die kürzlich qualifizierten Solicitors in das Verzeichnis der praktizierenden Solicitors *(the roll)* aufnimmt, wodurch diese die Erlaubnis erwerben als Rechtsanwälte zu praktizieren.

Das Gehalt des Master of the Rolls beträgt 163.213 Pfund.[181] Derzeitiger Amtsinhaber ist Lord Phillips of Worth Matravers.

---

176 Siehe die Ausführungen unter A. III. 2.

177 Nach Section 3 des Ministerial and Other Persons Salaries Act 1991, welche durch die neuere Ministerial and Other Salaries Order 1996 ergänzt wird, ist das jährliche Gehalt des Lord Chancellor um 2.500 Pfund höher als das des Lord Chief Justice. Vgl. die erschöpfende Übersicht aller Richterämter mit den alten und den neuen Bezügen ab dem 01.04.2001 unter Lord Chancellor's Department, Judicial Salaries 2001-2002*.

178 Darbyshire, English Legal System, S. 39.

179 Lord Chancellor's Department, Judicial Salaries 2001-2002*.

180 Marsh/Soulsby, Outlines of English Law, S. 59.

181 Lord Chancellor's Department, Judicial Salaries 2001-2002*.

d) *Vice-Chancellor (V.C.)*

Der Vice-Chancellor ist Stellvertreter des Lord Chancellor und gleichzeitig Vizepräsident der *Chancery Division* des *High Court.*[182] Dabei ist er maßgeblich verantwortlich für die Organisation und das Management aller Angelegenheiten dieser Abteilung.

Das Gehalt des Vice-Chancellors beträgt 157.699 Pfund.[183] Derzeit amtierender Vice-Lord Chancellor ist Sir Richard Rashleigh Folliott Scott.

e) *Lords of Appeal in Ordinary*

Die Lords of Appeal in Ordinary bilden den richterlichen Ausschuß des House of Lords *(Appellate Committee of the House of Lords)*[184], der in Zivil- und Strafsachen als letzte juristische Berufungsinstanz für alle rechtlichen Streitfälle in England, Wales, Schottland[185] und Nordirland und damit als höchstes Gericht des Vereinigten Königreiches fungiert. Zur Zeit gibt es 12 Lords of Appeal in Ordinary, was gleichzeitig die gesetzlich vorgesehene Maximalzahl darstellt.[186] Diese werden für gewöhnlich *Law Lords* genannt.

Durch ihre Ernennung werden die *Law Lords* zwar zu Mitgliedern des House of Lords, doch nehmen sie nach gewohnheitsrechtlicher Verfassungskonvention nur sehr begrenzt an der legislativen Arbeit des Oberhauses teil. An den politischen Diskussionen beteiligen sie sich traditionell gar nicht – so zumindest die Theorie. Die reale Verfassungswirklichkeit spiegelt jedoch ein anderes Bild wieder, denn insbesondere in den letzten Jahren haben die Law Lords zunehmend auch an politischen Debatten und Diskussionen über Gesetzesvorlagen teilgenommen.[187]

Das jährliche Gehalt der Lords of Appeal in Ordinary beträgt 157.699 Pfund.[188]

---

182 Supreme Court Act 1981, Section 5 (1) (a). De facto fungiert jedoch der Vice-Chancellor als Präsident der Chancery Division, was angesichts der unglaublichen Aufgabenfülle des Lord Chancellor nicht verwundert.

183 Lord Chancellor's Department, Judicial Salaries 2001-2002*.

184 Der richterliche Berufungsausschuß des House of Lords ("Appellate Committee") sollte jedoch nicht verwechselt werden mit dem House of Lords als Legislativorgan und zweite Kammer des Parlamentes. Zur Ausgestaltung als Ausschuß des House of Lords vgl. näher unten A. III. 2. c).

185 Siehe Darbyshire, English Legal System, S. 29 mit Hinweis darauf, daß schottische Fälle in Strafsachen hiervon ausgenommen sind.

186 Lord Chancellor's Department, Judicial Appointments*. Dabei werden mindestens zwei Law Lords aus Schottland und gelegentlich ein Law Lord aus Nordirland ernannt. Siehe auch Berlins/Dyer, Law Machine, S. 58.

187 Näher hierzu unter A. III. 2. c).

188 Vgl. Lord Chancellor's Department, Judicial Salaries 2001-2002*. Siehe auch die aktuelle Auflistung aller amtierenden Lords of Appeal inklusive der ex-officio Richter des Court of Appeal unter House of Lords, List of Lords of Appeal*.

f) Lord Justices of Appeal (L.J.)

Die Richter des Court of Appeal werden Lord Justices of Appeal genannt.[189] Zur Zeit gibt es 35 Lord Justices of Appeal, was gleichzeitig die gesetzlich vorgesehene Obergrenze ist.[190] Da sie den Adelstitel als *Sir* bereits führen, werden sie mit ihrer Ernennung zu Mitgliedern des geheimen Staatsrates *(Privy Council)*. Der Court of Appeal verfügt über eine strafrechtliche *(Criminal Division)* und eine zivilrechtliche Abteilung *(Civil Division)* und fungiert als Rechtsmittelgericht des High Court sowie des Crown Court und der County Courts.[191]

Das Gehalt der Lord Justices of Appeal beträgt 149.897 Pfund.[192]

g) Presiding Judges

Durch den Courts and Legal Services Act 1990 wurde das bereits durch den Courts Act 1971 vorgesehene System der Vorsitzenden Richter *(Presiding Judges)* gesetzlich anerkannt und festgelegt. Danach müssen laut Section 72 für jeden der 6 Gerichtsbezirke in England und Wales *(circuits)* mindestens zwei Richter des High Court als Vorsitzende ernannt werden. Des weiteren muß ein *Senior Presiding Judge* für England und Wales aus den Reihen der Lords Justices of Appeal ernannt werden. Die Vorsitzenden Richter tragen die allgemeine Verantwortung für ihren Gerichtsbezirk und alle das Gerichtswesen dort betreffenden Angelegenheiten.

h) High Court Judges

Der High Court of Justice besteht aus drei Abteilungen: der *Queen's Bench Division*, der *Family Division* und der *Chancery Division*. Die Richter am High Court werden in der Regel *High Court Judges* genannt. Die Bezeichnung *Puisne Judges* bezieht sich auf alle Richter des High Court außer den Vorsitzenden Richtern der drei Abteilungen.[193]

Derzeit arbeiten 107 Richter am High Court, von denen 17 in der Chancery Division, 73 in der Queen's Bench Division und 17 in der Family Division tätig sind.[194] Die Gerichtssitzungen finden entweder am *Royal Court of Justice in the*

---

189 Supreme Court Act 1981, Section 2 (3).

190 Vgl. die Maximum Number of Judges Order 1996, SI 1996/1142; Lord Chancellor's Department, Judicial Appointments*.

191 Hinsichtlich der personellen Zusammensetzung des Courts of Appeal und den unterschiedlichen Abteilungen vgl. Supreme Court Act 1981, Section 2.

192 Vgl. Lord Chancellor's Department, Judicial Salaries 2001-2002*.

193 Die Vorsitzenden der drei Abteilungen des High Court sind der Lord Chancellor (Chancery Division), der Lord Chief Justice (Queen's Bench Division) und der President of the Family Division (Family Division).

194 Siehe Lord Chancellor's Department, Judicial Appointments*.

Strand im Stadtzentrum Londons oder an einem der 27 kleinstädtischen Gerichte des High Court außerhalb Londons statt.

Das Jahresgehalt der Richter am High Court beträgt 132.603 Pfund.[195]

i) Circuit Judges

Die Circuit Judges nehmen eine gemischte zivilrechtliche und auch strafrechtliche Rolle wahr, da sie sowohl an den rund 300 County Courts des Landes, als auch am Crown Court beschäftigt sind.[196] Die Bezeichnung rührt daher, daß diese Richter früher die durch den Courts Act 1971 eingerichteten sechs Gerichtsbezirke in England und Wales bereisten und an bestimmten Tagen Gerichtsverhandlungen abhielten.

Derzeit sind in England 604 Circuit Judges tätig und ihr Jahreseinkommen beträgt 99.420 Pfund.[197]

j) Recorders

Recorders sind gewöhnlich praktizierende Rechtsanwälte, die als Richter im Nebenberuf teilzeit am Crown Court oder an den County Courts tätig sind.[198] Ihre Gerichtsbarkeit ist vergleichbar mit der eines Circuit Judge, doch behandeln die Recorders in der Regel die einfacheren und weniger komplexen Rechtsstreitigkeiten. Ein Recorder muß mindestens 15 Tage im Jahr Gerichtsverhandlungen halten, von denen mindestens 10 Tage in einer kontinuierlichen Periode abgeleistet werden sollten.[199] Er wird zunächst für die Dauer von fünf Jahren ernannt[200], wobei der Lord Chancellor die Amtszeit nach Ablauf der fünf Jahre automatisch um weitere fünf Jahre verlängert, sofern nicht gewichtige Gründe gegen eine Verlängerung sprechen.

Derzeit sind in England 1311 Recorders beschäftigt, von denen 1175 und damit fast 90 % Barristers sind.[201]

---

195 Vgl. Lord Chancellor's Department, Judicial Salaries 2001-2002*.

196 Eine genaue und ausführliche Aufgabenbeschreibung ("job description") findet sich in den Unterlagen der aktuellen Bewerbungskampagne unter Lord Chancellor's Department, Circuit Judge 2001-2002 Competition - Guide for Applicants*, Annex B.

197 Vgl. Lord Chancellor's Department, Judicial Appointments*. Das Jahresgehalt der Circuit Judges am Central Criminal Court in London (Old Bailey) sowie der auf Wirtschafts- und Patentrecht spezialisierten Circuit Judges liegt mit 107.346 jedoch deutlich höher, vgl. Lord Chancellor's Department, Judicial Salaries 2001-2002*.

198 Eine ausführliche Aufgabenbeschreibung des Amt eines Recorder (job description) findet sich in den Unterlagen der aktuellen Bewerbungskampagne unter Lord Chancellor's Department, Recorder 2001-2002 Competition - Guide for Applicants*, Annex B.

199 Vgl. Lord Chancellor's Department, Recorder 2001- 2002 Competition - Guide for Applicants*, Annex C, §§ 3, 8 f.

200 Vgl. Section 21 (4) des Courts Act 1971.

201 Lord Chancellor's Department, Judicial Appointments*.

k) District Judges

Durch den Courts and Legal Services Act 1990, Section 74 wurden die *County Court Registrars* umbenannt in *District Judges*. Dies sind in der Regel praktizierende Rechtsanwälte, welche als Richter im Nebenberuf teilzeit am County Court tätig sind. Die County Courts entscheiden ausschließlich in zivilrechtlichen Streitfällen.

Derzeit gibt es in England 396 District Judges.[202]

l) Deputy Judges

Die Bezeichnung als Deputy Judge bedeutet die zeitlich befristete Einstellung in den Richterdienst als teilzeittätiger Aushilfsrichter. Nach Ablauf einer gewissen Probezeit und bei Vakanz eines entsprechenden Amtes werden die Richter dann definitiv ernannt. Sinn und Zweck dieser Praxis ist die Bewährung der angehenden Richter, bevor sie ihr Amt vollzeit übernehmen.[203] Diese Bewährungsprobe für neu ernannte Richter wird in England bereits seit Jahren praktiziert und hat sich offensichtlich als effizient erwiesen. Infolgedessen existiert über die bisher genannten Richterämter hinaus eine große Anzahl von *Deputy High Court Judges*, *Deputy Circuit Judges*, *Deputy District Judges* sowie *Assistant Recorders*.

m) Magistrates

Der Titel *Magistrates* bezeichnet im allgemeinen englischen Sprachgebrauch die große Anzahl von Laienrichtern im Bereich der unteren Gerichtshierarchie, ohne die das englische Rechtssystem angesichts der relativ kleinen Berufsrichterschaft gar nicht funktionieren könnte.[204] In diesem Zusammenhang sei angemerkt, daß neben dem United Kingdom kein anderes europäisches Rechtssystem eine derartig umfangreiche Beteiligung juristischer Laien auf richterliche Ebene vorsieht. Daher gilt England als das klassische Land der Richter im Nebenberuf.[205]

Bis vor kurzem war zu differenzieren zwischen den *Lay Magistrates* einerseits, bei denen es sich um wirkliche juristische Laien handelt, und den *Stipendiary Magistrates* andererseits, die professionell qualifizierte Richter darstellen. Zwar sind die Rechtsprechungskompetenzen beider Gruppierungen identisch, doch verfügen sie über einen unterschiedlich qualifizierten juristischen Sachverstand. Dessen ungeachtet wurde über lange Jahre hinweg im allgemeinen Sprachgebrauch gleichwohl der Oberbegriff Magistrates für beide Erscheinungsformen

---

202 Lord Chancellor's Department, Judicial Appointments*.

203 Vgl. Darbyshire, English Legal System NS, S. 31.

204 Zur Zeit sind in England und Wales 30.360 Laienrichter tätig. Vgl. hierzu die umfassende Übersicht unter Magistrates' Association, All about Magistrates*, Justices of the Peace in England and Wales.

205 Vgl. Cohn, Richter und Staat in England, S. 15.

verwendet, eine Bezeichnung, welche die Professionalität der Stipendiaries für die Öffentlichkeit nicht besonders deutlich zum Ausdruck brachte, sondern vielmehr verschleierte.[206] Aus diesem Grunde wurde durch den Access to Justice Act 1999 eine Umbenennung vorgenommen, indem die *Stipendiary Magistrates* nunmehr als *District Judges (Magistrates' Courts)* bezeichnet werden.[207] Dies unterstreicht zum einen die juristische Qualifikation der Richter, zum anderen bringt die neue Bezeichnung den Vorteil mit sich, daß die District Judges (Magistrates' Courts) nicht wie die Lay Magistrates geographisch gesehen nur in ihrer *Commission Area* eingesetzt werden können, sondern in ihrem Einsatzgebiet flexibel sind.

Die Hauptzahl der Fälle in dem Bereich "Inner London" wird in der Regel von professionellen Stipendiaries, nunmehr District Judges (Magistrates' Courts) gehört, während in "Outer London" und in den kleineren Provinzen die Lay Magistrates tätig sind.[208]

(1) Lay Magistrates

Die Lay Magistrates, auch *Justices of the Peace* genannt[209], sind wirkliche juristische Laien, die ihr Amt ehrenamtlich und unentgeltlich wahrnehmen. Sie halten Sitzungen an den Magistrates' Courts und bearbeiten mehr als 97 % aller Strafrechtsfälle in England und Wales.[210] In der Regel entscheiden die Lay Ma-

---

206 In diesem Sinne auch Lord Chancellor, Lord Irvine of Lairg „*(...) we shall consult upon the question whether the role that Stipendiary Magistrates now fulfil might be more accurately reflected in a change of judicial title; they are professional judges and the word "Magistrate" is most naturally associated in the public mind with the lay magistracy.*", vgl. Ministerial Statement to the House of Lords vom 29.10.1997 – The Organisation of the Magistrates' Courts*, Appointment and Deployment of Stipendiary Magistrates.

207 Siehe den Access to Justice Act 1999, Section 78. Diese Vorschrift ersetzt die bisherigen Regelungen in den Sections 11 bis 20 im Justices of the Peace Act 1997.

208 Diese auffällige Präferenz in Inner London hat einen historischen Hintergrund: Die Metropolitan Stipendiary Magistrates wurden einst als Reaktion auf die korrupte Rechtsprechungspraxis der Laienrichter im 18. und 19. Jahrhundert ins Leben gerufen. Ab dieser Zeit durften die Laienrichter in London nur noch in sehr einfach gelagerten Fällen entscheiden, bis ihre Rechtsprechung in Form des Criminal Justice Act 1964 schließlich wieder angeglichen wurde. Vgl. hierzu Darbyshire, English Legal System NS, S. 71.

209 Der Titel "Justice of the Peace" stammt aus der Regierungszeit Edward III. im Jahre 1361 und findet sich erstmalig in einem Gesetz aus dem Jahre 1327, welches festlegte, daß "good and lawful men" in jeder Grafschaft zu ernennen seien, um dort für Ruhe und Frieden zu sorgen, "to guard the peace". Vgl. dazu Lord Chancellor's Department, The Magistrate*, A tradition of justice.

210 Vgl. dazu sowie zu den übrigen Aufgaben der Laienrichter: Magistrates' Association, All about Magistrates*, Duties and Responsibilities of Lay Magistrates; Lord Chancellor's Department, The Magistrate*, The duties and responsibilities of a Magistrate.

gistrates in Zweier- oder Dreiergruppen, jedoch niemals allein.[211] In seltenen Ausnahmefällen halten sie auch zusammen mit einem Circuit Judge oder einem Recorder Sitzungen am Crown Court ab. Dann müssen die Laienrichter die Entscheidung des Circuit Judge respektive des Recorders im Hinblick auf rechtliche Fragen akzeptieren, die gerichtliche Entscheidung im Hinblick auf die Tatfrage wird jedoch durch Mehrheitsentscheid gefällt. Obwohl der größte Teil ihrer Arbeit durch strafrechtliche Fälle geprägt ist, kommt den Lay Magistrates auch eine verantwortungsvolle Rechtsprechungsaufgabe hinsichtlich besonderer zivilrechtlicher Angelegenheiten zu.[212]

Die Laienrichter müssen mindestens 26 halbe Tage im Jahr Sitzungen halten[213], doch ist von Seiten des Lord Chancellor's Department eine durchschnittliche Sitzungszeit von 35 halben Tagen erwünscht.[214] Sie werden kollektiv als *the bench* (= die Richterbank) bezeichnet und vor Gericht mit "Your Worships" angeredet.

(2) District Judges (Magistrates' Courts)

Bei den District Judges (Magistrates' Courts), ehemals Stipendiary Magistrates handelt es sich um professionelle Rechtsanwälte mit langjähriger Berufserfahrung, die zur Verstärkung der Laienrichterschaft zu Berufsrichtern ernannt werden und im Gegensatz zu den Lay Magistrates für ihre Tätigkeit entlohnt werden. Sie sitzen gewöhnlich vollzeit an den Magistrates' Courts und nicht in Gremien, sondern als Einzelrichter.

In Zeiten richterlicher Engpässe kann der Lord Chancellor ferner *Deputy District Judges (Magistrates' Courts)*, ehemals bezeichnet als *Acting Stipendiary Magistrates* ernennen, um wesentliche Verzögerungen im Rahmen der Gerichtsverwaltung zu vermeiden und die Fallast der Gerichte zu reduzieren. Diese haben die gleichen Kompetenzen wie District Judges (Magistrates' Courts) und müssen zudem entsprechend qualifiziert sein. Während sie bis vor kurzem nur

---

211 Nach den gesetzlichen Vorgaben des Magistrates' Courts Act 1980, Section 121 (1) ist ein Magistrates' Court mit mindestens 2 Laienrichtern rechtmäßig besetzt. Die maximale Höchstzahl beträgt 7 Laienrichter nach den Justices of the Peace (Size and Chairmanship of Bench) Rules 1990, SI 1990/1554 rule 3.

212 Dies gilt beispielsweise für ausgewählte Ehe- und Familienstreitigkeiten sowie für die Erteilung bzw. Verweigerung behördlicher Genehmigungen.

213 Diese Mindestzahl ist aber nicht gesetzlich festgelegt. Vgl. in diesem Zusammenhang auch den Employment Rights Act 1996, der in Section 50 (1) vorsieht, daß Angestellte, welche ehrenamtlich als Laienrichter fungieren, für Sitzungstermine von der Arbeit freigestellt werden sollen. Sub-Section (4) regelt die zeitliche Dauer und Häufigkeit der Freistellungen. Siehe auch die vorherige Regelung im Employment Protection (Consolidation) Act 1978, Section 29.

214 Vgl. hierzu das entsprechende Rundschreiben des Lord Chancellor's Department unter Lord Chancellor's Department, Circular from S A Humphreys, Deputy Secretary of Commissions, vom 20.07.1999*, § 2.

aushilfsweise und für die maximale Dauer von drei Monaten ernannt wurden, können sie nach der Neuregelung durch den Access to Justice Act auch für längere Zeit berufen werden.[215]

Bis zur kürzlichen Umbenennung wurden die Stipendiary Magistrates in London *Metropolitan Stipendiary Magistrates* genannt.[216] Nunmehr werden auch sie von der Bezeichnung als *District Judges (Magistrates' Courts)* erfaßt. Zur Zeit sind in England 95 District Judges (Magistrates' Courts) und 163 Deputy District Judges (Magistrates' Courts) tätig.[217]

n) Magistrates' Clerks

Der Magistrates' Clerk führt eine Doppelrolle bei Gericht, denn er nimmt sowohl rechtliche, als auch administrative Aufgaben wahr.[218] Auf der einen Seite verwaltet er, unterstützt durch das ihm unterstehende Personal, die unglaublichen Mengen an Papierarbeit, welche tagtäglich bei Gericht anfallen. Er setzt die Sitzungstermine des Gerichts zeitlich fest und stellt somit sicher, daß entsprechend der jeweiligen Fallast eine ausreichende Anzahl an Einzelrichtern respektive Richtergremien für einen bestimmten Tag organisiert werden. Zudem ist es seine Aufgabe sicherzustellen, daß ein Gericht weder zu viel noch zu wenig Arbeitslast trifft.

Auf der anderen Seite besteht die rechtliche – und weitaus bedeutendere – Funktion des Magistrates' Clerk darin, sowohl die Lay Magistrates, als auch die Stipendiary Magistrates in rechtlicher Hinsicht bei ihrer Entscheidungsbildung zu beraten.[219] Zwar erhalten die Magistrates eine Basisausbildung in materiellrechtlicher und prozessualer Hinsicht, doch greifen sie in der Praxis in aller Regel auf den rechtlichen Rat ihres Clerk zurück. Angesichts dieser bedeutenden Stellung des Magistrates' Clerk mag es zu recht verwundern, daß ein Magistrates' Court

---

215 Die Neuregelung hinsichtlich der Ernennungsdauer der Deputy District Judges (Magistrates' Courts) findet sich in der durch den Access to Justice Act 1999, Section 78 geänderten Fassung des Justices of the Peace Act 1997, Section 10B (1).

216 Siehe Carr, Procedure in Magistrates' Courts, S. 2.

217 Lord Chancellor's Department, Judicial Appointments*.

218 Vgl. ausführlich zu den Befugnissen der Magistrates' Clerks sowie ihrer Position im Strafverfahren Darbyshire, Powers of Magistrates' Clerks, S. 377 ff; Carr, Procedure in Magistrates' Courts, S. 4.

219 Die Aufgaben des Justices' Clerk werden in Section 45 (4) des Justices of the Peace Act 1997 folgendermaßen beschrieben: „The functions of a justices' clerk include giving advice to the justices to whom he is clerk, at their request, about law, practice or procedure on questions arising in connection with the discharge of their functions (...)". Zur aktuellen Diskussion um die Erweiterung der Befugnisse der Justices' Clerks, insbesondere im Vorfeld der Gerichtsverhandlungen vgl. Chandler, Magistrate Debate, S. 68 und Evans, Clerk powers, S. 69.

auch ohne einen Magistrates' Clerk als korrekt besetzt gilt.[220] Der Haupt-Clerk eines jeden Gerichts wird *Justices' Clerk* genannt, in London verwendet man die Bezeichnung *Chief Clerk.* Der Justices' Clerk verfügt über professionelle rechtliche Kenntnisse, denn nach Section 43 des Justices of the Peace Act 1997 sind für dieses Amt nur Personen qualifiziert, die entweder eine 5jährige "Magistrates' Courts Qualification"[221] vorweisen können oder eine Ausbildung als Barrister oder Solicitor absolviert haben und im Anschluß daran mindestens 5 Jahre als Assistent eines Justices Clerk gearbeitet haben.

Gewöhnlich trägt ein Justices' Clerk die Verantwortung für mehrere *benches.*[222] Da er jedoch nicht bei mehreren Sitzungen gleichzeitig anwesend sein kann, hat er einen Stellvertreter *(Deputy Clerk)* und mehrere Assistenten *(Court Clerks)*, welche ihn im Hinblick auf seine verwaltungstechnische wie auch hinsichtlich seiner rechtlichen Beratungsfunktion vertreten.[223] Diese Assistenten müssen erstaunlicherweise nicht professionell geschult sein. Obwohl einige von ihnen eine Ausbildung als Barrister oder Solicitor vorweisen können[224], ist nach den Bestimmungen der *Justices' Clerks (Qualification of Assistants) Rules 1979* ein beendetes Studium der Rechtswissenschaften oder das Bestehen eines speziellen *Clerks' Home Office Diploma in Magisterial Law* als Qualifikation ausreichend.[225] Dies führt in der Praxis zu der durchaus eigentümlichen Situation, daß

[220] Siehe Magistrates' Courts Act 1980, Section 148 (1); Darbyshire, English Legal System NS, S. 78. Die herausragende Position des Justices' Clerk kommt vor allen Dingen in Section 45 (5) des Justices of the Peace Act 1997 zum Ausdruck, wonach der Justices' Clerk die Magistrates selbständig, d.h. ohne entsprechende Anfrage, auf rechtliche Probleme hinweisen kann: „The powers of a justices' clerk include, at any time when he thinks he should do so, bringing to the attention of those justices any point of law, practice or procedure that is or may be involved in any question so arising.".

[221] Siehe hierzu die Legaldefinition in Section 71 (3) (f) des Courts and Legal Services Act 1990: „(...) a person has (...) a "magistrates' courts qualification" if he has a right of audience in relation to all proceedings in magistrates' courts."

[222] Die Tendenz der letzten beiden Jahrzehnte ging eindeutig in die Richtung, mehrere Gerichte einem Clerkship zu unterstellen.

[223] Vgl. Darbyshire, Powers of Magistrates' Clerks, S. 377 mit Hinweis darauf, daß in England derzeit nur etwa 200 Court Clerks beschäftigt werden, die für die Beratung von über 30.000 Laienrichtern sowie über 200 Stipendiaries zuständig sind. Ohne den Einsatz der zahlreichen Assistenten wäre die Bewerkstelligung dieser Aufgabe wohl kaum mehr möglich. In besonderen Einzelfällen können die Magistrates jedoch eine rechtliche Beratung durch den Chief Clerk verlangen, wenn ihnen lediglich ein Court Clerk zugeteilt sein sollte. Vgl. Carr, Procedure in Magistrates' Courts, S. 5.

[224] Eine empirische Erhebung aus dem Jahre 1995 ergab jedoch, daß weniger als die Hälfte aller Court Clerks eine professionelle Qualifikation vorweisen konnten. Entgegen den Zielen der Justices' Clerks Society ließ der zuständige Minister 1996 jedoch bekanntgeben, daß diese Zahlen nichts an den bisher erforderlichen Qualifikationen ändern würden. Vgl. insofern Darbyshire, English Legal System NS, S. 50.

[225] Dazu auch Darbyshire, Powers of Magistrates' Clerks, S. 377.

die Magistrates nicht gerade selten von einem unprofessionellen Court Clerk beraten werden.

Beinahe kurios erscheint in diesem Zusammenhang die Tatsache, daß die meisten Court Clerks in den ländlichen Gegenden, in denen überwiegend Lay Magistrates tätig sind, eine umfassende juristische Qualifikation vermissen lassen, während sie in London, wo die meisten Fälle von District Judges (Magistrates' Courts) gehört werden, für gewöhnlich sehr gute juristische Qualifikationen vorweisen können.[226] Dieses Stadt-Land-Gefälle wird sich voraussichtlich auch in der Zukunft noch erhalten, es sei denn, die für die Ernennung der Magistrates' Clerks zuständigen *Magistrates' Courts Committees* ändern ihre Auswahlkriterien und legen verschärft Wert auf professionell ausgebildete Bewerber.[227] Insofern hat bislang auch der von Seiten des Gesetzgebers eingeschlagenen Weg in Form der Ernennung sog. *Justices' Chief Executives*, welche die administrativen Aufgaben der Justices Clerks übernehmen sollen, noch keine nennenswerten Verbesserungen gebracht.[228] Vielmehr scheint dieses neu geschaffene Amt spürbar zu Verwirrungen und Unstimmigkeiten innerhalb der Magistrates' Courts Committees zu führen.

3. Auswahl und Ernennung der Richter

Die Qualität der Richter in einem jeden Rechtssystem ist maßgeblich mit der Methode der Ernennung und den für die Richterauswahl angewandten Kriterien sowie mit den für die Ernennung zuständigen Organen verbunden. Zudem hat die Art und Weise der Selektion direkte Auswirkungen auf die Integrität und die Unabhängigkeit der Richter. Im Folgenden werden daher zunächst die für die Ernennung der Richter zuständigen Organe dargestellt, bevor der Ablauf des Auswahlverfahrens sowie die erforderlichen Qualifikationen für diverse Richterämter erörtert werden.

---

226 Dieses "Stadt-Land-Gefälle" ist jedoch auch in anderen Berufssparten zu beobachten und in erster Linie auf wirtschaftliche Faktoren sowie den stärkeren Wettbewerb in der Hauptstadt zurückzuführen.

227 In diesem Sinne und mit Hinweis auf eine erstrebenswerte größere Trennung zwischen den rechtlichen und verwaltungstechnischen Aufgaben der Justices' Clerks auch Lord Chancellor, Lord Irvine of Lairg, Ministerial Statement to the House of Lords vom 29.10.1997 – The Organisation of the Magistrates' Courts*, Greater Separation of the Legal and Administrative Role: *„In order to improve the status of those who provide legal advice to the Magistrates, we shall be consulting on the proposal that, in future, court Clerks should all be professionally qualified either as a Barrister or Solicitor."* und weiter *"If it would help, we are prepared to consider a change of title to recognise their proper role in a modern Magistrates' Court system."*.

228 Vgl. näher zu diesem Amt und dem entpsrechenden Aufgabenbereich Justices of the Peace Act 1997, Sections 41, 42 sowie Magistrates' Association, Inside a Magistrates' Court*, Role of the Justices' Chief Executive (JCE).

a) Die für die Ernennung zuständigen Organe

Die historische These vom Monarchen als Quell der Gerechtigkeit *(fountain of justice)* spiegelt sich bis heute in der Ernennung der Richter durch die Queen wieder. Gleichwohl hat sich die verfassungsrechtliche Position des Monarchen in der Praxis verändert. Während dieser früher noch eine jede richterliche Ernennung persönlich vornahm, erfolgen heutzutage alle Ernennungen auf Vorschlag eines Regierungsmitgliedes, genauer gesagt auf Rat des Premierministers oder des Lord Chancellors, wobei der Queen in diesem Zusammenhang lediglich eine offizielle, zeremonielle Funktion zukommt. Auf Rat des Premierministers hin werden der Lord Chancellor, der Lord Chief Justice, der Master of the Rolls, der Präsident der Family Division am High Court, der Vice-Chancellor, die Lords of Appeal in Ordinary und die Lords of Appeal ernannt. Auf Vorschlag des Lord Chancellors hin werden demnach alle Richter des High Court of Justice (mit Ausnahme der bereits oben Genannten), Circuit Judges, Recorders, District Judges und District Judges (Magistrates' Courts) ernannt. Dabei beruht diese Beratschlagung mit den beiden führenden Regierungsmitgliedern nicht etwa auf geschriebenem Recht, sondern lediglich auf Gewohnheitsrecht und verfassungsrechtlichen Konventionen.[229] Entgegen dem ersten Anschein handeln der Premierminister und der Lord Chancellor bei der Beratung der Queen hinsichtlich der Richterernennung aber nicht völlig losgelöst voneinander. Ganz im Gegenteil spielt der Lord Chancellor auch bei der Ernennung der höheren Richter auf Rat des Premierministers hin eine herausragende Rolle.[230] Die große Zahl der Lay Magistrates wird jedoch durch den Lord Chancellor im Namen der Queen ernannt.[231]

229 Zwar legen einige Gesetze fest, daß die Ernennung der Richter durch die Queen erfolgt, doch wird nicht diejenige Person bestimmt, auf dessen Rat hin die Königin diese Ernennungen vornimmt. Die Suche nach einer entsprechenden gesetzlichen Grundlage für die seit jeher praktizierte Ernennung führt zurück bis zum Supreme Court of Judicature Act 1873, der in Section 5 gleichwohl lediglich vorsieht, daß die höheren Richter in gleicher Weise wie bisher ("in the same manner as heretofore") zu ernennen sind. Ähnlich lauten auch der spätere Appellate Jurisdiction Act 1876 (Section 6), sowie der Supreme Court of Judicature (Consolidation) Act 1925 (Section 11).

230 Vgl. hierzu Shetreet, Judges on trial, S. 48 m.w.N.

231 Siehe Justices of the Peace Act 1997, Section 5 (1). In Merseyside, Greater Manchester und Lancashire ist jedoch der Kanzler des Großherzogtums Lancaster (Chancellor of the Duchy of Lancaster) verantwortlich für die Ernennung der Laienrichter. Siehe auch Justices of the Peace Act 1997, Section 26. Derzeit wird allerdings lebhaft über eine mögliche Zentralisierung der Ernennungskompetenzen in Person des Lord Chancellor diskutiert. Vgl. dazu insbesondere Hansard, Debatte im House of Lords vom 14.03.2000 – Magistrates' Appointments: Duchy of Lancaster*, Columns 1440 ff.

In diesem Zusammenhang sei angemerkt, daß in England kein Justizminister und demzufolge auch kein entsprechendes Ministerium existiert. Vielmehr ist die exekutive Verantwortung hinsichtlich der Justizverwaltung auf mehrere Minister verteilt.[232] Dabei liegt die Hauptverantwortung sicherlich beim Lord Chancellor[233], doch nehmen auch der Innenminister *(Home Secretary)*[234] sowie die *Law Officers of the Crown*, d.h. der *Attorney-General*[235] und der *Solicitor-General*[236], wichtige Funktionen wahr. Zwar wurden in der Vergangenheit bereits mehrfach Reformversuche unternommen mit dem Ziel, diese Zersplitterung der unterschiedlichen Funktionen systematisch durch ein allzuständiges Justizministerium zu ersetzen, welche jedoch allesamt scheiterten.

Der Grund für diese klare Ablehnung scheint in der fundamentalen Angst zu liegen, in diesem sodann neu geschaffenen Ministerium könne sich zu viel Macht der Exekutive konzentrieren.[237] Diese auf den ersten Blick etwas seltsam anmutende Befürchtung wird bei näherer Betrachtung aus der Richterperspektive anschaulicher. So existiert aufgrund der teilweise recht komplizierten Aufgabenzersplitterung auf mehrere einzelne Minister keine allgemeine übergeordnete

---

232 Zum Ganzen sowie zur konkreten Aufgabenverteilung zwischen den einzelnen Ministern vgl. de Smith/Brazier, Constitutional Law, S. 382 ff.

233 Aufgrund der komplizierten Aufgabenverteilung zwischen ihm und dem Home Secretary sowie der zahlreichen anderen Aufgaben und Funktionen des Lord Chancellor außerhalb des judikativen Bereiches kommt ein Vergleich mit der Stellung des deutschen Justizministers nicht in Betracht.

234 Vgl. näher zu diesem Amt Lord Steyn, Weakest Department of Government, S. 93. Interessanterweise – aus verfassungsrechtlicher Perspektive jedoch höchst verwirrend – obliegt es dem Innenminister (Home Secretary), im Falle einer gerichtlichen Verurteilung zu lebenslanger Freiheitsstrafe wegen Mordes die tatsächlich zu verbüßende Haftzeit festzulegen. Dies hat in dem europaweit aufsehenerregenden "Bulger-Fall" Ende 1999 zu einer Verurteilung des Vereinigten Königreiches durch den Europäischen Gerichtshof für Menschenrechte (EGMR) in Straßburg geführt, da der derzeitige Innenminister die Freiheitsstrafe höher als die bis dato vorgesehene gesetzliche Höchsstrafe ansetzen wollte. Vgl. EGMR, V. v. The United Kingdom, Urteil vom 16.12.1999.

235 Der Attorney-General ist ein Barrister mit gewöhnlich einem Sitz im House of Commons – der derzeitige Attorney-General, Lord Williams of Mostyn, ist jedoch Mitglied des House of Lords. Als Regierungsmitglied besteht seine Hauptfunktion darin, bei rechtlichen Fragen zu beraten und die Krone in wichtigen Prozessen sowohl strafrechtlich, als auch zivilrechtlich zu vertreten.

236 Im Gegensatz zu seinem Titel ist der Solicitor-General kein Solicitor, sondern ein Barrister, und in seiner Funktion Stellvertreter des Attorney-General.

237 Insofern ausdrücklich Lord Simon of Glaisdale, ein Law Lord im House of Lords, in Hansard, Debatte im House of Lords vom 17.02.1999 – Separation of Powers*, Column 719: „*I see no reason (...) to rush into a ministry of justice, which would concentrate even more power over the legal system in the hands of an executive.*" Vgl. auch Jackson, Machinery of Justice, S. 581 f: „*The fear is that "justice" would then come under his (the Minister's) "control".*".

Instanz, welche grundsätzlich für alle die Justiz betreffenden Angelegenheiten zuständig wäre, wodurch den Richtern der Weg zur eigenständigen Selbstverwaltung eröffnet wird.[238] Das bislang beharrliche Weigern gegen die Einrichtung eines Justizministeriums ist daher unter anderem auf die Angst der Richterschaft vor einer zu engen An- und Einbindung in das Staatsgefüge und der Aufhebung der bis dato weitgehenden Selbstverwaltung mit entsprechenden Konsequenzen hinsichtlich Kontrolle und Verwaltung zurückzuführen. Doch ist die Forderung nach einem selbständigen Justizministerium in der Vergangenheit nicht nur an der in den Reihen der Justiz proklamierten Gefährdung der richterlichen Unabhängigkeit gescheitert. Vielmehr befand sich eine Reihe justizieller und exekutiver Interessengruppen für nachteilig betroffen und setzte sich erfolgreich gegen jegliche ändernden Konzeptvorschläge ein.[239]

Die Einrichtung eines Justizministeriums würde zweifellos viele zur Zeit bestehenden Ineffizienzen beseitigen.[240] Vor diesem Hintergrund haben sich die beteiligten Minister im Laufe der letzten 3 Jahre intensiv um eine gemeinsame Verwaltung und Justizpolitik bemüht, eine Entwicklung, die erst kürzlich durch den im Oktober 2001 veröffentlichten Criminal Courts Review ausdrücklich bestärkt worden ist und langfristig betrachtet möglicherweise auf eine einheitliche Verwaltung durch ein eventuell neu zu konstituierendes Justizministerium hinauslaufen könnte.[241]

---

238 In diesem Sinne wohl auch Jackson, Machinery of Justice, S. 580, der das Zuständigkeitsproblem anhand eines praktischen Beispiels veranschaulicht: „*If a question relates to some matter clearly within the scope of some department, then the minister for that department can be questioned. But if a question relates to say criminal or civil procedure it is by no means clear to whom the question should be addressed. (...) The conclusion of this line of thought is to say that when nobody is responsible for a thing the usual result is that there is consistent neglect, and therefore there should be a single minister who is definitely responsible.*".

239 Vgl. hierzu zusammenfassend und nicht ohne eine gewisse Ironie Hall/Martin, Ministry of Justice, S. 831: „*The Bar Council in 1918 regarded it as an attempt by The Law Society to gain status at the Bar's expense. The Permanent Secretary to the Lord Chancellor from 1915 to 1942, Sir Claud Schuster, could see that his power and influence would be reduced. The House of Lords regarded the proposal as a step towards the reform of the second chamber. Moreover, there are those politicians and others who, imbued with our British tradition, object to any change in our constitution.*".

240 Dabei sind diese Ineffizienzen offenbar allgemein bekannt, vgl. Marsh/Soulsby, Outlines of English Law, S. 60: „*Perhaps some inefficiency is the price to pay to avoid the danger of vesting so much power in the hands of a single department.*".

241 Vgl. hierzu ausführlich Lord Justice Auld, Criminal Courts Review, Chapter 8, §§ 7 ff. Siehe auch die instruktiven Ausführungen zum "Divided Ministry of Justice" unter §§ 1 - 6 sowie die entsprechenden Recommendations 121 - 136.

b) *Das Auswahlverfahren*

Das Auswahlverfahren der englischen Berufsrichter stellte über die letzten Jahrzehnte hinweg ein undurchsichtiges Mysterium dar. So existierten keine konkreten Selektionskriterien und der Hauptteil des Verfahrens lag aufgrund fehlender Transparenz nicht nur für die Öffentlichkeit, sondern auch für die Bewerber selbst völlig im Dunkeln.[242] Seit Antritt der Labour Regierung unter Premierminister Toni Blair im Jahre 1997 sind von Seiten des neuen Lord Chancellor, Lord Irvine of Lairg, jedoch eine Reihe wesentlicher Neuregelungen vorgenommen worden, die ein offeneres und effektiveres Auswahlverfahren zum Ziel haben.[243] Im Rahmen der unteren Gerichtshierarchie sind die Tendenzen zu einer transparenteren und damit nachvollziehbaren Selektionsstrategie bereits deutlich erkennbar und viele Änderungen sind bereits umgesetzt worden. Im Gegensatz dazu hat sich der dichte Nebel um die höheren richterlichen Ernennungen, d.h. die Stellen am High Court of Justice und die höchsten Richterämter am Court of Appeal sowie im House of Lords jedoch noch nicht gelichtet.

Das Auswahlverfahren läßt sich grundsätzlich in drei Phasen untergliedern, namentlich Bewerbung, Rücksprache respektive Beratschlagung und Interview.[244] Die diesbezüglichen Anforderungen divergieren jedoch je nach Art und vor allen Dingen Rang der zu besetzenden Richterstelle. Im Rahmen des Auswahlprozesses ist der Lord Chancellor selbstverständlich nicht auf sich alleine gestellt, sondern erfährt durch eine eigens dafür zuständige Abteilung in seinem Department, die sog. *Judicial Group*, Unterstützung hinsichtlich der Richterauswahl. In der Praxis werden daher die maßgeblichen Selektionsmechanismen durch die *Judicial Group* des Lord Chancellor's Department vorgenommen, so daß dem Lord Chancellor letzten Endes nur eine kleine Auswahl von Kandidaten mitsamt den relevanten Unterlagen zur endgültigen Entscheidung persönlich präsentiert

---

242 Das vom Lord Chancellor's Department herausgegebene Handbuch "Judicial Appointments – The Lord Chancellor's Policies and Procedures" brachte in diesem Zusammenhang nur wenig Licht ins Dunkel, da die dortigen Ausführungen hinsichtlich der entscheidenden Auswahlmerkmale so allgemeiner und grundsätzlicher Natur waren, daß ein Rückschluß auf die essentiellen Befähigungsvoraussetzungen nicht möglich war.

243 Vgl. Lord Chancellor, Lord Irvine of Lairg, Judicial Appointments - Foreword by the Lord Chancellor*. Siehe in diesem Zusammenhang aber auch Malleson, New Judiciary, S. 95 f, die beachtliche Kontroversen des "appointment on merit" aufzeigt, da der Begriff "merit" an keiner Stelle definiert sei. Die ersten Ansätze einer Neugestaltung des richterlichen Auswahlverfahrens zeichneten sich bereits ab unter Lord Chancellor, Lord Makkay of Clashfern, welcher als erster Inhaber dieses Amtes nicht Mitglied der English Bar war, sondern Schotte, und über einen ausgeprägten Reformgeist verfügte.

244 Vgl. Lord Chancellor, Lord Irvine of Lairg, Judicial Appointments - The Lord Chancellor's Policies and Procedures*. Interviews mit den potentiellen Bewerbern finden jedoch primär bei Einstellungen im Rahmen der unteren Gerichtshierarchie statt. Die wichtigste Phase des Auwahlverfahrens stellt zweifellos die Beratschlagung und Rücksprache mit höheren Richtern ("secret soundings") dar.

wird. Angesichts der Fülle der jährlichen Ernennungen ist eine persönliche Auswahl durch den Lord Chancellor im Vorfeld aber auch unmöglich. Im Ernennungsjahr 1998/1999 gingen bspw. insgesamt 3.719 Bewerbungen für neu zu besetzende Richterstellen beim Lord Chancellor's Department ein, wobei nach 1.423 Interviews schließlich nur 634 Ernennungen vorgenommen wurden.[245]

Die Auswahl geeigneter Laienrichter erfolgt in erster Linie durch die *Magistrates' Courts Committees*, welche dem Lord Chancellor anschließend eine kleine Auswahl potentieller Kandidaten vorlegen.[246] Im Folgenden soll jedoch lediglich die Selektion der professionellen Richter auf allen Ebenen der Gerichtshierarchie erörtert werden. Nähere Ausführungen zum Auswahlverfahren der Magistrates' Courts Committees, welches aufgrund der als erstrebenswert erachteten Repräsentativität der Laienrichterschaft diverse Besonderheiten im Hinblick auf soziale Gleichgewichtung sowie die politische Orientierung der Bewerber aufweist, finden sich unter A. II. 3. c) (2).

(1) Bewerbungen

Die Erforderlichkeit einer schriftlichen Bewerbung für ein bestimmtes Richteramt beurteilt sich maßgeblich nach dessen Einstufung innerhalb der englischen Gerichtshierarchie. Für die Richterämter eines Circuit Judge, District Judge oder eines Assistant Recorder im Bereich der unteren Gerichtshierarchie ist eine Bewerbung beim Lord Chancellor's Department zwingend erforderlich. Diese Stellen werden im übrigen auch in den großen Tageszeitungen, wie bspw. der London Times, oder in rechtswissenschaftlichen Fachzeitschriften öffentlich ausgeschrieben. Die Bewerbungsunterlagen sind zusammen mit den Namen von Richtern und führenden Barristers, denen der Bewerber bekannt ist und die eine Empfehlung für ihn aussprechen würden *(nominated consultees)*, beim Lord Chancellor's Department einzureichen.[247] Für das Amt eines Recorders ist eine Bewerbung jedoch nicht möglich, da eine Ernennung hier ausschließlich aus den Reihen der Assistant Recorders vorgenommen wird.[248]

---

245 Vgl. Peach Report, Judicial Appointments and QC Selection – Main Report*.

246 Zu den Magistrates' Courts Committees vgl. Carr, Procedure in Magistrates' Courts, S. 4 und Darbyshire, English Legal System, S. 37 f.

247 Die erforderlichen Bewerbungsunterlagen können mitsamt den entsprechenden, aktuellen Stellenausschreibungen mittlerweile auch im internet abgerufen werden. Vgl. hinsichtlich der aktuellen Bewerbungskampagnen für den Ernennungszeitraum 2001/2002 im Bereich der unteren Gerichtsebene zum Beispiel Lord Chancellor's Department, Current Judicial Appointment Competitions - Recorder 2001-2002* sowie Current Judicial Appointment Competitions - Circuit Judge 2001-2002*.

248 Vgl. Lord Chancellor, Lord Irvine of Lairg, Judicial Appointments - The Lord Chancellor's Policies and Procedures*; ders., Judicial Appointments – Recorder and Assistant Recorder*, Additional qualification and experience.

Komplizierter stellt sich die Situation hinsichtlich der Richterstellen am High Court of Justice dar, für welche bis vor kurzem keine Bewerbungen möglich waren. Im Jahre 1998 wurde erstmalig eine vakante Richterstelle am High Court öffentlich ausgeschrieben.[249] Doch scheint eine entsprechende Bewerbung in der Praxis nicht zwingend erforderlich zu sein. Vielmehr hat sich der Lord Chancellor bislang ausdrücklich vorbehalten eine freie Richterstelle auch denjenigen anzubieten, die sich nicht darum beworben haben mit der Begründung, er müsse die Möglichkeit haben auch diejenigen Kandidaten zu erreichen, die fähig seien, aber ihr eigens Fortkommen nicht selbst forcieren wollten.[250]. Diese Begründung sowie die entsprechende Handhabung in der Praxis durch den Lord Chancellor werfen zu Recht eine Reihe von Fragen und Unstimmigkeiten auf. Zunächst wird durch diese Verfahrensweise indirekt eine klare Hierarchie der Bewerber um eine Stelle am High Court geschaffen, welche ein faires und chancengleiches Auswahlverfahren wesentlich beeinträchtigt. An der Spitze dieser Hierarchie stehen diejenigen Personen, die sich zwar für das vakante Richteramt durchaus interessieren, aber es offensichtlich nicht für notwendig erachten sich zu bewerben, da sie qualifiziert und – dies ist entscheidend – in weiten Teilen der Richterschaft bekannt sind. Dadurch erscheinen diejenigen Kandidaten, welche sich für die Stelle bewerben geradezu als disqualifiziert, da der Eindruck entsteht, sie hielten sich nicht für so gut, als daß man ihnen dieses Amt auch ohne Bewerbung anbieten würde.[251]

Auf diese Weise entstehen gleich zu Beginn in diesem frühen Stadium des Auswahlverfahrens beträchtliche Grauzonen, innerhalb derer sich ausreichend Raum für die Anwendung undurchsichtiger Auswahlkriterien bietet. Diese Feststellung führt zu der grundsätzlichen Frage, warum sich nicht alle potentiellen und gleichzeitig interessierten Kandidaten für eine vakante Stelle am High Court bewerben sollen wie dies im Hinblick auf die unteren Richterstellen auch erforderlich ist. Eine mögliche und nicht gerade fernliegende Antwort darauf wäre, daß dem Lord Chancellor ansonsten ein umfangreicher und weitgehend unkontrollierter Ermessensspielraum hinsichtlich der Selektion der Richter verloren ginge. Angesichts der eindeutig erkennbaren Reformtendenzen der Labour Re-

---

249 Vgl. auch die aktuelle Bewerbungskampagne für vakante Richterstellen am High Court of Justice unter Lord Chancellor's Department, High Court 2000 – Guide for Applicants* sowie Lord Chancellor's Department, High Court 2000 – Guide for Consultees*.

250 *„I must have a way of reaching those who are able, but are unwilling, to press their own claims"*, vgl. Lord Chancellor, Lord Irvine of Lairg, Speech to Association of Women Barristers (AWB) am 11.02.1998*. Diese Aussage ist im Gesamtkontext der Rede besonders verwirrend, da der Lord Chancellor noch Minuten zuvor seiner Forderung nach mehr Transparenz durch Bewerbungen seitens potentieller Kandidaten aufgrund eigener Initiative Ausdruck verliehen hatte.

251 In diesem Sinne wohl auch Lord Goddard, Politics and the Bench, S. 132: *"Indeed, if anyone wished to ensure that he would never be offered a High Court judgeship, his surest course would be to ask for one."*.

gierung scheint jedoch die Intention näherliegend, das alteingesessene System zunächst stufenweise aufzubrechen und sodann planmäßig Schritt für Schritt zu reformieren. Für diesen Deutungsansatz spricht zudem der kürzliche Ausspruch des Lord Chancellors „*The days of quill pens are long gone and the age of the laptop is upon us, but old fusty images die hard.*"[252]. Vor diesem Hintergrund ist die erstmalige öffentliche Ausschreibung eines Richteramtes am High Court of Justice durchaus als positives Signal auf dem Weg in die richtige Richtung zu werten. Es bleibt jedoch abzuwarten, ob es sich hierbei tatsächlich nur um eine reformbedingte Übergangsphase hin zu einem auch in den oberen Teilen der Gerichtshierarchie offenen und transparenten Ernennungssystem handelt oder ob diese Regionen der (zu Recht) kritischen, öffentlichen Wahrnehmung nach wie vor entzogen bleiben sollen.

Für die höchsten Richterämter in England können keine Bewerbungen eingereicht werden. Vielmehr ist die Einladung respektive Berufung zu diesen ehrenvollen Ämtern abzuwarten.

(2) Beratschlagung und Rücksprache (Secret Soundings)

Die grundlegende Basis des richterlichen Auswahlverfahrens ist die Konsultation und Beratung des Lord Chancellor bzw. der Mitarbeiter des Lord Chancellor's Department mit den ranghöchsten Richtern und angesehenen Vertretern der Bar, um mehr über die Persönlichkeit und die fachlichen Kompetenzen eines Bewerbers zu erfahren. Diese Rücksprache wird allgemein auch als *secret soundings* bezeichnet.[253] Der Verlauf dieser wohl wichtigsten und gleichzeitig am häufigsten kritisierten Phase des Auswahlverfahrens sowie deren Bedeutung in Bezug auf die unterschiedlichen Richterämter soll im Folgenden kritisch beleuchtet werden.

Im Rahmen des Auswahlverfahrens für Ernennungen zum *Circuit Judge*, *District Judge* oder *Assistant Recorder* wird auf der Grundlage der in der Bewerbung enthaltenen Informationen zusammen mit den Bewertungen und Empfehlungen aus den *secret soundings* eine Vorauswahl der Bewerber getroffen, die sodann zum Interview geladen werden.[254] Die Ergebnisse sowie die Bewertungen des Interviews werden im Anschluß dem Lord Chancellor zusammen mit den anderen Bewerbungsunterlagen eines jeden Kandidaten persönlich vorge-

---

252 Lord Chancellor, Lord Irvine of Lairg, From strength to strength, S. 2.

253 Der amtierende Lord Chancellor, Lord Irvine of Lairg, steht diesem Begriff jedoch abgeneigt gegenüber, da die Terminologie den Eindruck von etwas Schlechtem und Unheimlichem vermittle ("sinister"), vgl. Speech to Minority Lawyers' Conference am 29.11.1997*. Synonym wird in der Praxis auch der Begriff des "magic circle" verwendet.

254 Die Interviews werden von Mitgliedern der Abteilung für richterliche Ernennungen des Lord Chancellor's Department (Judicial Appointments Division) geführt zusammen mit einem Laien aus dem Lord Chancellor's Advisory Committee und einem Richter aus der Praxis mit angemessenem Dienstalter.

legt, woraufhin dieser eine Entscheidung fällt. Dieses Verfahren stellt demzufolge eine Mischung zwischen einer gewöhnlich transparenten Bewerbungs- und Interviewphase auf der einen Seite und der im Ergebnis ungewissen Konsultation und Beratschlagung auf der anderen Seite dar. Während die Rücksprache mit führenden Richtern und gegebenenfalls auch mit Vertretern der Bar vor wenigen Jahren noch einen geheimnisvollen und undurchsichtigen Prozeß darstellte, auf den der Bewerber keinerlei Einfluß nehmen konnte und deren Inhalt sich seiner Zugänglichkeit völlig entzog, ist in dieser Hinsicht kürzlich durch Lord Irvine Licht ins Dunkel gebracht worden. In diesem Sinne sind nunmehr z.B. die beim Lord Chancellor's Department gespeicherten, sachlichen Informationen den Bewerbern jederzeit auf Anfrage zugänglich, damit Überprüfungen und gegebenenfalls Verbesserungen vorgenommen werden können. Die Beurteilungen des Bewerbers von dritter Seite werden selbstverständlich vertraulich behandelt und nicht an diesen weitergegeben, doch hat jeder Bewerber nach erfolgloser Bewerbung um eine Richterstelle die Möglichkeit, bei der zuständigen Abteilung des Lord Chancellor's Department allgemeine Nachfragen hinsichtlich der über seine Person geäußerten Kommentare und seiner grundsätzlichen Beurteilung im Rahmen des Auswahlverfahrens entweder per Telefon oder persönlicher Nachfrage anzustellen.[255] Im Rahmen dieses *Feedback*-Verfahrens werden zwar keine Einzelheiten oder vertrauliche Informationen an den gescheiterten Kandidaten weitergegeben, doch wird auf diese Weise bereits dem kleinsten Anschein von Willkür und ungerechtfertigter Benachteiligung entgegengewirkt. Ferner erhält der Bewerber nützliche Hinweise dahingehend, was er im Hinblick auf eine erneute Bewerbung verbessern könnte. In der Praxis wird diese Rückfragemöglichkeit zunehmend in Anspruch genommen, weshalb dieses System in Zukunft noch mehr ausgebaut werden soll.[256]

Während sich dieser Ablauf im Hinblick auf die unteren Richterämter jedoch noch relativ überschaubar gestaltet, sind bezüglich der Auswahlpraxis für Richterposten am High Court bereits erhebliche Grauzonen erkennbar. Wie bereits dargelegt, sind Bewerbungen um ein Richteramt am *High Court* zwar möglich, aber nicht zwingend erforderlich. Ganz im Gegenteil scheint die Bewerbung um ein solches Amt die Chancen auf Ernennung wesentlich zu mindern, um nicht zu sagen unmöglich zu machen. Infolgedessen liegen dem Lord Chancellor in den meisten Fällen auch keine Bewerbungsunterlagen potentieller Kandidaten vor, welche Grundlage einer Empfehlung zur Ernennung sein könnten. Auf dieser Ebene finden zudem keine Interviews mehr statt, wodurch unter anderem die

---

255 Vgl. Lord Chancellor, Lord Irvine of Lairg, Judicial Appointments - The Lord Chancellor's Policies and Procedures*.

256 Siehe auch Peach Report, Judicial Appointments and QC Selection – Main Report*, wonach im Jahre 1998 mehr als 500 gescheiterte Bewerber von dieser Möglichkeit Gebrauch gemacht haben und die diesbezüglichen Zahlen stetig zunehmen.

Beurteilung eines Laien aus dem Lord Chancellor's Advisory Committee verloren geht. Dies wird damit begründet, daß die für eine Ernennung in Frage kommenden Kandidaten innerhalb der Richterschaft bereits bekannt seien, ebenso wie ihre Lebensläufe sowie ihre fachlichen Verdienste.[257] Entscheidungsgrundlage des Lord Chancellor für eine bestimmte Person, welche er sodann der Queen zur Ernennung als Richter am High Court vorschlägt, ist daher ausschließlich die Rücksprache mit führenden Richtern sowie angesehenen Vertretern der Bar. Dabei gehört es zur traditionellen Praxis, daß der Lord Chancellor insbesondere die Vorsitzenden Richter der Abteilungen *(Heads of Division)* konsultiert, in der ein Richterposten neu zu besetzen ist.[258] Des weiteren führt und verwaltet das Lord Chancellor's Department detaillierte Lebensläufe sowie Beurteilungen aller potentiellen Kandidaten, die für eine Richterstellung am High Court oder für höhere richterliche Ämter in Betracht kommen. Diese Daten werden kontinuierlich auf dem neuesten Stand gehalten.[259] Folglich liegt beim Lord Chancellor's Department jederzeit eine Liste hochqualifizierter Personen bereit, mit denen freie Richterposten besetzt werden können *(succession list)*.[260] Dabei existiert offenbar eine Liste mit Kandidaten, mit denen eine vakante Stelle sofort aufgefüllt werden könnte, und eine andere Liste mit denjenigen Kandidaten, die möglicherweise in den darauffolgenden Jahren in Betracht gezogen werden könnten.[261]

Die Auswahl der höchsten Richter in England, die Ernennungen zum *Court of Appeal* oder zum *House of Lords*, stellt hingegen nach wie vor ein völliges Mysterium dar. In diesem Bereich der Gerichtshierarchie werden weder Bewerbungen eingereicht noch Interviews durchgeführt, noch sind konkrete Auswahlkrite-

---

257 Vgl. Peach Report, Judicial Appointments and QC Selection Report – Main Report*.

258 Vgl. De Smith/Brazier, Constitutional Law, S. 371; Shetreet, Judges on trial, S. 51.

259 Dazu Lord Chancellor, Lord Irvine of Lairg, Judicial Appointments - The Lord Chancellor's Policies and Procedures*: *„A continuing programme of consultation with all judges of the Supreme Court and above assists the Lord Chancellor to identify and assess potential candidates among leading practitioners and Circuit Judges."*. Dazu Berlins/Dyer, Law Machine, S. 60: *"Reputations spread. Little by little a dossier is built up. There will also be information about Barristers from occasions when they have applied for lesser appointments; to become QCs or assistant Recorders for instance. All is stored on pink cards in the Lord Chancellor's Department (Solicitors' carrers are on yellow cards)."*.

260 Kritisch zur Verwaltung derartiger, geheimer und streng unter Verschluß gehaltener Akten (files) Lord Williams *„(...) the cruellest error may be in it. You cannot put it right. It is carefully kept under lock and key by a graduate of the Franz Kafka school of management."*, zitiert nach Denham, Modern Introduction, S. 96.

261 Vgl. Peach Report, Judicial Appointments and QC Selection Report – Main Report*, The Symmetry of Approach; Lord Hailsham, Appointment to Silk, S. 2336. Teilweise wird jedoch behauptet, es würden eine A-Liste mit den potentiellen Kandidaten für eine freie Richterstelle am High Court, sowie eine B-Liste mit den Namen derjenigen Personen, die als untauglich angesehen werden, geführt, vgl. Denham, Modern Introduction, S. 96.

rien oder auch nur ansatzweise nachvollziehbare Selektionsmechanismen erkennbar. Sicherlich konsultiert der Lord Chancellor zunächst die Mitglieder der führenden Richterschaft, bevor er dem Premierminister zur Ernennung eines bestimmten Kandidaten rät, doch sind der Ablauf dieses Verfahrens sowie die für bedeutsam erachteten Charakteristika der Kandidaten für Außenstehende in keiner Weise nachvollziehbar.[262] Maßgebliche Basis der Auswahlentscheidungen auf dieser Ebene stellt demzufolge einzig und allein der Inhalt der *secret soundings* dar, wodurch diesen Rücksprachen bei der Besetzung der höchsten Richterämter eine außerordentliche Bedeutung zukommt.

Abschließend sei in Anlehnung an die obigen Ausführungen darauf hingewiesen, daß die Kommentare und Beurteilungen im Rahmen der *secret soundings* sowohl schriftlich anhand eigens dafür vorgesehener Beurteilungsbögen, als auch in mündlichen Gesprächen und im Rahmen entsprechender Meetings eingeholt werden können. Dabei fällt jedoch auf, daß bei der Auswahl der niedrigeren Richterämter die sehr formale Methode der vorgedruckten Empfehlungs- bzw. Bewertungsbögen Anwendung findet, während bei der Besetzung der höheren Richterämter zur Beurteilung geeigneter Kandidaten ausschließlich – teilweise sogar inoffizielle – Zusammenkünfte der führenden Mitglieder der Richterschaft sowie der Bar mit dem Lord Chancellor stattfinden, infolge derer sich der Lord Chancellor seine Meinung bildet. Dies untermalt einmal mehr die gravierenden Unterschiede im Hinblick auf die Anforderungen des Auswahlverfahrens und entsprechende Transparenz für die Öffentlichkeit in Abhängigkeit zur Rangstufe der jeweils neu zu besetzenden Richterstelle. Im Ergebnis korreliert somit die Transparenz des Auswahlverfahrens negativ mit der Ranghöhe des zu besetzenden Richteramtes, d.h. je höher die vakante Richterstelle in der Gerichtshierarchie einzuordnen ist, desto weniger durchsichtig und nachvollziehbar gestalten sich die Bewerbungsphase und die Rücksprache mit den führenden Persönlichkeiten der juristischen Profession.[263]

In Bezug auf die untere Gerichtshierarchie kann seit den aufklärerischen Reformtendenzen durch Lord Irvine als Lord Chancellor von "geheimen Resonanzen", so die wörtliche Übersetzung der *secret soundings*, nicht mehr die Rede sein.[264] Vielmehr stehen bereits während der Bewerbungsphase klare Namensli-

---

262 Bezeichnend sind in diesem Zusammenhang die inhaltlich dürftigen Ausführungen des Lord Chancellors zu den Ernennungen der höchsten Richterämter: „*Before tendering advice (to the Prime Minister) the Lord Chancellor customarily consults senior members of the judiciary.*", vgl. Lord Chancellor, Lord Irvine of Lairg, Judicial Appointments - Senior Judicial Appointments*.

263 So wohl auch McGlynn, Making the difference, S. 175 f, die drei unterschiedliche Auswahlverfahren klassifiziert und diese mit den Attributen "partially open", "partially closed" und "closed" beschreibt.

264 Vgl. Lord Chancellor, Lord Irvine of Lairg, Judicial Appointments - Open Competition Selection Porcedures*: „*There is no secrecy about those who are consulted as lists de-*

sten mit angesehenen Personen aus den Reihen der Richterschaft sowie den Standesvertretungen, Law Society[265] und Bar Council, zur Verfügung, mit denen im Laufe des Auswahlverfahrens von Seiten des Lord Chancellor's Department offiziell Rücksprache gehalten wird.[266] Hinsichtlich der höheren Richterämter hat eine derartige Entmystifizierung jedoch noch nicht stattgefunden.

(3) Kritik und Reformvorschläge

Die das Auswahlverfahren auf allen Ebenen der Gerichtshierarchie dominierende Praxis der *secret soundings* hat insbesondere in den letzten Jahren massive Kritik erfahren. Dabei liegen mögliche Vorteile und Nutzen dieser Rücksprache und Beratung mit angesehenen Persönlichkeiten der Richterschaft und der Standesvertretungen auf der Hand. Die Richter scheinen in der besten Position, um die professionellen Fähigkeiten und das fachliche Potential eines Kandidaten zu beurteilen und einzuschätzen, der für das Amt eines Richters in ihrer Abteilung oder für einen höheren Posten in Frage kommt, da sie dessen Auftreten vor Gericht beobachten können. Zudem findet diese Art des Beurteilungsverfahrens auch in vielen Teilen der freien Wirtschaft erfolgreich Anwendung. Gründet sich die Auswahlentscheidung des Lord Chancellor jedoch ausschließlich oder hauptsächlich auf diese Empfehlungen, so wirft diese Art der Selektion berechtigterweise eine Vielzahl von Bedenken auf.

Zunächst verlagert sich dadurch offensichtlich die Verantwortung und die Entscheidungsmacht hinsichtlich der Richterauswahl von der Person des Lord Chancellor auf die führenden Richter sowie die Standesvertretungen. Dieser Kritikpunkt gewinnt noch mehr an Bedeutung vor dem Hintergrund, daß es dem Lord Chancellor aufgrund der ständigen Zunahme der richterlichen Ernennungen mittlerweile nicht mehr möglich ist, alle in Betracht kommenden Personen für ein bestimmtes Richteramt persönlich zu kennen.[267] Des weiteren können möglicherweise zweifelhafte Auswahlkriterien zur Anwendung gelangen, denn je mehr der offizielle Charakter des Auswahlverfahrens und damit die Betonung

---

tailing this latter group are given in the application packs. Every person on this list will be invited to comment on each applicant.".

265 In den beiden letzten Jahren hat sich die Law Society als Standesvertretung der Solicitors jedoch nicht an den Konsultationen beteiligt. Vgl. dazu Lord Chancellor's Department, Recorder 2001-2002 Competition – Guide for Applicants*, Annex E, Note.

266 Dabei kann differenziert werden zwischen "automatic consultees", die grundsätzlich immer konsultiert werden, "specialist consultees", die bei Ernennungen zu einem Spezialgericht befragt werden, und "nominated consultees", die der Bewerber selbst benennt. Vgl. hierzu die "consultation lists" aus den aktuellen Bewerbungskampagnen unter Lord Chancellor's Department, Recorder 2001- 2002 Competition - Guide for Applicants*, Annex E sowie Circuit Judge 2001- 2002 Competition - Guide for Applicants*, C.9.

267 Noch zu Beginn des letzten Jahrhunderts hingegen stellte die Richterschaft, insbesondere an den höheren Gerichten eine kleine relativ überschaubare Gruppe dar, so daß eine persönliche Führung und Kontrolle durch den Lord Chancellor noch möglich waren.

der anerkannten Bewertungsmaßstäbe wie Leistung und Erfolg in der Praxis reduziert wird, desto größer gestaltet sich der Spielraum für diverse inoffizielle Selektionskriterien wie bspw. der Bekanntheitsgrad oder das Ansehen eines Bewerbers innerhalb der Richterschaft. Sicherlich können diese unterschiedlichen Kriterien in der Praxis sehr wohl auch in einer Person zusammentreffen. Es ist sogar nicht unwahrscheinlich, daß gerade diejenigen Richter, welche außergewöhnlich leistungsfähig und von außerordentlicher Persönlichkeit sind, auch unter ihren Kollegen entsprechendes Ansehen genießen. Dennoch beinhaltet diese Methode ein gefährliches Potential für Opportunismus und Patronage.[268] Davon abgesehen wird auf diese Weise in den Reihen der Richterschaft der Drang nach Profilierung, Ansehen und Bekanntheitsgrad gefördert, was wiederum den verfassungsrechtlichen Grundsatz der richterlichen Unabhängigkeit tangiert.[269] Ein weiteres Problemfeld stellt die oftmals fehlende Überprüfung der durch die *secret soundings* erlangten Informationen dar, abgesehen davon, daß ein Großteil der subjektiven Beurteilungen überhaupt nicht objektiv nachprüfbar ist.[270] Ferner wird durch die maßgebliche Beurteilung der Kandidaten für ein Richteramt durch die Richterschaft selbst die aus kontinentaleuropäischer Perspektive auffällige Homogenität der Richterschaft noch potenziert.[271] Die *secret soundings* im Bereich der führenden Richterschaft können schließlich auch zu Benachteiligungen bestimmter Bewerbergruppen führen, darunter in erster Linie Frauen[272], Angehörige ethnischer Minderheiten[273], aber auch Solicitors[274].

---

268 Zu diesem Ergebnis kam im übrigen auch eine von der Bar und dem Lord Chancellor's Department gesponsorte Studie aus dem Jahre 1992 über bestehende Vorurteile und sexuelle Gleichberechtigung innerhalb der Bar sowie der Richterschaft: „*The system depends on patronage, being noticed and being known.*", vgl. Bar Council/Lord Chancellor's Department, Without Prejudice, § 48 (I).

269 Vgl. dazu weiter unten A. III. 3. b) mit besonderer Berücksichtigung der Beeinträchtigung durch die Aussicht auf Beförderungen unter A. III. 3. b) (5).

270 Dazu jedoch Lord Irvine abschwächend: „*No one person's view about a candidate , whether negative or positive, is decisive itself. (...) the Lord Chancellor requires that any allegation of professional misconduct made in the course of consultation about a candidate for judicial appointment must be specific and subject to disclosure to the candidate concerned. The Lord Chancellor has no regard to unspecific or unsubstantiated allegations of misconduct.*", vgl. Lord Chancellor, Lord Irvine of Lairg, Judicial Appointments - The Lord Chancellor's Policies and Procedures*.

271 Der Bildungs-, Kultur- und Sozialhintergrund der zum Richter ernannten Personen ist in England durchgehend sehr ähnlich, um nicht zu sagen homogen. Eine Reihe empirischer Studien zeigt, daß die meisten Richter der oberen Mittelschicht oder der gesellschaftlichen Oberschicht angehören. Diese Tatsache nährt seit jeher den Vorwurf, die englischen Richter hätten zu wenig Verständnis für die Arbeits- und Lebensbedingungen der Durchschnittsbevölkerung.

272 Hierzu McGlynn, Making the difference, S. 179, die mit dem Hinweis auf die fehlende Sichtbarkeit ("lack of visibility") sowie die fehlende Unterstützung ("lack of support") von Frauen innerhalb der richterlichen Berufswelt feststellt: „*Applicants are therefore restricted to who is known to those with whom soundings are taken.*".

Aus Gründen anhaltender Kritik an dem richterlichen Auswahlverfahren im Allgemeinen und den *secret soundings* im Besonderen wurde im Juli 1999 von Seiten des Lord Chancellor's Department ein unabhängiger Ausschuß unter Vorsitz von Sir Leonard Peach mit der Untersuchung des richterlichen Auswahlverfahrens sowie der Ernennung zum Queen's Council beauftragt *(An Independent Scrutiny of the Appointment Process of Judges and Queen's Counsels in England and Wales)*, dessen Untersuchungsergebnisse und Empfehlungen im Folgenden kurz wiedergegeben werden sollen.[275] Hinsichtlich der Auswahl der Richterämter im Bereich der unteren Gerichtshierarchie wurden die Ernennungspolitik und die Selektionsmethoden des Lord Chancellor von Seiten des Peach-Report für systematisch, einheitlich und effektiv befunden. Die neu zu besetzenden Richterstellen würden generell öffentlich ausgeschrieben, so daß Bewerbungen zwingend erforderlich seien[276], und detaillierte *job descriptions*[277] sowie Informationen hinsichtlich der von den Bewerbern erwarteten Kenntnisse, Fähigkeiten und sonstigen Qualifikationen seien ohne weiteres durch die *Judicial Group* des Lord Chancellor's Department erhältlich.

Bezüglich der Ernennungen zum High Court of Justice wurde die aktuelle Problematik erörtert, daß sich der Lord Chancellor trotz öffentlicher Ausschreibung der vakanten Richterstellen das Recht vorbehalte, auch Kandidaten auszuwählen und zu ernennen, welche sich für dieses Amt nicht offiziell beworben haben.

---

273 Vor diesem Hintergrund wurde dem Lord Chancellor aufgrund der von ihm praktizierten Auswahlmethode mit eindeutigem Schwerpunkt auf den "secret soundings" sogar ein Verstoß gegen den Race Relations Act vorgeworfen. Vgl. hierzu McGlynn, Making the difference, S. 179.

274 Bis zum Erlaß des Court and Legal Services Act 1990, standen die höheren Richterämter lediglich den elitären Barristers offen, so daß die Mehrzahl der derzeit praktizierenden Richter dieser Standesvertretung angehören, wodurch eine Bevorzugung der Barristers im Rahmen der "secret soundings" naheliegt. Die auch 10 Jahre nach Inkrafttreten des Court and Legal Services Act sehr geringe Anzahl der zu höheren Richterämtern ernannten Solicitors stützen diese Hypothese. Hinzu kommt, daß sich die Law Society als Standesvertretung der Solicitors in den letzten beiden Jahren an den Konsultationen im Rahmen des Auwahlverfahrens nicht beteiligt hat, vgl. dazu Lord Chancellor's Department, Recorder 2001-2001 Competition – Guide for Applicants*, Annex E.

275 Zu den Ergebnissen und Empfehlungen des Peach Reports vgl. das ausführliche Gutachten unter Peach Report, Judicial Appointments and QC Selection – Main Report*.

276 Einzige Ausnahme hierzu sind die Richterstellen als Recorder, welche nicht öffentlich ausgeschrieben werden, noch finden Interviews statt, da als potentielle Kandidaten nur Personen in Betracht kommen, die zuvor bereits als Assistant Recorder tätig gewesen sind. Maßgeblich ist im Rahmen der Ernennung zum Recorder demnach ausschließlich der Inhalt der "secret soundings".

277 Vgl. hierzu aus den aktuellen Bewerbungskampagnen für neu zu besetzende Stellen als Circuit Judge und als Recorder Lord Chancellor's Department, Circuit Judge 2001- 2002 Competition - Guide for Applicants*, Annex B sowie Lord Chancellor's Department, Recorder 2001- 2002 Competition - Guide for Applicants*, Annex B.

Diese Vorgehensweise wurde im Ergebnis trotz verständlicher Kritik jedoch nicht als bedenklich eingestuft, da dies eine in der freien Wirtschaft sowie im Rahmen der öffentlichen Verwaltung durchaus übliche Methode der Bewerberauswahl darstelle und letztendlich alle in Frage kommenden Kandidaten anhand der gleichen Kriterien und mittels desselben Auswahlgremiums beurteilt würden, so daß (spätestens auf dieser Ebene) das Prinzip der Gleichberechtigung und Chancengleichheit gewahrt bliebe. Im Hinblick auf die Ernennungen als Deputy High Court Judge wurde die Empfehlung ausgesprochen, diese Ämter an die Voraussetzungen der anderen nebenberuflichen Richterstellen anzupassen mit der Folge, daß auch für diese Posten in Zukunft Bewerbungen erforderlich sein sollten, was augenblicklich noch nicht der Fall ist. Vielmehr erfolgte die Ernennung zum Deputy High Court Judge bislang ausschließlich auf Einladung des Lord Chancellor hin.

In Bezug auf die höchsten richterlichen Ernennungen, d.h. der Richterstellen am Court of Appeal und im House of Lords wurde von Seiten des Peach-Reports ausdrücklich ein formaleres und systematischeres Verfahren bei der Neubesetzung gefordert. Danach sollten offizielle Zusammenkünfte zwischen dem Lord Chancellor und den führenden Richtern, darunter insbesondere die Vorsitzenden der Abteilungen, mindestens jedes halbe Jahr stattfinden, um über die möglichen Kandidaten für eine Richterstelle am High Court oder am Court of Appeal sowie für entsprechende Ämter als Vorsitzender einer Abteilung zu diskutieren.

Des weiteren berücksichtigte der Peach-Report eine Vielzahl zuvor eingeholter Stellungnahmen der Richter sowie anderer Interessengruppen zur Effizienz und zum Nutzen der *secret soundings* im Rahmen des derzeit praktizierten Auswahlverfahrens. Dabei bezeichneten die Richter die *secret soundings* einstimmig als die Essenz des Auswahlprozesses und wehrten sich vehement gegen eine Abschaffung derselben. Als Begründung wurde angeführt, die Richter seien aufgrund ihrer eigenen Erfahrungen und langjährigen Kenntnisse der besonderen Anforderungen des Richterberufes in der besten Position einen Bewerber realistisch zu beurteilen.[278] Diese Argumentation überrascht jedoch nicht sonderlich, da die Richter ihren bedeutenden Einfluß auf die Kandidatenauswahl nicht ohne weiteres aufgeben wollen. Demgegenüber äußerten sich die Working Parties der Law Society sowie einige andere Interessengruppen negativ gegenüber dem bis dato vorherrschenden Rücksprache- und Empfehlungssystem mit den Argumenten der weitgehenden Undurchsichtigkeit sowie der Diskriminierung von Solicitors, Frauen und ethnischen Minderheiten aufgrund ihres *lack of visibility* sowie

---

278 Vgl. Peach Report, Judicial Appointments and QC Selection – Main Report*, The Views of the Judges: „*(...) this permits the expression of the judgements and evaluations made by those most able to formulate these based on experience and awareness of the needs of the post, and of the environment and the knowledge of the candidates.*".

ihres *lack of being-known.*[279] Statt dessen forderten sie eine stärkere Ausrichtung auf moderne Selektionsverfahren wie bspw. Assessment Centers oder psychometrische Tests. Hinsichtlich dieser Kontroverse kam der Peach-Report zu dem vermittelndem Ergebnis, daß das System der *secret soundings* grundsätzlich beibehalten werden sollte, auf der anderen Seite jedoch auch moderne Testmethoden Berücksichtigung finden sollten.[280]

Zusammenfassend bleibt schließlich festzuhalten, daß die Rücksprache und Konsultation führender Mitglieder der Richterschaft sowie der Standesvertretungen im Hinblick auf eine fachkundige und realistische Einschätzung der Bewerber für ein Richteramt durchaus nützlich ist. Allerdings sollte diese aufgrund der oben dargelegten Bedenken und Gefahren erstens nicht die einzige Bewertungsgrundlage darstellen und zweitens in Form eines formellen und nachvollziehbaren Verfahrens eingeholt werden. Für die Zukunft bleibt insofern abzuwarten, ob sich die merklich ausbreitende Formalisierung des richterlichen Auswahlverfahrens auch auf die höheren Richterämter erstrecken wird oder ob der Lord Chancellor diese traditionell bestehende Grauzone zu Gunsten seines erweiterten Ermessensspielraumes erhalten wird.

c) Die erforderliche Qualifikation

Im Folgenden werden die erforderliche fachliche Qualifikation sowie die essentiellen Persönlichkeitsmerkmale der aspirierenden Richter dargestellt. Dabei ist aufgrund der unterschiedlichen Anforderungsprofile sowie der verschiedenen für Auswahl und Ernennung zuständigen Organe zwischen den ehrenamtlich tätigen Laienrichtern und den Berufsrichtern zu differenzieren. Ferner werden die formellen, gesetzlichen Befähigungsvoraussetzungen und die materiellen, praktischen Auswahlkriterien, welchen mangels gesetzlicher Fixierung – oder vielleicht sogar gerade deshalb – eine andere Bedeutung zukommt, getrennt erörtert.

(1) Die Berufsrichter

Die englischen Berufsrichter gehen ausnahmslos aus den Reihen der praktizierenden Anwälte hervor, wobei der Großteil nach wie vor aus dem Stande der Barristers ausgewählt wird. Zwar können nach dem Courts and Legal Services Act 1990 nunmehr auch Solicitors für jedes Richteramt in England in Betracht

---

[279] Vgl. Peach Report, Judicial Appointments and QC Selection – Main Report*, Views of Others including the Law Society Working Parties and Specialist Groups sowie Peach Report, Judicial Appointments and QC Selection – Main Report*, Consultation – Levelling the Playing Field.

[280] Siehe die ausgesprochenen Empfehlungen unter Peach Report, Judicial Appointments and QC Selection – Main Report*.

gezogen werden[281], doch hat sich diese theoretische Möglichkeit in der Praxis noch nicht durchsetzen können. Bislang sind daher nur wenige Solicitors zu Richtern am High Court ernannt worden.[282]

(a) Formelle, gesetzliche Befähigungsvoraussetzungen

Da in England kein Richtergesetz existiert, finden sich die Regelungen hinsichtlich der Richter an den unterschiedlichen Gerichten in einer Vielzahl von Gesetzen wieder. Dabei stellt eine gesetzlich festgelegte Mindestzeit an Berufserfahrung als zugelassener Anwalt die einzige formelle, gesetzlich vorgesehene Qualifikation für ein Richteramt auf allen Stufen der englischen Gerichtshierarchie dar.[283] Hinter dieser entscheidenden Bewährung im anwaltlichen Berufsleben steht die wertende Vorstellung, daß die angehenden Richter mit ihrem zukünftigen Tätigkeitsumfeld so gut wie möglich vertraut sein sollen. Zudem können potentielle Kandidaten für ein Richteramt auf diese Art und Weise durch die erfahrenen Richter, vor denen sie im Laufe ihrer anwaltlichen Berufsausübung plädieren, im Rahmen des späteren Auswahlverfahrens aufgrund ihres Verhaltens vor Gericht besser beurteilt werden. Insofern entscheidet allein der Erfolg in der anwaltlichen Praxis darüber, ob, wann und wo, d.h. an welchem Gericht, die Ernennung zum Richter erfolgt.[284]

In der Regel wird den *Queen's Counsels (Q.C.)* als der elitären Spitzenklasse der Barristers bei der Vergabe von Richterämtern der Vorzug gegeben, doch bestehen auch Ausnahmen in der Ernennungspraxis, so daß teilweise Kandidaten ausgewählt werden, die nach ihrer bisherigen Laufbahn nicht dafür prädestiniert

---

281 Vor 1949 konnten sich die Solicitors für gar kein Richteramt qualifizieren und wurden infolgedessen bei der Besetzung nicht berücksichtigt. Der Justices of the Peace Act 1949, Section 29 ermöglichte es den Solicitors jedoch, sich für ein Amt als Stipendiary Magistrate zu bewerben. Im Anschluß daran gewährte der Courts Act 1971 schließlich eine Ernennung zum Circuit Judge, verwehrte jedoch ausdrücklich eine Beförderung zum High Court of Justice. Erst durch den Courts and Legal Services Act 1990, Section 31 (2) sowie den neueren Access to Justice Act 1999, Section 36 stehen den Solicitors alle Richterämter in England und Wales offen.

282 Im September 1997 wurden mit Lawrence Collins und Arthur Marriot die ersten beiden Solicitors zu Richtern am High Court ernannt. Vgl. N. N., High Court Call, S. 4.

283 Als mögliche Kandidaten für ein Richteramt scheiden daher alle als Anwälte ausgebildeten, aber nicht als solche praktizierenden Juristen aus wie z. B. im Staatsdienst tätige oder im Angestelltenverhältnis beschäftigte Juristen sowie auch Universitätsprofessoren. Zur Frage nach der Qualifikation von Universitätsprofessoren für ein Richteramt vgl. näher Shetreet, Judges on trial, S. 58 f; Kayser, Richterauswahl, S. 90 m.w.N.

284 Cohn, Richter und Staat in England, S. 13. Kritisch zu diesem entscheidenden Auswahlkriterium Dean in Denham, Modern Introduction, S. 96 f: „*Drawn so exclusively from the ranks of the Bar, the main emphasis is still on advocacy, one of the least appropriate attributes for a presiding judge whose role is to listen astutely, defuse emotion, counterbalance bias, prevent excessive domination from one side, and weigh up the motives of the participants.*".

scheinen.[285] Diese sind jedoch äußerst selten und galten in der Vergangenheit stets als spektakuläre Ausnahmefälle.

Das für die richterliche Qualifikation notwendige, gesetzlich vorgesehene Mindestmaß an Berufserfahrung variiert in Abhängigkeit zu dem angestrebten Richteramt.[286] Diese gesetzlich festgelegten praktischen Berufsausübungszeiten werden in der Praxis jedoch um ein Vielfaches überstiegen, was sich insbesondere am Durchschnittsalter der Richter an den oberen Gerichten (60 Jahre) und dem Durchschnittsalter zum Zeitpunkt der Ernennung (53 Jahre) zeigt.[287] Die Richter im Appellate Committee des House of Lords *(Lords of Appeal in Ordinary)* werden ernannt nach Section 6 des Appellate Jurisdiction Act 1876, welcher durch den neueren Courts and Legal Services Act 1990, Section 71 (2), (3), Schedule 10, § 1 ergänzt worden ist. Die Basisqualifikation für eine Ernennung zum Law Lord stellt danach eine mindestens 15jährige "Supreme Court Qualification" oder eine mindestens 2jährige Tätigkeit in einem hohen Richteramt (High Judicial Office) dar.[288]

Nach Section 10 (3), (b) des Supreme Court Act 1981 in Verbindung mit Section 71 (1) des Courts and Legal Services Act 1990 erfordert die Qualifikation für ein Richteramt am Court of Appeal als *Lord Justice of Appeal* entweder eine 10jährige "High Court Qualification"[289] oder bereits eine Tätigkeit am High Court of Justice. Die Ernennung der Richter am Court of Appeal erfolgt aber gewöhnlich aus den Reihen der High Court Richter. Die Richter am *High Court* werden nach Section 10 (3), (c) des Supreme Court Act 1981 in Verbindung mit dem Courts and Legal Services Act 1990, Section 71 (1) entweder aus dem Kreise der Circuit Judges mit mindestens 2jähriger Berufserfahrung oder aus

---

285 Interessante Beispiele aus der Geschichte finden sich bei Kayser, Richterauswahl, S. 97 f und Cohn, Richter und Staat in England, S. 12.

286 Siehe hierzu die umfassenden Neuregelungen der erforderlichen Qualifikationsvoraussetzungen für ein Richteramt durch den Courts and Legal Services Act 1990, Section 71.

287 Dazu Kayser, Richterauswahl, S. 93; Cohn, Richter und Staat in England, S. 22; Keeling, Richterbild in Großbritannien, S. 100, mit Hinweis darauf, daß es in Großbritannien keine jungen Richter gibt.

288 Vgl. hierzu Courts and Legal Services Act 1990, Section 71 (3) (a): „(...) a person has (...) a "Supreme Court qualification" if he has a right of audience in relation to all proceedings in the Supreme Court". Unter dem Begriff "High Judicial Office" ist nach Section 25 des Appellate Jurisdiction Act 1876 das Amt des Lord Chancellors sowie die Richterämter an den "Superior Courts" zu verstehen, wobei mit letzteren der High Court of Justice und der Court of Appeal gemeint sind. In der Praxis setzen jedoch alle Ernennungen zum Lord of Appeal in Ordinary eine Erfahrung am Court of Appeal voraus.

289 Vgl. hierzu Courts and Legal Services Act 1990, Section 71 (3) (b): „(...) a person has (...) a "High Court qualification" if he has a right of audience in relation to all proceedings in the High Court".

den praktizierenden Anwälten mit einer mindestens 10jährigen "High Court Qualification" rekrutiert.[290]

Eine Ernennung zum *Circuit Judge* setzt nach Section 16 (3) des Courts Act 1971 in Verbindung mit Section 71 (2), (3) Schedule 10, § 31 (1) des Courts and Legal Services Act 1990 entweder eine 10jährige "Crown Court Qualification" oder "County Court Qualification" voraus oder die vorherige Tätigkeit als Recorder oder die mindestens 3jährige Vollzeitbeschäftigung in diversen anderen Stellen.[291] Als teilzeitbeschäftigte *Recorder* werden nach Section 21 des Courts Act 1971 in Verbindung mit Section 71 (2), (3) Schedule 10, § 31 (1) des Courts and Legal Services Act 1990 Personen eingestellt, welche eine mindestens 10jährige Crown Court- oder County Court-Qualifikation vorweisen können. Nach den Auswahlgrundsätzen des Lord Chancellors kommen für dieses Amt jedoch nur Personen in Betracht, die sich zuvor bereits als *Assistant Recorder* erwiesen haben.

Bewerber für das Amt eines *District Judge* benötigen nach Section 9 des County Courts Act 1984 in Verbindung mit Section 71 (2), 125 (3), Schedule 10, § 57, Schedule 18, § 42 des Courts and Legal Services Act 1990 eine mindestens 7jährige "General Qualification"[292]. Gleichermaßen haben auch *District Judges (Magistrates' Courts)* nach Section 10A (1) des Justices of the Peace Act 1997[293] zum Zeitpunkt ihrer Ernennung eine mindestens 7jährige "General Qualification" vorzuweisen.

(b) Materielle, praktische Auswahlkriterien (Standards)

Neben den soeben dargestellten minimalen, gesetzlich fixierten Voraussetzungen für das Richteramt sind für Auswahl und Ernennung der Richter in der Praxis in erster Linie materielle Auswahlkriterien, die sog. *standards* ausschlaggebend. Diese sind gesetzlich nicht festgelegt und betreffen die persönlichen sowie

290 Die Ernennung zum Vorsitzenden Richter einer Abteilung, namentlich das Amt des Lord Chief Justice, des Masters of the Rolls, des Präsidenten der Family Division des High Court sowie des Vice-Chancellor erfordert jedoch die gleiche Qualifikation wie die Ernennung zum Lord Justice of Appeal oder alternativ bereits das Innehaben einer Richterstelle am Court of Appeal.

291 Vgl. hierzu Courts and Legal Services Act 1990, Section 71 (3), (d) und (e): „(...) a person has (...) a "Crown Court qualification" if he has a right of audience in relation to all proceedings in the Crown Court; (e) a "County Court qualification" if he has a right of audience in realtion to all proceedings in County Courts". Eine Auflistung dieser Stellen ist durch den Courts and Legal Services Act 1990, Section 71 (2), Schedule 10, § 31 (2) nachträglich als Part IA in den Courts Act 1971, Schedule 2 eingefügt worden.

292 Siehe Courts and Legal Services Act 1990, Section 71 (3) (c): „(...) a person has (...) a "general qualification" if he has a right of audience in relation to any class of proceedings in any part of the Supreme Court, or all proceedings in County Courts or Magistrates' Courts".

293 In der durch den Access to Justice Act 1999, Section 78 geänderten Fassung.

die fachlichen Qualifikationen, welche für die Ausübung des Richteramtes notwendig sind. Ähnlich wie die bereits erörterten Phasen des Auswahlverfahrens, so waren auch die erforderlichen fachlichen Qualifikationen sowie die wünschenswerten Persönlichkeitsmerkmale der Bewerber für ein Berufsrichteramt lange Zeit schlichtweg unbekannt.[294] Über Jahrzehnte hinweg fanden sich daher nur sehr allgemein gehaltene Aussagen über die entscheidenden Selektionskriterien, welche letztendlich wenig Aufschluß über die ausschlaggebenden Merkmale gaben.[295] Es schien vielmehr als sollte in der Praxis – möglicherweise sogar bewußtermaßen – eine Verwässerung und Verschleierung der angewandten Auswahlkriterien erfolgen, so daß allgemeingültige Standards und schon gar nicht deren Gewichtung im Rahmen der Persönlichkeitsabwägung an die Öffentlichkeit gelangen und somit offiziell werden konnten. Bekanntermaßen waren neben einer außergewöhnlichen beruflichen Qualifikation jedoch vor allen Dingen Privatleben, Charakter und allgemeine Ansichten von Bedeutung.[296]

Aufgrund der breit angelegten Formalisierungs- und Entmystifizierungskampagne des amtierenden Lord Chancellor sind seit kurzem aber zumindest im Bereich der unteren Gerichtshierarchie zahlreiche Maßnahmen unternommen worden, die das richterliche Auswahlverfahren für Bewerber wie auch für die breite Öffentlichkeit offener und transparenter gestalten sollen.[297] In diesem Sinne sind nunmehr nicht nur konkrete *job descriptions* erhältlich mit wichtigen Details hinsichtlich der anfallenden Arbeit sowie der erforderlichen Rechtskenntnisse, Fähigkeiten und persönlichen Qualitäten für die in Betracht kommende Richter-

---

294 Statt Vieler treffend hierzu Kirby, The Judges, S. 22: „*The actual procedures taken leading to judicial appointment tend to be clouded in secrecy and mystery.*".

295 An dieser Stelle seien beispielhaft entsprechende Zitate zweier ehemaliger Lord Chancellors, Lord Hailsham of St. Marylebone und Lord Makay of Clashfern, aufgeführt. Ersterer antwortete auf die Frage nach seinen Grundsätzen zur Auswahl der Richter: „*My first and fundamental policy is to appoint solely on merit the best potential candidate willing to accept the post. No consideration of party politics, sex, religion, or race must enter into my calculations and they do not: Personality, integrity, professional ability, experience, standing and capacity are the only criteria (...)*", vgl. Lord Hailsham, Appointment to Silk, S. 2335. Lord Mackay machte in seinem Handbuch "Judicial Appointments" folgende Ausführungen: „*The Lord Chancellor appoints to each judicial post the candidate who appears to him to be best qualified to fill it, regardless of sex, ethnic origin, political affiliation or religion. He looks for professional ability, experience, standing, integrity, a sound temperament and the physical ability to carry out the duties of the post.*", vgl. Lord Mackay of Clashfern, Appointment Policies and Procedures, S. 5. Beide Aussagen sind jedoch nicht besonders aufschlußreich, da sie keine universelle und vor allen Dingen verbindliche Auflistung der maßgeblichen Auswahlkriterien darstellen. Diese bleiben vielmehr ebenso wie deren Gewichtung im Einzelfall im Dunkeln.

296 Die bei der Auswahl der Richter zu berücksichtigenden Erwägungen sind daher mannigfaltig. Ebenso Huber, Richter an Strafgerichten, S. 133.

297 So ausdrücklich Lord Chancellor, Lord Irvine of Lairg, Judicial Appointments - The Lord Chancellor's Policies and Procedures*.

stelle, sondern auch eine ausführliche Zusammenstellung wichtiger Persönlichkeitsmerkmale, die ein erfolgreicher Bewerber im Idealfall in seiner Person vereinen sollte.[298] Verständlicherweise läßt sich in diesem Zusammenhang ein gewisser Grad an Verallgemeinerung nicht vermeiden, denn in der Praxis ist letztendlich stets der konkrete Einzelfall entscheidend. Dennoch kann angesichts der traditionell undurchsichtigen Auswahlpraxis der letzten Jahrzehnte allein die Auflistung diverser Auswahlkriterien per se schon als Fortschritt gewertet werden, unabhängig davon, ob diese wirklich Aufschluß über die maßgebenden Auswahlprärogativen geben oder aufgrund ihrer relativ allgemein gehaltenen Formulierung keine konkreten Rückschlüsse auf die letztendlich entscheidenden Auswahlmaximen zulassen. Durch die Einrichtung aufwendiger und umfangreicher Internetseiten sind diese Informationen nicht nur jederzeit zugänglich, sondern es wird gleichzeitig auch ein Zeichen im Hinblick auf das neue Jahrtausend und die modernen Kommunikationsmöglichkeiten der Zukunft gesetzt.

Das derzeit praktizierte Auswahlverfahren sowie die gegenwärtige Auswahlpolitik beruhen weder auf einer verfassungsrechtlichen noch auf einer einfachgesetzlichen Grundlage. Beide sind nicht formell vorgeschrieben oder allgemeingültig kodifiziert, sondern gründen einzig und allein auf Tradition und gewohnheitsrechtlichen Niederschriften.[299] Insofern kommt auch dem von Seiten des Lord Chancellor's Department herausgegebenen Handbuch "Judicial Appointments - The Lord Chancellor's Policies and Procedures" kein Rechtsnormcharakter zu. Vielmehr gibt es lediglich die auswahlpolitischen Leitlinien und die besondere, persönliche Akzentuierung des Lord Chancellor wieder, stellt jedoch kein geltendes Gesetzesrecht dar.[300] Dennoch beansprucht das aktuelle Handbuch des Lord Chancellor zu Recht eine besondere Stellung in diesem System, nicht weil dieser ein völlig neues Auswahlverfahren eingeführt hat, sondern weil

---

298 Vgl. die Beschreibung der richterlichen Aufgabenfelder unter Lord Chancellor, Lord Irvine of Lairg, Judicial Appointments - Circuit Judge*, Nature of the Post; ders., Judicial Appointments - Recorder and Assistant Recorder*, Nature of the Post; ders., Judicial Appointments - District Judge and Deputy Distric Judge*, Nature of the Post; sowie die Ausführungen in den aktuellen Bewerbungsunterlagen unter Lord Chancellor's Department, Circuit Judge 2001-2001 Competition - Guide for Applicants*, Annex B; dass. Recorder 2001-2002 Competition - Guide for Applicants*, Annex B; dass. High Court 2000 - Guide for Applicants*, Annex B (Chancery Division), Annex C (Family Division), Annex D (Queen's Bench Division).

299 Vgl. Armytage, Educating judges, S. 60.

300 Gleichwohl sind die Handbücher zur Richterernennung der unterschiedlichen Lord Chancellors respektive ihr Inhalt nicht so unterschiedlich wie es im ersten Moment anmuten könnte. Diverse Prinzipien werden gleichbleibend betont und unterstrichen. Klassisches Beispiel hierzu ist der Grundsatz, daß im Rahmen des Auswahlverfahrens keine Diskriminierung der Kandidaten für ein Richteramt anhand ethnischer, sexistischer, politischer oder religiöser Merkmale stattfindet, was in den Leitlinien der unterschiedlichsten Lord Chancellors stets hervorgehoben wird.

er das bestehende Verfahren in weiten Teilen formalisiert und dadurch transparenter gestaltet hat.

Die Auswahlpolitik des Lord Irvine ist grundsätzlich durch drei fundamentale Prinzipien gekennzeichnet. Erstens beruht die Ernennung strikt auf dem Leistungsprinzip, zweitens stellt die vorherige Tätigkeit als Richter auf Probe oder als Richter im Nebenberuf normalerweise eine notwendige Grundvoraussetzung für die Ernennung zum Berufsrichter dar und drittens kommt den Beurteilungen der Bewerber durch führende Persönlichkeiten der Richterschaft eine signifikante Bedeutung zu.[301] Diese Grundsätze werden in der Praxis aber nicht uneingeschränkt umgesetzt, sondern sind geprägt durch eine Reihe von Ausnahmeregelungen. Insofern können bspw. Mängel oder gar Versagen im Hinblick auf die materiellen Auswahlkriterien, die sog. *standards*, nicht durch exzellente fachliche Qualifikationen ausgeglichen werden, während dies umgekehrt dagegen möglich ist.[302] Zudem gilt die vorherige Beschäftigung als Richter auf Probe oder als Richter im Nebenberuf nur normalerweise als Voraussetzung für eine hauptberufliche Stelle, so daß es sich hierbei nicht um eine zwingende Qualifikation handelt.[303] Vielmehr bestätigen zahlreiche Ausnahmen insofern die Regel. Des weiteren ist das System der *secret soundings* auf der Ebene der unteren Gerichtshierarchie sehr formalistisch ausgestaltet in Form vorgegebener Fragebögen sowie offizieller Listen der befragten *consultees*, während im Bereich der höheren Richterämter eher informelle Praktiken maßgeblich sind, darunter zum Großteil mündliche Rücksprachen im Rahmen inoffizieller Meetings.[304]

Neben diesen allgemeinen Grundsätzen sind zudem spezielle Auswahlkriterien erhältlich, was allerdings nicht für jedes Richteramt gilt. Für den Bereich der unteren Gerichtshierarchie, d.h. für alle haupt- und nebenberuflichen Richterämter unterhalb des High Court of Justice werden in der von Seiten des Lord Chancellor's Department herausgegebenen Broschüre zur Auswahlpolitik des Lord Chancellor sowie in den Unterlagen der laufenden Bewerbungskampagnen zahlreiche Auswahlkriterien *(criteria for appointment)* angeführt, namentlich Rechtskenntnisse und Erfahrung *(Legal knowledge and experience)*, intellektuelle und analytische Fähigkeiten *(intellectual and analytical ability)*, gesundes Urteilsvermögen *(sound judgement)*, Entscheidungsfähigkeit *(decisiveness)*, Kommunikationsfähigkeit *(communication skills)*, Autorität *(authority)*, Integrität

---

301 Vgl. Lord Chancellor, Lord Irvine of Lairg, Judicial Appointments - The Lord Chancellor's Policies and Procedures*.

302 So jedenfalls Shetreet, Judges on trial, S. 61.

303 Anders stellt sich die Lage bei den Recorders dar, die ausschließlich aus den Reihen der nebenberuflich tätigen Assistant Recorders ernannt werden, weshalb die vorherige Tätigkeit als Assistant Recorder zwingende Voraussetzung für eine hauptberufliche Stelle als Recorder ist. Vgl. Lord Chancellor, Lord Irvine of Lairg, Judicial Appointments - Recorder and Assistant Recorder*, Additional qualifications and experience.

304 Vgl. die obigen Ausführungen zum Auswahlverfahren unter A. II. 3. b).

(integrity), Fairneß *(fairness)*, Verständnis von Mensch und Gesellschaft *(understanding of people and society)*, Reife und gesundes Temperament *(maturity and sound temperament)*, Höflichkeit und Menschlichkeit *(courtesy and humanity)* sowie Einsatzbereitschaft für den öffentlichen Dienst *(commitment to public service)*.

Hinsichtlich der Richterstellen am High Court of Justice werden den Angaben der aktuellen Bewerbungskampagne zufolge ebenfalls diese Selektionskriterien angewandt.[305] Lediglich in Bezug auf die höheren Richterämter sind keine konkreten Anforderungsprofile hinsichtlich Fachkenntnissen, Charakter oder sonstigen Qualifikationen bekannt. In diesem obersten Bereich der englischen Gerichtshierarchie begnügt man sich offenbar mit der Feststellung, daß für diese Ernennungen nur ausgezeichnete Juristen in Betracht kommen, welche sich zuvor bereits als fähig erwiesen haben, die wichtigsten und kompliziertesten Streitfragen zu lösen.[306]

Im Folgenden werden die essentiellen Qualitäten eines Bewerbers für ein Richteramt, darunter sowohl fachliche Kenntnisse und Fähigkeiten, als auch wünschenswerte Persönlichkeitsmerkmale, auf einer generellen Ebene erörtert, auf der sich die oben aufgezählten Charakteristika abstrahiert wiederfinden. Trotz fehlender Angaben diesbezüglich ist davon auszugehen, daß diese Auswahlkriterien auch im Rahmen der Auswahl zu höheren Richterämtern Berücksichtigung finden, obwohl in diesen Bereichen wohl die entscheidende Bedeutung den Beurteilungen im Rahmen der *secret soundings* zukommt.

Dabei stellt die Erörterung dieser *standards* im Endeffekt nichts anderes dar als eine Analyse derjenigen Qualitäten, die ein guter englischer Richter idealerweise in sich vereinen sollte und die für das richterliche Auftreten als wünschenswert erachtet werden. Zudem werden diese Kriterien nicht separat und unabhängig voneinander beurteilt, sondern sie sind vielmehr eng miteinander verflochten und fügen sich wie viele kleine Mosaiksteine zu einem individuellen Persönlichkeitsprofil zusammen. Da in der Praxis stets die Umstände des konkreten Einzelfalls und die komplexe Persönlichkeit eines jeden Bewerbers maßgeblich sind, können an dieser Stelle keine allgemeingültigen Aussagen gemacht werden.

---

305 Siehe Lord Chancellor's Department, High Court 2000 – Guide for Applicants*, Part 2, Criteria for Appointment; Lord Chancellor's Department, High Court 2000 – Guide for Consultees*, Part 2, The Criteria.

306 Vgl. Lord Chancellor, Lord Irvine of Lairg, Judicial Appointments - Senior Judicial Appointments*: „*These appointments call for lawyers of great distinction who have proved themselves capable of handling the most important and complex issues (...)*".

(aa) Rechtswissen, Erfahrung und Fähigkeiten

Ein jeder Bewerber für ein Richteramt sollte zweifellos über ein ausgeprägtes Rechtswissen verfügen. Dabei ist insbesondere die Kenntnis des Verfahrensrechts sowie der Beweisregeln von Bedeutung, da dem englischen Richter die einzelfallspezifischen Probleme des materiellen Rechts im Rahmen des adversatorischen Gerichtsverfahrens von Seiten der beiden Prozeßparteien dargestellt und erörtert werden.[307] Des weiteren wird ein umfangreicher Erfahrunsgsschatz an praktischer Gerichtserfahrung vorausgesetzt, welcher entweder auf eine vorherige richterliche Tätigkeit, als Richter im Nebenberuf oder Richter auf Probe, oder auf die Tätigkeit als erfolgreicher Anwalt zurückzuführen ist. Alle erfolgreichen Bewerber verfügen zudem über eine natürliche Autorität, Entscheidungskraft, sowie über die Fähigkeit Argumente gegeneinander abzuwägen, logisch zu denken und sich über längere Zeiträume hinweg zu konzentrieren.[308] Schließlich sollten sie in der Lage sein, den ihnen gesetzlich zugewiesenen richterlichen Ermessensspielraum effektiv und pflichtgemäß auszufüllen.

(bb) Persönlicher Charakter

Die persönliche Charakterzüge eines Menschen sind erfahrungsgemäß schwierig auszumachen. Aus diesem Grunde können die zur Charakterstudie seitens des Lord Chancellor's Department geführten Interviews mit potentiellen Kandidaten für einen Richterposten nicht immer die wirkliche Persönlichkeit des Bewerbers offenlegen.[309]

---

307 Zu den Besonderheiten des adversialen Gerichtsverfahrens sowie zur Position und den Kompetenzen des Richters im Rahmen dieses Gerichtsverfahrens siehe die Ausführungen zum Hauptverfahren unter E. sowie die rechtsvergleichenden Ausführungen im Zweiten Teil unter C. Vgl. hierzu auch Lord Goff of Chieveley, Role of the Judge in England, S. 444 mit dem Hinweis auf die passive Rolle des Richters im adversatorischen Gerichtsverfahren. Dieser verlasse sich stillschweigend auf die Barristers, welche ihm nicht nur beide möglichen Versionen eines Falles, sondern auch die dazugehörigen Argumente und relevanten Materialien aus dem akademischen Schrifttum präsentieren und aufbereiten. Von Richtern, die in den speziellen Fachgerichtsbarkeiten des High Court of Justice ernannt werden wie bspw. dem Commercial Court oder dem Patents Court, werden jedoch selbstverständlich spezielle Fachkenntnisse in diesen Rechtsgebieten erwartet. In der Regel handelt es sich bei den Bewerbern für diese Richterstellen um entsprechend spezialisierte Fachanwälte.

308 Vgl. näher zu diesen und anderen Auswahlkriterien Lord Chancellor's Department, High Court 2000 – Guide for Consultees*, Part 2: The Criteria.

309 Zudem schwebt über der Feststellung, ob ein potentieller Kandidat ein guter Richter sein kann bzw. sein wird, stets die nicht gänzlich vorhersehbare Bewährung in der Praxis, mit anderen Worten die Frage, ob sich der Kandidat in der alltäglichen Funktion als Richter den Vorstellungen entsprechend verhalten wird. So soll es beispielsweise schon vorgekommen sein, daß ein relativ schweigsamer und verschlossener Barrister überraschend redefreudig geworden ist, nachdem er zum Richter ernannt worden war, vgl. Lord Goddard, Politics and the bench, S. 131.

Die wesentlichen Charakterzüge eines erfolgreichen Bewerbers für ein Richteramt bestimmen sich nicht zuletzt nach der Rolle und Funktion des Richters im englischen Gerichtsverfahren. Da die Befugnisse des Richters hinsichtlich der Verfahrensführung im adversatorischen Prozeß nur begrenzt sind[310], stellt die Fähigkeit des Zuhörens ohne unnötige Unterbrechungen verbunden mit einer großen Portion Geduld eines der wichtigsten Persönlichkeitsmerkmale dar. Nahezu selbstverständlich sollte der angehende Richter über gepflegte Umgangsformen verfügen, welche es ihm ermöglichen, allen vor Gericht auftretenden Personen mit der erforderlichen Höflichkeit und dem gewissen Maß an Feingefühl gegenüberzutreten, seien es Anwälte, Kläger, Angeklagte, Zeugen oder Juroren. Im Hinblick auf seine richtende Funktion sollte er zudem eine schnelle Auffassungsgabe besitzen, so daß er relativ zügig zu einer Entscheidung gelangen kann und Arbeitsrückstände weitestgehend vermieden werden. In diesem Zusammenhang wird von einem englischen Richter zwar eine über dem Durchschnitt liegende Intelligenz erwartet, ein überragender Intellekt oder gar Genialität sind jedoch nicht erforderlich.[311] Ein angenehmes Maß an Humor kann als Vorzug gelten, falls es dazu verwandt wird, Spannungen im Laufe der Gerichtsverhandlung abzubauen und verkrampfte oder verstörte Verfahrensbeteiligte aufzulockern.[312] Insgesamt ist ein hohes Maß an Selbstbewußtsein, aber auch an Selbstkontrolle erforderlich, sowie eine ausgeglichene und unvoreingenommene Persönlichkeit.[313] Letztere zeigt sich im Laufe des Gerichtsverfahrens vor allen Dingen darin, daß der Richter vorurteilsfrei zunächst beide Seiten anhört und erst dann eine Entscheidung fällt.

Zusammenfassend sollte das Persönlichkeitsprofil eines angehenden Richters all jene wünschenswerten richterlichen Qualitäten aufweisen, welche sich als Antwort auf die Frage ergeben *"Is the man big enough, sure enough, balanced and broad enough? Has he zeal without passion, tolerance without laxity, and an in-*

---

310 Vgl. hierzu ausführlich unter E. I. 2. und E. II. 3.

311 Vgl. dazu Megarry, Lawyer and litigant, S. 147 sowie McKenna, Common man, S. 607, der den – insbesondere aus psychologischer Sicht – interessanten Vergleich eines Richters mit einem indianischen Wahrsager vornimmt.

312 Hingegen ist ein permanenter "Joker" oder jemand, der jede mögliche Gelegenheit für witzige Bemerkungen nutzt und allgemeines Gelächter auf sich zieht, als angehender englischer Richter alles andere als erwünscht.

313 Einer der größten Unsicherheitsfaktoren der Richterausbildung im Allgemeinen sowie des Auswahlverfahrens im Besonderen besteht zweifellos darin, daß ein zum Richter ernannter Barrister oder Solicitor im Grunde seines Herzens immer noch als Rechtsanwalt denkt, fühlt und letztendlich auch entscheidet, da er die über Jahrzehnte hinweg angeeigneten Denkstrukturen und Verhaltensweisen nicht ablegen kann. Die Fertigkeit, einen bestimmten Standpunkt zu vertreten und diesen sodann gegen andere Ansichten zu verteidigen, ist zweifellos eine für den Rechtsanwalt essentielle Fähigkeit, stellt jedoch keine richterliche Qualität dar. Siehe auch die umfassenden Ausführungen dazu bei Harvey, Advocate's devil, S. 32.

finity of patience? Will he sit in the middle of his chair, neither poised nervously on the front of the seat nor reclining carelessly at the back?"[314].

(cc) Allgemeine Ansichten

Die Identifikation einer Person mit einer bestimmten, extremen Denkschule wird in der Regel als Hindernis auf dem Weg zum Richteramt gesehen. Daher sind weder Hardliner im Sinne einer straffen *law-and-order*-Politik, noch Vertreter einer milden und schonenden Kriminalitätsbekämpfung erwünscht.[315] Insofern werden Personen bevorzugt, die sich nicht öffentlich zu extremen Ansichten bekennen, seien sie nun konservativ oder progressiv.

(dd) Moralische Erwägungen

Im Verlaufe des Auswahlverfahrens werden auch eine Reihe moralischer Erwägungen, insbesondere die persönliche Integrität der Kandidaten für ein Richteramt, berücksichtigt, welche untrennbar mit dem individuellen Charakter der Person verknüpft sind. Einige dieser Überlegungen sollen im Folgenden aufgeführt werden, wobei die Aufzählung weder den Anspruch auf Vollständigkeit erheben, noch eine bestimmte Rangfolge erkennen lassen will.

Das persönliche Benehmen in Form der Einhaltung einer gewissen Etikette im Privatleben wie auch vor Gericht gilt als besonders hervorstechende und signifikante Eigenschaft eines jeden angehenden Richters. Aus diesem Grunde scheiden Personen, die im Hinblick auf ihr Privatleben bereits Anlaß zu der Vermutung geben, daß sie keine gepflegten Umgangsformen beherrschen, als Kandidaten für ein Richteramt von vornherein aus. Mit anderen Worten kommen Rechtsanwälte, die bekanntermaßen ein wildes und unruhiges Leben führen, unabhängig von ihrem Erfolg in der Praxis nicht in Betracht. In diesem Sinne soll der frühere Lord Chancellor, Lord Lyndhurst, einst auf die Frage, welche Maßstäbe er bei der Auswahl der Richter anlege, geantwortet haben „*I look about for a gentleman and if he knows a little law so much the better*"[316].

Weiterhin werden im Rahmen der moralischen Erwägungen auch mögliche strafrechtliche Verurteilungen der Aspiranten berücksichtigt.[317] Dabei ist jedoch grundsätzlich zu differenzieren zwischen denjenigen Straftaten, die eine morali-

---

314 Megarry, Lawyer and Litigant, S. 146 f.

315 So jedenfalls Lord Goddard, Politics and the bench, S. 21.

316 Zitiert nach Shetreet, Judges on trial, S. 293. Dieses Zitat veranschaulicht, daß Lord Lyndhurst im Rahmen seiner Auswahlkriterien, wie die Mehrzahl seiner Nachfolger auch, persönlichen Charakter und gute Manieren einer Person zweifellos höher einschätzte als deren fachliche Rechtskenntnisse.

317 In den schriftlichen Bewerbungsunterlagen müssen eventuelle strafrechtliche Verurteilungen stets aufgeführt werden. Vgl. dazu mit entsprechender Belehrung für Bewerber Lord Chancellor's Department, Recorder 2001-2002 Competition – Guide for Applicants*, Completing the Application Form, 5.10 und 5.11.

sche Schändlichkeit beinhalten *(moral turpitude)*, und den übrigen Straftaten. Während moralisch schändliche Straftaten ein unüberwindbares Hindernis auf dem Weg zum Richteramt darstellen, mindern Verurteilungen wegen kleinerer Delikte, insbesondere bloßer Verkehrsdelikte die Chancen auf Ernennung nicht. Die obige Unterscheidung mag zwar auf den ersten Blick eindeutig und klar anmuten, doch kann die Einordnung im konkreten Einzelfall durchaus Schwierigkeiten bereiten. Eine Verurteilung wegen Geschwindigkeitsüberschreitung oder Falschparkens beeinflußt die Qualifikation einer Person für ein Richteramt in der Regel nicht – ist der Kandidat jedoch ungewöhnlich oft wegen dieser Delikte verurteilt worden, so könnte dieser Umstand auch gegen ihn verwendet werden. Des weiteren ist eine Vielzahl von Verkehrsdelikten auch nicht völlig frei von moralischer Schuld, wie bspw. Trunkenheitsfahrten oder rücksichtsloses oder gefährliches Verhalten im Straßenverkehr. Nach Auskunft des Lord Chancellor's Department finden diese Delikte durchaus Beachtung im Rahmen des Auswahlverfahrens. In die Bewertung einer Verurteilung wegen eines Straßenverkehrsdeliktes fließen zudem auch die konkrete, neu zu besetzende Richterstelle sowie der damit zusammenhängende Aufgabenbereich ein.[318] Letztendlich können diesbezüglich jedoch nur vage, generelle Aussagen gemacht werden, da in der Praxis stets der konkrete Einzelfall entscheidend ist.

Schließlich findet auch eine eventuelle Ehescheidung im Rahmen der moralischen Erwägungen Berücksichtigung. Früher wurden Personen, deren Ehe geschieden war, grundsätzlich nicht zum Richter berufen.[319] Heutzutage hindert eine Scheidung die Ernennung zum Richter prinzipiell zwar nicht mehr, doch begründet dieser Umstand immer noch eine nicht unerhebliche Erwägung, die im Rahmen des Auswahlprozesses berücksichtigt wird. In diesem Zusammenhang ist stets der konkrete, individuelle Einzelfall maßgeblich. Ein laufendes Scheidungsverfahren sowie obszöne Einzelheiten oder gar öffentliche Diskussionen diesbezüglich dürften eine Ernennung zum Richter jedoch auch heutzutage noch unmöglich machen. Vor diesem Hintergrund scheint es mehr als selbstverständlich, daß eine in einen öffentlichen Skandal oder sonstige moralisch anstößige Affären verwickelte Person unter keinen Umständen zum Richter ernannt wird.

(ee) Politische Präferenzen

Angesichts der aus kontinentaleuropäischer Sicht starken politischen Ausrichtung des englischen Rechtssystems stellt sich die Frage, ob im Rahmen des

---

318 Insofern würden sich einschlägige Verurteilungen bei einem Bewerber für das Amt eines Laienrichters zweifellos nachteilig auswirken, da insbesondere die Magistrates' Courts über eine Vielzahl von Verkehrsdelikten befinden. Aspiranten für ein Richteramt am High Court hingegen würden derartige Straffälligkeiten mangels Beeinträchtigung ihres künftigen Arbeitsbereiches unter Umständen nicht zum Nachteil gereichen.

319 Vgl. Abel-Smith/Stevens, Search of Justice, S. 176.

Auswahlverfahrens unter anderem auch die politischen Präferenzen der Bewerber berücksichtigt werden.[320]

Noch zu Beginn des 20. Jahrhunderts spielte die politische Orientierung eines Kandidaten für eine Richterstelle eine sehr große, wenn nicht sogar die entscheidende Rolle.[321] Insbesondere Lord Halsbury, der für die außergewöhnlich lange Zeit von 17 Jahren (1885, 1886 - 1892, 1895 - 1905) das Amt des Lord Chancellors innehatte, soll sehr viele Ernennungen zu hohen Richterämtern aufgrund "faithful party service in the House of Commons"[322] vorgenommen haben. Im Laufe der 20er und 30er Jahre wandelte sich jedoch die Lage hinsichtlich der richterlicher Ernennungspraxis und es wurde schließlich beschlossen, daß Ernennungen ausschließlich aufgrund ausgezeichneter rechtlicher sowie professioneller Qualifikationen erfolgen sollten.[323] Daraufhin setzte eine Entwicklung ein, infolge derer der Einfluß und die Bedeutung der politischen Orientierung immer mehr zu verschwinden schienen. Dabei wurde insbesondere die politisch und historisch interessante Position der sog. *Law Officers* aufgehoben. Bis weit in die Zeit des 20. Jahrhunderts hinein bestand nämlich die gewohnheitsrechtliche Tradition, daß der *Attorney General* und der *Solicitor General* gewissermaßen als Erkenntlichkeit für politische Verdienste den Anspruch auf ranghohe richterliche Ämter erheben konnten, wann immer diese vakant wurden.[324] Mittlerweile wird es allgemein sogar als feste Tradition deklariert, daß politische Erwägungen bei der Richterernennung gar keine Rolle mehr spielen.[325]

---

320 Näher zur großen Bedeutung von Politik und Tradition im englischen Verfassungsgefüge siehe die Erörterung der Grundlagen des Richteramtes unter A. III.

321 Von den 139 Ernennungen, die in den Jahren zwischen 1832 und 1906 vorgenommen wurden, waren 80 Personen zum Zeitpunkt ihrer Ernennung Mitglieder des Parlamentes, wovon wiederum 63 ernannt wurden, während ihrer eigene Partei regierungsführend war; folglich wurden nur 17 Personen aus der politischen Opposition ernannt. Vgl. Laski, Studies in Law and Politics, S. 168.

322 Lord Goddard, Politics and the bench, S. 131.

323 So sah ein entsprechender Beschluß des damaligen Lord Chancellor Haldane und Premierminister Asquith vor, daß Ernennungen zum Richteramt fortan *„only on the footing of high legal and professional qualification"* vorgenommen werden sollten. Vgl. Haldane, Autobiography, S. 253; de Smith/Brazier, Constitutional Law, S. 371.

324 Der Attorney General konnte das Amt des Lord Chief Justice einfordern und der Solicitor General den Posten als President of the Probate Division (heutige Chancery Division des High Court of Justice mit dem Vorsitz des Vice-Chancellors) beanspruchen. Vgl. näher Edwards, Law Officers, S. 309 ff; de Smith/Brazier, Constitutional Law, S. 371; Shetreet, Judges on trial, S. 68; Brooke, History of Independence, S. 105; Jackson, Machinery of Justice, S. 469 mit der Kommentierung: *„The most obvious use of judgeships as political rewards arose with the Law Officers."*.

325 So etwa Megarry, Lawyer and litigant, S. 117 f; Shetreet, Judges on trial, S. 72; de Smith/Brazier, Constitutional Law, S. 371; Zweigert/Kötz, Rechtsvergleichung, S. 244; Jackson, Machinery of Justice, S. 470. Bei der Ernennung der Laienrichter spielen politi-

Bei realistischer Betrachtung kann diese These jedoch allenfalls im Rahmen eines theoretischen Wunschdenkens Geltung beanspruchen. Zwar wird die Qualifikation eines Bewerbers für ein Richteramt heutzutage nicht mehr ausschließlich nach seinen politischen Vorlieben und diesbezüglichen Verdiensten beurteilt, wie dies zu Beginn des 20. Jahrhunderts noch gängige Praxis war, doch stellt sich eine absolute Ignoranz politischer Interessen bei der Neubesetzung von vakanten Richterstellen im Rahmen des englischen Rechtssystems als unmöglich dar. Dies ist primär auf systemimmanente Gründe zurückzuführen, wobei insbesondere auf die verfassungsrechtlich bedenkliche Position des Lord Chancellor hingewiesen sei, welcher als Kabinettsmitglied und gleichzeitige Schlüsselfigur im Rahmen der Richterauswahl evident parteipolitischen Einflüssen ausgesetzt ist.[326] Das in diesem Zusammenhang vorgebrachte Argument, der Lord Chancellor setze sich durch Vorschlagen eines politisch engagierten, fachlich jedoch unfähigen Kandidaten unweigerlich öffentlichem Tadel aus[327], verkennt dabei offensichtlich, daß die Berücksichtigung politischer Neigungen bei der Richterauswahl auf eine wesentlich subtilere Art und Weise möglich ist. Gedacht sei hier nur an die nicht gerade realitätsferne Situation, daß für eine vakante Richterstelle zwei gleichermaßen qualifizierte Kandidaten in Betracht kommen, was die für die Richterauswahl zuständige Autorität vor einen deutlichen Interessenkonflikt stellen kann, denn auf der einen Seite soll die richterliche Neutralität gewahrt bleiben, auf der anderen Seite wäre es aber auch naiv, die Existenz politischer Erwägungen zu leugnen[328]. In der Praxis lassen sich diese entgegengesetzten Interessen wohl kaum in Einklang bringen, vielmehr wird sich im Zweifel wahrscheinlich die gemeinsame politische Orientierung durchsetzen.[329]

---

sche Orientierung und diesbezügliche Verdienste der Bewerber jedoch sehr wohl eine Rolle. Ausführlich dazu unter A. II. 3. c) (2).

326 Vgl. dazu ausführlich unten A. III. 2. b) zur verfassungsrechtlich bedenklichen Position des Lord Chancellor im Hinblick auf das verfassungsrechtliche Institut der richterlichen Unabhängigkeit mit weiteren Ausführungen zur politischen Neutralität und der Kraft parteipolitischer Einflüsse.

327 So Zweigert/Kötz, Rechtsvergleichung, S. 244 mit dem Hinweis darauf, daß sich in einem so überschaubaren Kreis, wie ihn die erfolgreichen Barristers darstellten, rasch eine allgemeine Meinung darüber bilde, welche Kollegen der Ernennung würdig seien.

328 Ebenso, wenngleich merklich ironisch, De Smith/Brazier, Constitutional Law, S. 373: *„political affiliations may operate as a disqualification inasmuch as an active proponent of revolution may be regarded as unsuitable to occupy what is one aspect of a high office of state"*.

329 In diesem Sinne auch die pragmatische und aus psychologischer Sicht einleuchtende Erklärung von Gleeson: *„There is nothing that makes one person appear more enlightened to another person than that the former agrees with the latter's view. It is only human nature that politicians, like anybody else, tend readily to accept the notion that a particular person is wise and enlightened when they know that person shares their opinion on matters affecting law and society (...)"*, zitiert nach Thomson, Judges, S. 72.

Die Berücksichtigung politischer Erwägungen im Rahmen des richterlichen Auswahlverfahrens findet sich zudem in der nach wie vor kontrovers diskutierten Frage wieder, ob politische Erfahrungen eines Aspiranten als Vor- oder Nachteil gewertet werden sollten.[330] Im Hinblick auf die Ernennungen zu den höchsten Richterämtern sollte ferner nicht außer Acht gelassen werden, daß diese auf Anraten des Premierministers hin durch die Queen erfolgen. Zwar holt der Premierminister seinerseits zuvor die Meinung des Lord Chancellors ein, doch sollen insbesondere zwischen den letzten beiden Lord Chancellors, Lord Mackay und Lord Hailsham, und den entsprechenden Premierministern, John Major und Margaret Thatcher, diverse Unstimmigkeiten hinsichtlich der Richterauswahl aufgetreten sein.[331] Insofern handelt es sich bei den Ernennungen zu den höchsten beiden Gerichten des Landes, dem House of Lords und dem Court of Appeal, eindeutig um politische Ernennungen.[332]

Zusammenfassend bleibt somit festzustellen, daß die Auswahl der englischen Richter zwar nicht mehr durch politische Präferenzen und Parteizugehörigkeit dominiert wird wie dies zu Beginn des letzten Jahrhunderts noch der Fall war. Dennoch stellt die politische Orientierung eines Bewerbers für ein Richteramt ein bedeutendes Attribut dar, welches zweifellos in die Gesamtbeurteilung des Aspiranten mit einfließt.

(ff) Sonstige Erwägungen

Ein guter Gesundheitszustand wird im Rahmen des Auswahlprozesses als nützliches Attribut gewertet, denn schließlich werden die Richter durchschnittlich in einem Alter ernannt, in dem andere Menschen schon an ihre Pensionierung denken. Des weiteren wird auch das Alter des Aspiranten in Erwägung gezogen. Zwar besteht hinsichtlich des Ernennungszeitpunktes keine Altersgrenze nach oben, doch sinken die Chancen auf einen Richterposten ab dem 56. Lebensjahr.[333]

Schließlich finden unter anderem auch administrative Erwägungen Berücksichtigung. Bei der Besetzung einer vakanten Richterstelle am High Court ist demnach die entsprechende Abteilung *(Chancery Division, Family Division, Queen's Bench Division)* respektive die anfallenden Rechtsbereiche zu berücksichtigen.

---

330 Hierzu mit Argumenten pro und contra Shetreet, Judges on trial, S. 74 f. Ferner Lord Goddard, Politics and the bench, S. 129; Coldstream, Common man, S. 44.

331 Vgl. Rozenberg, Search for Justice, S. 9 f.

332 Vgl. hierzu auch McGlynn, Making the Difference, S. 177: „*(...) appointment to the most senior courts is a political appointment, decided among the Prime Minister, Lord Chancellor and the forty or so senior judges.*" sowie Rozenberg, Search for Justice, S. 9, der das Auswahlverfahren beschreibt als *"nothing less than naked political control over appointments to the most senior levels of the judiciary"*.

333 Vgl. dazu McKenna, Common Man, S. 607; Shetreet, Judges on trial, S. 77.

(2) Die Laienrichter (Lay Magistrates)

Die Laienrichter stellen zahlenmäßig mit über 30.000 Personen den größten Anteil der englischen Richterschaft dar.[334] Ohne sie würde das englische Rechtssystem zweifellos kollabieren.

Bei der Auswahl der Laienrichter wird der Lord Chancellor maßgeblich durch die örtlichen *Advisory Committees* unterstützt, denen im Rahmen des Auswahlverfahrens zweifellos die Schlüsselfunktion zukommt.[335] Für den gesamten Bereich England und Wales existieren derzeit 95 *Advisory Committees*, die in vielen Gebieten zusätzlich durch sog. *Sub-Committees* unterstützt werden.[336] Früher war die Mitgliedschaft in diesen *Committees* streng geheim, um das Stimmenwerben aspirierender Richter zu vermeiden. Diese Praxis wurde jedoch von Lord Mackay zu Beginn der 90er Jahre abgeschafft. Nunmehr geben die Advisory Committees gelegentlich sogar Zeitungsannoncen auf und verkehren mit kommunalpolitischen und gemeinwesenorientierten Organisationen, um Bewerber für das Amt eines Laienrichters anzuregen und zu ermutigen.[337] Die Advisory Committees bestehen gewöhnlich aus 6 bis 12 Personen, von denen der Großteil selbst als Lay Magistrates tätig ist. Nach Anordnung von Lord Irvine soll sich in Zukunft jedoch mindestens ein Drittel der Mitglieder aus anderen Gemeindemitgliedern zusammensetzen, welche gerade nicht als Laienrichter fungieren.[338] Gewöhnlich legt jedes Committee dem Lord Chancellor einmal im Jahr zu einem bestimmten Monat seine Empfehlungen vor, aufgrund derer dieser sodann die entsprechenden Ernennungen vornimmt.[339]

---

334 Vgl. dazu die tabellarische Übersicht bei Magistrates' Association, All About Magistrates*, Justices of the Peace in England and Wales.

335 Diese beraten den Lord Chancellor jedoch nicht nur hinsichtlich der persönlichen Auswahl einzelner Bewerber, sondern auch im Hinblick auf die erforderliche zahlenmäßige Kapazität der Laienrichterschaft und bezüglich eventuell erforderlicher Rückgriffe auf District Judges (Magistrates' Courts), vgl. Lord Chancellor's Department, Directions for Advisory Committees, 2.10. Siehe hierzu auch Huber, Richter an Strafgerichten, S. 134; Skyrme, Changing Image of Magistracy, S. 41; Kritzer, Courts, Justice, and Politics in England, S. 90. Dennoch ist es dem Lord Chancellor selbstverständlich vorbehalten, den Rat der Advisory Committees nicht zu befolgen, vgl. Lord Chancellor's Department, Directions for Advisory Committees, 1.6.

336 Eine Übersicht der derzeit 95 Advisory Committees sowie der 129 Sub-Committees findet sich bei Lord Chancellor's Department, Directions for Advisory Committees, S. 142 ff (Supplement).

337 Darbyshire, English Legal System, S. 36; de Smith/Brazier, Constitutional Law, S. 371.

338 Siehe Lord Chancellor's Department, Directions for Advisory Committees, 3.3, 3.12 f.

339 Im Jahre 1998 hat der Lord Chancellor insgesamt 1.609 Laienrichter in England und Wales (das Großherzogtum Lancaster mit eingeschlossen) ernannt, vgl. Magistrates' Association, All About Magistrates*, Justices of the Peace in England and Wales.

(a) Formelle, gesetzliche Befähigungsvoraussetzungen

Die maßgebliche gesetzliche Grundlage für die Ernennung der Laienrichter bildet der Justices of the Peace Act 1979 sowie der neuere Justices of the Peace Act 1997. Diese Gesetze legen jedoch keine positiven Qualifikationsvoraussetzungen fest, so daß theoretisch jeder Bürger zum Laienrichter ernannt werden kann. Erforderlich ist nach Section 6 des Justices of the Peace Act 1997 lediglich die Residenzpflicht innerhalb der jeweiligen *Commission Area*, wovon in besonderen Einzelfällen aber auch Ausnahmen gemacht werden können.[340]

(b) Materielle, praktische Auswahlkriterien

Neben diesen minimalen gesetzlichen Vorgaben existieren jedoch eine Reihe positiver Auswahlkriterien in der Praxis, die den *Advisory Committees* als Orientierungshilfe dienen und in den vom Lord Chancellor's Department herausgegebenen *Lord Chancellor's Directions for the Advisory Committees on Justices of the Peace* veröffentlicht werden.[341] Diese Merkmale sollen im Folgenden kurz dargestellt werden, wobei der Schwerpunkt auf den persönlichen Charaktereigenschaften der Bewerber liegt.

(aa) Persönliche Charaktereigenschaften

Hinsichtlich des wünschenswerten Persönlichkeitsprofils eines Laienrichters werden sechs Charaktereigenschaften als besonders signifikant angesehen, sog. *key qualities*, die im Folgenden aufgezeigt werden.[342]

Zunächst sollte der Bewerber einen von Grund auf guten Charakter *(good character)* vorweisen können. Von den Laienrichtern wird erwartet, daß sie über eine unbefangene und natürliche Betrachtungsweise verfügen, welche sie auch ohne Fachwissen zu verständigen und menschlichen Richtern macht. Insofern stellt wohl der Bürger mit gesundem Menschenverstand und ausgeglichener Persönlichkeit die Idealbesetzung für dieses Richteramt dar. Positive Charakterzüge wie persönliche Integrität, Respekt und Vertrauen anderer sowie Umsicht im Privat- wie auch im Arbeitsbereich des öffentlichen Lebens runden diese Wunschvorstellung ab.

---

340 Siehe hierzu Section 1 des Justices of the Peace Act 1997 sowie Schedules 1 und 2. Der Laienrichter muß innerhalb des Einzugsgebietes des zuständigen Magistrates' Courts Committees oder maximal 15 Meilen außerhalb dieses Bereiches seinen Wohnsitz haben. In besonderen Einzelfällen kann der Lord Chancellor von dieser Regelung jedoch Außnahmen gestatten nach Section 6 (2) des Justices of the Peace Act 1997.

341 Vgl. Lord Chancellor's Department, Directions for Advisory Committees, 10: Selecting Magistrates – A Standard Framework.

342 Ausführlich hierzu Lord Chancellor's Department, How to Become a Magistrate*, Personal Qualities of a Magistrate.

Zweitens sollte ein jeder Laienrichter über ein großes Maß an Verständnis und Kommunikationsfähigkeit *(understanding and communication)* verfügen, um den richterlichen Aufgaben im Gerichtsverfahren in einem angemessenen zeitlichen Rahmen gerecht werden zu können. Dabei sollte er nicht nur die Fähigkeit besitzen, sich effektiv mit anderen Verfahrensbeteiligten auseinanderzusetzen und über lange Strecken hinweg zu konzentrieren, sondern auch die für den konkreten Einzelfall relevanten Fakten und Beweise aus der Fülle vorgebrachter Argumente identifizieren, herausfiltern und verstehen können. Drittens kommt auch dem sozialen Bewußtsein *(social awareness)* des Bewerbers, wozu insbesondere Respekt und Unvoreingenommenheit gegenüber Personen aus unterschiedlichen ethnischen, kulturellen und sozialen Bereichen zählt, eine nicht unerhebliche Bedeutung zu.

Viertens sollte ein jeder Lay Magistrate über ein gewisses Maß an Reife und ein gesundes Temperament *(maturity and sound temperament)* verfügen und fünftens zu vernünftigen gerichtlichem Entscheidungen *(sound judgement)* gelangen. In diesem Zusammenhang muß der Bewerber jedoch keine rechtlichen Kenntnisse vorweisen, da der juristische Sachverstand an den Magistrates' Courts bereits durch die Clerks ausreichend vertreten wird. Vielmehr sind ein durchschnittliches Maß an Allgemeinwissen sowie die Fähigkeit zu logischem Denken und einzelfallbezogener Abwägung verbunden mit der notwendigen Objektivität und geistigen Offenheit erwünscht.

Sechstens wird von jedem Laienrichter eine große Einsatzbereitschaft und Verläßlichkeit *(commitment and reliability)* erwartet. Insofern muß dieser nicht nur bereit sein, die erforderliche Mindestanzahl an Sitzungstagen im Jahr abzuhalten, sondern darüber hinaus auch ein gewisses Maß an Freizeit für die Gemeinde zur Verfügung zu stellen.[343] Eine entsprechende Unterstützung durch Familie, Freunde und Arbeitgeber sowie ein zufriedenstellender Gesundheitszustand stellen die notwendigen Rahmenbedingungen dar.

(bb) Politische Balance

Das Streben nach einer weitestgehenden politischen Balance innerhalb der Laienrichterschaft sowie innerhalb der für die Empfehlung potentieller Kandidaten verantwortlichen *Advisory Committees* stellt ein seit Beginn des 20. Jahrhunderts lebhaft diskutiertes Problemfeld dar.[344] Ausgangspunkt der Diskussion und

---

[343] Die Aus- und Weiterbildungskurse für Laienrichter finden in der Regel abends statt, so daß entsprechende Freizeitaktivitäten den Fortbildunsgveranstaltungen weichen müssen.

[344] Das aktuelle Auswahlsystem geht primär auf die Untersuchungen zweier Royal Commissions in der ersten Hälfte des 20. Jh. zurück, namentlich die Royal Commission on the Selection of Justices of the Peace (1909 - 1910) sowie die Royal Commission on Justices of the Peace (1946 - 1948). Ein komprimierter historischer Überblick hinsichtlich der seit jeher problematischen politischen Balance innerhalb der Laienrichterschaft findet sich unter Lord Chancellor's Department, Political Balance in the Lay Magistracy*, §§ 10-23.

zugleich Sinn und Zweck einer repräsentativen Laienrichterschaft ist das Vertrauen der Öffentlichkeit in die Lay Magistrates, welches nicht nur von deren individuellen Persönlichkeiten und Fähigkeiten abhängt, sondern auch von dem Anteil, zu dem diese die unterschiedlichen Bevölkerungsschichten der Gemeinde wiederspiegeln. Dies liegt in der traditionellen Vorstellung begründet, daß die Entscheidungen der Magistrates' Courts letztendlich Entscheidungen der Gemeinde selbst sind, ausgeführt durch eine repräsentative Auswahl ihrer Bürger. Demzufolge verlieren die Magistrates' Courts an Autorität und Glaubwürdigkeit, wenn sie in ihrer Komposition nicht mehr die Gemeindestruktur reflektieren, sondern bestimmte Personengruppen und Gesellschaftsschichten überrepräsentiert sind.

In der Praxis gestaltet es sich jedoch äußerst schwierig, die Bevölkerungsstruktur der Gemeinde auch nur ansatzweise in der Auswahl der Laienrichter wiederzuspiegeln.[345] Grund dafür ist die natürliche und nur verständliche Tendenz, prominente und engagierte Personen des öffentlichen Gemeindelebens für diese ehrenvollen Ämter auszuwählen. Diese Praxis hat in den letzten Jahrzehnten jedoch dazu geführt, daß hauptsächlich Mitglieder der örtlichen politischen Partei zu Laienrichtern ernannt worden sind, während bestimmte andere Bevölkerungsgruppen innerhalb der Laienrichterschaft gar nicht vertreten waren – die Parallele zur Auswahl deutscher Schöffen ist unverkennbar.

Das derzeit praktizierte Auswahlverfahren ist sehr auf eine ausgeglichene und repräsentative Komposition der Laienrichterschaft bedacht und verläuft daher in zwei Phasen. Die erste Phase unterzieht alle Kandidaten einem ausführlichen Interview, anhand dessen die persönliche Eignung des Bewerbers im Hinblick auf die oben dargestellten sechs *key qualities* beurteilt wird. Sobald im Anschluß daran die potentiellen Kandidaten aus der Vielzahl der Bewerber herausgefiltert worden sind, widmet sich die zweite Phase des Auswahlverfahrens der repräsentativen Zusammensetzung der Laienrichterschaft. Dabei betrachten die Advisory Committees die aktuelle Komposition im Hinblick auf Geschlecht, Beruf, ethnischen Ursprung, geographische Herkunft sowie hinsichtlich politischer Orientierung und klassifizieren die Kandidaten entsprechend. In dieser Phase kann es durchaus vorkommen, daß ein qualifizierter Bewerber für das Amt als Lay Magistrate dem Lord Chancellor nicht vorgeschlagen wird, da er das bestehende Ungleichgewicht der Laienrichterschaft noch potenzieren würde, weil er z.B. einer Berufsgruppe angehört oder eine politische Partei unterstützt, die bereits überrepräsentiert sind.

---

[345] So ist bei den amtierenden Laienrichtern fortlaufend eine Überrepräsentation der Ober- und Mittelklasse zu beobachten, der weit unterrepräsentierte Bevölkerungsminderheiten wie bspw. Schwarzafrikaner und andere ethnische Minderheiten gegenüberstehen. Vgl. Darbyshire, English Legal System, S. 36.

Die politische Orientierung der Bewerber wird bereits seit Jahren als sicheres Instrument zur sozialen Gleichgewichtung der Laienrichterschaft betrachtet und auch angewandt.[346] Gleichwohl gestaltet sich dieser Auswahlmechanismus nicht unproblematisch, denn unter allen zur Repräsentativität herangezogenen Faktoren stellt die politische Orientierung das Kriterium dar, welches bislang am meisten kritisiert worden ist[347] und in der Praxis am wenigsten umgesetzt werden konnte. Der maßgebliche Grund hierfür liegt nicht zuletzt in den enormen Schwierigkeiten bei der Feststellung der politischen Orientierung sowohl der Bewerber für das Amt eines Laienrichters, als auch der Mitglieder der Advisory Committees. In diesem Zusammenhang sehen sich die Advisory Committees nicht nur mit dem verfassungsrechtlich geschützten Wahlgeheimnis *(confidentiality of the ballot box)* konfrontiert, sondern auch mit einer Fülle von Enthaltungen oder falschen Antworten auf die Frage nach den politischen Präferenzen[348].

Aus diesem Grunde sowie aufgrund einer Reihe gravierender sozialer Veränderungen innerhalb der Gesellschaft in den letzten Jahren hat das Lord Chancellor's Department im Oktober 1998 ein *Consultation Paper*[349] vorgelegt, welches eine alternative Methode der Repräsentativität und sozialen Gleichgewichtung innerhalb der Laienrichterschaft favorisiert, das sog. *geo-demographic classification scheme*[350]. Diese komplizierte und nicht gerade kostengünstige Alternati-

---

346 Dazu Lord Chancellor, Lord Irvine of Lairg in Lord Chancellor's Department, Directions for Advisory Committees, 8.8 sowie 3.7. zur politischen Ausgeglichenheit der Advisory Committees und der Sub-Committees.

347 Neben den offensichtlichen Schwierigkeiten bei der Feststellung der politischen Orientierung eines Bewerbers wird die Gefahr angeführt, die besten Bewerber für ein Amt als Laienrichter aufgrund dieser politischen Selektion zu verlieren und stattdessen minderqualifizierte Personen lediglich zur Erhaltung bzw. Herstellung des sozialen Gleichgewichtes einzustellen. Des weiteren handelt es sich um ein sehr kompliziertes System, welches eine genaue und aufwendige Operationalisierung der unterschiedlichen Variabeln voraussetzt, abgesehen von nicht gerade unerheblichen Kosten.

348 Die in einjährigen Abständen von vielen Advisory Committees durchgeführten Umfragen nach der politischen Orientierung der aktiven Laienrichter weisen einen zunehmenden Anteil von Personen auf, welche entweder keine Angaben zu dieser Frage machen oder sich selbst als "uncommitted" bezeichnen, vgl. Lord Chancellor's Department, Political Balance in the Lay Magistracy*, § 28.

349 Vgl. den Text des Consultation Paper unter Lord Chancellor's Department, Political Balance in the Lay Magistracy*.

350 Dieses geo-demographische Klassifizierungskonzept beinhaltet eine Vielzahl sozialer und ökonomischer Merkmale wie bspw. Alter, Geschlecht, Familienstand, Beruf, ethnische Gruppierung, Familienstruktur, etc., die einfach angewendet werden können. Das computergesteuerte Klassifizierungsprogramm benötigt lediglich die Adresse und die Postleitzahl einer Person, um dieses Individuum anhand der Charakteristika der örtlichen Umgebung zu klassifizieren. Vgl. ausführlich Lord Chancellor's Department, Political Balance in the Lay Magistracy*, §§ 42 - 44.

ve wurde bislang jedoch nicht eingeführt und statt dessen Ende 1999 vorläufig ausgesetzt, da nur 13 % der im Rahmen der Beratungsphase konsultierten Experten eine Ersetzung des politischen Faktors durch das geo-demographische System befürworteten.[351] Allerdings sprachen sich 45 % grundsätzlich gegen die politische Orientierung als gleichgewichtendes Auswahlinstrument aus. Das Lord Chancellor's Department wird daher nach eigenen Angaben auch weiterhin umfangreiche Studien hinsichtlich möglicher Alternativlösungen betreiben. Vorerst wird gleichwohl die bisherige Auswahlmethode anhand der politischen Präferenzen nach wie vor Anwendung finden.[352] In diesem Zusammnehang sei jedoch angemerkt, daß sich ein mögliches soziales Gleichgewicht innerhalb der Laienrichterschaft angesichts der relativ kleinen Zahl der jährlich zu ernennenden Lay Magistrates ohnehin nur graduell und schrittweise erreichen läßt.

Die Rechtsprechung durch die Laienrichter an den Magistrates' Courts ist ein hohes Kulturgut des englischen Rechtslebens, welches maßgeblich auf dem Vertrauen der Bevölkerung in die Lay Magistrates basiert. Vor diesem Hintergrund stellt sich das Bemühen um eine repräsentative Laienrichterschaft, welche die verschiedenen Gruppierungen der Gemeinde ausreichend reflektiert, als wichtige und bedeutende Aufgabe dar, die von Seien des Lord Chancellor's Department mit großem Aufwand und Engagement wahrgenommen wird. Insofern ist das vorläufige Festhalten an der bislang praktizierten politischen Gleichgewichtung nicht negativ zu bewerten, da das Lord Chancellor's Department eine intensive Forschung nach alternativen Selektionsmechanismen betreibt. Es bleibt daher abzuwarten, ob sich in Zukunft die politischen Präferenzen der Bewerber im Rahmen des Auswahlverfahrens gänzlich ausblenden und durch ein anderes Instrument zur sozialen Gleichgewichtung ersetzen lassen respektive ob sich eine effizientere und praktikablere Alternativlösung anbieten wird.

(cc) Sonstige Erwägungen[353]

Im Rahmen des Auswahlverfahrens der Laienrichter wird zudem das Alter der Bewerber berücksichtigt. Insofern kommen Personen unter 27 Jahren und über

---

[351] Vgl. Lord Chancellor's Department, LCD Press Notice vom 25.10.1999 – LC continues search for alternatives to political balance in the lay magistracy*.

[352] Dazu Lord Chancellor, Lord Irvine of Lairg, in einer Presseerklärung unter Lord Chancellor's Department, LCD Press Notice vom 25.10.1999 – LC continues search for alternatives to political balance in the lay magistracy*: „*I remain committed to finding an alternatvie to political balance as a measure of social background, but I have reluctantly concluded that for now it remains the most practicable measure. I have asked my officials to look at other options for the future.*".

[353] Zu den absoluten und relativen Disqualifizierunsgründen für ein Amt als Laienrichter vgl. ausführlichst und sehr übersichtlich Lord Chancellor's Department, Directions for Advisory Committees, 7.

65 Jahren als potentielle Kandidaten nicht in Betracht.[354] Des weiteren stellt die britische Staatsbürgerschaft keine notwendige Grundvoraussetzung dar, so daß auch Ausländer zu Laienrichtern ernannt werden können. Erforderlich ist allerdings die Ablegung des Treueids *(oath of allegience)*.[355]

Schließlich sind bestimmte Personen aufgrund ihres Berufes von der Ausübung eines Laienrichteramtes ausgeschlossen wie bspw. Polizeibeamte, Mitglieder der Streitkräfte, Angestellte des Crown Prosecution Service, des Prison Service sowie des Probation Service, und Parlamentsmitglieder.[356] Auch nahe Verwandte einer Person, welche bereits als Lay Magistrate tätig ist, sind von der Ernennung ausgeschlossen.[357]

d) Frauen auf der Richterbank

Der Frauenanteil in der juristischen Berufssparte im Allgemeinen und innerhalb der Richterschaft im Besonderen ist in England nur sehr gering. Insofern ist die symbolische Darstellung der Justiz durch eine Frau, die mit verbundenen Augen die Waagschale der Gerechtigkeit haltende *Justitia*, welche über allen englischen Gerichten erscheint, allenfalls als traurige Ironie zu verstehen. Tatsächlich ist bis heute keine Frau zur Richterin im House of Lords, dem höchsten Gericht des Vereinigten Königreiches, ernannt worden.[358] Die höchste Richterin in England ist Lady Justice Butler-Sloss am Court of Appeal, die neben ihren 34 männlichen Kollegen die einzige weibliche Richterin am Court of Appeal darstellt.[359] Historisch betrachtet hatten sich sowohl die Inns of Court, als auch die Law Society bis Anfang des 20. Jahrhunderts noch hartnäckig geweigert, ihre Tore auch für Frauen zu öffnen.[360] Der erbitterte Kampf um die Entdiskriminierung wurde erst durch das Parlament in Form des Sex Disqualification (Removal) Act 1909

---

354 Vgl. dazu auch Lord Chancellor's Department, How to Become a Magistrate*, Eligibility Requirements.

355 Siehe Lord Chancellor's Department, Directions for Advisory Committees, 7.5 sowie Justices of the Peace Act 1997, Section 69 (1).

356 Vgl. hierzu die ausführliche Auflistung der ausgeschlossenen Berufsgruppen unter Lord Chancellor's Department, How to Become a Magistrate*, Eligibility Requirements.

357 Lord Chancellor's Department, The Magistrate*, Magisterial Qualities.

358 Vgl. McGlynn, Making the difference, S. 171. In den USA wurde hingegen bereits 1981 die erste Frau als Richterin am Supreme Court ernannt. Der Supreme Court of Canada wurde 1982 erstmalig mit einer Richterin besetzt.

359 Da Lady Justice Butler-Sloss die erste Frau war, die zur Richterin am Court of Appeal ernannt wurde, und insofern kein Präzedenzfall hinsichtlich des entsprechenden Titels für eine weibliche Richterin vorlag, wurde sie lange Zeit ebenfalls mit "My Lord" angeredet. Mittlerweile wurde diese Lächerlichkeit jedoch aufgegeben, so daß Lady Justice Butler-Sloss nunmehr angemessen mit "My Lady" angeredet wird. Vgl. auch Berlins/Dyer, Law Machine, S. 58; Crowther, Call the Judge, S. 947.

360 Vgl. hinsichtlich der Inns of Court die "Notes" in Law Quarterly Review, 20 (1904), S. 8 f m.w.N. und Law Quarterly Review, 33 (1917), S. 114.

gelöst. Danach sollten auch Frauen Mitglieder der Inns of Court oder der Law Society werden können.[361] Außerdem wurde festgelegt, daß Frauen auch richterliche Ämter innehaben dürfen.

Trotz wiederholter Aufrufe der unterschiedlichen Lord Chancellors im Laufe der letzten Jahren zur Vergrößerung des Frauenanteils in der Richterschaft steigt die Anzahl der tatsächlich ernannten Richterinnen nur sehr langsam an. Während im Jahre 1977 unter den insgesamt 83 High Court Richtern lediglich 2 weibliche Richterinnen tätig waren, die bezeichnenderweise der Family Division des High Court zugeteilt worden waren, wurden Ende 1992 gerade einmal 3 Richterinnen am High Court sowie eine Richterin am Court of Appeal gezählt.[362] Zu Beginn des neuen Jahrtausends waren 8 Richterinnen am High Court beschäftigt.[363] Des weiteren kommt eine von Sally Hughes geführte Untersuchung der Law Society aus dem Jahre 1991[364] zu dem Ergebnis, daß Frauen, welche 1970 ihre Anwaltszulassung erhalten hatten, bei den Richterernennungen in den Jahren 1986 bis 1991 deutlich unterrepräsentiert waren. Im gleichen Zeitraum waren nur 6 % der ernannten Recorders weiblich, und unter den 51 Recorders, die zum hauptamtlichen Circuit Judge ernannt wurden, befanden sich nur 2 Frauen. Im übrigen wies die Studie darauf hin, daß sich die weiblichen Kandidaten im Vergleich mit ihren männlichen Konkurrenten in beruflicher Hinsicht als wesentlich erfahrener darstellten.

Zwar ist in den Jahren 1989 bis 1998 ein begrüßenswerter Fortschritt hinsichtlich der Zahl der ernannten Richterinnen zu verzeichnen[365], doch hält sich dieser in seinen Ausmaßen angesichts der steigenden Gesamtzahl der Richter eher in Grenzen. Nach wie vor ist nur eine Richterin am Court of Appeal tätig, gefolgt von 8 Richterinnen am High Court. Die Zahl der weiblichen Circuit Judges hat sich in den Jahren 1989 bis 1998 zwar fast verdoppelt, was grundsätzlich eine positive Entwicklung darstellt, doch darf dabei nicht übersehen werden, daß in diesem Zeitraum die Anzahl der Circuit Judges generell angestiegen ist, so daß der prozentuale Frauenanteil im Grunde genommen gleich geblieben ist.

Positive Tendenzen konnten jedoch im Bereich der untersten Gerichtshierarchie verzeichnet werden, denn der Anteil der weiblichen Assistant Recorders stieg im Vergleichszeitraum von 5 % auf 17 % und der Anteil der Recorders steigerte sich von 5 % auf immerhin 8 % im Jahre 1998. Zudem konnte sich die Zahl der weiblichen District Judges von 4 % im Jahre 1989 auf 11 % im Jahre 1998 fast verdreifachen. Der Frauenanteil im Rahmen der höheren Gerichtshierarchie belief sich im Januar 2000 auf 5,5 %, während im Bereich der unteren Richterstel-

---

361 Im Jahre 1922 wurden die ersten Frauen bei der Bar und bei der Law Society zugelassen.

362 Vgl. Denham, Modern Introduction, S. 96.

363 Lord Chancellor's Department, Women in the Judiciary*.

364 Sally Hughes, A Woman's Place, London 1991.

365 Vgl. hierzu die Datenaufbereitung bei McGlynn, Making the difference, S. 173.

len ca. 12 % mit weiblichen Amtsträgern besetzt sind.[366] Im Vergleich dazu ist der Frauenanteil unter den Laienrichtern mit ca. 46 % bemerkenswert hoch[367], was jedoch nicht sonderlich überraschen dürfte.

Vor diesem Hintergrund sei angemerkt, daß die Diskriminierung der Frauen im justiziellen Bereich in England durchaus wahrgenommen wird, doch sind effektive Maßnahmen zur Beseitigung dieser Situation bislang nicht ergriffen worden. Die Appelle des Lord Chancellors zur Steigerung des Frauenanteils innerhalb der Richterschaft entpuppen sich bei näherer Betrachtung rasch als populistisches Lippenbekenntnis, ist doch der Lord Chancellor selbst für die Mehrzahl richterlicher Ernennungen verantwortlich und könnte daher ohne weiteres zu einem größeren Frauenanteil beitragen. Grundlegende Vorstöße in diese Richtung, wie bspw. die Einführung einer Frauenquote, bleiben jedoch aus. Statt dessen wird an dem alten Auswahl- und Ernennungssystem festgehalten, dessen Schwächen und Undurchsichtigkeiten an anderer Stelle bereits ausführlich dargelegt wurden und sich in Bezug auf weibliche Kandidaten für ein Richteramt deutlich potenzieren.[368] Dabei gilt spätestens seit der breit angelegten Untersuchung des Bar Council zusammen mit dem Lord Chancellor's Department aus dem Jahre 1992[369] als statistisch erwiesen, daß Frauen in vielerlei Hinsicht sowohl im Rahmen ihrer Ausbildung zum Barrister, als auch im Hinblick auf die Ernennung zum Richter offensichtlich benachteiligt werden.[370] Zu dem gleichen Ergebnis war außerdem ein Jahr zuvor bereits die von Sally Hughes geführte Studie der Law Society gekommen.

Angesichts dieser eindeutigen Untersuchungsergebnisse erscheint es perfide, wenn seitens des Lord Chancellor's Department die Prognose aufgestellt wird, daß sich der Frauenanteil innerhalb der Richterschaft aufgrund der steigenden Anzahl weiblicher Solicitors und Barristers[371] mit der Zeit ganz von selbst erhö-

---

366 Siehe Lord Chancellor's Department, Women in the Judiciary*.

367 So jedenfalls im Jahre 1994, vgl. McGlynn, Making the difference, S. 173.

368 Siehe die Kritik am Auswahlverfahren oben unter A. II. 3. b) (3). Auf den Punkt gebracht durch Lord Justice Otton, der auf der Second Women Lawyer Conference 1996 bemerkte: *„(As long as we have) male consultors consulting male consultees, women are bound to be at disadvantage."*, zit. nach N. N., Second Women Lawyer Conference, S. 8.

369 Bar Council/Lord Chancellor's Department (Hrsg.), Without Prejudice? Sex Equality at the Bar and in the Judiciary, London 1992.

370 *„It is unlikely that the judicial appointment system offers equal access to women or fair access to promotion to women judges (...). The system depends on patronage, being noticed and being known."*, vgl. Bar Council/Lord Chancellor's Department, Without Prejudice, § 48 (I).

371 Im Jahre 1996 waren 52 % der zugelassenen Solicitors Frauen, während die Quote zehn Jahre zuvor bei nur 44 % lag. Im Jahre 1997 waren 33 % der praktizierenden Solicitors und 24 % der Barristers weiblich. Vgl. Smerin, Focus women lawyers, S. 17 f.

hen werde.[372] Diese Argumentation ist nicht nur künstlich vereinfacht, sondern ignoriert bewußtermaßen die durch empirische Untersuchungen verifizierte Realität: Maßgeblicher Grund für die kleine Anzahl von Frauen innerhalb der Richterschaft ist gerade nicht eine gleichermaßen kleine Anzahl potentieller Bewerberinnen, sondern die weitläufige Diskriminierung im Rahmen des angewandten Auswahl- und Ernennungsverfahrens.

Zusammenfassend läßt sich festhalten, daß die Anzahl der Richterinnen in allen Zweigen der englischen Gerichtshierarchie im Vergleich zu den männlichen Kollegen sehr klein ist. Dabei korreliert der Frauenanteil negativ mit dem Rang der Richterstellen, d.h. je höher eine Richterstelle im Rahmen der englischen Gerichtshierarchie angesiedelt ist, desto kleiner gestaltet sich der entsprechende Anteil weiblicher Richterinnen. Obwohl in den letzten Jahren – zumindest im Bereich der unteren Gerichtshierarchie – Fortschritte im Sinne einer höheren Frauenquote erreicht worden sind, halten sich die diesbezüglichen Zahlen dennoch in Grenzen. Rechtsvergleichende Studien belegen zudem, daß England mit dieser Quote weit hinter den kontinentaleuropäischen Standards zurückbleibt, denn in Ländern wie bspw. Frankreich, Deutschland oder auch Italien ist der Anteil der weiblichen Richterinnen mit teilweise 50 % gemessen an allen Richterämtern jeweils wesentlich größer.[373] Für die Zukunft wäre sicherlich wünschenswert, daß sich der steigende Frauenanteil in den untersten Teilen der Gerichtshierarchie mit der Zeit auch auf die höheren Richterämter ausweitet.[374] Dazu müßten jedoch grundlegende Veränderungen in der richterlichen Ernennungspraxis vorgenommen werden, welche derzeit – trotz anhaltender Bemühungen und Drucks von Seiten diverser Organisationen[375] – noch in keiner Weise absehbar sind.

4. Richterliche Fortbildung

Im Folgenden wird aufgezeigt wie die aus den Reihen der praktizierenden Anwälte hervorgehenden englischen Richter auf ihre richterliche Tätigkeit vorbereitet werden. Dies ist insbesondere aus dem Grunde interessant, weil das englische Juristenausbildungssystem anders als in Deutschland nicht auf die spätere Tätigkeit als Richter ausgelegt ist, sondern von Anfang an den anwaltlichen Berufszweig avisiert und dementsprechende Kenntnisse und Fähigkeiten vermittelt.

---

[372] So jedenfalls der frühere Lord Chancellor, Lord Mackay: „*As more woman progress through the profession, it is to be expected that the numbers of women within the judiciary will increase.*", zitiert nach N. N., In the News, S. 514.

[373] Vgl. Thomas, Judicial Appointments in Europe, S. 22.

[374] Zu der Frage, warum ein höherer Frauenanteil in der Richterschaft wünschenswert ist und ob das Geschlecht eines Richters Einfluß auf seine Entscheidungen und Urteilssprüche hat, vgl. McGlynn, Woman Judges, S. 813 f.

[375] So bspw. die "Woman Lawyer Conference", die von der Law Society und auch der Bar gesponsort wird und in regelmäßigen Abständen stattfindet.

Nach jahrelanger Berufstätigkeit als Rechtsanwalt scheint es aus deutscher Perspektive daher selbstverständlich, daß die neu ernannten Richter auf ihre wesentlich andere Funktion als Richter hinreichend vorbereitet werden. Die diesbezügliche Realität in England stellt sich jedoch anders dar und soll daher im Folgenden kritisch beleuchtet werden.

a) Historische Entwicklung bis zur Errichtung des Judicial Studies Board

Richterliche Fortbildung stellt in England noch eine recht neue Erscheinung dar. Mit Ausnahme der Lay Magistrates, welche als juristische Laien seit jeher eine kurze Basisausbildung erhielten, wurden die aus den Reihen der praktizierenden Anwälte hervorgehenden Berufsrichter auf ihre veränderte Tätigkeit lange Zeit so gut wie gar nicht vorbereitet. In der Praxis verließ man sich zum einen auf das Potential des durch den strengen Auswahlprozeß herausgefilterten "gifted amateur"[376], zum anderen auf die eigenständige Fortbildung der Richter *(self-education)* sowie auf die Erwerbung der notwendigen Kenntnisse und Fähigkeiten durch informelle Konsultationen und Besprechungen mit anderen Kollegen.

Diese Sichtweise ist auf die damals sichere Überzeugung zurückzuführen, daß es für einen angehenden Richter keine bessere Ausbildung respektive Schulung gebe als die vorherige Berufstätigkeit als erfolgreich praktizierender Barrister. Die Probleme des nicht nur sehr abrupten, sondern auch in funktionaler Hinsicht einschneidenden Rollenwechsels von der Anklage respektive Verteidigung zum Richterstuhl wurden über Jahrzehnte hinweg gar nicht wahrgenommen. Vielmehr wurde wie selbstverständlich davon ausgegangen, daß jeder neu ernannte Richter ausreichend vorgebildet sei, um ohne weiteres richterliche Aufgaben in allen möglichen Rechtsgebieten wahrzunehmen.

In diesem Sinne fanden bis 1963 gar keine Fortbildungen für Berufsrichter und in der Folgezeit auch nur sehr begrenzt Veranstaltungen im Hinblick auf Fragen der Strafzumessung statt.[377] Im Jahre 1963 rief der damalige Lord Chief Justice, Lord Parker, erstmalig eine eintägige Konferenz zur Frage des Umgangs mit

---

376 Kennedy, Training for Judges, S. 47, 50.

377 Bemerkenswert erscheint in diesem Zusammenhang die völlige Ignoranz einer seit langem bestehenden Gesetzesvorschrift aus dem Supreme Court of Judicature Act 1873 über viele Jahrzehnte hinweg. Section 75 dieses Gesetzes (übernommen durch den Supreme Court of Judicature (Consolidation) Act 1925, Section 210) bestimmt ausdrücklich, daß mindestens einmal im Jahr eine Versammlung eines Beraterstabes bestehend aus höheren Richtern ("Council of Judges of the Supreme Court") stattzufinden hat, um auffallende Defekte und Schwächen des Justizsystems zu untersuchen. Die Ergebnisse dieser Untersuchungen inklusive möglicher Verbesserungsstrategien sollen sodann dem Secretary of State in einem Jahresbericht vorgelegt werden. Dabei muß die Einberufung dieser Versammlung jedoch vom Lord Chancellor ausgehen. Obwohl diese Gesetzesvorschrift eine Versammlung mindestens einmal im Jahr vorschreibt, traf sich der Beraterstab nur in großen und unregelmäßigen Abständen.

Verbrechern – selbstverständlich unter freiwilliger Teilnahme – ins Leben, woraufhin in den folgenden Jahren derartige Zusammenkünfte regelmäßig einmal im Jahr stattfanden, welche sich zu Beginn der 70-er Jahre zu einwöchigen örtlichen Seminaren ausgeweitet hatten.[378] Im Anschluß daran setzte der Lord Chancellor 1974 unter dem Vorsitz von Lord Bridge eine Kommission ein zur Untersuchung der Frage, ob die Richter hinsichtlich der Wahrnehmung ihrer Aufgaben und Funktionen im Strafverfahren ausreichend vorbereitet seien. Die sog. *Bridge Commission* kam zu dem Ergebnis, daß weder die gelegentlich stattfindenden Konferenzen zu Fragen der Strafzumessung, noch der Prozeß der Selbst-Fortbildung der Richter adäquate Vorbereitungen im Hinblick auf die richterliche Aufgabenerfüllung seien und empfahl demzufolge eine formellere Herangehensweise an die Aus- und Weiterbildung der Richter, eine Empfehlung, die nach heftigen Diskussionen in Kreisen der betroffenen Richterschaft schließlich zur Einrichtung des *Judicial Studies Board*[379] führen sollte.

Die lebhafte Diskussion um die Institution des Judicial Studies Board verbunden mit der Durchführung richterlicher Fortbildungsprogramme in der Praxis führte rasch zur Polarisierung der Richterschaft in zwei gegensätzliche Meinungslager, von denen sich die einen für eine Aufrechterhaltung des status quo einsetzten, während die anderen eine grundlegende Neuerung im Sinne planmäßiger richterlicher Fortbildung befürworteten. Dabei wiesen die progressiven Verfechter der Fortbildung auf die vielfältigen Vorteile derselben hin, darunter am offensichtlichsten die Erleichterung des abrupten Wechsels von der Anklage respektive Verteidigung auf die Richterbank. Die Notwendigkeit einer vorbereitenden Einführung in die Richtertätigkeit für angehende Berufsrichter werde angesichts ihrer langjährigen Anwaltstätigkeit besonders deutlich, denn ein erfolgreicher Rechtsanwalt, dessen Aufgabe im Gerichtsverfahren über zwei Jahrzehnte hinweg darin bestanden habe, aktiv an der Verhandlung teilzunehmen und die für seine Partei günstigste Tatsituation und Rechtslage zu vertreten, könne sich nicht über Nacht in einen völlig unparteiischen, geduldig zuhörenden und in seiner Funktion im Gerichtsverfahren eher passiven Richter verwandeln.[380]

Zwar wurden das fortgeschrittene Alter und die gesetzte Persönlichkeit sowie die langjährige Erfahrung vor Gericht als grundsätzlich positive Attribute gewertet, gleichwohl sei die grundlegend anders geartete Funktion als Richter im Gerichtsverfahren für viele erfahrene und erfolgreiche Anwälte ein häufig unterschätztes Problem. Ferner bewirke die avisierte Fortbildung zudem das

---

[378] Vgl. dazu Working Party on Judicial Training and Information, Working Paper, S. 4; Devlin, The Judge, S. 35; Malleson, New Judiciary, S. 157; Glidewell, Judicial Studies Board, S. 165; Partington, Training the Judges, S . 323.

[379] Das Judicial Studies Board (JSB) entspricht in etwa der Programmkonferenz der Deutschen Richterakademie, hat aber, wie sich im Folgenden zeigen wird, erheblich weitergehende Befugnisse.

[380] Ebenso Armytage, Educating Judges, S. 34.

schätztes Problem. Ferner bewirke die avisierte Fortbildung zudem das Schritthalten mit aktuellen Veränderungen durch neue Gesetze und die Rechtsprechung, die Überbrückung zwischen richterlicher Unerfahrenheit und entsprechender Erfahrung, sowie schließlich die Verhinderung richterlicher Fehlentscheidungen und dadurch bedingt die Reduzierung von Verfahrenskosten. Insgesamt könne somit die professionelle Weiterentwicklung der Richterschaft gefördert werden. Schließlich wurde das Bedürfnis nach einer selbstkritischeren Haltung der Justiz verbunden mit einem erweiterten Bewußtsein der Richter für den Wertekonsens in der Gesellschaft geäußert[381], eine Forderung, die in den letzten 20 Jahren weder an Aktualität noch an Brisanz verloren hat.

Auf der anderen Seite äußerten die konservativen Mitglieder der Richterschaft scharfe Kritik gegen die Einrichtung des Judicial Studies Board sowie gegen die Einführung richterlicher Fortbildungen generell.[382] Als Begründung wurde zunächst maßgeblich auf das verfassungsrechtliche Institut der richterlichen Unabhängigkeit rekurriert, welches aufgrund der Bedrohung des richterlichen Ermessensspielraums sowie der autonomen Entscheidungsfindung durch eventuelle Fortbildungskurse potentiell gefährdet würde.[383] Zudem eröffneten die Fortbildungsveranstaltungen dem Lord Chancellor die Möglichkeit, kriminalpolitische Ziele der Regierung mit Hilfe einer "Indoktrination der Richter"[384] durchzusetzen. Im übrigen stelle die lange Berufserfahrung als praktizierender Anwalt als wesentlicher Teil der Richterausbildung eine völlig ausreichende Vorbildung dar und aufgrund der strengen Selektionskriterien im Rahmen der Richterauswahl

---

381 In diesem Sinne auch der Kommentar von Lord Gifford, einem führenden Queen's Counsel, über die englische Richterschaft, zitiert nach Denham, Modern Introduction, S. 95: „*Their ignorance of whole areas of British life is shattering. They recieve no training whatever might help them to recognise and overcome their prejudices.*". Treffend unter Bezug auf die australischen Reformbewegungen, die parallel zu denen in Großbritannien verliefen, auch Kirby, The Judges, S. 25 f: „*The replication of specialist judges from specialist Barristers, with only the most occasional stimulus, is the surest formula for narrow tunnel vision, resistance to reform ideas and complacent self-satisfaction. These attitudes have no proper place in a modern (Australian) court room.*".

382 Eine Zusammenfassung aller vorgebrachten Kritikpunkte gegen richterliche Fortbildung im Allgemeinen findet sich in Working Party on Judicial Training and Information, Working Paper, S. 5 f. Unter Rücksichtnahme auf die diesbezüglichen Befindlichkeiten vieler damaliger Richter wurde schließlich die Bezeichnung "Judicial Studies Board" gewählt, statt der eines "Judicial Training Board".

383 Zur Gefährdung der richterlichen Unabhängigkeit durch richterliche Fortbildungsprogramme, insbesondere durch Einführung einer Leistungsbewertung ("performance appraisal") oder etwa durch die Auswertung von Videoaufzeichnungen aus der Verhandlung ("monitoring process for full time judges"), vgl. ausführlich Malleson, Judicial Training, S. 657 ff.

384 Huber, Richter an Strafgerichten, S. 137.

bestehe kein Grund mehr für eine zusätzliche Fortbildung, da nur die besten Kandidaten zum Richter ernannt würden.[385]

Des weiteren wurde der tatsächliche Nutzen derartiger Fortbildungen angezweifelt, da die essentiellen Fähigkeiten eines Richters nicht durch theoretischen Unterricht, sondern vielmehr nur durch jahrelange Erfahrung erworben würden. Der Begriff der "Ausbildung" bzw. "Fortbildung" impliziere zudem, daß es Ausbilder gebe, welche Personen dazu ausbilden könnten, den Beruf eines Richters auszuüben. Dies beeinträchtige jedoch das Richterbild in der englischen Öffentlichkeit, da der negative Eindruck entstehe, daß der Richter nach seiner Ernennung noch fortgebildet werden müsse. Insgesamt kommt die tiefe Ablehnung und das beharrliche Weigern der größtenteils konservativ ausgerichteten Richterschaft wohl am deutlichsten in einer Äußerung des späteren Lord Devlin zum Ausdruck, der die geplante Errichtung des JSB als "blendende Manifestation des Sozialismus"[386] charakterisierte.

Erst mit der heftig umstrittenen Einrichtung des Judicial Studies Board im Jahre 1979 setzte eine Entwicklung ein, die anfangs nur die Fortbildung für neue und schon länger im Dienst befindliche Berufsrichter in Strafsachen gewährleisten sollte, seit 1985 jedoch auch die zivil- und familienrechtlichen Zuständigkeiten des Crown Court erfaßt.[387]

b) Das Judicial Studies Board (JSB)

Mittlerweile haben die Richter Nutzen und Vorteile der Fortbildungsveranstaltungen des JSB erkannt, so daß die einst vorherrschende, negative und ablehnende Einstellung unter den heute tätigen Berufsrichtern kaum noch vorzufinden ist.[388] Zudem hat sich rasch gezeigt, daß die Einführung von Fortbildungsprogrammen die Position, den Status sowie die Unabhängigkeit der Richter nicht untergraben, sondern diese vielmehr konsolidieren. Aus diesem Grunde besteht nunmehr nicht nur eine generelle Akzeptanz der richterlichen Fortbildung durch das JSB, sondern es werden von vielen Seiten noch mehr und vor allen Dingen

---

385 Bestehe dennoch die Notwendigkeit einer Fortbildung, so sei dies nur ein Anzeichen dafür, daß das Auswahlsystem versagt habe, jedoch kein Indiz für die tatsächliche Notwendigkeit der richterlichen Fortbildung, so Samuels, Judicial Competency, S. 585.

386 Vgl. Devlin, The Judge, S. 37: *„I must say at the outset that the showpiece of the new scheme (...) strikes me, even on the assumption that judges should be penologically minded, as a dazzling manifestation of the unacceptable face of socialism, that is an excessive zeal for setting up at public expense institutions for regimentering people into doing things which any sensible person does for his own benefit, at his own expense, and in his own way.".*

387 Judicial Studies Board, Report 1991 - 1995, S. 3; Pitchers, Future of Judicial Training, S. 18; Munday, Bench Books, S. 297; JUSTICE, Judiciary in England and Wales, S. 8.

388 So auch der Lord Chancellor, Lord Irvine of Lairg, Modern World, S. 2 sowie Partington, ein erst kürzlich in den Ruhestand getretenes Mitglied des Judicial Studies Board, in: Training the Judges, S. 322.

speziellere Fortbildungsveranstaltungen gefordert.[389] Die weitgehende Auflösung dieser langjährigen Kontroverse zugunsten der richterlichen Fortbildung gewinnt im übrigen vor dem Hintergrund der allgemein zu beobachtenden Entwicklung hin zu einer an den Interessen der Gesellschaft orientierten Justiz sowie der Betonung der sozialen Richterrolle zusätzlich an Bedeutung.[390] Unter diesem Blickwinkel ist die erfolgte Weichenstellung letztendlich als deutliches Signal in die Richtung des aktuellen, gesellschaftspolitischen Zeitgeistes zu werten.

(1) Struktur und Organisation

Grundlegendes Prinzip des JSB – und Folge der beharrlichen Vehemenz, mit der dessen Einrichtung anfangs entgegengetreten wurde – stellt die Kontrolle und Leitung der richterlichen Fortbildung unmittelbar durch die Richterschaft selbst dar.[391] Dies liegt zum einen in der Glaubwürdigkeit des Fortbildungsprogramms für die Richter begründet, die nur dann gewährleistet sein kann, wenn die Ausbilder ihrerseits auch Richter sind und daher als solche über einen entsprechenden praktischen Erfahrungsschatz verfügen. Zum anderen wird angeführt, das Verfassungsgebot der richterlichen Unabhängigkeit gebiete eine Fortbildung durch politisch neutrale Richter und sei durch eine mögliche Übertragung auf eine staatliche Einrichtung im Kern gefährdet. Diese Maxime der richterlichen Eigenverwaltung spiegelt sich auch in der Organisationsstruktur des JSB wieder, denn die Mehrheit der Mitglieder sind Richter und diese haben auch die Mehrheit in den für die eigentliche Ausbildung zuständigen Ausschüssen.

Das JSB besteht aus einem *Main Board*, welches die Aufgaben eines Vorstandes wahrnimmt und insofern für die strategische Planung sowie für die allgemeinen Angelegenheiten verantwortlich ist, und sechs *Committees*, namentlich dem *Criminal Committee*, *Civil Committee*, *Family Committee*[392], *Magisterial Committee*, *Tribunals Committee* und *Equal Treatment Advisory Committee (ETAC)*[393]. Diese gewährleisten als auf Fachgebiete spezialisierte Ausschüsse

---

389 Hinter dieser Forderung stehen in erster Linie die Richter selbst, darunter vor allen Dingen die jüngeren Richter, aber auch der Lord Chancellor sowie die Royal Commission on Criminal Justice (1993).

390 Näher dazu unter A. II. 5. c).

391 Vgl. Judicial Studies Board, Annual Report 1998/1999 – Message from the Chairman*, 1.1; Glidewell, Judicial Studies Board, S. 168; Partington, Training the Judges, S. 323.

392 Bis vor kurzem waren das Civil und Family Committee noch als ein Committee zusammengeschlossen. Aufgrund der zunehmenden Spezialisierungen im Familienrecht wurde eine separate Aus- und Fortbildung in diesem Bereich jedoch für notwendig erachtet, so daß ein eigens dafür zuständiges Committee gegründet wurde.

393 Dieser Ausschuß existiert erst seit dem 1. Januar 1998 und geht in dem seit Juli 1991 bestehenden "Ethnic Minority Advisory Committee (EMAC)" auf, wobei die Zuständigkeit auf alle Angelegenheiten der Gleichbehandlung erweitert wurde und sich folglich

die eigentliche Ausbildung. Zwar werden die Mitglieder des JSB durch den Lord Chancellor ernannt, doch obliegt die Bestimmung der Mitglieder der *Committees* dem *Main Board*.[394]

Die finanziellen Mittel des JSB flossen lange Zeit aus der Haushaltsabteilung des Lord Chancellor's Department und mußten dementsprechend genehmigt werden. In Zukunft soll dem JSB jedoch ein eigenes Budget zur Verfügung gestellt werden.[395] In den Jahren 1996/1997 hatte das JSB ein Budget von 3,2 Mio Pfund, welches sich in den darauffolgenden Jahren 1997/1998 auf 3,4 Mio Pfund erhöhte.[396] Die Kosten des JSB für den Zeitraum 1998/1999 belaufen sich auf 3,8 Mio Pfund.[397] Dabei werden mit diesen Mitteln nicht nur die Bereitstellung der Kurse sowie der schriftlichen Fortbildungsmaterialien finanziert, sondern auch die Kosten, welche durch die Freistellung der Richter vom Dienst entstehen, wenn diese entweder an einem Fortbildungsseminar teilnehmen oder selbst als Ausbilder fungieren.

Das JSB ist unmittelbar nur für die Fortbildung der haupt- und nebenamtlichen Berufsrichter verantwortlich und fungiert hinsichtlich der Laienrichter lediglich als beratende Institution. Die Aus- und Weiterbildung der Laienrichter wird direkt durch die *Magistrates' Courts Committees* wahrgenommen.[398] Diese Zweiteilung ist durch die unterschiedlichen Fortbildungsziele des JSB und der Magistrates' Courts Committees bedingt.[399] So orientieren sich die Ausbildungsmaterialien und Trainingskurse für Magistrates an den spezifischen Bedürfnissen der Magistrates als juristische Laien, die neben der Fähigkeit zur Teamarbeit erst einmal juristische Grundkenntnisse erwerben und den grundsätzlichen, äußeren Rahmen ihres Handelns verstehen müssen.[400] An den spezifischen Bedürfnissen

---

nicht mehr nur auf die Problematik ethnischer Minderheiten beschränkt. Vgl. N. N., JSB Annual Report, S. 20.

394 Lediglich die Ernennung des Vorsitzenden eines Committees bedarf der Zustimmung durch den Lord Chancellor.

395 Judicial Studies Board, Report 1991 - 1995, S. 6. Obwohl dies in der Praxis angeblich nie zu Problemen geführt hat, verträgt sich diese über lange Jahre hinweg praktizierte Art der Finanzierung offensichtlich nicht mit der Vorstellung, das Judicial Studies Board sei eine vom Lord Chancellors Department unabhängige Institution.

396 Siehe Hill, Role of the JSB, S. 20.

397 Vgl. die detaillierte Kostenaufstellung für den Zeitraum 1998/1999 unter Judicial Studies Board, Annual Report 1998/1999, Annex 2.

398 Vgl. Hierzu Hill, Role of the JSB, S. 20; Partington, Training the Judges, S. 327. Die Magistrates' Courts Committees lassen sich hinsichtlich Programm und Ausbildungsmaterialien jedoch durch das JSB beraten. Das JSB legt daher den grundlegenden Rahmen fest hinsichtlich der durch die örtlichen Ausbilder durchzuführenden Fortbildung.

399 Zu den Zielen des Judicial Studies Board vgl. Judicial Studies Board, Introduction*.

400 Vertiefende oder gar spezielle Rechtskenntnisse werden jedoch nicht vermittelt, denn dies fällt in den Aufgabenbereich des Clerk, welcher die Magistrates in rechtlichen Fragen berät. Zu der neuen und vielversprechenden Ausbildungsmethode des "Mentoring", wonach neu ernannten Magistrates ein erfahrener Laienrichter als eine Art "Mentor" für

der Richter – insbesondere der neu ernannten Richter – ausgerichtet, konzentriert sich die Fortbildung der Berufsrichter nicht etwa auf die Vermittlung rechtlicher (Spezial-)Kenntnisse, da in diesem Bereich aufgrund der langjährigen Anwaltstätigkeit aller Richter kein dringender Bedarf besteht, sondern bereitet vielmehr auf die richterliche Aufgabenerfüllung vor und versucht die Wahrnehmung dieser Funktionen im Gerichtsverfahren zu optimieren.[401] Dabei werden statt einer bloßen Informationsvermittlung direkte Anleitungen für die Praxis intendiert.

(2) Fortbildungsangebote

In der Praxis wird die Fortbildung durch das JSB überwiegend durch ein- oder mehrtägige Kurse vermittelt. Jeder Richter muß einen mehrtägigen Kurs in einem der drei Hauptrechtsgebiete (Strafrecht, Zivilrecht und Familienrecht) absolviert haben, bevor er selbst eine Verhandlung führen darf.[402] Zudem wird von ihm erwartet, daß er regelmäßig an Aufbaukursen zu jedem Rechtsgebiet teilnimmt. Der Zyklus der kontinuierlichen Auffrischkurse *(refresher seminars)* beträgt momentan 5 Jahre, ist im Idealfall jedoch auf 3 Jahre angelegt.[403] Die durchschnittliche Zahl der jährlichen Fortbildungstage pro Richter liegt momentan immerhin bei etwa 3,5 Tagen, soll jedoch auf 5 Tage im Jahr gesteigert werden, was gerade einmal 2 % der Sitzungstage eines Berufsrichters entsprechen würde.[404] Die Teilnahme sowohl an den Auffrischkursen, als auch an den Einführungsveranstaltungen ist in den vorgegeben Zeitabständen obligatorisch. Obwohl diese Pflichten nicht gesetzlich oder auf verwaltungsrechtlicher Ebene fixiert sind, verstehen sie sich dennoch als absolute Grundvoraussetzungen.[405]

Für höhere Richter existiert kein zwingendes Kursprogramm, doch können einige Bereiche der Strafgerichtsbarkeit, wie beispielsweise besonders schwerwiegende Fälle von Betrug, Vergewaltigung und sonstigen sexuellen Belästigungen, nur wahrgenommen werden, wenn der Richter ein entsprechendes Seminar des JSB besucht hat. In den letzten Jahren wurde das Fortbildungsprogramm des

---

die ersten Sitzungen beigeordnet wird, vgl. McGechie, Roots and Branches, S. 79; Oakley, Viewpoint, S. 156. Des weiteren bietet beispielsweise das National Coalition Building Institute (NCBI), eine non-profit Organisation gegen jegliche Art der Diskriminierung, mehrere Workshops für Laienrichter an, um den Umgang mit eigenen Vorurteilen und Voreingenommenheiten zu erlernen, vgl. Carpenter, Prejudiced, S. 129.

401 Vgl. auch Kennedy, Training for Judges, S. 56.

402 Munday, Bench Books, S. 297; Pitchers/Bohlander, Richterliche Fortbildung, S. 627.

403 Ein kürzerer Wiederholungszeitraum von bspw. 3 Jahren scheint angesichts der begrenzten finanziellen sowie auch personellen und logistischen Ressourcen des JSB derzeit jedoch nicht realisierbar. So jedenfalls Judicial Studies Board, Report 1991 - 1995, S. 7.

404 Vgl. Pitchers, Future of Judicial Training, S. 19.

405 Nach Auskunft des Judicial Studies Board handelt es sich um „*two clearly understood principles*". Vgl. auch Council of Europe, Training of Judges in Europe, S. 172, wonach die Trainingskurse des Judicial Studies Board „*voluntary but expected*" sind.

JSB auch vermehrt von höheren Richtern in Anspruch genommen[406], wobei insbesondere die Seminare zu den neuen Zivilprozeßregeln des Access to Justice Act 1999 sowie die Kurse zum Human Rights Act 1998 eine rege Teilnahme verzeichnen konnten.[407] Weitere Kurse werden je nach Bedarf angeboten und behandeln teilweise auch spezielle, aktuelle Probleme sowie Verfahren mit gesellschaftlicher oder sozialer Brisanz.[408] Im Jahre 1998 hat das JSB über 30 mehrtägige und ebenso viele eintägige Fortbildungskurse angeboten.[409]

Für Fortbildungsveranstaltungen des JSB werden die Berufsrichter freigestellt und für die entsprechende Dauer von nebenberuflich tätigen Richtern ersetzt. Seminare und Kurse anderer Organisationen können sie dagegen nur in ihrer Freizeit und auf eigene Kosten besuchen. An der diesbezüglichen Monopolstellung des JSB wird sich in naher Zukunft voraussichtlich nichts ändern, auf lange Sicht wäre die Anerkennung anderer Fortbildungskurse, in bestimmten Grenzen, jedoch durchaus wünschenswert.

Neben zahlreichen Kursen und Seminaren bietet das JSB jedoch auch eine Vielzahl schriftlicher Fortbildungsunterlagen an.[410] In diesem Sinne publiziert es zusätzlich zu den im Rahmen der Fortbildungskurse ausgehändigten Dokumenten und Unterlagen einige Zeitschriften.[411] Des weiteren werden teilweise auch komprimierte Zusammenfassungen spezieller Kurse *(single subject seminars)* an anwesende wie auch verhinderte Richter verteilt. Ferner gibt das JSB die mittlerweile weitläufig bekannten *Bench Books* für Richter in allen Bereichen der Gerichtshierarchie heraus, welche Anleitungen zur Praxis in bestimmten Fällen, Kommentare zu neuerer Gesetzgebung sowie Hinweise zur Bewältigung schwieriger Verfahrenslagen beinhalten und die Richter bei ihrer Arbeit hilfreich unterstützen sollen.[412] Aufgrund ihrer Loseblattform können die meisten

---

406 Siehe hierzu Judicial Studies Board, Annual Report 1998/1999 – Message from the Chairman*, 1.3 (b) und 1.7.

407 In diesem Bereich werden aufgrund der überaus großen Nachfrage mittlerweile sogar spezielle Trainingskurse ausschließlich für höhere Richter angeboten.

408 So hat das JSB in den Jahren 1998 und 1999 beispielsweise Kurse über den sexuellen Mißbrauch von Kindern sowie eine längere Serie von Kursen über Angelegenheiten von ethnischen Minderheiten angeboten.

409 Eine umfassende Auflistung der in den Jahren 1991 bis 1995 angebotenen Kurse findet sich in Judicial Studies Board, Report 1991 - 1995, Appendix 5 (S. 53 ff) und Appendix 6 (S. 63 ff). Näher zur optimalen Gestaltung derartiger Fortbildungskurse im Hinblick auf die spezifische (Lern-)Situation der Richter Armytage, Educating Judges, S. 129 ff.

410 Eine Liste der aktuellen Publikationen des Judicial Studies Board findet sich in Judicial Studies Board, Report 1991 - 1995, Appendix 9, S. 71 f.

411 Das "Judicial Studies Board Journal" erscheint jeden Monat. Die Zeitschrift des Criminal Committee namens "Bulletin" wird vierteljährlich herausgegeben und "Tribunals" des Tribunals Committee halbjährlich.

412 Vgl. Pitchers/Bohlander, Richterliche Fortbildung, S. 628. Die jeweils zuständigen Ausschüsse des Judicial Studies Board geben z.B. heraus: Crown Court Bench Book, County

Bench Books durch aktuelle Nachlieferungen stets auf dem neuesten Stand gehalten werden. Grundsätzlich sind sie der Öffentlichkeit nicht zugänglich[413], doch bilden die *Guidelines for the Assessment of General Damages* und die *Specimen Directions to the Jury* zwei bedeutende Ausnahmen von diesem Prinzip. Erstere stellen Anleitungsmaterialien für die Bemessung der Höhe des Schmerzensgeldes und des Ersatzes für Verlust an Lebensqualität bei Körperverletzungen dar, welche in England seit jeher in erster Linie durch die Rechtsprechung der Gerichte und weniger durch gesetzliche Vorschriften festgelegt werden. Es werden die am häufigsten vorkommenden Verletzungen aufgelistet und nach dem Schweregrad der Verletzung abgestufte Höchst- und Mindestbeträge unter Angabe des entsprechenden Präzedenzfalles in der Rechtsprechung genannt. In der Praxis dienen diese Richtlinien nicht nur den Richtern als Ausgangspunkt, sondern aufgrund ihrer – sinnvollerweise erfolgten – kommerziellen Veröffentlichung auch den Parteien sowie ihren Rechtsbeiständen.[414]

Die *Specimen Directions to the Jury* beinhalten Standardformulierungen für die Belehrung der Jury durch den Richter. Dabei werden jedoch nicht einzelne Straftatbestände erörtert, sondern vielmehr allgemeine Dinge wie z.B. vorsätzliches Handeln *(intention)* oder diverse Rechtfertigungsgründe *(defences)* oder Beweisregeln *(rules of evidence)* in für Laien verständlichen Worten dargestellt.[415] Der Sinn und Zweck dieser Standardformulierungen liegt in dem grundlegenden System des englischen Strafverfahrens begründet, wonach die Jury über Tatnachweis und Schuldfrage entscheidet, während der Richter lediglich das angemessene Strafmaß festlegt. Bevor sich die Geschworenen jedoch zur Beratung und Abstimmung in geheimer Sitzung zurückziehen, werden sie als juristische Laien von Seiten des Richters hinsichtlich der (möglicherweise) an-

---

Court Bench Book, District Judges' Bench Book, Stipendiary Magistrates' Bench Book sowie die Guidelines for the Assessment of Damages in Personal Injury Cases, Guide for District Judges Nominated for Public Law Family Proceedings und die Specimen Directions to the Jury. Im August 1999 hat das JSB sogar ein "Equal Treatment Bench Book" veröffentlicht mit nützlichen Hilfestellungen für Richter in allen Instanzen für eine Vielzahl von Bereichen, in denen sich Kläger, Opfer, Zeugen oder Rechtsbeistände vor Gericht möglicherweise benachteiligt fühlen könnten.

413 Die "Bench Books" sind weder im öffentlichen Buchhandel, noch in juristischen Fachbibliotheken erhältlich oder zumindest einsehbar. In der Tat stehen sie nur den Richtern zur Verfügung, welche deren Inhalt wie ein (Berufs-) Geheimnis hüten.

414 Vgl. Guidelines for the Assessment of General Damages, Blackstone Press, 3. Auflage 1996. Die Guidelines ersetzen jedoch nicht die Bezugnahme auf die einschlägige Rechtsprechung, Gesetzesauslegung und die auf den konkreten Fall zugeschnittene Abgrenzung von Präzedenzfällen (sog. "distinguishing"). Vielmehr verbietet sich eine schematische Handhabung dieser Materialien ohne genaue Anpassung an den jeweils vorliegenden Fall, da sie lediglich Anregungen und Berechnungshilfen darstellen, aber keine festen Regeln, worauf im Vorwort ausdrücklich hingewiesen wird.

415 Vgl. insofern die Inhaltsübersicht der Specimen Directions unter Judicial Studies Board, Crown Court Bench Book 1 – Specimen Directions*.

wendbaren Rechtsvorschriften, Beweismaßstäbe, etc. belehrt. Dies ist eine der wichtigsten und gleichzeitig auch schwierigsten Funktionen des ansonsten eher passiven Richters im Strafverfahren, denn die Belehrung darf auf gar keinen Fall eine auch nur marginale Beeinflussung der Geschworenen bezwecken oder sogar tatsächlich erzielen. Hat der Richter die Geschworenen dennoch falsch instruiert, so kann gegen das Urteil Revision eingelegt werden. Aus diesem Grunde müssen die richterlichen Formulierungen frei von Werturteilen und sonstigen Präferenzen des Richters sein und zudem noch für den normalen Durchschnittsbürger verständlich, was sich in der Praxis oftmals nicht gerade einfach gestaltet. Insofern stellen die *Specimen Directions* ein überaus wichtiges und auch sinnvolles Hilfsmittel der Richter dar.

In der Praxis verbietet sich jede schematische Handhabung der *Bench Books*, d.h. diese müssen stets den Umständen des konkreten Einzelfalles sowie den darin auftretenden Rechtsfragen angepaßt werden.[416] Die mittlerweile zur richterlichen Grundausstattung gehörenden *Bench Books* erfahren jedoch vor allen Dingen von Seiten der Rechtslehre Mißbilligung, wobei in der Vergangenheit insbesondere die *Specimen Directions to the Jury* kritisiert worden sind.[417]

c) Die Magistrates' Courts Committees (MCCs)

Die Aus- und Weiterbildung der englischen Laienrichter fällt in den Verantwortungsbereich der sog. *Magistrates' Courts Committees*, deren Struktur und Organisation aufgrund der überaus großen Zahl der englischen Laienrichter naturgemäß anders konstruiert ist.[418] Im Jahre 1997 fungierten in England und Wales noch etwa 95 Magistrates Courts Committees.[419] Mittlerweile ist ihre Anzahl durch eine Vergößerung der Zuständigkeitsbezirke *(Magistrates' Courts Areas)* jedoch auf 42 reduziert worden, so daß sich eine organisatorisch sinnvolle und effiziente Kongruenz mit den 43 Polizeibezirken und den 42 Zuständigkeitsbereichen des Crown Prosecution Service ergibt.[420]

---

416 Vgl. das Vorwort von Lord Chief Justice, Lord Bingham, Foreword to Specimen Directions*: *„(...) the directions should never be used mechanistically. They do not enable the trial judge to avoid the careful preparation and thought which are pre-requisite of each summing up. They are an invaluable tool – but must be a servant, not a master.“*.

417 Ausführlich zu den einzelnen Kritikpunkten Munday, Bench Books, S. 297 ff; Pitchers/Bohlander, Richterliche Fortbildung, S. 629 f.

418 Im Januar 1999 gab es in England und Wales 30.260 Laienrichter, von denen 15.561 männlich und 14.699 weiblich waren. Vgl. Übersicht unter Magistrates' Association, All about Magistrates*, Justices of the Peace in England and Wales.

419 Gesetzliche Regelungen hinsichtlich Aufgaben und Zusammensetzung der Magistrates Courts Committes finden sich im Justices of the Peace Act 1997, Section 27 f.

420 Vgl. näher hierzu Lord Chancellor, Lord Irvine of Lairg, Ministerial Statement to the House of Lords vom 29.10.1997 – Organisation of the Magistrates' Courts*, Organisational Change; Lord Justice Auld, Criminal Courts Review, Chapter 3, §§ 27 ff, 31.

Grundsätzlich ist jedes Magistrates' Court Committee verantwortlich für die Ernennung eines *Training Officer*[421], doch scheint die aktuelle Praxis dahin zu tendieren, einen übergeordneten Ausbildungsleiter für den Bereich mehrerer Magistrates' Courts Committees zusammen zu ernennen. Diese sind sowohl für die Basisausbildung neu ernannter Laienrichter als auch für Auffrischkurse für bereits erfahrene Magistrates zuständig, wobei ihnen das JSB als beratende Institution hilfreich zur Seite steht, indem es den groben Rahmen für die Ausbildungsinhalte schwerpunktmäßig festsetzt.

d) Zukunft der Richterausbildung

Trotz der fortschrittlichen Entwicklung der durch das JSB angebotenen richterlichen Fortbildungsprogramme in den letzten Jahren wird die Aus- und Fortbildung der Richter in England immer noch als unzureichend angesehen und dies sowohl von Seiten der Richterschaft selbst als auch aus externer Betrachtungsperspektive. Der englischen Öffentlichkeit wurde erstmals im Jahre 1993 ein Einblick in die richterliche Aus- und Weiterbildung gestattet durch einen Fernsehbeitrag der BBC, der landesweit Aufsehen erregte.[422] Dabei zogen insbesondere die kurzen, dreieinhalbtägigen Einführungskurse für neu ernannte Assistant Recorders die öffentliche Kritik auf sich.[423]

Zwar läßt der Vergleich mit anderen kontinantaleuropäischen Rechtssystemen die englische richterliche Fortbildung als nahezu dilettantisch erscheinen, doch sollte bei aller berechtigter Kritik nicht außer Acht gelassen werden, daß es sich bei der richterlichen Fortbildung um ein relativ neues Phänomen im Rahmen des englischen Rechts handelt, welches in der kurzen Zeit seiner Existenz doch beachtliche Fortschritte verzeichnet hat. So ist in den letzten beiden Jahrzehnten nicht nur ein bemerkenswerter Wandel in der richterlichen Attitüde gegenüber Notwendigkeit und Nutzen von Aus- und Weiterbildung erreicht, sondern mit Errichtung und Expansion des JSB auch ein solider Grundstein für die Zukunft gelegt worden. Vor diesem Hintergrund scheint die englische Öffentlichkeit den durch das aktuelle Ausbildungsniveau bereits erreichten, gesteigerten Grad an Professionalität und damit korrespondierender Sensibilität der Richter in diesem Bereich nicht wirklich erkannt zu haben.

---

421 Vgl. Justices of the Peace Act 1997, Section 31 (3).

422 Nach 18-monatigen Verhandlungen wurde den Fernsehkameras schließlich doch ein Einblick gewährt in das von Holland treffend beschriebene *„inner sanctum of the judicial equivalent of the holy of holies – its training processes"*, Training Judges, S. 895.

423 Auf den Punkt gebracht lautete die Kritik: *„Yet three-and-a-half days is enough to sentence a man to 10 years in prison. Would anyone want to appear as a potential customer before a newly appointed assistant recorder (...) with just three-and-a-half days' training under his belt?"*, vgl. Holland, Training Judges, S. 895.

Die Hauptgründe für die bislang nur eingeschränkten Handlungsmöglichkeiten des JSB sind zum einen in den begrenzten finanziellen Ressourcen und zum anderen in dem relativ kleinen zur Verfügung stehenden Angestelltenapparat zu sehen. Da beides jedoch gerade in den letzten Jahren den aktuellen Bedürfnissen der Richterzahl angepaßt und damit erhöht worden ist, wird in Zukunft eine sowohl zeitlich als auch inhaltlich intensivere Fortbildung der englischen Richter gewährleistet werden können.

5. Richterkarriere

a) Der traditionelle Standpunkt

Nach traditioneller Auffassung ist der Begriff des Karriererichters dem englischen Rechtsleben absolut fremd.[424] Vielmehr schmückt sich die englische Richterschaft traditionell mit dem Nichtvorhandensein einer Richterlaufbahn respektive eines Beförderungssystems.[425] Dies wird unter anderem damit begründet, daß aufgrund einer nur marginalen finanziellen Besserstellung überhaupt kein Anreiz zu Beförderungen innerhalb der Richterschaft bestehe, da das Gehalt eines Richters am High Court genauso hoch wie das Gehalt eines Richters am Court of Appeal, und das Gehalt eines Richters im House of Lords nicht wesentlich höher sei.[426] Dahinter steht zudem die englische Vorstellung, die richterliche Tätigkeit sei keine Lebensaufgabe, sondern vielmehr die Krönung einer erfolgreichen Anwaltstätigkeit im vorgerückten Lebensalter, und eine derart außerordentlich hohe, verantwortungsvolle und schwierige Aufgabe, daß sie nicht den Gegenstand eines Lebensplanes bilden oder überhaupt wie andere Karrieren zielstrebig "ergriffen" werden dürfe.[427] Im übrigen wird auf den verfassungsrechtlichen Grundsatz der richterlichen Unabhängigkeit rekurriert, welcher

---

424 Siehe dazu auch Witt, Juristische Ausbildung in Großbritannien, S. 347; Partington, Training the Judges, S. 319; Darbyshire, English Legal System NS, S. 63. Siehe auch Malleson, New Judiciary, S. 79 ff m.w.N.

425 So schon Cohn, Richter und Staat in England, S. 15: *„Es gibt kein Richtertum, keinen Richterstand, keinen Richterberuf – es gibt nur Richter, d.h. Juristen, die zum Richter berufen wurden"*. Siehe auch Lord Denning, Road to Justice, S. 17: *„Once a man becomes a judge, he has nothing to gain from further promotion and does not seek it."*.

426 Dies hat einen interessanten historischen Hintergrund: Im Laufe des Entwurfs des Judicature Act 1973 wurden die Richter hinsichtlich der Frage konsultiert, ob die Richter am Court of Appeal von den Richtern am High Court anhand eines um 5.000 Pfund höheren Jahreseinkommens oder anhand der Mitgliedschaft im geheimen Staatsrat unterschieden werden sollten, wobei sich die Richter für letzteres entschieden. Vgl. zudem Romberg, Richter Ihrer Majestät, S. 57; Holdsworth, Laws of England, Vol. IV, S. 648.

427 Hierzu Lord Scarman, English Judge, S. 3: *„A judge does not come to the bench looking for further promotion, judicial office is itself the apex of legal career."*. Vgl. auch Cohn, Richter und Staat in England, S. 14 sowie Kayser, Richterauswahl, S. 90 mit dem Hinweis darauf, daß kein englischer junger und ambitionierter Jurist Richter werden kann, wie er etwa Anwalt oder auch Beamter werden kann.

durch die Aussicht auf Beförderungen im Kern gefährdet würde. Infolgedessen gilt beispielsweise eine Richterstellung am High Court als absolute Spitzenposition, von der aus ein weiterer Aufstieg nicht nur wegen der lediglich marginalen finanziellen Besserstellung, sondern auch wegen der anders gearteten Tätigkeit am Court of Appeal oder im House of Lords wenig erstrebenswert erscheint.[428] Dies scheint plausibel vor dem Hintergrund, daß hinsichtlich der höheren Richterämter zudem kein Bewerbungsverfahren stattfindet.[429] Zugunsten des traditionellen englischen Standpunktes wird schließlich angeführt, daß ein qualifizierter und erfolgreicher Rechtsanwalt, der Richter am High Court werden wolle, mögliche Ernennungen zum Richter an unteren Gerichten gar nicht erst annehme.[430]

b) Die Realität

Die traditionelle These, welche die Existenz eines richterlichen Beförderungssystems sowie entsprechende Avancen der Richter im Hinblick auf die englische Gerichtshierarchie verneint, spiegelt jedoch nicht die Realität wieder. Zwar ist im Rahmen der englischen Richterschaft weder eine gesetzlich festgelegte Aufstiegsleiter, noch eine planmäßige, zeitlich prädestinierte Beförderungspraxis für Richter vorgesehen, doch zeigen sich in der Praxis profunde Anzeichen für eine schrittweise Annäherung an diesbezügliche kontinentaleuropäische Standards.

So wurde der in der englischen Gerichtshierarchie sehr begrenzte Spielraum für Beförderungen bereits Anfang der 70er Jahre im Rahmen der damaligen justiziellen Neuordnungen[431] durch die Einführung der Teilzeit-Richter und die Möglichkeit eines Aufstiegs von der Circuit Bench zum High Court relativiert.[432] Die für diese Justizreformen eingesetzte *Beeching Commission* befürwortete die Beförderung von Circuit Judges zum High Court und wies bereits damals auf die daraus resultierenden Gefahren hin, daß die Richterstellen unterhalb des High Court zur Sackgasse respektive vorzeitigen Endstation der Richterlaufbahn werden könnten, infolgedessen sich nur noch zweitklassige jüngere oder pensionier-

---

428 In diesem Sinne auch Jackson, Machinery of Justice, S. 471: „*A good trial judge does not necessarily make a good judge of appeals, and vice versa.*".

429 Vgl. näher zum Auswahlverfahren bzgl. der höheren Richterstellen oben unter A. II. 3.

430 Dazu Berlins/Dyer, Law Machine, S. 59: „*The really high-flyers, the most successful Barristers, would hope to be invited on to the High Court Bench and would not normally be interested in becoming Circuit Judges, for reasons of both finance and prestige. Most of those who do apply to be interviewed for the circuit bench are perfectly competent Barristers who accept that they are not quite of High Court calibre and that they can get no further at the Bar. They plump for security and a pension.*". Siehe auch Shetreet, Judges on trial, S. 78.

431 Vgl. hierzu die zahlreichen Administration of Justice Acts aus den Jahren 1968, 1969, 1970 und 1973 sowie den Courts Act 1971.

432 Vgl. Stevens, Independence, S. 169; Malleson, Judicial Training, S. 663.

te ältere Kandidaten für diese Richterstellen bewerben würden.[433] Ähnlich hat auch das *Home Affairs Committee* in seinem Report 1996 festgestellt, daß die englische Richterschaft bereits eine Karriererichterschaft *(career judiciary)* in dem Sinne darstelle, daß eine klare Aufstiegslinie durch die unterschiedlichen Gerichtshierarchien hindurch erkennbar sei.[434] Zudem hat sich auch die unglaubliche Expansion des englischen Richterstandes in den letzten 25 Jahren merklich auf die diesbezügliche Auswahl- und Ernennungspraxis ausgewirkt.[435] Das früher funktionierende, relativ informelle Ernennungssystem, welches maßgeblich darauf basierte, daß der Lord Chancellor einen großen Anteil der Richter persönlich oder zumindest vom Hörensagen kannte, ist angesichts der unüberschaubaren Vielzahl der Richter heute gar nicht mehr durchführbar. Infolgedessen hat sich im Rahmen des richterlichen Auswahlverfahrens zwangsläufig eine gewisse Förmlichkeit etabliert, welche als weiteres Anzeichen für die Entwicklung hin zu einem karriereorientierten Richterberuf zu werten ist.

Im Bereich der unteren Gerichtshierarchie werden in der Praxis zweifellos Beförderungen vorgenommen, die zudem offiziell auch als solche *(promotions)* deklariert werden.[436] Interessanterweise stellen die traditionellen Gegner der Beförderungsthese das System der Teilzeit-Richter und der Richter auf Probe nicht in Frage, obwohl auf dieser Ebene der Gerichtshierarchie gleichermaßen die Gefahr der Bevorzugung und Beeinflussung durch die mögliche Aussicht respektive das Streben nach Beförderungen liegt und obwohl die Entscheidungen dieser Richter Leben, Freiheit und Eigentum eines Individuums in gleicher Weise be-

---

433 Royal Commission on Assizes and Quarter Sessions, Beeching Report, § 394: *"Although we certainly do not advocate the establishment of judgeship as a career, we think it very important to avoid the other extreme of making any judicial appointment below the level of the High Court bench a virtually dead end position, with a resulting danger of limiting recruitment to mediocre younger men or resigned older men. Therefore, although we do not think that promotion of Circuit Judges should become the main route to the High Court bench, we think it important that it should be an open one.".*

434 Home Affairs Committee, Judicial Appointments Procedures, § 147. Vgl. auch Shetreet, Judges on trial, S. 78 mit dem Hinweis darauf, daß der Weg einer erfolgreichen Karriere eines High Court Richters bereits vorgezeichnet sei. Er führe zunächst zum Court of Appeal und danach zum House of Lords oder zu einem der anderen hohen Richterämter (Lord Chief Justice, Master of the Rolls, President).

435 In den Jahren 1970 bis 1995 ist die Richterschaft nach Angaben des Lord Chancellor's Department von 200 auf über 1.800 Richter angewachsen. Diese Angaben beinhalten jedoch nicht die Anzahl der District Judges. Zudem werden ausführliche Statistiken erst seit 1983 geführt, so daß die Angaben in den Jahren davor nur geschätzte Werte sind.

436 Vgl. Lord Chancellor, Lord Irvine of Lairg, Judicial Appointments – Recorder and Assistant Recorder*, Additional qualifications and experience: *„Recordership is a step on the ladder to the Circuit Bench (...)"* sowie ders., Judicial Appointments – The Lord Chancellor's Policies and Procedures*: *„Career advice"*.

einträchtigen können wie die Entscheidungen eines höheren Richters.[437] Da zudem beinahe jeder Berufsrichter am High Court vor seiner Ernennung bereits als Richter auf Probe *(Deputy High Court Judge)* oder als Teilzeit-Richter *(Recorder, District Judge)* gearbeitet hat, ist insofern auch jeder hauptberufliche Richter am High Court befördert worden.[438]

Schließlich wird angesichts der zunehmenden Verantwortung sowie der steigenden Anzahl der Richter an höheren Gerichten deutlich, daß in der Tat auch eine regelmäßige Praxis hinsichtlich der Beförderung von Vorsitzenden Richtern und Lords Justices besteht. Vor diesem Hintergrund läßt sich sodann die These vertreten, daß es in England sehr wohl auch eine Karriereleiter für höhere Richter gibt, die vom High Court of Justice zu den Richterämtern am Court of Appeal sowie im Appellate Committee des House of Lords führt.[439] Selbstredend sind die Aufstiegsmöglichkeiten durch das gesetzlich festgelegte Maximum an Richterstellen an den höheren Gerichten begrenzt. Dies stellt jedoch keine spezifisch englische Besonderheit dar, sondern führt auch in anderen kontinentaleuropäischen Ländern zu entsprechenden Beschränkungen.[440] Ferner ist der Aufstieg eines Richters am High Court zum Court of Appeal trotz fehlender finanzieller Vorteile aufgrund der gleichen Gehaltsstufe zweifellos als Beförderung zu werten, denn der Richter erhält dadurch eine weitaus ehrenhaftere Stellung, welche zudem mit einer Mitgliedschaft im Geheimen Staatsrat *(Privy Council)* verbunden ist.[441]

Zusammenfassend bleibt somit festzustellen, daß im Rahmen der englischen Gerichtshierarchie durchaus ein System von Beförderungen existiert, welches sich insbesondere im Bereich der unteren Gerichtshierarchie deutlich abzeichnet.

---

437 Shetreet, Judges on trial, S. 82. Hinzu kommt, daß die Sicherheit der Amtsdauer dieser Stellen bei weitem nicht derartig abgesichert ist wie die entsprechenden Vollzeitstellen auf gleicher Ebene, so daß ein wesentliches Sicherungsinstrument zur Gewährleistung der richterlichen Unabhängigkeit im Bereich der unteren Gerichtshierarchie nicht greift. Vgl. näher zur Amtsenthebung der Richter im Bereich der unteren Gerichtshierarchie durch den Lord Chancellor unter A. III. 3. b) (2).

438 Seit Anfang der 80er Jahre gehört es zu den Grundsätzen der Lord Chancellors, nur Personen zu hauptamtlichen Richtern zu ernennen bzw. zu befördern, welche vorher bereits als nebenberufliche Richter oder Richter auf Probe zufriedenstellende Arbeit geleistet haben. Vgl. Kirchhof, Richtertagung, S. 353; Abraham, Judicial Process, S. 32. Vgl. hierzu insbesondere de Smith/Brazier, Constitutional Law, S. 373; Shetreet, Judges on trial, S. 81, welche die Entwicklung einer Richterkarriere ("career progression") vom Assistant Recorder zum Recorder und Circuit Judge sehen. Dies scheine sich teilweise auch auf die Ernennungen zum High Court zu erstrecken.

439 Ebenso Scarman, English Judge, S. 3; de Smith/Brazier, Constitutional Law, S. 373.

440 Gedacht sei hier z.B. an das deutsche Bundesverfassungsgericht, welches in etwa mit dem Appellate Committee des House of Lords vergleichbar ist, oder den deutschen Bundesgerichtshof (BGH). Beförderungen zu diesen hohen Gerichten sind auch in Deutschland selten und durch die kleine Anzahl der dort angesetzten Richterstellen begrenzt.

441 Vgl. De Smith/Brazier, Constitutional Law, S. 373 Fn. 71.

Gleichwohl ist diese Karriereleiter zum einen nicht so stark ausgeprägt wie in den meisten anderen kontinentaleuropäischen Nachbarländern, sondern reicht nur über 2 bis 3 Stufen in die Höhe.[442] Zum anderen sind richterliche Beförderungen in England zeitlich nicht vorprogrammiert und folgen daher keinem geregelten Automatismus. Im Rahmen einer abschließenden Gesamtbetrachtung erweist sich der zu Beginn dargelegte traditionelle Standpunkt mithin als konventionelle Wunschvorstellung respektive beharrliches Festhalten an einer Tradition, die den zeitgemäßen Anforderungen der modernen Richterschaft nicht mehr gerecht werden kann. Aus diesem Grunde stellt die diesbezügliche Diskussion letztlich nur ein Spiel um Worte dar, denn die aktuellen Tendenzen in der Realität sind unverkennbar.

c) Die Zukunftsperspektive

Die schrittweise Entstehung einer klaren richterlichen Karriereleiter in England ist nicht zuletzt Teil eines weitreichenden Kulturwandels innerhalb des öffentlichen Sektors, der sich offenbar auch auf die Justiz auswirkt. Vor dem Hintergrund einer zunehmend verbraucherfreundlicheren Orientierung anderer Bereiche des öffentlichen Lebens, wie bspw. des Gesundheitswesens oder der Verwaltung, wird neuerdings verstärkt auch ein derartiger Wandel in der Justiz gefordert mit dem Ziel einer größeren inneren Übereinstimmung hinsichtlich der richterlichen Entscheidungsfindung sowie der Gewährleistung eines einheitlichen (Mindest-)Standards.[443]

Insofern wird der – berechtigte – Anspruch der Öffentlichkeit auf einen gewissen Mindeststandard an Rechtskenntnissen, Höflichkeit, Geduld sowie sonstigen Fähigkeiten eines jeden einzelnen Richters zunehmend stärker betont. Diese Postulate sollten jedoch nicht mißverstanden werden in dem Sinne, daß die Justiz mit anderen öffentlichen Dienstleistungsinstitutionen auf eine Stufe gestellt wird. Ziel dieser Forderungen stellt vielmehr eine Justiz mit gepflegten Umgangsformen, nachvollziehbarer Rechtsprechung sowie einer etwas transparenteren Ernennungs- und Beförderungspraxis dar.

Ein aktuelles und anschauliches Beispiel für den fortlaufenden Prozeß der Standardisierung innerhalb der Justiz bietet die Einführung der *Bench Books*, welche den Richtern von Seiten des Judicial Studies Board zur Verfügung gestellt werden und grundsätzlich nicht öffentlich erhältlich sind. Diese stellen eine unterstützende Hilfe für die Richter dar sowohl hinsichtlich bestimmter Formulie-

---

442 Daher erscheint der Aufstieg eines gewöhnlichen Rechtsanwaltes vom Teilzeit-Richter zum Richter am Court of Appeal oder sogar im Appellate Committee des House of Lords als äußerst unwahrscheinlich. Ferner sind auch die Chancen eines Richters an den unteren Gerichten auf eine eventuelle Beförderung zum High Court nicht sehr groß, obwohl ein derartiger Aufstieg nicht ausgeschlossen ist.

443 Vgl. näher dazu Malleson, Judicial Training, S. 664 mit der Betonung auf *„consistency and standardisation in the provision of services"*.

rungen im Rahmen des Gerichtsverfahrens, als auch im Hinblick auf materielle Rechtsfragen, und tragen auf diese Art und Weise zur Gewährleistung eines gewissen einheitlichen Standards bei. In diesem Zusammenhang darf jedoch der Widerstand der vehement auf ihre (innere) Unabhängigkeit beharrenden Richter nicht unterschätzt werden, denn die Philosophie einer nachvollziehbaren, konformen, gewissen Standards angepaßten und dadurch entmystifizierten Justiz ist mit der bisher vorherrschenden autonomen und individuellen Entscheidungskultur der englischen Richter sowie dem entsprechenden Ermessensspielraum nicht ohne weiteres vereinbar.

Gleichwohl kann eine Weiterentwicklung in diese Richtung – zumindest langfristig betrachtet – prognostiziert.[444] Dies liegt vor allen Dingen darin begründet, daß die bisher praktizierte, individuelle Richterkultur in England nur deshalb funktionieren konnte, weil es sich bei der Richterschaft um eine kleine und extrem homogene Gruppe handelte, die sich einen hohen Grad an individueller Unterschiedlichkeit aufgrund des festen Zusammenhalts leisten konnte. In diesem Sinne ist auch das Zitat eines ehemaligen Lord Justice zu verstehen, der den Court of Appeal als "best working man's club in England"[445] bezeichnete. Auch wenn eine derartige Atmosphäre und ein entsprechendes Selbstverständnis der Richterschaft vereinzelt immer noch bestehen, so kann sich die Mehrzahl der heutigen Richter mit der Analogie zu einem "man's club" nicht mehr identifizieren.[446] Diese Einstellung läßt sich insbesondere unter dem Aspekt der in den letzten Jahrzehnten rapide angestiegenen Zahl der Richter erklären. Denn je größer und komplexer eine bestimmte Gruppe wird, desto weniger können Individualität und Autonomie ihrer Mitglieder aufrechterhalten werden, sofern ein bestimmtes Maß an Konformität und Standardisierung gewahrt bleiben soll.

Die soeben aufgezeigten Entwicklungstendenzen werden mit Sicherheit interne Auswirkungen auf das Selbstverständnis und die Rolle der Richter haben, wobei schließlich abzuwarten bleibt, welchen Weg diese Strömungen nehmen werden. Eine abschließende Prognose gestaltet sich aufgrund der zahlreichen Unsicherheitsfaktoren sowie des traditionellen und beharrlichen Widerstandes der größtenteils konservativen Richterschaft gegen jegliche Art von Veränderung als schwierig. Gleichwohl sind profunde Anzeichen für eine Entwicklung hin zu

---

444 Ein weiteres Indiz für die schrittweise Öffnung der Richterschaft nach außen im Sinne einer größeren Transparenz stellt die Bekanntgabe der Namen aller höheren Richter, d.h. aller Richter am High Court, am Court of Appeal sowie im Appellate Committee des House of Lords dar mit Angabe von Alter, Geburtstag und Tag der Ernennung, vgl. Lord Chancellor's Department, Senior Judiciary List*.

445 Zitiert nach Dunn, Sword and Wig, S. 231.

446 In diesem Sinne wohl auch Berlins/Dyer, Law Machine, S. 66: "*The generation of judges who – rightly or wrongly – were tarred with the image of out-of-touch remoteness and arrogance have largely retired from the bench. Very few dinosaurs, if any, remain. The new judicial generation consists of people who live more or less normal lives.*".

einer offeneren und transparenteren Justiz ersichtlich, die sich langsam aber sicher von der althergebrachten Club-Kultur lösen und ein neues, an den Interessen der Öffentlichkeit orientiertes Selbstverständnis aufbauen wird. Da sich dieser langfristige Prozeß aber nur sehr allmählich auf den öffentlichen Sektor erstreckt und selbst die Reformbestrebungen bezüglich der allgemeinen Verwaltung und des Gesundheitswesens noch in den Anfängen begriffen sind, dürften einschneidende Veränderungen im Bereich der Justiz auf absehbare Zeit nicht zu erwarten sein. Fester Bestandteil dieser Tendenz ist jedenfalls auch die Entstehung einer auf einem formalisierten Ernennungssystem aufbauenden Richterkarriere, wofür bereits konkrete Anzeichen erkennbar sind. Diese werden sich in naher Zukunft wohl noch verdichten und somit die tatsächliche Möglichkeit einer Richterkarriere in England noch transparenter werden lassen, als dies derzeit bereits der Fall ist.

III. Verfassungsrechtliche Grundlagen

Die Erörterung der verfassungsrechtlichen Grundlagen des Richteramtes in England gestaltet sich schwierig, da es an einer Verfassung im klassischen Sinne fehlt. Während in den meisten Ländern ein einziges Dokument oder ein ganzes Bündel an Dokumenten die Verfassung des Landes verkörpert, gibt es in England einen derartigen Leitfaden nicht, denn es existiert keine geschriebene Verfassung. Damit ist das Vereinigte Königreich von Großbritannien und Nordirland der einzige europäische Staat und eines der wenigen Länder dieser Erde ohne eine geschriebene Verfassung.[447] Dies bedeutet jedoch nicht, daß es in England überhaupt keine Verfassung gibt. Vielmehr hat die englische Verfassung eine andere Form und spielt eine andere Rolle als im kontinentaleuropäischen Rechtsverständnis.[448]

Die ungeschriebene englische Verfassung stellt ein undurchsichtiges und heterogenes Konglomerat bestehend aus Gesetzesrecht *(statute-law)*, *common-law* und traditionellen Verfassungskonventionen *(constitutional conventions)* dar.[449]

---

447 Selbst die meisten Commonwealth-Staaten haben mittlerweile die Grundprinzipien ihres Staatsrechts in einem Verfassungsdokument niedergelegt, darunter insbesondere Australien, Indien und Neuseeland.

448 Hierzu Kritzer, Courts, Justice and Politics in England, S. 82. Ausführliche Erörterungen der "British Constitution" und ihres strukturellen Einflusses auf die Regierung sowie als Teil des englischen Fallrechtssystems finden sich bei Hartley/Griffith, Working of the Constitution, S. 1 ff; Lord Hailsham, The Constitution, S. 7 ff. Siehe aber auch Lord Lester of Herne Hill, Human Rights and the Constitution, S. 89 ff.

449 Entgegen einer weitverbreiteten Fehlvorstellung existieren in England durchaus auch zahlreiche Gesetze verfassungsrechtlichen Inhalts wie z.B. die Magna Charta Libertatum (1215), der Bill of Rights (1688), der Act of Settlement (1707), der Act of Union mit Schottland (1706) sowie das Statute of Westminster (1931). Gleichwohl stellt das com-

Angesichts dieser unüberschaubaren Vielfalt und Fülle der relevanten Rechtsquellen wäre es nahezu unmöglich dieses Verfassungswerk vollständig in Worte zu fassen. Die Vorgaben und Bestimmungen der englischen Verfassung müssen zusammengetragen werden aus einer unglaublichen Vielzahl von Quellenmaterial. Aufgrund dieses für Außenstehende diffus anmutenden Verfassungssystems verwundert es nicht, daß die Klassifizierung einer Rechtsquelle als zur ungeschriebenen Verfassung gehörend oder nicht – selbst für englische Juristen – letztendlich niemals ohne jeglichen Zweifel getroffen werden kann und im Grunde genommen stets subjektiv angehaucht ist.[450] Aus diesem Grunde kann auch kein einheitlicher Satz an grundlegenden Verfassungsmaximen ausgemacht werden, auf denen die englische Verfassung maßgeblich beruht. Sogar an den Stellen, an denen bestimmte Prinzipien identifizierbar sind, besteht in Praxis und Lehre Uneinigkeit hinsichtlich ihrer (fortdauernden) verfassungsrechtlichen Relevanz.

Die essentielle Basis der englischen Verfassung bilden neben dem *common-law* die *constitutional conventions* wegen ihrer enormen praktischen Bedeutung.[451] Dies sind überlieferte Konventionen, die in der Regel auf eine jahrhundertelange Tradition zurückzuführen und in etwa vergleichbar sind mit dem deutschen Gewohnheitsrecht.[452] Die Entstehungsgeschichten derartiger *conventions* sind unterschiedlich, doch existieren die meisten aufgrund einer langandauernden Ausübung in der Praxis und allgemeiner Rechtsüberzeugung. Die *conventions* haben keinen Rechtsnormcharakter, d.h. sie sind keine bindenden Gesetze, und die Gerichte müssen sie demzufolge auch nicht durchsetzen. Aufgrund ihrer Natur werden sie aber als so fundamental angesehen, daß eine Übertretung undenkbar erscheint.[453] Während in anderen europäischen Nachbarländern geschriebene Verfassungsdokumente die Macht der Staatsgewalten begrenzen und die Freiheiten und Rechte der Bürger schützen, hat sich England diesbezüglich seit jeher auf die bindende Kraft des common-law und der gewohnheitsrechtlichen Konventionen verlassen.

---

mon-law den weitaus größeren Teil der Verfassung dar. Anschaulich hierzu Sedley, Sound of Silence, S. 273: „*(...) our constitutional law remains a common law ocean dotted with islands of statutory provisions.*".

450 In diesem Sinne auch Oliver, Changing Constitution, S. 1: „*More than most subjects, constitutional law tends to be more opinion than law.*".

451 Dazu Yardley, Constitutional Law, S. 6.

452 Dicke verwendet den seiner Ansicht nach vergleichbaren deutschen Begriff der "*Naturalobligationen auf dem Gebiete des Verfassungsrechts*", Englisches Verfassungsverständnis, S. 411.

453 In diesem Sinne wohl auch die Beschreibung: „*Constitutional conventions are (...) described as a whole code of political maxims, universally acknowledged in theory and universally carried out in practice, which reflect a positive political morality (...)*", vgl. Donelly/Smith, Constitutional Reform, S. 19.

Die Substanz der englischen Verfassung kann maßgeblich auf die zwei fundamentalen Prinzipien der sog. *rule of law* auf der einen Seite, welche die Gesetzesbindung allen staatlichen Handelns besagt und damit die Bürger vor staatlicher Willkür schützt, und der uneingeschränkten Souveränität des Parlamentes *(sovereignty of Parliament*[454]*)* auf der anderen Seite zurückgeführt werden. Im Hinblick auf die verfassungsrechtliche Stellung des Richters sind maßgeblich die Souveränität des Parlamentes, der Gewaltenteilungsgrundsatz sowie der Verfassungsgrundsatz der richterlichen Unabhängigkeit von Bedeutung. Diese Verfassungsgrundsätze sollen daher in dem hier relevanten Kontext dargestellt und kritisch beleuchtet werden.

1. Parlamentssouveränität (Sovereignty of Parliament)

Das wohl markanteste Verfassungsprinzip der ungeschriebenen englischen Verfassung stellt die unanfechtbare Souveränität des englischen Parlamentes dar, welche den Kern des englischen Verfassungsgefüges verkörpert. Darunter ist, mit den Worten von Dicey gesprochen, zu verstehen „*(...) that Parliament thus defined has, under the English constitution, the right to make or unmake any law whatever; and, further, that no person or body is recognised by the law of England as having a right to override or set aside the legislation of Parliament.*“[455]. Diese absolute Verfassungsdoktrin bestimmt nicht nur das Verhältnis zwischen Legislative und Exekutive, sondern beeinflußt auch entscheidend den Kompetenzbereich der Judikative. Das Parlament besitzt eine unbegrenzte Legislativmacht, welche auch nicht durch die Rechtsprechung der Gerichte eingeschränkt werden kann.[456] Daraus folgt, daß keine dem Parlament übergeordnete Kontrollinstanz existiert, welche Gesetze auf ihre Rechtmäßigkeit oder Verfas-

---

454 Teilweise wird auch der Begriff "Supremacy of Parliament“ verwendet. Das britische Parlament besteht aus zwei Kammern, dem Unterhaus (House of Commons) und dem Oberhaus (House of Lords), wobei dem Oberhaus im Hinblick auf Gesetzgebungsverfahren lediglich ein aufschiebendes Vetorecht zusteht, welches sich seit 1949 auf die maximale Dauer eines Jahres beschränkt.

455 Dicey, Law of the Constitution, S. 39 f. Der große viktorianische Verfassungsjurist Albert Venn Dicey bestimmte drei Leitgrundsätze, welche die Grundlage der von ihm konstruierten englischen Verfassungsrechtslehre bildeten: (1) die Parlamentssouveränität, (2) die Rule of Law sowie (3) die verfassungsrechtlichen Konventionen. Dabei wies er der Parlamentssouveränität jedoch eine Sonderstellung als „*the very keystone of the constitution*“ zu. Vgl. Dicey, Law of the Constitution, S. 70.

456 Vgl. dazu auch die Beschreibung der Parlamentssouveränität durch Jennings, Law and Constitution, S. 147: „*Parliament may remodel the British Constitution, prolong its own life, legislate ex post facto, legalise illegalities, provide for individual cases, interfere with contracts and authorise seizure of property, give dictatorial powers to the Government, dissolve the United Kingdom or the British Commonwealth, introduce socialism or communism or individualism or fascism, entirely without legal restriction.*“. Noch deutlicher Bingham, Time to Incorporate, S. 391: "*(...) a sovereign Parliament (is) able to do anything except make a man a woman or make a woman a man.*".

sungsmäßigkeit hin überprüft.[457] Ein Verfassungsgericht, welches verfassungswidrige Parlamentsentscheidungen revidieren könnte, ist im englischen Staatsgefüge nicht vorgesehen. Ferner ist das Parlament nicht an einen übergeordneten Verfassungstext gebunden, zumal ein solcher nicht existiert. Verfassungsgeber in England ist damit einzig und allein das Parlament und nicht das Volk. Dies liegt historisch gesehen darin begründet, daß es in England, anders als in Kontinentaleuropa, über Jahrhunderte hinweg keine bürgerlichen Revolutionen oder sozialen Umstürze gab, welche der Volkssouveränität in einem Verfassungsdokument Verfassungsrang erkämpft hätten.

Die unantastbare Souveränität des englischen Parlamentes wirft aus kontinentaleuropäischer Sicht unweigerlich die Frage nach entsprechenden Kontrollmechanismen und Schranken dieses Verfassungsgrundsatzes auf. Regulative Kontrollkompetenzen nach deutschem Verfassungsverständnis sind im englischen Staatsgefüge jedoch nicht anzutreffen. Statt dessen ist ein dichtes Netz informeller, gewohnheitsrechtlicher Instrumente zur Machtkontrolle zu beobachten, welches im Laufe der folgenden Kapitel dieser Arbeit zunehmend verdichtet wird. So sind der Parlamentssouveränität vornehmlich durch die öffentliche Meinung und die Politik Grenzen gesetzt.[458] Aus diesem Grunde ist die Regierungspartei gut beraten, sich in *self-restraint*, mit anderen Worten in Besonnenheit und Zurückhaltung zu üben, soll die Regierungsmacht nicht bei der nächsten Wahl wieder verloren gehen.

Darüber hinaus ist aber auch auf verfassungsrechtlicher Ebene eine effiziente Grenze der parlamentarischen Omnipotenz zu verzeichnen, denn nach gewohnheitsrechtlicher Verfassungskonvention gilt der Grundsatz, daß sich das Parlament im Hinblick auf die Zukunft nicht selbst binden kann. Dieses Prinzip kann je nach Blickwinkel entweder als Grenze der Parlamentssouveränität verstanden werden, oder aber auch gerade als notwendige Voraussetzung derselben, so die englische Perspektive, da die Souveränität dem Parlament als fortlaufende reprä-

---

457 Anschaulich hierzu das Beispiel von Dicke, Englisches Verfassungsverständnis, S. 409: „*Wenn es dem englischen Gesetzgeber einfiele, das Zigarettenrauchen unter Todesstrafe zu stellen, und die Entscheidung über diese Gesetzesvorlage im Unterhaus durch eine Bridge-Partie zwischen je zwei Parlamentariern der beiden großen Parteien ermittelt würde, bestünde für den englischen Juristen kein Zweifel, daß dieses Gesetz verfassungsmäßig wäre.*“. Neben der fehlenden richterlichen Kontrollkompetenz zudem auf den fehlenden kodifizierten verfassungsrechtlichen Maßstab hinweisend Loveland, Redefining Sovereignty, S. 326: „*Since British courts have no supra-legislative yardstick against which to measure the constitutionality of a statute, their deference to an act of Parliament (...) is an irrebuttable presumption.*“.

458 Ebenso Grasmann, Große Rechtssysteme, S. 494: „*Das Parlament selbst in seiner Machtfülle wird allein durch die öffentliche Meinung eines Landes kontrolliert, in dem Tradition und Geist der Demokratie lebendige Verfassungswirklichkeit sind.*“.

sentative Institution anhaftet und nicht nur einem bestimmten Parlament zu einer bestimmten Zeit.[459]

Nachfolgende Parlamente sind somit an die bestehende Gesetzeslage rechtlich nicht gebunden, wodurch letztendlich die rechtliche Unzerstörbarkeit der Parlamentssouveränität garantiert wird.[460] Im Hinblick auf die parlamentarische Gesetzgebung gilt daher der Grundsatz *lex posterior derogat legi priori.*[461] Aus diesem Grunde besteht auch keine Möglichkeit, in der englischen Verfassung einen Katalog unantastbarer Werte und Rechte festzulegen, denn dieser könnte problemlos von nachfolgenden Parlamenten wieder aufgehoben werden.[462]

Aus kontinentaleuropäischer Sicht stellt sich die Idee eines mit unbegrenzter gesetzgeberischer Macht ausgestatteten Parlamentes, welches lediglich durch die aufgrund einer einfachen Mehrheit gewählte, amtierende Regierung kontrolliert wird, als eine gefährlich anmutende Eigentümlichkeit dar. In England hat sich dieses historisch gewachsenen Staatskonzept jedoch über Jahrhunderte hinweg als funktional und effizient erwiesen, weshalb aus dieser Perspektive kein Anlaß für derartige Bedenken besteht.[463]

Der Versuch einer rechtstheoretischen Verankerung der Parlamentssouveränität sowie die Suche nach der dogmatischen Grundlage dieses Verfassungsgrundsatzes gestalten sich außerordentlich schwierig.[464] Aus diesem Grunde sind in der

---

459 Vgl. ausführlich hierzu Wade, Basis of Sovereignty, S. 190; de Smith/Brazier, Constitutional Law, S. 74.

460 Ebenso Wade, Revolution or Evolution, S. 573: „*(...) the sovereignty of Parliament would remain intact because it was legally indestructible: whatever was enacted could be repealed and the freedom of future Parliaments would remain untrammelled.*“. Zu Änderungen der englischen Verfassung durch das Parlament vgl. die Ausführungen zur Verfassungswirklichkeit unter A. III. 5.

461 Siehe Vauxhall Estates Ltd. v. Liverpool Corporation, (1932) 1 K.B., S. 733 ff und Ellen Street Estates Ltd. v. Ministers of Health, (1934) 1 K.B., S. 590 ff als die wohl bekanntesten Fälle dieses Grundsatzes.

462 Zutreffend hierzu bereits 1974 Lord Scarman, New Dimension, S. 15: „*It is the helplessness of the law in face of the legislative sovereignty of parliament which makes it difficult for the legal system to accommodate the concept of fundamental and inviolable human rights.* “.

463 Insofern anschaulich und gleichsam gelassen Bogdanor zur Parlamentssouveränität „*(...) the peculiarity of the British Constitution is that it lacks an umpire. It is the players themselves, the Government of the day, who interpret the way in which the rules are to be applied.*“, Politics and Constitution, S. 26.

464 In diesem Sinne auch Heuston, der nach vergeblicher Suche nach der Rechtsgrundlage dieser Verfassungsdoktrin zu dem Schluß kam „*(...) this principle is established more by a series of obiter dicta by eminent persons, whether sitting on the Bench or in the professorial study, than by any clear judicial decision of binding authority*“ und Thomas Hobbes, William Blackstone sowie Albert V. Dicey als „*high priests of the mystery*“ bezeichnete, vgl. Heuston, Essays, S. 1, 5 f. Ähnlich Sedley, Sound of Silence, S. 270:

Vergangenheit bezüglich der normativen Grundlagen der Parlamentssouveränität nahezu alle denkbaren Ansätze vertreten worden, auf die hier jedoch nicht näher eingegangen werden soll.[465] An dieser Stelle sei gleichwohl angemerkt, daß es sich bei dieser Problematik nicht lediglich um eine rechtstheoretische Frage, ein dogmatisches Glasperlenspiel ohne Relevanz für die verfassungsrechtliche Praxis handelt. Vielmehr ist der Geltungsgrund der Parlamentssouveränität in England insbesondere angesichts der fortschreitenden europäischen Integration von großer Bedeutung, denn auf europäischer Ebene hat diese spezifische englische Verfassungsdoktrin bislang zu zahlreichen Komplikationen geführt.[466] Angemessene Konzepte hinsichtlich einer möglichen inhaltlichen Änderung oder Anpassung dieses nicht gerade unproblematischen Verfassungsprinzips können sinnvollerweise jedoch nur in Kenntnis und auf Grundlage dessen verfassungsrechtlicher Verankerung entwickelt werden.

2. Gewaltenteilung (Separation of Powers)

Sinn und Zweck des verfassungsrechtlichen Gewaltenteilungsprinzips ist die gegenseitige Kontrolle und Begrenzung der Staatsorgane mit dem Ziel des Ausschlusses staatlicher Willkür und des Schutzes der individuellen Bürgerfreiheiten. Grundgedanke dieser Lehre ist die Idee, daß nur Macht die Macht begrenzen und kontrollieren kann, weshalb die Aufgaben und Funktionen der drei Staatsgewalten auf drei unterschiedliche und vor allen Dingen voneinander unabhängige Staatsorgane verteilt werden müssen.

Die verfassungsrechtliche Theorie der Gewaltenteilung ist in England im Laufe der letzten Jahre aus einem jahrhundertelangen Dornröschenschlaf erweckt worden und hat aus diesem Grunde vermehrt Aufmerksamkeit erhalten. Auslöser für

---

„But if we ask what the governing principles are from which these arrangements and this legitimacy derive, we find ourselves listening to the sound of silence.“.

465 Dabei vermag die Auffassung, das Parlament habe sich seine eigene Souveränität selbst zugesprochen, aus rechtsdogmatischer und historischer Sicht wohl am ehesten zu überzeugen. Vgl. dazu Winterton, Parliamentary Supremacy, S. 273; Kaufmann, Essence of Independence, S. 678: *„The English constitution was (...) what Parliament declared it to be, no more or no less.“.*

466 Näher zu den Problemen, die dieser spezifisch englische Verfassungsgrundsatz auf europäischer Ebene, insbesondere bei der Implementierung und Transformation von Gemeinschaftsrecht auslöst weiter unten unter A. III. 5. Siehe in diesem Zusammenhang aber auch Wade, Sovereignty of Parliament?, S. 1 ff; Bradley, Form or Substance, S. 39 ff mit zahlreichen Nachweisen; Craig, Britain in the EU, S. 69 ff mit Nachweisen aus der neusten Rechtsprechung. Die Herausforderung durch das Gemeinschaftsrecht ist jedoch nicht die erste schwere Probe der Parlamentssouveränität, denn bereits die Union mit Schottland durch die Acts of Union 1707 sowie die Entlassung der ehemaligen Kolonien Kanada, Australien, Südafrika und Neuseeland in die Unabhängigkeit durch das Statute of Westminster im Jahre 1931 begründeten de facto eine Bindung zukünftiger Parlamente und damit eine Beschränkung deren Souveränität.

diese Entwicklung sind zum einen die umfassenden Reformbestrebungen der Labour Regierung Toni Blairs auf verfassungsrechtlicher Ebene, aber auch die Auswirkungen der fortschreitenden europäischen Integration, auf die weiter unten näher eingegangen wird.

Im Folgenden soll daher zunächst die konkrete Bedeutung des Gewaltenteilungsgrundsatzes in England erörtert werden, bevor die aktuelle Diskussion um dieses grundlegende Verfassungselement anhand einzelner ausgewählter Problembereiche aufgezeigt wird. In diesem Zusammenhang wird zum einen die Position des Lord Chancellor als höchster Richter des Landes und zum anderen die duale Rolle der Law Lords im Oberhaus kritisch beleuchtet. Diese verfassungsrechtlichen Phänomene sind in dem Kontext dieser Arbeit aus dem Grunde interessant, da es sich bei beiden Konstellationen um Richterpositionen handelt, deren Inhaber nicht nur im Bereich der Judikative tätig sind, sondern darüber hinaus auch Einfluß auf die anderen Staatsgewalten ausüben und im Gegenzug von diesen beeinflußt werden.

a) Bedeutung der Gewaltenteilung in der englischen Verfassung

Im Hinblick auf die Bedeutung des Gewaltenteilungsgrundsatzes in der englischen Verfassung stellt sich zunächst die Frage, ob dieser als fundamentales Grundprinzip in der englischen Verfassung überhaupt verankert ist. Die Beantwortung dieser Frage gestaltet sich allerdings nicht so einfach wie es auf den ersten Blick vielleicht scheinen mag, da es in England erstens an einer geschriebenen Verfassung fehlt und zweitens die englische Rechtsliteratur zu diesem Thema sowie hinsichtlich der theoretischen Grundlagen der Gewaltenteilung nur äußerst spärliche Ansätze bietet.[467] Die diesbezüglichen Äußerungen sind allesamt sehr vage und lassen eine analytische und systematische Auseinandersetzung mit der konkreten Bedeutung der Gewaltenteilung für England sowie der Implementierung dieses Grundsatzes in der englischen Verfassung vermissen. Dies mag zu Recht verwundern, haben doch viele frühen Gedanken der Gewaltenteilung in England ihren Ursprung.[468] Dennoch scheint sich weder die englische Rechtsliteratur noch die rechtliche Praxis jemals näher mit diesem Verfassungsprinzip auseinandergesetzt zu haben. Vielmehr findet sich das grundlegende Konzept der Gewaltenteilung in England nur teilweise begründet und oftmals als oberflächlich gebrauchter Terminus wieder, dessen Kernaussage,

[467] Neben dem lesenswerten Werk von Vile, Separation of powers (1967) finden sich erstaunlicherweise keine weiteren wissenschaftlichen Abhandlungen zu diesem Thema.

[468] Zwar hatten die Gewaltenteilungslehren bereits antike Vorbilder wie Aristoteles (384 - 322 v. Chr.), doch geht das klassische Konzept der Gewaltenteilung maßgeblich auf das Werk Charles de Montesquieu „De l'esprit des lois" (1748) zurück, in dem er die staatsrechtlichen Verhältnisse in England unter dem Eindruck eines längeren Aufenthaltes in London nachhaltig wiedergab. Des weiteren sind in diesem Zusammenhang Hobbes (1588 - 1679) und Locke (1632 - 1704) zu nennen.

oder besser gesagt das Verständnis dieser Theorie vor dem Hintergrund des spezifischen, englischen Staatsgefüges im Dunkeln bleiben.

Im modernen Großbritannien wird die genaue Bedeutung des Gewaltenteilungsgrundsatzes daher nur sehr verschwommen erfaßt und stellt offenbar primär eine gewaltige Worthülse inmitten der verfassungsrechtlichen Rhetorik dar, welche auf wundersame Weise trotz der völligen Unklarheit ihres Inhalts über Jahrhunderte hinweg überlebt hat, ohne jemals Gegenstand kritischer Auseinandersetzung gewesen zu sein. Demzufolge existiert keine generelle Theorie hinsichtlich der Bedeutung des Gewaltenteilungsgrundsatzes in England. Nahezu selbstverständlich wird davon ausgegangen, daß diese wohlbekannte Verfassungsmaxime auf die Ansätze von John Locke (1632 - 1704) und Charles de Montesquieu (1689 - 1755) zurückgeht. Dabei ging Locke in seinem Werk *Two Treatises of Government (1690)* von vier staatlichen Gewalten aus, die er auf zwei Organe verteilte, und Montesquieu schien bei seiner Beschreibung des englischen Rechtssystems in *De l'esprit des lois (1748)* die englischen Richter mit der Jury zu verwechseln. Vielmehr war es Sir William Blackstone, der im modernen England des 18. Jahrhunderts den Blick für den Grundsatz der streng voneinander getrennten Staatsgewalten schärfte.[469] Sein Einfluß auf das nordamerikanische Rechtssystem war jedoch beträchtlich größer als in Großbritannien, was in der Praxis unter anderem dadurch sichtbar wird, daß in England noch bis zum frühen 19. Jahrhundert der Lord Chief Justice Mitglied des Kabinetts war und der Lord Chancellor noch heute Richteramt und Regierungsmitgliedschaft in einer Person vereint.[470]

Aber nicht nur hinsichtlich des theoretischen Unterbaus, sondern auch in Bezug auf die praktische Umsetzung zeigen sich in England deutliche Unterschiede zu dem klassischen kontinentaleuropäischen Verständnis der Gewaltenteilung. Bei näherer Betrachtung wird deutlich, daß eine klare Trennung zwischen den unterschiedlichen Staatsgewalten nicht besteht und die Übergänge fließend sind. Grund hierfür ist die pragmatische Aufgabenverteilung innerhalb des englischen Staatsgefüges, welche zwar auf eine jahrhundertelange Tradition zurückblickt und damit zweifellos fester Bestandteil des konstitutiven Verfassungsrechts ist, jedoch eines theoretisch durchdachten und systematischen Grundkonzeptes entbehrt.

---

469 Vgl. die Ausführungen in einem seiner Kommentare zum englischen Recht, wo er bereits im Jahre 1765 die Grundlagen der Gewaltenteilung skizzierte, zitiert bei Sloan/Hadley, Commentaries of England, S. 322.

470 Der letzte Chief Justice mit gleichzeitiger Mitgliedschaft im Kabinett war Lord Ellenborough im Jahre 1806. Zu der aus kontinentaleuropäischer Perspektive bedenklichen Position des Lord Chancellor siehe die Ausführungen unter A. III. 2. b).

Vor diesem Hintergrund läßt sich eine Reihe von Überschneidungen im Hinblick auf Kompetenz und Funktion einzelner Staatsorgane und -ämter anführen. Beispielhaft sollen an dieser Stelle die aus kontinentaleuropäischer Sicht auffälligen Konstellationen im Hinblick auf die Judikative genannt werden, allen voran die eigentümliche Position des Lord Chancellor, welche weiter unten ausführlich behandelt wird. Des weiteren sei auf die doppelfunktionale Rolle der englischen Law Lords hingewiesen, welche sowohl als Richter agieren, als auch an der Gesetzgebung mitwirken. Ferner treffen sich die ranghöchsten Richter regelmäßig mit den Ministern, um mögliche Konfliktquellen zu diskutieren.[471] Insgesamt werden diese interaktiven Beziehungen jedoch nicht nur geduldet, sondern für das Funktionieren des Systems als absolut notwendig erachtet. Was aus deutscher Sicht somit nach dem Vorbild der klassischen Gewaltenteilung als gefährliches Potential für Machtübergriffe anmutet, wird in England geradezu als Sicherung der Funktionsfähigkeit des Systems verstanden.

Diese offensichtlichen Überschneidungen werfen im Zusammenhang mit der oben bereits dargestellten Parlamentssouveränität die grundsätzliche Frage auf, ob die drei voneinander unabhängigen Staatsgewalten der Exekutive, Legislative und Judikative als essentielle Grundvoraussetzung für die praktische Umsetzung des Gewaltenteilungsgrundsatzes im englischen Staatsgefüge überhaupt existieren. Die drei fundamentalen Staatsgewalten finden sich in ihren grundlegenden Funktionen und naturgemäßen Unterschieden zwar auch in England wieder, indem die Legislative durch das Parlament, die Exekutive durch den Premierminister und sein Kabinett[472], und die Judikative durch die Gerichte repräsentiert werden. Doch liegen aufgrund des traditionellen Verfassungsgrundsatzes der Parlamentssouveränität nicht drei gleichberechtigt nebeneinanderstehende Staatsgewalten im klassischen Sinne vor. Vielmehr überragt die exponierte Stellung und Autorität des Parlamentes die anderen Staatsgewalten. Dies zeigt sich im Hinblick auf die Judikative insbesondere in der Tatsache, daß die Richter Gesetze nicht für verfassungswidrig erklären dürfen, sondern an das Parlament als erlassendes Legislativorgan zurückverweisen müssen. Insofern fehlt es schon an der wesentlichen Grundvoraussetzung der Gewaltenteilungslehre, nämlich an drei voneinander unabhängigen und grundsätzlich gleichberechtigten Staatsorganen, die im Rahmen einer gegenseitigen Kontrolle funktional zusammenwirken.

---

471 Näheres hierzu bei Rozenberg, Battle between Ministers and Judges, S. 39 f.

472 Die Queen repräsentiert das Vereinigte Königreich offiziell als Staatsoberhaupt nach außen, ist an der Regierungsarbeit jedoch nicht beteiligt. Obwohl formal noch "The Queen in Parliament" regiert, sind die Hauptfunktionen der Krone heute nur noch repräsentativer, zeremonieller und integrativer Natur. Vgl. näher zur Krone sowie dem Amt des Premierministers und seinem Kabinett Sturm, Staatsordnung, S. 202 ff.

Hinsichtlich der Frage, ob der Grundsatz der Gewaltenteilung fester Bestandteil der ungeschriebenen englischen Verfassung ist oder nicht, herrscht dennoch überraschende Uneinigkeit. Teilweise wird dieser als fundamentaler Verfassungsgrundsatz bezeichnet[473], teilweise wird aber auch ausdrücklich darauf hingewiesen, daß im englischen Staatsgefüge gerade keine Gewaltenteilung praktiziert werde[474]. Diese Ansichten verkennen jedoch offensichtlich die verfassungsrechtliche Wirklichkeit in England und entspringen wohl eher theoretischen Extrempositionen, weshalb sie nicht zu überzeugen vermögen.

Anders hingegen eine vermittelnde, konkret auf das reale englische Staatskonzept gerichtete Ansicht, welche den Terminus *separation of powers* ablehnt und statt dessen von einer weniger strikten Trennung der Gewalten im Sinne einer harmonischen *balance of powers* ausgeht.[475] Dabei wird die Gefahr machtmotivierter Übergriffe durchaus gesehen[476], doch scheint man sich in diesem Zusammenhang gänzlich auf informelle Kontrollmechanismen zu verlassen[477], wie

---

473 So z.B. Lord Kingsland, Hansard, Debatte im House of Lords vom 17.02.1999 – Separation of Powers*, Column 731: „*In my view, the separation of powers under our constitution is at the same time the most invisible and the most important part of it.*" sowie Lord Diplock im Fall Duport Steels Ltd. v. Sirs (1980) 1 W.L.R. 142 ff (157): "*(...) it cannot be too strongly emphasised that the British Constitution, though largely unwritten, is firmly based on the separation of powers.*".

474 Vgl. De Smith/Brazier, Constitutional Law, S. 19, 21: „*Indeed, there never was a time in English constitutional history when the functions of government were neatly compartmentalised. (...) No writer of repute would claim that it (separation of powers) is a central feature of the modern British constitution.*"; Lord Blake, Law Lord und Historiker, Hansard, Debatte im House of Lords vom 27.01.1997 – Criminal Justice Bill*, Column 1013: „*It seems to me that there is no question of the separation of powers being damaged. There really is no separation of powers to damage anyway.*"; Read, The Constitution, S. 35: "*Of course, contrary to many misconceptions, the United Kingdom does not practise the separation of powers.*".

475 Siehe z.B. Lord Simon of Glaisdale, der mit seinen eleganten und dennoch präzisen Ausführungen zu überzeugen vermag: „*We did not have and do not have separation of powers. (...) What we had was not separation of powers but something far more subtle and far more valuable – a balance of powers. It is no use separating your executive if it has powers over the individual which are considered inordinate. The executive's powers should be balanced by that of the legislature and the adjudicature. That is threatened by advocacy on a system purely based on separation of powers. It is a balance of powers that will vouchsafe liberty of the subject and individual rights.*", vgl. Hansard, Debatte im House of Lords vom 17.02.1999 – Separation of Powers*, Column 719.

476 Hierzu deutlich Olivier, Parliamentary Supremacy, S. 54: „*That a system of parliamentary sovereignty cannot guarantee justice (...) at all times and all places, is borne out of the horrible experiences of Nazi Germany and apartheid in South Africa. The system carries within itself the potential of its own destruction.*".

477 Dies kann zweifellos als typisch für das britische Recht bezeichnet werden. So wohl auch Oliver, Lord Chancellor and Devolution, S. 2: „*The reliance on informal practises (...) is typically British: incremental and silent on many matters of principle.*".

die entsprechende Zurückhaltung der einzelnen Staatsgewalten aufgrund jahrhundertelanger Traditionen und Konventionen[478] sowie die machtregulierende Überwachung des gesamten Staatswesens durch die öffentliche Meinung[479] und die Politik.

Bemerkenswert ist schließlich, daß sogar die wechselnden Lord Chancellors selbst den Grundsatz der Gewaltenteilung mit jeweils anderen Augen sehen. So äußerte sich Lord Mackay, Lord Chancellor von 1987 bis 1997, in einem von ihm selbst verfaßten Artikel 1991 noch gegen die Gewaltenteilung in England[480], während sein Nachfolger, Lord Irvine, Lord Chancellor seit 1997, für die Gewaltenteilung plädiert[481]. Diese Aussagen entbehren offensichtlich nicht einer gewissen Ironie, stellen doch die Lord Chancellors selbst die Inkarnation der Durchbrechung des Gewaltenteilungsgrundsatzes im klassischen Sinne dar, da sie in ihrer Position exekutive, legislative und judikative Funktionen vereinen. Widersprüchliche Aussagen des derzeitigen Lord Chancellor, Lord Irvine, zeigen zudem deutlich, daß der Begriff der Gewaltenteilung in England primär als populistisches Rhetorikinstrument verwendet wird.[482] Insofern wird die Einordnung als essentieller Verfassungsgrundsatz auf der einen Seite oder theoretisches Grundprinzip, welches sich in der englischen Staatsordnung nicht wiederfindet, auf der anderen Seite abhängig von Kontext, Intention und Anlaß scheinbar mühelos wechselnd vorgenommen.

Interessant in diesem Zusammenhang ist auch die von Lord Lester of Herne Hill initiierte Debatte im House of Lords im Februar 1999 zum Gewaltenteilungsgrundsatz und dessen Bedeutung innerhalb des englischen Verfassungsrechts.[483] Im Laufe dieser Diskussion sprach sich zwar die Mehrzahl der Law Lords gegen eine strikte Trennung der Staatsgewalten aus, doch darf der aktuelle Auslöser

---

478 So ausdrücklich Lord Renton, Hansard, Debatte im House of Lords vom 17.02.1999 – Separation of Powers*, Column 725. Siehe ferner Lord Woolf, Master of the Rolls, Hansard, Debatte im House of Lords vom 27.01.1997 – Criminal Justice Bill*, Column 997.

479 Vgl. Lord Steyn, Weakest Department of Government, S. 84: „*A sceptical and ever watchful public opinion is the best guarantee of the quality of our democratic processes.*".

480 Chancellor in the 1990's, S. 258: „*Our constitution, unlike that of, for example, the USA, is not built on the principle that the legislative, the executive, and the judicial powers should be separate and equal.*".

481 Interview, S. 18: „*It's time to return to first principles. The British Constitution, largely unwritten, is firmly based on the separation of powers.*".

482 Im Rahmen einer Debatte im House of Lords äußerte sich Lord Irvine indessen: „*If we applied the doctrine of the separation of powers strictly, no Cabinet Minister would ever sit in a House of Parliament, as in the United States of America. But in Britain, all Cabinet Ministers do, and rightly.*", Hansard, Debatte im House of Lords vom 24.06.1999 – Lord Chancellor: Judicial Functions*, Columns 1061 ff.

483 Vgl. diese Debatte bei Hansard, Debatte im House of Lords vom 17.02.1999 – Separation of Powers*, Columns 711 ff.

der Debatte nicht unberücksichtigt bleiben, war doch die duale Rolle der Law Lords und die Frage nach der Verfassungsmäßigkeit dieser Position der tiefere Grund für die Auseinandersetzung gewesen. Angesichts dieses Sachzusammenhangs ist die mehrheitliche Aussprache der Law Lords gegen eine rigide Trennung von judikativen und legislativen Funktionen als Abwendung einer offensichtlichen Gefahr für die eigene Position wohl kaum verwunderlich.

Als Ergebnis kann somit festgehalten werden, daß die drei grundlegenden Staatsgewalten der Exekutive, Legislative und Judikative im englischen Rechtsleben zwar existieren, doch eine Gewaltenteilung nicht in ihrer klassischen, strikten Form nach kontinentaleuropäischem Verständnis praktiziert wird. Da die traditionelle Verfassungsmaxime der Parlamentssouveränität der Legislative ein unanfechtbares Machtmonopol verschafft, stehen sich die Staatsgewalten gerade nicht gleichberechtigt gegenüber im Sinne einer gegenseitigen Kontrolle nach dem *checks-and-balances*-Prinzip. Infolgedessen verfügt das englische Verfassungssystem über keine systemimmanenten formellen Kontroll- und Ausgleichsmechanismen. Eine effektive Machtkontrolle wird statt dessen durch informelle Instrumente außerhalb der staatlichen Grundstrukturen und Aufgabenverteilung erreicht.

In diesem Zusammenhang sollte jedoch nicht außer Acht gelassen werden, daß die bislang praktizierte Form der gegenseitigen Kontrolle trotz fehlender klarer Trennung in England über Jahrhunderte hinweg tatsächlich funktioniert hat, während die Staatssysteme einiger kontinentaleuropäischer Nachbarländer trotz klassischer Gewaltentrennung diktatorischen Machtübergriffen zum Opfer gefallen sind.[484] Wie in vielen anderen Bereichen des englischen Rechtssystems zeigt sich damit auch im Verfassungsrecht die Präferenz für das Funktionieren eines Systems unabhängig von einem systematischen und theoretisch durchdachten Unterbau sowie die große Bedeutung der verfassungsrechtlichen Traditionen und Konventionen.[485]

---

484 In diesem Sinne sind wohl auch die Worte von Lord Waddington, einem engagierten Law Lord und erklärten Gegner der geplanten Verfassungsreformen zu verstehen „*(...) at a time when all our institutions seem to be under threat from an administration obsessed with modernisation, it is about time that someone said that those self-same institutions have not served us badly over the years and certainly have proved a far more effective defence against tyranny than the continental institutions which we are so often told we should ape.*“, Hansard, Debatte im House of Lords vom 17.02.1999 – Separation of Powers*, Column 718.

485 In diesem Zusammenhang kann beinahe schon von einer britischen Tradition gesprochen werden. Vgl. dazu Stevens, Loss of Innocence, S. 401: „*The British traditionally prefer experience to principle.*“ sowie der Lord Chancellor, Lord Irvine of Lairg: "*We fashion our constitutional arrangements pragmatically.*", Hansard, Debatte im House of Lords vom 24.06.1999 – Judicial Functions*, Column 1062. Ferner Lord McNally, welcher im Rahmen einer Debatte im House of Lords die "*good old maxim*" anführte: "*If it works,*

b) Verfassungsrechtlich bedenkliche Position des Lord Chancellor

Im Folgenden soll die im Hinblick auf den verfassungsrechtlichen Grundsatz der Gewaltenteilung nicht gerade unbedenkliche Position des englischen Lord Chancellor näher und vor allen Dingen kritisch beleuchtet werden. Dieses Staatsamt gehört zu den markantesten Charakteristika des englischen Rechtslebens und blickt auf eine jahrhundertelange Tradition und Rechtsgeschichte zurück. Nach der Krone ist das Amt des Lord Chancellor das älteste Staatsamt in England und außerhalb der königlichen Familie ist er nach dem Erzbischof von Canterbury die ranghöchste Person in England.[486]

Der Lord Chancellor vereint in seiner Person alle drei Staatsgewalten und nimmt demgemäß Aufgaben und Funktionen im Bereich der Judikative wie auch der Legislative und der Exekutive wahr. Zum einen gilt er als ranghöchster Richter in England und Wales[487] und übt richterliche Gewalt als Vorsitzender des Berufungsausschusses des House of Lords *(Appellate Committee of the House of Lords)* sowie des richterlichen Ausschusses des geheimen Staatsrates *(Judicial Committee of the Privy Council)* aus.[488] Des weiteren ist er Präsident des Supreme Court of England[489], ex-officio Richter des Court of Appeal[490] sowie Präsident der Chancery Division des High Court[491]. Auf der anderen Seite ist er gleichzeitig aber auch Kabinettsmitglied und damit verantwortlich für Beschlüsse und Handlungen der Regierung. Schließlich fungiert er zudem als Sprecher des Oberhauses und nimmt einen führenden Platz im Rahmen der legislativen Funktion desselben ein, wobei er nicht selten die Politik der Regierung verteidigt und erläutert. Des weiteren ist er Hauptberater des Kabinetts in rechtlichen Angelegenheiten. Abgesehen von außergewöhnlichen Einzelfällen ist die Ernennung des Lord Chancellor eine politische – wie die der anderen Minister auch – und damit nicht von Dauer.[492]

---

don't fix it.", vgl. Hansard Debatte im House of Lords vom 14.03.2000 – Magistrates' Appointments: Duchy of Lancaster*, Column 1442.

486 Vgl. Lord Chancellor's Department, The Lord Chancellor and the Constitutional Framework*. Siehe auch Abraham, Judicial Process, S. 32, mit dem Hinweis, daß der Titel des Lord Chancellor in der Geschichte Englands mit Thomas à Becket und Sir Thomas More bereits zweimal von Personen getragen wurde, die später heilig gesprochen wurden.

487 Am oberen Ende der Gerichtshierarchie in Schottland steht der "Lord President" und in Nordirland der "Lord Chief Justice of Northern Ireland".

488 Lord Chancellor's Department, The Lord Chancellor and the Constitutional Framework*.

489 Supreme Court Act 1981, Section 1 (2).

490 Supreme Court Act 1981, Section 2 (2) (a).

491 Supreme Court Act 1981, Section 5 (1) (a).

492 Seltene Ausnahmefälle hierzu waren etwa Lord Sankey (1929 - 1935), der als Liberaler sein Amt unter einer Labour Regierung führte und dieses auch nicht verlor, als die Regierung primär konservativ wurde, oder Lord Maugham (1933 - 1939) und Lord Simonds (1951 - 1954), die beide vor ihrer Ernennung zum Lord Chancellor in politischer Hinsicht überhaupt nicht aktiv waren.

Die traditionelle Begründung für diese Machtkumulation in einer Person lautet, der Lord Chancellor könne auf diese Weise die unterschiedlichen Ansichten des Kabinetts auf der einen Seite und der Richter auf der anderen Seite besser verstehen und im Falle grundlegender Divergenzen effektiv vermitteln.[493] Insofern fungiert der Lord Chancellor gewissermaßen als Mittelsperson. Vor dem Hintergrund seiner stetigen Kontakte zu allen drei Staatsgewalten soll er Machtübergriffe verhindern und auf diese Art und Weise zur Wahrung einer effizienten Trennung der Staatsgewalten beitragen.[494] In diesem Zusammenhang wird nochmals deutlich, daß dem englischen System letztendlich der gleiche Grundgedanke wie der klassischen Gewaltenteilungslehre zugrunde liegt, nämlich der Ausschluß gefährlicher Machtübergriffe und staatlicher Willkür. Jedoch erfolgt die praktische Umsetzung in England nicht mit Hilfe einer strikten Trennung der Staatsgewalten, sondern vielmehr in Form zahlreicher Interaktionen der Staatsgewalten untereinander. In diesem Geflecht kommt dem Lord Chancellor eine herausragende Bedeutung zu.

Unter dem Eindruck unterschiedlicher Rechtssysteme stellt sich die Position des Lord Chancellor verständlicherweise jeweils in einem anderen Lichte dar. Aus diesem Grunde verwundert es wenig, wenn der Lord Chancellor aus kontinaleuropäischer Perspektive als Inkarnation der Durchbrechung des Gewaltenteilungsgrundsatzes bezeichnet wird, während er aus englischer Sicht gerade die Sicherung der Gewaltenteilung innerhalb des Staatsgefüges gewährleistet.[495] Diese gegensätzlichen Betrachtungsweisen finden ihre Rechtfertigung zwar in den ihnen zugrunde liegenden unterschiedlichen Rechtssystemen, doch stellt sich angesichts der aktuellen politischen Diskussionen zu diesem Thema sowie der Anforderungen der fortschreitenden europäischen Integration nun auch in England die Frage nach der Verfassungsmäßigkeit dieses Amtes. Dabei steht insbesondere die gleichzeitige Wahrnehmung judikativer und exekutiver Aufgaben aufgrund des offensichtlichen Interessenkonfliktes zur Debatte. Hinzu

---

493 So auch Lord Chancellor, Lord Irvine of Lairg, im Rahmen einer Diskussion über die richterlichen Funktionen des Lord Chancellor im House of Lords, Hansard, Debatte im House of Lords vom 24.06.1999 – Lord Chancellor: Judicial Functions*, Column 1061.

494 Voraussetzung für das Funktionieren dieser Position ist jedoch, daß der Lord Chancellor das Vertrauen der Richterschaft sowie seiner Kabinettskollegen und des Parlamentes genießt. Die gleichzeitige Pflege und Aufrechterhaltung dieser teilweise höchst konträren Beziehungen hat sich im Laufe der 90er Jahre angesichts der zunehmenden Verlagerung der Aufgabenschwerpunkte von dem richterlichen auf den politischen Bereich jedoch als sehr schwierig gestaltet. Vgl. hierzu Woodhouse, Lord Chancellor, S. 620, 627, 632, die diese Anforderungen als "Herculean task" bezeichnet.

495 So ausdrücklich. Lord Chancellor's Department, The Lord Chancellor and the Constitutional Framework*: *„By taking part in all three branches of Government the Lord Chancellor appears to challenge the concept of the separation of powers. However, his effective purpose is actually to maintain the separation of powers.“*.

kommt, daß insbesondere der amtierende Lord Chancellor dem Amt aufgrund seiner Mitgliedschaft in zahlreichen politischen Ausschüssen und Gremien sowie seiner Nähe zu Premierminister Tony Blair[496] ein stark ausgeprägtes politisches Profil verleiht und damit ausreichend Nährboden für entsprechende Diskussionen bietet.

Als Mitglied des Kabinetts ist der Lord Chancellor evident parteipolitischen Einflüssen ausgesetzt[497], deren fehlende Manifestation im Rahmen seiner richterlichen Aufgabenwahrnehmung zumindest zweifelhaft ist. Obwohl er nach gewohnheitsrechtlicher Verfassungskonvention seine politischen Aktivitäten streng von seinen richterlichen Verantwortlichkeiten zu trennen hat, ist die praktische Umsetzung dieser theoretischen (Wunsch-)Vorstellung sehr zweifelhaft.

Politische Präferenzen können sich vornehmlich in zwei judikativen Aufgabenbereichen des Lord Chancellor niederschlagen: zum einen in seiner Funktion als höchster Richter des Landes und zum anderen in seiner zentralen Funktion bei der Richterauswahl und -ernennung.

In seiner Funktion als höchster Richter des Landes kann der Lord Chancellor durch sein politisches Amt zweifellos beeinträchtigt werden, denn die Auslegung von Gesetzen und einschlägigen Gerichtsentscheidungen kann von den politischen Ansichten des Auslegenden maßgeblich beeinflußt werden. Infolgedessen können Gesetzestexte eher liberal oder restriktiv ausgelegt werden, ohne daß die Grenze der Gesetzesauslegung überschritten wird. In welchem Umfang der Lord Chancellor richterliche Aufgaben in der Praxis tatsächlich wahrnimmt oder sich auf eine machtvolle Stellung innerhalb der Regierung konzentriert, hängt maßgeblich von dessen individueller Persönlichkeit ab, denn – und dies mag aufgrund der ohnehin verwirrenden Aufgabenfülle dieses Amtes kaum verwundern – diesbezüglich bestehen weder verfassungsrechtliche noch gesetzliche Vorgaben.[498] Insofern bestehen keine systemimmanenten Aufgabenschwerpunkte, vielmehr läßt die umfassende Kompetenzzuweisung viel Freiraum für persönliche Prioritäten.

---

[496] Tony Blair war als auszubildender Barrister in seiner Kammer.

[497] Dazu Jackson, Machinery of Justice, S. 460: „*A Lord Chancellor who is primarily a lawyer and secondarily a politician must at least be in sympathy with the political views of the cabinet in which he serves; a Lord Chancellor can never be non-political.*". Ferner Hanbury/Yardley, Courts of Law, S. 127: "*(...) even if a man be strong enough to banish from his mind the political predilections of former days, he will preserve them, whether as cherished guests or as parasites, in his heart.*".

[498] Dazu Woodhouse, Lord Chancellor, S. 618: „*It has therefore been allowed to develop historically, accommodating constitutional and political changes and adjusting to the individual qualities and character of the Lord Chancellor himself, for, to a considerable extent, the role of Lord Chancellor is what each Lord Chancellor makes it.*".

Eine derartige Schwerpunktsetzung ist in der Praxis im übrigen unumgänglich, denn der Lord Chancellor kann allein aus zeitlichen Gründen nicht alle ihm übertragenen Aufgaben persönlich wahrnehmen.[499] In jüngerer Vergangenheit war in diesem Zusammenhang die beständige Tendenz der Lord Chancellors zu beobachten, den Schwerpunkt ihrer Verantwortlichkeit weg von den richterlichen Funktionen vornehmlich auf den regierungspolitischen Bereich zu verlagern[500], was angesichts der einflußreichen Machtposition in politischen Kreisen jedoch zu Unmut in den Reihen der Richterschaft geführt hat. Gleichwohl steht es dem Lord Chancellor nach wie vor offen, nach freiem Ermessen[501] als Richter im Berufungsausschuß des House of Lords zu agieren, wenngleich diese Möglichkeit in der Praxis nicht oft in Anspruch genommen wird[502]. In diesem Zusammenhang darf gleichwohl nicht unberücksichtigt bleiben, daß durch das Oberste Gericht Englands nicht gerade selten Rechtsfälle von überragender gesellschaftlicher und oftmals auch politischer Bedeutung entschieden werden, in denen die Regierungspartei eine feste Meinung vertritt oder durch welche die Interessen der Regierung tangiert werden.[503] Die bedenkliche Machtkumulation in der Person des Lord Chancellor wird in Anbetracht dieser Aufgabenfülle überaus anschaulich.

---

499 Insofern erhält er Unterstützung durch sein eigenes Department, das Lord Chancellor's Department, sowie durch die älteren und erfahrenen Law Lords. Diese Überlastung des Lord Chancellor mit zu vielen verschiedenen Aufgaben scheint jedoch allseits bekannt zu sein wie das Zitat Lord Desais veranschaulicht: „*Let us just imagine a constitution in which different people were responsible for doing different things. We must move away from the fact that my noble and learned friend (the Lord Chancellor) just happens to be efficient and can work 36 hours a day.*“, Hansard, Debatte im House of Lords vom 17.02.1999 – Separation of Powers*, Column 716.

500 Vgl. Lord Lester of Lerne Hill, Hansard, Debatte im House of Lords vom 17.02.1999 – Separation of Powers*, Column 712; Woodhouse, Lord Chancellor, S. 627. Lord Mackay hat in seiner 10jährigen Amtszeit (1987 - 1997) insgesamt an 60 Tagen Sitzungen als Richter gehalten, vgl. dazu und zu den Sitzungshäufigkeiten seiner Vorgänger Lord Irvine of Lairg, Hansard, Debatte im House of Lords vom 17.02.1999 – Separation of Powers*, Column 737.

501 Bei diesen Ermessenentscheidungen ist der Lord Chancellor an keine speziellen Vorgaben gebunden. Vgl. auch die Ausführungen des amtierenden Lord Chancellor, Lord Irvine of Lairg, unter Hansard, Schriftliche Antworten im House of Lords vom 20.10.1998 – The Lord Chancellor and Separation of Powers*, Columns WA 137 und 138.

502 Vgl. Lord Steyn, Weakest Department of Government, S. 90; Woodhouse, Lord Chancellor, S. 620.

503 In diesem Zusammenhang ist auch der Vorsitz des ehemaligen Lord Chancellor, Lord Mackay of Clashfern, im Fall Pepper (Inspector for Taxes) v. Hart (1993) 1 All E.R., S. 42 ff, H.L. vor dem House of Lords scharf kritisiert worden, insbesondere vor dem Hintergrund, daß seine vom Mehrheitsvotum abweichende Stimme zugunsten der staatlichen Steuereinnahmen ausfiel. Vgl. dazu auch Oliver, Lord Chancellor and Devolution, S. 4; Lord Lester of Herne Hill, Hansard, Debatte im House of Lords vom 28.10.1998 – Scotland Bill*, Column 1971.

Im Hinblick auf die richterliche Funktion des Lord Chancellor kann dessen richterliche Unabhängigkeit und Unvoreingenommenheit aus kontinentaleuropäischer Perspektive insofern bereits aus strukturellen Gründen nicht gewährleistet werden. Nach vorherrschender englischer Ansicht hingegen werden diese theoretischen Grundsteine von der tatsächlichen verfassungsrechtlichen Praxis überlagert, in welcher der Lord Chancellor in seiner richterlichen Funktion durchaus unabhängig sei. Unabhängig von einer späteren analytischen Auseinandersetzung mit diesen gegensätzlichen Ansätzen bleibt jedoch festzuhalten, daß die (vermeintliche) Unparteilichkeit des Lord Chancellor in der Praxis zumindest aus kontinentaleuropäischer Sicht dem verfassungsrechtlichen Gebot der richterlichen Unabhängigkeit nicht genügt.[504]

Die parteipolitischen Einflüsse, denen sich der Lord Chancellor im Rahmen seiner Regierungsarbeit ausgesetzt sieht, könnten sich des weiteren in seiner zentralen Funktion bei der Auswahl und Ernennung der Richter niederschlagen. Zwar wird die Berücksichtigung politischer Präferenzen im Rahmen der Richterauswahl von allen Seiten vehement abgestritten, doch findet sich aus kontinentaleuropäischer Sicht interessanterweise keine gesetzliche Regelung oder sonstige rechtliche Bestimmung, welche den Lord Chancellor von einem derartigen Vorgehen abhalten könnte. Das Argument, er begehe eine schwere Verfehlung und ernte öffentlichen Tadel, welcher nicht wieder auszugleichen sei sowie seinen Ruf ruiniere, kann aus zwei Gründen nicht überzeugen. Zum einen ist es naiv zu glauben, eine politisch motivierte Richterauswahl würde ohne weiteres Aufsehen erregen und sich außenstehenden Betrachtern geradezu aufdrängen. In der Praxis würde gerade die Auswahl eines in politischer Hinsicht "Gleichgesinnten" besonders sorgsam begründet werden, so daß die Frage nach politischer Bevorzugung gar nicht erst aufkäme. Zum anderen wurde eine derartige, politisch orientierte Auswahlpolitik tatsächlich noch bis weit über die erste Hälfte des letzten Jahrhunderts hinein praktiziert.

---

[504] In diesem Sinne aber auch einige Stimmen in England wie z.B. Lord Steyn, welcher vehement für eine strikte Trennung der richterlichen Unabhängigkeit von den politischen Prozessen – sowohl in Bezug auf den Lord Chancellor, als auch hinsichtlich der Law Lords - eintritt: „*A Lord Chancellor gives the appearance to the public of speaking as the head of the judiciary with the neutrality and impartiality so involved. The truth is different. (...) (The) Lord Chancellor is always a spokesman for the government in furtherance of its party political agenda. Even in respect of the administration of justice he is (...) always subject to collective Cabinet responsibility. (...) The Lord Chancellor as a Cabinet member represents the voice of reform guided by the Treasury perspective. The view of the judges is rather different. They do not wholeheartedly share the modern adoration of the deity of economy. On the whole they put justice first.*", Weakest Department of Government, S. 90 f.

Anders hingegen die englische Sichtweise, welche statt auf formelle Sicherheitsmechanismen in Form gesetzlicher Regelungen auf die große Tradition und Ehrenhaftigkeit dieses Staatsamtes rekurriert, und in den pathetischen Ausführungen Yardleys zum Ausdruck kommt:

> „*The answer is that he (the Lord Chancellor) is prevented, not by anything in the visible nature of the office, but by much of its traditions. These will be so potent as to galvanize the weakest of Chancellors into resisting all suggestions, blandishments, and demands by his colleagues; the serried ranks of his illustrious predecessors speak to him with one voice, and tell him that judicial appointments are his and his alone. In a word, the force of tradition will insulate his judicial appointments from his other executive functions.*"[505].

Diese unterschiedlichen Perspektiven veranschaulichen einmal mehr die grundlegenden Divergenzen zwischen dem englischen und dem kontinentaleuropäischen Rechtsverständnis. Während das englische Konzept auf eher informelle und gesetzlich nicht fixierte Kontrollmechanismen, wie in diesem Fall die ehrenwerte Tradition eines bestimmten Staatsamtes, vertraut, müssen nach kontinentaler Vorstellung derartig wesentliche Regelungen unbedingt gesetzlich festgelegt sein, um eventuellen Machtübergriffen effektiv vorzubeugen.[506]

Trotz des anerkanntermaßen großen Traditionsbewußtseins in England vermag das Verlassen auf die Tradition des Amtes des Lord Chancellor im Zusammenhang mit dem Problem politisch motivierter Richterernennungen jedoch nicht zu überzeugen. Zu offensichtlich sind in diesem Zusammenhang die parteipolitischen Einflüsse, denen sich der Lord Chancellor im Rahmen seiner Arbeit im Kabinett ausgesetzt sieht und welche aufgrund des Grundsatzes der Kabinettssolidarität von seiner Seite auch nicht ohne weiteres ignoriert werden können. Ferner ist auch aus psychologischer Sicht eine Aufspaltung der Persönlichkeit des Lord Chancellor entsprechend seinen multiplen Aufgabenbereichen nicht gerade realistisch. Abgesehen davon wirkt es zudem durchaus befremdlich, daß die Berücksichtigung politischer Faktoren bei der Richterauswahl in England und Wales in den letzten Jahrzehnten keine Rolle mehr gespielt haben soll, diese

---

505 Zitiert nach Hanbury/Yardley, Courts of Law, S. 128.

506 Zu dieser englischen Tradition grundsätzlich Großfeld, Rechtsvergleichung, S. 4 f: „*(...) Dieser Inselcharakter seiner Kultur und die frühe Zentralisierung der Elite in London ließen eine eng verwachsene Geschäfts- und Rechtsgemeinschaft entstehen, eine geschlossene Gesellschaft, deren Mitglieder nahezu alle gleich vorgebildet sind ("Oxbridge"). (...) In einer so dauerhaft gefügten und engen Gesellschaft ordnet sich manches ohne Wörter, ohne "Recht", allein durch stillschweigendes Verstehen und soziale Kontrolle. Die Wendung "fair" bedarf keiner Umschreibung, weil jeder ihren Inhalt kennt. Die Frage, was zu tun und was zu lassen ist, erfordert nicht so viele sprachlich-abstrakt gefaßte Regeln wie in kontinental-europäischen Staaten (...)*".

Aussage für die Ernennungspraxis des unmittelbaren Nachbarlandes Schottland, welches ebenfalls Teil des Vereinigten Königreiches ist, jedoch keine Geltung beanspruchen kann.[507]

Als Begründung für die völlige Nichtbeachtung politischer Interessen wird von englischer Seite unter anderem angeführt, daß die Regierungen wechselten, während die ernannten Richter in ihrem Amt blieben. Dieses Argument ist jedoch zweifellos ambivalent und kann daher auch als Argument für die Berücksichtigung politischer Präferenzen bei der Richterauswahl verwendet werden, denn gerade langfristig gesehen können sich politisch gleichgesinnte Richter in höheren Positionen für eine politische Partei als Vorteil erweisen. Weiterhin wird angeführt, aufgrund des englischen Verfassungsgrundsatzes der Parlamentssouveränität müsse sich die Regierungspartei zu politischen Richterernennungen gar nicht veranlaßt sehen, da die englische Verfassung mangels eines schriftlichen Verfassungsdokumentes aufgrund einfachen Mehrheitsbeschlusses im Parlament geändert werden könne und sie auf die politischen Ansichten der Richter insofern nicht angewiesen sei. Gegen diese Sichtweise spricht jedoch, daß die englische Verfassung zwar sehr flexibel ist und entsprechende Änderungen nicht an spezielle verfahrensrechtlichen Anforderungen geknüpft sind, doch ist die verfassungsrechtliche Praxis durch ein beharrliches Festhalten an Traditionen und gewohnheitsrechtlichen Konventionen geprägt, so daß die Verfassung zwar de lege, nicht jedoch de facto ohne weiteres nach Belieben der jeweiligen Regierungspartei verändert werden kann.[508] Folglich kann die Bevorzugung politisch gleichgesinnter Aspiranten für ein Richteramt seitens des Lord Chancellor nicht gänzlich ausgeschlossen werden. Vielmehr liegt eine derartige Selektion oder zumindest eine entsprechende Versuchung nahe, zumal sie bis Anfang des letzten Jahrhunderts der gängigen Praxis entsprach.

Die eigentümliche Position des Lord Chancellor begegnet aus kontinentaleuropäischer Sicht einer Reihe von verfassungsrechtlichen Bedenken. Dies wirft die berechtigte und durchaus brisante Frage auf, inwiefern diese spezifischen Eigenheiten des englischen Verfassungsrechts bezüglich des höchsten Richters des Landes mit den Vorgaben der Europäischen Menschenrechtskonvention (EMRK) vereinbar sind, welche weiter unten erörtert wird.

c) Duale Funktion der Law Lords und Reform des House of Lords

An dieser Stelle soll kurz die duale Funktion der Law Lords dargestellt werden, welche sich aus verfassungsrechtlicher Perspektive ebenfalls als nicht gerade unbedenklich erweist. Die *Law Lords* fungieren auf der einen Seite als Richter

507 So jedenfalls de Smith/Brazier, Constitutional Law, S. 371, mit Verweis auf Willock, Scottish Judges, S. 193 ff.

508 Dies veranschaulichen die aktuellen Reformvorhaben der Labour Regierung auf dem Gebiet des Verfassungsrechts sehr deutlich.

des höchsten Gerichtes des Landes, dem *Appellate Committee of the House of Lords*[509], auf der anderen Seite können sie aufgrund ihrer Mitgliedschaft im House of Lords aber auch an der legislativen Arbeit desselben mitwirken[510]. Zwar sollen sie sich an den politischen Debatten im House of Lords nach verfassungsrechtlicher Konvention grundsätzlich nicht beteiligen, doch wurde diese Tradition insbesondere in jüngerer Vergangenheit zunehmend durchbrochen. Insofern werden die Law Lords sowohl als Richter, als auch im Rahmen legislativer Gesetzgebungsverfahren tätig und führen damit eine Doppelfunktion aus.

Diese duale Rolle wirft aus verfassungsrechtlicher Sicht die Frage nach der richterlichen Unabhängigkeit der Law Lords sowie nach der Wahrung des Gewaltenteilungsgrundsatzes auf. Vor diesem Hintergrund bezweckt die langfristig geplante Reform des House of Lords, welche bereits seit Beginn des letzten Jahrhunderts diskutiert wird, zum einen die Abschaffung dieser Doppelrolle der Law Lords und zum anderen die demokratische Legitimation[511] des gesamten House of Lords. Die aktuellen Reformbestrebungen der Labour Regierung betreffen jedoch zunächst die anachronistische Komposition des Hauses, indem das automatisch vererbte Recht der sog. *Hereditary Peers*, an Sitzungen und Abstimmungen des House of Lords teilzunehmen, durch den House of Lords Act 1999, Section 1, aufgehoben wurde.[512] Im Hinblick auf die verfassungs-

509 Die Konstitution als Berufungsausschuß (Appellate Committee) war ursprünglich nur als Übergangslösung gedacht und beruht auf einer historischen Begebenheit: Als die Kammer des House of Commons während des Zweiten Weltkrieges ausgebombt wurde, verlagerten die Lords ihre Sitzungen zunächst in den sog. King's Robing Room und überließen dem House of Commons ihre Kammer. Aufgrund des Lärms der später folgenden Bauarbeiten zum Wiederaufbau wechselten die Lords aber schließlich in einen ruhigeren Raum für Ausschußsitzungen ("Committee Room") im oberen Stockwerk des Parlamentsgebäudes. Aus diesem Grunde wurden sie als Berufungsausschuß konstituiert, welcher erstmals am 26.05.1948 Sitzung hielt. Diese Übergangslösung erwies sich in der Praxis jedoch als derart erfolgreich, daß nach Abschluß der Arbeiten zum Wiederaufbau beschlossen wurde, die Existenz als Ausschuß beizubehalten. Vgl. auch House of Lords, The Judicial Work of the House of Lords*, The Court.

510 Instruktiv hierzu Mitchell/Davies, Reforming the Lords, S. 9 f.

511 Das englische Parlament besteht aus zwei Kammern, dem House of Commons (Unterhaus) und dem House of Lords (Oberhaus). Da die Mitglieder des House of Lords jedoch nicht vom Volk gewählt werden, sind sie folglich nicht demokratisch legitimiert und stellen aus diesem Grunde auch keine echte zweite Kammer des Parlamentes dar. Dies veranschaulicht auch die Tatsache, daß dem House of Lords kein effektives Vetorecht bezüglich vom House of Commons beschlossener Gesetzesvorhaben zusteht, sondern nur ein aufschiebendes Vetorecht für die maximale Dauer eines Jahres.

512 Dabei bezieht sich das Gesetz nicht nur auf zukünftige Erben, sondern rückwirkend auf alle Hereditary Peers, d.h. auf alle Mitglieder des House of Lords, welche ihre Mitgliedschaft aufgrund Erbschaft erlangt haben. Vgl. mit näheren Erläuterungen zu den einzelnen Sections des House of Lords Act: Her Majesty's Stationary Office, Explanatory Notes to House of Lords Act 1999*. Zur aktuellen Komposition des House of Lords siehe die tabellarischen Übersichten unter House of Lords, Analysis Composition – 1 March

rechtlich problematische duale Rolle der Law Lords liegen unmittelbar jedoch noch keine konkreten Reformpläne vor. Denkbar und wohl auch sinnvoll wäre die Einrichtung eines unabhängigen Supreme Court.[513]

Die zukünftige Zusammensetzung des House of Lords sowie des *Appellate Committee of the House of Lords* als höchstes Gericht des Landes bleibt bis auf weiteres nicht absehbar. Im Hinblick auf die verfassungsrechtlich gebotene richterliche Unabhängigkeit der Law Lords sowie auf die Anforderungen der Europäischen Menschenrechtskonvention (EMRK) erscheint eine grundlegende und systematische Neuordnung jedoch als unausweichlich.[514]

d) Vereinbarkeit mit der Europäischen Menschenrechtskonvention (EMRK)

Angesichts der fortschreitenden europäischen Integration stellt sich die Frage, ob die soeben aufgezeigten Besonderheiten des englischen Verfassungsrechts hinsichtlich der höheren Richterämter den erforderlichen Mindeststandards der Europäischen Menschenrechtskonvention (EMRK) genügen.

England scheint erst sehr spät das Ausmaß der mit dem Beitritt zur Europäischen Gemeinschaft[515] bedingten Veränderungen auf supranationaler Ebene tatsächlich erkannt zu haben.[516] Aus diesem Grunde wurden Neuordnungen, insbesondere im justiziellen Bereich – wie bspw. die den nationalen Gerichten eines jeden Beitrittslandes übergeordnete Rechtsprechung des Europäischen Gerichtshofes für Menschenrechte (EGMR) –, nicht nur kritisch beäugt, sondern teilweise sogar mit außerordentlicher Empörung zur Kenntnis genommen und als Bedrohung der nationalstaatlichen Autorität angesehen. Die langwierigen Diskus-

---

2000*. Dabei sind die Erzbischöfe und Bischöfe als Geistliche, sog. Lords Spiritual, die einzigen Mitglieder des House of Lords, die nicht ein ganzes Leben lang Mitglied bleiben. Dazu auch The Constitution Unit, Reform of the HOL, S. 12: „*The current House of Lords – and in particular its predominantly hereditary membership – is a remnant of an age in which the social standing of an individual determined his personal authority to govern the country; or to elect those who were deputed to govern.*".

513 Diese Alternative sollte von der Royal Commission on the Reform of the House of Lords jedoch ausdrücklich nicht in Betracht gezogen werden. Vgl. ausführlich hierzu den Untersuchungsbericht der Royal Commission on the Reform of the House of Lords, Report 2000.

514 In diesem Sinne auch Lord Patten im Rahmen einer Debatte im House of Lords: „*That lack of impartiality is automatically built into their role through no fault of their own but I believe that it flies in the face of Article 6 of the European Convention on Human Rights, which states that people are entitled to an independent and totally impartial hearing. Their very judicial activism has brought into focus their position as members of this House and has hastened their ultimate demise.*", vgl. Hansard, Debatte im House of Lords vom 01.03.1999 – Judicial Appointments*, Columns 1442 f.

515 Ausgehend vom Beitritt zur Europäischen Wirtschaftsgemeinschaft (EWG) 1971 bis hin zum Entstehen der Europäischen Union (EU) durch die Maastrichter Verträge von 1992.

516 Ebenso Read, The Constitution, S. 35.

sionen um eine mögliche Inkorporation der EMRK spiegeln die diesbezügliche Sensitivität realistisch wieder.[517] Aufgrund besonderer verfassungsrechtlicher Befindlichkeiten auf englischer Seite, vor allen Dingen aufgrund des traditionellen Verfassungsprinzips der Parlamentssouveränität, befand sich das Vereinigte Königreich über Jahre hinweg in einem für Außenstehende befremdlich anmutenden Rechtszustand: Zwar hatte das Vereinigte Königreich schon durch die Ratifikation der EMRK vor 50 Jahren die Geltung der EMRK als Teil des geltenden Gemeinschaftsrechts anerkannt – und sich somit der Rechtsprechung des EGMR in Straßburg unterworfen – diese als fremdartige Gesetzgebung eines dem englischen Parlament scheinbar übergeordneten Gesetzgebers jedoch nicht in das nationale Rechtsgefüge implementiert.[518] Statt dessen wurde erst Jahrzehnte später im Jahre 1998 der Human Rights Act durch das englische Parlament verabschiedet, welcher die Artikel 2 bis 12, 14 der EMRK wortwörtlich übernimmt und am 02.10.2000 in Kraft getreten ist.[519] Ab diesem Zeitpunkt können nunmehr die Fälle, in denen mögliche Verstöße gegen die EMRK in Frage stehen, erstmalig auch vor den englischen Gerichten entschieden werden, so daß sich die Kläger nicht mehr den Kosten und dem langwierigen Verfah-

---

517 Die Diskussion um eine mögliche Inkorporation der EMRK begann im Vereinigten Königreich bereits Ende der 60er Jahre mit der Veröffentlichung des Beitrages "Democracy and Individual Rights" von A. Lester, dem späteren Lord Lester of Herne Hill, der sich seit jeher für die Verabschiedung eines Bill of Rights eingesetzt hat. Vgl. den ausführlichen Überblick über die Inkorporierungsdiskussion sowie deren inhaltliche Schwerpunkte bei Grote, Inkorporierung durch den Human Rights Act, S. 327 ff.

518 Tatsächlich war das Vereinigte Königreich unter der ersten Gruppe der Signatarstaaten und darunter das erste Land, welches am 08. März 1951 die EMRK die Ratifikationsurkunde hinterlegte. Während die anderen Länder jedoch gleichzeitig mit der Ratifikation auch die EMRK in ihr nationalstaatliches Rechtsgefüge inkorporierten, glaubte man in England lange Zeit daran, daß die durch die EMRK gewährten Rechte und Freiheiten bereits durch das common-law geschützt seien, so daß eine Inkorporation nicht notwendig sei. Im Jahre 1966 erhielt auch die britische Bevölkerung das Recht, eine Individualbeschwerde beim Europäischen Gerichtshof für Menschenrechte in Straßburg einzulegen, während bis zu diesem Zeitpunkt nur das Vereinigte Königreich als Staat beschwerdebefugt war. Vgl. näher zum Ganzen Home Office, Rights Brought Home: The Human Rights Bill – Chapter 1*, §§ 1.2, 1.4.; O'Doherty, Implications of the HRA, S. 79; Smith, Constitutional Context, S. 251 f; Emmerson/Ashworth, Human Rights, S. 115 ff mit Darstellung der Rechtslage vor Inkrafttreten des Human Rights Act 1998 auf S. 9 ff.

519 Vgl. Human Rights Act 1998, Section 1 (1) und Schedule 1. Nicht zu den inkorporierten Rechten gehört Artikel 13 EMRK, der das Recht auf eine wirksame Beschwerdemöglichkeit vor den nationalen Instanzen im Falle der Verletzung einer Konventionsregelung bestimmt, da nach Auffassung der englischen Regierung angesichts Section 8 (Judicial Remedies) des Human Rights Act 1998 diesbezüglich keine Rechtsschutzlücke besteht. Mittlerweile haben fast alle Ratifizierungsstaaten der EMRK, bis auf Irland und Norwegen, diese in ihr nationales Recht eingefügt. Irland verfügt jedoch über einen "Bill of Rights", welcher ähnliche Rechte sichert, und Norwegen arbeitet zur Zeit an einem Konzept zur Inkorporation.

ren[520] vor dem EGMR in Straßburg gegenüber sehen. Dabei steht den Briten der Weg nach Straßburg gleichwohl nach wie vor offen, allerdings erst nach Ausschöpfung aller nationalen Rechtswegmöglichkeiten. Als Begründung für dieses verspätete Inkrafttreten des Human Rights Act wird angeführt, nicht nur die Gerichte, sondern auch die Institutionen der öffentlichen Verwaltung benötigten eine umfassende Trainingsphase, um sich mit den neuen Rechten und den daraus folgenden Rechtspositionen vertraut zu machen.[521] Zu diesem Zweck war im Januar 1999 die *Human Rights Task Force* ins Leben gerufen worden, welche die Vorbereitung auf den Human Rights Act im öffentlichen Sektor wahrnehmen sollte.[522] Allein für die richterliche Fortbildung in diesem Bereich sind bereits 4,5 Mio. Pfund zur Verfügung gestellt worden.[523]

Das verspätete Inkrafttreten des Human Rights Act stellt sich im Hinblick auf den Schutz der Menschenrechte jedoch nicht als dramatisch dar, da diese durch die auf völkerrechtlicher Ebene wirkende EMRK gewahrt werden, so daß den britischen Staatsbürgern nach wie vor der Weg zum EGMR nach Straßburg offen stand. Gleichwohl veranschaulicht diese Vorgehensweise die aus der besonderen verfassungsrechtlichen Grundkonzeption resultierenden Umsetzungsprobleme des Vereinigten Königreiches im Rahmen der fortschreitenden europäischen Integration. Während der Human Rights Act 1998 aufgrund seines identischen Inhalts mit der EMRK aus kontinentaleuropäischer Sicht als bloße gesetzliche Fiktion belächelt wird, stellt sich diese Vorgehensweise aus englischer Sicht bedingt durch den traditionellen Verfassungsgrundsatz der Parlamentssouveränität als unausweichlich dar.

Vor diesem Hintergrund hat ein erst kürzlich verfaßter Bericht der Europäischen Kommission für Menschenrechte in dem Fall McGonnel v. The United Kingdom[524] trotz seiner potentiellen Sprengkraft zunächst wenig Aufsehen in England erregt. Dies dürfte angesichts der insgesamt angespannten und europaskeptischen Situation darin begründet sein, daß die öffentliche Aufmerksamkeit zur

520 Bis ein englisches Verfahren unter Ausschöpfung aller möglichen nationalen Rechtswege vor den EGMR gelangt, sind in der Regel mindestens 5 Jahre vergangen. Die Kosten belaufen sich auf ca. 30.000 englische Pfund. Vgl. Home Office, Rights Brought Home: The Human Rights Bill - Chapter 1*, § 1.14 und 1.17; Bingham, Time to Incorporate, S. 395; Blackburn, Legal and Political Arguments, S. 109 ff.

521 Zu den umfassenden Trainingsmöglichkeiten zum Thema "Human Rights Act" im Jahr 2000 in Form von Vorlesungen, Workshops, Seminaren oder Trainingskursen vgl. Home Office, Human Rights Act – Training Opportunities*.

522 Näheres hierzu unter Home Office, News Release of 30.03.2000 – Human Rights Task Force condems rights law scaremongering*.

523 Vgl. Home Office, News Release of 18.05.1999 – Implementation Date for the Human Rights Act*, Note 5.

524 Report of the European Commission of Human Rights, Richard James Joseph McGonnel against The United Kingdom, Application No. 28488/95, Strasbourg 20.10.1998.

Zeit auf die innerstaatlichen Reformvorhaben der Labour Regierung gerichtet ist und daß es sich im Grunde genommen um einen recht unspektakulären Ausgangsfall auf Guernsey, einer kleinen britischen Kanalinsel, handelt.

In besagtem Fall hatte der Kläger, Mr. Richard James Joseph McGonnel, nachdem ihm die Baugenehmigung für ein Wohnhaus auf seinem Grundstück aus bauplanungsrechtlichen Gründen versagt und auch eine Umbaugenehmigung für eine kleine Hütte nicht genehmigt worden war, schließlich Berufung eingelegt beim obersten Gericht der Insel, dem *Royal Court.* Doch auch die Entscheidung des *Royal Court* fiel für den Kläger negativ aus. Mangels weiterer Rechtswegmöglichkeiten[525] rief er sodann die Europäische Kommission für Menschenrechte an mit der Beschwerde, daß es sich bei dem *Royal Court* auf Guernsey nicht um einen unabhängigen und unparteiischen Gerichtshof im Sinne des Artikel 6 I EMRK[526] handle und mithin ein Verstoß gegen die EMRK vorliege. Hintergrund dieser Anschuldigung war die von Klägerseite behauptete fehlende richterliche Unabhängigkeit in Person des Vorsitzenden Richters am Obersten Gerichtshof auf Guernsey, denn dieser bekleidete neben seinem Amt als höchster Richter des Inselstaates gleichzeitig auch noch ranghohe Positionen im Rahmen der Legislative sowie der Exekutive und nahm infolgedessen wichtige Funktionen in Bereichen aller drei Staatsgewalten wahr. Hinzu kam, daß der Richter an der gesetzgeberischen Erstellung und Umsetzung des dem Gerichtsverfahren zugrundeliegenden Bebauungsplans maßgeblich beteiligt gewesen war.

Die Kommission befand daraufhin in ihrem Bericht, bei einer Abstimmung von 25 Für- und 5 Gegenstimmen, daß die essentiellen Mindeststandards des Artikel 6 I EMRK auf Guernsey in der Tat nicht erfüllt seien und daher ein Verstoß gegen die EMRK vorliege.[527] Dabei führte sie zur Begründung aus:

> *„(...) the principal judicial officer who sat on this case, the Bailiff, was not only a senior member of the judiciary of the Island, but was also a senior member of the legislature – as President of the States of Deliberation – and, in addition, a senior member of the executive – as titular head of the administration presiding over a number of important committees. It is true, as the government point out, that the Bailiff's other functions did not directly impinge on his judicial duties in the case and that the Bailiff spends most of his time in judicial functions, but the Commission consi-*

525 Zwar hätte theoretisch die Möglichkeit bestanden, den Richterlichen Ausschuß des geheimen Staatsrates (Judicial Committee of the Privy Council) mit Sitz in London anzurufen, doch die erforderliche Erlaubnis hierzu, sog. leave, wird nur bei allgemeinen Rechtsfragen von überragender Bedeutung erteilt. Vgl. ausführlich hierzu Halsbury's Laws of England, Vol. 10, §§ 767, 784 ff.

526 Nach Artikel 6 Abs. 1 EMRK hat jedermann einen Anspruch darauf, „daß seine Sache in billiger Weise öffentlich und innerhalb einer angemessenen Frist gehört wird, und zwar von einem unabhängigen und unparteiischen, auf Gesetz beruhenden Gericht (...)".

527 Vgl. European Commission of Human Rights, McGonnel-Report, § 64.

ders that it is incompatible with the requisite appearances of independence and impartiality for a judge to have legislative and executive functions as substantial as those in the present case."[528]

Der Bericht der Kommission wirft aufgrund der unverkennbaren Ähnlichkeit des Rechtssystems auf Guernsey mit dem englischen Staatsgefüge nahezu unweigerlich die Frage nach der Vereinbarkeit der traditionell dreigewaltigen Funktion des Lord Chancellor mit den Vorgaben des Artikel 6 I EMRK auf. In diesem Zusammenhang dürfte aus englischer Sicht insbesondere die konkrete Argumentation der Kommission beunruhigend sein, denn diese stellte bei ihrer Entscheidung offensichtlich nicht auf das Funktionieren des Staatssystems sowie auf die informellen Sicherungen vor Machtübergriffen ab, wie etwa die erwiesenermaßen hauptsächliche Betätigung des Richters im Rahmen der Rechtsprechung oder die Tatsache, daß ihm sowohl in seiner Rolle als Vorsitzender der Legislative, als auch als Präsident des Ausschusses für Richterernennungen keine originäre Stimme zusteht, sondern er vielmehr nur bei Stimmengleichheit eine Entscheidung trifft. Statt dessen stellte die Kommission den formellen, äußeren Anschein der Unabhängigkeit und Unparteilichkeit in den Vordergrund[529] und rekurrierte damit maßgeblich auf das Vorhandensein systematischer, staatlicher Grundstrukturen. Damit steht die Perspektive der Europäischen Kommission für Menschenrechte offensichtlich in krassem Gegensatz zu dem funktionalen und traditionsbewußten britischen Pragmatismus.

Der Europäische Gerichtshof für Menschenrechte hat am 08.02.2000 im Fall McGonnel v. The United Kingdom entschieden und sich im Ergebnis dem Bericht der Europäischen Kommission angeschlossen. Unter Bezug auf eine früher ergangene Entscheidung im Fall Findlay v. The United Kingdom stellte auch der EGMR maßgeblich auf die *appearance of independence* sowie *sufficient guarantees to exclude any legitimate doubt in this respect* ab.[530] In diesem Zusammenhang betonte das Gericht zwar, daß weder Artikel 6 noch andere Bestimmungen der EMRK eine Unterwerfung unter bestimmte theoretische Verfassungsgrundsätze verlangten. Vielmehr seien der Anschein der Unabhängigkeit sowie eine objektiv zu beurteilende Unparteilichkeit als Bewertungsmaßstäbe der Konvention ausschlaggebend.[531] Bei näherer Betrachtung erweist sich diese

---

528 Vgl. European Commission of Human Rights, McGonnel-Report, § 61.

529 Vgl. European Commission of Human Rights, McGonnel-Report, § 59: *„However, these objective guarantees of independence and impartiality do not satisfy the requirements of Article 6 para. 1 taken alone. In addition, the case-law requires the body to present "an appearance of independence", and there must be sufficient guarantees "to exclude any legitimate doubt" as to the impartiality of the judge."*.

530 Vgl. EGMR, Findlay v. The United Kingdom, Urteil vom 25.02.1997, § 73.

531 Vgl. EGMR, McGonnel v. The United Kingdom, Urteil vom 08.02.2000, § 51.

Prüfungsformel jedoch als Trojanisches Pferd, denn im Endeffekt wird dadurch genau der Inhalt des Gewaltenteilungsprinzips eingefordert.

Die konkrete Entscheidungsbegründung des EGMR macht dies besonders deutlich. So akzeptierte der Gerichtshof gerade nicht die Darstellungen von Seiten der Regierung, der Richter bekleide außerhalb seiner richterlichen Haupttätigkeit lediglich Ämter, nehme aber nicht entsprechende Funktionen wahr.[532] Entscheidend und für einen Verstoß gegen Artikel 6 I EMRK durchaus ausreichend sei die direkte Beteiligung des Richters an dem Gesetzgebungsverfahren des relevanten Bebauungsplanes, welcher die Entscheidungsgrundlage im späteren Gerichtsverfahren bildete. Infolgedessen liege ein Verstoß gegen Artikel 6 I der EMRK vor.[533]

Die mit Spannung erwartete Entscheidung des EGMR ist im Ergebnis begrüßenswert, leidet aber gleichwohl an – möglicherweise bewußt offen gelassenen – Unklarheiten im Rahmen der Entscheidungsbegründung. So wird insbesondere der Grundsatz der Gewaltenteilung nicht ausdrücklich erwähnt, obwohl dieses Verfassungsprinzip vorliegend offensichtlich einschlägig ist und letztendlich durch die Prüfungsformel des EGMR auch Geltung beansprucht, sei es auch nur gewissermaßen durch die Hintertüre. Ferner wird in § 55 der Entscheidung gerade die direkte und persönliche Beteiligung des Beklagten am Gesetzgebungsverfahren des konkreten Bebauungsplanes als ausschlaggebender Umstand bezeichnet, während in § 52 auf einer scheinbar generellen Ebene festgestellt wird, daß selbst das Innehaben eines rein offiziellen oder nur zeremoniellen Staatsamtes als "Funktion" zu klassifizieren sei.[534]

Durch diese Unklarheiten in Verbindung mit der merklichen Zurückhaltung hinsichtlich des Gewaltenteilungsprinzips ist der Gerichtshof zumindest vorübergehend einer entsprechenden Diskussion mit Blick auf das englische Verfassungs-

---

532 Dazu der EGMR: „*(...) even a purely ceremonial constitutional role must be classified as a "function".*", McGonnel v. The United Kingdom, Urteil vom 08.02.2000, § 52.

533 Die beantragte Schadensersatzsumme von 50.000 englischen Pfund wurde dem Kläger allerdings nicht zugestanden. Vielmehr befand das Gericht, daß die gerichtliche Feststellung eines Verstoßes gegen Artikel 6 der EMRK eine ausreichende Befriedigung aller entstandenen immateriellen Schäden sei. Er kann jedoch Ersatz der entstandenen Verfahrenskosten in Höhe von insgesamt 20.913,90 englischen Pfund zuzüglich Mehrwertsteuer (VAT) verlangen. Vgl. EGMR, McGonnel v. The United Kingdom, Urteil vom 08.02.2000, §§ 60 - 63.

534 Den feinen Unterschied zwischen diesen beiden Feststellungen erkennt bezeichnenderweise der britische Richter Sir John Laws, welcher im Fall McGonnel zusammen mit 6 weiteren Richtern die Entscheidung einstimmig verabschiedete, in einer separaten, dem Urteil beigefügten Ergänzungsbeurteilung jedoch ausdrücklich betonte: "*If it were thought arguable (perhaps by reference to the reasoning in paragraph 52) that a violation might be shown on a wider basis, having regard to the Bailiff's multiple roles, I would express my firm dissent from any such view.*", EGMR, McGonnel v. The United Kingdom, Urteil vom 08.02.2000, Concurring Opinion of Sir John Laws.

konzept aus dem Wege gegangen. Die diesbezüglichen Probleme sind dadurch freilich nicht gelöst. Vielmehr ist es nur eine Frage der Zeit, wann die erste Klage eines englischen Bürgers den EGMR erreicht und dieser sodann eindeutig Stellung beziehen muß. Angesichts der augenblicklichen Verfassungsdiskussion in England kann die Entscheidung des EGMR im Fall McGonnel daher nur als Appell an die Regierung respektive als eine Art Warnschuß betrachtet werden. Dabei dürften die Kompetenzen des Europäischen Gerichtshofes für Menschenrechte gerade von britischer Seite nicht unterschätzt werden, wurde das Vereinigte Königreich doch in jüngster Vergangenheit bereits mehrfach wegen Verstoßes gegen Artikel 6 I EMRK verurteilt.[535]

Die Ansichten in englischen Regierungskreisen hinsichtlich der Folgen des McGonnel-Urteils in Bezug auf das englische Rechtssystem, insbesondere in Bezug auf die verfassungsrechtlich ohnehin bedenkliche Position des Lord Chancellor sowie die duale Funktion der Law Lords sind geteilt. In führenden Regierungskreisen werden jegliche Auswirkungen des Falles auf England schlichtweg zurückgewiesen. Lord Irvine of Lairg, amtierender Lord Chancellor, verneinte im Rahmen einer Debatte im House of Lords zur McGonnel-Entscheidung jegliche Konsequenzen für die traditionelle Position des englischen Lord Chancellor mit der Begründung, die staatlichen Grundstrukturen des kleinen Inselstaates Guernsey könnten nicht mit denen in England verglichen werden.[536] Des weiteren wird dem Gerichtshof eine lediglich oberflächliche Betrachtung der Staatsstrukturen ohne Blick auf deren praktische Effizienz vorgeworfen. Diese typisch englische Denkweise kommt besonders deutlich in dem Kommentar eines englischen Law Lords, Lord Simon of Glaisdale, zur Entscheidung des EGMR im Fall McGonnel zum Ausdruck: *„To my mind, that was a typical example of looking at the surface instead of at the reality.“*[537]. Die progressiven Modernisierer in England erhoffen sich hingegen durch die Entscheidung des EGMR neue, zusätzliche Schubkraft für die geplanten Verfassungsreformen, wozu insbesondere die Reform des House of Lords sowie eine effizientere Verteilung der Aufgaben des Lord Chancellor zählen.[538]

---

535 Siehe etwa die kürzlich ergangenen Entscheidungen des Europäischen Gerichtshofes für Menschenrechte im Fall Sander v. The United Kingdom vom 09.05.2000 sowie im Fall Condron v. The United Kingdom vom 02.05.2000.

536 Hansard, Debatte im House of Lords vom 02.03.2000 - McGonnel Judgement*, Col. 655.

537 Hansard, Debatte im House of Lords vom 17.02.1999 - Separation of Powers*, Col. 719.

538 Insbesondere Lord Lester of Herne Hill setzte sich in der Vergangenheit unablässig dafür ein, daß der Lord Chancellor nicht mehr als Richter am Court of Appeal fungieren solle, da es ihm evident an der erforderlichen richterlichen Unabhängigkeit mangele. Im Rahmen einer Debatte im House of Lords führte er im Hinblick auf den Fall McGonnel aus: *„ (...) I have little doubt that the European Court of Human Rights would, if necessary, find our system to have breached the guarantee of institutional judicial independence under Article 6 of the convention. (...) It would be deeply embarrassing if it became nec-*

Vor diesem Hintergrund darf die weitere Entwicklung in England auf verfassungsrechtlicher Ebene mit Spannung weiterverfolgt werden. Interessant ist in diesem Zusammenhang nicht nur die Frage, inwiefern sich die EU in Form des EGMR Regelungskompetenzen hinsichtlich der nationalen Staatsorganisation und Kompetenzverteilung einzelner Mitgliedstaaten, insbesondere des ohnehin europaskeptischen Englands, zuerkennen wird, sondern als Langzeitfolge der Entscheidung auch, ob und inwiefern zwischen der Beurteilung eines kleinen Inselstaates wie Guernsey und dem vergleichbaren Staatsaufbau in England aus politischen wie auch aus europäisch-integrativen Gründen zu differenzieren sein wird.[539]

3. Richterliche Unabhängigkeit (Judicial Independence)

Das Prinzip der richterlichen Unabhängigkeit ist von dem Gewaltenteilungsgrundsatz zu unterscheiden, obwohl beide Verfassungsgrundsätze eng miteinander verknüpft sind und die Grenze zwischen ihnen fließend ist. Während letzerer die drei Staatsgewalten untereinander abgrenzt und gegenseitige Übergriffe verbietet, soll ersteres die richterliche Aufgabenerfüllung frei von externer Beeinflussung, insbesondere der Exekutive gewährleisten. Die richterliche Unabhängigkeit ist auch in England ein fundamentaler Verfassungsgrundsatz, der in unterschiedlichen Regelungen und Konventionen zum Ausdruck kommt und erst bei näherer Betrachtung an Schärfe gewinnt. Während hinsichtlich der verfassungsrechtlichen Relevanz des Gewaltenteilungsgrundsatzes weitestgehend Uneinigkeit herrscht, ist die Verankerung der richterlichen Unabhängigkeit in der ungeschriebenen englischen Verfassung allgemein anerkannt. Gleichermaßen wie das Prinzip der Parlamentssouveränität stellt auch dieser Grundsatz eine unantastbare, absolute Verfassungsmaxime dar. Grundpfeiler der richterlichen Unabhängigkeit sind verfassungsrechtliche Konventionen und gewohnheitsrechtli-

---

essary to challenge the presence of the Lord Chancellor before his fellow Lords of Appeal in Ordinary and before the European Court. It would surely be better for the Lord Chancellor to concede the position gracefully, as I am sure he will, without the need for binding rules in tablets of stone.", Hansard, Debatte im House of Lords vom 28.10.1998 – Scotland Bill*, Column 1972. Ebenso Lord Steyn, Weakest Department of Government, S. 91: „*(...) the proposition that a cabinet member must be the head of our judiciary in England is no longer sustainable on either constitutional or pragmatic grounds.*".

539 In diesem Sinne wohl die abweichende Stimme von Mr. E. A. Alkema im Rahmen der Entscheidung der Europäischen Kommission für Menschenrechte im Fall McGonnel: „*Of course maintaining the rule of law is essential also in small insular communities such as Guernsey. For that purpose it is not, however, necessary to require that such societies have similar elaborate constitutional structures as generally are to be found in states of an ordinary size. Careful consideration should be given to the peculiarities of small scale societies and to both the specific disadvantages and benefits such scale may entail for the proper functioning of the body politic.*", vgl. European Commission of Human Rights, McGonnel-Report – Dissenting Opinion of Mr. E. A. Alkema.

che Traditionen[540], denn ähnlich wie die Souveränität des Parlamentes hat auch dieses Verfassungsgebot nur begrenzt Niederschlag in schriftlichen Gesetzeswerken gefunden.[541] Zudem stellt der Begriff der richterlichen Unabhängigkeit ein gewaltiges Rhetorikinstrument dar, welches in England als schneidige Allzweckwaffe gegen jegliche Eingriffe oder Beschränkungen des richterlichen Wirkungsbereiches verwendet wird.[542]

Trotz der essentiellen Bedeutung für ein jedes Richteramt in einem jedem Land existiert kein fester Katalog universell anerkannter Kriterien für die Beurteilung der richterlichen Unabhängigkeit im internationalen Bereich.[543] Grundsätzlich kann jedoch differenziert werden zwischen der inneren, persönlichen Unabhängigkeit mit Fokus auf jeden einzelnen Richter sowie dessen individuellen Entscheidungsprozeß, und der äußeren Unabhängigkeit, welche in Anlehnung an den Gewaltenteilungsgrundsatz die kollektive Freiheit der gesamten Judikative von externer Beeinflussung konstituiert. Freilich ist in der Praxis häufig ein Ineinandergreifen dieser beiden Komponenten zu beobachten, doch werden sie aufgrund ihrer unterschiedlichen Anknüpfungspunkte im Folgenden getrennt erörtert.

Zuvor sei jedoch angemerkt, daß der Begriff der richterlichen Unabhängigkeit im Rahmen dieser Arbeit realistischerweise nicht als Beschreibung einer objektiv beobachtbaren Wirklichkeit (miß)verstanden werden sollte, sondern vielmehr als ein Postulat mit Verfassungsrang respektive als eine programmatische Zielvorstellung, die in der verfassungsrechtlichen Praxis mehr oder weniger weit verwirklicht ist.

a) Innere Unabhängigkeit

Aus kontinentaleuropäischer Perspektive erscheint primär die individuelle und autonome Entscheidungsmacht eines jeden einzelnen Richters als Fundament der richterlichen Unabhängigkeit in England, während eine kollektive Unabhän-

---

540 Maßgeblich ist in diesem Zusammenhang auf das Jahr 1688 hinzuweisen, als die Richter im Zuge der Glorious Revolution die Souveränität des Parlamentes anerkannten, als Gegenleistung jedoch erstmals ihre eigene Unabhängigkeit forderten. Zur historischen Entwicklung der richterlichen Unabhängigkeit in England vgl. weiter Shetreet/Deschênes, Judicial Independence, S. 600 ff; Baker, Legal History, S. 190 f; Kaufman, Essence of Independence, S. 672 ff.

541 Dazu Shetreet/Deschênes, Judicial Independence, S. 145: „*In Britain that independence is safeguarded by a combination of statutory provisions, conventions and rules of parliamentary procedure, by public opinion and by tradition.*".

542 Vgl. Stevens, Loss of Innocence, S. 374 mit weiteren Nachweisen. Dazu Malleson, Judicial Training, S. 657: „*The absence of a constructive debate on the definition, application, and limits of the principle of judicial independence is a result of the brooding omnipresence of the principle (...) Its authoritative ring tends to restrict challenges to its application because it is cloaked in a shroud of the unquestionable.*".

543 Siehe dazu näher mit weiteren Nachweisen King, Minimum Standards, S. 340 f.

gigkeit von den anderen Staatsgewalten, insbesondere im Sinne einer Freiheit von politischen Einflüssen nicht erkennbar ist. Dieser Eindruck mag darin begründet sein, daß das gesamte englische Verfassungskonzept, vor allen Dingen im Hinblick auf den fehlenden Verfassungstext und den Grundsatz der Gewaltenteilung, sowie die grundlegende Bedeutung und Macht der Politik innerhalb des englischen Staatsgefüges aus kontinentaleuropäischer Sicht sehr eigentümlich anmuten und die Gewährleistung richterlicher Unabhängigkeit nach kontinentalen Standards als zweifelhaft erscheinen lassen.

In der Tat steht nach englischer Auffassung die individuelle Unabhängigkeit eines jeden einzelnen Richters eindeutig im Vordergrund.[544] Dies ist zum einen auf die geringe Anzahl der englischen Berufsrichter zurückzuführen und zum anderen auf die relativ schwache Position, welche der Rechtsprechung innerhalb des gesamten Staatsgefüges zuteil wird.[545] Daher gewähren große Entscheidungsspielräume und das umfassende Richterrecht *(judge-made-law)*, welches einen Großteil des *common-law* konstituiert, den Richtern viel Freiheit und Raum für einzelfallspezifische Auslegungen und Ermessensausübungen.

Des weiteren sind die Richter nach englischem Rechtsverständnis unvoreingenommen und vorurteilsfrei, da sie nach einer gewohnheitsrechtlichen Regelung des *common-law* nicht über Fälle entscheiden dürfen, an denen sie ein eigenes persönliches Interesse haben.[546] Diese Regelung allein gewährleistet jedoch noch keine allgemeine, richterliche Unvoreingenommenheit, sondern verhindert allenfalls Bevorzugungen und Parteilichkeitsdenken in speziellen Einzelfällen, in denen der Richter ein persönliches Interesse an dem von ihm zu entscheidenden Fall aufweist. Ganz im Gegenteil wird gerade den englischen Richtern häufig der Vorwurf gemacht, daß sie aufgrund ihres exklusiven sozialen Hintergrundes und ihrer herausragenden Stellung im Staatsgefüge das gerade für ihren Beruf notwendige Verständnis und Einfühlungsvermögen in das Leben der Durchschnittsbevölkerung nicht aufweisen. Da sie von der alltäglichen Realität entfernt lebten, seien sie insofern gerade nicht unvoreingenommen und vorurteilsfrei.[547] Angesichts der auffallenden Homogenität der Richterschaft erscheint daher auch die wünschenswerte richterliche Freiheit von Vorurteilen zumindest zweifelhaft, denn anders als in vielen anderen europäischen Ländern sind unter

---

544 Vgl. Malleson, Judicial Training, S. 664 f; Scarman, English Judge, S. 1.

545 Näher hierzu unter A. III. 4.

546 Siehe auch Dimes v. Grand Junction Canal Co. (1852), 3 H.L., S. 759 ff.

547 In diesem Sinne auch Lord Gifford, einer der führenden Queen's Counsels, in Denham, Modern Introduction, S. 95: „ *Their ignorance of whole areas of British life is shattering. They receive no training whatever which might help them to recognise and overcome their prejudices.* ". Ähnlich Keeling, Richterbild in Großbritannien, S. 100: „*Nach der populären Klischeevorstellung wohnen sie (die Richter) alle in Elfenbeintürmen.* ". und Hinweis darauf, daß vor ca. 25 Jahren ein Richter am High Court gefragt haben soll, wer denn die "Beatles" seien.

den englischen Richtern gerade nicht alle Klassen und politischen Meinungen vertreten.[548]

b) Äußere Unabhängigkeit

Im Folgenden wird die äußere Unabhängigkeit der englischen Richterschaft als Kollektiv ausführlich erörtert, wobei nicht nur das theoretische Ideal, sondern darüber hinaus auch die diesbezügliche verfassungsrechtliche Realität kritisch beleuchtet wird. Zwar existiert, wie eingangs bereits bemerkt, grundsätzlich kein fester Katalog universell anerkannter Kriterien, anhand derer die richterliche Unabhängigkeit verbindlich beurteilt werden könnte. Gleichwohl entfalten einige Merkmale eine signifikante Indizwirkung und geben Aufschluß über den verwirklichten Grad an richterlicher Unabhängigkeit. Zu diesen allgemeinen Charakteristika zählen beispielsweise die Ausgestaltung der richterlichen Immunität, Möglichkeiten der Entfernung aus dem Amt sowie die Besoldung der Richter. Im Hinblick auf das spezifische englische Verfassungskonzept sind zudem die politische Neutralität der Richter sowie das begrenzte Aufstiegssystem innerhalb der Gerichtshierarchie von Bedeutung.

(1) Richterliche Immunität

Grundsätzlich genießt jeder Richter eines höheren oder niedrigeren Gerichts in England den Schutz der richterlichen Immunität hinsichtlich aller Äußerungen und Handlungen, die er während der Ausübung seines Richteramtes vornimmt.[549] Dieses Privileg kam lange Zeit auch den Laienrichtern zu Gute, wurde dann jedoch durch eine Reihe grundlegender Entscheidungen des House of Lords *(overruling decisions)*[550] wieder eingeschränkt und infolgedessen im Justices of the Peace Act 1997[551] entsprechend gesetzlich festgelegt. Essentielle Voraussetzung für die Gewähr der richterlichen Immunität ist grundsätzlich die ordnungsgemäße Zuständigkeit des Gerichts *(jurisdiction of the court)*[552] für den

---

548 Siehe dazu Berlins/Dyer, Law Machine, S. 65.

549 Vgl. hierzu die grundlegenden Ausführungen Lord Dennings im Fall Sirros v. Moore, (1975) Q.B., S. 118 ff, 132.

550 Vgl. etwa McC. v. Mullan, (1985), A.C., S. 528 ff sowie R. v. Waltham Forest JJ., ex p. Solanke (1986), Q.B., S. 479 ff, wo die Richter ihre Gerichtsbarkeit verheerend überschritten hatte, indem sie eine Gefängnisstrafe für einen Mann verhängten, der einen bestimmten Geldbetrag nicht an seine Frau gezahlt hatte, obwohl die zugrundeliegende High Court Order ihm noch nicht per Einschreiben zugegangen war.

551 Nach Section 51 des Justices of the Peace Act 1997 genießen auch Laienrichter richterliche Immunität hinsichtlich aller Handlungen respektive Irrtümer innerhalb ihrer Gerichtsbarkeit. Für Fehlentscheidungen außerhalb ihrer Gerichtsbarkeit können sie nach Section 52 nur dann verantwortlich gemacht werden, wenn sie erwiesenermaßen in schlechtem Glauben handelten ("only if, it is proved that he acted in bad faith").

552 Hampton, Criminal Procedure, S. 59 sowie Walker/Ward, English Legal System, S. 185.

jeweiligen Rechtsfall. Da die höheren Gerichte ihre Zuständigkeit selbst bestimmen, genießen sie folglich absolute und uneingeschränkte Immunität.[553]

Anders stellt sich die Situation hingegen bei den unteren Gerichten dar, deren Zuständigkeiten weitestgehend durch Gesetze festgelegt und damit gleichzeitig begrenzt sind. Solange der Richter glaubt, er handle innerhalb seiner Gerichtsbarkeit, ist er selbst vor falscher Tatsachenwürdigung oder rechtlichen Fehlern geschützt. Ferner ist er auch bei bewußt böswilligen Handlungen durch die richterliche Immunität geschützt, vorausgesetzt der betreffende Fall liegt innerhalb seiner Zuständigkeit.[554]

Die richterliche Immunität dient primär nicht den individuellen Richtern im Einzelfall, sondern der Gerichtsverwaltung *(administration of justice)* im Ganzen, denn auf diese Weise soll das Phänomen endloser Gerichtsverfahren vermieden werden. Des weiteren soll die Wahrheitsfindung vor Gericht erleichtert werden. Dabei wird das Risiko, der Richter könnte dieses Privileg in Form von beleidigenden und ehrenrührigen Bemerkungen ausnutzen, zu Recht geringer eingeschätzt als das Risiko der richterlichen Zurückhaltung oder sogar Enthaltung aus Gründen der Vorsicht und Angst vor unangemessener Ausdrucksweise. Gewissermaßen negative Konsequenz dieser umfassenden richterlichen Immunität ist der Umstand, daß in England keine formelle Beschwerdemöglichkeit hinsichtlich des Verhaltens oder der Verfahrensführung eines Richters vorgesehen ist. Obwohl die Schließung dieser untragbaren Rechtslücke in Verbindung mit der Einrichtung einer entsprechenden Prüfungsinstitution schon seit Jahren gefordert wird, sind bisher noch keine Anzeichen für eventuelle Änderungen ersichtlich.[555]

Im öffentlichen Interesse genießen schließlich auch Aussagen und Bemerkungen der anderen Verfahrensbeteiligten im Laufe des Verfahrens entsprechenden

---

553 Siehe Marsh/Soulsby, Outlines of English Law, S. 58.

554 Als Begründung für die Aufrechterhaltung der Immunität selbst bei Böswilligkeit des Richters führte Lord Bridge im Fall Re McC (A minor), (1985) A.C., S. 528 ff (541) aus: *„(...) if one judge in a thousand acts dishonestly within his jurisdiction to the detriment of a party before him it is less harmful to the health of society to leave that party without a remedy than that nine hundred and ninety nine honest judges should be harassed by a vexatious litigation alleging malice in the exercise of their proper jurisdiction."*.

555 In ihrem Bericht für das Jahr 1992 machte JUSTICE wiederholt auf dieses Problem aufmerksam und empfahl gleichzeitig die Einrichtung eines Judicial Standards Committee mit der Aufgabe *„to provide an independent mechanism for reviewing the professional conduct of judges"*, Judiciary in England, S. 25. Auch die Royal Commission on Criminal Justice äußerte sich 1993 in ihren Empfehlungen zu Gunsten eines *„system of performance appraisal involving presiding and resident judges"*, Report 1993, Chapter 8, §§ 97 - 99 und Recommendations 250 - 251.

Schutz, d.h. Parteien, Anwälte[556] und Zeugen[557] sind gleichermaßen privilegiert. Im übrigen können auch die Geschworenen nicht für ihren Urteilsspruch haftbar gemacht werden.

(2) Faktische Unabsetzbarkeit der höheren Richter

Als weiteres Kriterium für die richterliche Unabhängigkeit ist die faktische Unabsetzbarkeit der höheren englischen Richter zu betrachten, die erstmals im Act of Settlement 1707 gesetzlich konstituiert wurde. Danach konnten die Richter ihr Amt solange ausüben "quamdiu se bene gesserint", d.h. wie sie sich "gut benahmen". Zwar gewährte dies den Richtern keinen wirklichen Schutz vor königlicher Willkür, doch wurde dadurch erstmalig zumindest eine Begrenzung der Absetzungsmöglichkeiten festgeschrieben. Dieser Teil des Gesetzes ist heute zwar nicht mehr in Kraft, doch wurde die Bestimmung in den Supreme Court Act 1981 übernommen. Vor dieser Zeit hatten Ernennung und Entlassung der Richter jahrhundertelang im persönlichen Belieben des Monarchen gestanden mit der Folge, daß die Richter ihr Amt ausführten "durante bene placito nostro", mit anderen Worten solange es der Krone gefiel.[558]

Im Folgenden soll erörtert werden, unter welchen Voraussetzungen auch heute noch eine unfreiwillige Entfernung aus dem Richteramt erfolgen kann und woraus sich die faktische Unabsetzbarkeit der höheren Richter ergibt. Dabei muß jedoch grundsätzlich zwischen Richtern an höheren Gerichten und Richtern an niedrigeren Gerichten differenziert werden.

Hinsichtlich der Amtsentfernung eines höheren Richters *(superior judge)*[559] ist der Supreme Court Act 1981 einschlägig, welcher in Section 11 (3) die Formel des Act of Settlement 1707 aufgreift und festlegt, daß jeder Richter des Supreme

---

556 Vgl. unter anderem Rondel v. Worsley, (1969), 1 A.C., S. 161 ff. Zu den drei grundlegenden Prinzipien und zahlreichen Beispielen aus der aktuellen, teilweise unveröffentlichten Rechtsprechung vgl. Passmore, Advocates' immunity, S. 1450 ff. Siehe auch den ausgezeichneten Überblick über die bisherige Rechtsprechung zur Immunität der Barristers und Solicitors in der Entscheidung des House of Lords zum Fall Arthur J.S Hall and Co. v. Simons (A.P.) vom 20.07.2000 unter House of Lords, Judgments - Arthur J.S Hall and Co. v. Simons (A.P.), and others*, Lord Steyn: The existing immunity of barristers. Dieses Urteil ist ferner aus dem Grunde interessant, da es die bisher bestehende Immunität bei Fahrlässigkeit des Anwaltes aufhebt.

557 Ein Zeuge kann weder für seine Aussage vor Gericht, noch für Handlungen, die in Vorbereitung von Beweismitteln getroffen werden, verklagt werden. Vgl. Marrinan v. Vibart, (1963) 1 Q.B., S. 234 ff.

558 Vgl. hierzu die summarische Darstellung der historischen Entwicklung bei Darbyshire, English Legal System, S. 23; Romberg, Richter Ihrer Majestät, S. 54 f.

559 Zu den "Superior Judges" gehören alle Richter des High Court, des Court of Appeal und des House of Lords.

Court[560] solange in seinem Amt bleibt, wie er sich gut benimmt *(during good behaviour)*.[561] Eine Entfernung aus dem Amt durch die Queen ist weiterhin nur möglich, wenn beide Häuser des Parlaments, d.h. Oberhaus und Unterhaus, dies beantragen. Die Auslegung des Gesetzeswortlauts und damit die Grundlagen des erforderlichen Antragsverfahrens sind jedoch umstritten.[562] Nach einer älteren Ansicht sind die höheren Richter grundsätzlich unabsetzbar, außer es liegt ein Fall schlechten Benehmens und ein an die Queen adressierter Antrag beider Häuser auf Entfernung aus dem Amt wegen gerade dieses schlechten Benehmens vor. Ein neuerer Ansatz hingegen nimmt eine andere Interpretation des Gesetzeswortlauts[563] vor und fordert für eine Entfernung durch die Krone entweder schlechtes Benehmen per se oder einen parlamentarischen Antrag auf Entfernung wegen irgendeines anderen Grundes.

Die aus kontinentaleuropäischer Sicht auf den ersten Blick beängstigende Vorstellung, daß die Richter an höheren Gerichten durch das Parlament ihres Amtes enthoben werden können, wird durch die Tatsache entschärft, daß eine Amtsenthebung auf diese Art und Weise seit 1707 erst einmal stattgefunden hat.[564] Insofern wird dem soeben dargestellten Meinungsstreit in der Praxis kaum Bedeutung beigemessen, weshalb dieser hier nicht weiter diskutiert wird.

Versuche, den Begriff des schlechten Benehmens näher zu durchleuchten, gestalten sich ausgesprochen schwierig. Dies liegt unter anderem darin begründet, daß in den letzten drei Jahrhunderten nur wenige Anträge auf eine richterliche

---

560 Diese durchaus geläufige Bezeichnung ist irreführend, da es in England und Wales gar keinen Supreme Court gibt. Nach dem Interpretation Act 1978, Section 5, Schedule 1, ist unter dem Begriff "Supreme Court" jedoch im Hinblick auf England und Wales der Crown Court, der High Court und der Court of Appeal zu verstehen; bezüglich Nordirland ist der Supreme Court of Judicature of Northern Ireland gemeint. Vgl. auch Supreme Court Act 1981, Section 1.

561 Section 11 (3) des Supreme Court Act 1981 legt fest: „A person appointed to an office to which this Section applies shall hold that office during good behaviour, subject to a power of removal by Her Majesty on an address presented to Her by both Houses of Parliament.".

562 Vgl. Roberts-Wray, Colonial Law, S. 486 - 490; Jackson, Machinery of Justice, S. 461.

563 Diese Ansicht legt allerdings auch andere Gesetze mit etwa gleichem Wortlaut zugrunde wie bspw. den Appellate Jurisdiction Act 1876, Section 6: „Every Lord of Appeal in Ordinary shall hold that office during good behaviour, (...), but he may be removed from such office on the address of both Houses of Parliament.".

564 Im Jahre 1830 wurde Sir Jonah Barrington, ein irischer Marinerichter, wegen Veruntreuung und Unterschlagung aus dem Amt entfernt. In der englischen Literatur wird teilweise gesteigert Wert darauf gelegt, daß es sich bei diesem Vorfall um einen irischen Richter handelte, mit der Folge, daß seit 1707 kein englischer Richter eines höheren Gerichtes seines Amtes enthoben wurde. Vgl. de Smith/Brazier, Constitutional Law, S. 380; Darbyshire, English Legal System, S. 23; Romberg, Richter Ihrer Majestät, S. 56.

Amtsenthebung von Seiten des Parlamentes eingereicht worden sind.[565] Daher bestand aus englischer Sicht kein Anlaß für eine konkrete Ausgestaltung des Amtsenthebungsverfahrens. Insofern existiert keine feststehende Definition oder strikte Grenzlinie für das Vorliegen eines schlechten Benehmens. Allenfalls könnte auf die Tendenzen und Vorgaben der bisher aufgetretenen Einzelfälle zurückgegriffen werden, was angesichts deren spezifischen Einzelfallcharakters und der daraus resultierenden mangelnden Verallgemeinerungsfähigkeit jedoch wenig sinnvoll erscheint. Erschwerend hinzu kommt, daß es in England keine kodifizierten Regeln hinsichtlich des Verhaltens sowie der ordnungsgemäßen Verfahrensführung der Richter gibt, anhand derer diverse Verstöße gemessen werden könnten. Grundsätzlich kann jedoch festgehalten werden, daß allen bislang aufgetretenen Anträgen auf Amtsenthebung strafrechtliche Verurteilungen wegen nicht gerade unerheblichen Straftaten zugrunde lagen.[566] Unabhängig von einem eventuellen schlechten Benehmen kann der Lord Chancellor schließlich nach Section 11 (8), (9) des Supreme Court Act 1981 einen altersschwachen und gebrechlichen Richter des High Court oder Court of Appeal, der aus diesem Grunde unfähig ist, sein Amt weiter auszuführen und selbst seinen Rücktritt zu erklären, nach Konsultation diverser Mitglieder der Justiz aus dem Amt entlassen.

Abschließend ist festzuhalten, daß zwar bislang nur ein höherer Richter aufgrund eines parlamentarischen Mehrheitsantrages an die Queen seines Amtes enthoben worden ist, die materiell-rechtlichen Schutzmechanismen zur Sicherung der Amtsdauer aber dennoch sehr schwach ausgeprägt sind. Hingegen erweisen sich die formellen Anforderungen als durchaus effizient, denn allein die Voraussetzungen für eine formelle Antragsbefugnis sind so hoch, daß bereits auf diese Weise ein weitgehender Schutz gewährleistet wird. Entsprechend ist das Scheitern parlamentarischer Anträge in der Vergangenheit maßgeblich auf die Zurückhaltung der Politiker sowie die außerordentliche Umsicht der Richterschaft zurückzuführen.[567] Wie an vielen anderen Stellen der rechtlichen Wirklichkeit, so zeigt sich auch hier, daß formelle Schutzmechanismen unter Umständen wesentlich wirksamer fungieren können als materiell-rechtliche Restrik-

---

[565] Zwar wurden über die Jahrhunderte hinweg insgesamt 17 Anträge auf Amtsenthebung im Parlament eingereicht, doch führte keiner dieser Anträge zum Erfolg. Vgl. näher Abraham, Judicial Process, S. 49.

[566] Vgl. auch de Smith/Brazier, Constitutional Law, S. 380 mit Hinweis darauf, daß mentale Verwirrung oder fehlende Zurechnungsfähigkeit für ein derartiges Fehlverhalten offenbar nicht genügen.

[567] Dazu Shetreet/Deschênes, Judicial Independence, S. 148: „*It is thought that in modern circumstances, a judge who was thought by his fellow judges to be incompetent, would be subjected to pressure by them and by the Lord Chancellor in private to retire.*" Vgl. auch de Smith/Brazier, Constitutional Law, S. 381 mit dem Hinweis darauf, daß in zahlreichen Fällen die erfahrenen, älteren Richter ihre auf Abwegen befindlichen Kollegen zu einer freiwilligen Amtsniederlegung geraten haben.

tionen, welche in der Praxis aufgrund routinemäßiger Ausführung nicht selten an Schärfe verlieren und infolgedessen an Schutz einbüßen.

Im Gegensatz zu den höheren Richtern, welche in der Praxis eine faktische Unabsetzbarkeit genießen, ist die Amtsausübung der Richter an den unteren Gerichten *(inferior judges)*[568] nicht vergleichbar gesichert. Dies veranschaulicht bereits die Tatsache, daß die unteren Richter nicht durch die Queen, sondern durch den Lord Chancellor ihres Amtes enthoben werden können. Die tatbestandlichen Voraussetzungen für eine Entfernung aus dem Amt sind nicht etwa einheitlich in einem speziellen Gesetz geregelt, sondern finden sich verstreut in unterschiedlichen Gesetzestexten abhängig von dem jeweiligen Richteramt.

So kann der Lord Chancellor einen Recorder nach dem Courts Act 1971, Section 21 (6) aus dem Amt entfernen wegen Unfähigkeit *(incapacity)*, schlechten Benehmens *(misbehaviour)* oder weil dieser die Befähigungsvoraussetzungen seiner Ernennung nicht mehr erfüllt *(failure to comply with the conditions of his appointment)*. Hingegen können Circuit Judges nach Section 17 (4) nur wegen Unfähigkeit *(incapacity)*[569] oder schlechten Benehmens *(misbehaviour)* ihres Amtes enthoben werden. Während District Judges nach Section 11 (4) des County Courts Act 1984 ihr Amt führen, solange sie sich gut benehmen *(good behaviour)*, können District Judges (Magistrates' Courts) gemäß Section 10A (3) des Justices of the Peace Act 1997 bei Unfähigkeit *(incapacity)* wie auch bei schlechtem Benehmen *(misbehaviour)* auf Anweisung des Lord Chancellor aus dem Amt entfernt werden.

Dabei beschreibt der Begriff der Unfähigkeit *(incapacity)* nach Auskunft des Lord Chancellor's Department gewöhnlich Umstände außerhalb des Einflußbereiches des Richters, welche die Ausführung der richterlichen Aufgaben für ihn unmöglich machen, wie etwa mentale oder physische Krankheiten. Die Generalklausel des schlechten Benehmens *(misbehaviour)* erfaßt hingegen jedes Verhalten, welches ersichtliche Zweifel an der Fähigkeit des individuellen Richters begründet, weiterhin rechtliche Urteile zu fällen, oder welches die Reputation der Richterschaft als Ganzes beschädigt. Dabei werden von Seiten des Lord Chancellor's Department beispielhaft für ein derartiges Fehlverhalten etwaige Verurteilungen eines Richters wegen einer Körperverletzung oder einer Unehrlichkeit[570] oder sogar wegen Alkohols im Straßenverkehr[571] angeführt. Die

---

568 Zu den "inferior judges" zählen die Richter der County Courts, des Crown Courts sowie die große Anzahl der englischen Laienrichter.

569 Bevor der Lord Chancellor eine Person für das Amt eines Circuit Judge vorschlägt, muß er sich daher von dem zufriedenstellenden Gesundheitszustand dieses Kandidaten überzeugen, vgl. Courts Act 1971, Section 16 (4).

570 Aus diesem Grunde wurde zum Beispiel im Jahre 1983 Richter Bruce Campbell aufgrund seiner Verurteilungen wegen Schwarzhandels mit großen Mengen an Whisky und

Amtsenthebungsgründe für *part-time office holder* sollen nach Auskunft des Lord Chancellor's Department in Zukunft noch konkreter spezifiziert werden, um die Sicherheit und Unabhängigkeit der Richter im Nebenberuf zu stärken. Neben dem grundsätzlichen *misbehaviour* sowie *incapacity* sollen sodann auch "persistent failure to comply with sitting requirements", "failure to comply with training requirements" und "failure to observe the standards reasonably expected from a holder of such office" zu berücksichtigen sein.

Der Lord Chancellor kann einen Laienrichter nach Section 5 (1) des Justices of the Peace Act 1997 ohne Angabe von Gründen aus dem Amt entfernen.[572] Dieses weitreichende Absetzungsrecht wird damit begründet, daß sich unter den vielen tausenden Laienrichtern in England stets einige wenige befinden, die sich über die bestehenden Gesetze hinwegsetzen und demzufolge ihres Amtes enthoben werden müssen. Im Durchschnitt werden jährlich über ein Dutzend Laienrichter auf diese Art und Weise aus dem Amt entfernt.[573]

Schließlich bleibt anzumerken, daß eine freiwillige Aufgabe des Richteramtes, unabhängig von einer Pensionierung oder sogar Amtsenthebung, aufgrund der ehrenwerten und hohen gesellschaftlichen Stellung, des außerordentlichen Traditionsbewußtseins sowie des ansehnlichen Gehaltes der Richter nicht nur höchst unüblich ist, sondern aus englischer Sichtweise ein nahezu verwerfliches Verhalten darstellt.[574] In der Regel üben die Richter ihr Amt daher bis zum Er-

---

Zigaretten aus dem Amt entfernt. Vgl. de Smith/Brazier, Constitutional Law, S. 381; Darbyshire, English Legal System NS, S. 45.

571 Von dem Amtsenthebungsgrund des "schlechten Benehmens" wurden lange Zeit Verurteilungen wegen Trunkenheitsfahrten im Straßenverkehr nicht erfaßt, doch kündigte Lord Mackay als Lord Chancellor im Jahre 1994 an, daß diese fortan Berücksichtigung finden würden. Nach Auskunft des Lord Chancellor's Department ist "driving under influence" mittlerweile „very much classed as a misconduct".

572 Die Entfernung aus dem Amt ist jedoch stets ultima ratio. Daher kann der Lord Chancellor auch davon absehen und zunächst mildere Mittel wie etwa Ermahnungen oder vorläufige Suspendierungen aussprechen. Vgl. dazu sowie zur Bedeutung der Begriffe "misconduct" und "lack of competence" Humphreys, Conduct and Competence, S. 74.

573 Vgl. de Smith/Brazier, Constitutional Law, S. 381; Romberg, Richter Ihrer Majestät, S. 57. Siehe hierzu auch die interessante Übersicht mit Angaben der Gründe für eine freiwillige Amtsniederlegung unter Magistrates' Association, All About Magistrates*, Justices of the Peace in England and Wales.

574 Demzufolge erregte 1970 der Rücktritt des damals 52jährigen High Court Richters Justice Fisher nach nur zweijähriger Amtszeit großes Aufsehen. Seine freiwillige Aufgabe des Richteramtes, um in der lukrativen freien Wirtschaft Karriere zu machen, wurde als schwerwiegender Traditionsbruch gewertet. Auf die Bemerkung Fishers hin, das Richteramt sei schließlich keine Heirat, soll Lord Hailsham bezeichnenderweise geantwortet haben *„(No) it is more like ordination to the priesthood."*. Vgl. zu diesem berüchtigten Fall Stevens, Loss of innocence, S. 383; de Smith/Brazier, Constitutional Law, S. 374; Jackson, Machinery of Justice, S. 466; Darbyshire, English Legal System, S. 24.

reichen der Altersgrenze aus und begeben sich anschließend in den Ruhestand. Dabei wurde eine Altersgrenze erstmalig durch den Judicial Pensions Act 1959 eingeführt und auf das Erreichen des 75. Lebensjahres festgelegt. Vor dieser Zeit konnten die Richter ihr Amt bis ins hohe Alter hinein ausüben, wovon auch nicht gerade selten Gebrauch gemacht wurde.[575] Der neuere Judicial Pensions and Retirement Act 1993 bewirkt jedoch zum einen das Heruntersetzen der Altersgrenze für alle Richter auf 70 Jahre (Section 26, mit Verlängerungsmöglichkeit bis zum 75. Lebensjahr) und zum anderen Anhebung der erforderlichen Mindestberufstätigkeit für einen Anspruch auf volle Pension von 15 auf 20 Jahre (Section 3).

(3) Gehalt der Richter

Die englischen Richter erhalten großzügige Gehälter, die aus dem *Consolidated Fund* erstattet werden und damit nicht jährlich neu vom Parlament als Teil des Haushaltsetats beschlossen werden müssen.[576] Dies wird von vielen Seiten zwar lediglich als historisch bedingter Symbolakt angesehen[577], doch kommt diesem Umstand, insbesondere unter dem Gesichtspunkt der richterlichen Unabhängigkeit, eine viel weitreichendere Bedeutung zu. Durch die Erstattung aus einem nicht dem parlamentarischen Haushaltsetat unterliegendem Budget wird gewissermaßen die finanzielle Unabhängigkeit der Richter gewährleistet, indem eine entsprechende Kontrolle seitens der Legislative verbunden mit eventuellen finanziellen Druckmitteln ausgeschlossen wird.[578] Erst kürzlich sind die Richtergehälter entsprechend der Empfehlung des *Senior Salaries Review Board (SSRB)* mit Wirkung zum 01.04.2001 erneut um 3,3 % erhöht worden.[579]

Mit der reichlichen Entlohnung der Richter werden grundsätzlich zwei Ziele verfolgt. Zum einen soll das ansehnliche Gehalt den Richterposten attraktiv machen für hochqualifizierte Anwälte, die bereits in der freien Wirtschaft großen Erfolg gehabt und demzufolge einen gewissen finanziellen Standard erreicht haben. In diesem Zusammenhang muß jedoch berücksichtigt werden, daß die Ernennung zum Richter im Vergleich mit der lukrativen Tätigkeit in der freien

575 So war Mr. Justice Avory bis kurz vor seinem Tod im Alter von 83 Jahren noch im Amt, ähnlich wie Lord Hailsham, der noch mit 93 Jahren richtete, obwohl er mittlerweile fast taub war, vgl. Heuston, Lives of the Lord Chancellors, S. 77. Lord Hewart, ein ehemaliger Lord Chief Justice, soll sogar gesagt haben: „*I shall never resign or retire as long as I live.*", zitiert nach Jackson, Machinery of Justice, S. 465.

576 Vgl. Supreme Court Act 1981, Section 12 (5); Administration of Justice Act 1973, Section 9 (1), (5); Courts Act 1971, Sections 18 (2) (a), 21 (7), 24 (5).

577 Die Richtergehälter stehen damit auf gleicher Stufe mit den Bezügen der Mitglieder der königlichen Familie. Vgl. auch Cohn, Richter und Staat in England, S. 23.

578 Zudem ist im Supreme Court Act 1981, Section 12 (3) gesetzlich vorgesehen, daß die Richtergehälter nicht gekürzt werden dürfen.

579 Vgl. die tabellarische Übersicht mit den alten und den neuen Bezügen ab 01.04.2001 bei Lord Chancellor's Department, Judicial Salaries 2001-2002*.

Wirtschaft zunächst erhebliche finanzielle Einbußen bedeutet. Diesem finanziellen Nachteil stehen aber auch eine Reihe von Vorteilen gegenüber, welche selbst für erfolgreiche Rechtsanwälte erwägenswert erscheinen. In erster Linie ist hier das gesicherte Gehalt der Richter bis zur Pensionierung sowie ein ansehnlicher Pensionsanspruch zu nennen, wobei die Betonung auf der Sicherheit dieser Ansprüche liegt, da die Einkünfte in der freien Wirtschaft mit steigendem Alter tendenziell eher zurückgehen. Neben dem grundsätzlichen Ansehen und Sozialprestige des Richteramtes darf ferner die willkommene Erleichterung im Hinblick auf Arbeitsbelastung und Streßfaktor im gesetzten Alter nicht außer Acht gelassen werden. Zum anderen soll die großzügige Entlohnung der Richter Bestechungen und Korruptionsversuchen im Hinblick auf die Richterschaft vermeiden.[580] Für die Annahme, daß die hohen Gehälter der Korruption tatsächlich vorbeugen, bestehen jedoch weder empirische noch sonstige Beweise. Näher liegt angesichts des spezifischen Selbstverständnisses der englischen Richter wohl die Vermutung, daß richterliche Korruption hauptsächlich durch das gesellschaftliche Ansehen und das damit verbundene große Traditionsbewußtsein der Richter vermieden wird.[581]

(4) Politische Neutralität der Richter

Der traditionellen Auffassung, die englischen Richter agierten völlig außerhalb des exekutiven Einflußbereiches, nahezu isoliert vom politischen Tagesgeschehen, ist – gerade im Hinblick auf die diesbezüglichen deutschen Standards – mit besonderer Vorsicht zu begegnen. Dies würde nämlich bedeuten, daß keinerlei Wechselwirkung zwischen Politik und Richterschaft besteht, was in dieser Absolutheit nicht der Realität entspricht. Im Folgenden sollen daher die Hintergründe dieser weitverbreiteten englischen Vorstellung näher erörtert werden, wobei zwischen formeller Neutralität, im Sinne einer gesetzlich festgelegten Unvereinbarkeit von Richteramt und einem politischen Amt, und materieller Neutralität, im Sinne einer möglichen Manifestation politischer Faktoren im Rahmen der richterlichen Entscheidungsfindung, differenziert wird.

Die formelle Neutralität wird vornehmlich durch den House of Commons Disqualification Act 1975, Section 1 (1) (a), Schedule 1 - Part I gewährleistet, wonach Richter an den höheren Gerichten und Circuit Judges – nicht jedoch Recorders – von einer gleichzeitigen Mitgliedschaft im Parlament ausgeschlossen sind. Des weiteren sind die sog. *Judicial Peers* (Lords of Appeal, Lord Chancellor, Heads of Division) aufgrund traditioneller Verfassungskonvention gehalten, an den politischen Debatten des Oberhauses nicht teilzunehmen. Dabei handelt es sich jedoch lediglich um eine verfassungsrechtliche Konvention, d.h. eventu-

---

580 So Brooke, History of Independence, S. 90; Darbyshire, English Legal System NS, S. 41.
581 Ähnlich Jackson, Machinery of Justice, S. 468: *„(...) corruption is eliminated by professional tradition, which is perhaps the only effective method under any system."*.

elle Verstöße können aufgrund des fehlenden Rechtsnormcharakters der Konvention nicht geahndet werden. Vor diesem Hintergrund war insbesondere in den letzten Jahren eine zunehmende Tendenz der hohen Richter zu beobachten, an den legislativen Debatten des House of Lords lebhaft teilzunehmen.[582]

Ferner haben sich traditionell alle Richter im Hinblick auf politische Zugehörigkeit und entsprechende Aktivitäten sehr zurückzuhalten, damit sie in politischen Kontroversen nicht auf die eine oder andere Seite geraten. Zwar dürfen sie theoretisch den Wortlaut und auch Inhalt der Gesetzgebung sowie das Verhalten von Mitgliedern der Exekutive kritisieren, doch wird dieses Recht nur außerordentlich selten in Anspruch genommen.[583] Im Gegenzug wird gewohnheitsrechtlich auch von Mitgliedern der Exekutive eine entsprechende Rücksichtnahme erwartet im Hinblick auf die Kommentierung von Verfahrensführung und Entscheidungsfindung der Richter. Daher ist es Mitgliedern des House of Commons im Rahmen von parlamentarischen Debatten sowie zu Fragezeiten *(question time)* nicht erlaubt, die Ehre eines Richters zu beflecken oder Kritik zu äußern, es sei denn, es liegt ein speziell diesen Richter kritisierender parlamentarischer Antrag vor oder es soll die Entfernung dieses Richters aus dem Amt beantragt werden. Im übrigen dürfen im Parlament grundsätzlich keine Fragen aufgeworfen werden, die außerhalb des ministerialen Verantwortungsbereichs liegen, sog. *matters sub judice*[584]. Schließlich genießen alle Abgeordneten des Parlamentes Immunität, d.h. die Rechtsprechungsgewalt der Gerichte bezieht sich nicht auf die Debatten und sonstigen Verfahren innerhalb des Parlamentes.

Weiteres Charakteristikum der formellen richterlichen Neutralität in England ist die Tatsache, daß die Richtergehälter aus dem *Consolidated Fund* und nicht aus dem parlamentarischen Haushaltsbudget entrichtet werden[585]. Damit unterliegen weder die Richter im Allgemeinen, noch die Handlungen eines einzelnen Richters im Besonderen der Entscheidungs- und Kontrollgewalt des Parlamentes.

Im Rahmen der materiellen Neutralität stellt sich die Frage, ob sich politische Präferenzen oder vergleichbare Ansichten der Richter möglicherweise auf deren richterliche Entscheidungen auswirken. Mangels empirischer Nachweismöglich-

---

582 Vgl. hierzu die Ausführungen oben unter A. III. 2. c).

583 Bis vor kurzem durften die Richter ihre außergerichtlichen Ansichten, insbesondere wenn diese politischer Natur waren oder in einem entsprechenden Kontext standen, nicht öffentlich äußern. Diese sog. "Kilmuir Rules" wurden jedoch Mitte der 90er Jahre durch den damaligen Lord Chancellor, Lord Mackay of Clashfern, aufgehoben. Die Befreiung von dieser gewohnheitsrechtlichen Auflage konnte bislang aber noch keinen Bruch mit der althergebrachten Tradition bewirken.

584 Vgl. hierzu Limon/McKay, Treatise on Parliament, S. 302 f, 383 f.

585 Nachweise bei Marsh/Soulsby, Outlines of English Law, S. 58; Romberg, Richter Ihrer Majestät, S. 61; Darbyshire, English Legal System, S. 26; Curzon, English Legal History, S. 210; de Smith/Brazier, Constitutional Law, S. 374.

keiten und gänzlich fehlender Studien zu diesem Problembereich kann diese Frage nicht mit Sicherheit beantwortet werden. Statt dessen kann die richterliche Entscheidungsfindung in der Praxis nur auf einer hypothetischen Grundlage beurteilt werden, in die theoretische Wunschvorstellungen mehr oder weniger mit einfließen. In diesem Sinne wird in England beharrlich die These von der vollkommenen politischen Neutralität der Richter vertreten.[586]

Als Hauptargument für diese Ansicht wird die Tatsache angeführt, daß die Richter aufgrund ihrer Unbefangenheit gewöhnlich zu Vorsitzenden in politisch brisanten Untersuchungskommissionen gemacht werden.[587] Dieses Argument stellt sich jedoch als äußerst ambivalent dar, denn es kann zum einen für die Unabhängigkeit und politische Neutralität der Richter sprechen, zum anderen kann es aber auch den Einfluß der Richter auf Bereiche der anderen Staatsgewalten sowie entsprechende Verstrickungen verdeutlichen und damit als Gegenargument verwendet werden. Dieser weitverbreiteten Vorstellung von richterlicher Neutralität und Unvoreingenommenheit, insbesondere in Bezug auf Streitfälle mit politischer Brisanz, steht bereits seit Jahren Professor Griffith kritisch gegenüber, der hinsichtlich der von ihm vertretenen Antithese unter anderem ausführt:

> *„(...) judges in the United Kingdom cannot be politically neutral because they are placed in positions where they are required to make political choices which are sometimes presented to them, and often presented by them, as determination of where the public interest lies; (...) that interpretation of what is in the public interest and therefore politically desirable is determined by the kind of people they are and the position they hold in our society; (...)“*[588].

Dabei vermag insbesondere der Hinweis Griffiths auf den spezifischen Personen- und Berufskreis der Richter zu überzeugen, da in England eine ausgesprochene Homogenität der Richterschaft im Sinne konservativer Grundeinstellung sowie gehobenen sozialen Backgrounds zu beobachten ist. Zudem darf nicht außer Acht gelassen werden, daß die Berücksichtigung politischer Neigungen auch im Rahmen der Richterauswahl zumindest nicht gänzlich ausgeschlossen werden kann.[589] Eine eventuelle Manifestation politischer Interessen der Richter im Rahmen der richterlichen Entscheidungsfindung kann folglich weder bejaht

---

586 Dieser Ansicht ist selbstverständlich die gesamte Richterschaft.

587 Siehe Romberg, Richter Ihrer Majestät, S. 65 mit zahlreichen Beispielen.

588 Politics of the Judiciary, S. 336. Siehe auch Rowe, Common Law Judge, S. 668: *„If any norms are accepted by all members of a community they will almost certainly be so general as to be of little use in resolving individual disputes which come before the judges. It is therefore necessary for the judges to identify whose interest is being served in any decision that is made.“*.

589 Vgl. dazu die obigen Ausführungen zur Berücksichtigung politischer Präferenzen im Rahmen des Auswahlverfahrens unter A. II. 3. c) (1) (b) (ee) sowie die Erörterungen zur verfassungsrechtlich bedenklichen Position des Lord Chancellor unter A. III. 2. b).

noch verneint werden. Nach allgemeiner Lebenserfahrung scheint es jedoch nicht unwahrscheinlich, daß sich in einem derart politisch durchtränkten Rechtssystem wie dem Englischen entsprechende Präferenzen auch auf Seiten der Richter bemerkbar machen können.

Vor diesem Hintergrund stellt sich abschließend jedoch die grundsätzliche Frage, ob das erstrebenswert erscheinende, über die Vermeidung bewußter Parteilichkeit und Voreingenommenheit hinausgehende Ideal der politischen Neutralität überhaupt ein realistisches oder vielmehr nur ein illusorisches Ziel darstellt.[590] Bekanntermaßen kann der Mensch keine absolut wertneutralen Entscheidungen treffen, da jede menschliche Entscheidung zwangsläufig von einer Reihe grundlegender Faktoren beeinflußt wird. Zwar kann eine Entscheidung mehr oder weniger objektiv sein, doch niemals völlig wertneutral. Insofern können auch die Richter ihre Entscheidungen nicht verantwortungsvoll rechtfertigen auf der Grundlage, daß die Werte, auf denen die Entscheidung beruht, und die Folgen, welche diese nach sich zieht, völlig wertneutral sind.[591]

Etwaige Versuche, richterliche Entscheidungen als neutral darzustellen, bergen zudem die Gefahr, deren real existierende Komplexität in den Hintergrund zu drängen statt diese deutlich zu unterstreichen. Logisch weitergedacht würde diese Vorgehensweise, früher oder später, die ursprüngliche Zielvorstellung ad absurdum führen, da die konstituierenden Wertvorstellungen, welche zwangsläufig hinter jeder Entscheidung stehen, hinter der Fassade der richterlichen Neutralität verschwinden und sich damit jeglicher äußerer Wahrnehmung sowie Kontrolle entziehen würden. Die Folge einer derartigen Entwicklung wäre schließlich eine glänzende Fassade der richterlichen Neutralität mit möglicherweise verheerendem Innenleben.

Im Ergebnis bleibt daher festzuhalten, daß im Rahmen der richterlichen Rechtsprechung keine vollkommen wertneutralen Entscheidungen erwartet werden können, da die Richter ihre Entscheidungen, wie jeder andere Mensch auch, im

---

590 Vgl. grundlegend zur Idealvorstellung von der richterlichen Neutralität Rowe, Common Law Judge, S. 645 ff. Ausführlich hierzu auch Griffith, Politics of the Judiciary, S. 57, 336. Siehe ferner auch die rechtsvergleichenden Ausführungen zum Ideal des unpolitischen Richters im Zweiten Teil der Arbeit unter A. III. 2. d).

591 Hierzu Jackson, Machinery of Justice, S. 473: *„The notion of a judge being "impartial" needs more thought than it is commonly given: Strong views (...) may obviously affect decisions, but general outlook and mental habits can have just as much influence without being so noticeable. (...) The more thoughtful judges recognise the difficulty."*. Einer dieser nachdenklichen und aufmerksamen Richter war wohl Lord Justice Scrutton, der zur Frage der richterlichen Unparteilichkeit bemerkte: *„This is rather difficult to attain in any system. I am not speaking of conscious impartiality; but the habits you are trained in, the people with whom you mix, lead to your having a certain class of ideas of such a nature that, when you have to deal with other ideas, you do not give as sound and accurate judgements as you would wish."*, Commercial Courts, S. 8.

Lichte einer Vielzahl von Faktoren fällen, von denen nicht allesamt juristischen Ursprungs sind.[592] Den effizienteren Weg zu einer unvoreingenommenen und politisch vorurteilsfreien Justiz stellt daher die Forderung nach mehr Transparenz im Hinblick auf die Entscheidungsgründe und die dahinterstehenden maßgeblichen Determinanten dar.

(5) Aussicht auf Beförderung

Definiert man den Begriff "Abhängigkeit" im Gegensatz zur "Unabhängigkeit" als die bewußte oder unbewußte Bereitschaft, das eigene Verhalten einem fremden Willen unterzuordnen, so wird rasch deutlich, wie eng doch der verfassungsrechtliche Grundsatz der richterlichen Unabhängigkeit und die Aussicht auf Beförderung miteinander verknüpft sind. Durch die grundsätzliche Möglichkeit des beruflichen Fortkommens liegt für aufstiegsorientierte Richter stets die Versuchung nahe, sich durch Wohlverhalten dem Wohlwollen derer zu empfehlen, die über Ernennungen und Beförderungen entscheiden.[593] Dies kann, in Verbindung mit einem eher informellen, auf persönliche Beurteilungen aufbauenden Beförderungssystem, die richterliche Unabhängigkeit zweifellos potentiell gefährden.

Anknüpfend an die obigen Ausführungen zum Bestehen respektive Nichtbestehen richterlicher Karrieremöglichkeiten[594] existiert im englischen Rechtssystem nach traditioneller Auffassung zwar keine Richterkarriere und damit auch keine Aussicht auf Beförderungen, jedoch spiegeln die Realität sowie die aktuelle Ernennungspraxis ein anderes Bild wieder. Danach sind Beförderungen durchaus möglich und teilweise sogar üblich, wodurch auf Seiten der Richter eine entsprechende Hoffnung oder auch Erwartungshaltung geweckt wird. Folglich ist das Streben nach beruflichem Fortkommen der englischen Richterschaft nicht derart fremd wie stets behauptet wird. Doch tangiert das grundsätzliche Bestehen eventueller Beförderungsmöglichkeiten per se die Unabhängigkeit der Richter ohne weiteres noch nicht. Entscheidend ist vielmehr das Verfahren, anhand dessen entsprechende Aufstiegsperspektiven beurteilt werden.

Bei einem relativ informellen Verfahren mit maßgeblichem Fokus auf persönliche Beurteilungen potentieller Aspiranten durch Vorgesetzte oder anerkannte

---

592 Treffend insofern Rowe, Common Law Judge, S. 648, mit dem Hinweis darauf, daß selbst dann, wenn sich die Richter im Rahmen der normalen Gesetzesauslegung den Ansichten und Intentionen der Legislative völlig unterwerfen würden, keine "neutralen" Ergebnisse erzielt würden, sondern ebenfalls nicht-neutrale richterliche Entscheidungen als Resultat der befolgten Auffassung der Legislative. Siehe hierzu auch Bingham, Time to Incorporate, S. 398 und Whitlam, Labor and Constitution, S. 317, der sich gegen die Einführung eines aufgesetzten Formalismus im Hinblick auf die richterliche Entscheidungsfindung zur Erreichung von mehr Neutralität wendet.

593 So auch Strecker, Willensgeber und Willensnehmer, S. 142.

594 Siehe die Ausführungen oben unter A. II. 5.

Mitglieder der Richterschaft liegt das Gefährdungspotential eindeutig höher als bei formellen Auswahlverfahren mit – mehr oder weniger – objektiven Bewertungsmaßstäben. In England ist das der Richterauswahl respektive Richterbeförderung zugrunde liegende Selektionsverfahren nicht gesetzlich festgelegt, sondern wird maßgeblich durch gewohnheitsrechtliche Traditionen bestimmt. Die grundsätzlichen Leitlinien der Auswahl werden durch das vom Lord Chancellor's Department herausgegebene Handbuch "Judicial Appointments" bekannt gegeben, doch waren die letztlich entscheidenden Kriterien über lange Zeit hinweg unbekannt. In den letzten Jahren ist jedoch mit zunehmender Tendenz, insbesondere in Person des aktuellen Lord Chancellor, Lord Irvine of Lairg, ein formelleres und vor allen Dingen nach außen hin transparenteres Auswahlverfahren avisiert worden.[595] Doch werden Beförderungen im Rahmen der Richterschaft nach wie vor nahezu ausschließlich auf Grundlage persönlicher Beurteilungen durch höhere Richter vorgenommen. Die Tatsache, daß die Namen der sog. *consultees* mittlerweile größtenteils bekannt gegeben werden, stellt im Hinblick auf die Transparenz des Selektionsprozesses zwar grundsätzlich einen begrüßenswerten Fortschritt dar, ändert aber nichts an dem außerordentlich dominanten subjektiven Einschlag des Verfahrens. Aufstiegsorientierte Richter können ihre Chancen auf Beförderung demnach durch Kontaktpflege und diplomatisches Geschick steigern.

Vor diesem Hintergrund wird die Unabhängigkeit der englischen Richter durch das subjektiv ausgerichtete Auswahl- und Beförderungssystem durchaus tangiert. Diese theoretische Gefährdung muß sich jedoch nicht zwangsläufig auch in der Praxis manifestieren. Vielmehr sind in diesem Zusammenhang das außerordentliche Traditionsbewußtsein sowie die durchweg konservative Orientierung der Richterschaft zu berücksichtigen, welche eventuellen ungerechtfertigten Bevorzugungen insofern informelle Grenzen setzen. Zudem scheinen im Bereich der unteren Gerichtshierarchie neben den persönlichen Beurteilungen durch Vorgesetzte und das Lord Chancellor's Department auch leistungsorientierte Bewertungsmaßstäbe angelegt zu werden, was zu einer weiteren Reduktion der Gefährdung – zumindest auf dieser Ebene – führt. Zudem sollte im Hinblick auf die englische Justiz weiterhin berücksichtigt werden, daß nach neueren Tendenzen der letzten Jahrzehnte zwar Ansätze einer "Karriere-Richterschaft" erkennbar sind, die entgegen der traditionellen Auffassung auf eine Beförderungspraxis hindeuten, doch sind selbst die aktuellen englischen Verhältnisse nicht ansatzweise vergleichbar mit denen vieler kontinentaleuropäischer Nachbarländer, in denen zielgerichtetes Aufstiegsstreben im justiziellen Bereich eine Normalität darstellt. Eine effiziente Eingrenzung dieses Gefahrenpotentials für die richterliche Unabhängigkeit kann daher sinnvollerweise nur auf der Ebene des bislang relativ informellen Auswahlverfahrens erfolgen.

---

[595] Vgl. hierzu ausführlich oben unter A. II. 3. b).

4. Verfassungsrechtliche Konzeption des Richters

Die verfassungsrechtliche Konzeption des Richters wird maßgeblich durch die oben dargestellten drei Verfassungsprinzipien – die Parlamentssouveränität, den Gewaltenteilungsgrundsatz sowie den Verfassungsgrundsatz der richterlichen Unabhängigkeit – konstituiert.

Neben diesen Verfassungsgrundsätzen beruht die Autorität der englischen Richter und damit auch ihre wirksame Durchsetzungskraft gegenüber der Staatsgewalt jedoch maßgeblich auf der hohen und ansehnlichen gesellschaftlichen Stellung, die ihnen das englische Recht – durchaus bewußtermaßen – einräumt. Im Gegensatz zum kontinentaleuropäischen Rechtsverständnis sollen die englischen Richter nicht die Staatsgewalt repräsentieren, sondern sie stellen vielmehr einen unabhängigen und selbständigen Bestandteil des Staatslebens dar.[596] Dies ist zum einen historisch bedingt und zum anderen auf das spezifische englische Fallrechtssystem *(case-law)* zurückzuführen, welches dem common-law zugrunde liegt und mit der Autorität der Richter steht und fällt.[597] In diesem Sinne stellt die Anerkennung des Richterrechts *(judge-made-law)* als unabhängige und selbständige Rechtsquelle eine der markantesten Besonderheiten des *common-law* dar.[598] Daher ist der Großteil des materiellen englischen Rechts richterlichen Ursprungs. Sogar in den Rechtsbereichen, in denen mittlerweile Gesetze erlassen worden sind – was in zunehmendem Maße der Fall ist – wird die Bestätigung durch die Legislative lediglich als Konsolidierung des sich über mehrere Jahrhunderte hinweg entwickelten Richterrechts gesehen. Zudem bauen diese Gesetze im Hinblick auf ihre Interpretation und ihren Anwendungsbereich auf dem Verständnis der historischen Entwicklung des Richterrechts auf.

Für die Beurteilung der verfassungsrechtlichen Konzeption des englischen Richters ist ferner die Beziehung der Richterschaft zu den anderen beiden Staatsgewalten von Bedeutung. Das Verhältnis der Richterschaft zur Legislative gestaltet sich angesichts des Verfassungsgrundsatzes der Parlamentssouveränität sehr klar. Danach beansprucht das Parlament für sich eine unanfechtbare Gesetzgebungskompetenz, die von den Gerichten als absoluter Verfassungsgrundsatz

---

596 Vgl. hierzu auch Cohn, Richter und Staat in England, S. 30, 41, der als Vorteil dieser Ausgliederung aus dem staatlichen Machtgefüge und der traditionsbehafteten Integration in die englische Gesellschaft feststellt: „*Gesellschaften wandeln sich – Staaten brechen zusammen.*“. Siehe auch Nagel, Beweisaufnahme, S. 26 m.w.N.

597 Dazu Berlins/Dyer, Law Machine, S. 66 f: „*The English system of justice depends on respect for the judiciary, its independence and its integrity. To some extent that requires the judge to be a slightly awesome figure on a pedestal, and not one of the people. He must be Caesar's wife, above suspicion, careful and restrained in what he says and does.*“.

598 Vgl. dazu ausführlich mit weiterführenden Nachweisen Rowe, Common Law Judge, S. 609 ff; Berlins/Dyer, Law Machine, S. 70 ff.

ausnahmslos anerkannt wird, so daß sich in diesem Kontext keine Spannungen ergeben. Diese traditionelle Aufgabenverteilung wird nunmehr jedoch durch die rechtlichen Dimensionen der fortschreitenden europäischen Integration, insbesondere durch die Übertragung selbständiger Prüfungskompetenzen an die nationalen Gerichte im Hinblick auf die Vereinbarkeit mit der EMRK herausgefordert. Für gewöhnlich dürfen die englischen Richter nämlich kein Gesetz für verfassungswidrig oder rechtswidrig erklären.[599] Im Hinblick auf die durch die EMRK gewährten Rechte haben sie nun aber nicht nur das Recht, sondern sogar die Pflicht, die Unvereinbarkeit mit selbiger feststellen, wenn alle Versuche einer möglichst konformen Gesetzesauslegung im Einzelfall *(rule of construction)* scheitern.[600]

Zwischen den Gerichten und der Exekutive sind hingegen Wechselwirkungen zu beobachten, die anschaulich durch Lord Nolan beschrieben werden mit den Worten „*the proper constitutional relationship of the executive with the courts is that the courts will respect all acts of the executive within its lawful province, and that the executive will respect all decisions of the court as to what its lawful province is.*“[601].

---

599 Dazu anschaulich Lord Morris im Fall Pickin v. British Railway Board, (1974) A.C., S. 765 ff (789): „*It is the function of the courts to administer the laws which parliament has enacted. In the processes of parliament, there will be much consideration whether a bill should or should not in one form or another become an enactment. When an enactment is passed, there is finality unless and until it is amended or replaced by parliament. In the courts there may be arguments as to the correct interpretation of the enactment: there must be none as to whether it should be on the statute book at all.*“.

600 Die Gerichte unterliegen einer umfassenden Pflicht zur möglichst konventionsrechtskonformen Auslegung des geltenden und künftigen Rechts. In den Fällen, in denen eine konventionsrechtskonforme Interpretation aber nicht möglich ist, haben sie die Befugnis, entweder die Unvereinbarkeit der betreffenden Bestimmungen mit den Konventionsrechten ausdrücklich festzustellen (falls es sich um ein Parlamentsgesetz handelt), sog. “declaration of incompatibility“, oder die betreffenden Vorschriften sogar für unwirksam zu erklären (in Fällen, in denen untergesetzliches Recht betroffen ist), vgl. Human Rights Act 1998, Sections 3 und 4. Dabei gelten die Bestimmungen des Human Rights Act für alle Gerichte, demnach auch für die Magistrates Courts, doch ist die Erklärung der Inkompatibilität nur durch die in Section 4 (5) aufgeführten höheren Gerichte möglich. Ausführlich hierzu Home Office, Rights Brought Home: The Human Rights Bill – Chapter 2*, §§ 2.9 ff.: „*A declaration that legislation is incompatible with the Convention rights will not of itself have the effect of changing the law, which will continue to apply: But it will almost certainly prompt the Government and Parliament to change the law. (...) The Government has reached the conclusion that courts should not have the power to set aside primary legislation, past or future, on the ground of incompatibility with the Convention. This conclusion arises from the importance which the Government attaches to Parliamentary sovereignty.*“.

601 Lord Nolan im Fall M. v. Home Office, (1992) 1 Q.B., S. 220 ff, 314 - 315A.

Bei realistischer Betrachtung ist insgesamt gleichwohl festzustellen, daß die Position der Richter im Rahmen des englischen Staatsgefüges angesichts eines souveränen Parlaments und einer Exekutive, die stets auch über eine Mehrheit im Parlament verfügt, relativ schwach ausgeprägt ist.[602]

5. *Verfassung und Verfassungswirklichkeit unter besonderer Berücksichtigung der fortschreitenden Europäischen Integration*

Die Verfassung eines Landes stellt stets nur eine "Sollensordnung", gewissermaßen einen programmatischen Auftrag dar, spiegelt aber nicht zwangsläufig die tägliche Praxis in der Realität wieder. Aus diesem Grunde soll im Folgenden die aktuelle verfassungsrechtliche Wirklichkeit in England auf Grundlage der dargestellten Verfassungsprinzipien beleuchtet werden unter besonderer Berücksichtigung der spezifischen Anforderungen, denen sich das Vereinigte Königreich im Zuge der fortschreitenden europäischen Integration gegenüber sieht.

Zunächst sei jedoch angemerkt, daß das englische Verfassungsrecht aufgrund seiner Natur sowie mangels höherrangiger Einstufung in der Normenhierarchie nicht eine Art Überbau über dem einfachen Gesetzesrecht bildet, sondern vielmehr mit diesem untrennbar verwachsen ist. Daher spiegelt sich die Verfassung, abgesehen von den verfassungsrechtlichen Konventionen und Traditionen, grundsätzlich in dem aktuellen Stand der Gesetzgebung wieder. Eine Diskrepanz zwischen Verfassung und Verfassungswirklichkeit – wie sie in kontinentaleuropäischen Staaten mit geschriebener Verfassung gewöhnlich zu beobachten ist – entfällt somit im englischen Rechtsleben weitestgehend.

Die Verfassungsrealität stellt sich in England als sehr flexibel und rasch veränderbar dar. Dies ist vornehmlich auf den Verfassungsgrundsatz der Parlamentssouveränität zurückzuführen, wonach das Parlament jedes beliebige Gesetz verabschieden kann, ohne daß die Gerichte dies für rechtswidrig oder verfassungswidrig erklären können. Dabei haben verfassungsrechtlich relevante Gesetze in England den gleichen Status wie andere Gesetze auch, so daß dem Gesetzesrecht übergeordnete und somit höherrangige Verfassungsnormen überhaupt nicht existieren.[603] Da es weder ein schriftliches Verfassungsdokument noch entsprechende Konventionen gibt, welche grundlegende Änderungen der Verfassung mit verfahrensrechtlichen Hürden versehen, sind besondere Mehrheiten oder ein spezielles Verfahren zur Änderung der Verfassung nicht erforderlich. Daraus folgt zum einen, daß zur Änderung der Verfassung nur eine einfache Mehrheit im Parlament erforderlich ist.

---

602 Vgl. aber in diesem Zusammenhang Waltman, Judicial Activism, S. 33 ff, der einen zunehmenden Einfluß der englischen Richter im Bereich des öffentlichen Rechts aufzeigt.

603 Dazu Dicke, Englisches Verfassungsverständnis, S. 409 mit dem Hinweis, daß es mangels höherrangiger Verfassungsnormen in England auch keine verfassungswidrigen Gesetze geben kann.

Auf der anderen Seite stehen dem Parlament aber auch keine Mittel zur Verfügung, die verfassungsrechtliche Gesetzgebung wie ein Vakuum zu konservieren und gegen Veränderungen in der Zukunft – möglicherweise unter einer anderen Regierungspartei – zu schützen, denn das Parlament kann sich im Hinblick auf zukünftige Handlungen traditionell nicht selbst binden.[604] Dieser gewohnheitsrechtliche Grundsatz kann je nach Blickwinkel entweder als Grenze der Parlamentssouveränität verstanden werden oder aber auch gerade als notwendige Voraussetzung derselben, da die Souveränität dem Parlament als fortlaufende repräsentative Institution anhaftet und nicht nur einem speziellen Parlament zu einer bestimmten Zeit.

Bei näherer Betrachtung wird somit ein aus deutscher Perspektive völlig fremdartiges System von Sicherheitsmechanismen zum Schutze der bestehenden Verfassung sichtbar. Verfassungsrechtliche Veränderungen sowie die diesbezügliche Kontrolle (und mithin alle entsprechenden Schutzvorkehrungen) sind im englischen Rechtssystem nicht an spezielle verfahrensrechtlichen Anforderungen geknüpft, sondern primär politischer Natur.[605] Ein offensichtlicher Vorteil dieses relativ informellen Verfahrens zur Verfassungsänderung ist die Flexibilität der englischen Verfassung, welche ausreichend Spielraum für zeitgemäße Anpassungen und kreative Innovationen bietet[606] und in den Verfassungsdokumenten kontinentaleuropäischer Nachbarländer aufgrund hoher formeller Anforderungen für Verfassungsänderungen nicht anzutreffen ist.

Diese theoretische Flexibilität darf jedoch nicht vorbehaltlos auf die Praxis übertragen werden. Vielmehr gilt nach einer jahrhundertealten verfassungsrechtlichen Konvention jedes verfassungsändernde Gesetz als verfassungswidrig, solange nicht die politische Elite als Ganzes diesem zustimmt.[607] Dieses stillschweigende Erfordernis des politischen Konsenses wird unter anderem deutlich sichtbar in den seit Beginn des 20. Jahrhunderts wiederholten und fruchtlosen Versuchen, die Frage nach der angemessenen Besetzung und Funktion des Hou-

---

604 Es gilt der traditionelle verfassungsrechtliche Grundsatz: "*A sovereign Parliament cannot bind its own future actions.*".

605 Auch in diesem Zusammenhang zeigen sich einmal mehr Einfluß und Macht der Politik im Rahmen des gesamten englischen Staatsgefüges. Dazu Blackburn/Taylor: „*All constitutions are in essence political. They are born of political purpose, they describe political facts, and they depend upon political acceptance.*", zitiert nach Donelly/Smith, Constitutional Reform, S. 13.

606 Diese Flexibilität und Anpassungsfähigkeit des englischen Rechtssystems spiegelt sich wohl am deutlichsten in der Vielzahl von Mechanismen wieder, die über Jahrzehnte hinweg zur Konsensbildung und Vermittlung im Nordirland-Konflikt ergriffen wurden. Vgl. näher Donelly/Smith, Constitutional Reform, S. 17.

607 Tatsächlich ist in diesem Jahrhundert jedoch keine verfassungsrechtliche Reform ohne eine – wenn auch kleine – Opposition im Parlament verabschiedet worden.

se of Lords zu lösen.[608] Ferner scheint die englische Politik von einem nahezu angeborenen Konservativismus durchzogen zu sein, weshalb sich letztendlich immer Gegner zu Verfassungsreformen und entsprechenden Änderungen finden, seien es Regierungsmitglieder oder Pressevertreter oder Teile der Wählerschaft. Das traditionsbewußte Festhalten am status quo sowie die Angst vor progressiven und modernisierenden Neuerungen, welche sich möglicherweise auch als Fehlschlag erweisen könnten, setzt in diesem Zusammenhang der theoretischen Flexibilität der Verfassung in der Realität erhebliche Grenzen. Zudem sind verfassungsrechtliche Änderungen in England auch historisch gesehen stets das Ergebnis eines fortdauernden evolutionären Prozesses gewesen, gekennzeichnet durch kleine schrittweise Veränderungen in der Praxis und den traditionellen Konventionen sowie im Bereich des Gesetzesrechts.[609] Das englische Rechtssystem ist ferner aufgrund seiner Natur darauf angewiesen, daß Verfassungsänderungen nur mit äußerster Vorsicht und Zurückhaltung vorgenommen werden, weshalb der formellen Flexibilität als Gegengewicht in materieller Hinsicht eine gewisse Starrheit und Kontinuität gegenübersteht.[610]

Neben der soeben dargestellten Flexibilität birgt die ungeschriebene Form der englischen Verfassung jedoch auch Nachteile, welche im Lichte der verfassungsrechtlichen Konventionen und gewohnheitsrechtlichen Traditionen gleichwohl kein großes Gefahrenpotential eröffnen. Kehrseite der Flexibilität ist zum einen die Möglichkeit der Aushöhlung der Verfassung sowie der Abschaffung fundamentaler Grundwerte durch einfachen Parlamentsentscheid. In Anlehnung an die obigen Ausführungen bleibt jedoch festzustellen, daß verfassungsrechtliche Änderungen in England nicht so mühelos und kurzfristig durchführbar sind wie die theoretische Flexibilität dies vielleicht nahelegen mag.

Als ein weiterer Nachteil könnte der größere Respekt sowohl der Staatsorgane als auch der Bevölkerung vor einem geschriebenen Verfassungsdokument angeführt werden. Dieses Argument scheint auf den ersten Blick zwar plausibel, verliert im Hinblick auf England jedoch an Aussagekraft, da seit der Eroberung durch die Normannen im Jahre 1066 keine fundamentalen Verfassungsänderungen etwa durch Kriege oder Revolutionen stattgefunden haben, während diese Ereignisse in vielen kontinentaleuropäischen Nachbarländern maßgeblicher Grund für die Entstehung schriftlich fixierter Verfassungsdokumente waren. Schließlich ist der oftmals gegen die englische Verfassung geltend gemachte

---

608 Zur Geschichte der Reformbestrebungen vgl. ausführlich Mitchell/Davies, Reforming the Lords, S. 18 ff; The Constitution Unit, Reform of the HOL, S. 13.

609 In diesem Zusammenhang wird die traditionelle Präferenz für eine "evolution" statt einer "revolution" sowie der Grundsatz der "inevitability of gradualism" überaus deutlich. Vgl. dazu auch Oliver, Changing Constitution, S. 20.

610 Vgl. hierzu Dicke, Englisches Verfassungsverständnis, S. 410, mit der These, daß diese Starrheit in materieller Hinsicht verfassungsrechtliche Reformen deutlich mehr erschweren kann als formelle Hindernisse.

Nachteil der Rechtsunsicherheit und der fehlenden, exakt definierten Grundkonzepte keine wirkliche Schwäche, da auch geschriebene Verfassungen eine Interpretation und Anwendung auf den konkreten Einzelfall erfordern.

Die englische Verfassung befindet sich derzeit offensichtlich im Umbruch. Auslöser dieser Entwicklung sind zum einen die verfassungsrechtlichen Reformbestrebungen der Labour Regierung[611], zum anderen aber auch die Auswirkungen der fortschreitenden europäischen Integration. Auch wenn die verfassungsrechtlichen Grundsteine bei oberflächlicher Betrachtung nicht aus den Fugen zu geraten scheinen, so verändert sich die reale Verfassung im Sinne des eigentlichen, funktionalen Zusammenwirkens der Staatsgewalten und der damit zusammenhängenden Kompetenzverteilung im aktuellen englischen Rechtsleben doch sehr.[612] Insbesondere das Ende des letzten Jahrhunderts sowie der Beginn des neuen Jahrtausends bringen eine Reihe grundlegender Veränderungen für das Vereinigte Königreich mit sich. Dabei dürften in erster Linie die Zuweisung erweiterter Rechtsprechungskompetenzen an die englischen Richter im Geltungsbereich der EMRK durch den Human Rights Act 1998 massive Auswirkungen auf das englische Verfassungsrecht nach sich ziehen.[613] Die Tatsache, daß die Richter nunmehr nicht nur die Autorität, sondern sogar die Pflicht haben, die Vereinbarkeit von Parlamentsgesetzen mit den Konventionsrechten der EMRK zu überprüfen und diese dann gegebenenfalls für inkompatibel zu erklären, wirft offensichtlich einen verfassungsrechtlichen Konflikt mit dem Grundsatz der Parlamentssouveränität auf. Das Gemeinschaftsrecht fordert auf diese Weise gerade das ein, was durch den Grundsatz der Parlamentssouveränität ursprünglich ausgeschlossen werden sollte: die inhaltliche Normenkontrolle durch die Gerichte im Lichte externer, d.h. nicht vom Westminster-Parlament selbst gesetzter Maßstäbe.[614] Eine langfristige Lösung dieser verfassungsrechtlich brisanten Problematik ist zur Zeit noch nicht absehbar.

Als weitere maßgebliche Veränderung im verfassungsrechtlichen Bereich ist die Einführung selbständiger Strukturen in den neu eingerichteten parlamentari-

---

611 Zu den grundsätzlichen Reformbestrebungen der Labour Regierung vgl. das vor der Wahl 1997 erstellte Manifest mit 177 "Commitments" und entsprechenden bis dato erreichten Fortschritten unter 10 Downing Street, Manifesto Commitments*.

612 In diesem Sinne wohl auch Oliver, Changing Constitution, S. 1 ff, der zwischen der "dignified constitution" und der "efficient constitution" differenziert.

613 Dazu Innenminister Jack Straw: „*These are new rights for the new millennium. The Human Rights Act is a cornerstone of our work to modernise the constitution. It is one of the most important pieces of constitutional legislation the UK has seen.*", Home Office, News Release of 18.05.1999 – Implementation Date for the Human Rights Act*.

614 Darüber kann auch die formelle Wahrung des Grundsatzes der Parlamentssouveränität nicht hinwegtäuschen. Vgl. dazu die umfangreichen Ausführungen bei Grote, Inkorporierung durch den Human Rights Act, S. 346 f.

schen Vertretungen in Nordirland[615], Schottland[616] und Wales[617], zusammengefaßt unter dem Stichwort *devolution* zu nennen. Diese Maßnahmen können möglicherweise als erste Schritte auf dem Weg zu einem geschriebenen verfassungsrechtlichen Unterbau in England ausgelegt werden, denn obwohl sie durch die gewöhnliche Gesetzgebung eingeführt wurden, wird ihnen in Zukunft zu einem beachtlichen Teil die Qualität einer geschriebenen Verfassung zukommen, da sie durch das englische Parlament nur schwerlich geändert oder ergänzt und de facto auf absehbare Zeit nicht widerrufen werden können.[618]

Zwar wird im Rahmen der aktuellen politischen Debatten zum Thema Verfassungsreform sowie in der englischen Rechtsliteratur beharrlich die unanfechtbare Macht der Parlamentssouveränität hervorgehoben, doch stellt sich angesichts der fortschreitenden europäischen Integration und den damit einhergehenden, den nationalen Gesetzgebungen übergeordneten Rechtsprechungskompetenzen der EU die Frage, ob dieser Verfassungsgrundsatz in seiner ursprüngliche Form und Tragweite langfristig gesehen uneingeschränkt Geltung beanspruchen kann.[619] Die jahrzehntelange Reserviertheit auf englischer Seite in diesem Bereich sowie die eigentümliche Inkorporation der EMRK in das nationale Recht durch die Verabschiedung des Human Rights Act 1998 veranschaulichen jedoch, daß England auf gar keinen Fall gewillt ist, von diesem konstitutiven Verfassungsgrundsatz mit jahrhundertelanger Tradition Abschied zu nehmen. Ob

---

615 Vgl. Northern Ireland Act 1998, Sections 11, 79, 82 sowie Schedule 10. Dabei bleibt abzuwarten, ob sich die parlamentarische Vertretung aufgrund der anhaltenden Unruhen im Nordirland-Konflikt auf Dauer halten kann bzw. sich als funktional erweisen wird.

616 Vgl. Scotland Act 1998, Sections 32, 33, 98 sowie Schedule 6.

617 Vgl. Government of Wales Act 1998, Section 109 und Schedule 8.

618 Ebenso bezgl. der devolution-Gesetzgebung Bingham, Time to Incorporate, S. 396: „*It is true that in theory any Act of Parliament may be repealed. (...) But absent something approaching a revolution in our society such repeal would be unthinkable. Why? Because whatever their theoretical status constitutional measures of this kind are in practise regarded as enjoying a peculiar sanctity buttressed by overwhelming public support.*".

619 Tatsächlich scheint der verfassungsrechtliche Grundsatz der Parlamentssouveränität im England des 21. Jahrhunderts als Grundstein der Verfassung ausgedient zu haben, was primär darauf zurückzuführen ist, daß ein souveränes Parlament angesichts des heutigen Staatsverständnisses im Zusammenhang mit entsprechender Kompetenzverteilung und Organisation nicht mehr angemessen ist. Die Zeiten, in denen diese Doktrin ihren Sinn und Zweck erfüllte, gehören realistisch betrachtet der Vergangenheit an. Angesichts der fortschreitenden europäischen Integration wird sich das Vereinigte Königreich wohl früher oder später der Frage stellen müssen, ob ein Festhalten an diesem Anachronismus in der heutigen Zeit erstens noch Sinn macht und zweitens im Hinblick auf den Vorrang des Gemeinschaftsrechts uneingeschränkt Geltung beanspruchen kann. Insofern verdient der Ansatz Bogdanors Zustimmung: „*The Glorious Revolution of 1688 served to emphasise the undivided sovereignty of Parliament. The time has come to de-emphasise it.*", Myth of Sovereignty, S. 98. Zur Bedeutung der Parlamentssouveränität im Rahmen eines vereinten Europas siehe ferner Bradley, Form or Substance, S. 39 sowie Craig, Britain in the EU, S. 69 ff jeweils mit zahlreichen weiteren Nachweisen.

sich diese Vorgehensweise auch im Hinblick auf zukünftige Ratifikationen von EU-Recht sowie auf Transformationen übergeordneten Gemeinschaftsrechts in nationales Staatenrecht durchsetzten wird, ist jedoch sehr zweifelhaft. Zudem mehren sich auch in England die Stimmen, welche rückblickend bereits die Wirksamkeit und Geltung der EMRK als völkerrechtliche Verpflichtung seit 1951, spätestens jedoch deren Umsetzung in das nationale englische Recht in Form des Human Rights Act 1998 als Untergang der ursprünglich uneingeschränkten Parlamentssouveränität in England ansehen.[620]

In diesem Sinne lassen auch die jüngsten Entwicklungen durchaus positive Ansätze in Richtung eines verfassungsrechtlichen Umdenkens erkennen. So differenzierte kürzlich Lord Irvine L.C. zwischen der *contemporary sovereignty* des Parlamentes einerseits und der *ultimate sovereignty* andererseits.[621] Erstere sei aufgrund der Mitgliedschaft des Vereinigten Königreiches in der EU zwar in der Form eingeschränkt, daß das Westminster-Parlament keine Gesetze erlasse, die in direktem Widerspruch zum Gemeinschaftsrecht stehen. Jedoch bliebe die ultimative Souveränität des britischen Parlamentes nach wie vor intakt, indem das Parlament, falls es dies beschließen wolle, aus der Gemeinschaft der EU jederzeit austreten und auf diese Weise seine absolute Souveränität wiederherstellen könne. Die Bedeutung dieses, aus deutscher Perspektive in erster Linie theoretischen Punktes, darf angesichts des hohen Stellenwertes der Parlamentssouveränität im englischen Verfassungsgefüge sowie der entsprechenden Sensibilität in der Bevölkerung nicht unterschätzt werden. Vor dem Hintergrund des englischen Verfassungsrechts stellt die Differenzierung Lord Irvines einen bedeutsamen Schritt in Richtung Europa dar in Form einer modifizierten Interpretation der Parlamentssouveränität, welche die Balance hält zwischen den Anforderungen der EU auf der einen Seite und der Bedeutung eines nationalen traditionellen Verfassungsgrundsteins auf der anderen Seite.[622]

---

620 Vgl. Donelly/Smith, Constitutional Reform, S. 16. Ebenso Allan, Politics and Revolution, S. 449; Marshall, New Horizons, S. 1; Walker, Dubious Dogma, S. 283.

621 Vgl. Lord Irvine of Lairg, The Influence of Europe, S. 12 ff.

622 In diesem Sinne auch Lord Irvine, a.a.O., S. 13: „*(...) Parliament's ultimate sovereignty undoubtedly remains intact. (...) The survival of Parliament's ultimate supremacy, although a theoretical point in one sense, does have some tangible implications. It serves to emphasise that the limitation of Parliament's competence which EU membership involves does not, therefore, open the door to a more thoroughgoing theory of limited sovereignty embracing a whole series of higher order laws to which Parliament would be subject (...) The crucial point, therefore, is that while the theory of parliamentary sovereignty has unquestionably been modified by our membership of the European Union, it nevertheless remains a key constitutional foundation (...)*". In diese Richtung gehen auch die Zukunftsvisionen des Lord Chancellor, a.a.O., S. 16: „*(...) while Parliament will unequivocally retain its sovereignty, it will be much less likely to use it in a manner that is insensitive to the values embodied in the Convention. What this will reduce to is a political doctrine of legislative self-restraint in deference to human rights considerations. The fundamental parameters represented by sovereignty theory will therefore remain, but the*

Im Rahmen einer abschließenden Gesamtbetrachtung kann England grundsätzlich als europaskeptisch bezeichnet werden, obwohl sich gerade unter der jungen Bevölkerung einige EU-Befürworter finden. Insbesondere das starke Nationalbewußtsein und die Prägung durch eine außergewöhnlich lange Geschichte erfolgreicher politischer Evolution und ungebrochener Traditionen bedingen die größtenteils mißtrauischen Reaktionen Englands gegenüber allen Tendenzen politischer Absorption durch die EU. Entsprechend hat sich auch die Grundeinstellung des Vereinigten Königreiches zur Zukunft und Entwicklung eines gemeinsamen Europa seit den frühesten Anfängen europäischer Einigungsverträge stets von der Haltung der kontinentaleuropäischen Nachbarländer unterschieden. Diese grundlegenden Abweichungen ziehen sich wie ein roter Faden durch die britische Europapolitik und haben ihren Ursprung – neben politischen und gesellschaftlichen Ressentiments – letztendlich in der ungeschriebenen Verfassung.

Von geradezu zentraler Bedeutung ist in diesem Zusammenhang der bereits dargestellte Grundsatz der Parlamentssouveränität, welcher das verfassungsrechtliche Denken in Großbritannien maßgeblich bestimmt und aufgrund seiner jahrhundertelangen Tradition als für das englische Verfassungssystem konstitutiv erachtet wird. Vor diesem Hintergrund läßt sich die in England vorherrschende Befürchtung, die Souveränität des englischen Parlamentes werde im Hinblick auf zentrale politische Anliegen durch die Übertragung von Zuständigkeiten auf Institutionen der EU ausgehöhlt, nicht ohne weiteres von der Hand weisen. Da der nationalen Souveränität aufgrund dieses Verfassungsgrundsatzes eindeutig Vorrang vor supranationalen europäischen Verflechtungen zu geben ist, stellt sich die berechtigte Frage, ob das Vereinigte Königreich jemals Mitglied einer integrativen, supranationalen Europäischen Gemeinschaft sein kann, ohne wesentliche verfassungsrechtliche Reformen durchzuführen.[623] Aus diesem

dynamics of the relationships between the courts, the executive and Parliament will, within those ultimate limits, subtly change.".

623 Damit zwangsläufig verbunden ist die kontrovers diskutierte Frage, ob das Vereinigte Königreich den Anforderungen des Gemeinschaftsrechts durch den European Community Act 1972 gerecht wird, denn der Vorranganspruch des Gemeinschaftsrechts verlangt mehr als eine nur faktische Einschränkung der Gesetzgebungskompetenzen des britischen Parlamentes. Vielmehr ist die Unterwerfung unter eine höhere Instanz erforderlich, welche die Gerichte der Mitgliedstaaten durch eine effiziente Kontrolle durchsetzen müssen. Doch scheint die Europäische Kommission zu akzeptieren, daß sich der Vorrang des Gemeinschaftsrechts in Großbritannien aus dem ECA 1972 herleitet, einem Gesetz, welches theoretisch jederzeit durch das englische Parlament aufgehoben oder geändert werden kann. In diesem Zusammenhang verläßt man sich offenbar darauf, daß es sich hierbei um einen rein hypothetischen Vorbehalt handelt. Vgl. vor diesem Hintergrund auch die wegweisenden Factortame-Entscheidungen zugunsten des Vorrangs des Gemeinschaftsrechts: Factortame Ltd. v. Secretary of State for Transport, (1989) 2 All E.R., S. 692 ff; Factortame Ltd. and others v. Secretary of State for Transport (No. 2), (1991) 1 All E.R., S. 70 ff sowie den systematischen Beitrag von Tatham, Sovereignty after Fac-

Grunde gilt Englands Interesse auch vorrangig den wirtschaftlichen Dimensionen der EU, während auf politischer Ebene statt der Einrichtung supranationaler Institutionen mit entsprechenden Kompetenzen eine weitestgehend dezentrale intergouvernmentale Zusammenarbeit angestrebt wird. Dementsprechend wird in England auch der Begriff der europäischen "Kooperation" der Bezeichnung "Integration" vorgezogen.[624]

B. Der englische Strafprozeß im Überblick

I. Rechtsquellen

Aus kontinentaleuropäischer Perspektive gestaltet sich der Zugang zum englischen Strafverfahrensrecht als überaus schwierig, was in erster Linie auf die unglaubliche Vielzahl bedeutsamer Rechtsquellen zurückzuführen ist. So existiert in England weder ein Gerichtsverfassungsgesetz, noch eine einheitliche Strafprozeßordnung. Vielmehr wird das Strafverfahren in Form einer unsystematischen Mixtur aus *common-law*, *statute-law* sowie den sog. *Codes of Practice* als administrative Durchführungsbestimmungen zu ausgesuchten Gesetzesvorschriften geregelt. Dabei ändern die jeweils neueren Gesetze in der Regel einzelne Vorschriften aus älteren Gesetzen leicht ab oder übernehmen diese oder setzen sie gänzlich außer Kraft. Aus diesem Grunde muß bei der Lektüre eines neu erlassenen Gesetzes stets auf ältere Gesetze zurückgegriffen werden, um dessen vollständigen Regelungsgehalt erfassen zu können. Des weiteren wird im englischen Rechtssystem das gesamte materielle Strafrecht aus der Perspektive des Strafprozeßrechts geregelt und dargestellt, was das Durchdringen der verfahrensrechtlichen Regelungen im engeren Sinne nicht gerade erleichtert.[625]

---

tortame, S. 188 ff. Dazu Wade, Sovereignty of Parliament?, S. 4: „*(...) Factortame shows how international law, in the shape of treaty obligations, may help to overthrow the dogmas of constitutional law, and how smoothly the courts may discard fundamental doctrine without appearing to notice.*".

624 Gleiches läßt sich bei der Verwendung der englischen Begriffe "Union" und "Unity" feststellen: Während "Union" im englischen Sprachgebrauch als eine eher lockere Vereinigung auf intergouvernementaler Ebene interpretiert wird, bedeutet "Unity" eine Art Einheit auf supranationaler Ebene im Sinne einer bindenden politischen Struktur föderaler Art. Die Tatsache, daß Großbritannien im Maastrichter Vertrag von 1991 lediglich einer "ever closer union" zuzustimmen bereit war, bedarf vor diesem Hintergrund keiner weiteren Erläuterung. Vgl. hierzu auch Volle, Probleme mit der EU, S. 25.

625 Dieses pragmatische Regelungssystem beurteilt folglich das gesamte Strafrecht aus dem Blickwinkel der allgemeinen Beweisgrundsätze und damit unter dem Aspekt der Beweisbarkeit im Strafprozeß. Vgl. dazu auch Kühne, Strafprozeßrecht, Rn. 1152 mit Hinweis darauf, daß die strafrechtliche Definition des Mordes auf eine common-law Formu-

In den letzten beiden Jahrzehnten sind zahlreiche Gesetze erlassen worden, die das Strafverfahrensrecht wie auch das materielle Strafrecht betreffen. Diese brachten zwar teilweise einschneidende Änderungen mit sich, jedoch regelten sie stets nur einen bestimmten Bereich des Strafverfahrens, mit anderen Worten einen kleinen Ausschnitt des gesamten Strafprozesses und wurden zudem stets von einer Vielzahl untergesetzlicher Regelungen *(secondary legislation)* begleitet. Ein verläßliches Bild des englischen Strafverfahrensrechts ergibt sich daher erst aus einer umfassenden Gesamtschau aller strafverfahrensrechtlich relevanten Gesetze – wobei neben den neueren auch die älteren Gesetze zu berücksichtigen sind sowie Gesetze, die auf den ersten Blick nicht einschlägig erscheinen – unter Berücksichtigung der diese Gesetze begleitenden sekundären Gesetzgebungsinstrumente sowie der Vielzahl an *common-law Rules*, *Judicial Practice Directions* sowie der gesetzlich und zum Teil auch nicht gesetzlich fixierten *Codes of Practice.* In diesem Zusammenhang sei darauf hingewiesen, daß es in England über 207 das Strafverfahrensrecht betreffende Parlamentsgesetze gibt, von denen das älteste aus dem Jahre 1795 herrührt, sowie etwa 64 untergesetzliche Regelungsinstrumente.[626] Aus kontinentaleuropäischer Perspektive weitaus erschreckender dürfte jedoch die Tatsache anmuten, daß die Regelungen des englischen Strafverfahrensrechts sowie des Beweisrechts insgesamt aus über 271 unterschiedlichen Rechtsquellen abgeleitet und zusammengetragen werden müssen, das einzelfallspezifische *case-law* sowie die Richtlinien *(guidelines)* des Lord Chief Justice oder des Attorney General nicht inbegriffen.[627]

Vor diesem Hintergrund wird die langjährige Forderung nach einer systematischen Kodifikation des englischen Strafverfahrensrechts deutlich, ein Postulat, dem sich erst kürzlich der Criminal Courts Review (2001) ausdrücklich angeschlossen hat[628]. Da mittlerweile auch die Regierung die unausweichliche Notwendigkeit dieses Schrittes erkannt hat, wird die Herausforderung eines gesetzlich fixierten *Code of Criminal Procedure* wohl langfristig in Angriff genommen werden. Gleichwohl wird noch einige Zeit vergehen, bis eine entsprechende Kommission zur Sichtung und Systematisierung der vorhandenen Regelungen sowie zur Erarbeitung konkreter Gesetzesvorschläge eingesetzt werden wird.

---

lierung von Lord Hale zurückgeht, während der Straftatbestand des Diebstahls in den Theft Acts von 1968 und 1978 maßgeblich unter beweisrechtlichen Gesichtspunkten geregelt wird.

626 So das Ergebnis der Law Commission in ihrem Bericht für den Criminal Courts Review (2001). Vgl. näher hierzu Lord Justice Auld, Criminal Courts Review, Chapter 9, § 272.

627 Vgl. Lord Justice Auld, a.a.O. Zur Komplexität und offensichtlich fehlenden Systematik des englischen Strafverfahrensrechts siehe zudem die anschaulichen Ausführungen bei Spencer, Code for Criminal Procedure, S. 519.

628 Siehe ausführlich hierzu Lord Justice Auld, Criminal Courts Review, Chapter 1, §§ 35 - 36; Chapter 10, §§ 271 - 280; Chapter 2, Recommendations 228 - 234.

Aus der Fülle der das Strafverfahren betreffenden Regelungen sollen an dieser Stelle kurz die für den englischen Strafprozeß wesentlichsten Gesetze angeführt werden. Dabei ist zunächst der Prosecution of Offences Act 1985 zu nennen, welcher den Crown Prosecution Service als zentralistisch organisierte Staatsanwaltschaft konstituierte und damit eine neue Aufgabenverteilung zwischen den beiden Hauptakteuren im Vorfeld der Anklageerhebung, Staatsanwaltschaft und Polizei, begründete. Im Hinblick auf die Beweisaufnahme im Rahmen des polizeilichen Ermittlungsverfahrens setzte der Police and Criminal Evidence Act 1984 (PACE) neue Maßstäbe zu Gunsten verdächtigter Personen, ein Gesetz, das seit Beginn seines Inkrafttretens beständig im Mittelpunkt streitiger Diskussionen stand und immer noch steht. Beide Gesetze gehen auf die Untersuchungen und Empfehlungen der Royal Commission on Criminal Procedure unter dem Vorsitz von Sir Cyril Philips zurück, die ihren Bericht im Jahre 1981 veröffentlichte.

Die Ende der 80er und zu Beginn der 90er Jahre an das Licht der Öffentlichkeit geratenen sensationellen Justizirrtümer, namentlich die Fälle der *Guildford Four*[629], der *Maguire Seven*[630] sowie der *Birmingham Six*[631], stürzten die englische Strafjustiz in eine schwere Krise und begründeten auf Seiten der Öffentlichkeit tiefes Mißtrauen gegen die Integrität der Strafverfolgung sowie Zweifel an der Fähigkeit der Gerichte und Rechtsanwälte, zur materiellen Wahrheitsfindung beizutragen. Dies führte schließlich zur Einrichtung der *Royal Commission on Criminal Justice* unter Vorsitz von W. G. Runciman, die ihren Bericht im Jahre 1993 vorlegte, im Endeffekt jedoch keine grundlegenden Änderungen für den Bereich des englischen Strafverfahrens anregte, da sie sich eher symptomatischen Einzelfragen gewidmet hatte, statt die grundsätzlichen Prinzipien des englischen Strafverfahrens kritisch zu hinterfragen. Gleichwohl folgten mehrere Gesetze, die wichtige strafprozessuale Aspekte der Beweiserhebung und Be-

---

629 Ausführlich dazu und zu weiteren sensationellen Justizirrtümern siehe Ingman, Legal Process, S. 168 ff m.w.N.; Sir Thomas Bingham, The Credits and the Debits, S. 103 ff.

630 Siehe insbesondere Legal Action Group, Miscarriages of Justice, S. 3 m.w.N.

631 Vgl. Zander, Matter of Justice, S. 206 f m.w.N., der unter anderem daran erinnert, daß die meisten Wiederaufnahmeverfahren auf umfassende Recherchen sowie den mutigen und wiederholt fordernden Einsatz von Seiten der Presse zurückzuführen sind. Siehe auch die unvergeßlichen Ausführungen Lord Dennings als Vorsitzender Richter des Court of Appeal, welcher die Zulassung der Klage der "Birmingham Six" gegen die Polizeibeamten, die in ihrem Fall ermittelt hatten, wegen Körperverletzung etc. mit der Begründung ablehnte: „*If the six men fail, it will mean that much time and money and worry will have been expended by many people for no good purpose. If the six men win, it will mean that the police were guilty of perjury, that they were guilty of violence and threats, that the confessions were involuntary and were improperly admitted in evidence (...) This is such an appalling vista that every sensible person in the land would say: It cannot be right that theses actions go any further.* ", McIlkenny v. Chief Constable of the West Midlands Police Force, (1980) 2 All E.R., S. 227 ff (239 - 240).

weisverwertung im Strafverfahren behandeln, darunter insbesondere der Criminal Justice and Public Order Act 1994, der Criminal Procedure and Investigation Act 1996 sowie der Police Act 1997.

Neben den gesetzlichen Regelungen sind für den Inhalt und Verlauf des englischen Strafprozesses wie eingangs bemerkt eine wahre Flut untergesetzlicher Regelungen und höchstrichterlicher Entscheidungen von Bedeutung, deren auch nur annähernd vollständige Darstellung den Rahmen dieser Arbeit bei weitem sprengen würde. Insofern sei im Hinblick auf den hier relevanten Kontext auf die Nachweise in den folgenden Kapiteln verwiesen.

II. Grundprinzipien des englischen Strafprozesses

1. Adversatorische Natur des Strafverfahrens

Das englische Strafverfahren ist von Grund auf adversatorischer Natur.[632] Danach stehen sich die beiden Prozeßparteien, Anklage und Verteidigung, antagonistisch gegenüber und präsentieren dem Gericht die jeweils für sie günstigen Beweismittel. Im Gegensatz zum deutschen Strafprozeß ist das englische Verfahren daher nicht auf die Erforschung der materiellen Wahrheit ausgerichtet, sondern vielmehr auf eine richterliche Beurteilung der durch die Parteien vorgebrachten Beweise. Mit anderen Worten soll die Wahrheit im Strafverfahren durch die engagierte und bewußt einseitige Argumentation und Auseinandersetzung von Anklage und Verteidigung zu Tage gefördert werden. Der im Rahmen des deutschen Strafverfahrens bedeutsame richterliche Untersuchungsgrundsatz mit dem Ziel der objektiven Wahrheitsfindung existiert im englischen Strafverfahren somit nicht.[633] Insofern muß das Gericht sein Urteil auf die Feststellungen stützen, die sich aus den von den Parteien im Wettstreit vorgebrachten Beweisen ergeben. Dies gilt unter Umständen selbst für den Fall, daß diese Beweise unzureichend sind oder der Sachverhalt möglicherweise noch weiter aufgeklärt werden könnte.[634]

---

632 Dies bedeutet jedoch nicht, daß der englische Strafprozeß identisch ist mit dem klassischen, reinen Parteiverfahren. Vielmehr haben im Laufe der Zeit auch einzelne Elemente des inquisitorischen Verfahrenstypus Eingang in das englische Strafverfahren gefunden, so daß es sich heute um eine Mischform auf der Grundlage adversatorischer Verfahrenswurzeln handelt. Näher hierzu sowie zu den Wurzeln des deutschen Strafverfahrens im Zweiten Teil der Arbeit unter C. II. 2. e).

633 Zur prozessualen Wahrheitsfindung sowie zur Rolle des Richters im Hinblick auf die Wahrheitserforschung im Strafverfahrens vgl. die rechtsvergleichenden Ausführungen im Zweiten Teil der Arbeit unter C. II. 2. a).

634 Zur Kompetenz des Richters im Rahmen der Hauptverhandlung auch Zeugen zu laden, die von den Parteien nicht benannt worden sind, siehe weiter unten E. II. 3. b).

2. Öffentlichkeitsgrundsatz (Principle of open Justice)

Der Öffentlichkeitsgrundsatz *(principle of open justice)* stellt auch im Rahmen des englischen Strafverfahrens eine grundlegende Prozeßmaxime dar, die in dem Leitsatz *„Justice should not only be done, but should manifestly and undoubtedly be seen to be done"*[635] zum Ausdruck kommt. Dieses Prinzip hat in dem Contempt of Court Act 1981 eine ausdrückliche gesetzliche Normierung erfahren. Danach sollen zum einen die Verhandlungen des Gerichts der breiten Öffentlichkeit zugänglich und zum anderen eine öffentliche Berichterstattung über das Verfahren möglich sein.[636]

Dieser Grundsatz gilt jedoch nicht uneingeschränkt. Vielmehr kann die Öffentlichkeit in besonders gelagerten Fällen ausgeschlossen werden, wenn die den Ausschluß begründenden Interessen das Interesse der Öffentlichkeit an der Teilnahme am Verfahren überwiegen.[637] Dies ist bspw. bei Staatsschutzdelikten im Interesse der nationalen Sicherheit[638] der Fall oder bei Strafverfahren gegen Jugendliche zur Vermeidung einer Stigmatisierung[639]. Das Gericht verhandelt dann im Rahmen eines sog. *in camera*-Verfahrens, infolgedessen neben der Öffentlichkeit auch die Geschworenen ausgeschlossen werden.[640] Des weiteren kann die Berichterstattung über ein Verfahren ganz oder teilweise zeitlich aufgeschoben oder sogar gänzlich untersagt werden.[641] Zudem können die Namen von Zeugen und Opfern der Öffentlichkeit in besonderen Fällen vorenthalten werden. Diese Maßnahmen erfordern jedoch eine sorgfältige Güterabwägung zwischen dem Interesse der Öffentlichkeit an der Berichterstattung auf der einen Seite und dem Interesse des Angeklagten an einem fairen und vorurteilsfreien Gerichtsverfahren auf der anderen Seite, welches durch das Risiko der Vorverurteilung bzw. Stigmatisierung infolge die Berichterstattung gefährdet würde. Ein Verbot der Berichterstattung kommt daher als *ultima ratio* nur dann in Betracht, wenn alternative Ausschlußmethoden als nicht wirksam erscheinen.

Dem Gericht obliegt ferner nicht die Pflicht, ausreichend Sitzplätze für alle Besucher einer Gerichtsverhandlung bereitzustellen. Demnach verstößt die lediglich geringe Aufnahmekapazität eines kleinen Gerichtssaals nicht gegen den Öf-

---

635 Vgl. Lord Hewart in dem Fall R. v. Sussex Justices, ex parte McCarthy, (1924) 1 K.B., S. 256 ff (259).

636 Dabei können in England grds. die Namen aller Verfahrensbeteiligten einschließlich der Opfer veröffentlicht werden. Vgl. Smith, Criminal Procedure System, S. 82.

637 Zu den möglichen Gründen des Gerichts für einen Ausschluß der Öffentlichkeit vgl. ausführlich die Entscheidung im Fall Scott v. Scott, (1913) A.C., S. 417 ff, H.L.

638 Vgl. Official Secrets Act 1920, Section 8 (4) sowie Official Secrets Act 1989, Section 11.

639 Siehe Children and Young Persons Act 1933, Section 37. Danach kann jedoch nur die Öffentlichkeit, nicht aber auch die Presse von der Verhandlung ausgeschlossen werden.

640 Vgl. hierzu Walker/Ward, English Legal System, S. 142 m.w.N. sowie Pattenden, Judicial Discretion, S. 149 f m.w.N.

641 Vgl. Contempt of Court Act 1981, Section 4 (2), 11.

fentlichkeitsgrundsatz.[642] Zudem kann das Gericht die Öffentlichkeit jederzeit wegen Unruhe im Gerichtssaal ausschließen.[643]

3. Unmittelbarkeits- und Mündlichkeitsgrundsatz

Die Grundsätze der Unmittelbarkeit und Mündlichkeit stellen ebenfalls tragende Grundprinzipien des englischen Strafprozesses dar. Dabei ist der Mündlichkeitsgrundsatz in erster Linie auf den adversatorischen Charakter des Strafverfahrens zurückzuführen, denn grundsätzlich müssen alle Zeugen mündlich vor Gericht aussagen.[644]

Der Grundsatz der Unmittelbarkeit des Beweises fordert hingegen den direkten und unmittelbaren Beweis durch Personen, welche die zu beweisenden Tatsachen selbst gesehen oder gehört haben. Insofern wird der Beweis vom Hörensagen in England grundsätzlich abgelehnt *(rule against hearsay evidence)*, eine Regel, die insbesondere in den letzten Jahren durch zahlreiche Ausnahmevorschriften verschärft in Frage gestellt worden ist.[645]

4. Unschuldsvermutung (Presumption of Innocence)

Die Unschuldsvermutung, welche im deutschen Strafverfahren in dem Grundsatz *in dubio pro reo* zum Ausdruck kommt, stellt auch im Rahmen des englischen Strafprozesses einen fundamentalen Grundpfeiler dar in Form der *presumption of innocence*. Insofern gilt auch in England ein Angeklagter solange als unschuldig, bis seine Schuld bewiesen ist.[646] Der Schuldnachweis obliegt im adversatorischen Strafverfahren der Staatsanwaltschaft in Form des Crown Prosecution Service und muß *beyond reasonable doubt*, also jenseits vernünftiger Zweifel, erbracht worden sein.

Aus diesem Grundsatz leitet das englische Rechtssystem zudem das weitere Prinzip ab, daß niemand wegen der gleichen Tat zweimal vor Gericht gestellt werden darf. Insofern kann das Verfahren nach einem erfolgten Freispruch oder einer Verurteilung, abgesehen von den gewöhnlichen Rechtsmitteln, nicht we-

---

642 Vgl. R. v. Denbigh Justices, ex parte Williams and Evans, (1974) 3 W.L.R., S. 45 ff.

643 Siehe Bing, Criminal Procedure in Magistrates' Courts, S. 31, § 1-71.

644 Dabei ist der Zeuge nach dem Criminal Procedure Act 1865, Section 1 (1) gesetzlich zur Aussage verpflichtet.

645 In diesem Sinne empfahl bereits die Royal Commission on Criminal Justice in ihrem Report 1993: „*Hearsay evidence should be admitted to a greater extent than at present.*“, vgl. Chapter 12, Recommendation 189.

646 Empirische Studien legen jedoch nahe, daß in den meisten Fällen sowohl der Staatsanwalt, als auch der Verteidiger von der Schuld des Angeklagten ausgehen und aus diesem Grunde von Beginn der Ermittlungen an auf ein Schuldeingeständnis des Angeklagten hinarbeiten. Vgl. Huber, Strafverfahren in England, S. 38 sowie die empirische Studie von McConville/Hodgson/Bridges/Pavlovic, Standing Accused, S. 239 ff.

gen derselben Straftat erneut aufgenommen werden *(doctrine of autrefois acquit / convict).*[647]

Als gesetzliche Verankerung der Unschuldsvermutung dient auf nationalrechtlicher Ebene der Human Rights Act 1998 sowie auf völkerrechtlicher Ebene die Regelung in Artikel 6 II EMRK.

5. Klassifizierung der Delikte (Classification of Offences)

Das englische Strafprozeßrecht differenziert grundsätzlich zwischen zwei verschiedenen Kategorien von Straftatbeständen, den *indictable offences* und den *summary offences.*[648] In Anlehnung an diese Klassifizierung werden die Delikte im Rahmen unterschiedlicher Verfahrensweisen, *summary trial* oder *trial on indictment*, vor unterschiedlichen Gerichten verhandelt.[649]

Da in England kein kodifiziertes materielles Strafrecht existiert, findet sich im Hinblick auf diese Einteilung keine einheitliche und vor allen Dingen systematische gesetzliche Regelung.[650] Vielmehr ist für einige Delikte eine bestimmte Kategorie gesetzlich vorgesehen, für andere hingegen nicht. Auch finden sich diese Regelungen, falls denn vorhanden, verstreut in einer Vielzahl von Gesetzen wieder, statt in einem systematisch strukturierten Einzelgesetz.[651]

---

[647] Der Grundsatz "ne bis in idem" findet sich in England als Prinzip des common-law wieder. Siehe dazu insbesondere Weinyss v. Hopkins, (1875) 10 L.R. Q.B., S. 378 ff. Siehe aber auch die gesetzliche Verankerung im Interpretation Act 1978, Section 18: „(...) shall not be liable to be punished more than once for the same offence". Vgl. zudem Walker/Ward, English Legal System, S. 492 f; Smith, Criminal Procedure System, S. 82.

[648] Bei näherer Betrachtung erweist sich die häufig anzutreffende Klassifizierung der Delikte in drei Gruppen ("summary offences", "indictable offences" und "triable either way offences") als ungenau, da die "offences triable either way" gleichzeitig auch "indictable offences" sind und insofern eine Untergruppe der letztgenannten bilden. Aus diesem Grunde ist im Rahmen des Oberbegriffes der "indictable offences" zu differenzieren zwischen Delikten, die wegen der Schwere der Tat stets vor dem Crown Court verhandelt werden müssen ("offences triable only on indictment"), und Delikten, die unter Umständen vor dem Crown Court gehört werden können, dies aber nicht notwendigerweise müssen ("offences triable either way"). In diesem Sinne auch die Legaldefinition des Interpretation Act 1978, Section 5, Schedule 1.

[649] Näher zu beiden Verfahren und den Unterschieden weiter unten E. II. 1. a).

[650] Trotz der fehlenden Kodifikation des englischen Strafrechts werden die meisten Straftatbestände mittlerweile durch verstreute Einzelgesetze geregelt. Gleichwohl existieren auch im gegenwärtigen Strafrecht noch echte common-law-Delikte, deren Tatbestandsvoraussetzungen sich ausschließlich nach dem common-law bestimmen wie bspw. Mord, dessen Tatbestandsvoraussetzungen auch nach dem Erlaß des Homicide Act 1957 immer noch dem common-law entnommen werden.

[651] So wird z.B. die einfache Körperverletzung durch den Criminal Justice Act 1988, Section 39 als "summary offence" eingestuft, wodurch die diesbezgl. Regelungen im Offences agains the Person Act 1861 aufgehoben wurden. Ein aufschlußreicher Index der Strafta-

a) *Indictable Offences*

Die Kategorie der *indictable offences* gliedert sich in Anlehnung an die schwere der Straftat in zwei Untergruppen auf, die *offences triable only on indictment* und die *offences triable either way.*

(1) *Offences triable only on Indictment*

Unter den *offences triable only on indictment* sind die schwersten Straftaten zu verstehen, wie bspw. Mord, Totschlag, Vergewaltigung, Erpressung oder Kindesmißbrauch, die im Falle eines erwachsenen Straftäters vor dem Crown Court verhandelt werden müssen, d.h. vor einem Berufsrichter und 12 Geschworenen, sog. *trial on indictment.*[652] Handelt es sich bei der Person des Täters jedoch um ein Kind oder einen Jugendlichen, so wird im Interesse des Täters gewöhnlich im Rahmen eines summarischen Verfahrens vor den Magistrates' Courts verhandelt.

(2) *Offences triable either way*

Die *offences triable either way* sind Straftaten von mittlerer Schwere, die nicht zwingend einer bestimmten Verfahrensart zugewiesen sind, sondern vielmehr eine gerichtliche Entscheidung darüber erfordern, ob das Verfahren vor den Magistrates' Courts eröffnet oder an den Crown Court überwiesen werden soll.[653] Insofern kann das Verfahren vor dem Crown Court stattfinden, dies ist jedoch nicht zwingend. Zu dieser Deliktsgruppe zählen bspw. die gewöhnlichen Formen des Diebstahls oder der Körperverletzung. Die Entscheidung über die Verfahrensweise *(mode of trial decision)* wird von Seiten des Gerichts bereits im Vorfeld des Zwischenverfahrens *(committal proceedings)* getroffen, kann jedoch auch durchaus von Seiten des Angeklagten sowie von Seiten der Staatsanwaltschaft beeinflußt werden.[654]

b) *Summary Offences*

Die Kategorie der *summary offences* zerfällt ebenfalls in zwei Untergruppen: Während die *offences triable only summarily* ausschließlich vor den Magistrates' Courts verhandelt werden, können die *summary offences triable on indict-*

---

ten, die vor den Magistrates' Courts verhandelt werden, mit Angabe des jeweiligen maximalen Strafrahmens findet sich bei Moore, Magistrates' Court Guide 2001, S. 1 - 189.

652 Vgl. Supreme Court Act 1981, Section 46 (1). Dies sind zum Großteil Straftatbestände, die auf Regelungen des common-law zurückgehen. Siehe dazu die ausführliche, wenngleich nicht abschließende Aufzählung bei Walker/Ward, English Legal System, S. 446.

653 Die Klassifizierung der "offences triable either way" ist entweder gesetzlich gesondert vorgesehen oder geht auf die Auflistung in Schedule 1 des Magistrates' Courts Act 1980 zurück, welche die häufigsten Delikte dieser Art aufführt und entsprechend klassifiziert.

654 Vgl. hierzu die Ausführungen zu den richterlichen Kompetenzen im Zwischenverfahren unter D. III. 1.

ment unter besonderen Umständen ausnahmsweise auch vor dem Crown Court verhandelt werden.

(1) Offences triable summarily only

Die *offences triable only summarily* stellen leichte Straftaten dar, die ausschließlich im Rahmen eines summarischen Verfahrens vor den Laienrichtern an den Magistrates' Courts verhandelt werden *(summary trial)*.[655] Dazu zählen bspw. beinahe alle Verkehrsdelikte[656], minder schwere Fälle von Diebstahl oder auch einfache Körperverletzungsdelikte.[657]

Die Qualifikation eines Straftatbestandes als *offence triable only summarily* muß zwar stets gesetzlich festgelegt sein[658], doch erleichtert dies die Kategorisierung einzelner Delikte aufgrund der Unübersichtlichkeit des englischen Strafrechts sowie der Vielzahl relevanter Gesetze nur unwesentlich. Da im Laufe der Zeit immer mehr Delikte in diese Kategorie ein- bzw. abgestuft wurden, um die Falllast des Crown Court und mithin auch die Verfahrenskosten zu reduzieren, findet sich in einer Vielzahl von Gesetzen eine – zum Teil unüberschaubare – Vielzahl von klassifizierenden Regelungen.

(2) Summary Offences triable on Indictment

Die Sondergruppe der *summary offences triable on indictment* wurde durch den Criminal Justice Act 1988 eingeführt.[659] Danach können Straftaten trotz ihrer Klassifizierung als *summary offences* ausnahmsweise vor dem Crown Court verhandelt werden, wenn sie in engem Zusammenhang mit einem *offence triable either way* stehen, welches zur weiteren Verhandlung an den Crown Court überwiesen wird. Erforderlich ist allerdings, daß das *summary offence* im Hinblick auf das gesetzlich festgelegte Strafmaß die Verhängung einer Freiheitsstrafe oder den Entzug der Fahrerlaubnis vorsieht und zudem auf den gleichen Lebenssachverhalt zurückzuführen ist wie die Haupttat.

Abgesehen von diesen besonderen Ausnahmefällen können *summary offences* jedoch nicht vor dem Crown Court verhandelt werden.

---

655 Vgl. Magistrates' Courts Act 1980, Section 2 (1).

656 Diese sind in den Road Traffic Acts von 1988 und 1991 gesetzlich geregelt.

657 Vgl. hierzu auch die Aufzählung bei Darbyshire, Legal System, S. 112 f.

658 Eine gesetzliche Regelung, die eine bestimmte Tat als "summary offence" qualifiziert, ist daran zu erkennen, daß sie eine Höchststrafe vorsieht, die durch "summary conviction" verhängt werden kann, darüber hinaus jedoch keine höhere Strafe für eine "conviction on indictment" festlegt. Als Beispiel für ein eindeutiges "summary offence" sei hier die strafbare tätliche Beleidigung eines Polizeibeamten im Dienst nach Section 89 (1) des Police Act 1996 genannt.

659 Vgl. die allgemeine Regelung in Section 41 des Criminal Justice Act 1988 sowie die Regelung in Section 40 hinsichtlich der in Section 40 (3) aufgeführten Straftatbestände.

III. Die englische Strafgerichtsbarkeit

Im Folgenden werden die im Rahmen der englischen Strafgerichtsbarkeit zuständigen Gerichte sowie die Zusammensetzung der Spruchkörper kurz dargestellt, wobei ergänzend auf die graphische Darstellung der englischen Gerichtsbarkeit im Anhang verwiesen sei.

1. Magistrates' Courts

Als Gerichte erster Instanz fungieren die Magistrates' Courts, die für den gesamten Bereich der Kleinkriminalität zuständig sind und etwa 97 % aller Strafrechtsfälle in England und Wales bearbeiten.[660] Die Magistrates' Courts sind in erster Linie mit Laienrichtern *(Lay Magistrates)* besetzt, die gewöhnlich in Dreiergruppen Sitzung halten.[661] Teilweise agieren hier jedoch auch professionelle Berufsrichter in Form der *District Judges (Magistrates' Courts)*.[662] Diese verhandeln im Gegensatz zu den Laienrichtern jedoch als Einzelrichter.

Die von den Magistrates' Courts zu verhängende Höchststrafe beträgt nach Section 31 (1) des Magistrates' Courts Act 1980 sechs Monate. Das Gericht hat jedoch auch die Möglichkeit, einen Fall zur Festsetzung eines adäquaten Strafmaßes an den Crown Court zu überweisen *(committal for sentence)*.[663]

2. Youth Courts

Die Youth Courts stellen Magistrates' Courts dar, die speziell für Kinder- und Jugenddelinquenz zuständig sind.[664] Durch diese besonderen Gerichte soll der Kontakt jugendlicher Straftäter mit der kriminellen Atmosphäre in den Magistrates' Courts sowie eine frühzeitige Stigmatisierung durch die Öffentlichkeit

---

660 Vgl. Weber, Englische Gerichtsbarkeit, S. 189; Darbyshire, English Legal System, S. 52.

661 Gesetzlich vorgesehen für die rechtmäßige Besetzung eines Magistrates' Court ist die Besetzung mit mindestens zwei und höchstens sieben Laienrichtern. Vgl. dazu Magistrates' Courts Act 1980, Section 121 (1) sowie die Justices of the Peace (Size and Chairmanship of Bench) Rules 1990, SI 1990/1554, rule 3.

662 Zur Differenzierung zwischen beiden sowie zur kürzlichen Umbenennung der ehemals "Stipendiary Magistrates" in "District Judges (Magistrates' Courts)" durch den Access to Justice Act 1999 siehe die Ausführungen unter A. II. 2. m).

663 Vgl. dazu die Ausführungen von Lord Goddard C.J., der diese Konstellation in dem Fall R. v. Norfolk Justices, ex parte Director of Public Prosecutions, (1950) 2 K.B., S. 558 ff (568) beschreibt als „*(...) a sort of composite case in which power is given to one court to convict and to another to give judgement; and until the judgement is given the hearing of the case is not complete.*".

664 Diese wurden bis 1991 noch als "Juvenile Courts" bezeichnet, vgl. Criminal Justice Act 1991, Section 70. Unter einem Kind (child) versteht man in diesem Zusammenhang eine Person unter 14 Jahren und unter einem Jugendlichen (young person) eine Person im Alter zwischen 14 und 17 Jahren einschließlich. Vgl. dazu den Children and Young Persons Act 1933, Section 107.

vermieden werden. Aus diesem Grunde sind die Sitzungen des Youth Courts auch nicht öffentlich.

Die Richter des Youth Courts sind allesamt Magistrates, die jedoch besonders ausgewählt werden. Ein Youth Court ist mit drei Laienrichtern ordnungsgemäß besetzt, worunter mindestens eine Richterin sein muß.[665]

3. Crown Court

Der Crown Court ist als Gericht erster Instanz zuständig für mittlere bis schwere Kriminalität und als Gericht zweiter Instanz für Urteile der Magistrates' Courts.[666] Dabei fungiert der Crown Court als vollständiges Berufungsgericht, denn es können sowohl Tatsachen- als auch Rechtsfragen neu entschieden werden.[667]

Ein charakteristisches Merkmal des Crown Court stellt die Tatsache dar, daß seine Gerichtsbarkeit nicht örtlich bedingt ist. Demnach existieren nicht mehrere Crown Courts im ganzen Land, sondern vielmehr nur ein einziger Crown Court, dessen Sitzungen an jedem Ort zu jeder Zeit abgehalten werden können.[668] Insofern tagt der Crown Court an 90 Orten in England und Wales, sog. *Crown Court Centres*, wovon der *Central Criminal Court* in London wohl am bekanntesten sein dürfte.

Der Crown Court ist in der Regel besetzt mit einem Berufsrichter und zwölf Geschworenen. Der vorsitzende Berufsrichter wird je nach Komplexität des Falles sowie Schwere der Tat aus den Reihen der High Court Judges, Circuit Judges oder Recorders ausgewählt.[669] Grundsätzlich sitzen die Richter am Crown Court als Einzelrichter. Sie können aber auch in einem Gremium mit zwei bis vier Laienrichtern Sitzung halten, eine Konstellation, die zwar nach dem Gesetz möglich ist, in der heutigen Praxis jedoch nicht mehr wahrgenommen wird.[670] Zudem

---

665 Siehe Walker/Ward, English Legal System, S. 165.

666 Der Crown Court ist exklusiv zuständig für alle "indictable offences" und damit Eingangsgericht für schwere Straftaten. Vgl. auch Supreme Court Act 1981, Section 46 (1).

667 Vgl. Magistrates' Courts Act 1980, Section 108.

668 Vgl. Supreme Court Act 1981, Section 78 (1) - (3) sowie Section 8 (2). Zur historischen Entwicklung des Crown Court siehe Walker/Ward, English Legal System, S. 155 ff.

669 Diese Verteilung der Fallast ist in der Practice Direction (Crown Court Business: Classification) 1987 geregelt, die der Lord Chief Justice in Abstimmung mit dem Lord Chancellor nach Section 75 des Supreme Court Act 1981 erlassen hat. Danach sind die Richter des Crown Court in drei Ränge unterteilt (High Court Judges, Circuit Judges, Recorders), während die Straftatbestände je nach Schwere und Komplexität in vier Kategorien eingeteilt werden. Die Vorschriften finden sich abgedruckt in (1987) 1 W.L.R., S. 1671-1675. Siehe auch die übersichtliche Darstellung bei Darbyshire, English Legal System, S. 96.

670 Vgl. Supreme Court Act 1981, Sections 8 (1) (c), 74 (1). Wenn ein Laienrichter als Richter am Crown Court fungiert, so wirkt er bei allen Entscheidungen des Gerichts vollständig mit. Im Hinblick auf rechtliche Streitpunkte muß er sich gleichwohl der Ansicht des

sind gesetzlich auch der Oberbürgermeister der Stadt London *(Lord Mayor)* sowie die Ratsherren der Stadt *(Aldermen of the City)* berechtigt, zusammen mit einem Berufsrichter am *Central Criminal Court* in London Sitzung zu halten, was heute jedoch ebenfalls nicht mehr praktiziert wird.[671]

4. Divisional Court of the Queen's Bench Division of the High Court

Als Gericht zweiter Instanz für die Urteile der Magistrates' Courts kommt neben dem Crown Court zudem der Divisional Court of the Queen's Bench Division of the High Court in Betracht.[672] Dieser kann aber nur über Rechtsfragen entscheiden und mithin keine erneute Beweisaufnahme vornehmen.[673] Ein Vergleich mit der kontinentaleuropäischen Revision trifft bei näherer Betrachtung gleichwohl aus dem Grunde nicht zu, da dem Divisional Court die Autorität für die endgültige Klärung rechtlicher Fragen fehlt.

5. Court of Appeal (Criminal Division)

Gericht zweiter Instanz für die Urteile des Crown Court ist die Criminal Division des Court of Appeal[674], deren Sitzungen nur in London in den *Royal Courts of Justice* abgehalten werden.

Der Court of Appeal (Criminal Division) ist zuständig für Berufungen gegen Verurteilungen *(appeal against conviction)*[675] sowie gegen diverse Sanktionen *(appeal against sentence)*[676] und für Fälle, die von Seiten der neu geschaffenen *Criminal Cases Review Commission* an das Gericht heran getragen werden[677].

Vorsitzenden Richters beugen. Siehe ausführlich hierzu die Entscheidung R. v. Orpin (1974) 2 All E.R., S. 1121 ff, C.A.

671 Siehe Supreme Court Act 1981, Section 8 (3). Gleichwohl wird der vorderste Sitz im Gerichtssaal Nummer eins beim Central Criminal Court in London ("Old Bailey") traditionell auch heute noch freigelassen für den Lord Mayor.

672 Die Rechtsprechung des High Court of Justice in Strafsachen wird ausschließlich durch die Queen's Bench Division wahrgenommen. Dabei fungiert diese Abteilung des High Court jedoch nur als Berufungsinstanz, da der Crown Court bereits alle Fälle schwerer Kriminalität als erstinstanzliches Gericht abdeckt. Zu den Besonderheiten der Anfrage in Form des "case stated" vgl. ausführlich Walker/Ward, English Legal System, S. 542 ff sowie die gesetzlichen Regelungen in Magistrates' Courts Act 1980, Sections 111, 112.

673 Vgl. Magistrates' Courts Act 1980, Section 111 (1).

674 Zu den beiden Abteilungen des Court of Appeal, der Criminal Division und der Civil Division, vgl. Supreme Court Act 1981, Section 3.

675 Vgl. Criminal Appeal Act 1968, Section 1, 2.

676 Zu beachten in diesem Zusammenhang jedoch die begrenzte Bedeutung des Begriffes "sentence" wie sie in Section 50 des Criminal Appeal Act 1968 definiert wird. Diese Legaldefinition erfaßt bspw. die Einweisung in ein Krankenhaus oder die Entziehung der Fahrerlaubnis. Siehe aber auch Section 9 mit der Einschränkung "not being a sentence fixed by law".

677 Vgl. Criminal Appeal Act 1995, Section 9 (1). Allgemein zur Institution der neu eingerichteten Criminal Cases Review Commission siehe Criminal Appeal Act 1995, Section

Zudem kann der Attorney General dem Gericht im Falle eines Freispruchs durch den Crown Court im Hinblick auf eine wichtige Rechtsfrage vorlegen, sog. *Attorney General's Reference.*[678] Das Ergebnis dieser gerichtlichen Nachprüfung beeinträchtigt jedoch weder den Freispruch des Angeklagten noch wird der Name des Angeklagten genannt.[679] Ferner kann die Staatsanwaltschaft dem Court of Appeal einen Fall vorlegen, wenn sie das von Seiten des Gerichts verhängte Strafmaß für zu milde erachtet.

Das Gericht setzt sich zusammen aus dem Lord Chief Justice als Präsident, den Lord Justices of Appeal und einer Reihe ausgesuchter Richter der Queen's Bench Division des High Court.[680] In der Regel sitzt der Court of Appeal (Criminal Division) mit drei Berufsrichtern und nur selten in der vollen Besetzung mit fünf Richtern.[681] Neuerdings dürfen nach Section 52 des Criminal Justice and Public Order Act 1995 auch Circuit Judges am Court of Appeal Sitzung halten, eine Neuregelung, die in England in weiten Teilen der Rechtswissenschaft für Unverständnis und Verärgerung gesorgt hat.[682]

6. House of Lords

Sowohl der Angeklagte, als auch die Staatsanwaltschaft können sich an das höchste Gericht des Landes, das House of Lords, wenden.[683] Voraussetzung dieser Berufungsmöglichkeit ist jedoch, daß es sich erstens um Rechtsfragen von allgemeinem Interesse handelt und zweitens entweder der Court of Appeal oder das House of Lords der Ansicht ist, daß diese Rechtsfrage einer Entscheidung durch das oberste Gericht bedarf *(fitness for appeal)* und aus diesem Grunde eine entsprechende Legitimation *(leave)* ausstellt.

8, Schedule 1 sowie das Resümee nach den ersten Arbeitsergebnissen der Kommission von Jason-Lloyd, CCRC one year on, S. 1174 f.

678 Vgl. Criminal Justice Act 1972, Section 36 (1).

679 Siehe Criminal Justice Act 1972, Section 36 (7).

680 Vgl. Darbyshire, English Legal System, S. 97.

681 Die Besetzung mit drei Berufsrichtern stellt gleichzeitig auch die gesetzlich vorgesehene Mindestzahl dar. Dabei sitzt in der Regel entweder der Lord Chief Justice oder ein Lord Justice of Appeal zusammen mit zwei Richtern der Queen's Bench Division des High Court. Vgl. Supreme Court Act 1981, Section 55 (2) sowie (4), wonach das Gericht in den dort aufgeführten Ausnahmefällen auch mit nur zwei Richtern als ordnungsgemäß besetzt gilt.

682 Vgl. die dadurch geänderte Section 55 sowie die neu eingefügten Sections 56A und 56B des Supreme Court Act 1981. Dabei darf jedoch nach der Regelung in Supreme Court Act 1981, Section 55 (6) nicht mehr als ein Circuit Judge je Spruchkörper sitzen. Siehe zum Ganzen Darbyshire, English Legal System, S. 97 f m.w.N.

683 Vgl. Criminal Appeal Act 1968, Section 33.

IV. Die Staatsanwaltschaft

Die englische Staatsanwaltschaft in Form des *Crown Prosecution Service (CPS)* ist eine relativ neue Behörde, deren gesetzliche Grundlage der Prosecution of Offences Act 1985 darstellt und die am 01.10.1986 ihre Arbeit aufgenommen hat.[684]

1. Die Organisation der Staatsanwaltschaft bis 1986

Vor der Einrichtung des Crown Prosecution Service im Jahre 1986 existierte in England keine vergleichbar organisierte unabhängige Staatsanwaltschaft, denn der *Director of Public Prosecutions* war mit einem Angestelltenapparat von etwa 70 Staatsanwälten nicht in der Lage, den gesamten Bereich von England und Wales abzudecken, und beschränkte sich insofern auf die Anklage der schwersten Verbrechen des Landes.[685] Aus diesem Grunde fungierte die Polizei gewöhnlich in einer Doppelrolle als Ermittlungsbehörde und gleichzeitig auch als Anklagebehörde.[686] Die Magistrates' Courts wurden daher in vielen Gebieten ursprünglich auch *Police Courts* genannt.[687] Für die Polizei begründete die selbständige Vorbereitung der Anklageunterlagen neben der beruflichen Ehre auch ein machtvolles Sozialprestige. Dementsprechend konzentrierte sich ein großer Teil der polizeilichen Ausbildung auf die Vermittlung rechtlicher Kenntnisse, statt einer Schwerpunktsetzung auf soziale Fähigkeiten, so daß teilweise, insbesondere im Bereich des Beweisrechts ein bemerkenswerter juristischer Wissensstand erreicht wurde.

Vor diesem Hintergrund stellte es etwa im Bereich des *London Metropolitan Police District* keine Seltenheit dar, wenn ein einfacher Polizeibeamter vor dem Magistrates' Court Anklage erhob, wobei dieser oftmals lediglich seine eigenen

---

684 Vgl. Prosecution of Offences Act 1985, Sections 1 - 15. Seit der Einrichtung des Crown Prosecution Service im Jahre 1985 ist diese Behörde kontinuierlich Gegenstand diverser Untersuchungen gewesen. Dabei sei neben einer Reihe unveröffentlichter interner Berichte an dieser Stelle insbesondere auf den Glidewell-Report aus dem Jahre 1998 ("The Review of the Crown Prosecution Service") verwiesen, benannt nach dem Vorsitzenden der Untersuchungskommission Sir Ian Glidewell. Diese Report setzt sich mit der Vergangenheit und Zukunft des CPS sowie mit der Effizienz der aktuellen Arbeitsmethoden auseinander und leitet daraus zahlreiche Schlußfolgerungen und Empfehlungen ab. Eine lesenswerte Zusammenfassung des Berichtes findet sich unter Crown Prosecution Service, Glidewell-Report Summary – Contents*. Siehe aber auch Crown Prosecution Service, What is the CPS?*, Introduction sowie Our background and History.

685 Vgl. Frazer, CPS of tomorrow, S. 861; Gandy, CPS Organisation and Philosophy, S. 7.

686 Zu dieser doppelten Rolle der Polizei sowie der Situation vor Inkrafttreten des Prosecution of Offences Act 1985 vgl. ausführlich Glidewell-Report, Review of the CPS, S. 61 f.

687 Auch heute findet sich gelegentlich über alten Gerichtsgebäuden noch die Bezeichnung "Police Court".

Notizen sowie die formelle Anschuldigung *(charge sheet)* zugrunde legte.[688] In komplexeren Fällen konnte von Seiten der Polizei zudem auf das *Metropolitan Police Prosecuting Solicitors' Department* zurückgegriffen werden, welches die Polizei sodann entweder hilfreich unterstützte oder die Anklage vollständig übernahm. In den meisten Fällen war jedoch der einzelne Polizeibeamte für die Vorladung und Anklage des von ihm ermittelten Falles verantwortlich. In den ländlichen Polizeibezirken außerhalb Londons stellte sich die Situation vor 1986 wenig anders dar. Die Funktion der Anklage wurde entweder durch einen höheren Polizeibeamten wahrgenommen oder durch einen beauftragten Solicitor aus der privaten Praxis oder durch das *Police Prosecuting Solicitors' Department.*

Demnach bestand vor der Konstituierung des Crown Prosecution Service keine scharfe Trennung zwischen der Ermittlung in einem Fall und der späteren Anklageerhebung, da beide Funktionen einheitlich durch die Polizei wahrgenommen wurden. Vor diesem Hintergrund begründete der Prosecution of Offences Act 1985 eine grundlegende Neuordnung des bislang praktizierten Systems durch die vollständige Übertragung der Anklagekompetenz auf die neu gegründete Staatsanwaltschaft, den Crown Prosecution Service.[689] Infolgedessen wurden die bis dahin bestehenden Kompetenzen der Polizei in Bezug auf die Anklageerhebung völlig aufgehoben. Diese modernen, rechtsstaatlichen Neuerungen haben in der Praxis zu großen Problemen zwischen beiden Behörden im Bereich der Kooperation und der zeitgerechten Koordination geführt, welche weiter unten im Rahmen des Ermittlungsverfahrens näher erörtert werden.

2. Die neue Organisation in Form des Crown Prosecution Service (CPS)

Der Crown Prosecution Service in seiner heutigen Form stellt eine zentralistisch organisierte unabhängige Staatsanwaltschaft dar, welche durch entsprechende Zweigstellen *(branches)* in 42 Bezirken in England und Wales örtlich vertreten ist.[690] Leiter des Crown Prosecution Service ist der *Director of Public Prosecu-*

---

688 So jedenfalls Glidewell-Report, Review of the CPS, S. 61.

689 Siehe Prosecution of Offences Act 1985, Section 3 (2).

690 Als der Crown Prosecution Service 1986 erstmals seine Arbeit aufnahm, existierten 31 CPS-Bezirke für den Bereich England und Wales. Im Jahre 1993 wurde diese Bezirke jedoch jeweils vergrößert und in ihrer Anzahl auf 13 reduziert. Diese Organisation erwies sich jedoch rasch als zu zentralisiert und demzufolge zu bürokratisch. Aus diesem Grunde wurden im April 1999 zur Stärkung der örtlichen Kontrolle die 13 großen Bezirke des CPS wieder verkleinert und in 42 neue Bezirke eingeteilt, wodurch in Anlehnung an die Empfehlungen des Glidewell-Reports eine Angleichung an die 43 Polizeibezirke in England und Wales erreicht werden sollte. Dabei wurden die getrennten Police Forces der City of London und die Metropolitan Police Forces als ein CPS-Bezirk für den Bereich London zusammengefaßt. Vgl. näher dazu sowie zu den einzelnen Bezirken Crown Prosecution Service, Where is the CPS?*; Frazer, CPS of tomorrow, S. 861. Siehe als gesetzliche Grundlage Section 1 (4), (5) des Prosecution of Offences Act 1985. Zur Organi-

tions (DPP).[691] Dieser ist dem Attorney General als zuständigen Minister verantwortlich.[692] Im Juni 1998 wurde zudem die Stelle des *Chief Executive* geschaffen, aufgrund derer sich der Director hauptsächlich auf die Strafverfolgung im engeren Sinne und das rechtliche Verfahren konzentrieren kann.[693] Jeder der 42 Bezirke wird durch einen *Chief Crown Prosecutor* geleitet. Die für den Crown Prosecution Service tätigen Staatsanwälte werden durch den Director of Public Prosecutions ernannt und haben grundsätzlich genau die gleichen Rechte wie dieser selbst.[694]

Bis vor wenigen Jahren verfügten die angestellten Staatsanwälte des Crown Prosecution Service *(Crown Prosecutors)* nur über ein eingeschränktes *right of audience* vor den englischen Gerichten, so daß sie eine Anklage lediglich vor den Magistrates' Courts selbst vertreten konnten, da die Befugnis der *audience* nicht an die Position im CPS, sondern an die allgemeine Qualifikation zum Auftreten vor Gericht anknüpft.[695] Für die Verfahren vor dem Crown Court mußte von Seiten des Crown Prosecution Service daher stets ein Barrister mit der Vertretung der Anklage beauftragt werden. Seit Februar 1997 können die Anhörungsrechte vor den höheren Gerichten begrenzt jedoch auch an erwerbstätige Solicitors *(employed solicitors)* gewährt werden, so daß sich die von Seiten des Crown Prosecution Service beschäftigten Solicitors entsprechend qualifizieren und nunmehr ihre Anklagen selbständig vor Gericht vertreten können.[696] Durch den

---

sationsform des Crown Prosecution Service vgl. ferner Gandy, CPS Organisation and Philosophy, S. 7.

691 Siehe dazu näher Prosecution of Offences Act 1985, Sections 2, 3. Dieses Amt wird derzeit von Mr David Calvert-Smith (Q.C.) wahrgenommen, welcher am 01.11.1998 Mrs Barbara Mills und damit die erste Frau in diesem Amt ablöste. Siehe dazu auch Crown Prosecution Service, What is the CPS?*, The Director of Public Prosecutions (DPP).

692 Vgl. dazu auch Gandy, CPS Organisation and Philosophy, S. 9: „*The government of the day does not control the prosecution service in its operational decision-making. The Director is required to act under the superintendence of the Attorney; this implies a general overseeing rather than a day-to-day interest.*". Dem Attorney General obliegt daher nur eine ministerielle allgemeine Aufsichtspflicht über den Crown Prosecution Service. Die Leitung der Behörde hingegen liegt in den Händen des Director of Public Prosecutions.

693 Vgl. Crown Prosecution Service, Annual Report 1998/1999 – Chapter 1*.

694 Prosecution of Offences Act 1985, Section 1 (3), (6). Gleichwohl unterliegen die Crown Prosecutors der Weisungsbefugnis des DPP („(they) shall exercise those powers under the direction of the Director").

695 Siehe hierzu auch Prosecution of Offences Act 1985, Section 4 in der Fassung, die diese Vorschrift durch den Courts and Legal Services Act 1990 erhalten hat. Danach war die Gewährung erweiterter Prozeßführungsbefugnisse an die angestellten Staatsanwälte des Crown Prosecution Service bereits theoretisch möglich gewesen, denn die gesetzliche Grundlage hatte dies ausdrücklich offengelassen.

696 Dabei vertrat der Crown Prosecution Service nach eigenen Angaben in dem Zeitraum von April 1999 bis März 2000 insgesamt 1,4 Millionen Anklagen vor den Magistrates' Courts und 125.000 Anklagen vor dem Crown Court. Siehe dazu Crown Prosecution

Access to Justice Act 1999 Sections 36 und 37 wurden die *higher court rights of audience* der im Rahmen eines Angestelltenverhältnisses beschäftigten Solicitors und Barristers zudem erneut erweitert. Danach sollen grundsätzlich allen Solicitors und Barristers umfassende Anhörungsrechte vor allen Gerichten in England und Wales zustehen, wobei deren Wahrnehmung und Ausübung vor Gericht jedoch an das Durchlaufen eines entsprechenden Trainingskurses geknüpft wird.[697] Diese Vorschriften sind bislang aber noch nicht in Kraft getreten.

Aus kontinentaleuropäischer Perspektive erscheint das bislang in England praktizierte Konzept einer Staatsanwaltschaft, die sich zur Vertretung der Anklage komplexer Fälle vor den höheren Gerichten aus den Reihen erfolgreicher Anwälte in der freien Wirtschaft bedient, durchaus reizvoll. Dabei stellt sich insbesondere die Vorstellung einer hoch qualifizierten und unvoreingenommenen Anklagevertretung vor Gericht als erstrebenswert dar, zumal eine große Anzahl der heutigen Staatsanwälte unter dem enormen Erfolgsdruck zusammenbrechen, der ihnen durch Vorgesetzte sowie durch die Medien und die breite Öffentlichkeit auferlegt wird, so daß eine objektive und an der Wahrheitsfindung orientierte Anklage nicht mehr gewährleistet werden kann.[698] In diesem Zusammenhang darf jedoch nicht übersehen werden, daß die in England bislang übliche Beauftragung eines Barristers zur Vertretung der Anklage vor dem Crown Court maßgeblich auf die für das englische Rechtssystem charakteristische Beschränkung der Prozeßführungsbefugnisse auf diesen Teil der Anwaltschaft zurückzuführen ist, statt auf die soeben dargestellten Motivationen. Zwar wird derzeit vermehrt eine Partnerschaft zwischen dem Staat in Form des CPS und der freien Wirtschaft vertreten durch erfolgreiche Rechtsanwälte aus der Praxis als effiziente

---

Service, Annual Report 1999/2000, S. 6 sowie die graphischen Darstellungen auf den S. 33 - 37.

697 Vgl. dazu auch die offizielle Kommentierung zu den Sections 36 und 37 des Access to Justice Act 1999 unter Her Majesty's Stationary Office, Explanatory Notes to the Access to Justice Act 1999*, § 13. Ebenso die kürzlichen Empfehlungen des Legal Services Consultative Panel an den Lord Chancellor *(„distinctions between solicitors and barristers in private practice, and those in employment, should be removed")* unter Lord Chancellor's Department, The Legal Services Consultative Panel – Advice to the Lord Chancellor vom 06.09.2000*, Summary - Principles.

698 Auf den ersten Blick scheint die den deutschen Staatsanwälten mitunter sichtbar anhaftende "Anklagefreudigkeit" dadurch vermieden zu werden, daß die von Seiten des CPS beauftragten Anwälte theoretisch am nächsten Tag bereits wieder als Verteidiger vor Gericht stehen können und insofern nicht gefährdet ist, sich an die Vertretung der Anklage in Strafverfahren zu gewöhnen mit der Folge voreingenommener Parteilichkeit. Dieses Bild spiegelt jedoch nicht die rechtliche Praxis wieder, denn im Laufe der Zeit haben sich einige erfahrene Rechtsanwälte auf die Vertretung der Anklage vor Gericht spezialisiert und werden insofern kontinuierlich von Seiten des CPS mit Fällen beauftragt.

Alternative zu einem weiteren personellen Ausbau des CPS befürwortet.[699] Gleichwohl hat sich dieses Konzept in England bis dato nicht durchsetzen können. Vielmehr versucht die Regierung für die angestellten Staatsanwälte des CPS die Gewährung unbeschränkter *rights of audience* zu erwirken und infolgedessen eine weitestgehend autarke staatliche Behörde zu formieren.[700]

Die Strafverfolgung kann neben dem Crown Prosecution Service auch durch Privatpersonen in Form einer Privatklage initiiert werden *(private prosecution)*, denn in England steht grundsätzlich jedermann das Recht zur Anklageerhebung vor Gericht zu.[701] Gleichwohl macht die Privatklage in England nur noch etwa 1 % aller Anklagen aus und unterliegt zudem diversen Einschränkungen und Vorbehalten.[702]

Für die Anklage besonders schwerwiegender und komplexer Betrugsfälle im Bereich der Wirtschaftskriminalität ist eine durch den Criminal Justice Act 1987 konstituierte Sonderbehörde, die *Serious Fraud Office*, zuständig.[703]

---

699 Siehe zu dieser attraktiven Variante insbesondere Ley, New Partnership, S. 1082, der auch im Hinblick auf die Arbeit des Crown Prosecution Service eine strikte Arbeitsteilung im Sinne der gerichtlichen Vorarbeit auf der einen Seite und des Auftretens vor Gericht auf der anderen Seite fordert. Dabei dürfte es wohl kaum verwundern, daß Mr. Ley dem Anwaltsstand der Barristers angehört.

700 Dabei steht bei dieser Planung eindeutig der Aspekt der Verfahrenskosten respektive mögliche Einsparungen in diesem Bereich im Vordergrund. Darüber hinaus darf zudem nicht übersehen werden, daß sich die bislang erfolgte Beauftragung erfolgreicher Barrister in der Praxis nicht als derart effizient erwiesen hat, wie dies auf den ersten Blick vielleicht vermuten läßt. So sah sich auch der CPS mit dem Problemfeld der in letzter Minute "returned briefs" konfrontiert mit der Folge, daß ein weniger erfahrener Kollege des ursprünglich beauftragten Barristers den Fall der Anklage kurzfristig übernehmen mußte. Ferner mußte der CPS feststellen, daß die erfolgreichen Queen's Counsels zum einen sehr hohe Gebühren verlangen und zum anderen in der Regel über Wochen hinweg ausgebucht sind. Vgl. in diesem Zusammenhang auch die Untersuchung von Block/Corbett/Peay, Ordered and Directed Acquittals, S. 67 mit begründeten Zweifeln an der professionellen Vertretung der Anklage durch extern beauftragte Barristers.

701 Vgl. hierzu Nagel, Beweisaufnahme, S. 24 mit dem Hinweis darauf, daß jede Anklageerhebung – auch die durch eine Privatperson – gleichwohl im Namen der Krone erfolgt.

702 So ist eine Privatklage beispielsweise nach Section 6 (1) des Prosecution of Offences Act 1985 nur in den Fällen möglich, in denen keine Verfolgungspflicht des Crown Prosecution Service besteht, wobei dieser auch in diesen Fällen nach Section 6 (2) die Strafverfolgung jederzeit übernehmen kann. Im Einzelnen hierzu Huber, Funktion der Anklagebehörde, S. 548, 573 m.w.N.

703 Vgl. Criminal Justice Act 1987, Sections 1 - 3. Im Hinblick auf den Zuständigkeitsbereich der Serious Fraud Office siehe auch Serious Fraud Office, Homepage* - What it does and how it works. Siehe auch Staple, Serious and Complex Fraud, S. 127 ff.

C. Ermittlungsverfahren (Pre-Trial Proceedings)

I. Die Polizei als autonome Ermittlungsbehörde

Die Einleitung und Durchführung des englischen Ermittlungsverfahrens liegt maßgeblich in den Händen der Polizei, die als autonome Ermittlungsbehörde nicht nur ohne Beaufsichtigung des Crown Prosecution Service ermittelt, sondern darüber hinaus auch eigens mit Opportunität ausgestattet ist.[704] Demnach entscheidet die Polizei selbständig über die Frage, ob im konkreten Einzelfall ein Ermittlungsverfahren eingeleitet wird oder nicht. Zudem kann sie das Ermittlungsverfahren nach eigenem Ermessen einstellen oder lediglich eine formelle Verwarnung *(caution)* aussprechen, ohne daß es zur Anklage kommt. Anders als in Deutschland unterliegt die Polizei damit nicht dem Legalitätsprinzip. Vielmehr ist die Praxis des Ermittlungsverfahrens durch den Opportunitätsgedanken geprägt. An dieser Stelle sei zudem darauf hingewiesen, daß es aus historischen Gründen in England keine einheitliche Bundespolizei gibt, sondern vielmehr 43 unterschiedliche *police forces* für den Bereich England und Wales.[705] Dabei unterliegen jedoch alle *police forces* gleichermaßen den gesetzlichen Vorschriften. Zudem veröffentlicht das Innenministerium von Zeit zu Zeit verbindliche Rundschreiben *(circulars)*, um eine einheitliche Ausübung der polizeilichen Ermessensspielräume im Rahmen des Ermittlungsverfahrens zu gewährleisten.[706]

Ziel des Ermittlungsverfahren ist die Sammlung von Beweisen, wobei die Polizei grundsätzlich sowohl belastendes als auch entlastendes Beweismaterial zu berücksichtigen hat. Aufgrund des stark ausgeprägten adversatorischen Charakters des englischen Strafverfahrens, wonach jede Partei die für sie günstigen Beweise selbst aufzubringen hat, ist die Polizei dieser Verpflichtung in der Vergangenheit in vielen Fällen jedoch nicht oder zumindest nicht in angemessenem Ausmaß nachgekommen und sah sich vielmehr verpflichtet, zur Rechtfertigung der selbst initiierten Strafverfolgungsbemühungen in erster Linie belastende

---

[704] Vgl. hierzu die interessanten Ausführungen Meyers, Verwertung polizeilicher Protokolle, S. 389, der im Hinblick auf den europäischen Rechtsraum zunächst zwischen Ländern, die sich zum Opportunitätsprinzip bekennen, und Ländern, die das Legalitätsprinzip hochhalten, unterscheidet und darauf aufbauend zwischen vier unterschiedlichen Modellen zur Ausgestaltung des Verhältnisses zwischen Staatsanwaltschaft und Polizei differenziert. Siehe auch Reiner, Policing a Postmodern Society, S. 761 ff mit einer systematischen Darstellung des veränderten Polizeibildes innerhalb der englischen Öffentlichkeit im Laufe der letzten Jahrzehnte.

[705] Eine anschauliche graphische Übersicht der verschiedenen Polizeibezirke in England und Wales findet sich unter Police Services of the UK, Homepage*. Zur historischen Entwicklung der englischen Polizei vgl. Slobogin, Regulation of Police Investigation, S. 2 ff.

[706] Vgl. Smith, Criminal Procedure Systems, S. 76 m.w.N.

Beweistatsachen anzuführen.[707] Aus diesem Grunde war in vielen Fällen eine auf einem vorschnell gefaßten Täterbild aufbauende, höchst selektive Ermittlungspraxis zu beobachten.[708]

Diese übermächtige Stellung der Polizei im Rahmen des Ermittlungsverfahrens sowie die damit korrespondierende überaus schwache Position des Verdächtigen waren Anlaß für die Berufung der *Royal Commission on Criminal Justice*, die ein Konzept zur effizienten Kontrolle der polizeilichen Ermittlungstätigkeiten erarbeiten sowie sich mit dem Verhältnis zwischen Polizei und Staatsanwaltschaft auseinandersetzen sollte und im Jahre 1993 ihren Untersuchungsbericht vorlegte. In Anlehnung an diese Ergebnisse und Empfehlungen enthält nunmehr der Criminal Procedure and Investigation Act 1996 wichtige Regelungen im Hinblick auf die Durchführung polizeilicher Ermittlungen sowie die Einbringung der ermittelten Beweise in das spätere Strafverfahren, wobei auch hier die ergangenen *Codes of Practice*[709] von großer praktischer Bedeutung sind.

Maßgebliche gesetzliche Grundlage für die Ermittlungstätigkeit der Polizei stellt neben zahlreichen anderen Gesetzen jedoch nach wie vor der Police and Criminal Evidence Act 1984 (PACE) dar, inklusive der diesbezüglichen detaillierten Codes of Practice, welche die Ermittlungstätigkeit der Polizei für die Praxis näher konkretisieren.[710] Dieser regelt die wichtigsten polizeilichen Zwangsmaßnahmen bei der Suche nach Beweismaterial, darunter weitreichende Anhalte- und Durchsuchungsbefugnisse *(powers to stop and search)*[711], Befugnisse zum Betreten und Durchsuchen von Räumen, die Beschlagnahme von Gegenständen

---

707 Insofern kennzeichnete der adversatorische Charakter der Hauptverhandlung auch weitegehend den Charakter der Ermittlungen. Ausführlich zu den polizeilichen Entscheidungskriterien sowie der polizeilichen Ermessensausübung in der Praxis: Sanders in Maguire/Morgan/Reiner, Handbook of Criminology, S. 1054 ff.

708 So insbesondere in den aufsehenerregenden Fällen der großen Justizirrtümer Mitte der 80er und zu Beginn der 90er Jahre, welche hauptsächlich auf eine voreingenommene und vorurteilsbehaftete Ermittlungsarbeit der englischen Polizei zurückzuführen waren, die sich entlastenden Beweisen im Rahmen des Ermittlungsverfahrens schlichtweg verschlossen hatte. Die Folge waren breit angelegte Wiederaufnahmeverfahren und darauffolgende Freilassungen nach zum Teil über 17 Jahren Haft. Vgl. die Nachweise oben unter B. I. Infolge dieser Ereignisse wurde später durch den Criminal Appeal Act 1995, Sections 8 ff und Schedule 1 die "Criminal Cases Review Commission" eingerichtet.

709 Vgl. dazu Sections 22 f Criminal Procedure and Investigations Act 1996 sowie die Darstellung und Kommentierung der einzelnen Codes bei Archbold, Criminal Pleading, namentlich Code A (Stop and Search), § 15-68 ff; Code B (Search and Seizure), § 15-139 ff; Code C (Detained Persons), § 15-263; Code D (Identification), § 14-28 ff. Die Verabschiedung dieser Richtlinien für die polizeirechtliche Praxis im Ermittlungsverfahren geht auf die Empfehlung Nr. 127 der Royal Commission on Criminal Justice zurück.

710 Eine ausführliche Darstellung der polizeilichen Zwangsmaßnahmen nach den gesetzlichen Regelungen des Police and Criminal Evidence Act 1984 findet sich bei Zander, PACE 1984.

711 Vgl. Police and Criminal Evidence Act 1984, Sections 1 - 7.

(powers of entry, search and seizure)[712], die polizeiliche Befugnis zur Festnahme *(arrest)*[713], die Anordnung von Untersuchungshaft *(detention)*[714] sowie eine Reihe erkennungsdienstlicher Maßnahmen wie bspw. die körperliche Durchsuchung *(intimate search)*[715], die Abnahme von Fingerabdrücken *(fingerprinting)*[716] oder die Entnahme von Blut oder anderen Körperflüssigkeiten *(intimate samples)*[717].

Das Ermittlungsverfahren wird durch die Polizei nach eigenem Ermessen abgeschlossen, was abhängig von Stand und Ergebnis der polizeilichen Ermittlungen auf drei unterschiedlichen Wegen geschehen kann. Kommt die Polizei zu dem Schluß, daß die ihr vorliegenden Ermittlungsergebnisse eine Anklage rechtfertigen, so spricht sie eine formelle Beschuldigung *(charge)* aus und übergibt die Ermittlungsakten an die nunmehr zuständige Staatsanwaltschaft.[718] Ist die Polizei hingegen der Ansicht, die gesammelten Beweise begründen keine Anklage, so kann sie entweder weitere Ermittlungen anstellen oder das Ermittlungsverfahren selbständig für beendet erklären *(taking no further action)*. Als dritte Option kann die Polizei zudem lediglich eine Verwarnung *(caution)* aussprechen und die Ermittlungen daraufhin einstellen.

II. Der Tätigkeitsbereich des Crown Prosecution Service (CPS)

Die Staatsanwaltschaft in Form des Crown Prosecution Service wird erst nach Abschluß der Ermittlungen durch die Polizei tätig und auch nur dann, wenn die Polizei eine formelle Beschuldigung *(charge)* ausgesprochen hat.[719] Daher kann sie im Vorfeld der Beschuldigung auf die Durchführung des Ermittlungsverfahrens durch die Polizei keinen Einfluß nehmen. Die Aufgabe der Staatsanwaltschaft besteht in der Beurteilung, ob das von der Polizei in Verbindung mit der formellen Beschuldigung eingereichte Beweismaterial eine Anklage vor Gericht

---

712 Vgl. Police and Criminal Evidence Act 1984, Sections 8 - 23.

713 Vgl. Police and Criminal Evidence Act 1984, Sections 24 - 32.

714 Vgl. Police and Criminal Evidence Act 1984, Sections 34 - 51.

715 Vgl. Police and Criminal Evidence Act 1984, Section 55.

716 Vgl. Police and Criminal Evidence Act 1984, Section 61 sowie die durch den Criminal Justice and Public Order Act 1994 neu eingefügte Section 63 A.

717 Vgl. Police and Criminal Evidence Act 1984, Section 62 sowie Section 65.

718 Siehe Prosecution of Offences Act 1985, Section 3 (2) (a).

719 Ab diesem Zeitpunkt steht der Beschuldigte der Polizei als Beweismittel nicht mehr zur Verfügung. Daher müssen seine Aussagen bis dahin sorgfältig gesammelt und aufgezeichnet worden sein. Dabei ist die Aufzeichnung aller Vernehmungen auf Tonband gesetzlich vorgesehen. Siehe dazu Police and Criminal Evidence Act 1984, Section 60 (1) sowie Code of Practice E (Tape Recoding of Police Interviews) und die aufgrund von Section 60 (1) (b) ergangenen Police and Criminal Evidence Act 1984 (Tape-recording of Interviews) (No 1) Order 1991, SI 1991/2687; Police and Criminal Evidence Act 1984 (Tape-recording of Interviews) (No 2) Order 1992, SI 1992/2803.

rechtfertigt. Dabei greift sie jedoch lediglich auf das von Seiten der Polizei vorgelegte Beweismaterial sowie die polizeiliche Schilderung und Rekonstruktion des Falles zurück und schließt sich daher in den meisten Fällen der polizeilichen Entscheidung an.[720] Insbesondere kann sie der Polizei keine verbindlichen Anweisungen zu weiteren Ermittlungen erteilen, wodurch die vorhandene Beweislage möglicherweise näher ausgeleuchtet werden könnte, sondern vielmehr nur Empfehlungen *(advice)* aussprechen.[721]

Insofern besteht trotz der durch den Prosecution of Offences Act 1985 konstatierten formellen Unabhängigkeit des CPS eine faktische Abhängigkeit von der Polizei. Letztere ist aufgrund ihres Informationsvorsprunges in der Lage, die Entscheidung des Crown Prosecutors in eine bestimmte Richtung zu lenken. Ferner darf nicht außer Acht gelassen werden, daß der CPS ohnehin nur die Fälle anklagen oder einstellen kann, die ihm von Seiten der Polizei übermittelt werden. Dabei handelt es sich zwangsläufig nur um Fälle, welche nach Ansicht der Polizei, mit anderen Worten nach Ausübung der polizeilichen Opportunität zur Anklage gelangen sollen.[722]

Der Staatsanwaltschaft stehen grundsätzlich drei Entscheidungsoptionen zur Verfügung. Sie kann das Verfahren entweder ganz einstellen *(discontinue)*[723]

---

720 Es besteht eine faktische Abhängigkeit von der Polizei, da diese nach wie vor die wichtigen Schlüsselentscheidungen trifft. Vgl. dazu insbesondere McConville/Sanders, Weak Cases, S. 24 f. Siehe auch die Studie von McConville/Sanders/Leng, Case for the Prosecution, S. 133 ff, 141 ff, die zu dem Ergebnis kommt, daß der CPS unter Berücksichtigung der Vorfilterung der Fälle durch die Polizei grds. zu einer Anklageerhebung tendiert und nicht immer eigenständig die dafür notwendigen Voraussetzungen prüft.

721 Vgl. Prosecution of Offences Act 1985, Section 3 (2) (e). Siehe aber auch Glidewell-Report, Review of the CPS, S. 62, § 8 mit dem Hinweis darauf, daß der "advice" des CPS an die Polizei in den meisten Fällen akzeptiert wird, sowie Huber, Strafverfahren in England, S. 27; Kühne, Strafprozeßrecht, S. 551. Zur schwachen Position des CPS gegenüber der Polizei siehe ausführlich Sanders in Maguire/Morgan/Reiner, Handbook of Criminology, S. 1051 ff.

722 Zur Rekonstruktion des Abschlußergebnisses zum Ende des Ermittlungsverfahrens, sog. "case construction", und der hierdurch möglichen Steuerung des CPS durch die Polizei siehe Ahlers, Strafverfolgungspraxis im Vergleich, S. 66 ff.

723 Dabei eröffnet sich der Staatsanwaltschaft ein in zeitlicher Hinsicht fortlaufender Ermessensspielraum bezüglich der Einstellungsentscheidung, d.h. das Verfahren kann auch noch zu einem sehr späten Zeitpunkt eingestellt werden. Der Staatsanwaltschaft bieten sich daher im Hinblick auf die Entscheidung zur Einstellung des Verfahrens mehrere Möglichkeiten an. Nach dem Prosecution of Offences Act 1985, Section 23 (4) kann sie diese Entscheidung frühestens treffen, bevor die Akten dem Gericht übermittelt werden, was allerdings notwendigerweise voraussetzt, daß sie das von Seiten der Polizei im Rahmen des Ermittlungsverfahrens zusammengetragene Beweismaterial rechtzeitig vor der ersten gerichtlichen Anhörung erhalten hat. Dies ist in der Praxis jedoch nur selten der Fall. Aus diesem Grunde bietet die Staatsanwaltschaft in den meisten Fällen mit offensichtlich unzureichender Beweislage erst im Rahmen des Zwischenverfahrens (com-

oder Anklage erheben in Anlehnung an die ursprüngliche, von Seiten der Polizei vorgebrachte Beschuldigung oder bei unzureichender Beweissituation Anklage erheben wegen einer minder schweren Straftat *(downgrading)*[724]. Dieser Ermessensspielraum der Staatsanwaltschaft begründet daher neben der polizeilichen Entscheidungsmacht im Rahmen des Ermittlungsverfahrens eine zweite Entscheidungsebene im Vorfeld des gerichtlichen Verfahrens, welche ebenfalls durch den Opportunitätsgedanken geprägt ist.

Die Ermessensentscheidung des Crown Prosecution Service hinsichtlich der Anklageerhebung respektive Einstellung des Verfahrens richtet sich nach den Bestimmungen des *Code for Crown Prosecutors*, der auf Grundlage des Prosecution of Offences Act 1985, Section 10 von Seiten des Attorney General erlassen worden ist.[725] Nach diesen Richtlinien soll die Strafverfolgung nur fortgesetzt werden, wenn erstens ausreichendes Beweismaterial vorhanden ist, so daß eine realistische Chance auf eine spätere Verurteilung des Angeklagten besteht *(evidential test)*, und zweitens eine weitere Strafverfolgung zudem im öffentlichen Interesse liegt *(public interest test)*.[726] Dabei hat sich der Staatsanwalt im Rahmen der ersten Entscheidungsphase zu fragen, ob das vorhandene Beweismaterial vor Gericht gegen den Angeklagten verwendet werden kann und ob es sich darüber hinaus um verläßliche Beweisquellen handelt.[727] Im Rahmen der darauffolgenden zweiten Entscheidungsphase hat er sodann das Interesse der Öffentlichkeit an einer weiteren Strafverfolgung und das Interesse des Angeklagten an der Einstellung des Verfahrens sorgfältig gegeneinander abzuwägen, wobei die Richtlinien eine Reihe hilfreicher Ermessenskriterien festlegen.[728]

---

mittal proceedings) keine Beweise an, woraufhin der Richter das Verfahren einstellt (dismiss the charge). Nach Section 23 (3) des Prosecution of Offences Act 1985, kann die Staatsanwaltschaft auch noch im Rahmen des Zwischenverfahrens vor den Magistrates' Courts das Verfahren einstellen und zwar bis zu dem Zeitpunkt, wo das Gericht die Beweise der Anklage noch nicht gehört hat bzw. der Angeklagte noch nicht zum weiteren Hauptverfahren überstellt worden ist. Diese Entscheidung zu einem relativ späten Zeitpunkt erfordert allerdings eine schriftliche Erklärung von Seiten der Staatsanwaltschaft zur Begründung der Einstellungsentscheidung nach Section 23 (5) des Crown Prosecution of Offences Act 1985. Vgl. zum Ganzen Block/Corbett/Peay, Ordered and Directed Acquittals, S. 6 f.

724 Siehe dazu Code for Crown Prosecutors, § 7; Crown Prosecution Service, Glidewell-Report Summary – Part I*, § 14.

725 Dabei handelt es sich um offizielle Richtlinien, die eine einheitliche und möglichst fehlerfreie Ermessensausübung von Seiten der Crown Prosecutors gewährleisten sollen. Teilweise wird in der Praxis auch die Bezeichnung "Section-10-Code" verwandt.

726 Code for Crown Prosecutors, § 4; Gandy, CPS Organisation and Philosophy, S. 12 ff.

727 Vgl. Code for Crown Prosecutors, § 5.

728 Siehe Code for Crown Prosecutors, § 6.4 mit einer umfassenden Auflistung unterschiedlicher Faktoren, die für eine weitere Strafverfolgung sprechen, sowie § 6.5 mit zahlreichen Anhaltspunkten gegen die Fortführung der Strafverfolgung. Vgl. in diesem Zusammenhang aber auch § 6.2, der offenbar eine Berücksichtigung der Faktoren, die gegen

Diese auf den ersten Blick anhand klarer Kriterien zu treffende Ermessensentscheidung gestaltet sich in der Praxis jedoch als überaus schwierig. Dies ist zum einen auf die starke Beteiligung juristischer Laien im Rahmen des englischen Strafprozesses zurückzuführen, sei es in Form der Laienrichter an den Magistrates' Courts oder der Geschworenen im Rahmen des Verfahrens vor dem Crown Court, wodurch die Vorhersehbarkeit der maßgeblichen Entscheidungen im Hinblick auf die Schuld des Angeklagten sowie bezüglich der Zulassung von Beweismaterial stark eingeschränkt wird. Zum anderen wird die Entscheidung der Staatsanwaltschaft bezüglich der hinreichenden Beweislage durch das nach wie vor problematische Verhältnis zur Polizei beeinträchtigt, denn diese legt viele Beweisstücke, die aus ihrer Sicht unbrauchbar sind oder erst ermittelt werden müssen, entweder gar nicht vor oder erst zu spät, nachdem das Verfahren aus Mangel an Beweisen bereits eingestellt werden mußte.[729]

III. Das gespannte Verhältnis zwischen CPS und Polizei

Staatsanwaltschaft und Polizei stehen in einem symbiotischen Verhältnis zueinander. Die Polizei benötigt die Staatsanwaltschaft, um die von ihr ermittelten Fälle zur Anklage zu bringen, und die Staatsanwaltschaft benötigt die Polizei für die Bereitstellung von Beweismaterial. Diese grundlegenden Interdependenzen legen auf den ersten Blick die Vorstellung einer effizienten Kooperation nahe, welche in der Praxis jedoch zweifellos nicht zu beobachten ist. Vielmehr stehen sich beide Behörden antagonistisch gegenüber, ein Verhältnis, das sich in den letzten Jahren deutlich negativ in den zur Anklage gebrachten Strafverfahren niedergeschlagen hat.[730] Diese problematische Beziehung sowie die daraus er-

---

eine weitere Strafverfolgung sprechen, erst im Rahmen der Festlegung des späteren Strafmaßes von Seiten des Richters favorisiert und insofern den Ermessensspielraum des Staatsanwaltes hinsichtlich der Entscheidung zur Einstellung des Verfahrens deutlich eingrenzt. Angesichts der Filterfunktion des Crown Prosecution Service erscheint diese Formulierung zunächst zwar durchaus befremdlich, doch wird sie vor dem Hintergrund verständlich, daß die derzeitige Organisation der Staatsanwaltschaft in Form des CPS noch relativ neu ist. Offenbar vertraut man hier dem juristischen Feingefühl des Richters mehr als der Ermessensentscheidung eines Crown Prosecutors.

729 Siehe hierzu Block/Corbett/Peay, Ordered and Directed Acquittals, S. 59.

730 Das Resultat dieser mangelhaften Zusammenarbeit ist zum einen die von Seiten der Staatsanwaltschaft unzureichend vorbereitete Präsentation von Fällen vor Gericht, zum anderen aber auch die Anklage von Fällen, in denen die Beweislage für eine Verurteilung offensichtlich nicht ausreicht oder sich nur äußerst schwach darstellt, sog. "weak cases". Dabei mag sich auf den ersten Blick die Frage aufdrängen, warum die Anklage derartiger Fälle zu bemängeln ist, können sie doch im Rahmen des Zwischenverfahrens immer noch ausgefiltert werden, so daß es nicht zur Hauptverhandlung kommen muß. Diese Argumentation ist jedoch sehr vordergründig und übersieht erstens die bis zu dem Zeitpunkt des richterlichen Tätigwerdens bereits angefallenen Kosten, insbesondere für den Staat,

wachsende Kontraproduktivität resultieren in erster Linie aus der veränderten Aufgabenverteilung durch die Einrichtung des Crown Prosecution Service im Jahre 1985, wodurch das Anklagemonopol, welches bis dahin de facto der Polizei zugestanden hatte, auf die neu konstituierte Staatsanwaltschaft übertragen wurde. Die Polizei sah sich daraufhin nicht nur ihrer machtvollen und einflußreichen Anklagefunktion beraubt, sondern darüber hinaus auch einer neu geschaffenen Staatsanwaltschaft gegenüber, die in den ersten Anfangsjahren ihrer Existenz alles andere als den Eindruck einer professionellen staatlichen Behörde erweckte. Der Crown Prosecution Service sah sich auf der anderen Seite mit einer Polizei konfrontiert, die nicht nur jegliche Kooperationsleistung verweigerte, sondern vielmehr nach wie vor auf ihre eigenen *Administrative Support Units (ASUs)*[731] zurückgriff, anstatt die nunmehr zuständige Staatsanwaltschaft einzuschalten.[732]

Dieses spannungsgeladene Verhältnis hat sich auch im Laufe der Jahre nicht wesentlich abbauen lassen, so daß auch heute noch kein harmonischer und vor allen Dingen effizienter Verfahrensablauf im Vorfeld der Anklageerhebung stattfindet.[733] Für die Zukunft bleibt daher abzuwarten, ob sich neben den bestehenden gesetzlichen Vorschriften eine verläßliche Aufgabenzuweisung für die alltägliche Praxis etablieren kann und ob sich die auf beiden Seiten bestehenden

---

und zweitens das Risiko eines Irrtums in Person der im Zwischenverfahren zuständigen Laienrichter (Examining Magistrates), so daß es in diversen Einzelfällen eben doch zur Hauptverhandlung kommen kann. Ferner leidet unter einer derartigen Vorgehensweise zweifellos auch das Ansehen der sowie das Vertrauen in die staatlichen Strafverfolgungsbehörden. Vgl. in diesem Zusammenhang auch die anschaulichen Darstellungen bei Block/Corbett/Peay, Ordered and Directed Acquittals, S. 4; McConville/Sanders, Weak Cases, S. 24 f.

731 Diese stellen administrative Einheiten im Gefüge der Polizeiorganisation dar, welche die Polizeibeamten von der verwaltungstechnischen Arbeit im Umgang mit den Ermittlungsakten befreien sollen, damit diese sich den eigentlichen polizeilichen Aufgaben zuwenden können. Vgl. hierzu Glidewell-Report, Review of the CPS, S. 64, § 15.

732 Zur Zeit entspricht es beispielsweise immer noch der gängigen Praxis, daß die Polizei nach wie vor die Anlegung der Anklageakten durch ihre Administrative Support Units vornimmt, obwohl dies eindeutig in den Aufgabenbereich der Staatsanwaltschaft fällt. Aus dieser Zwischenschaltung resultiert logischerweise ein profundes Kommunikationsproblem zwischen Polizei und Staatsanwaltschaft, welches sich maßgeblich in dem entsprechenden Aktenfluß bzw. dessen Verzögerung sowie in der gewöhnlich äußerst kurzfristigen Mitteilung von Gerichtsterminen manifestiert. Vgl. dazu auch Crown Prosecution Service, Glidewell-Report Summary – Part I*, § 13.

733 Vgl. Glidewell-Report, Review of the CPS, S. 93 ff, der die isolierte Haltung des Crown Prosecution Service sowie die Institution der Administrative Support Units (ASU) von Seiten der Polizei als die beiden maßgeblichen Ursachen für das nach wie vor spannungsgeladene Verhältnis zwischen beiden Behörde bezeichnet. Zudem seien in der Praxis häufig gegenseitige Schuldzuweisungen zu beobachten ("blame culture"). Weiter auch Wood, Relations with the Police, S. 19 ff; Addison, What you want, S. 1061 f; Frazer, CPS of tomorrow, S. 864.

Ressentiments durch die Aussicht auf eine synergetische und damit effiziente Zusammenarbeit schrittweise abbauen lassen.[734]

IV. Richterliche Kompetenzen

Im Rahmen des Ermittlungsverfahrens, dessen Verlauf und Inhalt maßgeblich durch die Vorherrschaft der Polizei geprägt ist, lassen sich nahezu keine richterlichen Kompetenzen ausmachen. Die meisten polizeilichen Zwangsmaßnahmen können vollständig ohne richterliche Mitwirkung nach eigenem Ermessen der Polizei von dieser angeordnet und durchgeführt werden. Neben den gewöhnlichen Standardmaßnahmen, wie bspw. dem Anhalten und Durchsuchen von Personen oder Fahrzeugen *(powers to stop and search)*[735], kann diese daher auch selbständig Arrest *(arrest)*[736] oder sogar Untersuchungshaft *(police detention)*[737] anordnen sowie die Entnahme von Körperflüssigkeiten und Gewebeproben *(intimate samples)*[738]. Eine richterliche Anordnung *(warrant)* ist lediglich für eine über 36 Stunden hinausgehende Untersuchungshaft erforderlich, wenn bis zu diesem Zeitpunkt noch keine Anschuldigung gegen den Verdächtigen vorgebracht wurde *(detention without charge)*.[739] Der in diesem Fall zuständige Magistrates' Court kann die Dauer der Haft sodann auf maximal 96 Stunden verlängern.[740] Ist das Gericht nach Ablauf dieser Verlängerung der Ansicht, daß die Gründe für eine fortdauernde Untersuchungshaft nach wie vor gegeben sind, so

---

[734] Vgl. hierzu die Empfehlungen des Glidewell-Report unter Crown Prosecution Service, Glidewell-Report Summary – Part II*, § 28. Zu den bis dato entwickelten Initiativen für eine bessere Zusammenarbeit von Polizei und CPS siehe Crown Prosecution Service, What does the CPS do?* (Working with the police), sowie die Informationen zu der seit mehreren Jahren bestehenden "Trials Issues Group" (TIG), die alle am Strafrechtssystem beteiligten Institutionen auf operativer Ebene zusammenbringt, unter Lord Chancellor's Department, What is the Trials Issues Group?*.

[735] Vgl. Police and Criminal Evidence Act 1984, Sections 1 - 7.

[736] Vgl. Police and Criminal Evidence Act 1984, Sections 24 - 32.

[737] Vgl. Police and Criminal Evidence Act 1980, Sections 34 - 42.

[738] Nach Section 62 des Police and Criminal Evidence Act 1984 können Körperflüssigkeiten und Gewebeproben entnommen werden, wenn der Beschuldigte dem zustimmt und die Maßnahme von einem Polizeibeamten angeordnet worden ist, der mindestens den Rang eines Superintendent innehat. Die Entnahme muß mit Ausnahme von Urinproben jedoch durch einen zugelassenen Arzt ("registered medical practitioner") vorgenommen werden. Verweigert der Beschuldigte seine Zustimmung, so kann die Maßnahme nicht vorgenommen werden, doch dürfen im darauffolgenden gerichtlichen Verfahren aus diesem Verhalten entspr. negative Schlußfolgerungen gezogen werden, Section 62 (10).

[739] Vgl. Police and Criminal Evidence Act 1980, Sections 41 - 43. Wird die Untersuchungshaft durch einen Polizeibeamten unterhalb des Ranges eines Superintendent angeordnet, so beträgt die maximale Haftdauer nur 24 Stunden.

[740] Vgl. Police and Criminal Evidence Act 1980, Section 44, insbesondere 44 (3).

kann es die Haftdauer erneut verlängern. Insofern existieren für die richterliche Anordnung von Untersuchungshaft im Vorfeld einer konkreten Beschuldigung keine absoluten zeitlichen Grenzen.

Des weiteren ist für das Betreten und die Durchsuchung von Wohnungen, Häusern und Grundstücken *(entry and search of premises)* nach Section 8 des Police and Criminal Evidence Act 1984 ein richterlicher Durchsuchungsbeschluß erforderlich.[741] In der Praxis beruhen die meisten Durchsuchungen statistisch gesehen jedoch nicht auf richterlichen Durchsuchungsbeschlüssen, sondern vielmehr auf polizeilichen Anordnungen nach den Sections 17 und 18 PACE 1984.[742] Diese Vorschriften ermächtigen die Polizei, auch ohne einen richterlichen Durchsuchungsbeschluß diverse Durchsuchungen und Beschlagnahmen vorzunehmen, vorausgesetzt diese Maßnahmen stehen in notwendigem Zusammenhang mit einer Festnahme. Dabei erfaßt Section 17 die Situation, daß die Durchsuchung im Laufe der Festnahme erfolgt *(entry for purpose of arrest)*, während Section 18 polizeiliche Durchsuchungen nach bereits erfolgter Festnahme regelt *(entry and search after arrest)*.

Neben diesen gewöhnlichen Zwangsmaßnahmen haben mittlerweile auch die modernen Überwachungsmaßnahmen in England einen gesetzlichen Niederschlag gefunden. Bis 1985 existierten überhaupt keine gesetzlichen Regelungen für strafprozessuale Zwangsmaßnahmen, die mit Eingriffen in die Privatsphäre, Besitz oder Eigentum verbunden waren. Erst im Anschluß an die Entscheidung des Europäischen Gerichtshofs für Menschenrechte im Fall Malone v. The United Kingdom[743] wurde im Jahre 1985 ein Gesetz erlassen, in dem erstmals die Überwachung des Post- und Fernmeldeverkehrs geregelt wurde, der Interception of Communications Act 1985. Auch Abhörmaßnahmen auf Grundstücken, in Häusern oder Kraftfahrzeugen wurden früher lediglich auf der Grundlage von Richtlinien des Innenministeriums vorgenommen. Mit dem Police Act 1997 wurde schließlich eine gesetzliche Grundlage für Überwachungsmaßnahmen der Polizei geschaffen, soweit diese Maßnahmen den drahtlosen Fernmeldeverkehr betreffen oder das Betreten oder eine anderweitige Einflußnahme auf ein Grundstück erfordern.

---

741 Zu den notwendigen Inhalten sowie der Ausführung eines Durchsuchungsbeschlusses vgl. Police and Criminal Evidence Act 1984, Sections 15 und 16.

742 Siehe hierzu die von Brown durchgeführte Untersuchung zu Effizienz und Gebrauch der im Police and Criminal Evidence Act 1984 geregelten Zwangsbefugnisse der Polizei, insbesondere die Zusammenfassung der Ergebnisse hinsichtlich der Befugnisse zu Durchsuchungen und Beschlagnahmen in Brown, PACE ten years on, S. X - XI.

743 EGMR, Urteil vom 02.08.1984. Siehe die übersetzte Fassung des Urteils, abgedruckt in EuGRZ 1985, S. 617 ff.

Allerdings fallen tiefgreifende Eingriffe in die Kommunikation wie etwa Telefonüberwachungen *(interception of communication)* oder akustische Wohnraumüberwachungen *(intrusive surveillance)* nicht in den Kompetenzbereich des Richters, sondern müssen von Seiten der Regierung angeordnet werden.[744] Eine Absicherung durch gesetzlich vorgeschriebene Richtervorbehalte besteht nicht. Gleiches gilt für den Einsatz verdeckter Ermittler *(covert human intelligence sources)* oder die Observation einer Wohnung *(directed surveillance)*.[745]

Abschließend läßt sich somit festhalten, daß dem englischen Richter im Ermittlungsverfahren nur in einem sehr begrenzten Rahmen originäre Kompetenzen zustehen. Da zumindest de facto kein Bereich der Zwangsmaßnahmen ausschließlich der richterlichen Anordnung vorbehalten ist, werden vergleichbare polizeiliche Befugnisse in der Praxis weitaus öfter in Anspruch genommen als entsprechende richterliche Anordnungen. Vor diesem Hintergrund wird die polizeiliche Herrschaft über den Verlauf des Ermittlungsverfahrens sowie über den Gang einzelner Ermittlungen deutlich sichtbar. Dem Richter stehen demnach keine nennenswerten Einflußmöglichkeiten auf das Ermittlungsverfahren zur Verfügung. Er hat weder Einfluß auf Art und Ausmaß der polizeilichen Ermittlungen, noch kann er die Arbeit der Polizei auf andere Art und Weise kontrollieren oder überwachen.

Besondere Aufmerksamkeit verdient aus deutscher Perspektive zudem der Umstand, daß die polizeilichen Maßnahmen im Vorfeld der Anklage insofern keiner

---

[744] Siehe für das Abhören von Telefonen den Interception of Communication Act 1985 sowie den neueren Regulation of Investigatory Powers Act 2000, der den anordnungsbefugten Personenkreis in den Sections 6 ff festlegt. Im Hinblick auf die Anordnung von Lauschangriffen vgl. den Police Act 1997. Siehe auch die ausführliche Darstellung zur strafprozessualen Überwachung des Fernmeldeverkehrs in England in Lücking, Überwachung des Fernmeldeverkehrs, S. 95 ff, der allerdings die Rechtslage vor Inkrafttreten des Regulation of Investigatory Powers Act 2000 beschreibt.

[745] Vgl. für beide Maßnahmen den Regulation of Investigatory Powers Act 2000, Part II. In diesem Zusammenhang sei insbesondere auf ein erst kürzlich verabschiedetes Gesetz, den Regulation of Investigatory Powers Act 2000 hingewiesen. Dieses Gesetz war aufgrund der fortschreitenden technologischen Überwachungsmöglichkeiten dringend erforderlich, da für einen Großteil dieser Maßnahmen keine gesetzlich fixierten Ermächtigungsgrundlagen existierten und diese infolgedessen nicht den Anforderungen der Europäischen Menschenrechtskonvention genügten, welche durch den Human Rights Act 1998 in das nationale englische Rechtsgefüge implementiert wurde. Nach Artikel 8 Absatz 2 EMRK ist ein staatlicher Eingriff in das Privat- und Familienleben, die Wohnung oder in den Briefverkehr nur dann statthaft, wenn dieser Eingriff "gesetzlich vorgesehen" ist. Dieser Anforderung genügen nach ständiger Rspr. des EGMR weder gewohnheitsrechtliche noch lediglich in ministerialen Richtlinien festgelegte Ermächtigungsgrundlagen. Vielmehr muß eine gesetzliche Eingriffsermächtigung bestehen, die zudem hinreichend bestimmt sein muß. Siehe hierzu auch die entsprechenden Ausführungen des EGMR im Fall Khan v. The United Kingdom, Urteil vom 12.05.2000, §§ 25 - 28.

richterlichen Nachprüfung unterzogen werden.[746] Vielmehr wird die Rechtmäßigkeit bzw. Rechtswidrigkeit von Polizeimaßnahmen, die im Rahmen des Ermittlungsverfahrens vorgenommen wurden, erst im Rahmen der späteren Hauptverhandlung unter dem Gesichtspunkt der Beweiszulassung *(admissibility of evidence)* erörtert.[747]

D. Zwischenverfahren (Committal Proceedings)

Nachdem sich die Staatsanwaltschaft zur Erhebung einer förmlichen Anklage entschlossen hat, wird im Falle eines *indictable offence* ein Zwischenverfahren *(committal proceedings)* eingeleitet.

I. Bedeutung des Zwischenverfahrens

Der Sinn und Zweck des Zwischenverfahrens besteht zum einen in dem Schutz des Angeklagten vor unsubstantiierten Anklagen und den daraus resultierenden Beeinträchtigungen der Persönlichkeit. Zum anderen sollen die *committal proceedings* aber auch sicherstellen, daß ein zeit- und kostenintensives Hauptverfahren vor dem Crown Court nur dann eingeleitet wird, wenn eine hinreichende Beweislage vorliegt, die eine spätere Verurteilung des Angeklagten wegen der ihm zur Last gelegten Tat als wahrscheinlich erscheinen läßt.

Ein Zwischenverfahren findet jedoch nur bei Anklagen wegen eines *indictable offence* statt und kommt daher nur in Betracht, wenn entweder ein *offence triable only on indictment* vorliegt, wodurch zwangsläufig die Zuständigkeit des Crown Court begründet wird, oder aber ein *offence triable either way*, welches dem Angeklagten in gewisser Weise eine Wahl hinsichtlich der Verhandlung

---

746 In diesem Sinne wohl auch Lord Fraser über die Aufgabe der Gerichte in der Entscheidung R. v. Fox (1985) 1 W.L.R., S. 1126 ff (1132): „*The duty of courts is to decide whether the appellant has committed the offence with which he is charged, and not to discipline the police for exceeding their powers.*". Siehe auch Pattenden, Judicial Discretion, S. 271: „*Infringement of pre-trial rights is of no concern unless the fairness of the forensic process is impaired. As a general rule what transpired before the trial does not undermine the fairness of the trial, but there are exceptions.*".

747 Vgl. Hatchard/Huber/Vogler, Comparative Criminal Procedure, S. 242. Selbst im Zwischenverfahren ("committal proceedings") bietet sich der Verteidigung keine Möglichkeit, die Zulässigkeit und Verwertbarkeit eines von Seiten der Polizei ermittelten Beweismittels in Frage zu stellen. Siehe auch die Ausführungen zu den richterlichen Kompetenzen im Zwischenverfahren und in der Hauptverhandlung unter D. III. und E. II. 3.

seines Falles vor dem Crown Court oder dem Magistrates‘ Court ermöglicht.[748] Im Falle einer Anklage wegen eines *summary offence* entfällt das Zwischenverfahren gänzlich, da es sich bei diesen Delikten nur um leichte Straftaten handelt, die – von wenigen Ausnahmekonstellationen abgesehen – in der Regel vor den Magistrates‘ Courts verhandelt werden und eine richterliche Vorprüfung des Beweismaterials nicht erfordern.

II. Verfahrensablauf

Das Zwischenverfahren findet ausschließlich vor den Magistrates‘ Courts statt. Die Magistrates fungieren sodann als *Examining Justices*. Diese Bezeichnung ist leicht irreführend, bedeutet sie bei wortwörtlicher Übersetzung doch soviel wie "Untersuchungsrichter". Mit dem inquisitorischen Untersuchungsrichter des deutschen Strafverfahrens vor 1975 haben die Examining Justices jedoch nichts gemeinsam, denn sie haben keine Kompetenz zur selbständigen Beweisermittlung. Vielmehr obliegt ihnen lediglich eine Kontrollfunktion hinsichtlich der Schlüssigkeit der von Seiten der Anklage vorgebrachten Beweise. Dabei ist die Besetzung des Gerichts mit nur einem Laienrichter als Examining Justice zwar ausreichend, in der Praxis sitzen jedoch gewöhnlich zwei bis drei Magistrates.[749]

Das Zwischenverfahren ist durch den Criminal Procedure and Investigations Act 1996 grundlegend neu gestaltet worden. Darüber hinaus finden zur Zeit zahlreiche Pilotprojekte zur Erprobung einzelner Maßnahmen zur Verfahrensverkürzung statt, die diesen Verfahrensabschnitt effizienter ausrichten sollen.

1. Der Ablauf des Zwischenverfahrens vor Inkrafttreten des Criminal Procedure and Investigations Act 1996

Die *committal proceedings* stellten früher ein mündliches kontradiktorisches Verfahren dar, dessen Ablauf sich nicht wesentlich von der späteren Hauptverhandlung unterschied. Auf diese Weise konnte bereits im Vorfeld der Hauptverhandlung eine ausführliche Beweisaufnahme stattfinden, etwa in Form von Zeugenvernehmungen.

---

[748] Nach Informationen des Crown Prosecution Service setzte sich die Fallast der Magistrates‘ Courts in dem Zeitraum April 1999 bis März 2000 zu 54,9 % aus Anklagen wegen "summary offences" und zu 40,4 % aus Anklagen wegen "indictable only offences" sowie "offences triable either way" zusammen. Vgl. dazu die übersichtliche graphische Darstellung in Crown Prosecution Service, Annual Report 1999/2000, S. 33.

[749] Vgl. Magistrates‘ Courts Act 1980, Section 4 (1); Sprack, Criminal Procedure, S. 178, § 12.1.1.

In den Jahren vor 1967 gestalteten sich die *committal proceedings* in der Regel sehr aufwendig, da die Anklagevertretung bereits im Zwischenverfahren grundsätzlich alle vorhandenen Beweise gegen den Angeklagten anführte, darunter Zeugen, die mündlich vor Gericht vernommen wurden, oder sonstige Beweismaterialien. Zudem konnte auch der Angeklagte eine Aussage machen oder selbst Zeugen aufrufen. Dies führte in der Praxis jedoch sowohl zur Verschwendung wertvoller Gerichtsstunden, als auch zur doppelten Belastung von Zeugen, die unter Umständen zweimal, einmal im Rahmen des Zwischenverfahrens und ein weiteres Mal in der späteren Hauptverhandlung, vor Gericht mündlich aussagen mußten. Aus diesem Grunde sah der Criminal Justice Act 1967 erstmalig eine deutlich verkürzte Alternative des Zwischenverfahrens vor, wonach die Examining Justices einen Fall unter bestimmten Umständen auch ohne vorherige Beweiswürdigung an den Crown Court überweisen konnten.

Auf dieser Grundlage konstruierte später auch der Magistrates' Courts Act 1980 zwei Varianten der *committal proceedings*, darunter eine Alternative mit richterlicher Beweiswürdigung im Vorfeld der Hauptverhandlung in Section 6 (1) und eine andere Alternative ohne eine entsprechende Beweiswürdigung in Section 6 (2). Gleichzeitig wurde in diesem Zusammenhang die schriftliche Zeugenaussage als zulässiges, und vor allen Dingen einer mündlichen Vernehmung gleichwertiges Beweisstück vor den Examining Justices eingeführt.[750]

Obwohl sich in den darauffolgenden Jahren die kürzere Verfahrensalternative nach Section 6 (2) rasch etablierte und nur noch wenige *committals* mit richterlicher Beweisaufnahme stattfanden, fand sich das Zwischenverfahren auch weiterhin im Zentrum der rechtspolitischen Diskussion zur Verfahrensverkürzung wieder. Schließlich empfahl auch die *Royal Commission on Criminal Justice* in ihrem 1993 veröffentlichten Bericht eine grundlegende Novelle des Zwischenverfahrens. Ausgangspunkt dieser Empfehlung war die Tatsache, daß sich etwa 93 % der *committal proceedings* in der Praxis als reine Formsache darstellten, während in lediglich 7 % der Fälle noch das aufwendige und zeitintensive Prozedere einer richterlichen Beweiswürdigung erfolgte.[751] Die langanhaltende Kritik veranlaßte den Gesetzgeber schließlich im Jahre 1994, die traditionelle Form des Zwischenverfahrens abzuschaffen und durch ein rein schriftliches Verfahren mit formeller Überweisung an den Crown Court *(transfer for trial)* zu ersetzen.[752]

---

[750] Zu den gesetzlichen Anforderungen, die an eine schriftliche Zeugenaussage gestellt wurden, damit diese eine mündliche Vernehmung des Zeugen im Rahmen des Zwischenverfahrens ersetzen konnte, vgl. die nunmehr durch den Criminal Procedure and Investigations Act 1996 aufgehobene Vorschrift des Magistrates' Courts Act 1980, Section 102.

[751] Vgl. dazu Royal Commission on Criminal Justice, Report 1993, Chapter 6, § 23.

[752] Vgl. Criminal Justice and Public Order Act 1994, Section 44. Diese Vorschrift trat jedoch nie in Kraft.

Entgegen allen Erwartungen stieß diese Maßnahme zur Verfahrensverkürzung jedoch auf vehementen Widerstand, infolgedessen das *transfer for trial* durch den Criminal Procedure and Investigation Act 1996 schließlich wieder abgeschafft wurde.[753]

2. *Die Neuregelung des Zwischenverfahrens durch den Criminal Procedure and Investigations Act 1996*

Der Criminal Procedure and Investigations Act 1996 führte zu einer radikalen Neuregelung der *committal proceedings*.[754] Sinn und Zweck dieser Novelle war in erster Linie die Verkürzung der Zwischenverfahrens sowie die daraus resultierenden Einsparungen im Hinblick auf die Kosten des gesamten Gerichtsverfahrens. Darüber hinaus sollte aber auch eine Entlastung der vor Gericht aussagenden Zeugen bewirkt werden.

Zu den wesentlichen Änderungen des Criminal Procedure and Investigations Act 1996, welche an dieser Stelle nur unvollständig aufgeführt werden können, zählt zunächst die Aufhebung der mündlichen Vernehmung von Zeugen im Zwischenverfahren, so daß diese fortan nicht mehr dem Druck einer zweimaligen mündlichen Aussage vor Gericht ausgesetzt sind. Auf diese Weise wird in Verbindung mit einer exakten Schriftformregelung hinsichtlich der im Zwischenverfahren präsentierten Beweise der neue Charakter der *committal proceedings* als rein schriftliches und insofern sehr formales Verfahren konstituiert. Der Vorteil dieser nunmehr ausschließlich schriftlichen Form des Zwischenverfahrens besteht zweifellos darin, daß der Sinn und Zweck der *committal proceedings*, die Ausfilterung der Fälle mit unzureichender Beweislage und der dadurch gewährleistete Schutz des Angeklagten vor unsubstantiierten Anklagen, unter deutlicher Einsparung von Zeit-, Kosten- und Arbeitsaufwand in gleicher Weise erreicht werden kann. Zwar besteht auch weiterhin die Möglichkeit von Seiten der Verteidigung, das Vorliegen hinreichender Beweise im Laufe des Zwischenverfahrens anzuzweifeln *(submit no case to answer)*, doch darf sich dieser Antrag nunmehr lediglich auf den Inhalt der von der Staatsanwaltschaft in Schriftform vorgelegten Beweise beziehen. Eine weitere essentielle Neuerung ist schließlich darin zu sehen, daß die im Zwischenverfahren angeführten Beweise ohne weiteres auch im Rahmen der Hauptverhandlung vor dem Crown

[753] Vgl. Criminal Procedure and Investigations Act 1996, Section 44. Als Kritik gegen das transfer for trial wurde insbesondere eine Verletzung des fair-trial-Grundsatzes sowie wesentliche Einschnitte in die Rechte des Angeklagten im Vorfeld der Hauptverhandlung geltend gemacht. In diesem Sinne auch Sprack, Criminal Procedure, S. 177, § 12.1, wonach dieses rein formale System von Seiten der Praktiker als *"bureaucratic nightmare"* empfunden wurde.

[754] Vgl. Criminal Procedure and Investigations Act 1996, Section 47 i.V.m. Schedule 1.

Court verlesen werden können, es sei denn, die Verteidigung verlangt ausdrücklich das persönliche Erscheinen eines Zeugen.[755]

Der Criminal Procedure and Investigations Act 1996 erweitert und ergänzt den Magistrates' Courts Act 1980, ohne die Numerierung der Sections zu ändern, was eine nicht zu unterschätzende, wesentliche Erleichterung nicht nur für die Parteien des Strafprozesses, Verteidigung und Anklage, sondern auch für das Gericht bedeutet.

3. Die zwei Arten des Zwischenverfahrens

Nach der radikalen Neuregelung des Zwischenverfahrens durch den Criminal Procedure and Investigations Act 1996 ist grundsätzlich zwischen zwei Formen des Zwischenverfahrens zu differenzieren, welche jeweils in der neuen Version des Magistrates' Court Act 1980, Section 6 Niederschlag gefunden haben. Während das Gericht bei einem *committal* nach Section 6 (1) eine Beweiswürdigung im Vorfeld der Hauptverhandlung vornimmt, handelt es sich bei der Alternative nach Section 6 (2) um eine Überweisung des Falles an den Crown Court ohne vorherige richterliche Beweiswürdigung mit Zustimmung der Parteien. In der Praxis werden diese beiden Alternativen in Anlehnung an ihre gesetzliche Regelung in Section 6 (1) und (2) des Magistrates' Courts Act 1980, gewöhnlich als *six-one committal* und *six-two committal* bezeichnet.[756]

Dabei sei an dieser Stelle angemerkt, daß Inhalt und Ablauf des Zwischenverfahrens neben diversen gesetzlich festgelegten Voraussetzungen, welche weiter unten näher erörtert werden, maßgeblich von der Strategie der Verteidigung respektive davon abhängen, ob diese eine richterliche Beweiswürdigung schon im Vorfeld der Hauptverhandlung für günstig erachtet oder nicht. So kann der Verteidiger des Angeklagten auf der einen Seite auf ein förmliches Zwischenverfahren mit richterlicher Beweiswürdigung bestehen oder aber auf eine Würdigung des Beweismaterials im Vorfeld der Hauptverhandlung gänzlich verzichten[757].

---

[755] Vgl. Criminal Procedure and Investigations Act 1996, Schedule 2, § 1 (2) und 1 (3) (c).

[756] In Anlehnung an die früher übliche Form des Zwischenverfahrens mit aufwendigen Beweisaufnahmen und mündlichen Zeugenvernehmungen spricht man bei einem Zwischenverfahren mit richterlicher Beweiswürdigung, mag sich diese heutzutage auch nur noch auf schriftlich vorliegende Beweise beziehen, von einem "old-style committal", während das Verfahren nach Section 6 (2) ohne richterliche Beweiswürdigung als "new-style committal" oder auch "paper committal" bezeichnet wird.

[757] Dies setzt nach Magistrates' Courts Act 1980, Section 6 (2) jedoch voraus, daß alle Beweise dem Gericht in schriftlicher Form vorliegen, der Angeklagte durch einen rechtlichen Beistand vertreten ist und dieser der Verweisung an den Crown Court nicht entgegentritt. In einem solchen Fall werden dem Gericht lediglich die schriftlich festgehaltenen Beweisstücke übergeben und es findet keine mündliche Verhandlung statt. Vgl. hierzu auch Zander/Henderson, Crown Court Study, S. 35, 2.2.4 mit dem Hinweis darauf, daß zu Beginn der 90er Jahre bereits etwa 90 % aller Zwischenverfahren in dieser Form stattfanden. Vgl. ferner Darbyshire, English Legal System, S. 116, die diese Alter-

Allerdings kann die Verteidigung im Hinblick auf schriftlich eingereichte Zeugenaussagen der Anklage diese Zeugen nicht mehr zur mündlichen Aussage vor Gericht vorladen lassen wie dies vor dem Inkrafttreten des Criminal Procedure and Investigations Act 1996 im Rahmen des Zwischenverfahrens noch möglich gewesen war.[758]

a) Zwischenverfahren mit richterlicher Beweiswürdigung (Six-one Committal)

Bei einem *committal* nach Section 6 (1) des Magistrates' Courts Act 1980 nimmt das Gericht im Rahmen des Zwischenverfahrens zwar eine Beweiswürdigung vor, doch ist diese ursprüngliche Form des *old style committal* durch die Neuregelungen des Criminal Procedure and Investigations Act 1996 stark eingeschränkt worden. Danach dürfen die von den Examining Justices zu berücksichtigenden Beweise ausschließlich schriftlich eingereicht werden, so daß keine mündlichen Vernehmungen mehr stattfinden.[759] Zudem darf auch nur die Staatsanwaltschaft Beweise vorbringen.[760] Im Rahmen des Zwischenverfahrens werden die schriftlich festgehaltenen Beweise sodann entweder einzeln laut vorgelesen oder auf Wunsch des Gerichtes zusammengefaßt. Daraufhin kann der Angeklagte geltend machen, die gegen ihn vorgebrachten Beweise rechtfertigten eine Hauptverhandlung vor dem Crown Court nicht *(no case to answer)*. Nach einer möglichen Erwiderung von Seiten der Staatsanwaltschaft fällen schließlich die Examining Justices ihre Entscheidung.[761]

Diese Art des Zwischenverfahrens kommt in zwei Fallkonstellationen in Betracht und zwar namentlich dann, wenn entweder der Angeklagte ohne den Beistand eines rechtlichen Vertreters vor Gericht auftritt und ihm somit kein professionell geschulter Verteidiger zur Seite steht, oder aber, wenn der Verteidiger *no case to answer* beantragt und dem Gericht auf diese Weise zu verstehen gibt, daß er die von Seiten der Staatsanwaltschaft vorgetragenen Beweise für unzureichend betrachtet und den Fall daher nicht für verfahrenswürdig hält.[762]

---

native als "committal by consent" mit anderen Worten als Überweisung an den Crown Court mit Zustimmung der Parteien bezeichnet.

758 Siehe die durch den Criminal Procedure and Investigations Act 1996 aufgehobene Section 102 (4) des Magistrates' Courts Act 1980, die nunmehr durch die neu eingefügten Sections 5 A bis F ersetzt worden ist.

759 Vgl. Magistrates' Courts Act 1980, Section 5 A (3) mit Verweis auf die formellen Voraussetzungen der Sections 5 B, 5 C, 5 D und 5 E.

760 Vgl. Magistrates' Courts Act 1980, Section 5 A (1) und (2).

761 Zum Ablauf eines "six-one committal" siehe die Regelung in den Magistrates' Courts (Amendment) Rules 1997, SI 1997/706, rule 7 sowie Bing, Criminal Procedure, S. 146 f.

762 Dies folgt als Umkehrschluß aus den engeren Voraussetzungen für ein Zwischenverfahren ohne richterliche Beweiswürdigung nach Section 6 (2) (a) und (b) Magistrates' Courts Act 1980.

b) Zwischenverfahren ohne richterliche Beweiswürdigung (Six-two committal)

Ein Zwischenverfahren nach Section 6 (2) des Magistrates' Courts Act 1980 zeichnet sich dadurch aus, daß der Angeklagte ohne vorherige Beweiswürdigung von Seiten der Examining Justices zur Hauptverhandlung des Falles an den Crown Court verwiesen wird. Dabei stellt diese deutlich verkürzte Form des Zwischenverfahrens eine reine Formalität dar, die nur wenige Minuten der gerichtlichen Verhandlungszeit in Anspruch nimmt. In der heutigen Praxis wird die Mehrzahl der Fälle im Wege dieser Art des Zwischenverfahrens an den Crown Court überweisen.[763]

Ein Zwischenverfahren in Form eines *six-two committal* kommt allerdings nur dann in Betracht, wenn der Angeklagte durch einen Verteidiger vor Gericht vertreten wird und dieser die Hinlänglichkeit der vorliegenden Beweislage nicht anzweifelt.[764] Dabei werden dem Verteidiger die schriftlichen Beweismaterialien der Anklage in der Regel schriftlich zugesandt und damit bereits im Vorfeld des Zwischenverfahrens zugänglich gemacht. Diese Bedingungen des verkürzten Verfahrens sollen sicherstellen, daß der Fall nur dann ohne vorherige richterliche Beweiswürdigung an den Crown Court überwiesen wird, wenn auch die Magistrates in ihrer Funktion als Examining Justices zu dem Ergebnis gekommen wären, daß es sich aufgrund der hinreichenden Beweislage um einen verfahrenswürdigen Fall handelt *(case to answer)*.

4. Die Ausnahmeregelung des "Transfer for trial"

In gesetzlich geregelten Ausnahmefällen kann von einer spezifisch vorgesehenen Anklagebehörde *(designated authority)* unter bestimmten Voraussetzungen die unmittelbare Überstellung eines Falles an den Crown Court angeordnet werden, so daß ein Zwischenverfahren vor den Magistrates' Courts gänzlich entfällt. Dies ist jedoch nur möglich bei Anklagen wegen schweren oder komplexen Betruges *(serious or complex fraud)*[765] oder bei Sexualdelikten sowie Gewaltstraftaten, die ein Kind als Opfer oder als Zeuge involvieren *(sexual offences and*

---

763 Vgl. Sprack, Criminal Procedure, S. 185, 12.3.

764 Vgl. Magistrates' Courts Act 1980, Section 6 (2) (a) und (b). Dabei ist jedoch nicht erforderlich, daß der Verteidiger beim Zwischenverfahren vor Gericht anwesend ist. Theoretisch kann der Angeklagte daher auch allein auftreten und seine Zustimmung zur Verweisung an den Crown Court ohne vorherige richterliche Beweiswürdigung angeben. In der Regel ist der Verteidiger jedoch auch in derartig formalen Zwischenverfahren anwesend, weil die Magistrates nicht selten noch über die Freilassung auf Kaution oder die Verlängerung der Untersuchungshaft bis zum Verhandlungsbeginn vor dem Crown Court zu entscheiden haben.

765 Vgl. Criminal Justice Act 1987, Section 4 in der geänderten Fassung durch den Criminal Justice and Public Order Act 1994, Section 168 in Verbindung mit Schedule 9, §§ 15, 29.

offences involving cruelty or violence where a child is either the victim or a witness)[766].

Trotz der unterschiedlichen Natur der zugrundeliegenden Delikte sieht das Gesetz für beide Fälle grundsätzlich die gleiche Verfahrensweise vor. Nachdem die gesetzlich authorisierte Anklagebehörde[767] auf eine sofortige Überstellung des Falles an den Crown Court entscheiden hat, erläßt sie einen entsprechenden Bescheid *(notice of transfer)* und stellt diesen sodann an den Angeklagten sowie die betroffenen Gerichte, den zuständigen Magistrates' Court sowie den Crown Court zu. Dabei kann zur Überprüfung dieser Entscheidung weder ein Gericht angerufen werden, noch besteht eine Berufungsmöglichkeit.[768] Gleichwohl steht der Angeklagte dieser Anordnung nicht schutzlos gegenüber, denn er kann beim Crown Court die Einstellung des Verfahrens aus Mangel an Beweisen beantragen *(application for dismissal)*.[769]

Voraussetzung für die Anordnung einer *transfer notice* ist in Betrugsfällen die Auffassung der zuständigen Anklagebehörde, daß erstens die Beweislage im konkreten Fall für eine Überweisung an den Crown Court ausreichend erscheint und sich der Fall zweitens als besonders schwerwiegend oder komplex darstellt, weshalb eine unverzügliche Einleitung der Hauptverhandlung vor dem Crown Court geboten ist.[770] Im Falle von Sexualstraftaten oder Gewaltdelikten im Zusammenhang mit Kindern kann der zuständige *Director of Public Prosecutions* eine *transfer notice* anordnen, wenn er der Ansicht ist, daß die Beweissituation im konkreten Fall ausreichend erscheint und dieser unverzüglich vor dem Crown Court verhandelt werden sollte, um Vorverurteilungen, Stigmatisierungen und eventuelle Traumata im Interesse des Kindes zu vermeiden.[771]

5. Das Versuchsprojekt des "Sending for trial"

Das *sending for trial* stellt eine relativ neue und zur Zeit noch experimentelle Verfahrensweise dar. Danach können Anklagen im Falle von *offences triable*

---

766 Vgl. Criminal Justice Act 1988, Section 32 (2); Criminal Justice Act 1991, Section 53. In diesem Zusammenhang ist insbesondere die gesetzliche Legaldefinition des Begriffes "child" zu beachten, welche nach Section 53 (6) in Abhängigkeit zu der begangenen Straftat variiert.

767 Dies ist in schwerwiegenden Betrugsfällen nach Section 4 (2) des Criminal Justice Act 1987 der Director of Public Prosecutions, der Director of the Serious Fraud Office, die Commissioners of Inland Revenue sowie der Secretary of State. Im Falle von Sexualstraftaten im Zusammenhang mit Kindern ist gemäß Section 53 (1) des Criminal Justice Act 1991 der Director of Public Prosecutions zuständig.

768 Vgl. Criminal Justice Act 1987, Section 4 (3), Criminal Justice Act 1991, Section 53 (4).

769 Vgl. Criminal Justice Act 1988, Section 144 (1), (5); Criminal Justice Act 1991, Section 53 (5) in Verbindung mit Schedule 6, § 5.

770 Vgl. Criminal Justice Act 1987, Section 4 (1) (b) (i) und (ii).

771 Vgl. Criminal Justice Act 1991, Section 53 (1).

only on indictment ohne ein Zwischenverfahren oder sonstige Verzögerungen von den Magistrates direkt an den Crown Court verwiesen werden.

Die empirische Grundlage dieses Konzeptes bildet der *Narey-Report*[772] aus dem Jahre 1997, der im Auftrag des Innenministeriums *(Home Office)* die Gründe für Verzögerungen im englischen Strafrechtssystem untersuchte und zu dem Ergebnis gelangte, daß das bislang praktizierte System zu viel Zeit für die Verfahrensweise im Zusammenhang mit *indictable only offences* vor den Magistrates' Courts veranschlage. Auf dieser Grundlage sieht nunmehr Section 51 des Crime and Disorder Act 1998 die unverzügliche Weiterleitung einer Anklage an den Crown Court im Falle eines *indictable only offence* vor. Von dieser Verfahrensweise können unter bestimmten Voraussetzungen auch *either way offences* und sogar *summary offences* erfaßt werden. Erforderlich ist lediglich, daß diese Straftaten im Zusammenhang mit der Haupttat stehen und daß im Falle eines *summary offence* dieses entweder die Verhängung einer Gefängnisstrafe oder den Entzug der Fahrerlaubnis vorsieht.[773]

Trotz terminologischer Affinität ist jedoch zwischen dem *sending for trial* und dem *transfer for trial* zu differenzieren, da sich beide Verfahrensweisen in wesentlichen Punkten unterscheiden. Während eine *notice of transfer* nur von den gesetzlich autorisierten Anklagebehörden erlassen werden kann und somit auch in deren Ermessen steht, kommt ein *sending for trial* grundsätzlich in allen Anklagen wegen eines *indictable only offence* in Betracht. In diesem Fall verbleibt dem Gericht lediglich im Hinblick auf die Erfassung leichter bis mittelschwerer Delikte (*summary offences* sowie *offences triable either way*) ein Ermessensspielraum, dem aber keine vergleichbar weitreichende Bedeutung zukommt wie dem Anordnungsermessen der *designated authorities* im Rahmen des *transfer for trial*. Ferner gestaltet sich auch der sachliche Anwendungsbereich des *sending for trial* durch die Erfassung aller *indictable only offences* deutlich umfangreicher, da eine *notice of transfer* nur in den gesetzlich geregelten Ausnahmefällen ergehen kann.

Das Verfahren des *sending for trial* wird derzeit im Rahmen einer mehrjährigen Versuchsreihe in bestimmten Gerichtsbezirken in England und Wales *(Narey Pilot Scheme Areas)* erprobt und findet daher noch nicht für den gesamten Bereich des Landes Anwendung.[774] Die bisherigen Verlautbarungen über die Effi-

---

772 "Review of Delay in the Criminal Justice System", Home Office Report, London 1997. In Anlehnung an den Leiter der Untersuchung, Martin Narey, wird dieser Bericht allgemein auch als "Narey-Report" bezeichnet.

773 Crime and Disorder Act 1998, Section 51 (1) in Verbindung mit (11) und (12) (c), (d).

774 Kurz nach der Veröffentlichung des Narey-Reports wurde diese Verfahrensweise für die Dauer eines halben Jahres zunächst in sechs Gerichtsbezirken in England und Wales praktiziert. Vgl. dazu Lord Chancellor's Department, A New Pilot Scheme to Speed up Justice in the Magistrates' Courts – September 1998*. Zum Jahresende 1999 wurde das Pilotprojekt aufgrund der positiven Resonanz dann auf weitere Bezirke erweitert.

zienz dieses Konzeptes sind jedoch überwiegend positiv und lassen daher eine landesweite Umsetzung in naher Zukunft vermuten.[775]

III. Richterliche Kompetenzen

Die richterlichen Kompetenzen im Zwischenverfahren und damit im unmittelbaren Vorfeld der Hauptverhandlung variieren zum einen in Abhängigkeit von der Klassifizierung der die Anklage begründenden Straftat und zum anderen von der konkreten Verfahrensweise der *committal proceedings*.

Im Falle einer Anklage wegen eines *offence triable either way* obliegt dem Gericht im Vorfeld des Zwischenverfahrens zunächst die Klärung der Frage, ob die konkrete Strafsache vor dem Magistrates' Court oder vor dem Crown Court verhandelt werden soll *(mode of trial decision)*. Erst nach dieser Entscheidung kann das Gericht zu dem Prozedere des Zwischenverfahrens übergehen. Die grundsätzliche richterliche Entscheidung zum Abschluß des Zwischenverfahrens betrifft hingegen die Frage, ob die von Seiten der Anklagevertretung sowie von Seiten der Verteidigung vorgebrachten Beweise die Eröffnung eines Hauptverfahrens vor dem Crown Court rechtfertigen oder nicht. Diese Entscheidungskompetenz eröffnet sich jedoch nur bei einem Zwischenverfahren mit richterlicher Beweiswürdigung nach Section 6 (1) des Magistrates' Courts Act 1980. Im Falle eines verkürzten Verfahrens nach Section 6 (2) überweisen die Richter den Fall ohne Würdigung der vorgelegten Beweise mit Zustimmung der Parteien unverzüglich an den Crown Court. Vergleichbar stellt sich die Situation in den gesetzlich geregelten Ausnahmefällen des *transfer for trial* sowie dem derzeit im Rahmen eines Versuchsprojektes praktizierten *sending for trial* dar.

1. "Mode of trial decision" des Gerichts

Da die Anklagen wegen eines *offence triable either way* nicht zwangsläufig einem bestimmten Strafgericht zugewiesen sind, erfordern diese Fälle eine gerichtliche Entscheidung darüber, ob das Hauptverfahren vor dem Magistrates' Court oder vor dem Crown Court geführt werden soll *(mode of trial decision)*. Diese Entscheidung muß noch vor Beginn des Zwischenverfahrens oder des summarischen Verfahrens vor den Magistrates' Courts getroffen werden.[776]

Das Verfahren im Vorfeld dieser gerichtlichen *mode of trial decision* verläuft in der Weise, daß nach der Verlesung der Anklage durch den Clerk zunächst die

---

[775] Siehe dazu die Auswertung der statistischen Ergebnisse aus der ersten Erprobungsphase in den sechs Gerichtsbezirken in England und Wales durch die Unternehmensberatung Ernst & Young unter Home Office, Reducing Delay in the Criminal Justice System: Evaluation of the Pilot Schemes by Ernst & Young*.

[776] Vgl. Magistrates' Courts Act 1980, Section 18 (2).

Staatsanwaltschaft und sodann auch die Verteidigung Ausführungen zu der jeweils für adäquat erachteten Verfahrensweise des Falles unterbreiten.[777] Auf dieser Grundlage entscheidet das Gericht dann entweder auf eine Hauptverhandlung des Falles vor dem Crown Court und leitet daraufhin ein Zwischenverfahren ein oder es ist der Ansicht, daß der Fall im Rahmen eines summarischen Verfahrens vor den Magistrates' Courts verhandelt werden sollte.

a) Entscheidungskriterien

Die von den Magistrates im Rahmen der *mode of trial decision* zu berücksichtigenden Entscheidungskriterien sind in Section 19 (3) des Magistrates' Courts Act 1980 gesetzlich festgelegt. Danach haben die Magistrates neben der Natur des Falles *(nature of the case)* insbesondere in Erwägung zu ziehen, ob die Umstände des Falles ein besonders schweres Delikt begründen *(whether the circumstances make the offence one of serious character)* und ob die Strafgewalt des Magistrates' Court für die Aburteilung der Tat angemessen erscheint *(whether the punishment which a magistrates' court would have power to inflict for it would be adequate)*[778]. Darüber hinaus können aber auch sonstige Umstände berücksichtigt werden, welche die Verhandlung des Falles in der einen oder anderen Weise als angemessen erscheinen lassen *(any other circumstances which appear to the court to make it more suitable for the offence to be tried in one way rather than the other)*.

Ferner gewährleisten entsprechende Richtlinien, die sog. *National Mode of Trial Guidelines*[779], eine möglichst einheitliche Verfahrensweise im Hinblick auf die richterliche *mode of trial decision* in der Praxis. Danach sind grundsätzlich alle *offences triable either way* vor den Magistrates' Courts im Rahmen eines summarischen Verfahrens zu verhandeln, es sei denn, in den Richtlinien deliktsspezifisch aufgeführte, strafschärfende Tatumstände treffen auf den jeweiligen konkreten Einzelfall zu und die Strafkompetenz der Laienrichter stellt sich zudem als unzureichend dar.[780] Trotz dieser Richtlinien ist aber jeder konkrete Einzelfall individuell zu behandeln.

---

777 Vgl. Magistrates' Courts Act 1980, Section 19 (2).

778 Die Magistrates können grundsätzlich nur eine Gefängnisstrafe von maximal 6 Monaten verhängen. Im Falle einer gleichzeitigen Aburteilung mehrerer Straftaten erhöht sich die Dauer der Freiheitsstrafe auf 12 Monate. Vgl. Magistrates' Courts Act 1980, Sections 31 und 133. Zur Strafgewalt der Magistrates siehe auch die Ausführungen zu den richterlichen Kompetenzen in der Hauptverhandlung unter E. II. 3. e).

779 Diese wurden am 26. Oktober 1990 von Lord Chief Justice, Lord Lane, in Form einer Practice Note ausgehändigt und sind in 1 W.L.R. (1990), S. 1439 - 1442 abgedruckt. Eine neuere Version in Form eines kleinen Handbuches wurde im Januar 1995 von Seiten des Criminal Justice Consultative Council herausgegeben.

780 In diesem Sinne die ausdrückliche Anordnung der Richtlinien: "In general, except where otherwise stated, either way offences should be tried summarily unless the court considers that the particular case has one or more of the features set out below and that its sen-

b) *Einflußmöglichkeiten der Verteidigung sowie der Staatsanwaltschaft auf die Entscheidung*

Die Entscheidung im Hinblick auf die Verhandlung eines *either way offence* vor dem Crown Court oder dem Magistrates' Court kann sowohl von Seiten der Verteidigung, als auch von Seiten der Staatsanwaltschaft beeinflußt werden.

Hält das Gericht nach Anhörung der Repräsentationen des Staatsanwaltes sowie des Verteidigers eine Verhandlung des Falles vor dem Crown Court für erforderlich, so ist diese Entscheidung für den Angeklagten endgültig und bindend.[781] Gelangt das Gericht hingegen zu der Auffassung, eine Verhandlung vor dem Magistrates' Court sei angemessen, so steht dem Angeklagten ein Wahlrecht dahingehend zu, ob er die Verhandlung seiner Sache vor den Laienrichtern des Magistrates' Court oder vor dem Berufsrichter und den Geschworenen am Crown Court bevorzugt.[782] Dieses Wahlrecht des Angeklagten, welches auf das historisch bedingte Recht eines jeden Angeklagten auf ein Strafverfahren unter Beteiligung einer unabhängigen Jury zurückgeht, stellt eine charakteristische Besonderheit der *offences triable either way* dar und ist in der Vergangenheit mehrfach kritisiert worden.[783]

In diesem Sinne stellte bereits die Royal Commission on Criminal Justice auf der Grundlage umfassender Untersuchungsergebnisse zur Verfahrensweise bei *offences triable either way* fest, daß das System nicht in der Weise funktioniere wie es gedacht sei. So würden sich die meisten Angeklagten für eine Verhandlung ihres Falles vor dem Crown Court entscheiden, da sie sich von Seiten der Berufsrichter eine mildere Strafe erhofften als von Seiten der Laienrichter. Dies

---

tencing powers are insufficient.". So sollen beispielsweise gewöhnliche Fälle von Diebstahl (theft) und Betrug (fraud) grundsätzlich im Rahmen eines summarischen Verfahrens vor den Magistrates' Courts verhandelt werden. Strafschärfende Tatumstände, die eine Überweisung des Falles an den Crown Court rechtfertigen, liegen in Bezug auf diese Delikte unter anderem vor, wenn die Tat durch eine organisierte Bande begangen wurde oder das Opfer aufgrund seines Alters oder Krankheit besonders wehrlos war oder wenn das Tatobjekt einen hohen Sachwert aufweist.

781 Siehe Magistrates' Courts Act 1980, Section 21.

782 Siehe hierzu die gesetzliche Regelung im Magistrates' Courts Act 1980, Section 20 (3). Bevor der Angeklagte diese Entscheidung trifft und damit sein Wahlrecht ausübt, muß er von den Magistrates in allgemein verständlicher Sprache über die jeweiligen Konsequenzen seiner Wahl aufgeklärt werden. Dabei haben die Magistrates den Angeklagten insbesondere darauf hinzuweisen, daß er trotz der Wahl eines summarischen Verfahrens vor dem Magistrates' Court zur Festsetzung des Strafmaßes an den Crown Court überwiesen werden kann, wenn die Magistrates die ihnen zustehenden Strafkompetenzen für unzureichend halten. Vgl. Magistrates' Courts Act 1980, Section 20 (2), 38.

783 Vgl. zur Geschichte dieses Wahlrechts des Angeklagten im Strafprozesses zusammenfassend Home Office, Determining Mode of Trial in Either-Way Cases – Consultation Paper, July 1998*, §§ 4 - 5.

habe zur Folge, daß für viele kleinere Delikte aufwendige und vor allen Dingen kostenintensive Verfahren vor dem Crown Court stattfänden, obwohl die Kompetenzen der Magistrates in diesen Fällen zweifellos ausreichend seien. Aus diesem Grunde empfahl die Royal Commission on Criminal Justice die Abschaffung des Wahlrechts des Angeklagten hinsichtlich *either way offences*[784], ein Postulat, das sich aufgrund der beinahe sentimentalen Beziehung des englischen Rechts zu Geschworenengerichten in Strafverfahren als politisch äußerst brisant erwies und infolgedessen nicht in die Praxis umgesetzt wurde.

Das Problem der zunehmenden Fallast des Crown Court und der daraus resultierenden staatlichen Kosten für diese aufwendigen Verfahren, von denen ein Großteil auch vor den Magistrates' Courts hätte verhandelt werden können, hatte sich damit jedoch nicht erledigt. Im Juli 1995 veröffentlichte das Innenministerium daher ein Consultation Paper mit dem Titel "Mode of Trial" und unterbreitete drei Lösungsvorschläge für das von der Royal Commission on Criminal Justice zuvor identifizierte Problem. Danach sollten erstens entweder mehr Straftaten als zuvor gesetzlich als *summary offences* klassifiziert werden oder zweitens das Wahlrecht des Angeklagten gänzlich abgeschafft werden oder aber drittens im Rahmen der *committal proceedings* von Seiten des Angeklagten eine Aussage bezüglich dessen Schuld *(plea)* abgegeben werden, aufgrund derer die Magistrates sodann eine Entscheidung im Hinblick auf die adäquate Verfahrensweise treffen könnten.[785]

Die Regierung entschied sich daraufhin für die letzte dieser drei Optionen *(plea before venue)*, welche nunmehr in Section 49 des Criminal Procedure and Investigations Act 1996 zum Ausdruck kommt.[786] Die hinter dieser Vorschrift stehende Idee ist, daß alle Anklagen wegen *either way offences*, in denen sich der Angeklagte schuldig bekennt *(guilty pleas)*, vor den Magistrates' Courts verhandelt werden sollen, es sei denn, die Magistrates verweisen den Fall wegen der Schwere der konkreten Tat bzw. der Höhe des zu erwartenden Strafmaßes an den Crown Court. Mit anderen Worten verliert der Angeklagte sein Wahlrecht und damit die Möglichkeit eines Verfahrens vor dem Crown Court, wenn er seine Intention zu einem Schuldbekenntnis äußert.

---

[784] Vgl. Royal Commission on Criminal Justice, Report 1993, Chapter 12, Recommendation 114 mit der Empfehlung, bei Unstimmigkeiten bezüglich der adäquaten Verfahrensweise sollten die Magistrates entscheiden.

[785] Vgl. Home Office, Mode of Trial: §§ 7 ff (Reclassification of offences), §§ 15 ff (Removal of the defendant's right to elect for jury trial), §§ 19 ff (Plea before mode of trial decision).

[786] Durch Section 49 des Criminal Procedure and Investigations Act 1996 werden die Section 17A bis 17C in den Magistrates' Courts Act 1980 eingefügt, die das neue Filtersystem des "plea before venue" begründen.

Diese zweifellos mildeste Lösungsmöglichkeit der oben genannten drei Alternativen eröffnet jedoch einen weiten Spielraum für Mißbrauch, denn sie versagt zweifellos in den Fällen, in denen sich der Angeklagte zunächst für nicht schuldig bekennt *(not guilty plea)*, im Rahmen des darauffolgenden Verfahrens vor dem Crown Court jedoch dann ein Schuldbekenntnis ablegt.[787] Hinzu kommt, daß der Angeklagte die Frage der Magistrates nach seiner Schuld nicht beantworten muß. Vielmehr ist eine Verweigerung zur Antwort auf diese Frage von Seiten des Gerichts als *not guilty plea* auszulegen.[788] Ein effizientes System im Hinblick auf eine angemessene Verfahrensweise bei *either way offences* ist demzufolge bislang nicht eingeführt worden. Insofern bleibt abzuwarten, ob und in welchem Ausmaß diese Kategorie der Straftaten die Fallast des Crown Court auch weiterhin erhöhen und damit langfristig eine effiziente Lösung erforderlich machen wird. Das Recht des Angeklagten auf ein Verfahren vor dem Crown Court und damit die Möglichkeit zur entscheidenden Weichenstellung für das weitere Verfahren bleiben bis dato jedenfalls faktisch unangetastet.

Neben dem Angeklagten selbst kann auch die Staatsanwaltschaft die *mode of trial decision* beeinflussen. Dies erfolgt allerdings auf eine sehr subtile Art und Weise, da der Staatsanwaltschaft de lege kein Recht zusteht, das im konkreten Einzelfall zuständige Gericht zu bestimmen. Gleichwohl kann sie de facto einen nicht unerheblichen Einfluß ausüben. Ausgangspunkt dieses wirksamen Instrumentes stellt § 7.1 in den Richtlinien für Staatsanwälte *(Code for Crown Prosecutors)* dar. Danach soll das zur Anklage gebrachte Delikt die Schwere der Tat wiederspiegeln, dem Gericht adäquate Strafkompetenzen zuweisen und schließlich eine klare und einfache Präsentation des Falles vor Gericht ermöglichen. In diesem Zusammenhang wird der Staatsanwaltschaft ein weiter Ermessensspielraum eingeräumt, welcher besonders deutlich in der Regelung zum Ausdruck

---

787 Diese Verfahren werden in der Gerichtssprache als "cracked trials" bezeichnet. Der Angeklagte kann sein "plea" in jedem Stadium des Verfahrens bis zur Entscheidung über die Schuldfrage noch ändern. Während der Wechsel von einem "not guilty plea" zu einem "guilty plea" und damit zu einem Schuldbekenntnis problemlos möglich ist und in der gerichtlichen Praxis auch keine Seltenheit darstellt, ist für einen Wechsel im umgekehrten Fall die Zustimmung des Richters erforderlich. Diese soll jedoch nur "in clear cases and very sparingly" erteilt werden. Vgl. Pattenden, Judicial Discretion, S. 310; Sprack, Criminal Procedure, S. 242, 16.5; Walker/Wards, English Legal System, S. 492.

788 Vgl. Criminal Procedure and Investigations Act 1996, Section 49 (8). Zu den Nachteilen dieser Vermutungsregelung siehe ausführlich Redmayne, Process Gains and Values, S. 91 f, der unter anderem auf die Tatsache abstellt, daß die meisten Angeklagten respektive Verteidiger zum Zeitpunkt der "mode of trial decision" noch keine bindende "plea" abgeben wollen, um sich auf diese Weise weitere Verfahrensmöglichkeiten besonders im Hinblick auf die Beweiserhebung offen zu halten.

kommt, daß diese im Falle mehrerer Alternativen nicht immer wegen des schwersten Deliktes Anklage erheben muß.[789]

Wenn der Staatsanwalt demnach die Eröffnung des Hauptverfahrens vor dem Crown Court erreichen möchte, so kann er dies sicherstellen, indem er Anklage wegen eines *offence triable only on indictment* erhebt. Möchte er das Verfahren hingegen vor dem Magistrates' Court führen, so bringt er ein *offence triable only summarily* zur Anklage. Gleichwohl hat die Staatsanwaltschaft in diesem Zusammenhang nicht völlig freie Handhabe im Hinblick auf die zur Anklage gebrachten Delikte. Vielmehr ist sie zum einen an die Kategorie der Delikte gebunden, welche ausschließlich vor dem einen oder anderen Gericht verhandelt werden können, wobei das englische Strafrecht in manchen Deliktsbereichen diesbezüglich keine große Auswahl bereithält. Zum anderen spielt auch die ursprünglich von der Polizei nach Abschluß des Ermittlungsverfahrens zur Last gelegte Beschuldigung eine beträchtliche Rolle. Empirische Untersuchungen haben in diesem Zusammenhang offenbart, daß die Staatsanwaltschaft trotz der Kenntnis, daß ein summarisches Verfahren vor dem Magistrates' Court angemessen ist, in vielen Fällen Anklage wegen eines *offence triable either way* erhebt, um die Erwartungen der die Ermittlungen führenden Polizei nicht zu enttäuschen und auf diese Weise das kooperative Arbeitsverhältnis zwischen Polizei und Staatsanwaltschaft nicht negativ zu beeinträchtigen.[790]

c) Bedeutung der richterlichen Entscheidung

Die Entscheidung der Magistrates im Hinblick auf die angemessene Verfahrensweise bei *offences triable either way* wirkt sich nachhaltig auf das Funktionieren des englischen Gerichtssystems aus. Akzeptieren die Magistrates einen Fall, der in Wirklichkeit besser an den Crown Court überwiesen worden wäre, so besteht die Gefahr, daß der Komplexität und Schwere der Tat im Rahmen des summarischen Verfahrens nicht hinreichend Rechnung getragen wird oder daß die Laienrichter aufgrund ihrer begrenzten Strafkompetenz eine unangemessen milde Strafe verhängen. Auf der anderen Seite kann die Überweisung einer ungerechtfertigten Vielzahl von Fällen an den Crown Court zu gravierenden Verfahrensverzögerungen führen, wovon nicht nur die überwiesenen Fälle, sondern auch die Fälle betroffen sind, die wegen der Schwere der Tat nur vor dem Crown Court verhandelt werden dürfen *(indictable only offences)*.[791] In den Jah-

---

789 Vgl. Code for Crown Prosecutors, § 7.1: „This means that the Crown Prosecutors may not always continue with the most serious charge where there is a choice.“.

790 Siehe ausführlich hierzu die Studie von McConville/Sanders/Leng, Case for the Prosecution, S. 141-146. Zum gespannten Verhältnis zwischen Polizei und Staatsanwaltschaft siehe oben unter C. III.

791 An dieser Stelle sei angemerkt, daß die von Seiten der Magistrates an den Crown Court überwiesenen Fälle nicht mehr an den Magistrates' Court zurückverwiesen werden können. Insofern können die Richter des Crown Court die Verhandlung von Fällen, die letzt-

ren 1999/2000 ist die Quote der Überweisungen an den Crown Court von Seiten der Magistrates im Vergleich zum Vorjahr jedoch merklich zurückgegangen. Während in den Jahren 1998/1999 noch 49,4 % der an den Crown Court überwiesenen Fälle auf Anordnungen der Laienrichter zurückzuführen waren, sank die Zahl in den Jahren 1999/2000 auf 46,2 %.[792]

Bei näherer Untersuchung der Bedeutung, welche der richterlichen *mode of trial decision* in der Praxis tatsächlich zukommt, dürfen die diesbezüglichen Einflußmöglichkeiten des Angeklagten respektive der Verteidigung sowie der Staatsanwaltschaft nicht außer Acht gelassen werden. Ein *offence triable either way* kann nur dann im Rahmen eines summarischen Verfahrens vor dem Magistrates' Court verhandelt werden, wenn der Angeklagte bzw. dessen Verteidiger dieser Verfahrensweise ausdrücklich zustimmt.[793] Verweigert der Angeklagte hingegen seine Zustimmung, so steht dem Gericht keine Möglichkeit zur Verfügung, das Verfahren vor den Magistrates' Court zu bringen.

Sprechen sich sowohl Staatsanwaltschaft, als auch Verteidigung für ein summarisches Verfahren vor dem Magistrates' Court aus, so nimmt das Gericht in der Praxis keine näheren Beweisaufnahmen mehr vor, sondern entscheidet entsprechend. Demzufolge kristallisiert sich bei eingehender Betrachtung als die einzig bedeutende Situation der richterlichen Entscheidung in der Praxis von theoretisch vier möglichen Varianten[794] die Konstellation heraus, daß die Staatsanwaltschaft eine Überweisung des Falles an den Crown Court fordert, während sich die Verteidigung für eine Verhandlung vor dem Magistrates' Court ausspricht. Letztendlich kommt den Richtern nur in diesem Fall eine originäre Entscheidungskompetenz zu: Verweist das Gericht an den Crown Court, so muß sich die Verteidigung dem fügen, entscheidet es indessen auf eine Verhandlung der Sache im Rahmen eines summarischen Verfahrens vor dem Magistrates' Court, so

---

endlich problemlos auch von den Magistrates hätten gehört werden können, nicht verweigern. Demzufolge bleibt eine unangemessene Überweisung an den Crown Court für die Magistrates letztlich ohne Konsequenzen.

792 Siehe Crown Prosecution Service, Annual Report 1999/2000, S. 36.

793 Aus diesem Grunde macht die Verteidigung in der Regel keine Ausführungen zu der aus ihrer Sicht angemessenen Verfahrensweise ("mode of trial"), wenn sie die Eröffnung des Hauptverfahrens vor dem Crown Court für günstig erachtet. Dazu besteht auch keine Notwendigkeit, da dem Angeklagten von Seiten des Gerichts ausdrücklich die Wahlmöglichkeit zwischen Crown Court und Magistrates' Court eröffnet wird.

794 Es kommen theoretisch vier mögliche Konstellationen als Ausgangspunkt für die "mode of trial decision" des Gerichts in Betracht: (1) Staatsanwaltschaft und Verteidigung beantragen "summary trial" vor dem Magistrates' Court, (2) Staatsanwaltschaft und Verteidigung beantragen "trial on indictment" vor dem Crown Court, (3) die Staatsanwaltschaft beantragt "summary trial", während die Verteidigung das Verfahren vor dem Crown Court wählt, (4) die Staatsanwaltschaft beantragt "trial on indictment" vor dem Crown Court, während sich die Verteidigung für ein summarisches Verfahren vor dem Magistrates' Court ausspricht.

steht der Staatsanwaltschaft kein Mittel zur Verfügung, um eine Überweisung an den Crown Court zu erreichen. Dieser Ermessensspielraum wird in der Praxis aber nur mit großer Zurückhaltung ausgeschöpft. In der Regel entsprechen die Magistrates, soweit dies möglich ist, dem Antrag der Staatsanwaltschaft, da sie dem Unrechtsurteil der ermittelnden Polizei und der anklagenden Staatsanwaltschaft mehr Vertrauen schenken als den Ausführungen der Verteidigung.[795]

Als Resümee bleibt somit festzuhalten, daß sich die *mode of trial decision* der Richter in der Praxis nicht derartig bedeutend und komplex gestaltet wie dies auf den ersten Blick möglicherweise anmuten mag. Vielmehr erfolgt die entscheidende Weichenstellung im Hinblick auf die weitere Verfahrensweise bei *offences triable either way* in erster Linie durch den Angeklagten respektive dessen Verteidiger. Der den Magistrates in diesem Zusammenhang de facto einzig verbleibende Ermessensspielraum in der besonderen Konstellation, daß der Angeklagte ein summarisches Verfahren wählt, während die Staatsanwaltschaft ein Verfahren vor dem Crown Court fordert, wird in der Praxis offenbar nicht selbstverantwortlich genutzt, sondern vielmehr der von Seiten der Staatsanwaltschaft präferierten Wegrichtung angeglichen. Infolgedessen wird der für die Deliktsgruppe der *offences triable either way* charakteristische Filterprozeß im Hinblick auf die Bestimmung des adäquaten Eingangsgerichtes maßgeblich durch die nicht-richterlichen Akteure, Verteidigung und Staatsanwaltschaft, wahrgenommen, statt durch die Magistrates. Insofern finden sich auch in diesem Verfahrensstadium im Vorfeld der Hauptverhandlung keine gravierenden richterlichen Kompetenzen.

2. *"Committal Order" oder "Discharge"*

Zum Abschluß des Zwischenverfahrens hat das Gericht darüber zu entscheiden, ob es den Fall zur Eröffnung des Hauptverfahrens an den Crown Court überweist oder aber den Angeklagten aufgrund einer unzureichenden Beweislage entläßt und das Verfahren daraufhin einstellt.[796] Gelangt das Gericht zu dem Er-

---

[795] Vgl. die empirische Studie von Ashworth, Criminal Process, S. 234, wonach die Magistrates hinsichtlich der Entscheidung über die Verhandlung des Falles vor dem Crown Court oder dem Magistrates' Court in 27 von 29 Fällen dem Antrag der Staatsanwaltschaft entsprachen. Zu dem gleichen Ergebnis gelangen auch Riley/Vennard in ihrer Untersuchung Triable-Either-Way Cases, S. 11. Darin schlossen sich die Magistrates in 96 % der Fälle den Ausführungen der Staatsanwaltschaft an. Siehe in diesem Zusammenhang auch die National Mode of Trial Guidelines, wonach das Gericht grundsätzlich von der Richtigkeit der von Seiten der Staatsanwaltschaft vorgetragenen Version der Tatsachen ausgehen soll: „(...) the court should assume for the purpose of deciding mode of trial that the prosecution version of the facts is correct.".

[796] In diesem Zusammenhang ist zwischen der Aufgabe des Richters als Examining Justice im Rahmen des Zwischenverfahrens auf der einen Seite und als Magistrate im Rahmen des "summary trial" auf der anderen Seite zu differenzieren, denn während ersterer sich lediglich mit der Frage beschäftigt, ob die vorgebrachten Beweise eine Überweisung des

gebnis, daß die vorliegende Beweissituation ein Verfahren vor dem Crown Court rechtfertigt, so fertigt es einen Überweisungsbeschluß *(committal order)* an, der dem zuständigen Crown Court zur Eröffnung des Hauptverfahrens zugestellt wird. Ist das Gericht nach Abschluß des Zwischenverfahrens hingegen der Ansicht, daß die vorgelegten Beweise die Einleitung eines Hauptverfahrens nicht rechtfertigen, so kann es den Angeklagten daraufhin entlassen *(dismiss).* Diese Entlassung aus Mangel an Beweisen ist jedoch nicht mit einem Freispruch *(acquittal)* zu verwechseln. Vielmehr kann die Staatsanwaltschaft den Angeklagten möglicherweise erneut anklagen, wenn sie zu einem späteren Zeitpunkt neues Beweismaterial vorlegen kann.[797] Im übrigen kann sie in diesem relativ späten Verfahrensstadium kurz vor der Hauptverhandlung auch aus eigener Initiative heraus noch die Einstellung des Verfahrens bewirken, indem sie *no case to answer* beantragt und dem Gericht auf diese Weise zu verstehen gibt, daß sie kein hinreichendes Beweismaterial anzubieten hat und der Fall aus diesem Grunde nicht verfahrenswürdig ist.

a) Entscheidungskriterien

Das maßgebliche Entscheidungskriterium der Examining Justices stellt die Frage dar, ob die von den Parteien vorgebrachten Beweise einen Anscheinsbeweis begründen, daß der Angeklagte ein *indictable offence* begangen hat *(prima facie case).* Dies ist dann der Fall, wenn eine vernünftige Jury den Angeklagten nach der vorliegenden Beweislage verurteilen könnte.[798] Dabei werden jedoch nur sehr geringe Anforderungen an die Beweise gestellt, denn es muß lediglich deren Schlüssigkeit nachgewiesen werden.

Aufgrund der bewußt weit gefaßten gesetzlichen Formulierung in Section 6 (1) (a) des Magistrates' Courts Act 1980 kann das Gericht im Anschluß an die Beweiswürdigung auch die Umstellung der Anklage auf ein anderes Delikt anregen, wenn es die Beweislage für das von der Staatsanwaltschaft vorgesehene Delikt für nicht ausreichend betrachtet, statt dessen aber den Anscheinsbeweis für eine andere Straftat als erbracht ansieht.[799] In diesem Sinne kann die Staats-

---

Falles an den Crown Court begründen, hat letzterer über die Schuld oder Unschuld des Angeklagten zu befinden und gegebenenfalls eine gerechte Strafe festzusetzen.

797 Vgl. hierzu Code for Crown Prosecutors, § 10 (Re-starting a Prosecution).

798 Siehe Bing, Criminal Procedure, S. 147; Sprack, Criminal Procedure, S. 176.

799 Nach Section 6 (1) (a) Magistrates' Courts Act 1980 hat das Gericht den Angeklagten zur weiteren Verhandlung an den Crown Court zu überstellen, wenn es aufgrund der vorgebrachten Beweise zu der Ansicht gelangt ist „that there is sufficient evidence to put him on trial by jury for *any* indictable offence" (Betonung von Verfasserin hinzugefügt). Die gleiche Formulierung findet sich übrigens in den Magistrates' Courts (Amendment) Rules 1997, SI 1997/706, rule 7 (5). Insofern ist das Gericht bei der Beweiswürdigung im Zwischenverfahren nicht an die in der Anklageschrift der Staatsanwaltschaft aufgeführten Straftaten gebunden, sondern kann vielmehr jedes "indictable offence" in Betracht ziehen, für das sich aus seiner Sicht eine ausreichende Beweislage ergibt. Eine dadurch

anwaltschaft z.B. gezwungen sein, eine ursprüngliche Anklage wegen Mordes auf eine Anklage wegen Totschlages umzustellen, wenn die Examining Justices den Anscheinsbeweis nur für diesen Straftatbestand als erbracht ansehen. Insofern kann das Gericht im Falle einer Anklage aufgrund mehrerer Delikte auch einzelne Delikte an den Crown Court überweisen und den Angeklagten im Hinblick auf andere Delikte aus Mangel an Beweisen entlassen.

Die Entscheidung über die Zulässigkeit oder Glaubwürdigkeit eines Beweises überlassen die Examining Justices in der Regel jedoch dem Crown Court.[800] Insofern besteht für die Verteidigung keine Möglichkeit, die Zulässigkeit respektive Verwertbarkeit eines von Seiten der Staatsanwaltschaft angeführten Beweises im Rahmen des Zwischenverfahrens effektiv in Frage zu stellen, was gleichwohl auch nicht Sinn und Zweck der *committal proceedings* ist. Lediglich offensichtlich unzulässige Beweise können von Seiten der Examining Justices ausgeschlossen werden, eine in erster Linie theoretische Kompetenz, von der im Rahmen der gerichtlichen Praxis nur äußerst selten Gebrauch gemacht wird.[801]

Insbesondere kann die Rechtmäßigkeit auf zweifelhafte Weise erlangter Beweismittel oder eines Geständnisses vor den Examining Justices nicht angezweifelt werden, da die durch den Criminal Procedure and Investigations Act 1996 geänderten Sections 76 (Geständnisse / *confessions*) und 78 (Ausschluß auf unfaire Art und Weise erlangter Beweise / *exclusion of unfair evidence*) des Police and Criminal Evidence Act 1980, die den Richtern einen Ermessensspielraum hinsichtlich der Zulassung respektive Verwertbarkeit dieser Beweise im Rahmen der Hauptverhandlung zusprechen, im Zwischenverfahren ausdrücklich keine Anwendung finden.[802]

---

bedingte Umstellung der Anklage erfolgt jedoch nicht durch das Gericht, sondern durch die Staatsanwaltschaft.

800 So jedenfalls Sprack, Criminal Procedure, S. 183, 12.2.3.

801 Siehe dazu auch Bing, Criminal Procedure, S. 150, 6-21 m.w.N. sowie die in diesem Zusammenhang einschlägige Entscheidung des House of Lords in Williams v. Bedwellty Justices, (1997) A.C., S. 225 ff mit Hinweisen auf zahlreiche weitere Entscheidungen. Enthält das den Examining Justices im Rahmen des Zwischenverfahrens vorgelegte Beweismaterial sowohl zulässige, als auch unzulässige Beweise, so kann die anschließende Eröffnung des Hauptverfahrens nicht deshalb beanstandet werden, weil die Magistrates Teile des unzulässigen Beweismaterials berücksichtigt hatten. Gleichermaßen wird ein Überweisungsbeschluß in der Regel nicht rückwirkend aufgehoben, wenn die Magistrates sich zuvor im Rahmen des Zwischenverfahrens geweigert haben, zur Frage der Zulässigkeit eines Beweismittels zu entscheiden. Siehe hierzu die Entscheidungen R. v. Ipswich Justices, ex p. Edwards (1979) 143 J.P., S. 699 ff; R. v. Oxford City Justices, ex p. Berry (1987) 3 W.L.R., S. 643 ff.

802 So ausdrücklich die gesetzlichen Regelungen in Section 76 (9) und Section 78 (3) des Police and Criminal Evidence Act 1980. Vgl. auch Bing, Criminal Procedure, S. 150 f, 6-21 f m.w.N. Im Hauptverfahren hingegen steht den Magistrates im Rahmen des summarischen Verfahrens an den Magistrates' Courts in gleicher Weise ein Ermessen hinsicht-

b) Bedeutung der richterlichen Entscheidung

Die Neuregelung des Zwischenverfahrens durch den Criminal Procedure and Investigations Act 1996 hat sich unzweifelhaft auch auf die Bedeutung der richterlichen Entscheidung zum Abschluß der *committal proceedings* ausgewirkt. Während das Zwischenverfahren früher noch durch eine umfangreiche Beweisaufnahme mit mündlichen Zeugenvernehmungen gekennzeichnet war, stellt es sich heute primär als reine Formalie dar. Dabei steht zweifellos der formale verwaltungstechnische Aspekt im Vordergrund und verdrängt deutlich den juristischen Gesichtspunkt der Entscheidung.

Eine richterliche Entscheidung im Hinblick auf die Weiterleitung eines Falles an den Crown Court *(committal order)* respektive die Entlassung des Angeklagten mangels Hinlänglichkeit der Beweise *(discharge)* ist nur in den Zwischenverfahren mit richterlicher Beweiswürdigung nach Section 6 (1) des Magistrates' Courts Act 1980 zu treffen, welche in der heutigen Praxis aber nur noch selten erfolgen. Im Rahmen der heute üblichen verkürzten Verfahrensweise nach Section 6 (2) wird die Sache vielmehr ohne eine richterliche Beweiswürdigung und daher auch ohne eine entsprechende richterliche Entscheidung mit Zustimmung der Parteien an den Crown Court weitergeleitet. Insofern begründet bereits das selten gewordene Bemühen eines ausführlichen Zwischenverfahrens den Bedeutungsverlust der in diesem Falle erforderlichen richterlichen Entscheidung.

Bezeichnend erscheint in diesem Zusammenhang zudem der niedrige Beweismaßstab im Zwischenverfahren, infolgedessen den Examining Justices keine eingehende Prüfung der Beweise obliegt. Vielmehr sollen lediglich diejenigen Fälle heraus gefiltert werden, die offensichtlich unbegründet und aufgrund der vorgelegten Beweislage als unhaltbar erscheinen, so daß sie die Einleitung eines Hauptverfahrens vor dem Crown Court unmöglich rechtfertigen. Im übrigen zieht eine fehlerhafte Überweisung eines offensichtlich unbegründeten Falles an den Crown Court für die Magistrates keinerlei negative Konsequenzen nach sich, weshalb sich diese in Zweifelsfällen gewöhnlich für eine *committal order* entscheiden anstatt den Angeklagten aus Mangel an Beweisen zu entlassen *(discharge)*. In der Praxis enden daher die meisten Zwischenverfahren mit einem Überweisungsbeschluß der Examining Justices.

Abschließend läßt sich somit festhalten, daß der richterlichen Entscheidung in Bezug auf die Weiterleitung des Falles an den Crown Court respektive die Entlassung des Angeklagten aus Mangel an Beweisen keine fundamentale Bedeutung mehr zukommt. Dies ist wohl in erster Linie auf die im Laufe der letzten Jahre ergangenen gesetzlichen Regelungen zur Verfahrensverkürzung im Vorfeld der Hauptverhandlung zurückzuführen, welche zu deutlichen Reduzierungen der richterlichen Kompetenzen im Zwischenverfahren geführt und auf diese

---

lich des Ausschlusses von Beweisen zu wie den Richtern des Crown Court im Rahmen des "trial on indictment". Siehe dazu Pattenden, Judicial Discretion, S. 315 f.

Weise eine formale Weiterleitungspraxis an den Crown Court konstituiert haben. Hinzu kommt zudem das Selbstverständnis der Magistrates in der Praxis sowie ihre Einstellung im Hinblick auf die von ihnen im Zwischenverfahren zu treffende Entscheidung. Die Magistrates selbst sehen ihre Aufgabe als überwiegend juristische Laien lediglich darin, anhand einer relativ formalen Vorgehensweise die offensichtlich unbegründeten Anklagefälle auszufiltern. Im Rahmen dieses Prozedere beschäftigen sie sich daher nicht mit komplizierten Beweisfragen oder eventuell eingreifenden Verwertungsverboten. In Zweifelsfällen tendieren sie zweifellos zu einem Überweisungsbeschluß an den Crown Court, statt das Verfahren einzustellen.

Schließlich sei angemerkt, daß die Richter im Rahmen des Zwischenverfahrens zudem über die Anordnung respektive Verlängerung von Untersuchungshaft *(remand in custody)* oder die Freilassung des Angeklagten auf Kaution *(grant bail)* bis zum Verfahrensauftakt vor dem Crown Court befinden, worauf hier jedoch nicht weiter eingegangen werden soll.

3. "Transfer for trial"

Durch die zeit- und kostensparende Möglichkeit des *transfer for trial* in den gesetzlich vorgesehenen Ausnahmefällen des schweren Betruges und der Sexual- und Gewaltdelikte im Zusammenhang mit Kindern wurde der Aufgabenbereich der Magistrates im Vorfeld der Hauptverhandlung vor dem Crown Court erheblich reduziert. Da im Falle einer *transfer notice* kein Zwischenverfahren mehr stattfindet, fungieren die Magistrates nicht als Examining Justices und befassen sich infolgedessen auch nicht inhaltlich mit dem Fall.[803] Vielmehr sind sie nur noch zuständig für die Erledigung gewöhnlich im Zwischenverfahren anfallender Anträge und Anordnungen wie die Anordnung respektive Verlängerung von Untersuchungshaft *(remand in custody)* oder die Freilassung auf Kaution *(grant bail)* sowie die Beurteilung eines Antrages auf Prozeßkostenhilfe *(legal aid)* für das Hauptverfahren vor dem Crown Court.

4. "Sending for trial"

Ähnlich wie bei der Verfahrensweise des *transfer for trial* stellt sich der Aufgabenbereich der Magistrates im Falle eines *sending for trial* deutlich eingeschränkt dar, da ein konventionelles Zwischenverfahren nicht stattfindet. Gleichwohl sieht der Crime and Disorder Act 1998 eine Reihe grundlegender Funktionen der Magistrates auch in diesem Verfahrensstadium vor. Diese haben über eine mögliche Freilassung des Angeklagten auf Kaution *(grant bail)* oder

[803] Sobald die "Notice of Transfer" an den Magistrates' Court ergangen ist, schwindet die Kompetenz der Magistrates zur inhaltlichen Befassung mit dem Fall. Vgl. dazu die ausdrücklichen gesetzlichen Regelungen in Section 4 (1) des Criminal Justice Act 1987 und Section 53 (3) des Criminal Justice Act 1991.

die Zurücksendung in die Untersuchungshaft *(remand in custody)* bis zum Prozeßauftakt zu entscheiden.[804] Ferner obliegt den Magistrates die Bestimmung des passenden Crown Court Centers, an das der Fall weitergeleitet werden soll.[805] Im Hinblick auf die richterlichen Kompetenzen besteht somit kein Unterschied zwischen den verschiedenen Verfahrensweisen des *transfer for trial* und des *sending for trial.*

E. Hauptverfahren (Trial Proceedings)

I. Vorbereitung der Hauptverhandlung (Preparation for Trial)

1. Inhalt und Ablauf der vorbereitenden Maßnahmen

Im Vorfeld der Hauptverhandlung werden zum Zwecke der Wirtschaftlichkeit und Zeitersparnis in der späteren Hauptverhandlung gerichtliche *pre-trial hearings* mit Beteiligung beider Parteien, d.h. Staatsanwaltschaft und Verteidigung abgehalten.[806] Diese können in den Verfahren vor dem Crown Court in drei unterschiedlichen, sinngemäß aber weitestgehend gleichen Variationen erfolgen, namentlich in Form eines *plea and directions hearing (PDH)*, eines *pre-trial hearing* oder eines *preparatory hearing.*[807] Für das Verfahren vor dem Magistrates' Court bieten sich mit dem *early first hearing*, dem *plea before venue* sowie dem *pre-trial review* ebenfalls drei unterschiedliche Verfahrensalternativen an.[808] Trotz der leicht unterschiedlichen Inhalte und Ausgangssituationen dieser

---

804 Vgl. Crime and Disorder Act 1998, Section 51 (1) und (2).

805 Siehe Crime and Disorder Act 1998, Section 51 (10).

806 Instruktiv hierzu Lord Justice Auld, Criminal Courts Review, Chapter 10, §§ 204 - 220.

807 Im Rahmen des traditionellen, gesetzlich nicht geregelten "plea and directions hearing" kann der Richter nichtbindende Verfügungen im Vorfeld der Hauptverhandlung treffen. Dieses Verfahren ist geregelt in der Practice Direction (Crown Court: Plea and Directions Hearings), abgedruckt in (1995) 1 W.L.R., S. 1318 ff und in der rechtswissenschaftlichen Literatur im Hinblick auf seine praktische Effizienz nicht unbestritten. Siehe hierzu etwa die kritische Auseinandersetzung mit den Vor- und Nachteilen der "PDH" bei Crane/Balston, PDH for and against, S. 10 ff. Anders als das "plea and direction hearing" sind die Möglichkeiten des "pre-trial hearing" und des "preparatory hearing" gesetzlich geregelt und zwar im Criminal Procedure and Investigations Act 1996, Sections 39 - 43 und Sections 28 - 38.

808 Vor dem Magistrates' Court besteht zunächst die Möglichkeit eines "early first hearing", welches für Fälle vorgesehen ist, in denen ein frühes Schuldgeständnis erwartet wird. Sollte sich der Beschuldigte aber nicht für schuldig bekennen, so wird als zweite Möglichkeit ein "plea before venue" eingeleitet. Dabei nimmt das Gericht eventuelle Schuldgeständnisse des Beschuldigten entgegen, bestimmt die adäquate Verfahrensweise (mode of trial) und legt teilweise schon Termine für die Hauptverhandlung fest. Die Alternative

Anhörungstermine im Vorfeld der Hauptverhandlung verfolgen alle *pre-trial hearings* das gleiche Ziel: die gründliche Vorbereitung seitens der Parteien und die frühzeitige Identifizierung der Streitfragen, um einen möglichst zügigen und reibungslosen Ablauf der Hauptverhandlung zu gewährleisten. Zu diesem Zwecke sollen der ungefähre Verlauf der Hauptverhandlung, eventuelle Schuldbekenntnisse des Angeklagten, die Hauptstreitpunkte des Falles sowie die zu von den Parteien zu benennenden Zeugen bereits im Vorfeld der Hauptverhandlung grob umrissen werden.

Die Hauptverhandlung wird ferner vorbereitet, indem die Staatsanwaltschaft ihre Beweise schriftlich offenlegt *(primary disclosure)* und die Verteidigung daraufhin ihre *defence disclosure* dem Gericht unterbreitet. Ergeben sich dadurch neue Gesichtspunkte, so erklärt die Staatsanwaltschaft eine *secondary disclosure*. Die Regeln über die Offenlegung von Beweisen im Vorfeld der Hauptverhandlung *(disclosure)* genießen in England eine überaus große Bedeutung[809], was in erster Linie auf die adversatorische Natur des Strafverfahrens sowie auf den Grundgedanken des *fair trial* zurückzuführen ist.

2. Richterliche Kompetenzen

Die Erfassung der richterlichen Kompetenzen im Rahmen der Vorbereitung der Hauptverhandlung gestaltet sich überaus schwierig. Dies liegt zunächst in der äußerst unsystematischen Regelung der *pre-trial hearings* begründet. So haben einige Varianten eine gesetzliche Regelung erfahren, andere hingegen nicht. Zudem überschneiden sich die unterschiedlichen Verfahrensvarianten in vielen Bereichen, so daß eine klare Abgrenzung zwischen ihnen nicht erkennbar ist. Schließlich fehlt es auch an tragenden Vorgaben hinsichtlich des Ablaufes und der konkreten Zielsetzung für die unterschiedlichen Versionen dieser gerichtlichen *hearings*.

Die *pre-trial hearings* vermitteln auf den ersten Blick zwar den Eindruck, der Richter forciere auf diese Weise eine sorgfältige Vorbereitung des Falles seitens des Parteien sowie eine Kooperation zwischen ihnen. Jedoch spiegelt die gerichtliche Praxis ein anderes Bild wieder. So werden die unterschiedlichen Varianten der *pre-trial hearings* in der Praxis nicht zur frühzeitigen und verfahrensbeschleunigenden Vorbereitung der Hauptverhandlung genutzt, sondern vielmehr als Anlaß für das Zusammenkommen der Verfahrensbeteiligten, insbesondere als erstes Treffen zwischen Verteidiger und Angeklagten betrachtet.[810] Da

---

des "pre-trial review" ist gedacht für Fälle, die noch nicht ausreichend vorbereitet sind für eine Hauptverhandlung.

809 Vgl. die Darstellung der durch den Criminal Procedure and Investigations Act 1996 neu geregelten "Disclosure Procedures" bei Lyons, New Disclosure Procedures, S. 9 ff.

810 Ebenso Lord Justice Auld, Criminal Courts Review, Chapter 10, § 6: „*At present pre-trial hearings in their various forms, in all but the most complex cases, are mostly unnecessary and misused. They are treated primarily as a means of bringing everybody to-*

die Parteien ihre Prozeßstrategie nicht gegenüber dem Gericht und noch viel weniger gegenüber der gegnerischen Partei offenlegen wollen und darüber hinaus auch nicht müssen, erweist sich eine frühzeitige Identifizierung der streitigen Punkte des Falles, darunter insbesondere die Frage nach der Ablegung eines Schuldgeständnisses seitens des Angeklagten vor Beginn der Hauptverhandlung als nahezu unmöglich.

Diese offensichtliche Diskrepanz läßt sich bei näherer Betrachtung der *pre-trial hearings* zumindest erklären. Diese wurden im Laufe der letzten Jahre in die grundsätzlich adversatorisch geprägte vorbereitende Phase des Hauptverfahrens eingeführt mit dem Ziel, die Parteien zu einer besseren Vorbereitung des Falles anzuhalten und auf diese Weise Verfahrensverkürzungen im Rahmen der Hauptverhandlung herbeizuführen. Maßgeblicher Anlaß respektive Anreiz hierzu sollte lediglich die richterliche Präsenz bei den Anhörungsterminen sein. Die verfahrensrechtliche Praxis der letzten Jahre zeigt jedoch, daß die richterliche Autorität im Vorfeld der Hauptverhandlung offensichtlich überschätzt wurde, da die Parteien nach wie vor nicht hinreichend vorbereitet sind und sich nur selten kooperativ zeigen.

Zwar steht den Richtern grundsätzlich die Möglichkeit zur Verfügung, die Parteien im Falle verschuldeter Verfahrensverzögerungen oder schlechter Vorbereitung ihres Falles mit Kostenanordnungen (*orders of costs* oder *wasted costs orders*) zu belegen, doch nehmen sie diese Kompetenz in der Praxis nur selten wahr.[811] Dies ist zum einen auf rein tatsächliche Schwierigkeiten zurückzuführen, da sich in der Regel nicht problemlos feststellen läßt, welche der beiden Parteien eine Unzulänglichkeit oder eine Verspätung verschuldet hat. Im übrigen darf nicht außer Acht gelassen werden, daß die Parteien für eine Vorbereitung des Falles für die *pre-trial hearings* nicht bezahlt werden, so daß sich für diese in der Praxis die Frage nach der Kosten-Nutzen-Relation einer sorgsamen Fallvorbereitung stellt. Zum anderen bergen insbesondere Kostendrohungen gegen den Angeklagten oder seinen Verteidiger stets das Risiko einer unfairen Verfahrensgestaltung in sich, was ebenfalls zu einer zurückhaltenden Handhabung dieser Befugnis seitens der Richter führt.

Da die Vorbereitung der Hauptverhandlung ersichtlich durch den adversatorischen Grundcharakter der späteren Hauptverhandlung geprägt ist, können sich die vorhandenen richterlichen Gestaltungsbefugnisse in diesem Verfahrensstadium nicht durchsetzen. Mit anderen Worten zeichnet sich bereits in diesem frühen Verfahrensstadium der später im Rahmen der Hauptverhandlung erfolgende Widerstreit der Parteien ab, so daß etwa eine über die gesetzlichen Mindeststan-

---

gether in court, to enable advocates to meet their clients (often for the first time and to take instructions), theoretically to focus on the issues of law and fact and to make decisions as to the conduct of the case.".

811 Vgl. hierzu ausführlich Lord Justice Auld, Criminal Courts Review, Chapter 10, § 230.

dards der *disclosure rules* hinausgehende Kooperation zwischen Staatsanwaltschaft und Verteidiger zum uneigennützigen Zwecke der Verfahrensbeschleunigung nicht realisiert werden kann.

Abschließend läßt sich somit festhalten, daß die Vorbereitung der Hauptverhandlung in erster Linie durch die Parteien dominiert wird, ein Umstand, der erst bei näherer Betrachtung der *pre-trial hearings* zu Tage tritt, welche auf den ersten Blick den Eindruck einer autoritären richterlichen Stellung vermitteln. Die den Richtern theoretisch zustehenden Befugnisse bleiben aus rein tatsächlichen sowie aus systemimmanenten Gründen wirkungslos, so daß sie eine sorgfältigere Vorbereitung des Falles seitens der Parteien oder gar eine mögliche Kooperation etwa im Hinblick auf die unstreitigen Punkte nicht forcieren können. Vor diesem Hintergrund verwundert es nicht, daß Sinn, Nutzen und Effizienz der *pre-trial hearings* mittlerweile mehrheitlich zu Recht angezweifelt werden.[812] Hierauf wird im Rahmen der rechtsvergleichenden Untersuchung und Analyse noch zurückzukommen sein.

II. Hauptverhandlung (Trial)

1. Grundsätzliches

a) "Summary trial" und "Trial on indictment"

Im englischen Strafverfahren ist grundsätzlich zwischen dem summarischen Verfahren vor dem Magistrates' Court *(summary trial)* und dem formellen Verfahren vor dem Crown Court *(trial on indictment)*[813] zu differenzieren. Während der Magistrates' Court das zuständige Eingangsgericht für leichte bis mittelschwere Straftaten darstellt, werden vor dem Crown Court die Fälle mittlerer und schwerster Kriminalität verhandelt. In Anlehnung an diese unterschiedlichen Zuständigkeitsbereiche ist der Magistrates' Court in der Regel mit Laienrichtern und nur ausnahmsweise mit professionellen District Judges (Magistrates' Courts) besetzt. Der Crown Court hingegen tagt mit einem Berufsrichter und 12 Geschworenen. Insofern stellt der *trial on indictment* ein ausführliches, formelles Strafverfahren vor dem Crown Court dar. Bei dem *summary trial* handelt es sich um ein verkürztes, summarisches Verfahren vor den unteren Gerichten.

Die Hauptunterschiede zwischen diesen beiden Verfahrensweisen bestehen neben der unterschiedlichen Zusammensetzung der Spruchkörper vornehmlich im Hinblick auf die Klärung der Schuldfrage, welche im Verfahren vor dem Crown

[812] Grundlegend dazu Lord Justice Auld, Criminal Courts Review, Chapter 10, §§ 204 - 238.

[813] Die Bezeichnung dieses ausführlichen Verfahrens ist auf den englischen Begriff "indictment" zurückzuführen, der die formelle Anklageschrift bezeichnet.

Court von den Geschworenen wahrgenommen wird und im summarischen Verfahren durch die Magistrates erfolgt, sowie hinsichtlich der verschiedenartig ausgeprägten Strafkompetenzen des Gerichts[814]. Schließlich gestalten sich auch Intensität und Umfang der Voruntersuchung *(preliminary inquiry)* im *trial on indictment* wesentlich formeller als im Rahmen eines *summary trial*, wenngleich grundsätzlich für beide Verfahrensweisen die gleichen Beweis- und Verfahrensregeln gelten.[815]

b) Zweiteilung der Hauptverhandlung

Die Hauptverhandlung eines jeden englischen Strafprozesse zerfällt grundsätzlich in zwei Teile. Der erste Verhandlungsabschnitt dient der Klärung der Schuldfrage *(conviction)* und nimmt in der Regel den größten Teil der Hauptverhandlung in Anspruch. Während die Schuldfrage im summarischen Verfahren von den Magistrates beurteilt wird, obliegt sie im Verfahren vor dem Crown Court den Geschworenen. Der Schuldspruch *(verdict)* wird in diesem Fall allein von der Jury gefällt. Bekennt sich der Angeklagte jedoch für schuldig *(guilty plea)*, so entfällt dieser Teil der Hauptverhandlung und das Gericht kann sogleich zum zweiten Verhandlungsabschnitt übergehen, der Festlegung des adäquaten Strafmaßes *(sentence)*. Die Strafzumessung obliegt ausschließlich dem Gericht. Diese beiden Verfahrensabschnitte werden nicht nur theoretisch, sondern auch in der gerichtlichen Praxis streng voneinander getrennt verhandelt.

2. Verfahrensablauf

Die Hauptverhandlung vor dem Magistrates' Court verläuft in groben Zügen in gleicher Weise wie vor dem Geschworenengericht am Crown Court[816], weshalb an dieser Stelle auf eine getrennte Darstellung verzichtet wird. Vielmehr wird im Folgenden der Verfahrensverlauf einer Hauptverhandlung im formellen Strafverfahren vor dem Crown Court dargestellt.[817]

---

[814] Soweit der konkrete Straftatbestand nichts anderes vorsieht dürfen die Magistrates eine Gefängnisstrafe von maximal 6 Monaten verhängen, während ein Berufsrichter am Crown Court nur den gesetzlichen Höchstrahmen unterliegt. Vgl. Magistrates' Courts Act 1980, Section 31 (1). Siehe hierzu auch die Ausführungen zu den richterlichen Strafkompetenzen unter E. II. 3. e).

[815] Siehe Pattenden, Judicial Discretion, S. 292 m.w.N.

[816] Vgl. Smith, Criminal Procedure System, S. 94 f; Spaetgens, Strafprozessuales Akteneinsichtsrecht, S. 77.

[817] Aufgrund der oben dargestellten strukturellen Unterschiede entfallen im summarischen Verfahren naturgemäß diejenigen Verfahrenselemente, die sich auf die Jury beziehen. Insofern erfolgt nicht nur die Strafzumessung, sondern auch die Klärung der Schuldfrage durch die Magistrates, welche im Hinblick auf rechtliche Streitfragen und Aspekte der Strafzumessung von einem erfahrenen Clerk beraten werden.

Die Hauptverhandlung wird eröffnet mit der Verlesung der Anklageschrift unter Ausschluß der Geschworenen, infolgederer sich der Angeklagte hinsichtlich eines jeden einzelnen Anklagepunktes *(count)* für schuldig oder nicht schuldig bekennen muß *(arraignment)*. Dabei steht ihm auch durchaus die Möglichkeit offen, wegen eines Anklagepunktes auf unschuldig zu plädieren und sich zugleich wegen einer weniger schweren Form der vorgeworfenen Straftat für schuldig zu bekennen.

Bekennt sich der Angeklagte hinsichtlich der ihm vorgeworfenen Straftat für schuldig *(guilty plea)*[818], so muß die Staatsanwaltschaft keine weiteren Beweise mehr vorbringen. Vielmehr schildert sie sodann lediglich kurz den Tathergang. Die Schuldfrage gilt in diesem Fall als geklärt, so daß auch die Jury nicht zusammentritt. Diese Vorgehensweise veranschaulicht die gewaltige Aussagekraft eines Geständnisses im Rahmen des englischen Strafprozesses, denn allein aufgrund eines formellen Schuldbekenntnisses zu Beginn der Hauptverhandlung erübrigt sich eine Beweisaufnahme zur Feststellung der vorgeworfenen Tat, eine Regelung, die mit dem deutschen Grundsatz der materiellen Wahrheitserforschung unvereinbar wäre. Da neben dem Geständnis des Angeklagten keine weiteren Beweise mehr erforderlich sind und in der gerichtlichen Praxis auch tatsächlich nicht eingeholt werden, wird zumeist schon im Rahmen der polizeilichen Vernehmung auf ein solches hingearbeitet.[819] Im Falle eines Schuldbekenntnisses von Seiten des Angeklagten kann der Richter demnach ohne weitere Verzögerungen zum zweiten Teil der Hauptverhandlung übergehen, der Strafzumessung.

Plädiert der Angeklagte indessen auf nicht schuldig *(not guilty plea)*, so nimmt das Verfahren einen anderen Verlauf. Im Anschluß an das *arraignment* folgt sodann das parteigeführte Beweisverfahren. Dabei obliegt es zunächst der Staatsanwaltschaft als Vertreterin der Anklage, die Schuld des Angeklagten über jeden vernünftigen Zweifel hinaus *(beyond reasonable doubt)* nachzuweisen.[820]

---

818 In den Jahren 1999/2000 plädierten vor dem Crown Court immerhin 73,3 % der Angeklagten auf schuldig, während sich vor den Magistrates' Courts im gleichen Berichtszeitraum sogar 82,2 % aller Angeklagten für schuldig bekannten. Vgl. hierzu Crown Prosecution Service, Annual Report 1999/2000, S. 34, 37.

819 Der allzu verlockenden Versuchung, durch den Einsatz unerlaubter Ermittlungs- und Vernehmungsmethoden ein Geständnis des Beschuldigten zu erlangen, war die Polizei offenbar über lange Jahre hinweg erlegen. Erst mit dem Police and Criminal Evidence Act 1984 wurde eine Disziplinierung der Polizei zu Gunsten des festgenommenen oder bereits in Polizeihaft befindlichen Verdächtigen in Angriff genommen. Nunmehr gewährleisten die detaillierten Ausführungsbestimmungen (Codes of Practice) eine nach rechtsstaatlichen Grundsätzen angemessene Behandlung des Beschuldigten im Rahmen des polizeilichen Ermittlungsverfahrens.

820 Das Eröffnungsrecht der Anklage (right to begin) folgt aus den allgemeinen Regeln des englischen Beweisrechts, wonach diejenige Partei die Verhandlung eröffnet, welche die Beweislast trägt. Siehe dazu Newman, Beweisrecht, S. 40.

In diesem Zusammenhang gibt sie der Jury zunächst einen groben Überblick über den zu entscheidenden Fall und erläutert die bestrittenen Anklagepunkte, die relevanten gesetzlichen Vorschriften sowie die Beweise, welche sie den Geschworenen präsentieren wird.[821] Auf diese Art und Weise erhält die Jury einen ersten Eindruck von der Tat, dem Tathergang und möglichen Motiven des Täters. Anschließend erfolgt die Beweisaufnahme für die Anklage. Nachdem die Staatsanwaltschaft die Befragung ihrer Zeugen *(examination in chief)* beendet hat, können diese von Seiten der Verteidigung im Zuge eines Kreuzverhörs *(cross examination)* vernommen werden.[822] Im Anschluß daran kann die Verteidigung den Fall aus ihrer Sicht darstellen und entlastende Beweise anbieten. Sie ist jedoch nicht dazu verpflichtet Beweise vorzubringen, da die Beweislast *(burden of proof)* hinsichtlich der Schuld des Angeklagten bei der Anklagevertretung liegt.[823] In der Regel werden von Seiten der Verteidigung jedoch Beweise zur Entlastung des Angeklagten angeboten, wobei der Angeklagte zumeist selbst eine Aussage macht.[824]

Nach der Beweisaufnahme für die Verteidigung folgt das Schlußplädoyer der Anklage mit einer Zusammenfassung des Tatgeschehens auf Grundlage der vorgelegten Beweise und dem avisierten Schuldnachweis des Angeklagten. Daraufhin stellt der Verteidiger in seiner Schlußrede den Fall aus der anderen Perspektive dar. Dabei gilt das Plädoyer des Verteidigers als letztes Wort des Angeklagten, welches darüber hinaus nicht mehr gewährt wird.

Nach den Plädoyers der Parteien faßt der Richter die wesentlichen Prozeßergebnisse und die vorgelegten Beweismaterialien für die Jury möglichst objektiv zusammen und belehrt diese über die ihnen zukommende Aufgabe, das im Einzel-

---

821 Vgl. Huber, Strafverfahren in England, S. 33; Watzek, Englisches Strafrecht, S. 28.

822 Die Vernehmung eines Zeugen erfolgt in drei Phasen. Zunächst wird der Zeuge im Hauptverhör durch die ihn benennende Partei vernommen (examination in chief) und im Anschluß daran im Kreuzverhör durch die gegnerische Partei (cross examination). Schließlich kann die den Zeugen benennende Partei diesen nach dem Kreuzverhör im Wiederverhör (re-examination) nochmals befragen, um einige Antworten des Zeugen im Kreuzverhör zu klären. Im Rahmen des Wiederverhörs dürfen daher nur Fragen gestellt werden, die aus dem Kreuzverhör hervorgehen.

823 Anders stellt sich die Situation hingegen dar, wenn sich die Verteidigung auf bestimmte Verfahrenseinreden zu Gunsten des Angeklagten beruft wie bspw. auf die Schuldunfähigkeit des Angeklagten zum Zeitpunkt der Tatverwirklichung (insanity) oder auf diverse Strafausschließungsgründe wie Notwehr (private defence) oder Nötigungsnotstand (duress by threats). In diesen Fällen obliegt die Beweislast der Verteidigung.

824 Dem Angeklagten steht zwar ein Schweigerecht (right to silence) zu, jedoch dürfen aus seiner Weigerung zur Aussage vor Gericht gemäß Section 35 (3) Criminal Justice and Public Order Act 1994 negative Schlüsse gezogen werden, und zwar seitens des gerichts wie auch seitens der Geschworenen. Für die Formulierung der richterlichen Belehrung des Angeklagten hinsichtlich der Folgen seines Schweigens siehe die Practice Direction: Crown Court (Defendant's Evidence) (1995) 2 Cr.App.R., S. 192 f, §§ 3 und 5.

fall anzuwendende Recht sowie die Regeln der Beweislast *(summing up)*. Die Jury zieht sich daraufhin in ihre Beratung zurück, welche ohne Beisein des Richters erfolgt. Dies bedeutet jedoch nicht, daß die Geschworenen den Richter nicht um Erläuterungen einzelner Punkte bitten können, die ihnen im Laufe des Verfahrens nicht klar geworden sind.[825] Hinsichtlich des Urteilsspruches *(verdict)* stehen den Geschworenen zwei Entscheidungsalternativen offen: schuldig *(guilty)* oder nicht schuldig *(not guilty)*. Der Urteilsspruch der Jury sollte nach Möglichkeit einstimmig ergehen, doch ist auch ein Mehrheitsvotum ausreichend.[826] Das Verdikt wird von der Jury nicht näher begründet und die Geschworenen dürfen darüber hinaus auch nicht nach den Gründen für ihre Entscheidung gefragt werden.[827] Der Richter muß den Schuldspruch der Jury akzeptieren, auch wenn er die Auffassung der Geschworenen nicht teilt.

Nach Bekanntgabe des Urteilsspruches durch den Sprecher der Jury geht die Hauptverhandlung in den zweiten Verfahrensabschnitt, die richterliche Strafzumessung über. Dabei kann der Richter die Sache vertagen, wenn er für die Entscheidung der Strafzumessung noch weitere Informationen benötigt. Bei Kenntnis der entscheidenden Aspekte kann der Richter aber auch sofort eine Sanktion verhängen. In einfach gelagerten Fällen entscheidet der Richter gewöhnlich direkt im Anschluß an den Schuldspruch auf eine angemessene Strafe, während die Verhandlung in schwierigeren Fällen oder in Fällen, in denen die Verteidigung besondere Strafmilderungsgründe geltend macht, gewöhnlich vertagt wird.

Der englische Richter muß keine schriftlichen Urteilsbegründungen anfertigen und spart auf diese Weise sehr viel Zeit. Insofern ist das Verfahren für ihn mit der Verkündung der Strafe erledigt. Nur wenn der Angeklagte ein Rechtsmittel einlegt, was nicht sehr oft der Fall ist, muß der Richter einen Bericht für die nächste Instanz *(case stated)* verfassen.

Im Laufe der letzten Jahrzehnte hatte sich in England die gerichtliche Praxis etabliert, daß das schriftliche Urteil des Gerichtes im Rahmen der mündlichen Urteilsverkündung nicht mehr laut vorgelesen, sondern vielmehr als vorläufiges Schriftstück im Gerichtssaal verteilt wurde. Auf diese Weise konnte die Einsparung wertvoller Arbeitszeit nicht nur des Gerichtes, sondern auch der Anwälte sowie der Parteien selbst erreicht werden. Diese zunächst durchaus positive Entwicklung hat in Verbindung mit der zunehmenden Nutzung der neuen In-

---

[825] Vgl. hierzu ausführlich Pattenden, Judicial Discretion, S. 219 ff.

[826] Siehe hierzu Juries Act 1974, Section 17 (1) (a) und (b), wonach auch ein Mehrheitsverhältnis von 11:1 oder 10:2 oder sogar 9:1 ausreichend ist. In der Regel beträgt die Anzahl der Geschworenen 12, doch sieht Section 16 (1) des Juries Act 1974 vor, daß eine Jury auch dann noch als rechtmäßig besetzt gilt, wenn von den anfänglich 12 Geschworenen im Laufe des Verfahrens (maximal) drei entlassen werden aufgrund von Krankheit oder sonstigen Gründen. Die Zahl der Geschworenen darf aber nicht weniger als 9 betragen.

[827] Vgl. Sprack, Criminal Procedure, S. 312, 19-7 m.w.N.; Huber, Strafverfahren in England, S. 35.

formationstechnologien in den letzten Jahren jedoch zu einer Vielzahl von Problemen geführt, welche die Gerichtsverwaltung letztendlich mehr behindert als erleichtert haben. So kam es aufgrund kurzfristiger Korrekturen und Änderungen häufig zu erheblichen Verspätungen bis das vom Gericht bestätigte und damit endgültige Urteil *(approved judgement)* von offizieller Quelle erhältlich war.

Infolge dieser Verzögerungen fand sodann zunehmend eine Verbreitung der vorläufigen Urteilstexte *(unapproved judgements)* statt, welche weder eventuelle, kurzfristige Veränderungen noch entsprechende Hinweise auf deren Vorläufigkeit enthielten. Hinzu kam, daß diese vorläufigen Urteile keine einheitliche äußere Form aufwiesen, da nicht jedes Gericht in England mit einen professionellen Gerichtsschreiber besetzt ist. Zur Lösung dieser Probleme und zur Vereinheitlichung der vorläufigen Urteilstexte hat der Lord Chief Justice, Lord Bingham of Cornhill, am 22.04.1998 ein entsprechendes *Practice Statement (Royal Courts of Justice: Judgements)*[828] herausgegeben, wonach der vorläufige Urteilstext den rechtlichen Vertretern der Parteien bereits 2 Tage vor Verkündung des Urteils schriftlich zugehen soll. Dies hat den großen Vorteil, daß sich die Vertreter der Parteien zum einen schon frühzeitig auf das Urteil einstellen und entsprechende (Folge)Anträge vorbereiten können; zum anderen können sie auf diese Weise auch rechtzeitig Korrekturen im Urteilstext anmerken, so daß dadurch bedingte Verzögerungen nach der offiziellen Urteilsverkündung vermieden werden.

Den Parteien selbst darf der Inhalt des Urteils jedoch grundsätzlich erst eine Stunde vor der offiziellen Urteilsverkündung bekannt gegeben werden, da das Urteil bis zur offiziellen Verkündung streng vertraulich ist und daher vor diesem Zeitpunkt nicht öffentlich werden darf. Bislang liegen zwar noch keine gesicherten Erkenntnisse über die Effizienz dieser Regelungen vor, doch war eine Vereinheitlichung in diesem Bereich angesichts der oben aufgezeigten Probleme zweifellos erforderlich und dürfte sich für die Zukunft auch als nützlich erweisen.

3. Richterliche Kompetenzen

Die Funktion des englischen Strafrichters im Rahmen der Hauptverhandlung wird gewöhnlich mit der eines unparteiischen Schiedsrichters *(unbiased umpire)* verglichen, dessen Aufgabe in der Einhaltung der Spielregeln durch die Parteien besteht. Insofern stellt sich die Rolle des Richters gewissermaßen als die Reflexion der englischen Vorstellung eines *fair play* dar: jede der beiden Prozeßparteien, Anklage und Verteidigung, hat eine faire Chance das Strafverfahren zu

---

[828] Siehe Court Service, Practice Statement (Royal Courts of Justice: Judgements) – 22.04.1998*. Die darin enthaltenen Regelungen werden jedoch als experimentell bezeichnet und müssen sich insofern in der Praxis zunächst erproben, bevor sie dann formell als "Practice Direction" erlassen werden.

gewinnen, indem sie dem Gericht überzeugende Beweise präsentiert und auf für sie günstige Entscheidungen der Obergerichte hinweist.[829] Dabei sind beide Parteien den gleichen Regeln unterworfen und mit den gleichen Rechten ausgestattet, so daß in dieser Hinsicht Waffengleichheit besteht.

Der englische Strafprozeß wird durch die Idee der Wahrheitsermittlung mittels Auseinandersetzung dominiert, eine Konzeption, innerhalb derer der Richter nicht aktiv gestaltend in das Strafverfahren eingreift, sondern die eher passive Rolle des unparteiischen Schiedsrichters einnimmt.[830] Allerdings darf dieser Grundgedanke nicht dahingehend mißverstanden werden, daß dem englischen Richter im Rahmen der Hauptverhandlung überhaupt keine Gestaltungsbefugnisse zur Verfügung stehen wie dies eine in Deutschland weitverbreitete Fehlvorstellung nahelegt, die das englische Strafverfahren mit dem klassischen reinen Parteiprozeß gleichsetzt. Dieses Bild gründet auf einer oberflächlichen Betrachtungsweise, welche lediglich die gravierenden Unterschiede zwischen dem englischen, adversatorischen und dem deutschen, inquisitorischen Verfahrenssystem herausstellt, deren tieferliegende Grundstrukturen jedoch unbeachtet läßt.[831] Hinzu kommt, daß der anschauliche Vergleich der richterlichen Funktion mit der eines Schiedsrichters in Deutschland seit jeher in mehrfacher Hinsicht mißverstanden und dementsprechend unpräzise rezipiert wurde, was letztendlich zu der Annahme führte, der englische Richter sei in keiner Weise an der Aufklärung des Sachverhaltes beteiligt, noch um die Erforschung der materiellen Wahrheit bemüht. Die Vorstellung zweier kämpfender Parteien vor den Augen der Geschworenen verleitete zudem zu der Betrachtungsweise, im Rahmen des englischen Strafverfahrens seien in erster Linie taktische Erwägungen sowie rhetorische Geschicklichkeit die maßgeblichen Faktoren für einen erfolgreichen Prozeßausgang, während der tatsächlichen Schuld oder Unschuld des Angeklagten eine eher nebensächliche Bedeutung zukomme.

---

829 In diesem Sinne schon Radbruch, Geist des englischen Rechts, S. 15: „*Der Rechtsstreit ist für den Engländer immer noch das, was er für seine mittelalterlichen Vorfahren war: ein gerichtlicher Zweikampf, der nur nicht mehr mit den altertümlich rituellen Äxten aus Holz und Horn ausgefochten wird, sondern mit Worten. In diesem Zweikampf stehen sich waffengleiche Parteien gegenüber (...)*".

830 Siehe auch Newman, Beweisrecht, S. 31 mit der anschaulichen Beschreibung: „*Der englische Prozeß gleicht einem Zweikampf zwischen zwei Kämpfern vor einem Schiedsrichter. Der Richter überwacht den Streit; er sieht darauf, daß die Kampfregel eingehalten werden, und bewertet jeden Schlag in dem Zweikampf, aber er tritt (...) niemals selbst in die Arena.*".

831 Gegen diese simplifizierte und in Deutschland (bis dato) vorherrschende Vorstellung, welche den Blick für die Wirklichkeit und vor allen Dingen die Möglichkeit für einen effektiven Rechtsvergleich deutlich trübt, wendete sich überzeugend und mit vielen Nachweisen bereits Herrmann, Reform der Hauptverhandlung, S. 114 ff.

In Anbetracht dieser weitverbreiteten, polarisierenden Mißkonzeption versuchen die folgenden Ausführungen, die Rolle und Funktion des Richters im Rahmen des englischen Strafverfahrens von einer möglichst unvoreingenommenen Perspektive zu beleuchten, wobei der Aspekt der gegenüberstellenden und kontrastierenden Rechtsvergleichung zunächst von sekundärer Bedeutung ist. Auf diese Weise soll insbesondere hinsichtlich der richterlichen Kompetenzen ein realistisches Bild des englischen Strafrichters in Theorie und Praxis gezeichnet werden. Im Folgenden werden die strafrichterlichen Kompetenzen im Rahmen der Hauptverhandlung einer systematischen Betrachtung und Analyse unterzogen. Ziel dieser Untersuchung ist es zum einen, herauszufinden, inwiefern die klassische, kontinentaleuropäische Vorstellung von der Rolle des englischen Strafrichters der Wirklichkeit entspricht. Zum anderen wird ermittelt, ob die Position des Richters im Strafverfahren primär durch die zugrundeliegenden Verfahrensregelungen bedingt ist oder ob es sich hierbei vielmehr um eine traditionelle Wunschvorstellung handelt, welche die Richter dazu veranlaßt, möglicherweise bestehende Interventionsmöglichkeiten und Ermessensspielräume in der Praxis nicht zu nutzen. In diesem Zusammenhang soll insbesondere ergründet werden, welche konkreten Einflußmöglichkeiten dem englischen Richter theoretisch zur Verfügung stehen, mögen diese in der Praxis auch möglicherweise nicht ausgeschöpft werden.

Die Rolle des englischen Richters in der Hauptverhandlung wurde einst von Lord Denning im Fall Jones v. National Coal Board in fünf wesentlichen Punkten folgendermaßen charakterisiert: der Richter solle erstens die gesamte Beweispräsentation anhören und nur ausnahmsweise eingreifen, um vernachlässigte *(neglected)* oder undeutliche *(obscure)* Punkte aufzuklären; zweitens solle er sicherstellen, daß die Parteien die Verfahrensregeln einhalten; drittens Belanglosigkeiten ausschließen und Wiederholungen verhindern; viertens das Vorgebrachte auch verstehen und fünftens schließlich entscheiden, wo die Wahrheit liegt.[832] Doch selbst nach dem viel zitierten Statement von Lord Denning nimmt der Richter keine reine Schiedsrichterfunktion wahr, denn er darf in zweierlei Hinsicht selbst aktiv werden. Zum einen kann er z.B. durch Zeugenbefragung in die Beweispräsentation der Parteien eingreifen und zum anderen kann er irrelevantes Prozeßmaterial ausschließen. Die Ausführungen Lord Dennings setzen daher bereits denknotwendig diverse richterliche Interventionsmöglichkeiten voraus, anhand derer der Richter regulierend auf den Gang der Hauptverhandlung einwirken können muß. So kann der Richter bspw. das Beweisaufnahmeverfahren der Parteien durch Anregungen und Hinweise lenken, er kann auf un-

[832] Jones v. National Coal Board (1957) 2 All E.R., S. 155 ff (159). Dabei handelte es sich zwar um einen zivilrechtlichen Fall; gleichwohl wird die Aussage Lord Dennings aufgrund der weitestgehenden Annäherung des englischen Zivilverfahrens und des Strafverfahrens allgemein auch auf letzteres bezogen.

klare Punkte in den Ausführungen hinweisen, von überflüssigen Beweiserhebungen abraten oder nach seiner Ansicht erforderliche weitere Beweismittel anregen.[833] Der Richter spielt demnach keinesfalls die Rolle eines am Strafprozeß nicht unmittelbar beteiligten Zuschauers, sondern ihm stehen eine Vielzahl wesentlicher Befugnisse zur Verfügung, den Inhalt der Hauptverhandlung und damit auch den Gang der Wahrheitsfindung zu beeinflussen.

Dementsprechend stellt die richterliche Intervention im englischen Strafverfahren in der Tat kein neues Phänomen dar.[834] Gleichwohl ruft der Begriff der *judicial intervention* in England eine negative Konnotation hervor. Anders als mit der Bezeichnung des richterlichen Ermessens *(judicial discretion)* scheint damit unweigerlich die Vorstellung eines parteiischen Richters verbunden, der seinen objektiven Richterthron verläßt und selbst in die Arena hinunter steigt, wo er zu einer fairen Verhandlungsführung und anschließenden Entscheidung aufgrund des durch den Zweikampf der Parteien aufgewirbelten Staubes nicht mehr fähig ist.

Grundsätzlich läßt sich zwischen zwei Formen der richterlichen Intervention differenzieren. Organisatorische Direktiven des Richters außerhalb der tatsächlichen Hauptverhandlung im Hinblick auf die Festsetzung der Verhandlungstermine oder die Vertagung von Sitzungen stellen eine prozessuale Intervention dar. Diese beeinträchtigt die Position der Parteien sowie den Verhandlungsverlauf nicht inhaltlich, sondern schafft lediglich die erforderlichen äußeren Rahmenbedingungen für einen möglichst zügigen Prozeßverlauf.

Im Gegensatz dazu kann der Richter aber auch gestaltend auf den Inhalt der Hauptverhandlung einwirken und auf diese Weise einen nicht unerheblichen Einfluß auf das Verfahren ausüben (materielle Intervention). Dies kann beispielsweise durch selbstinitiierte Fragen im Rahmen der Beweisaufnahme oder aber auch durch geschickte Formulierungen und subtile Körpersprache im Rahmen der Belehrung der Jury erfolgen. Interessanter dürfte sich jedoch eine weitergehende inhaltliche Differenzierung anhand der richterlichen Motivation zum Eingreifen in das Verfahren darstellen. So kann der Richter auf der einen Seite lediglich intervenieren, um Undeutlichkeiten oder Mißverständnisse im Rahmen seiner allgemeinen Verhandlungsführungsbefugnis aufzuklären. Auf der anderen

---

[833] Diese Eingriffsmöglichkeiten sind den richterlichen Kompetenzen im Rahmen der Beweisaufnahme zuzurechnen und werden daher unter E. II. 3. b) näher behandelt.

[834] So auch Lightman, Case for Judicial Intervention, S. 1819 f, der sich mit den Ursprüngen und Grundvoraussetzungen der richterlichen Intervention beschäftigt und schließlich auf S. 1836 feststellt: „*The trial judge until the 1970s was generally tame and on a tight lead. He may now be found barking – on occasion perhaps biting at the ankles of the advocates. The aim of the judges is by judicial intervention to promote justice by saving time and costs and concentrating on essential issues without any sacrifice of the principles.*".

Seite kann sein Eingreifen aber auch durch sein Interesse an der vollständigen Aufklärung des Sachverhaltes respektive an der Erforschung der materiellen Wahrheit begründet sein, eine Aufgabe, die im englischen Strafprozeß primär den Parteien obliegt und damit qualitativ über die reine Schiedsrichterfunktion hinausgeht. Diese Differenzierung in psychologische Feinheiten ist zwar aus wissenschaftlicher Perspektive interessant, doch lassen sich beide Konstellationen in der Praxis nur schwer trennen.

Im Folgenden werden die einzelnen richterlichen Kompetenzen im Rahmen der Hauptverhandlung herausgearbeitet, wobei stets auch der entsprechende praktische Anwendungsbereich sowie die Ausschöpfung dieser Instrumente in der Praxis beleuchtet wird.

a) Verfahrensführung (Conduct of Trial)

Die grundlegende Aufgabe des Richters im Rahmen der Hauptverhandlung besteht darin, eine ordnungsgemäße Verfahrensführung sowie einen zügigen Verfahrensablauf zu gewährleisten. Daher obliegt ihm in erster Linie die Überwachung der Parteitätigkeit. Des weiteren leitet er die Hauptverhandlung, ein in der Praxis keinesfalls ruhiges oder passives Aufgabenfeld. Vielmehr ist die Verfahrensleitung des Richters gewöhnlich sehr straff, wobei sich dessen Vorsitz die ganze Zeit über bemerkbar macht.[835]

Die Verfahrensführung des Richters stellt jedoch keine spezielle, sondern vielmehr eine generelle, übergreifende Kompetenz dar, die sich in vielen Einzelbereichen, insbesondere im Hinblick auf die Beweisaufnahme konkretisiert.

b) Beweisaufnahme

Im Rahmen der soeben dargestellten generellen Aufsichtsbefugnis kommt dem Richter eine besonders wichtige Funktion im Hinblick auf die Beweisaufnahme zu. Doch findet im englischen formellen Strafverfahren keine richterliche Beweiswürdigung nach deutschen Maßstäben i.S.d. § 261 StPO statt, da es allein Aufgabe der Jury ist, die vorgebrachten Beweise zu evaluieren und über ihre Aussagekraft respektive ihren Wahrheitsgehalt zu urteilen.[836] Die Geschworenen allein sind daher Prüfer der Tatsachen *(trier of the facts)*, während dem Richter hinsichtlich der von Seiten der Parteien präsentierten Beweise lediglich eine Filterfunktion zukommt. Seine Aufgabe ist es, den Geschworenen kritische Bewei-

---

835 Vgl. Romberg, Richter Ihrer Majestät, S. 113 mit dem Hinweis darauf, daß der englische Richter stets sehr aufmerksam sein muß, um beispielsweise unzulässige Fragen im Rahmen eines Verhörs unverzüglich zu rügen.

836 Anders stellt sich die Situation im Rahmen eines summarischen Verfahrens vor dem Magistrates' Court dar (summary trial). Im Gegensatz zu dem formellen trial on indictment vor dem Crown Court liegt dort mangels Jury sowohl die rechtliche als auch die faktische Beurteilung eines Falles in den Händen der Richter.

se vorzuenthalten, welche sie verwirren oder zu stark beeinflussen könnten, oder sie im Hinblick auf die Qualität entsprechender Beweise zu warnen.[837] Somit obliegt ihm eine wichtige Kontrollfunktion hinsichtlich der Beweise, die der Jury in der Hauptverhandlung präsentiert werden. Insofern kann der Richter die Beweisaufnahme auf der einen Seite erweitern oder auf der anderen Seite auch begrenzen. Er kann z.B. intervenieren, um unnötige Einschüchterungen, das Bedrängen oder gar die Schikane von Zeugen zu verhindern, um unnötige Ausschweifungen und das wiederholte Stellen von Fragen zu unterbinden, sowie um Irrelevanzen und diskursives Denken (Fortschreiten durch Schlußfolgerungen) auszuschließen. Im Interesse der Wahrheitsfindung sowie der rationellen Verfahrensgestaltung kann der Richter zudem dafür sorgen, daß keine unnötigen Fragen gestellt oder überflüssigen Beweismittel vorgeführt werden und daß die Parteien einen aufklärungsbedürftigen Punkt nicht unerörtert lassen.

Dem englischen Strafverfahren liegt die theoretische Vorstellung zugrunde, daß die Parteien aufgrund ihres Selbstinteresses an einer erfolgreichen Prozeßführung für die sorgfältige Darlegung aller relevanten Tatsachen und Rechtssachen selbst Sorge tragen. Daher fällt es nicht in den Aufgabenbereich des Richters, die Erforschung der materiellen Wahrheit selbst aktiv zu betreiben. Die Verantwortung für die korrekte und vollständige Aufklärung des Sachverhaltes liegt vielmehr bei den Parteien, d.h. bei der Staatsanwaltschaft als Vertreterin der Anklage sowie bei der Verteidigung. Dieses Prinzip versagt jedoch in den Fällen, in denen sich zwei ungleich starke Parteien gegenüberstehen. Dies ist in Strafprozessen insbesondere dann der Fall, wenn sich die Staatsanwaltschaft einem Angeklagten ohne rechtlichen Beistand oder einem schlecht arbeitendem (Pflicht)Verteidiger oder einem nur unzureichend eruierten Sachverhalt gegenüber sieht. In diesen Fällen fällt es aus englischer Perspektive dann ausnahmsweise in den Aufgabenbereich des Richters, zum Zwecke eines fairen Verfahrens auch aktiv in die Beweisaufnahme einzugreifen, da die richterliche Intervention in die Parteiautonomie für die Wahrheitsfindung in diesen Fällen unerläßlich ist.

Die richterlichen Befugnisse im Rahmen der Beweisaufnahme stellen zweifellos die schneidigsten, aber zugleich auch die brisantesten Kompetenzen des Richters in der Hauptverhandlung dar, da dieser Verfahrensabschnitt eine bedeutende

---

[837] So wird beispielsweise die Frage, ob ein Geständnis durch unzulässige Polizeimethoden erlangt worden ist, oder die Frage, ob ein Beweismittel auszuschließen ist, weil es auf unfaire Art und Weise erlangt worden ist und daher nicht verwertet werden kann, nicht in Anwesenheit der Jury erörtert. Auf diese Weise wird verhindert, daß die Geschworenen von Tatsachen Kenntnis erlangen, die auf unzulässige Weise gewonnen wurden und im Verfahren nicht verwertet werden dürfen. Ebensowenig darf die Jury vor ihrem Verdikt von eventuellen Vorstrafen oder kriminellen Neigungen des Angeklagten erfahren. Vgl. Huber, Strafverfahren in England, S. 41.

Einflußnahme auf den Verlauf, Inhalt und Ausgang des Verfahrens eröffnet. Trotz der durchaus legitimen Interventionsmöglichkeit gestaltet sich das Eingreifen des Richters in das parteigeführte Beweisverfahren seit jeher als juristischer Drahtseilakt.[838] Dies ist in erster Linie darauf zurückzuführen, daß die Voraussetzungen und Grenzen derartiger richterlicher Interventionen weder gesetzlich noch durch das englische Fallrecht jemals hinreichend konkretisiert worden sind. Mangels entsprechender Richtlinien befindet sich der einzelne Richter daher stets in einem schwerwiegenden Interessenwiderstreit zwischen seiner traditionell zurückhaltenden Stellung im parteigeführten Beweisverfahren auf der einen Seite und dem Grundsatz des *fair trial* auf der anderen Seite.[839] Findet der Richter nicht die richtigen Worte oder wählt er einen ungünstigen Zeitpunkt für seine Intervention, so begründet er dadurch die Voraussetzung für eine später erfolgreiche Revision. Unternimmt er gegebenenfalls jedoch gar nichts, so wird er möglicherweise getadelt aufgrund seiner im Einzelfall unangemessenen Passivität. In der Praxis wird dieser Konflikt in aller Regel durch ein richterliches Nicht-Eingreifen gelöst. Mit anderen Worten bleiben die dem Richter zustehenden Interventionsmöglichkeiten und Spielräume in der Praxis größtenteils ungenutzt.

(1) Richterliche Begrenzung der Beweisaufnahme

Der Richter kann die Beweisaufnahme der Parteien begrenzen, indem er bestimmte Beweise ausschließt und damit nicht zur Verhandlung zuläßt. Dabei kann es sich um diverse Fragen handeln, die nicht an einen Zeugen gestellt werden dürfen, oder auch um von den Parteien vorgebrachte Beweisstücke, die für unzulässig erklärt werden mit der Folge, daß sie im Gerichtsverfahren nicht verwertet werden dürfen *(inadmissible evidence)*. Ferner kann der Richter eine langwierige Beweiserhebung auch abkürzen oder eine der beiden Parteien disziplinieren. In der Praxis erfolgt dies jedoch allenfalls durch einen höflichen Hinweis dahingehend, daß das Gericht den Punkt erfaßt habe oder daß die Zeit dränge.[840] Gleiches gilt für eine richterliche Zurechtweisung des Verteidigers, wenn dieser unnötig lange Kreuzverhöre durchführt oder seine Schlußrede an

838 Siehe auch N. N., Judicial Intervention, S. 217: *„A judge or a magistrates treads a judicial tightrope when he or she intervenes in the course of a criminal trial."*. Instruktiv zum Ganzen Gautier, Judicial Discretion, S. 88 ff.

839 Vgl. hierzu die Ausführungen mit zahlreichen Beispiele aus der Rechtsprechung bei Archbold, Criminal Pleading, § 8-249.

840 Vgl. hierzu die landesweite Gerichtsstudie von Zander/Henderson, Crown Court Study, 4.4.3 mit Tabelle 4.11, wonach die Richter in der Praxis den Verteidiger des Angeklagten in immerhin 56 % der Fälle zur Kürze ermahnten. Ein effektiver Erfolg dieser – zumeist sehr dezenten – Intervention war jedoch nur selten, d.h. in nur ca. 18 % der Fälle deutlich auszumachen.

die Jury zu ausschweifend gestaltet.[841] Auch dann gibt der Richter dem Verteidiger allenfalls durch dezente Bemerkungen die Situation zu verstehen. Diese diskreten Zurechtweisungen der Parteien zur ordnungsgemäßen und zügigen Verfahrensführung erweisen sich in der Praxis aber nur selten als effektiv, weshalb ihnen wohl primär symbolischer statt tatsächlich disziplinierender Charakter zukommt.

Von wesentlich größerer praktischer Relevanz sind indessen die strafprozessualen Beweisverbote. Die Entscheidung darüber, ob ein Beweisverbot im konkreten Einzelfall eingreift oder nicht, stellt eine richterliche Ermessensentscheidung dar. Mit anderen Worten liegt es im Ermessen des Richters, ob ein bestimmtes Beweismittel zum Verfahren zugelassen wird und infolgedessen auch verwertet werden kann oder nicht. Ein großer Teil der Ausschlußgründe für Beweise im Rahmen des englischen Strafprozesses wird durch das *common-law* geregelt und ist dem Grunde nach im Wesentlichen auf die Mitwirkung juristischer Laien in Form der Geschworenen zurückzuführen.[842] In den Ländern, in denen die Beweisaufnahme maßgeblich in den Händen eines geschulten und erfahrenen Richters liegt, bedarf es keiner einschränkenden Regelungen, durch die das Beweismaterial auf das wirklich Wesentliche und Zuverlässige beschränkt wird, da der Richter in seiner Beurteilung der Beweissituation aufgrund seiner Erfahrung alles Überflüssige und Unzuverlässige von selbst ausschließt. Anders stellt sich die Situation hingegen im Rahmen des englischen Strafverfahrens unter Beteiligung der Geschworenen dar. Da allein die Jury über die Feststellung und

---

841 Derartige Verhaltensweisen werden zudem auch durch die Verhaltensregeln der Standesorganisationen (Codes of Conduct) mißbilligt. Vgl. etwa Bar Council, Code of Conduct of the Bar of England and Wales, § 708 (Conduct at Court).

842 Im englischen Strafverfahrensrecht existiert eine ganze Reihe von Ausschlußgründen für bestimmte Beweise, welche an dieser Stelle jedoch nicht vollständig angeführt werden sollen. Zudem sind nicht alle Regeln über die Zulässigkeit von Beweismitteln (admissibility) auf die Beweiswürdigung durch die juristisch ungeschulten Geschworenen zurückzuführen, vielmehr spielt auch das fair-trial-Prinzip eine große Rolle. Im Hinblick auf die Jury ist in erster Linie die Unzulässigkeit des Beweises vom Hörensagen (rule against hearsay evidence) von Bedeutung, welche den Unmittelbarkeitsgrundsatz in das englische Strafverfahren implementiert, im Laufe der letzten Jahre durch diverse Ausnahmeregelungen jedoch zunehmend ausgehöhlt worden ist. Als weitere Grundsätze sind in diesem Zusammenhang zudem die Notwendigkeit der Beweisbestätigung (corroboration) sowie die Regel des besten Beweises (best evidence rule) zu nennen. Zu den markanten Regeln des Beweisrechts zählt ferner der Grundsatz, daß im ersten Abschnitt der Hauptverhandlung, welcher der Klärung der Schuldfrage durch die Geschworenen dient, keine Vorstrafen oder früheren Straftaten des Angeklagten erwähnt werden dürfen, damit die Geschworenen nicht auf diese Art und Weise beeinflußt werden und ihr Urteil nur auf den im konkreten Einzelfall vorgebrachten Tatsachenfeststellungen und nicht auf eventuell hervorgerufenen Vorurteilen beruht. Gleichwohl existieren mittlerweile auch von diesem Grundsatz eine Vielzahl von Ausnahmeregelungen.

Glaubwürdigkeit der Tatsachen und Beweise entscheidet, obliegt es somit dem Richter, unzulässiges, überflüssiges und weitschweifendes Beweismaterial von den Geschworenen fernzuhalten, damit diese nicht verwirrt oder irregeführt werden.

Zahlreiche Beweisverbote, die ihren Ursprung im Fallrecht des *common-law* haben, sind mittlerweile aber auch gesetzlichen fixiert worden. In diesem Zusammenhang sind insbesondere die gesetzlich geregelten Ausschlußgründe der Sections 76 und 78 des Police and Criminal Evidence Act 1984 zu nennen, wobei insbesondere Section 78 in Theorie und Praxis seit langen Jahren heftig umstritten ist. Während Section 76 *(confessions)* die Verwertbarkeit eines Geständnisses von Seiten des Angeklagten regelt, legt Section 78 *(exclusion of unfair evidence)* den Ausschluß von Beweismitteln fest, die auf unrechtmäßige Art und Weise erlangt worden sind.[843]

Nach Section 76 dürfen Geständnisse, die entweder durch die Ausübung von Druck auf den Angeklagten erlangt worden oder aber aufgrund der besonderen Umstände bei Ablegung des Geständnisses als unzuverlässig und unglaubwürdig anzusehen sind, im Verfahren nicht verwertet werden. Kann die Staatsanwaltschaft das Gericht jedoch davon überzeugen, daß das in Frage stehende Geständnis – unabhängig von dessen Wahrheitsgehalt – nicht auf diese Weise erlangt worden ist, so kann dies gleichwohl als Beweisstück im Rahmen der Hauptverhandlung zugelassen werden.

Die Regelung in Section 78 löst indessen die langjährigen Unsicherheiten im Hinblick auf den Umfang und die Konturen des richterlichen Ermessens für den Ausschluß eines auf unrechtmäßige Art und Weise erlangten Beweises.[844] Dies

---

843 Beide Vorschriften stehen nicht etwa in einem Exklusivitätsverhältnis, sondern überschneiden sich vielmehr. Insofern kann ein Geständnis sowohl nach Section 78, als auch nach Section 76 als Beweismittel ausgeschlossen werden, wenn die entsprechenden unterschiedlichen Ausschlußvoraussetzungen vorliegen. Zur Begrifflichkeit der von Section 78 erfaßten Beweise siehe insbesondere die Entscheidung in R. v. Mason (1987) 3 All E.R., S. 481 ff, C.A.

844 Bis zu der wegweisenden Entscheidung des House of Lords in dem Fall R. v. Sang (1979) 2 All E.R., S. 1222 ff, H.L. wurde den Richtern nur in besonders gelagerten Einzelfällen ein Ermessensspielraum im Hinblick auf den Ausschluß von Beweisen zugestanden, die auf unrechtmäßige Art und Weise erlangt worden waren. Im Fall Sang legte das oberste Gericht jedoch fest, daß dem Richter ein solcher Ermessensspielraum zum Ausschluß von Beweisen stets zur Verfügung stünde, wenn er der Ansicht sei, daß die nachteilige und beeinträchtigende Wirkung des Beweises dessen Aussagewert als Beweisstück überwiege. Dieses Ausschlußermessen wurde auf den Grundsatz der Fairneß gegenüber dem Angeklagten zurückgeführt und damit letztendlich auf das fair-trial-Prinzip. Gleichzeitig hat das House of Lords jedoch auch festgehalten, daß ein relevantes Beweismittel grundsätzlich nicht einzig und allein deshalb ausgeschlossen werden dürfe, weil es auf unrechtmäßige Weise erlangt worden sei. Zur systematischen Auseinandersetzung mit dem Sang-Urteil siehe Pattenden, Judicial Discretion, S. 265 ff.

mag auf den ersten Blick verwundern, da die Regelung sehr ungenau formuliert ist und keine klaren Kriterien für einen eventuellen Beweismittelausschluß vorgibt. Wörtlich übersetzt wird dem Gericht danach das Recht zum Ausschluß eines Beweises zugestanden, „wenn es unter Berücksichtigung aller Umstände des Einzelfalles, zu denen auch die Umstände der Erlangung des Beweismittels zählen, zu der Ansicht gelangt, daß die Zulassung dieses Beweises derartige, der Fairneß des Verfahrens zuwider laufende Auswirkungen nach sich ziehe, daß das Gericht ihn nicht zulassen sollte“[845]. Doch ist der Gesetzeswortlaut von Seiten des Gesetzgebers bewußt sehr weit gefaßt, um eine möglichst flexible Anwendung dieser Regelung zu gewährleisten und das Auftreten eines aufwendigen Verfahrens zur Prüfung der Zulässigkeit des in Frage stehenden Beweises unter Ausschluß der Geschworenen *(in-camera)* zu vermeiden.[846]

Die bloße Tatsache, daß ein Beweisstück auf unrechtmäßige Art und Weise erlangt oder sichergestellt worden ist, begründet per se jedoch noch keine der Fairneß des Verfahrens zuwider laufenden Auswirkungen.[847] Gleichsam muß auch nicht jedes Beweismittel, welches gegen die polizeilichen *Codes of Practice* verstößt, im Strafverfahren automatisch als unzulässig zurückgewiesen werden.[848] Auch der Umstand, daß ein Beweisstück durch Täuschung oder durch Vorspiegelung falscher Tatsachen erlangt worden ist, macht es nicht notwendigerweise zum Ausschlußobjekt nach Section 78, was insbesondere bei heimlichen Tonbandaufnahmen oder dem Einsatz verdeckter Ermittler oder dem Stellen einer Falle von Bedeutung ist.[849] Durch derartige Maßnahmen erlangte Beweismittel sind in England nach dem Beweisrecht des *common-law* seit jeher

---

845 Vgl. Section 78 (1) des Police and Criminal Evidence Act 1984.

846 Vgl. Halsbury's Statutes of England, Vol. 17, General Notes zu Section 78 mit dem Hinweis darauf, daß das Gericht durch den weit gefaßten Wortlaut nunmehr nicht mehr auf die durch das House of Lords im Sang-Urteil aufgestellten Kriterien von "prejudice" und "fairness to the accused" Bezug nehmen, sondern vielmehr nur noch einen "adverse effect on the fairness of the proceedings" feststellen muß.

847 Siehe Pattenden, Judicial Discretion, S. 271: *„Infringement of pre-trial legal rights is of no concern unless the fairness of the forensic process is impaired. As a general rule what transpired before the trial does not undermine the fairness of the trial, but there are exceptions.*". Ähnlich auch Lord Fraser über die Aufgabe der Gerichte in der Entscheidung R. v. Fox, (1986) 82 Cr.App.R., S. 105 ff, auf S. 111: *„The duty of courts is to decide whether the appellant has committed the offence with which he is charged, and not to discipline the police for exceeding their powers.*". Vgl. weiter auch DPP v. Marshall (1988) 3 All E.R., S. 683 ff.

848 Siehe hierzu die Entscheidung in R. v. Delaney (1989) Crim.L.R., S. 139 ff, C.A.

849 So kann z.B. eine heimliche Tonbandaufnahme einer Konversation zwischen zwei in Untersuchungshaft befindlichen Tätern als Beweismittel zugelassen werden, vgl. die Fälle R. v. Bailey (1993) 3 All E.R., S. 513 ff, C.A. Siehe zudem R. v. Cadette (1995) Crim.L.R., S. 229 ff, C.A.; R. v. Parker (1995) Crim.L.R., S. 233 ff, C.A.

als zulässig erachtet worden[850], woran auch die gesetzliche Regelung in Section 78 nichts ändert.

Derzeit wird in England die Frage nach den in der Praxis tatsächlich angewandten Ermessenskriterien sowie den konkreten tatbestandlichen Voraussetzungen der Section 78 sehr kontrovers diskutiert, worauf in diesem Zusammenhang jedoch lediglich hingewiesen sei.[851] Allerdings veranschaulicht diese Diskussion das offensichtliche Unbehagen sowohl der Justiz als auch der Rechtswissenschaft mit dieser einschneidenden Kompetenz in den Händen der Richter in Form einer richterlichen Ermessensentscheidung.

(2) Richterliche Ergänzung der Beweisaufnahme

Neben der soeben dargestellten Begrenzung der Beweisaufnahme kann der Richter die Parteien aber auch zur Ergänzung und Vervollständigung ihrer Beweisvorführungen anhalten. Falls die Parteien seiner Aufforderung nicht oder nicht hinreichend nachkommen, hat er zudem das Recht, die Beweisaufnahme der Parteien selbst durch Fragen oder die selbständige Vorführung von Beweisen zu ergänzen. Im Gegensatz zur Begrenzung ist die Ergänzung der Beweisaufnahme nicht gesetzlich geregelt, sondern ergibt sich vielmehr aus einer Vielzahl von Einzelentscheidungen des englischen *case-law*, woraus sich jedoch kein allgemeingültiges Schema für die Praxis ableiten läßt. Ferner erweist sich dieser richterliche Kompetenzbereich in der Praxis als sehr umstritten. Dies ist, neben der unzureichenden Regelung durch das Fallrecht, wohl in erste Linie darauf zurückzuführen, daß die richterliche Begrenzung der Beweisaufnahme letztendlich auf dem *fair trial*-Prinzip sowie der allgemeinen Verfahrensführungsbefugnis des Richters beruht, während die richterliche Ergänzung der Beweisaufnahme ganz offensichtlich eine Durchbrechung der Parteiautonomie zum Zwecke der Wahrheitserforschung darstellt, welche der klassischen Vorstellung von der Funktion des Richters im Strafverfahren sowie dem Grundsatz des parteigeführten Beweisaufnahmeverfahrens zuwider läuft.

Der Richter kann die Beweisaufnahme auf unterschiedliche Art und Weise ergänzen. So kann er an die von den Parteien bereits aufgerufenen Zeugen zusätzliche Fragen stellen oder aber Zeugen, die bereits ausgesagt haben, erneut aufru-

---

850 Vgl. hierzu die Entscheidungen in R. v. Smurthwaite (1994) 1 All E.R., S. 898 ff, C.A.; R. v. Farooq and Ramzan (1995) Crim.L.R., S. 169 f, C.A. m.w.N.

851 Im Hinblick auf die kritischen Diskussionen über Auslegung und Anwendungsvoraussetzungen der Section 78 des Police and Criminal Evidence Act 1984 sei an dieser Stelle auf die hilfreichen Nachweise bei Polyviou, Search and Seizure, S. 328 ff und Pattenden, Judicial Discretion, S. 281 ff verwiesen. Interessant in diesem Zusammenhang ist zudem die von Hunter durchgeführte empirische Studie (Richterbefragung) zu den in der richterlichen Praxis angewandten Ermessenskriterien bezüglich eines Beweisausschlusses nach Section 78 (1). Eine komprimierte Zusammenfassung dieser Untersuchungsergebnisse findet sich bei Hunter, Section 78 in Practice, S. 558 ff.

fen, oder sogar selbst weitere, von den Parteien nicht benannte Zeugen in die Hauptverhandlung einführen.[852] Durch die Wahrnehmung dieser richterlichen Kompetenzen darf das Wesen des Parteiprozesses jedoch nicht ausgehöhlt werden. Vielmehr darf der Richter nur hilfsweise in die Beweisaufnahme eingreifen und sollte sich in diesem Zusammenhang weitestgehend darauf beschränken, Unklarheiten auszuräumen und Widersprüche zu beseitigen.[853] Seine Haupttätigkeit hat er in der Überwachung der Parteitätigkeit und der Verfahrensführung zu erblicken, während die Hauptaufgabe der Parteien in der Präsentation der für sie jeweils günstigen Beweise besteht. Insbesondere darf bei den Geschworenen keinesfalls der Eindruck entstehen, der Richter sei dem Angeklagten gegenüber voreingenommen oder von dessen Schuld überzeugt.[854] Doch nicht nur die Jury, sondern auch der Angeklagte selbst darf unter keinen Umständen das Gefühl erhalten, der Richter verfüge bereits über eine vorgefertigte Vorstellung von seiner Schuld.[855]

Das Eingreifen des Richters in den Verlauf der Beweisaufnahme muß jedoch nicht nur in inhaltlicher, sondern auch in zeitlicher Hinsicht angemessen sein. Für eine richterliche Zeugenbefragung bietet sich allgemein die günstigste Gelegenheit zur Intervention, wenn beide Parteien die Vernehmung dieses Zeugen abgeschlossen haben.[856] Unterbricht der Richter hingegen die laufende Verneh-

---

852 Vgl. hierzu Herrmann, Reform der Hauptverhandlung, S. 299; Newark/Samuels, Call the Witness, S. 399 jeweils m.w.N. und dem Hinweis darauf, daß diese Rechte des Richters im common-law schon seit jeher anerkannt waren.

853 Im Hinblick auf ein zu häufiges Eingreifen des Richters in die Beweisaufnahme vgl. die Ausführungen Lord Dennings in Jones v. National Coal Board (1957) 2 All E.R., S. 155 ff (159): *„(...) If he goes beyond this, he drops the mantle of a judge and assumes the robe of an advocate; and the change does not become him well.“*.

854 Zur Wirkung auf die Geschworenen, wenn der Richter selbst Fragen an die aufgerufenen Zeugen stellt, siehe das Urteil des Richters Lord Justice Cumming-Bruce in dem Fall R. v. Gunning vom 07.07.1980 (unveröffentlicht): *„If a Judge without any conscious intention to be unfair, descends into the forum and asks great numbers of pointed questions of the accused when he is giving his evidence-in-chief, the jury may very well get the impression that the judge does not believe a word that the witness is saying, (... and by doing so) he blows the evidence out of the water during the stage that counsel ought to be having the opportunity to bring the evidence of the accused to the attention of the jury in its most impressive pattern and shape.“*, zitiert nach N. N., Judicial Intervention, S. 217.

855 Zu diesem allgemeinen Grundsatz siehe grundlegend R. v. Alves (1996) Crim.L.R., S. 599 f m.w.N.; R. v. Barnes, (1970) 55 Cr.App.R., S. 100 ff sowie R. v. Roncoli (1998) Crim.L.R., S. 584 f.

856 Siehe hierzu den Fall R. v. Roncoli (1998) Crim.L.R., S. 584 f, wo der Court of Appeal die Verurteilung des Angeklagten in erster Instanz aufgehoben hat, da der Richter den Angeklagten unmittelbar nach dessen Hauptvernehmung durch den Verteidiger und noch vor dem Kreuzverhör durch die Staatsanwaltschaft auf eine Art und Weise selbst vernommen hat, die qualitativ der Staatsanwaltschaft zuzuordnen gewesen wäre und offensichtlich nicht unparteiisch war. Der Vorsitzende Richter des Court of Appeal in dieser

mung eines Zeugen durch eine der beiden Prozeßparteien, so stört er die vernehmende Partei in ihrer Vernehmungsmethode und beeinträchtigt infolgedessen zudem den Ablauf und die taktisch wohl überlegte Reihenfolge der an den Zeugen zu stellenden Fragen.[857] Auf diese Art und Weise zieht der Richter unweigerlich den Vorwurf der Parteilichkeit sowie der Überschreitung seines Kompetenzbereiches auf sich, eine Rüge, welche in der Rechtsmittelinstanz nicht selten zur Aufhebung des entsprechenden Urteils führt.[858] Darüber hinaus riskiert er zudem, daß bei der Jury der Eindruck entsteht, er glaube dem betreffenden Zeugen nicht.

Selbstverständlich darf der Richter nicht mehr in die Beweisaufnahme eingreifen, nachdem er die Sach- und Rechtslage für die Jury zusammengefaßt hat *(summing-up)* oder gar nachdem sich die Jury zur Beratung über den Wahrspruch zurückgezogen hat.

Im Hinblick auf das richterliche Befragen von Zeugen existieren in der Praxis weder inhaltliche noch zeitliche absolute Grenzen.[859] Das Maß des erlaubten Eingreifens bestimmt sich vielmehr stets nach den Tatsachen und Umständen des Einzelfalles, insbesondere nach der Frage, ob die richterliche Intervention im konkreten Einzelfall die Fairneß des Verfahrens beeinträchtigt oder nicht. Die richterliche Befragung eines Zeugen kann unterschiedliche Gründe haben.

Berufungssache, Swinton Thomas L.J., bezeichnete das Verhalten des erstinstanzlichen Richters sogar als *"hostile cross-examination"*.

857 Gerade im parteigeführten Beweisverfahren kommt der Vernehmung von Zeugen und der Reihenfolge sowie auch dem Inhalt der an diese gerichteten Fragen eine zentrale Bedeutung zu. Dies ist insbesondere dann der Fall, wenn der Angeklagte selbst als Zeuge vor Gericht aussagt und sich der Verteidiger im Vorfeld eine bestimmte Vernehmungstaktik zurecht gelegt hat. Grundsätzlich dazu schon Lord Greene M.R. im Fall Yuill v. Yuill (1945) 1 All E.R., S. 183 ff, auf S. 185: *„It must be always be borne in mind that the judge does not know what is in counsel's brief and has not the same facilities as counsel for an effective examination-in-chief or cross-examination. In cross-examination, for example, experienced counsel will see just as clearly as the judge that, for example, a particular question will be a crucial one. But it is for counsel to decide at what stage he will put the question, and the whole strength of the cross-examination may be destroyed if the judge, in his desire to get to what seems to be the crucial point, himself intervenes and prematurely puts the questions himself."*.

858 Vgl. in diesem Zusammenhang auch die Ergebnisse der landesweit durchgeführten Gerichtsstudie von Zander/Henderson. Auf die Frage, ob die Unterbrechungen des Richters im Laufe des Verfahrens die eine oder andere Partei begünstigt hätten, antworteten die befragten Barristers zunächst, daß der Richter in etwa ein Drittel aller Fälle den Verfahrensverlauf gar nicht unterbrochen habe. In den restlichen Fällen einer erfolgten richterlichen Intervention waren 58 % der für die Staatsanwaltschaft agierenden und 43 % der als Verteidiger auftretenden Barristers der Ansicht, daß die richterlichen Unterbrechungen weder die eine noch die andere Seite begünstigt hätten. Siehe Zander/Henderson, Crown Court Study, S. 136 f, 4.10.13.

859 Siehe auch Pattenden, Judicial Discretion, S. 98.

So kann der Richter etwa nachfragen, um Zweideutigkeiten oder Verwirrungen aufzuklären oder um ein wichtiges Detail festzuhalten oder um seine Notizen akkurat zu überprüfen. Ferner kann er einen Zeugen auch zu einer bestimmten Aussage befragen, welche er nicht hat verstehen können oder welcher seiner Ansicht nach die Jury nicht hat folgen können. Dies ist oftmals im Zusammenhang mit Sachverständigengutachten und der Vernehmung von Experten erforderlich oder wenn es sich um einen sehr komplizierten Sachverhalt handelt. Der Richter kann über diese klärenden Nachfragen hinaus aber auch gezielt kritische und vor allen Dingen beharrliche Fragen stellen, die dem Fall inhaltlich auf den Grund gehen und der Erforschung der materiellen Wahrheit dienen.

Als bekanntes Beispiel für eine effiziente und ihrerzeit im Rahmen liegende richterliche Befragung eines Zeugen, im konkreten Fall eine richterliche Befragung des Angeklagten selbst, wird in der englischen Rechtsliteratur vielfach der Strafprozeß gegen Herbert Armstrong angeführt, der im Jahre 1922 wegen des Mordes an seiner Ehefrau verurteilt wurde.[860] In diesem Fall sei es nur den hartnäckigen Fragen des Richters zu verdanken gewesen, daß der Angeklagte der Tat überführt werden konnte, denn dieser konnte letztendlich weder die bei ihm zum Zeitpunkt der Festnahme gefundene Dosis Arsen erklären, noch konnten seine Ausführungen, er habe insgesamt 24 kleine Päckchen mit Arsen abgepackt um 24 Löwenzahnpflanzen in seinem Garten zu vergiften, die Geschworenen überzeugen.[861] Hierbei handelt es sich jedoch um einen spezifischen Einzelfall, der keine allgemeingültigen Vorgaben für die Voraussetzungen oder gar Grenzen einer richterlichen Zeugenbefragung aufstellt, sondern vielmehr ausschließlich im Lichte der konkreten Umstände des Sachverhaltes sowie der individuellen Situation in diesem Strafprozeß zu betrachten ist.

Im Hinblick auf die Anzahl der als angemessen geltenden Fragen des Richters an den Zeugen existieren ebenfalls keine absoluten Grenzen. Zur Aufdeckung von Unklarheiten kann der Richter daher theoretisch so viele Fragen stellen wie er für notwendig erachtet. Allerdings sollte die grundsätzlich zurückhaltende Stellung des Richters gewahrt werden.[862]

Schließlich sei angemerkt, daß in rechtlicher Hinsicht kein Unterschied besteht zwischen einer richterlichen Zeugenbefragung am Magistrates‘ Court oder am Crown Court. Gleichwohl stellt sich die Position der Magistrates aufgrund der Besonderheiten eines summarischen Verfahrens de facto als komplizierter dar,

---

860 (1922) 2 K.B., S. 555 ff.

861 Siehe hierzu ausführlich Hodge/Hodge, Famous Trials, S. 326 ff (339).

862 In die Kategorie der außergewöhnlichen Extremfälle ist in diesem Zusammenhang sicherlich der Fall R. v. Perks, (1973) Crim L.R., S. 388 f, C.A. einzuordnen, wo dem Angeklagten im Rahmen seiner Hauptvernehmung insgesamt 700 Fragen gestellt wurden, davon 147 Fragen von Seiten des Richters. Der Court of Appeal hat die Verurteilung des Angeklagten daraufhin aufgehoben und festgestellt, daß es dem Richter nur in seltenen Ausnahmefällen erlaubt sei, derartig viele Fragen an einen Zeugen zu stellen.

weshalb entsprechende richterliche Interventionen an den unteren Gerichten nicht so häufig zu beobachten sind. Als erschwerende Faktoren sind hier insbesondere zu berücksichtigen, daß die Magistrates erstens sowohl über Schuld und Unschuld des Angeklagten als auch über das Strafmaß entscheiden, daß sie zweitens lediglich juristische Laien sind, die durch den Magistrates' Clerk eine Unterstützung in Rechtsfragen erhalten, und daß drittens ein Großteil der Angeklagten in summarischen Verfahren, anders als in Verfahren mit Geschworenen, ohne rechtlichen Beistand auftritt.

Neben der grundsätzlichen Befugnis, an die Zeugen beider Parteien selbständig Fragen zu stellen, verfügt der Richter zudem auch über die Kompetenz eigenständig Zeugen aufzurufen. Dabei kann es sich zum einen um bereits vernommene Zeugen handeln, zum anderen kann der Richter aber auch von den Parteien nicht benannte Zeugen aufrufen und im Anschluß daran vernehmen. Die Zustimmung der Parteien ist in diesen Fällen zwar grundsätzlich nicht erforderlich, doch weist der Richter die betreffende Partei im Vorfeld seiner eigenmächtigen Intervention in aller Regel auf den entsprechenden Zeugen hin und legt ihr ein (erneutes) Aufrufen dieses Zeugen nahe.[863] Das Aufrufen eines (unbenannten) Zeugen durch den Richter kommt von daher stets nur als *ultima ratio* in Betracht.

Von der Möglichkeit, die Beweisaufnahme der Parteien durch das Aufrufen eines zusätzlichen Zeugen zu ergänzen, macht der englische Richter nur äußerst selten Gebrauch. Dies ist primär auf die Grundstruktur des parteigeführten Beweisverfahrens zurückzuführen, wonach jede Partei für das Vorbringen der für sie günstigen Beweise selbst zuständig ist und es infolgedessen nicht in den Aufgabenbereich des Richters fällt, be- oder entlastende Beweise an Stelle der Parteien vorzubringen.[864] Insofern verhindert zum einen das bislang herrschende

---

[863] In diesem Zusammenhang sei angemerkt, daß nur dem englischen Strafrichter das Recht eingeräumt wird, von sich aus und ohne die Zustimmung der Parteien unbenannte Zeugen aufzurufen. Im Zivilprozeß bedarf der Richter zur Einführung eines Zeugen in die Hauptverhandlung grundsätzlich der Zustimmung der Parteien. Von diesem Grundsatz gibt es mittlerweile jedoch auch einige Ausnahmen. Der Grund für die unterschiedliche Ausgestaltung der richterlichen Befugnisse wird primär angeführt, daß Gegenstand des Zivilprozesses im Gegensatz zum Strafverfahren nicht eine Angelegenheit von öffentlichem Interesse sei, sondern vielmehr ein Disput zwischen zwei Parteien, bei dem der Richter lediglich auf die Einhaltung der Kampfregeln achten müsse. Vgl. hierzu die grundlegende Entscheidung des Court of Appeal in dem Fall In re Enoch, (1910) 1 K.B., S. 327 ff (332): „*(...) there is an idea that an umpire, a person in a judicial position, has the power, and, I suppose, the duty, to call witnesses in a civil dispute, whom the parties do not either of them choose to call. In my opinion there is no such power. A judge has nothing to do with the getting up of a case.*".

[864] Aus diesem Grunde werden an das Aufrufen unbenannter Zeugen offenbar auch höhere Anforderungen gestellt als an das erneute Aufrufen eines bereits vernommenen Zeugen. Vgl. dazu Pattenden, Judicial Discretion, S. 103, Fn. 257 m.w.N.

Rollenverständnis derartige richterliche Aktivitäten. Zum anderen birgt das Aufrufen unbenannter Zeugen für den Richter aber auch eine gefährliche Unsicherheit, denn während die von den Parteien benannten Zeugen in der Regel verläßliche Aussagen bieten, welche bereits im Vorfeld der Verhandlung entsprechend einkalkuliert werden, stellt ein unbenannter Zeuge in diesem Zusammenhang ein unkalkulierbares Risiko dar. Im Gegensatz zu den Parteien kann der Richter nämlich nicht im Vorfeld der Vernehmung wissen, was der von ihm eigenmächtig aufgerufenen Zeuge aussagen wird. Infolgedessen können bspw. weitere Nachforschungen erforderlich werden oder der Fall schlägt aufgrund dieser unvorhergesehenen Zeugenaussage eine ganz andere Richtung ein oder der Aussage fehlt es letztlich an der erforderlichen Objektivität.[865] Mit anderen Worten kann der Richter bei der selbständigen Benennung eines Zeugen nur im Dunklen tasten, während sich die Parteien sorgsam darauf vorbereiten und die für sie günstigen Zeugen dementsprechend auswählen und benennen.

Ein gewichtiges Argument für das richterliche Aufrufen von Zeugen, die nicht durch die Parteien selbst benannt worden sind, besteht jedoch darin, daß die Parteien gelegentlich absichtlich auf die Benennung eines wichtigen Zeugen verzichten, da nach einem traditionellen Grundsatz des englischen Beweisrechts eine Partei ihre eigenen Zeugen nicht ins Kreuzverhör nehmen darf. Diese Regelung hat zur Folge, daß eventuell ungünstige Aussagen, die ein Zeuge im Kreuzverhör durch die Gegenpartei macht, nicht durch ein Kreuzverhör der den Zeugen benennenden Partei korrigiert werden können. Aus diesem Grunde wird von Seiten der Parteien nicht selten auf die Benennung eines derart ambivalenten, für die Wahrheitsfindung aber möglicherweise bedeutenden Zeugen wissentlich verzichtet.[866]

Für die Frage, ab wann ein Richter das zulässige Maß an Ergänzungen und Unterbrechungen im Rahmen der Beweisaufnahme überschritten hat, bietet die englische Rechtsprechung den Richtern keinen zuverlässigen und vor allen Dingen keinen allgemeingültigen Maßstab. Trotz einer unglaublichen Vielzahl von Einzelfallentscheidungen existieren in der Praxis keine verbindlichen Leitlinien, anhand derer die Richter ihr Verhalten im Einzelfall präzise und rechtmäßigkeitshalber ausrichten könnten. Zwar kristallisieren sich bei näherer Betrachtung

---

865 Ähnlich auch Newark/Samuels, Call the Witness, S. 402 m.w.N.

866 Die gerichtliche Umfragestudie von Zander/Henderson aus dem Jahre 1993 hat ergeben, daß in 19 % der Strafsachen, in denen der Angeklagte seinen Schuld bestreitet, der Richter von wichtigen Zeugen wußte, die keine der Parteien benannt hatte. Siehe Zander/Henderson, Crown Court Study, S. 110 ff, 4.3.12. Vgl. hierzu auch Herrmann, Reform der Hauptverhandlung, S. 311; Newark/Samuels, Call the Witness, S. 400 mit Beispielen aus der Rspr. sowie Devlin, Easing the Passing, S. 74: *„He (the judge) can, and often does, ask the question which neither side dares to ask; or the question which one side is not allowed to ask and the other side does not want answered."*.

der Rechtsprechung des *Court of Appeal* drei Hauptgründe für die Aufhebung von Urteilen infolge strafrichterlicher Interventionen heraus:

- wenn die richterlichen Interventionen die Geschworenen dazu verleitet haben, den Beweisen der Verteidigung keinen Glauben zu schenken, und dieser Nachteil auch nicht durch die allgemeine Formel des Richters geheilt werden kann, daß einzig und allein die Geschworenen über die Glaubwürdigkeit der vorgelegten Beweise entscheiden und in faktischer Hinsicht nicht an die Ausführungen des Richters gebunden sind[867],
- wenn die richterlichen Interventionen eine ordnungsgemäße Verteidigung für den Verteidiger unmöglich gemacht haben[868], oder
- wenn die richterlichen Interventionen den Angeklagten oder einen anderen Zeugen für die Verteidigung wirksam daran gehindert oder davon abgehalten haben, unbehindert und auf ihre Art und Weise Zeugnis abzulegen[869].

Jedoch können diese möglichen Aufhebungsgründe erstens nur sehr ungenau formuliert und erfaßt werden und zweitens stellen sie selten den alleinigen Grund für die Aufhebung eines Urteils dar. In der Regel kommen in einem Fall mehrere Faktoren zusammen, welche sodann im Rahmen einer einzelfallspezifischen Betrachtung zu der Schlußfolgerung führen, daß der Richter im konkreten Fall die Beweisaufnahme zu stark beeinflußt und mithin die Grenzen seines richterlichen Funktionsbereiches überschritten hat.[870]

---

867 Vgl. hierzu die Entscheidungen des Court of Appeal in R. v. Matthews, (1983) 78 Cr.App.R., S. 23 ff; R. v. Jenkins, (1986) 83 Cr.App.R., S. 152 ff, C.A.; R. v. Clewer, (1953) 37 Cr.App.R., S. 37 ff; R. v. Ptohopoulos, (1968) 52 Cr.App.R., S. 47 ff, C.A.; R. v. Hircock, (1969) 53 Cr.App.R., S. 51 ff, C.A.

868 Vgl. hierzu den Fall R. v. Barnes, (1971) 55 Cr.App.R., S. 100 ff, in dem der Richter so viel Druck auf den Angeklagten ausgeübt hatte mit dem Ziel, diesen zur Ablegung eines Schuldbekenntnisses zu bewegen, daß dadurch die Vertrauensbeziehung zwischen dem Angeklagten und seinem Verteidiger zerstört und infolgedessen auch die Beweispräsentation durch den Verteidiger erheblich beeinträchtigt wurde. Dazu Lord Parker C.J. auf S. 107: *„Just as interruptions by a trial judge, making it impossible for defending counsel to do justice to the defence, will result in a conviction being quashed so also conduct producing the same impossibility must have the same result (...)"*.

869 Vgl. R. v. Hulusi and Purvis, (1974) 58 Cr.App.R., S. 378 ff, wo Lord Justice Lawton auf S. 385 ausführt: *„It is a fundamental principle of an English trial that, if an accused gives evidence he must be allowed to do so without being badgered or interrupted. Judges should remember that most people go into the witness-box (...) in a state of nervousness. They are anxious to do their best. They expect to receive a courteous hearing, and when they find, almost as soon as they get into the witness-box and are starting to tell their story, that the judge of all people is intervening in a hostile way, then, human nature being what it is, they are liable to become confused and not to do so well as they would have done had they not been badgered and interrupted."*.

870 Siehe hierzu Archbold, Criminal Pleading, § 7-81. Vgl. auch das lesenswerte Urteil des Court of Appeal im Fall R. v. Matthews, (1984) 78 Cr.App.R., S. 23 ff.

Letztlich bleibt daher lediglich die allgemeine Maxime, daß die Beweisaufnahme grundsätzlich in den Händen der Parteien liegt und der Richter nur ausnahmsweise und auch nur dann ergänzend intervenieren darf, wenn dies aus Gründen der Fairneß des Verfahrens als unerläßlich erscheint. Dies führt dazu, daß jeder ergänzende, richterliche Eingriff in die Beweisaufnahme im Falle seiner obergerichtlichen Nachprüfung über diesen allgemeinen Grundsatz hinaus stets einer gesonderten und individuellen Beurteilung anhand der spezifischen Umstände des konkreten Einzelfalles unterliegt. In der Praxis machen die Richter von der ihnen zustehenden, die Beweisaufnahme ergänzenden Kompetenz daher aus Angst vor einer möglichen Aufhebung des Urteils in der Rechtsmittelinstanz nur sehr selten Gebrauch. Durch die nachträgliche Beurteilung aus der Retrospektive der Obergerichte werden die Richter demzufolge – zwar indirekt, jedoch durchaus bewußtermaßen – zu einer entsprechenden Zurückhaltung im Hinblick auf die tatsächliche Ausübung dieser Kompetenz angehalten.

c) Belehrung und Zusammenfassung für die Jury (Summing-up)

In Verfahren vor dem Crown Court, in denen sich der Angeklagte für unschuldig bekennt und damit die Geschworenen über die Schuldfrage entscheiden, belehrt der Richter die Jury nach den Schlußplädoyers der Parteien über die ihnen zukommende Aufgabe und faßt die im Laufe der Hauptverhandlung präsentierten Tatsachen und Beweise noch einmal zusammen *(summing-up)*. Diese richterliche Kompetenz entfällt folglich zum einen in summarischen Verfahren vor dem Magistrates' Court, wo die Magistrates sowohl über Schuld und Unschuld des Angeklagten als auch über das Strafmaß entscheiden, und zum anderen in den Verfahren vor dem Crown Court, in denen sich der Angeklagte für schuldig bekennt und die Jury infolgedessen nicht zusammentreten muß.

Das richterliche *summing-up* stellt eine überaus wichtige Phase im Rahmen der Hauptverhandlung dar, da dies die letzte Rede ist, welche die Jury hört, bevor sie sich zur Beratung und Entscheidungsfindung zurückzieht. Zudem tendieren die Geschworenen als juristische Laien naturgemäß dahin, der Ansicht des Richters zu folgen[871], weshalb ein wertfreies und möglichst objektives *summing-up*

---

871 Dieser nur allzu verständlichen Tendenz der Geschworenen soll entgegengewirkt werden, indem der Richter die Jury ausdrücklich darauf hinweist, daß nur sie allein für den Schuldspruch zuständig sind und in ihrer Entscheidung weder an die Ausführungen der Rechtsanwälte noch an die faktischen Ausführungen des Richters gebunden sind. Denn auch der Richter kann durch Betonung oder Vernachlässigung bestimmter Tatsachen oder Beweise seine subjektiven Ansichten zum Ausdruck bringen, sei dies nun bewußt oder unbewußt. Vgl. hierzu die Musteranweisungen für Richter zur Belehrung der Geschworenen: „The facts of this case are your responsibility. You will wish to take account of the arguments in the speeches you have heard, but you are not bound to accept them. Equally, if in the course of my review of the evidence, I appear to express any views concerning the facts, or emphasise a particular aspect of the evidence, do not adopt those views unless you agree with them; and if I do not mention something which you

für die Fairness des Verfahrens sowie für den Wahrspruch der Jury von essentieller Bedeutung ist. Trotz der geforderten richterlichen Objektivität, welche von Seiten der Obergerichte scharf kontrolliert wird, steht den Richtern mit der Aufgabe des *summing-up* jedoch zweifellos ein effizientes Mittel zur Beeinflussung der Geschworenen und damit auch des Schuldspruchs zur Verfügung.[872]

Da sich der Richter 12 juristischen Laien gegenüber sieht, muß er das *summing-up* in allgemein verständlicher Weise darlegen und zudem noch klar und genau, damit kein Revisionsgrund geschaffen wird.[873] Dieser heilsame Zwang kommt zweifellos der Transparenz des Strafprozesses zugute und fördert darüber hinaus die Akzeptanz des späteren Urteils. Für die richterliche Zusammenfassung der im Laufe des Verfahrens von Seiten der Parteien präsentierten Tatsachen und Beweise gibt es keine allgemein zutreffende Formel oder ein bestimmtes Schema. Vielmehr sind die konkreten Umstände des Einzelfalles entscheidend.[874] Insofern hat letztlich jeder Richter eine eigene, individuelle Art und Weise, seine abschließende Zusammenfassung für die Jury zu gestalten.[875]

Die Belehrung der Geschworenen dauert in der Regel nicht länger als zwei Stunden[876] und findet im Gerichtssaal in Anwesenheit des Angeklagten, der An-

---

think is important, you should have regard to it, and give it such weight as you think fit. When it comes to the facts of this case, it is your judgement alone that counts.", Judicial Studies Board, Crown Court Bench Book 1 - Functions of Judge and Jury*, I.1.

872 In diesem Sinne bereits Williams, Proof of Guilt, S. 326: „*But an experienced judge can so marshal the facts and indicate the probabilities that, while professing to leave everything to the jury, he has in truth made their verdict himself.*". Vgl. auch Sprack, Criminal Procedure, S. 290: „ *While it is impossible to know the reasons for a jury returning a certain verdict, a reasonable assumption is that the judge's apparent view of the case sways them considerably. Having heard persuasive and eloquent speeches from the various counsel in the case which usually arrive at directly opposite conclusions, the jurors turn with relief to the judge who can put the arguments in perspective, identify the "red herrings" and clarify the issues. Counsel of course, are not always as convinced of the impartiality and wisdom of the judge as the jurors may be.*".

873 Vgl. die grundlegenden Ausführungen Lord Hailshams zum richterlichen "summing-up" in dem Fall E. v. Lawrence (1982) A.C., S. 510 ff (519), H.L.

874 Vgl. R. v. G (M) (1999) Crim.L.R., S. 763 f, C.A; R. v. Lloyd, Urteil des Court of Appeal vom 30. November 1998 (unveröffentlicht).

875 Daher kann der jeweils individuelle Stil des richterlichen "summing-up" auch nicht von den Parteien angegriffen werden, vorausgesetzt natürlich, die vorgebrachten Beweise werden auf eine faire Art und Weise zusammengefaßt. Siehe auch Archbold, Criminal Pleading, § 4-376 m.w.N. und dem Hinweis darauf, daß in manchen Fällen die gegenüberstellende Beweisdarstellung von Anklage und Verteidigung gegenüber der rein chronologischen Zusammenfassung den Vorzug verdient.

876 Zu diesem Ergebnis gelangte die im Auftrag der Royal Commission on Criminal Justice durchgeführte Crown Court Study von Zander/Henderson aus dem Jahre 1993, S. 127, 4.10.1. Danach nimmt das richterliche "summing-up" in nahezu 80 % der Fälle weniger als zwei Stunden in Anspruch und in 40 % der Fälle sogar weniger als 30 Minuten.

wälte und der Öffentlichkeit statt. Die in Kontinentaleuropa weitverbreitete Vorstellung von der Belehrung eines englischen Richters, die sich über viele Stunden, wenn nicht sogar Tage hinzieht, entspricht daher nicht der alltäglichen Gerichtspraxis und trifft allenfalls auf besonders komplizierte und langwierige Ausnahmefälle zu.[877] Gleichwohl sollte mit dem *summing-up* oder auch einem wichtigen Teil desselben nicht mehr zu später Stunde oder an einem Freitag Nachmittag begonnen werden, da die Aufmerksamkeit und Vitalität der Geschworenen zu dieser Zeit nicht mehr optimal gewährleistet ist.[878] In diesen Fällen sollte die Belehrung der Jury dann auf den nächsten Verhandlungstag vertagt werden.

Inhaltlich besteht das richterliche *summing-up* aus zwei unterschiedlichen Komponenten, der Belehrung der Jury in rechtlicher Hinsicht einerseits sowie der Zusammenfassung des Falles inklusive der präsentierten Beweise sowohl in faktischer wie auch in rechtlicher Hinsicht andererseits.[879]

Bei der rechtlichen Belehrung der Jury stehen dem Richter die durch das Judicial Studies Board herausgegebenen Musterformulierungen in Form der *Specimen Directions to the Jury* hilfreich zur Seite.[880] Zunächst stellt der Richter die unter-

---

877 Vgl. zu einem solchen Ausnahmefall Romberg, Richter Ihrer Majestät, S. 132 mit Hinweis auf die längste Verhandlung des letzten Jahrhunderts (sie dauerte 55 Verhandlungstage), infolgederer das richterliche "summing-up" 36 Stunden beanspruchte.

878 Siehe Archbold, Criminal Pleading, § 4-369 mit Hinweis auf entsprechende Entscheidungen des Court of Appeal in den Fällen R. v. Rimmer and Beech, (1983) Crim.L.R., S. 250 ff, C.A. m.w.N. und R. v. Day, The Times, October 3 1991, C.A.

879 In einigen Ländern werden die Geschworenen durch den Richter nur in rechtlicher Hinsicht belehrt, nicht jedoch im Hinblick auf die von ihnen zu würdigen Tatsachen und Beweise. Der englische Richter instruiert die Jury jedoch sowohl in rechtlicher als auch in faktischer Hinsicht. In einer umfangreichen Gerichtsstudie von Zander/Henderson aus dem Jahre 1993 wurden die Geschworenen unter anderem befragt, ob die faktische Zusammenfassung des Richters ihre Aufgabe erleichtert habe, woraufhin 48 % der Geschworenen antworteten, daß dies keinen Unterschied gemacht habe. Nur etwa ein Drittel empfand eine kleine Erleichterung. Dies korrespondiert mit dem Ergebnis der befragten Richter, von denen 43 % der Ansicht waren, die Jury habe ihre Aufgabe auch ohne eine richterliche Belehrung im Hinblick auf die Tatsachen gut wahrnehmen können, im Gegensatz zu 25 %, welche die Belehrung für absolut notwendig erachteten. Gleichwohl stieg mit zunehmender Länge und Komplexität des Falles auch die Zahl der Geschworenen an, welche ein Tatsachenurteil ohne eine vorherige richterliche Zusammenfassung als wesentlich schwieriger beurteilten. Indes wurde die rechtliche Belehrung weder aus der Perspektive der Richter, noch aus Sicht der Geschworenen selbst als schwierig eingestuft. Vgl. ausführlich Zander/Henderson, Crown Court Study, S. 214 ff, 8.6.1. und 8.6.2.

880 Siehe dazu Judicial Studies Board, Crown Court Bench Book 1 – Specimen Directions* sowie die entsprechenden Ausführungen zur richterlichen Fortbildung in England oben unter A. II. 4. Diese Musterformulierungen können eine sorgfältige Vorbereitung des Richters jedoch nicht ersetzen und dürfen daher nicht mechanisch, vergleichbar mit einer festen Schablone, auf jeden Fall ohne weiteres aufgedrückt werden. Vielmehr sind auch

schiedlichen Aufgaben von Richter und Jury in allgemein verständlichen Worten dar[881], d.h. der Richter entscheidet alle rechtlichen Fragen und leitet die Prozeßführung, während den Geschworenen die Feststellung der Tatsachen obliegt.[882] Die Geschworenen sind daher an die Ausführungen des Richters nur gebunden, soweit diese rechtliche Fragen des Falles betreffen. Die Würdigung der vorgebrachten Beweise liegt hingegen ausschließlich im Verantwortungsbereich der Jury, denn die Geschworenen allein sind *trier of the facts*.

Des weiteren erläutert der Richter den Geschworenen die rechtlichen Gesichtspunkte zur Bewertung des vorgebrachten Beweismaterials. Dabei weist er insbesondere darauf hin, daß die Beweislast für die Schuld des Angeklagten bei der Anklagevertretung liegt[883] und es daher nicht Aufgabe des Angeklagten ist, seine eigene Unschuld zu beweisen, sondern vielmehr Aufgabe der Staatsanwaltschaft, die Schuld des Angeklagten zu beweisen.[884] Auf diese Weise wird der Jury die Bedeutung der Unschuldsvermutung anschaulich vor Augen geführt. Außerdem belehrt der Richter die Geschworenen im Hinblick auf den anzuwendenden Beweismaßstab *(standard of proof)*. Dabei wird im englischen Strafprozeß als Beweismaßstab ein höherer Wahrscheinlichkeitsgrad verlangt als im Zivilprozeß, wo in der Regel bereits das Überwiegen des Beweismaterials *(preponderance of evidence)* ausreicht.[885]

Früher mußten die Geschworenen hinsichtlich der Schuld des Angeklagten *satisfied beyond all reasonable doubt* und damit frei von allen vernünftigen Zweifeln sein. Mittlerweile wird jedoch auch vielfach die Formel des *feel sure* verwendet[886], wonach sich die Geschworen der Schuld oder Unschuld des

---

diese Formulierungen dem konkreten Einzelfall anzupassen. Trotz alledem stellen sie ein wertvolles und sehr hilfreiches Instrument der Richter in einem von Seiten der Obergerichte scharf kontrollierten Verfahrensabschnitt dar. Vgl. auch Judicial Studies Board, Specimen Directions – Foreword by Lord Bingham*.

881 Vgl. die Musteranweisungen für Richter unter Judicial Studies Board, Crown Court Bench Book 1 – Functions of Judge and Jury*, I.1.

882 Vgl. Newman, Beweisrecht, S. 35; Archbold, Criminal Pleading, § 4-376.

883 Siehe hierzu die grundlegende Entscheidung des House of Lords in R. v. Hunt (1987) 1 All E.R., S. 1 ff, H.L.

884 Vgl. die standardisierte Belehrungsformel unter Judicial Studies Board, Crown Court Bench Book 1 – Burden and Standard of Proof*, I.2.

885 Doch auch in Strafverfahren kommt dieser Beweismaßstab ausnahmsweise im Hinblick auf Rechtfertigungsgründe oder Entschuldigungsgründe in Betracht, welche von der Verteidigung bewiesen werden müssen. Eine Tatsache gilt dann als erwiesen, wenn sie der Jury "more probable than not" bzw. "more likely than not" erscheint.

886 Diese Formel wurde erstmalig durch Lord Goddard als obiter dictum in den Fällen R. v. Kritz (1949) 33 Cr.App.R., S. 169 ff (177) und R. v. Summers, (1952) 36 Cr.App.R., S. 14 ff (15) verwendet, anschließend jedoch durch den Privy Council gebilligt in Walters v. R., (1969) 2 A.C., S. 26 ff (30). Der Grund für diese neue Formel war der Umstand, daß sich viele Richter in der Bedrängnis sahen, den Geschworenen zu erklären,

Angeklagten sicher sein müssen.[887] Dies stellt jedoch nur die wörtliche Übersetzung dar. Eine genaue Definition für den Begriff des *feel sure* existiert wohl weder im englischen[888] noch im deutschen Sprachgebrauch. Doch hat der Court of Appeal in zahlreichen Entscheidungen ausdrücklich vor einer näheren Konkretisierung und weiteren Ausarbeitung des Sinngehaltes dieser Formulierung in einzelne Feinheiten gewarnt, so daß der Begriff des *feel sure* letztlich bewußt derartig weit gefaßt ist.[889] Entsprechend sind richterliche Erklärungsversuche dahingehend, was denn eine ausreichende Sicherheit *(sureness)* respektive einen vernünftigen Zweifel *(reasonable doubt)* begründe, nach Möglichkeit zu unterlassen.[890] In der Praxis werden die Begriffe des *feel sure* und des *satisfied beyond all reasonable doubt* mittlerweile synonym verwendet.[891]

---

was denn mit "reasonable doubt" gemeint sei. Allerdings beinhaltet die neue Beschreibung des "feel sure" eine mindestens gleichwertige sprachliche Ungenauigkeit.

887 In diesem Sinne lautet die entsprechende richterliche Belehrung: „How does the prosecution succeed in proving the defendant's guilt? The answer is - by making you sure of it. Nothing less than that will do. If after considering all the evidence you are sure that the defendant is guilty, you must return a verdict of 'Guilty'. If you are not sure, your verdict must be 'Not Guilty'.", vgl. Judicial Studies Board, Crown Court Bench Book 1 – Burden and Standard of Proof*, I.2.

888 Besonders verwirrend gestaltet sich die unterschiedliche Verwendung der Begriffe "sure" und "certain", welche im englischen Sprachgebrauch allgemein als Synonyme gelten. Während die Jury sich auf der einen Seite "sure" sein muß, bedeutet dies auf der anderen Seite offenbar nicht, daß sie sich auch "certain" sein muß. Siehe hierzu auch Archbold, Criminal Pleading, § 4-385.

889 Vgl. unter anderem R. v. Ching, (1976) Crim.L.R., S. 687 ff m.w.N.. Dementsprechend sind auch Umschreibungen wie "pretty sure" oder "reasonably sure" oder "pretty certain" von Seiten des Court of Appeal mißbilligt worden. Vgl. hierzu die Entscheidungen in R. v. Law, (1961) Crim.L.R., S. 52 ff; R. v. Head and Warrener, (1961) 45 Cr.App.R, S. 225 ff; R. v. Woods, (1961) Crim.L.R., S. 324 ff. Näher zum Ganzen Archbold, Criminal Pleading, § 4-385 m.w.N.

890 Vgl. die Entscheidung des Privy Council in dem Fall Walters v. R., (1969) 2 A.C., S. 26 ff (30 f), wo vor einer näheren Konkretisierung und weiteren Ausarbeitung des Begriffes in einzelne Feinheiten ausdrücklich abgelehnt wurde: „*Their Lordships would depreciate any attempt to lay down some precise formula or to draw fine distinctions between one set of words and another. It is the effect of the summing-up as a whole that matters.*".

891 So schon Lord Scarman in dem Fall Ferguson v. The Queen, (1979) 1 All E.R., S. 877 ff, auf S. 881 f: „*(...) the formula used in summing-ups does not matter so long as it is made clear to the jury, whatever words are used, that they must not return a verdict against a defendant unless they are sure of his guilt. (...) It is generally sufficient and safe to direct a jury that they must be satisfied beyond reasonable doubt so that they feel sure of the defendant's guilt. Nevertheless other words will suffice, so long as the message is clear.*". Dies unterstreicht zudem auch der folgende Hinweis in den Musteranweisungen der Richter: „Normally, when directing a jury on the standard of proof, it is not necessary to use the phrase 'beyond reasonable doubt'. But where it has been used in the trial, e.g. by counsel in their speeches, it is desirable to give the following direction: 'The prosecution must make you sure of guilt, which is the same as proving the case beyond reason-

Im Anschluß an die rechtliche Belehrung der Jury faßt der Richter den Sachverhalt sowie die im Rahmen der Hauptverhandlung von Seiten der Parteien vorgebrachten Tatsachen und Beweise auf der Grundlage von Notizen, die er sich im Laufe des Verfahrens gemacht hat, in einer für Laien verständlichen Form noch einmal zusammen. Dabei muß der Richter zwischen den Argumenten der Anklage und der Verteidigung die Balance halten[892], denn er darf die Jury in ihrer Entscheidung in keiner Weise beeinflussen. Im Rahmen des richterlichen summing-up, welches die Grundlage für den durch die Geschworenen zu fällenden Schuldspruch darstellt, darf der Richter jedoch nur die von den Parteien auch tatsächlich vorgebrachten Argumente und Beweise anführen. Neue Gesichtspunkte oder mögliche Erklärungen des Tatherganges, welche in der Beweisaufnahme nicht verhandelt worden sind, dürfen von richterlicher Seite nicht erst im summing-up dargestellt werden.[893] Vielmehr hat der Richter die Parteien im Vorfeld seiner Zusammenfassung für die Jury auf anderweitige, seines Erachtens bedeutende Aspekte hinzuweisen. Die Zusammenfassung der Beweise gestaltet sich bei einfachen Verfahren sehr unkompliziert, da der Richter diese lediglich in wenigen Worten rekapituliert.[894] In komplexen Strafverfahren

---

able doubt'.", vgl. Judicial Studies Board, Crown Court Bench Book 1 – Burden and Standard of Proof*, I.2., Note 2.

892 Siehe Pattenden, Judicial Discretion, S. 178 f mit Hinweis darauf, daß der Richter insbesondere die Verteidigung des Angeklagten, wie schwach und wenig überzeugend diese auch sein mag, in fairer Weise darzustellen hat. Vgl. hierzu die Entscheidung in R. v. Marr, (1989) Crim.L.R., S. 743 ff, C.A. sowie in R. v. Spencer and others / R. v. Smails and others (1986) 2 All E.R., S. 928 ff, H.L., wo Lord Ackner auf S. 938 auf die wichtigste Grundregel eines jeden "summing-up" hinweist: „*The overriding rule is that he (the judge) must put the defence fairly and adequately.*".

893 Vgl. hierzu die Entscheidung des Court of Appeal im Fall R. v. Taylor, Harrison and Taylor (1998) Crim.L.R., S. 582 ff, wo der Richter erst im Rahmen seines "summing-up" die Frage einer möglichen Mittäterschaft der drei Angeklagten aufwarf, eine Konstellation, die – wenngleich sie auch nahelag – im Laufe der Verhandlungen von keiner der Parteien vorgebracht worden war. Aus diesem Grunde wurde das "summing-up" von Seiten des Court of Appeal auch als "misdirection to the jury" verworfen.

894 Zur umstrittenen Frage, ob dem Richter in jedem, noch so einfach gelagerten Fall die Pflicht obliegt, die Tatsachen für die Jury zusammenzufassen, siehe zunächst die grundsätzliche Entscheidung in R. v. Attfield, (1961) 1 W.L.R., S. 1135 ff, wonach die fehlende Diskussion der vorgebrachten Beweise im Rahmen des richterlichen "summing-up" nicht notwendigerweise einen fatalen Formfehler begründet, solange es sich um einen einfachen Fall ("straightforward case") handelt. Diese Auffassung der Obergerichte hat sich im Laufe der letzten 40 Jahre jedoch gewandelt. Bereits im Fall Marr (1989) Crim.L.R., S. 743 ff wies der Court of Appeal auf das Recht des Angeklagten hin, daß sein Fall den Geschworenen in angemessener und fairer Weise präsentiert werde, und dies sowohl durch die Person des Richters als auch durch seinen Verteidiger. Später ging das Gericht im Fall R. v. Brower (1995) Crim.L.R., S. 746 f zwar nicht so weit, daß es keinen Fall gebe, in dem der Richter die Tatsachen für die Jury nicht noch einmal zusammenfassen müßte. Doch sei ein solches "summing-up on the facts" in den allermei-

hingegen würde das wiederholte Vorbringen eines jeden einzelnen Beweisstückkes die Jury zu sehr verwirren.[895] Aus diesem Grunde muß der Richter in diesen Fällen mehr oder weniger selektiv vorgehen und die Beweise mit den in Frage stehenden Tatsachen verknüpfen und komprimieren, wodurch eine subjektive Wertung und Gewichtung nach persönlichen Relevanzgesichtspunkten nicht gänzlich ausgeschlossen werden kann. Dieser Gefahr ist sich das englische Rechtssystem jedoch durchaus bewußt. Mehr noch geht es davon aus, daß die richterliche Zusammenfassung in der Praxis niemals völlig wertneutral gestaltet werden kann, da die Darstellung der einzelnen Tatsachen und entsprechender Beweise, insbesondere ihre Reihenfolge, die Intensität der richterlichen Ausführungen, sowie die feinen Nuancen der menschlichen Körpersprache stets auf eine bestimmte Wertung des Richters schließen lassen.

In Anlehnung an diese realistische Sichtweise ist es dem Richter im Rahmen der Zusammenfassung für die Jury sogar erlaubt, die Beweise zurückhaltend zu kommentieren.[896] So kann er die Jury etwa davor warnen, vorschnell die Wahrheit eines Geständnisses zu akzeptieren oder sich von Emotionen lenken zu lassen[897], oder auch die Glaubwürdigkeit eines Zeugen kommentieren. Letzteres ist jedoch nur möglich, indem der Richter auf Gründe hinweist, die eine bestimmte Zeugenaussage gegebenenfalls skeptisch betrachten lassen.[898] Die Kommentare des Richters dürfen indessen nicht ausdrücklich dessen persönliche Ansicht

---

sten Fällen erforderlich, um die Geschworenen zu unterstützen und ein faires Verfahren zu gewährleisten. Die Royal Commission on Criminal Justice sprach sich in ihrem Report für eine individuelle Beurteilung dieser Frage im konkreten Einzelfall unter den Gesichtspunkten der Fairness und Balance aus, vgl. Royal Commission on Criminal Justice, Report 1993, Chapter 8, § 22.

895 So ausdrücklich der Court of Appeal in der Entscheidung R. v. Charles, (1979) 68 Cr.App.R., S. 334 ff, wo Lord Justice Lawton auf S. 339 ausführt: *„In a long case, if details are not coupled with the issues it becomes a jumble of words so far as the jury is concerned."*. Gegen ein unangemessen umfangreiches "summing-up" wendet sich auch Lord Steyn, Winds of Change, S. 60 f.

896 Die Kompetenz des englischen Richters zur Kommentierung der Beweise im Rahmen des "summing-up" ist im englischen Recht seit jeher anerkannt worden. Siehe dazu bereits Davidson v. Stanley, (1841) 133 E.R., S. 936 ff (939). Vgl. auch Lord Goddard, Lord Chief Justice, in dem Fall R. v. Middlesex JJ, ex parte DPP, (1952) 2 Q.B., S. 758 ff auf S. 767: *„That a Judge may express his opinion on matters arising out of the evidence there is no doubt, and no one would wish to prevent his doing so provided he does it temperately and fairly."*.

897 Vgl. Archbold, Criminal Pleading, § 4-377 mit Hinweis auf die Entscheidung des Court of Appeal im Fall R. v. Boditch (1991) Crim.L.R., S. 831 ff, C.A.

898 Besonders in Strafverfahren, wo zwischen dem Tatzeitpunkt und dem Zeitpunkt der Anklageerhebung sowie der darauf folgenden Hauptverhandlung eine längere, oftmals mehrjährige Zeitspanne liegt, wird der Richter in aller Regel auf die möglichen Auswirkungen dieses Umstandes im Hinblick auf die Erinnerungsfähigkeit der Zeugen wie auch im Hinblick auf die Beweisschwierigkeiten für die Verteidigung hinweisen. Siehe hierzu R. v. M (1999) Crim.L.R., S. 922 f und R. v. G (Y) (1999) Crim.L.R., S. 825 f.

wiedergeben. So darf der Richter den Geschworenen beispielsweise nicht eröffnen, daß ein Zeuge seiner Ansicht nach lügt, sondern darf diese lediglich auf eventuelle Ungereimtheiten und Widersprüche in der entsprechenden Zeugenaussage hinweisen. Insofern gilt eine richterliche Kommentierung der Beweise solange als rechtmäßig, wie sie sich als fair darstellt und der Richter sich nicht als Prüfer über die vorgebrachten Beweise aufschwingt. Mit anderen Worten darf der Richter nicht versuchen, die Aufgabe und Funktion der Jury an sich zu reißen.[899] Um diesen Anschein zu vermeiden muß er eine klare Warnung dahingehend aussprechen, daß die von ihm geäußerten Ansichten für die Jury nicht bindend sind und daß es allein den Geschworenen obliegt, über die Beweise und die ihnen zugrundeliegenden Tatsachen zu entscheiden. Eine richterliche Kommentierung ist trotz eines derartigen Hinweises gleichwohl dann als unfair zu betrachten, wenn sie parteiisch oder irreführend wirkt oder wenn sie die Jury möglicherweise einschüchtert oder wenn der Richter es versäumt, Beweise anzuführen, die gegen seine Ansichten sprechen.[900]

Das *summing-up* stellt folglich eine sehr bedeutende und vor allen Dingen wirkungsvolle Kompetenz des englischen Richters im Rahmen der Hauptverhandlung dar, anhand derer er großen Einfluß auf die Geschworenen und damit letztlich auch auf den Schuldspruch ausüben kann. In diesem Zusammenhang sei abschließend auf die von Zander/Henderson durchgeführte Gerichtsstudie aus dem Jahre 1993 hingewiesen, in der die befragten Personengruppen unter anderem auch zu Form und Inhalt des richterlichen *summing-up* interviewt wurden.[901] Dabei ergab sich auf die Frage, ob die richterliche Belehrung die Jury in die eine oder andere Richtung gelenkt hätte, ein erstaunlich homogenes Antwortmuster, denn alle Befragten waren der Ansicht, daß der Richter in einer signifikanten

---

[899] Siehe hierzu unter anderem die Fälle R. v. West, (1910) 4 Cr.App.R., S. 179 f; R. v. Frampton, (1917) 12 Cr.App.R., S. 202 f; R. v. Cohen and Bateman, (1909) 2 Cr.App.R., S. 197 ff. In Teilen der Rechtslehre werden unterschwellige Kommentierungen des Richters zudem als nützliche Hilfestellung für die Jury angesehen mit der Begründung, die Geschworenen seien als juristische Laien in der Beurteilung der vorgebrachten Beweise zu unerfahren und teilweise auch zu voreingenommen. So jedenfalls Pattenden, Judicial Discretion, S. 183 mit Hinweis auf die Rechtfertigung richterliche Kommentare im Rahmen des "summing-up" bei Taylor, Treatise on Evidence, § 25. Dieses Argument steht jedoch in deutlichem Widerspruch zu der klaren Aufgabenteilung i englischen Strafprozeß, wonach der Richter lediglich für die rechtlichen Fragen zuständig ist und die Jury über die Glaubwürdigkeit und Tragweite der vorgebrachten Beweise entscheidet. In der Praxis wird der richterliche Kompetenzbereich daher nicht auf die Beweiswürdigung erweitert, was durch eine scharfe Aufsicht der Obergerichte sichergestellt wird.

[900] Vgl. hierzu Pattenden, Judicial Discretion, S. 181 mit vielen Nachweisen aus der Rspr. in den Fußnoten 204 bis 207.

[901] Neben zahlreichen Angeklagten, Geschworenen und Richtern wurden auch Staatsanwälte sowie Solicitors und auch Barristers befragt, welche teilweise auf Seiten der Verteidigung und teilweise auf der Anklageseite agierten.

Anzahl von Fällen durch sein *summing-up* die eine oder andere Partei begünstigt habe.[902] Dabei wurde eine Favorisierung der Anklagevertretung und damit ein Hinarbeiten auf die Verurteilung des Angeklagten weitaus häufiger beobachtet als eine Begünstigung der Verteidigung.[903] Aus der Perspektive des Angeklagten wurde die Belehrung der Jury durch den Richter in 73 % der Fälle als fair und in den restlichen 27 % der Fälle als unfair beurteilt.[904] Zwar legen diese statistischen Zahlen eine Konnexität zwischen dem richterlichen *summing-up* und der Quote an Freisprüchen nahe, doch kann ein monokausaler Zusammenhang im Sinne einer Ursache-Wirkung-Kombination dadurch nicht bewiesen werden. Die Geschworenen hingegen zeigten sich sehr beeindruckt von der Arbeitsweise der Richter und beurteilten diese in den drei vorgegebenen Kategorien "Kontrolle des Verfahrensablaufes", "Balance zwischen Anklage und Verteidigung" sowie "Erklärungen zu den Geschworenen" überwiegend als sehr gut (90 % / 85 % / 86 %).[905]

d) Entscheidung über die Schuldfrage (Conviction)

Die Entscheidung über die Schuldfrage *(conviction)* fällt nur bei Verfahren vor den Magistrates' Courts in den richterlichen Kompetenzbereich, da dann die Magistrates die Aufgabe wahrnehmen, die im formellen Verfahren vor dem Crown Court den Geschworenen obliegt.

Während sich die Laienrichter zur Beratung über die Schuldfrage in aller Regel zurückziehen, verkünden die District Judges (Magistrates' Courts), welche jeweils allein sitzen, den Schuldspruch gewöhnlich unmittelbar nach dem Schlußplädoyer der Verteidigung.[906] Die Magistrates werden in rechtlicher Hinsicht zwar durch den Magistrates' Clerk[907] beraten, doch erfolgt die von ihnen vorzunehmende Beweiswürdigung sowie die daran anschließende Entscheidung über

---

902 Zu dieser Frage wurden neben Barristers, welche sowohl für die Anklage, als auch für die Verteidigung tätig waren, und Solicitors auf Seiten der Verteidigung auch Staatsanwälte sowie Richter befragt.

903 Eine richterliche Tendenz im Rahmen des summing up zu einem Freispruch des Angeklagten wurde von den fünf befragten Gruppen in 11 bis 19 % der Fälle angegeben. Im Gegensatz dazu wurde eine Tendenz in Richtung Verurteilung des Angeklagten in 21 bis 36 % der Fälle behauptet. Dabei lagen die Angaben der befragten Richter jeweils im unteren Bereich der Prozentskala. Vgl. die tabellarische Darstellung in Zander/Henderson, Crown Court Study, S. 130, Table 4.20 und Table 4.21.

904 Siehe Zander/Henderson, Crown Court Study, S. 132, 4.10.8.

905 Zander/Henderson, Crown Court Study, S. 220 f, 8.7.2, Table 8.20. Zur Zufriedenheit der englischen Öffentlichkeit mit den Gerichten respektive dem spezifischen System der Strafgerichtsbarkeit vgl. auch Jackson, Public Satisfaction with Criminal Courts, S. 92 ff.

906 Siehe Sprack, Criminal Procedure, S. 155.

907 Vgl. näher zu diesem Amt oben unter A. II. 2. n). Eine Zusammenfassung der dem Justices' Clerk im summarischen Verfahren obliegenden Aufgaben und Funktionen findet sich in der Practice Direction (Justices: Clerk to Court) (1981) 1 W.L.R., S. 1163.

die Schuldfrage in eigener Verantwortung. In welchem Maße der Clerk an den Beratungen der Magistrates teilnimmt und wie stark sein Einfluß letztendlich auf die Entscheidung über die Schuld des Angeklagten ist, hängt in erster Linie von den Magistrates selbst sowie den individuellen Gewohnheiten des jeweiligen Magistrates' Court ab.[908]

Trotz der Beratungsmöglichkeit durch den Magistrates' Clerk obliegt es letztlich einzig und allein den Magistrates selbst, endgültig über alle rechtlichen und auch faktischen Fragen eines Falles zu entscheiden. Daher darf sich der Clerk weder tatsächlich in die von den Magistrates zu treffende Entscheidungsfindung einmischen, noch darf ihr Verhalten Anlaß zu der Annahme geben, der Clerk sei an der Entscheidung eines Falles maßgeblich beteiligt gewesen. Aus diesem Grunde darf sich der Clerk grundsätzlich nicht zusammen mit den Magistrates zur Beratung zurückziehen, sondern wird von diesen lediglich zu einzelnen Punkten um Rat gefragt und muß sich im Anschluß daran unverzüglich zurück auf seinen Platz im Gerichtssaal begeben.[909]

Allenfalls in besonders komplizierten Fällen, die sich durch eine untrennbare Vermengung rechtlicher und tatsächlicher Streitpunkte auszeichnen, kann der Clerk den Magistrates für beinahe die gesamte Dauer der Beratungen beisitzen.[910] Die Rolle des Magistrates' Clerk darf auf der anderen Seite aber auch nicht vollkommen passiv sein, da die Magistrates als juristische Laien rechtliche Probleme nicht erkennen können. In diesem Sinne legt auch Section 45 (5) des

---

908 Siehe in diesem Zusammenhang die Untersuchung von Darbyshire an sieben verschiedenen Magistrates' Courts in England hinsichtlich der Aufgabenverteilung zwischen den Magistrates und dem Magistrates' Clerk in der Praxis. Als Ergebnis dieser Studie stellte sich heraus, daß jedes Gericht eine ganz individuelle Aufgabenverteilung praktiziert, welche von unterschiedlichen Faktoren beeinflußt wird. Vgl. Darbyshire, Magistrates' Clerk, S. 181: *„These patterns differed from Court A, at one extreme, which was labelled a "Clerk's Court" because of the apparently dominant role of the clerk, to Court G, at the opposite extreme, where the clerk's role was much more passive than elsewhere. The extent to which chairmen appeared to be in control of the proceedings and took responsibility for functions they might otherwise leave to the clerk seemed to depend upon a number of factors: court tradition, the selection and training of the chairmen, the presence of legally qualified magistrates on the bench.*".

909 Vgl. Pattenden, Judicial Discretion, S. 324 m.w.N.; Sprack, Criminal Procedure, S. 158.

910 Vgl. für einen derartigen Ausnahmefall R. v. Consett Justices ex parte Postal Bingo Ltd, (1967) 2 Q.B., S. 9 ff. Siehe aber auch die Entscheidung in R. v. Guildford Justices ex parte Harding, (1981) 145 J.P., S. 174 ff, in der das Berufungsgericht das erstinstanzliche Urteil der Magistrates aufhob, da sich der Justices' Clerk in einem rechtlich völlig unproblematischen Fall zusammen mit den Magistrates zur Beratung zurückgezogen hatte, angeblich um diesen den Beweismaßstab zu erläutern. Ähnlich hat der High Court of Justice im Fall R. v. Stafford Justices ex parte Ross (1962) 1 W.L.R., S. 456 ff die Verurteilung des Angeklagten aufgehoben, da der Clerk den Magistrates im Laufe der Hauptverhandlung einen kleinen Zettel mit dem Inhalt hatte zukommen lassen, daß die Verteidigung des Angeklagten nicht plausibel sei.

Justices of the Peace Act 1997 fest, daß der Clerk die Magistrates jederzeit auf rechtliche Punkte aufmerksam machen kann, welche aus seiner Sicht für den konkreten Fall von Bedeutung sind oder in Frage stehen.[911]

Die Entscheidung der Magistrates über die Schuld des Angeklagten muß nicht einstimmig sein, vielmehr fällt der Schuldspruch durch Mehrheitsentscheid. Im Falle einer Stimmengleichheit bei einem mit einer geraden Anzahl von Richtern besetzten Magistrates' Court steht dem Vorsitzenden Richter keine streitentscheidende Stimme zu, sondern der Fall muß für eine neue Hauptverhandlung vor einer anders besetzten Richterbank vertagt werden. Aus diesem Grunde sind die Magistrates' Courts in der Praxis fast immer mit einer ungeraden Anzahl von Laienrichtern besetzt.[912] Die Magistrates müssen ihre Entscheidung nicht begründen. Dies ist auf der einen Seite sinnvoll, da von juristischen Laien wohl kaum eine rechtlich einwandfreie Entscheidungsbegründung erwartet werden kann. Auf der anderen Seite setzt gleichwohl jede richterliche Entscheidung eine sorgfältige Berücksichtigung und Abwägung unterschiedlicher Gründe voraus, welche nicht nur den Parteien, sondern vielmehr auch der Öffentlichkeit mitgeteilt werden sollten, um den Anschein von Willkür zu vermeiden. Während in der gerichtlichen Praxis an den unteren Gerichten zahlreiche District Judges (Magistrates' Courts) ihre Entscheidungen regelmäßig begründen, ist dies bei den wirklichen Laienrichtern eher selten der Fall. Neuerdings zeichnet sich jedoch offenbar eine Trendwende ab, da auch die Laienrichter in zunehmendem Maße ihre Entscheidungen begründen.[913]

e) Entscheidung über das Strafmaß (Sentence)

Die Strafzumessung liegt allein im Ermessen des Richters, wobei diesem eine Vielzahl unterschiedlicher Sanktionsmöglichkeiten zur Verfügung steht. Neben der klassischen Freiheitsstrafe *(custodial sentence / imprisonment)*[914] und Geld-

---

911 Section 45 (5) des Justices of the Peace Act 1997 lautet: „The powers of a justices' clerk include, at any time when he thinks he should do so, bringing to the attention of those justices any point of law, practice or procedure that is or may be involved in any question so arising.". Siehe aber auch ausdrücklich Section 45 (7), welche vorsieht, daß subsection (5) „do(es) not define or in any respect limit- (i) the powers and duties of a justices' clerk; or (ii) the matters on which justices may obtain assistance from their clerk.".

912 Vgl. näher R. v. Redbridge Justices ex parte Ram, (1992) 156 J.P., S. 203 ff.

913 So jedenfalls Lord Justice Auld, Criminal Courts Review, Chapter 11, § 63.

914 Die Freiheitsstrafe stellt auch in England die wohl am häufigsten verhängte Sanktion des Gerichtes dar, wenngleich sie nach dem Willen des Gesetzgebers sehr zurückhaltend verhängt werden soll. Nach den Vorgaben des Criminal Justice Act 1991, Section 1 (2) soll eine freiheitsentziehende Gefängnisstrafe nur dann in Betracht kommen, wenn die verübte Straftat so schwer wiegt, daß gerechterweise nur eine derartige Sanktion angemessen erscheint oder wenn der Schutz der Allgemeinheit vor dem Straftäter eine solche Maßnahme zwingend erfordert.

strafe *(fine)*[915] kann er bestimmte Auflagen *(binding over orders)* erteilen oder die Freilassung auf Bewährung *(probation)* anordnen. Darüber hinaus kann der englische Richter zudem diverse *community sentences*[916] bestimmen, welche als sozialdienliche Weisungen und Auflagen sowohl einen vergeltenden als auch einen resozialisierenden Zweck verfolgen. Die Verhängung der Todesstrafe *(death penalty)* für schweren Mord wurde in England erst im Jahre 1965 durch den Murder (Abolition of Death Penalty) Act 1965 aufgehoben.[917]

In Anlehnung an ihre unterschiedlichen juristischen Qualifikationen und gerichtlichen Zuständigkeiten stehen den Berufsrichtern an den höheren Gerichten weitergehende Strafkompetenzen zu als den Laienrichtern an den Magistrates' Courts. Während letztere lediglich eine Freiheitsstrafe von maximal 6 Monaten[918] sowie eine Geldstrafe von höchstens 5.000 Pfund[919] verhängen dürfen[920],

---

915 Siehe hierzu Criminal Justice Act 1991, Sections 17 und 18. Instruktiv zu den "financial penalties" vgl. Home Office, Sentence of the Court, S. 22 ff.

916 Die dem Gericht zur Verfügung stehenden "community sentences" sind in Part I des Criminal Justice Act 1991 geregelt. Eine abschließende Aufzählung der unterschiedlichen Auflagen findet sich in Section 6 (4), wobei Section 31 (1) entsprechende Legaldefinitionen vorsieht. Vgl. näher zu diesen sozialdienlichen Auflagen Home Office, Sentence of the Court, S. 44 ff; Williams, Conduct of Litigation, S. 488 ff; Bing, Procedure and Sentencing, § 12-13 ff.

917 Siehe Section 1 (1) des Murder (Abolition of Death Penalty) Act 1965, wodurch die Todesstrafe für Mord aufgehoben wird und gleichzeitig die Verhängung der lebenslangen Freiheitsstrafe als festes Strafmaß für einen Mord festgelegt wird. Vgl. aber auch Section 1 (2) im Hinblick auf die vorzeitige Entlassung aus der Haft. Näher zur Todesstrafe in England und den entsprechenden Ansichten in der zweiten Hälfte des letzten Jahrhunderts siehe Romberg, Richter Ihrer Majestät, S. 139 ff m.w.N. und Hinweis darauf, daß in der Zeit zwischen 1957 und 1965 insgesamt 29 Personen wegen Mordes mit der Todesstrafe bestraft und infolgedessen erhängt wurden.

918 Vgl. Magistrates' Courts Act 1980, Section 31 (1). Im Falle einer Abstrafung mehrerer, zusammenhängender Straftaten dürfen die Magistrates allerdings eine Gesamtstrafe verhängen, welche nach Section 133 des Magistrates' Courts Act 1980 die Dauer von 12 Monaten nicht überschreiten darf.

919 Siehe Magistrates' Courts Act 1980, Section 32 (9). Für jugendliche Täter gelten jedoch andere Höchstgrenzen: nach Section 36 des Magistrates' Courts Act 1980 beträgt die höchste Geldstrafe für Personen unter 18 Jahren 1.000 Pfund, und für Personen unter 14 Jahren 250 Pfund. Oftmals sehen zahlreiche gesetzliche Straftatbestände auch eine finanzielle Höchstgrenze für die Verhängung einer Geldstrafe infolge einer "summary conviction" vor. Dies erfolgt entweder in der Form, daß im Gesetz eine maximale Summe ausdrücklich genannt wird, oder aber indem auf eine bestimmtes Stufe der sog. "standard scale of fines for summary offences", kurz der „standard scale" verwiesen wird, welche in Section 37 des Criminal Justice Act 1982 angelegt ist. Eine kurze Darstellung dieser finanziellen Abstufungen findet sich bei Williams, Conduct and Litigation, S. 446.

920 Zur Strafzumessung der Laienrichter unter besonderer Berücksichtigung ihres jeweiligen sozialen Hintergrundes sowie der Kommunikation und Beratung durch den Clerk vgl. die

unterliegen die Berufsrichter hinsichtlich der Freiheitsstrafe wie auch der Geldstrafe neben den gesetzlich festgelegten, tatbestandsspezifischen Höchstgrenzen grundsätzlich keinen Beschränkungen[921]. Aus diesem Grunde besteht für einen erstinstanzlich zuständigen Magistrates' Court die Möglichkeit, einen für schuldig befundenen Angeklagten alleinig zur Festlegung eines angemessenen Strafmaßes an den Crown Court überweisen, sog. *committal for sentence*, wenn das Gericht die ihm zustehenden Strafkompetenzen für eine gerechte Aburteilung des Falles als nicht ausreichend erachtet.[922]

Auf der anderen Seite kann von Seiten des Verteidigers aber auch eine Strafmilderung *(mitigation)* beantragt werden, wobei als Strafmilderungsgründe unter anderem eventuelle Vorstrafen des Angeklagten *(previous convictions)*, sein Vorleben *(antecedents)* oder die Sozialprognose des Bewährungshelfers *(pre-sentence reports)* berücksichtigt werden.[923]

Der Richter entscheidet über die Strafzumessung nach seinem eigenen Ermessen, welches gleichwohl durch gesetzlich fixierte Ermessenskriterien sowie durch diverse Ermessenskriterien der Obergerichte begrenzt wird. Am Beispiel der Freiheitsstrafe betrachtet bedeutet dies, daß der Richter eine solche Sanktion nach Section 1 (2) des Criminal Justice Act 1991 nur verhängen soll, wenn die begangene Straftat von einer derartigen Schwere gekennzeichnet ist, daß nur eine Freiheitsstrafe gerechtfertigt ist, oder, wenn im Falle eines Gewalt- oder Sexualdeliktes nur eine Freiheitsstrafe geeignet ist, die Öffentlichkeit vor der Gefährlichkeit des Täters zu schützen.[924] Insbesondere hinsichtlich der Bemessung der Dauer der Freiheitsstrafe wird das richterliche Ermessen neben diesen gesetzlichen Kriterien, Schwere der Tat und Gefährlichkeit des Täters für die Gesellschaft, zudem durch die obergerichtliche Rechtsprechung des Court of Appeal begrenzt. Dieser hat im Laufe der letzten Jahre eine Vielzahl deliktsspezifischer wie auch sanktionsspezifischer *guideline cases* entschieden, die als

---

Studie von Henham, Magistrates' Sentencing Behaviour, aus dem Jahre 1990 mit der Zusammenfassung aller wichtigen Ergebnisse auf den S. 174 ff.

921 Vgl. Williams, Conduct and Litigation, S. 493.

922 Siehe Magistrates' Courts Act 1980, Section 38 sowie Criminal Justice Act 1967, Section 56. Im Laufe der letzten Jahre hat sich die Quote der "committals for sentence" an den Crown Court – bei leicht abnehmender Fallast insgesamt – zunehmend erhöht. So stellten diese Überweisungen zur Aburteilung in den Jahren 1997/1998 lediglich 7,2 % der gesamten Fallast des Crown Court dar, während sie im Berichtszeitraum 1999/2000 bereits auf 19,2 % angewachsen sind. Vgl. Crown Prosecution Service, Annual Report 1999/2000, S. 35 (Chart 6).

923 Ausführlich hierzu Archbold, Criminal Pleading, § 5-24 ff.

924 Bei dieser Vorschrift handelt es sich aufgrund der Formulierung "shall" offensichtlich um eine Sollvorschrift, die dem Richter einen Ermessensspielraum einräumt und lediglich entsprechende Ermessensrichtlinien festlegt.

Richtlinien für die richterliche Entscheidung über die Strafzumessung dienen.[925] Dabei handelt es sich jedoch lediglich um Richtlinien, welche die richterliche Unabhängigkeit im Hinblick auf die Strafzumessung nicht aushöhlen sollen.

Das Strafmaß wird durch den Richter in öffentlicher Sitzung mündlich bekanntgegeben, damit alle Betroffenen die endgültige Entscheidung aus dem Munde des Richters selbst und mit dessen eigenen Worten erfahren. Zwar unterliegt der Richter grundsätzlich keinem Begründungszwang hinsichtlich der Verhängung einer bestimmten Strafe, doch wird es von Seiten des Court of Appeal als wünschenswert erachtet, wenn zumindest bezüglich einschneidender Sanktionen, wie etwa einer Freiheitsstrafe, oder in Fällen, in denen der Angeklagte ohne rechtlichen Vertreter vor Gericht auftritt, die Grundlage dargelegt wird, auf der die entsprechende Sanktion ermittelt wurde.[926] Zudem besteht in vielen Fällen auch von Gesetzes wegen eine Verpflichtung für den Richter, die Gründe darzulegen, warum er eine bestimmte Sanktion gewählt respektive nicht gewählt hat. So sieht z.B. Section 1 (4) des Criminal Justice Act 1991 für die Verhängung einer Freiheitsstrafe vor, daß das Gericht zum einen darlegen und begründen muß, warum es die nach Section 1 (2) erforderlichen Voraussetzungen für diese Sanktion als gegeben ansieht, und zum anderen dem Angeklagten in allgemein verständlicher Sprache die Gründe für diese Strafe erklären muß. In Bezug auf letzteres stehen dem Richter jedoch die hilfreichen Standardformulierungen des Judicial Studies Board *(Specimen Directions - Sentencing)* zur Verfügung, anhand derer er dem Angeklagten die für angemessen befundenen Sanktionen in verständlichen Worten erläutern kann.[927]

An dieser Stelle sei zudem auf die im Jahre 1998 veröffentlichte Gerichtsstudie von Flood-Page/Mackie "Sentencing Practice: An Examination of Decisions in Magistrates' Courts and the Crown Court in the mid-1990's" zur Untersuchung der Strafzumessungspraxis *(sentencing practice)* an den Magistrates' Courts sowie dem Crown Court hingewiesen.[928] Danach hat die Verhängung der Geldstrafe sowohl an den unteren als auch an den höheren Gerichten im Laufe der 90er Jahre wie schon bereits in den Jahren zuvor weiter deutlich abgenommen.[929] Als die entscheidenden Faktoren für eine Freiheitsstrafe stellten sich neben der Gefährlichkeit des Täters für die Allgemeinheit vor allen Dingen die Schwere der

---

925 Ausführlich hierzu Archbold, Criminal Pleading, § 7-141 ff m.w.N.

926 Vgl. R. v. Newman and Newman, (1980) Crim.L.R., S. 55 f, C.A. und R. v. Smith (David Thomas), (1987) 9 Cr.App.R. (S), S. 475 ff, C.A.

927 Vgl. Judicial Studies Board, Specimen Directions – Sentencing / Forms of Words* mit entsprechenden Standardformulierungen zu einer jeden Sanktionsmöglichkeit.

928 Die Studie beruht auf einer Untersuchung von insgesamt 3.000 Fällen an den Magistrates' Courts und 1.800 Fällen am Crown Court.

929 Vgl. Flood-Page/Mackie, Sentencing Practice, S. X (Summary) mit Hinweis darauf, daß eine Geldstrafe in den meisten Fällen gegen erstmalig Straffällige verhängt wird, die über einen festen Arbeitsplatz und demzufolge über ein regelmäßiges Einkommen verfügen.

Tat sowie die besondere Verletzlichkeit des Opfers heraus, wobei von den District Judges (Magistrates' Courts), ehemals Stipendiary Magistrates in weitaus mehr Fällen eine Freiheitsstrafe verhängt wurde als von den Laienrichtern.[930]

Aus kontinentaleuropäischer Perspektive erweist sich des weiteren das in England mittlerweile offiziell praktizierte System des sog. *sentence discount* als besonders interessant und daher erwähnenswert.[931] Darunter ist ein prozentualer Strafnachlaß zu verstehen, der von richterlicher Seite im Gegenzug für die Ablegung eines Schuldgeständnisses gewährt wird. Dieses Prinzip ist in England erstmalig durch den Criminal Justice and Public Order Act 1994, Section 48 gesetzlich anerkannt worden und nunmehr in Section 152 des Powers of Criminal Courts (Sentencing) Act 2000 geregelt. In den vielen Jahren zuvor war indessen beharrlich versucht worden, diese – durchaus existente – Praxis des *sentence discount* möglichst zu verschleiern und im Rahmen subtiler Andeutungen sowie verschlüsselter Erörterungen bei der Strafzumessung nach außen stets den Anschein eines regulären Prozedierens zu wahren.[932] Hintergrund dieser strengen Geheimhaltung ist das traditionelle englische Rechtsverständnis, wonach ein derartiger Strafmaßhandel zum einen die Ehre des Richters befleckt und zum anderen aus ethischen Gründen als unredlich und verwerflich zu qualifizieren ist.

Die Idee des *sentence discount* beruht grundsätzlich auf dem Gedanken, daß ein Schuldbekenntnis die Einsicht und Reue des Angeklagten zum Ausdruck bringt, eine fiktive Vorstellung, die wohl kaum die reale Motivation der meisten Angeklagten vor Gericht wiederspiegeln dürfte. Vielmehr soll die Option auf einen Strafnachlaß für den Angeklagten einen Anreiz zur Ablegung eines *guilty plea*

---

930 Vgl. Flood-Page/Mackie, Sentencing Practice, S. IX und X (Summary).

931 Teilweise wird in der Literatur auch der Begriff des "sentence bargaining" verwendet. Dies ist jedoch nicht zu verwechseln mit dem ähnlich lautenden Begriff des "charge bargaining", welches zwischen dem Vertreter der Anklage und dem Verteidiger ausgehandelt und daraufhin vereinbart wird. Danach erklärt sich die Anklage (informell) bereit, auf bestimmte Anklagepunkte zu verzichten, wenn der Angeklagte daraufhin im Gegenzug ein Schuldgeständnis hinsichtlich noch verbleibender Tatvorwürfe ablegt. Darüber hinaus beschreibt der Begriff des "sentence bargaining" die englische Gerichtspraxis aber auch nicht wirklichkeitsgetreu. Anders als in den USA findet in England nämlich gerade kein "bargaining" im klassischen Sinne, d.h. im Sinne eines taktischen Aushandelns respektive Feilschens mit dem Richter statt. Vielmehr wird dieses Handeln in England zutiefst verachtet und als eines Gerichtes unwürdig betrachtet. Die englischen Richter gewähren daher nach eigenem Ermessen und grundsätzlich ohne vorhergehende Verhandlungen mit dem Verteidiger des Angeklagten einen bestimmten Strafnachlaß für die Ablegung eines Schuldgeständnisses, der in aller Regel zwischen einem Fünftel und einem Drittel der eigentlich verwirkten Strafe liegt.

932 Vgl. hierzu Weigend, Absprachen in ausländischen Strafverfahren, S. 84 ff m.w.N. aus der Zeit vor der gesetzlichen Fixierung des "sentence discount" durch den Criminal Justice and Public Order Act 1994, Section 48.

bieten, wodurch den Gerichten sowohl Arbeitszeit wie auch Kosten und möglichen Zeugen die mit einer Aussage in der Hauptverhandlung verbundenen Belastungen erspart bleiben.[933] Dabei wird dieser Rabatt selbst im Falle schwerer Straftaten gewährt.[934] Auf eine eventuelle Berücksichtigung eines *sentence discount* hat der Richter im Rahmen seiner Urteilsverkündung aber stets ausdrücklich hinzuweisen.[935]

Das Ausmaß des zu gewährenden Strafnachlasses ist bislang weder gesetzlich noch sonst schriftlich festgelegt worden, doch lassen zahlreiche Entscheidungen des Court of Appeal im Zusammenhang mit Strafnachlässen infolge *guilty pleas* erkennen, daß sich der gewährte Rabatt gewöhnlich in einem Spielraum zwischen 25 % und 30 % der ansonsten verhängten, "vollen" Strafe bewegt.[936] Aufgrund dieser in den Grundzügen gefestigten Rechtsprechung kann der Angeklagte den Vorteil eines Strafnachlasses daher zumindest ungefähr einschätzen. In die Berechnung zur Höhe des Strafnachlasses werden eine Reihe unterschiedlicher Faktoren einbezogen wie bspw. das Verfahrensstadium, in dem das Schuldbekenntnis abgelegt wird[937], oder die Beweissituation gegen den Angeklagten[938], oder aber auch die Gefährlichkeit des Angeklagten für die Gesellschaft[939].

---

933 Vgl. ausführlich hierzu R. v. Boyd, (1980) 2 Cr.App.R. (S), S. 234 ff.

934 So z.B. auch in den Fällen R. v. Fraser, (1982) 4 Cr.App.R. (S), S. 254 ff (Bankraub); R. v. Robertshaw, (1981) 3 Cr.App.R. (S), S. 77 ff, C.A. (versuchte Vergewaltigung); R. v. Meade, (1982) 4 Cr.App.R. (S), S. 193 ff, C.A. (Werfen von Molotow-Cocktails) aufgehoben in (1982) Crim.L.R., S. 613 ff.

935 Die Bedeutung dieses ausdrücklichen Hinweises ist durch den Court of Appeal wiederholt hervorgehoben worden. Vgl. hierzu etwa die Entscheidung in R. v. Fearon, (1980) 2 Cr.App.R. (S), S. 25 ff, C.A. Siehe aber auch die gesetzliche Verpflichtung aus Section 48 (2) des Criminal Justice and Public Order Act 1994.

936 Vgl. dazu die Entscheidung in R. v. Buffrey, (1993) 14 Cr.App.R. (S), S. 511 ff, C.A., wo Lord Taylor auf S. 515 ausführt: „*It would be quite wrong for us to suggest that there was an absolute rule as to what the discount should be. Each case must be assessed by the trial judge on its own facts and there will be considerable variance between one case and another. But as a general guidance - and I emphasize only as a general guidance - this Court believes that something of the order of one-third would very often be an appropriate discount (...)*".

937 Siehe Criminal Justice and Public Order Act 1994, Section 48 (1) (a). Dies liegt darin begründet, daß die Ersparnis von Zeit und Kosten auf Seiten des Gerichts abnimmt, je später das Schuldbekenntnis von Seiten des Angeklagten abgelegt wird.

938 Verständlicherweise wird ein Angeklagter, der sich angesichts einer erkennbar gegen ihn sprechenden, überwältigenden Beweissituation für schuldig bekennt, nicht den gleichen Strafnachlaß erhalten wie ein Angeklagter, dem eine Reihe vernünftiger und aussichtsreicher Beweise zur Verfügung stehen. Vgl. hierzu auch die Ausführungen Lord Lawtons in R. v. Davis, (1980) 2 Cr.App.R. (S), S. 168 ff, C.A. Spricht die Beweislage daher eindeutig gegen den Angeklagten und legt dieser angesichts dieser Situation dann ein Schuldbekenntnis ab, so kann das Gericht einen entsprechenden Strafnachlaß auch

Doch auch wenn sich das Maß der Strafreduktion für ein *guilty plea* in etwa vorhersagen läßt, so herrscht dennoch Ungewißheit über die Ausgangsgröße der hypothetisch verhängten "vollen" Strafe, ein gravierender Unsicherheitsfaktor, der ferner noch dadurch verschärft wird, daß sich der englische Staatsanwalt als Vertreter der Anklage nicht zum Strafmaß äußert und insofern eventuelle Verabredungen über Strafmaßempfehlungen in England keine Rolle spielen. Aus diesem Grunde zählte es an manchen Gerichten über lange Jahre hinweg zur gängigen Praxis, daß der Verteidiger des Angeklagten zur Konkretisierung des vollen Strafmaßes vertrauliche Gespräche mit dem Richter in dessen Dienstzimmer führte.[940] Diese außerdienstlichen Erkundigungen in Form inoffizieller Treffen wurden von Seiten des Court of Appeal in der wegweisenden Entscheidung R. v. Turner[941] aus dem Jahre 1970 – bis auf außergewöhnliche Ausnahmefälle *(exceptional cases)* – jedoch als unzulässig bezeichnet.

Gleichwohl ist die vertrauliche Erkundigungspraxis trotz der Entscheidung im Fall Turner sowie zahlreicher gleichlautender Urteile des Court of Appeal im Laufe der darauffolgenden Jahre auch weiterhin von einigen Richtern und Verteidigern praktiziert worden. Auch heute stellt dies angesichts der stetig zunehmenden Fallast der Strafgerichte keinesfalls eine Ausnahme, sondern eher die Regel dar. Die Erkundigung über die Höhe des voraussichtlich zu erwartenden Strafmaßes erfolgt in der Form, daß der Verteidiger vertraulich beim zuständigen Richter anfragt, diese Informationen aber nicht an seinen Mandanten weitergeben darf, so daß das Schuldbekenntnis des Angeklagten den Anforderungen des Court of Appeal genügt, indem es nicht unfreiwillig und damit auch nicht unwirksam ist. Auf diese Weise bleibt der Richter zumindest nach außen hin unbefleckt vom schmutzigen Geschäft des Strafmaßhandels, eine in jeder Hinsicht typisch englische Lösung des *sentence discount.*

Mit der Verfahrenspraxis des *sentence discount* hat sich neben der Royal Commission on Criminal Justice (1993) neuerdings auch der Criminal Courts Review (2001) befaßt und zahlreiche Reformvorschläge geäußert, die im Rahmen der rechtsvergleichenden Betrachtung näher untersucht werden.[942]

---

durchaus verwehren. Siehe R. v. Hastings, (1979) 1 Cr.App.R. (S), S. 167 ff, C.A.; R. v. Landy, (1995) 16 Cr.App.R. (S), S. 908 ff, C.A.

939 Vgl. R. v. Stabler, (1984) 6 Cr.App.R. (S), S. 129 ff, C.A.; R. v. McLoughlin and Simpson, (1979) 1 Cr.App.R. (S), S. 298 ff, C.A.

940 Siehe hierzu ausführlich Weigend, Absprachen in ausländischen Strafverfahren, S. 89 f.

941 (1970) 54 Cr.App.R., S. 352 ff.

942 Vgl. hierzu die Ausführungen im Zweiten Teil der Arbeit unter C. II. 2. b) (3).

F. Analytische Betrachtung der Rolle des Richters im Strafverfahren

Auf der Grundlage der erörterten richterlichen Kompetenzen in den unterschiedlichen Verfahrensabschnitten – Ermittlungsverfahren, Zwischenverfahren und Hauptverfahren – kristallisiert sich hinsichtlich der richterlichen Rolle im Strafverfahren letztlich folgendes Gesamtbild heraus.

Im Vorfeld der Hauptverhandlung stellt sich der richterliche Kompetenzbereich als relativ unbedeutend dar, da das Ermittlungsverfahren gänzlich in den Händen der Polizei liegt und das Zwischenverfahren *(committal proceedings)* zunehmend den Charakter einer bloßen Formalie erhält.

Im Rahmen der Hauptverhandlung stehen dem Richter hingegen einflußreiche Kompetenzen zur Verfügung, anhand derer er den Inhalt und Ablauf des Verfahrens wesentlich beeinflussen kann. An erster Stelle sind hier zweifellos die richterlichen Eingriffsmöglichkeiten im Rahmen der Beweisaufnahme zu nennen, welche dem Richter die Unterbrechung der vortragenden Parteien, eine selbständige Befragung von Zeugen und darüber hinausgehend sogar das eigenständige Aufrufen eines (unbenannten) Zeugen ermöglichen. Zudem obliegt dem Richter die Entscheidung über die Zulassung von Beweismitteln, die auf unrechtmäßige Art und Weise erlangt worden sind, eine Kompetenz, der angesichts des polizeilich dominierten und von richterlicher Seite weitestgehend unkontrollierten Ermittlungsverfahrens eine große praktische Bedeutung zukommt. Des weiteren eröffnet auch das richterliche *summing-up* einen zwar subtilen, doch zweifellos effizienten Einflußbereich, wenngleich in diesem Zusammenhang nicht übersehen werden darf, daß die Geschworenen einer möglicherweise allzu offensichtlichen Beeinflussung durch den Richter durchaus entgehen können, indem sie ihr Verdikt gerade nicht an dessen Ansichten ausrichten. Insofern darf ein gewisses Maß an Unerfahrenheit und Unsicherheit der Geschworenen, welches ganz selbstverständlich aus deren Qualifikation als juristische Laien folgt, nicht dahingehend mißverstanden werden, daß diese nach dem Willen des Richters manipulierbare Subjekte darstellen. Schließlich steht dem Richter im Rahmen der Strafzumessung ein weiter Ermessensspielraum zur Verfügung, der allerdings nur im Falle eines Schuldspruches zum Tragen kommt.

Trotz dieser beachtlichen richterlichen Kompetenzen im Rahmen der Hauptverhandlung dominiert in England jedoch nach wie vor das traditionelle Rollenverständnis von der bildlichen Vorstellung des Richters als unparteiischer Schiedsrichter. Danach darf der Richter zwar auch aktiv in das Verfahren eingreifen, jedoch nur ausnahmsweise und nur aus Gründen der fairen Verfahrensgestaltung. Richterliche Interventionen zum Zwecke der Wahrheitserforschung hingegen stehen im Widerspruch zum traditionellen Richterbild und den adversatorischen Wurzeln des englischen Strafverfahrens.[943] Dabei ließen sich entsprechende Eingriffe theoretisch auch auf die althergebrachte Formel Lord Dennings aus dem Fall Jones v. National Coal Board stützen, welche sich bei näherer Betrachtung als durchaus ambivalent erweist.[944] So kann z.B. die Formulierung "to clear up" im Hinblick auf den Bereich der richterlichen Zeugenbefragung auf der einen Seite sehr restriktiv interpretiert werden mit der Folge, daß der richterliche Kompetenzbereich ausschließlich auf klärende Nachfragen beschränkt ist. Auf der anderen Seite kann sie aber auch dahingehend ausgelegt werden, daß diese Befugnis auch das Aufklären neuer, von Seiten der Parteien nicht vorgetragener Informationen erfaßt.

Im Anschluß an diese Beobachtungen stellt sich die berechtigte Frage, warum die den Richtern zustehenden Ermessensspielräume in der Praxis weitestgehend nicht genutzt werden. Dies ist in erster Linie sicherlich auf das traditionell zurückhaltende Richterbild zurückzuführen, das auf den klassischen Grundtyp des adversatorischen Verfahrensmodells zurückgeht und bislang niemals ernsthaft in Frage gestellt worden ist. Darüber hinaus stehen den Richtern aber auch keine hilfreichen Richtlinien oder konkreten Anhaltspunkte zur Verfügung, anhand derer sie ihre Entscheidung für oder gegen ein mögliches Eingreifen in das Verfahren rechtmäßigerweise ausrichten könnten. Letztendlich wird daher die Entscheidung über die Angemessenheit einer Intervention einzig und allein den Richtern selbst überlassen, ein gewaltiger Ermessensspielraum aber auch eine Rechtsunsicherheit, angesichts derer die starke Zurückhaltung der englischen Richter und ihre Tendenz zur Passivität nicht sonderlich verwundern.

Insofern befinden sich die Richter kontinuierlich in einem Interessenwiderstreit zwischen dem Interesse der effektiven Wahrheitsfindung auf der einen Seite und der Gefahr der parteilichen Erscheinung sowie des Verlustes der richterlichen Objektivität auf der anderen Seite. Mehr noch sind sie hin und her gerissen zwischen der traditionellen Vorstellung vom Richter als eher passiven Schiedsrichter und der durch gesetzliche Veränderungen der letzten Jahre bedingten neuen Rolle des Richters wie sie z.B. in der umfassenden Kompetenz zum Ausschluß von Beweisen in den Sections 76 und 78 des Police and Criminal Evidence Act 1984 oder den neuartigen Befugnissen nach dem Human Rights Act 1998 zum Ausdruck kommt.

Infolgedessen sieht sich der englische Richter zunehmend neuen Anforderungen gegenüber, denen er unter Berücksichtigung der traditionellen, primär passiven Richterposition im Strafverfahren nicht gerecht werden kann. Die Grundsatzentscheidung über die Funktion des Richters im Rahmen der Hauptverhandlung

---

[943] Näher zur Rolle des Richters im Hinblick auf die prozessuale Wahrheitsfindung im rechtsvergleichenden Zweiten Teil der Arbeit unter C. II. 2. a).

[944] Siehe die entsprechenden Ausführungen oben unter E. II. 3. b).

wird auf diese Weise auf jeden einzelnen Richter übertragen und damit letztendlich zur individuellen Entscheidung des Einzelnen. Ein solches Konzept kann jedoch nur dann und nur solange funktionieren, wie erstens eine allgemein anerkannte Vorstellung von der richterlichen Position im Strafverfahren besteht, die zweitens von Seiten der Obergerichte durch eine klare und eindeutige Grenzziehung hinreichend konkretisiert wird und die drittens den gesetzlichen Anforderungen, welche an die richterliche Funktion gestellt werden, auch gerecht werden kann. Diese drei Grundvoraussetzungen sind im Laufe der letzten Jahre jedoch zunehmend ins Wanken geraten. So haben insbesondere die Anforderungen, welche von Seiten der aktuellen Gesetzgebung neuerdings an die englischen Richter gestellt werden, zugenommen, infolgedessen auch das traditionell passive Richterbild in Zweifel gezogen worden ist. Zudem zeigt sich auch der Court of Appeal zunehmend großzügiger im Hinblick auf richterliche Interventionen im Strafverfahren.

Angesichts dieser Entwicklung ist daher eine klare Grenzziehung geboten, die den Richtern eine klare Entscheidung für oder gegen ein aktives Eingreifen im Strafverfahren ermöglicht. Dies setzt jedoch eine breit angelegte Diskussion um die grundsätzliche Rolle und Funktion des Richters im Strafverfahren voraus, welche bislang in dieser Form noch nicht stattgefunden hat. Statt der bislang erfolgten Konzentration auf Einzelpunkte und spezifische Problembereiche des englischen Strafverfahrens, welche notwendigerweise mit der richterlichen Aufgabenerfüllung verbunden sind, sollte vielmehr zunächst eine Grundsatzdiskussion über die Funktion des Richters im Strafprozeß erfolgen. Problematisch erscheint in diesem Zusammenhang auch die Tatsache, daß bislang – wenn überhaupt – stets nur über mögliche Rechte des Richters auf gewisse Interventionen diskutiert wurde, jedoch nie eine damit korrespondierende Pflicht zum Eingreifen statuiert wurde für die Fälle, in denen ein richterliches Eingreifen im Interesse der Wahrheitsfindung und der Vermeidung der Verurteilung Unschuldiger unbedingt geboten ist und aus diesem Grunde erfolgen muß.

Obwohl den Richtern ein beträchtlicher Ermessensspielraum über die Grenzen des schiedsrichterlichen Rollenverständnisses hinaus zugestanden wird, scheint neben den bereits genannten Gründen unter anderem auch die Beteiligung der Jury am Strafverfahren die Richter von einer aktiveren Verfahrensgestaltung zurückzuhalten. Dieser These liegt die Annahme unterschiedlicher richterlicher Position in Strafverfahren unter Beteiligung einer Jury auf der einen Seite und in Strafverfahren ohne Geschorene auf der anderen Seite zugrunde, ein durchaus interessanter Gedanke, dem sich Mitte der 90er Jahre auch Jackson/Doran in ihrer Untersuchung zur richterlichen Rolle in Strafprozessen ohne Jury, den sog. *Diplock-Trials*[945] in Nordirland, gewidmet haben.[946] Dabei stellte sich als we-

[945] Das "Diplock-Court-System" wurde durch den Northern Ireland (Emergency Provisions) Act 1973 eingeführt und geht unmittelbar auf die Empfehlungen der "Commission to

sentliches Untersuchungsergebnis heraus, daß die Richter in Strafverfahren ohne Jury weitaus häufiger und auch intensiver in den Ablauf der Hauptverhandlung eingriffen als dies in Verfahren unter Beteiligung von Geschworenen der Fall war.[947] Dies schien in erster Linie dadurch bedingt zu sein, daß die Richter zwar grundsätzlich die Macht hatten, um aktiv in das Strafverfahren einzugreifen und Zeugen sowie die Vertreter der Parteien zu befragen respektive zu unterbrechen. Jedoch mangelte es ihnen offenbar an der entsprechenden Autorität dies zu tun, da die Aufgabe der Wahrheitserforschung und Beweiswürdigung im formellen Strafverfahren nicht dem Richter, sondern vielmehr den Geschworenen obliegt.[948] Daraus ziehen Jackson/Doran die Schlußfolgerung, die Richter könnten sich solange auf eine anerkannte Autorität berufen, wie sie ihr Eingreifen lediglich auf schiedsrichterliche Handlungen beschränkten. Sobald sie jedoch eine aktivere, auf die Erforschung der Wahrheit gerichtete Rolle einnähmen und damit, bildlich gesprochen, in die Arena des Zweikampfes hinunterstiegen, würde ihre Autorität von der Jury untergraben, da die tatsächliche Aufklärung des Sachverhaltes sowie die Würdigung der vorgebrachten Beweise im formellen Strafverfahren einzig und allein der Jury obliegen. Insofern sei es schwierig, eine aktivere Rolle des Richters in Strafverfahren mit Beteiligung einer Jury zu installieren.

Consider Legal Procedures to Deal with Terrorist Activities in Northern Ireland“ (1972) zurück, deren Vorsitzender Lord Diplock war. Die derzeit aktuelle Gesetzgebung stellt der Northern Ireland (Emergency Provisions) Act 1991 dar. Die “Diplock-Trials“ sind daher Strafprozesse, welche der Aburteilung bestimmter Straftaten dienen, die im Zusammenhang mit den terroristischen Aktivitäten in Nordirland begangen wurden, und welche insbesondere dadurch gekennzeichnet sind, daß sie vor einem Einzelrichter verhandelt werden. Neben manchen durchaus positiven Sonderregelungen, wie z.B. dem Erfordernis eines begründeten Urteils im Falle einer Verurteilung und der automatischen Gewährung einer Berufungsmöglichkeit, wurden für diese Gerichte aber auch einige zweifelhafte Modifikationen geschaffen, wie bspw. die bedenkliche Lockerung des Beweismaßstabes für Geständnisse. Vgl. ausführlich zu den gesondert ausgewiesenen “scheduled offences“ sowie zu den besonderen Regelungen im Rahmen der Beweisaufnahme Northern Ireland (Emergency Provisions) Act 1991, Sections 1, 11 - 12.

946 Siehe Jackson/Doran, Judge without Jury, Oxford 1995. Im Rahmen dieser vergleichenden Studie wurden am Crown Court in Belfast Strafprozesse unter der Beteiligung von Geschworenen und Strafverfahren ohne Jury (Diplock-Trials) im Hinblick auf die richterliche Position und die richterliche Verfahrensführung miteinander verglichen. Besonderes Augenmerk galt dabei der Wahrnehmung aktiver Eingriffsbefugnisse von Seiten der Richter wie bspw. die Befragung und das Aufrufen von Zeugen sowie Unterbrechungen im Rahmen von Vernehmungen durch die Parteien. Darüber hinaus wurden zudem zahlreiche Interviews mit Richtern und Rechtsanwälten geführt, um deren Vorstellung von der richterlichen Rolle in Strafprozessen mit und ohne Jury zu eruieren.

947 Vgl. Jackson/Doran, Judge without Jury, S. 130 ff mit Tabelle 6.1.

948 So Jackson, Judicial Role in Criminal Trials, S. 12: „*(...) although judges have the power to disrupt counsel's presentation of the evidence, they lack the authority to do this, as they are not ultimately responsible for truth finding in the jury trial.*“.

Zudem offenbarte die Untersuchung überraschenderweise zahlreiche individuelle, richterliche Verfahrensmuster in dem Sinne, daß verschiedene Richter durchaus unterschiedliche Grundeinstellungen hinsichtlich einzelner Interventionen vertraten, welche letztendlich auf unterschiedliche Vorstellungen über die richterliche Position im Strafverfahren sowie auf unterschiedliche Ansichten über die Grenzen eines angemessenen Eingreifens zurückzuführen waren.[949] So unterbrachen einige Richter die Beweisaufnahme der Parteien nur ausnahmsweise, z.B. wenn sie etwas akustisch nicht verstanden hatten, während andere am Ende einer jeden Vernehmung grundsätzlich noch selbst Fragen an den Zeugen richteten.

Abschließend bleibt somit festzustellen, daß das englische Strafverfahren grundsätzlich nach wie vor von dem traditionellen Rollenverständnis des Richters als eher passiver Schiedsrichter geprägt ist. Gleichwohl zeichnen sich deutliche Entwicklungstendenzen ab, welche diese Position ernsthaft in Frage stellen. So haben moderne rechtsstaatliche Einflüsse dazu geführt, daß den Gerichten in Form der Sections 76 und 78 des Police and Criminal Evidence Act 1984 mittlerweile die Beurteilung darüber anvertraut wird, mit welchen Methoden die Polizei ihre Beweise erlangt hat und ob diese im Verfahren zugelassen werden oder nicht. Des weiteren scheint sich in den letzten Jahren auch eine Entwicklung hin zu einer etwas großzügigeren Handhabung und aktiveren Haltung der Richter zumindest hinsichtlich der richterlichen Befragung von Zeugen abzuzeichnen, während die englischen Richter noch vor wenigen Jahrzehnten von dem ihnen zustehenden Fragerecht nur sehr sporadisch Gebrauch machten.[950] Doch zögern die Richter ganz offensichtlich, stärker in die Beweisaufnahme einzugreifen aus Furcht vor der möglichen Aufhebung ihres Urteils durch den Court of Appeal mit der Begründung, daß sie sich "in die Arena" begeben und die Beweisaufnahme zu stark beeinflußt hätten. Aufgrund dieser Spannungen zwischen der traditionellen Position des Richters im Strafverfahren und den neuzeitlichen Anforderungen an diese Stellung, welche sich im Laufe der Zeit noch potenzieren werden, ist eine umfassende Diskussion über die richterliche Stellung sowie die entsprechenden richterlichen Kompetenzen im Strafverfahren dringend erforderlich.

---

949 Vgl. Jackson/Doran, Judge without Jury, S. 132 ff.

950 Vgl. auch Huber, Strafverfahren in England, S. 37; Morison/Leith, Barrister's World, S. 149: „*Although technically it is not the role of a judge to descend into the arena, it seems that it occurs quite frequently. (...) Quite frequently, the judge will do more than simply indicate what he or she thinks to be the matter of the case. Judges may actively get involved with the parties to a case.*".

G. Reform der richterlichen Position im Strafverfahren

Trotz des immer lauter werdenden Rufes nach einer aktiveren Verfahrensgestaltung durch die englischen Strafrichter liegen bislang nur wenige Untersuchungen zu der Frage vor, wie interventionistisch die Richter in der Praxis tatsächlich agieren. Auch in der englischen Rechtsliteratur hat dieses Thema als grundsätzliche Fragestellung bislang nur wenig Aufmerksamkeit erfahren. Ohnehin ist die richterliche Position im Strafverfahren im Wege rechtstheoretischer Abhandlungen in der Vergangenheit weder systematisch analysiert noch kritisch beleuchtet worden.[951] Dies kann in erster Linie sicherlich auf das hohe Ansehen sowie die gesellschaftliche Stellung der Richter zurückgeführt werden, wodurch sich die richterliche Funktion im Allgemeinen sowie die Wahrnehmung diverser Ermessensspielräume und Kompetenzen im Besonderen einer außergerichtlichen Erörterung schlichtweg entziehen. Allenfalls im Zusammenhang mit umstrittenen gesetzlichen Vorschriften, wie z.B. den Beweisausschlußregelungen der Sections 76 und 78 des Police and Criminal Evidence Act 1984, oder im Hinblick auf einen konkreten, gerichtlichen Einzelfall finden sich die dem englischen Richter zustehenden Befugnisse im Rahmen kritischer, juristischer Diskussionen wieder.

Eine eventuelle Neugestaltung der richterlichen Position sowie der richterlichen Kompetenzen im Strafverfahren erfordert zunächst eine grundlegende Auseinandersetzung mit diesem Thema, eine Voraussetzung, welche sich in der Vergangenheit bereits zweimal verwirklicht hat. Neben der *Royal Commission on Criminal Justice*, die ihren Untersuchungsbericht im Jahre 1993 veröffentlichte, hat sich seit Dezember 1999 Lord Justice Auld mit dem *Review of the Criminal Courts of England and Wales* und damit mit einer effizienten Novellierung der Strafgerichtsbarkeit sowie des Strafverfahrensrechts befaßt. Er legte seinen Bericht im Oktober 2001 vor.

Im Folgenden werden die wichtigsten Untersuchungsergebnisse der beiden Berichte im Hinblick auf den vorliegend relevanten Kontext und in der gebotenen Kürze dargestellt. Dabei sei im Vorfeld jedoch angemerkt, daß sich die erforderliche Auseinandersetzung und das damit zusammenhängende Umdenken hinsichtlich der richterlichen Funktion und der richterlichen Kompetenzen im englischen Strafverfahren bei realistischer Einschätzung wohl auf die typisch englische Weise und damit graduell in vielen kleinen Einzelschritten vollziehen wird. Mit einer revolutionären Neugestaltung ist daher aller Wahrscheinlichkeit nach nicht zu rechnen.

---

951 Eine lesenswerte Ausnahme stellt der Aufsatz von Gautier, Judicial Discretion, S. 88 ff aus dem Jahre 1980 dar, der sich jedoch auf die richterlichen Eingriffsbefugnisse und die diesbezüglichen Grenzen im kanadischen Strafverfahren bezieht.

I. Royal Commission on Criminal Justice (1993)

Die Einsetzung der Royal Commission on Criminal Justice wurde am 14. März 1991 durch den damaligen Innenminister, Kenneth Baker, bekannt gegeben. Dies war – sicherlich nicht zufälligerweise – genau der Tag, an dem die unter dem Namen *The Birmingham Six* bekannt gewordenen, irischen Strafgefangenen, die zu Unrecht wegen eines terroristischen Bombenanschlages in den 70er Jahren verurteilt worden waren, nach 16 Jahren unrechtmäßiger Inhaftierung entlassen wurden. Doch auch während der Arbeit der Kommission traten immer neue, sensationelle Justizirrtümer an die Öffentlichkeit, wie etwa der Fall der *Guildford Four*, welche ebenfalls wegen eines Bombenanschlages in den 70er Jahren zu Unrecht verurteilt und schließlich nach 17 Jahren Haft entlassen worden waren, sowie die Fälle der *Maguires*, der *Tottenham Three*, oder der *Darvell Brothers*.[952] Vor dem Hintergrund dieser angespannten innenpolitischen Lage sowie des offensichtlichen Versagens der Justiz wurden von Seiten der Öffentlichkeit wie auch der Rechtswissenschaft hohe Erwartungen an die Ergebnisse sowie den abschließenden Bericht der Royal Commission gestellt.

Untersuchungsgegenstand der Kommission war das Funktionieren des Strafrechtssystems in England und Wales im Hinblick auf die Verurteilung der Schuldigen und des Freispruches der Unschuldigen unter Berücksichtigung einer effizienteren Nutzung der vorhandenen Ressourcen.[953] Neben dieser weitläufigen und grundsätzlichen Fragestellung sollte zudem eine Reihe spezifischer Aspekte beleuchtet werden *(terms of reference)*, darunter auch die richterlichen Kompetenzen zur Einflußnahme auf den Verfahrensgang – auch auf den Verlauf des Ermittlungsverfahrens – sowie die Sachaufklärungspflicht des Gerichts.[954] Zur Vorbereitung ihres Untersuchungsberichts hatte die Kommission insgesamt 22 empirische Einzelstudien in Auftrag gegeben und sich bemüht, auch ausländische Rechtssysteme und Problemlösungen, insbesondere inquisitorische Verfahrensordnungen kennenzulernen.[955]

---

952 Siehe hierzu Bridges/McConville, Keeping Faith, S. 75.

953 Vgl. Royal Commission on Criminal Justice, Report 1993, S. iii: „*(...) to examine the effectiveness of the criminal justice system in England and Wales in securing the conviction of those guilty of criminal offences and the acquittal of those who are innocent, having regard to the efficient use of resources (...)*". Zu den einzelnen Fragen, zu denen die Kommission Stellung nehmen sollte, siehe ferner Bohlander, Reform des englischen Strafverfahrens, S. 448 f.

954 Vgl. Royal Commission on Criminal Justice, Report 1993, S. iii: „*(vi) the powers of the courts in directing criminal proceedings, (and) the possibility of their having an investigative role both before and during the trial (...)*".

955 Siehe die chronologische Übersicht dieser Studien in Royal Commission on Criminal Justice, Report 1993, Appendix 4, S. 254 - 255. Kritisch zur Berücksichtigung ausländischer Strafverfahrenssysteme durch die Kommission Field, Judicial Supervision, S. 121: „*What it (the Commission) did not do was to develop and consider detailed em-*

Der mit Spannung erwartete Bericht der Royal Commission on Criminal Justice stellte sich im Endergebnis jedoch als enttäuschend heraus. Statt die Position des Richters – sowie auch die Stellung der anderen Akteure im englischen Strafverfahren – grundlegend neu zu überdenken und an den möglicherweise veränderten Realitäten des späten 20. Jahrhunderts auszurichten, konzentrierte sich die Kommission auf viele kleine Einzelpunkte und legte ihr Hauptaugenmerk auf den Aspekt der Verfahrensverkürzung und der Einsparung von Ressourcen.

Zwar forderte sie grundsätzlich eine aktivere Beteiligung des Richters am Strafverfahren, ließ letztendlich jedoch die entscheidende Frage nach den konkreten richterlichen Interventionsmöglichkeiten offen.[956] Bei näherer Betrachtung sollte diese Forderung wohl auch in erster Linie der Verfahrensbeschleunigung dienen. Eine mögliche Stärkung der richterlichen Position im Ermittlungsverfahren in Form einer Kontrolle über die polizeilichen Ermittlungshandlungen *(judicial supervision of pre-trial proceedings / judicial monitoring of the police)* wurde von Seiten der Kommission mit fadenscheinigen Begründungen, welche auf eine höchst selektive und zweifellos unzureichende Rezeption entsprechender kontinentaleuropäischer Verfahrenssysteme schließen lassen, abgelehnt.[957]

Die besonders brisanten Problembereiche der richterlichen Befragung und des Aufrufens von Zeugen im Rahmen der Hauptverhandlung wurden indessen weder erörtert noch abschließend geklärt.[958] Mit der konkreten Rolle des Richters

---

pirical evidence about a range of inquisitorial jurisdictions using them as a basis for thinking about the ways that underlying processes, structural pressures, and occupational cultures operate, shaped by the varying points of detail within different systems. (...) it needed a perfect working model to borrow. The report complained that no foreign model existed in which the rights and interests of the various parties were so well balanced that it could simply be adopted.". In diesem Sinne offenbar auch die Kommission selbst: „*We have not (...) found (...) anywhere alse a set of practices which has so clearly succeeded in resolving the problems which arise in any system of criminal justice that it furnishes the obvious model which all the others should therefore adopt.*", vgl. Royal Commission on Criminal Justice, Report 1993, Chapter 1, § 13.

956 Vgl. Royal Commission on Criminal Justice, Report 1993, Chapter 8, § 2: „*At the trial itself we do not think that the judge should leave control of proceedings to counsel for each side. It is the judge who is in charge of the trial (...) Judges must be prepared to intervene as and when necessary to expedite the proceedings, to see that witnesses are treated by counsel as they should be, to curtail prolix or irrelevant questions, to prevent the jury from being confused or misled (...)*".

957 Siehe näher und ebenfalls kritisch hierzu Field, Judicial Supervision, S. 122 ff.

958 So stellt die Kommission in ihrem Bericht lediglich fest: „*A judge in a criminal trial has the power to call a witness or to suspend the trial to permit further investigations to take place. These powers are very seldom used, but we believe that there are cases where they should be exercised.*", vgl. Report 1993, Chapter 8, § 18. Auch die entsprechende spätere Empfehlung der Kommission gibt weder Aufschluß über die Voraussetzungen für und Anforderungen an eine derartige richterliche Intervention noch nennt sie irgendwelche Kriterien, an denen die Richter ihre Ermessensentscheidung ausrichten sollten: „*Judges*

respektive mit der komplexen Frage nach den Grenzen richterlichen Aktionismus in der Hauptverhandlung hat sich die Kommission folglich nicht in der Art und Weise beschäftigt, wie es angesichts der grundsätzlichen Fragestellung hätte erwartet werden dürfen. Doch nicht nur im Hinblick auf die Position des Richters, sondern hinsichtlich aller Hauptakteure des Strafverfahrens – seien es Staatsanwaltschaft (CPS), Polizei oder Verteidiger – hat die Kommission keine wesentlichen Änderungen der diesen zukommenden Funktionen und Befugnisse empfohlen. Mehr noch wurden diese noch nicht einmal ernsthaft in Betracht gezogen.[959]

Sowohl der im Jahre 1993 veröffentlichte Untersuchungsbericht der Kommission, als auch deren grundsätzliche Arbeitsweise und insbesondere deren Untersuchungsmethode haben in den nachfolgenden Jahren heftige Kritik von Seiten der Rechtswissenschaft erfahren.[960] Allgemeiner Tenor dieser Kritik war eindeutig der Vorwurf, die Kommission habe sich zu vielen symptomatischen Einzelfragen gewidmet, statt die grundlegenden Prinzipien des Strafverfahrens und damit die Wurzeln des Systems anzugehen. Insbesondere angesichts des relativ weit gefaßten Untersuchungsgegenstandes, welcher offensichtlich die Frage nach den fundamentalen Grundpositionen der Hauptakteure im Strafverfahren aufwarf, war eine grundlegende Auseinandersetzung mit den Grundprinzipien des englischen Strafverfahrens sowie eine umfassende Abwägung unterschiedlicher, teilweise konträrer Verfahrensziele erwartet worden, welche bedauerlicherweise nicht erfolgte.

---

should be prepared, in suitable cases, to ask counsel why a witness has not been called and, if they think it appropriate, urge counsel to rectify the situation. In the last resort, judges must be prepared to exercise their power to call the witness themselves.", vgl. Report 1993, Chapter 12, Recommendation 185.

959 So bereits die Einleitung des Untersuchungsberichts: „*The great majority of criminal trials are conducted in a manner which all the participants regard as fair, and we see no reason to believe that the great majority of verdicts, whether guilty or not guilty, are not correct. (...) But the damage done by the minority of cases in which the system is seen to have failed is out of all proportion to their number.*", Royal Commission on Criminal Justice, Report 1993, Chapter 1, § 23.

960 Kritisch äußerten sich in erster Linie Bridges/McConville, Keeping Faith, S. 75 ff; Field/Thomas, Justice and Efficiency, S. 1 ff jeweils m.w.N. Siehe auch die Nachweise bei Grosskurth, Anger to Action, S. 6. Heftige Meinungsstreitigkeiten über den grds. Ansatz sowie die Untersuchungsmethode der Kommission tauschten über mehrere Monate hinweg die renommierten Rechtswissenschaftler Michael Zander, der selbst Mitglied der Kommission gewesen war, und Mike McConville in juristischen Fachzeitschriften aus, vgl. Zander, Report of the RCCJ, S. 14, 16; ders., Wrong Critics, S. 1338 ff; McConville/Mirsky, Disordering of Criminal Justice, S. 1446 f; Zander, Going on, S. 1507 f; McConville/Mirsky, Balancing Acts, S. 1579; McConville, Error of Judgement, S. 6 f; Zander, Error of Judgement?, S. 6 f; McConville, Comdedy of Errors, S. 8.

Im Anschluß an die Enttäuschung über den Untersuchungsbericht der Royal Commission on Criminal Justice stellt sich jedoch die Frage, ob die an diesen Report gestellten Erwartungen in der Tat berechtigt waren. Mit anderen Worten stellt sich die Frage nach der tatsächlichen Funktion einer Königlichen Kommission. Diese kann auf der einen Seite als Institution für ein effektives Krisenmanagement eingesetzt werden. Auf der anderen Seite kann sie aber auch lediglich als breites Diskussionsforum fungieren, anhand dessen die Regierung in Krisenzeiten ein staatliches Bemühen um Besserung demonstrieren sowie von politisch brisanten Mißständen ablenken kann.[961] Ferner kann eine königliche Kommission auch lediglich einer breit angelegten und ausgiebigen Informationsbeschaffung sowie der Einholung zahlreicher Stimmen und Vorschläge aus der Praxis zu einem bestimmten Thema dienen. Vor diesem Hintergrund und unter Berücksichtigung der konkreten Besetzung der Royal Commission on Criminal Justice mit überwiegend juristischen Laien[962] sowie der angespannten rechtspolitischen Situation zum Zeitpunkt ihrer Einsetzung mag der Untersuchungsbericht von 1993 letztendlich als weniger enttäuschend zu beurteilen sein.

II. Review of the Criminal Courts of England and Wales (2001)

Nach der erfolgreichen Reform des Zivilprozesses durch Lord Justice Woolf in den Jahren 1998 bis 1999, deren Herzstück der Access to Justice Act 1999 darstellt, wurde am 14.12.1999 Lord Justice Auld mit der entsprechenden Untersuchung der Strafgerichtsbarkeit betraut. Dieser legte seinen Bericht *Review of the Criminal Courts of England and Wales* Anfang Oktober 2001 vor.[963]

---

961 So hatte z.B. Sir Cyril Philips, der Vorsitzende der "Royal Commission on Criminal Procedure", die ihren Bericht im Jahre 1981 veröffentlichte, wiederholt darum gebeten, das derzeit politisch brisante Thema des Lauschangriffes mittels Telefonüberwachung ("telephone tapping") in seine Untersuchung mit einbeziehen zu dürfen. Diese Anfragen wurden von Seiten der derzeitigen Innenminister, Merylin Rees sowie William Whitelaw, jedoch rigoros zurückgewiesen. Vgl. dazu Field/Thomas, Justice and Efficiency, S. 15.

962 Die Kommission setzte sich insgesamt aus 11 Mitgliedern zusammen, darunter lediglich ein Richter (Lord Runciman), ein juristischer Hochschullehrer (Prof. Michael Zander) sowie zwei Anwälte. Neben diesen 4 juristisch geschulten Mitgliedern waren unter anderem der Inspekteur der Polizeikräfte, ein forensischer Psychiater, ein ehemaliger Forschungsdirektor von "British Petroleum" und Chemiker sowie ein ehemaliger Geheimdienstberater als Laien berufen worden. Vgl. die ausführliche Übersicht unter Royal Commission on Criminal Justice, Report 1993, Appendix 2, S. 238 f.

963 Vgl. hierzu Criminal Courts Review, Homepage* mit dem vollständigen Text des Berichtes ("The Full Report of Lord Justice Auld's Review"), einer amtlichen Kurzzusammenfassung ("A Short Summary") sowie zahlreichen Presseerklärungen ("Press Notices") und Zwischenberichten ("Progress Reports").

Angesichts des überaus weit gefaßten Aufgabenbereiches *(terms of reference)*[964] erweist sich der Bericht als umfassende Gesamtschau und kritische Analyse der englischen Strafgerichtsbarkeit. Dabei befaßt sich Lord Justice Auld zunächst mit den Zielen des Strafverfahrens sowie mit der Gerichtshierarchie und der personellen Besetzung der Gerichte. In diesem Zusammenhang werden auch Fragen der Richterauswahl und -ernennung sowie der allgemeinen Gerichtsorganisation behandelt. Besonderes Augenmerk gilt ferner den Strafverfahren mit Beteiligung einer Jury sowie der Frage nach dem Recht des Angeklagten auf ein Verfahren vor einer Jury. Darüber hinaus werden aber auch Fragen des formellen und materiellen Strafprozeßrechts detailliert behandelt, wie etwa die Enthüllung von Beweisen im Vorfeld der Hauptverhandlung *(disclosure of evidence)*, das Beweisrecht in der Hauptverhandlung *(rules of evidence)* oder die gerichtliche Praxis des Strafnachlasses gegen ein Schuldbekenntnis des Angeklagten *(sentence discount)*.

Infolge zahlreicher systematischer Fehleranalysen gelangt der Criminal Courts Review (2001) schließlich zu einer Reihe von Reformvorschlägen, die unter anderem tiefgreifende Veränderungen in der Organisation der Strafgerichtsbarkeit sowie im formellen und materiellen Strafverfahrensrecht mit sich bringen. Eine umfangreiche Auseinandersetzung mit den Untersuchungsergebnissen und den Reformvorschlägen des Berichtes kann im Rahmen dieser Arbeit leider nicht erfolgen. Insofern sei an dieser Stelle zur Kurzübersicht auf die amtliche Zusammenfassung des Berichts und die entsprechenden Reformvorschläge *(Summary of the Report and Recommendations)*[965] verwiesen.

Ob und gegebenenfalls wann die Empfehlungen des Criminal Courts Review (2001) in die Praxis umgesetzt werden, ist derzeit noch nicht absehbar. Die Regierung hatte die juristische Profession wie auch die allgemeine Öffentlichkeit dazu aufgerufen, Kommentare zu den Änderungsvorschlägen zu unterbreiten, eine Umfrageaktion, die am 31.01.2002 endete.[966] Im Anschluß daran hat die

---

964 Der Aufgabenbereich umfaßte „die Praktiken und Verfahrensweisen der Strafgerichte in allen Instanzen sowie das von ihnen angewendete Beweisrecht, zum einen mit Augenmerk darauf, daß die Gerichte auf faire Art und Weise Gerechtigkeit gewähren durch einheitliche Verfahrensweisen, erhöhte Effizienz und stärkere Betonung ihrer Effektivität im Hinblick auf die Beziehung zu anderen Institutionen der Strafgerichtsbarkeit, zum anderen unter Berücksichtigung der Interessen aller Verfahrensbeteiligten einschließlich der Opfer und Zeugen, so daß das Vertrauen der Öffentlichkeit in das Rechtsstaatsprinzip gestärkt wird“, vgl. Lord Justice Auld, Criminal Courts Review, Foreword § 1.

965 Vgl. Lord Justice Auld, Criminal Courts Review, Chapter 2. Die Zusammenfassung des Berichtes ist abrufbar unter Criminal Courts Review, A Short Summary*.

966 Vgl. Criminal Courts Review, The Government's Statement on the Review*, § 3-4 und Criminal Courts Review, Stakeholder Comments Welcomed*; Criminal Courts Review, Ministers' Thanks for Comments Received*. Die erhaltenen Rückmeldungen aus der Öffentlichkeit wie auch seitens nahezu aller Bereiche der juristischen Berufswelt können eingesehen werden unter Criminal Courts Review, Comments Received*.

Regierung im Sommer 2002 mit dem umfangreichen Report "Justice for All" ein White Paper veröffentlicht, in dem sie ihre Bewertung der unterbreiteten Reformvorschläge mitteilt und die erhaltenen Reaktionen auf den Criminal Courts Review (2001) auswertet und analysiert.[967] Darin kündigt sie bereits an, daß einige Reformvorschläge kritisch gesehen und möglicherweise zu Schwierigkeiten in der Umsetzung führen werden, während andere dringend erforderlich seien, um die Effizienz des Strafverfahrenssystems zu steigern und das Vertrauen in selbiges zu stärken. Angesichts der umfassenden Untersuchungsbreite des Criminal Courts Review (2001) sowie der Vielzahl der geforderten, tiefgreifenden Veränderungen war aber eine positive Reaktion im Hinblick auf alle Forderungen realistischerweise nicht zu erwarten gewesen.

Im Folgenden wird die Untersuchung und Analyse einzelner, für den Kontext dieser Arbeit bedeutender Fragenkomplexe dargestellt und die Reformvorschläge hinsichtlich der richterlichen Kompetenzen im Strafverfahren kritisch beleuchtet. Grundlage dieser Betrachtung ist der durch den Criminal Courts Review (2001) avisierte *Unified Criminal Court*, welcher die Magistrates' Courts und den Crown Court unter einem gemeinsamen Dach sowie unter einer einheitlichen Organisationsstruktur vereinen soll. Der Criminal Court soll aus drei unterschiedlichen Abteilungen bestehen, der *Crown Division*, der *District Division* und der *Magistrates' Division*. Diese unterscheiden sich zum einen in ihren Zuständigkeitsbereichen und zum anderen in ihrer personellen Zusammensetzung. Während der bislang bestehende Crown Court grundsätzlich in der *Crown Division* und die zahlreichen Magistrates' Courts in der *Magistrates' Division* aufgehen, stellt die *District Division* eine neue Abteilung dar, in der das Verfahren entweder vor einem Einzelrichter oder vor einer gemischten Strafkammer, bestehend aus einem Berufsrichter und zwei Laienrichtern, stattfindet.

Mit Blick auf diesen *Unified Criminal Court* orientieren sich die folgenden Ausführungen zu den richterlichen Kompetenzen im Strafverfahren an den vier unterschiedlichen Verfahrenskonstellationen an diesem Gericht, da sich die Kompetenzen des Richters im Verfahren unter Beteiligung einer Jury naturgemäß anders gestalten als im Verfahren vor dem Einzelrichter oder vor einer gemischten Strafkammer oder in einem Verfahren vor ausschließlich Laienrichtern.

---

[967] Dieses White Paper betrifft den Aufgabenbereich von drei Government Departments, namentlich des Lord Chancellor's Department, des Home Office Department sowie des Crown Prosecution Service. Der ganze Text des White Paper ist abrufbar unter Criminal Justice System, White Paper "Justice for All"*. Lesenswert ist in jedem Fall auch die Kurzzusammenfassung unter Criminal Justice System, White Paper "Justice for All" – Summary* sowie die daraufhin geschaffene, ausführliche Internet-Website Criminal Justice System, Homepage* mit umfangreichen Informationen zum englischen Strafverfahrensrecht und einer Vielzahl nützlicher Links.

1. Verfahren vor dem Richter und einer Jury (Trial by Judge and Jury)

In der *Crown Division* werden schwere Straftaten (*indictable-only offences* sowie schwerwiegende *either-way-offences*) vor einem Richter und einer Jury, bestehend aus zwölf Geschworenen, verhandelt. Mit dieser Verfahrenskonstellation hat sich der Criminal Courts Review (2001) besonders intensiv beschäftigt, da gerade das traditionelle Jury-Verfahren in der Vergangenheit heftig kritisiert und teilweise sogar dessen Abschaffung gefordert worden ist.[968] Dabei legte Lord Justice Auld besonderes Augenmerk auf die tatsächliche Beweiswürdigung von Seiten der Geschworenen und auf mögliche Verbesserungen hinsichtlich der Präsentation des Falles vor der Jury sowie hinsichtlich ihrer Instruktion durch den Richter.[969] Vor diesem Hintergrund postuliert der Criminal Courts Review (2001) zahlreiche Neuerungen im Strafverfahren vor Richter und Jury, welche letztlich nicht nur die Arbeit der Geschworenen erleichtern, sondern darüber hinaus auch zu Verfahrensverkürzungen und einer reduzierten Einlegung von Rechtsmitteln führen sollen.

Zunächst soll der Richter die Jury zu Beginn des Verfahrens ausführlicher als bislang üblich instruieren im Hinblick auf die ihnen zukommenden Aufgaben und ihre Funktion im Strafverfahren. Auf diese Weise soll den Geschworenen bereits in einem frühen Stadium der wesentliche Ablauf des Verfahrens, die grundsätzliche Arbeitsweise der Jury während des Verfahrens (wie etwa das Aufnehmen von Notizen, die Wahl eines Vordermanns und dessen Aufgaben, etc.), die Möglichkeit zum Stellen von Fragen sowie die Art und Weise der späteren Beweiswürdigung vor Augen geführt werden.

Des weiteren soll der Richter den Geschworenen zu Beginn des Verfahrens zum einen eine Kopie der Anklageschrift aushändigen, und zum anderen eine objektive Zusammenfassung des Falles einschließlich einer Aufführung der durch die Jury zu entscheidenden, fraglichen Streitpunkte. Dieser sog. *case and issues summary*[970] soll von Seiten der Parteien vor dem Verfahrensauftakt vorbereitet und seitens des Richters genehmigt werden. Im Laufe des Verfahrens soll er nicht nur den Geschworenen, sondern vielmehr auch dem Richter und den Parteien als Anhaltspunkt dienen und aus diesem Grunde stetig aktualisiert werden. Dabei sei jedoch angemerkt, daß eine derartige kurze Einführung auch heute schon von vielen Richtern praktiziert wird, um die Geschworenen mit dem konkreten Fall zumindest in groben Zügen vertraut zu machen und sie auf die ihnen zukommende Aufgabe im konkreten Strafverfahren besser vorzubereiten.[971]

---

968 Vgl hierzu auch die ausführliche Untersuchung von Darbyshire/Maughan/Stewart, What can the English Legal System learn from Jury Research published up to 2001?*.

969 Vgl. die diesbezüglichen Reformvorschläge bei Lord Justice Auld, Criminal Courts Review, Chapter 2, Recommendations 235 - 250.

970 Hierzu eingehend Lord Justice Auld, Criminal Courts Review, Chapter 11, §§ 22 - 23.

971 So auch Lord Justice Auld, Criminal Courts Review, Chapter 11, § 23 mit Hinweis auf ähnliche Verfahrensweisen in Schottland und in den Vereinigten Staaten.

Im Hinblick auf die richterlichen Kompetenzen im Rahmen der Beweisaufnahme kommt der Bericht zu den folgenden Ergebnissen. Die Richter seien zunächst deutlich aufmerksamer als früher hinsichtlich ihrer Kontrollfunktion bei der ordnungsgemäßen Vernehmung von Zeugen durch die Parteien und der damit korrespondierenden, ihnen obliegenden Pflicht, zu weit ausschweifende oder irrelevante Beweispräsentationen sowie unnötige oder diskriminierende Befragungen von Zeugen durch aktives Eingreifen zu unterbinden. Diese Befugnisse sollten sie in der Praxis auch durchaus weiterhin wahrnehmen. Allerdings bietet der Criminal Courts Review (2001) ebensowenig wie der Bericht der Royal Commission on Criminal Justice (1993) konkrete Anhaltspunkte für die richterliche Entscheidung zum aktiven Einschreiten. Die Entscheidung wird lediglich als schwierig bezeichnet, wobei die zunehmende Spannungslage zwischen den Anforderungen aus Artikel 6 EMRK mit Fokus auf ein ordnungsgemäßes Verfahren einerseits und den Anforderungen des Court of Appeal an die *safety of the conviction* andererseits betont wird. Doch trotz dieser offensichtlichen Grauzone richterlichen Handelns wird die Einführung einer gesetzlichen Regelung, die die Richter zu einer stringenteren Wahrnehmung ihrer Kontrollbefugnisse ermutigen und ihnen eine praktische Hilfestellung hinsichtlich der diesbezüglichen Grenzen bieten könnte, ausdrücklich abgelehnt mit Hinweis darauf, daß die unterstützende Rechtsprechung des Court of Appeal in dieser Frage ausreichend sei.[972]

Das Recht des Richters, eigenständig Zeugen zu laden und zu befragen *(judge's power to call witnesses)*, wird in Anlehnung an die Ausführungen der Royal Commission on Criminal Justice (1993) zwar grundsätzlich anerkannt. Jedoch lehnt Lord Justice Auld eine stärkere Wahrnehmung dieser Befugnisse vehement ab. Der Richter solle angesichts des adversatorischen Charakters des englischen Strafprozesses von dieser Kompetenz vielmehr nur in seltenen Ausnahmefällen Gebrauch machen und sich ansonsten auf die Professionalität von Staatsanwalt und Verteidiger verlassen.[973] In dieser Hinsicht steht der Criminal Courts Review (2001) somit in deutlichem Widerspruch zu dem Bericht der Royal Commission on Criminal Justice (1993), die eine aktivere Beteiligung des

---

972 So ausdrücklich Lord Justice Auld, Criminal Courts Review, Chapter 11, § 34 sowie § 40 *„As always in such circumstances, the Court of Appeal should support them."*.

973 Siehe Lord Justice Auld, Criminal Courts Review, Chapter 11, § 36: *„(...) so long as we retain our essentially adversarial system, I consider that judges should use this power only in exceptional cases, where justice demands it. Even then they should be cautious about its use because one or other side may have very good reasons (...) for not calling the witness themselves. (...) In the main, judges should be able to rely, on the one hand, on the competence and sense of public duty of the prosecutor to protect the public interest and, on the other, on the defence advocate to know what is in the best interest of the defendant."*.

Richters in dieser Hinsicht gefordert hatte.[974] Doch hatte sich dieses Postulat im Laufe der letzten 8 Jahre nicht einmal ansatzweise durchsetzen können. Vielmehr hatten die Richter die ihnen zustehende Eingriffskompetenz nach wie vor nur äußerst selten und zurückhaltend genutzt.

Wesentliche Änderungen fordert der Criminal Courts Review (2001) hinsichtlich der rechtlichen Belehrung der Jury sowie der Zusammenfassung der Fakten für diese *(judge's directions on law and summing-up)*. Erstere solle in Zukunft nach Möglichkeit unterbleiben, da die Geschworenen ohenhin nur über die tatsächlichen Fragen zu entscheiden hätten. Statt dessen solle der Richter der Jury eine Vielzahl faktischer Fragen stellen, deren Beantwortung sodann logischerweise zu dem Urteil auf "schuldig" oder "nicht schuldig" führe.[975] Auf diese Weise entfielen die formelhaften rechtlichen Belehrungen der Geschworenen anhand der *Specimen Directions* des Judicial Studies Board, die sich primär an den Urteilen des Court of Appeal und weniger an dem Verständnis von Seiten der Geschworenen orientierten.

Des weiteren soll die abschließende richterliche Zusammenfassung der Fakten *(summing-up)* nicht mehr so umfangreich ausfallen wie bisher. Außer in besonders komplizierten oder umfangreichen Fällen soll der Richter die Jury nicht mehr detailliert an alle vorgeführten Beweismittel erinnern müssen, sondern nur noch an solche Beweise, die Auswirkungen auf den konkreten Verfahrensgegenstand haben.[976] Diese spürbare Vereinfachung wird im wesentlichen durch die Einführung des case and issues summary ermöglicht, welcher im Laufe des Verfahrens stets aktualisiert wird und daher am Ende der Beweisaufnahme dem Richter sowie auch den Geschworenen als nützliche Vorlage dienen soll.

Abschließend läßt sich somit festhalten, daß die Kompetenzen des Richters im Verfahren mit Beteiligung einer Jury seitens des Criminal Courts Review (2001) – entgegen der Tendenzen der Royal Commission on Criminal Justice (1993) – deutlich auf die schiedsrichterliche Grundposition im adversatorischen Verfahrensmodell zurückgeschraubt werden. Eine aktivere Verfahrensgestaltung verbunden mit selbständigen richterlichen Eingriffen in die Beweisaufnahme wird klar abgelehnt. Diesen Bereich solle der Richter vertrauensvoll den professionellen Parteien, der Staatsanwaltschaft und dem Verteidiger des

---

974 Vgl. Royal Commission on Criminal Justice, Report 1993, Chapter 8, § 18 sowie Chapter 12, Recommendation 185.

975 Lord Justice Auld, Criminal Courts Review, Chapter 11, §§ 44, 50: „*Under the simpler scheme that I have in mind, the judge's prime function would be to put a series of written factual questions to the jury, the answers to which could logically lead only to a verdict of guilty or not guilty. The questions would correspond with those in the up-dated case and issues summary (...) Each question would be tailored to the law as the judge knows it to be and to the issues and evidence in the case.*".

976 Lord Justice Auld, Criminal Courts Review, Chapter 11, §§ 44, 46.

len Parteien, der Staatsanwaltschaft und dem Verteidiger des Angeklagten, überlassen.

Hingegen wird die verfahrensleitende, schiedsrichterliche Stellung des Richters gestärkt. So betont Lord Justice Auld die richterlichen Interventionsmöglichkeiten bei nicht ordnungsgemäßer Vernehmung oder Befragung von Zeugen sowie bei zu weit ausschweifenden Schlußplädoyers der Parteien. In diesen Bereich läßt sich sodann auch die vorgeschlagene richterliche Befragung der Jury nach den Gründen ihrer Entscheidung einordnen, eine neue richterliche Funktion, welche bei näherer Betrachtung wohl eher der allgemeinen Verfahrensleitung als dem Bereich richterlicher Eingriffskompetenzen zuzuordnen ist. Im Vordergrund des Criminal Courts Review (2001) steht für das Juryverfahren in der Crown Division daher eindeutig der zurückhaltende neutrale Richter, der nur ausnahmsweise und auch nur dann in den Verfahrensverlauf eingreift, wenn sich die Parteien nicht an die Spielregeln halten.

2. Verfahren vor dem Einzelrichter (Trial by Judge alone)

In der *District Division* des Criminal Court werden Straftaten mittlerer Schwere *(either-way offences)* entweder vor einem Einzelrichter oder vor einer gemischten Strafkammer verhandelt.

Lord Justice Auld betont in diesem Zusammenhang die unterschiedliche Position des Richters im Verfahren mit und ohne Beteiligung einer Jury, wobei er ausdrücklich auf die Untersuchungsergebnisse der bereits erwähnten Studie von Jackson/Doran zu den sog. Diplock-Trials in Nordirland verweist.[977] In den Verfahren ohne Jury breche der Richter aus seiner isolierten und zurückhaltenden Position aus, da er nicht nur über die Rechtslage entscheide, sondern darüber hinaus als fact-finder fungiere.[978] Infolgedessen zeige sich der Richter in diesen Verfahren zwangsläufig aktiver in Form der Untersuchung und Prüfung der ihm von Seiten der Parteien angepriesenen Antworten zu den rechtlichen und tatsächlichen Streitfragen.[979] Ferner sei auch in größerem Maße ein Dialog zwischen dem Richter und den Parteien zu beobachten.

Zwar stellt der Bericht die wesentlichen Unterschiede zwischen der Stellung des Richters im Verfahren mit und ohne Jury deutlich heraus, jedoch scheint damit nicht die Zuweisung weitergehender Kompetenzen für den Einzelrichter ver-

---

[977] Lord Justice Auld, Criminal Courts Review, Chapter 5, §§ 113 ff, Chapter 11, § 56.

[978] Lord Justice Auld, Criminal Courts Review, Chapter 11, § 56. Zwar legt diese Bezeichnung als "Finder der Tatsachen" auf den ersten Blick eine aktive Suche nach den wahren Tatsachen seitens des Richters nahe, doch lassen die folgenden Ausführungen sowie der Gesamtzusammenhang darauf schließen, daß diese Begrifflichkeit in Wirklichkeit als Synonym für die Bezeichnung "trier of the facts" verstanden werden soll.

[979] Lord Justice Auld, Criminal Courts Review, Chapter 11, § 56: *„He is inevitably more interventionist, testing and probing the issues of law and fact as they are canvassed before him."*.

bunden zu werden. Denkbar wäre in diesem Zusammenhang etwa eine aktiverer, eingriffsfreudigere Grundhaltung des Einzelrichters angesichts der fehlenden Laienbeteiligung in Person der Geschworenen. Dabei darf jedoch nicht übersehen werden, daß die zurückhaltende Stellung des Richters nicht nur gegenüber der Jury, sondern auch gegenüber dem Angeklagten den Eindruck eines objektiven und unvoreingenommenen Dritten vermitteln soll, der als eine Art unparteiischer Schiedsrichter den Ablauf eines fairen Verfahrens gewährleistet. Vor diesem Hintergrund sowie angesichts des grundlegend adversatorisch geprägten, englischen Verfahrenstypus ist eine unterschiedliche Stellung des Richters im Verfahren mit und ohne Beteiligung einer Jury in der Tat nicht zu rechtfertigen.

3. *Verfahren vor einer gemischten Strafkammer (Trial by Judge and Magistrates)*

Neben dem Verfahren vor dem Einzelrichter ist in der *District Division* des Criminal Court auch ein Verfahren vor einer gemischten Strafkammer, bestehend aus einem Richter und zwei beisitzenden Laienrichtern, vorgesehen. Diese Verfahrenskonstellation in Form eines *mixed tribunal* stellt, wie bereits erwähnt, eine völlige Neuheit im Rahmen der englischen Strafgerichtsbarkeit dar, die im Laufe des Criminal Courts Review (2001) offenbar viel Zuspruch erhalten hat.[980]

Die Kompetenzen des Berufsrichters ähneln insofern denen des deutschen Vorsitzenden in kleinen Strafkammern, als daß dieser über alle Angelegenheiten im Vorfeld der Hauptverhandlung *(preliminary rulings at pre-trial hearings)* unter Ausschluß der Laienrichter allein entscheiden soll. Im Hinblick auf die Hauptverhandlung soll jedoch offensichtlich an der traditionellen Differenzierung zwischen der rechtlichen und der tatsächlichen Würdigung eines Falles festgehalten werden. So sollen alle rechtlichen Fragen und Streitigkeiten in Bezug auf das Verfahrensrecht oder die Zulässigkeit und Verwertbarkeit von Beweisen allein durch den Berufsrichter entschieden werden. Dieser soll seine laienhaften Beisitzer sogar von der Entscheidung ausschließen können, wenn er der Ansicht ist, eine Erörterung dieser Fragen führe zu einer unfairen Voreingenommenheit gegenüber dem Angeklagten.[981] Hinsichtlich der tatsächlichen Würdigung des Falles sollen der Berufsrichter und die beiden Laienrichter jedoch gleichberechtigt sein mit der Folge, daß ersterer in diesem Bereich von den Magistrates überstimmt werden kann.[982]

Nach Abschluß der Beweisaufnahme muß der Berufsrichter den Fall für die beisitzenden Laienrichter nicht zusammenfassen *(summing-up)*. Vielmehr zieht er sich mit ihnen gemeinsam zur nichtöffentlichen Beratung und Abstimmung zurück. Jedoch muß er die Entscheidung des Gerichts bei Rückkehr in den Ver-

---

980 Vgl. Lord Justice Auld, Criminal Courts Review, Chapter 7, § 21.
981 Lord Justice Auld, Criminal Courts Review, Chapter 11, § 58.
982 Lord Justice Auld, Criminal Courts Review, Chapter 11, § 58.

handlungssaal öffentlich begründen.[983] Die daran anschließende Festsetzung des Strafmaßes erfolgt durch den Berufsrichter allein, doch müssen die Magistrates während dieses Verhandlungsabschnittes den Gerichtssaal nicht verlassen.[984]

Die Aufgabenverteilung im Verfahren vor einer gemischten Strafkammer zeigt deutlich, daß eine Zusammenarbeit zwischen juristischen Laien und professionellen Richtern in der englischen Strafgerichtsbarkeit bislang lediglich in Form des Juryverfahrens vor dem Crown Court vorgesehen war.[985] Vor diesem Hintergrund erklärt sich auch die spürbare Zurückhaltung dahingehend, die Laienrichter mit den gleichen Kompetenzen wie den Berufsrichter auszustatten. Ihr Zuständigkeitsbereich und ihre Kompetenzen im Rahmen der Hauptverhandlung gleichen vielmehr denen von Geschworenen. Insofern verwundert auch die Überstimmungsmöglichkeit im Rahmen der tatsächlichen Beweiswürdigung nicht. Besonders zu begrüßen ist jedoch der obligatorische Begründungszwang hinsichtlich der gerichtlichen Entscheidung. Auf diese Weise würde ein traditioneller Mißstand an den unteren Gerichten behoben, was zu mehr Transparenz und insofern auch zu einer gesteigerten Akzeptanz des Urteils führen würde.

Bei näherer Betrachtung stellt die Einführung dieses neuen Spruchkörpers einen wichtigen Schritt in Richtung einer modernen Strafgerichtsbarkeit dar. Angesichts zunehmender Fallast sieht sich nunmehr auch das englische Rechtssystem mit personellen Engpässen konfrontiert, mit anderen Worten stößt die traditionell kleine Berufsrichterschaft an ihre Leistungsgrenzen, wozu die Rechtsprechung des EGMR sicherlich nicht nur unwesentlich beigetragen hat. Die gemischte Strafkammer verbindet die Vorteile eines professionellen Berufsrichters, namentlich seine juristischen Fachkenntnisse sowie seine Berufserfahrung, mit dem Aspekt der *community representation* in Form der beisitzenden Laienrichter, und stellt damit zweifellos eine sinnvolle Alternative zu den konventionellen Verfahrensarten dar. Für die Zukunft wäre es daher durchaus wünschenswert, wenn sich dieser Spruchkörper durch effektive Zusammenarbeit von Berufsrichter und Laienrichtern sowie durch gesellschaftliche Akzeptanz etablieren könnte.

4. Verfahren vor einer ausschließlich mit Laienrichtern besetzten Strafkammer (Trial by Magistrates)

Das Verfahren vor einer ausschließlich mit Laienrichtern besetzten Strafkammer in der *Magistrates' Division* des neuen Criminal Court gleicht im Hinblick auf

983 Lord Justcie Auld, Criminal Courts Review, Chapter 2, Recommendation 251.7.

984 Lord Justice Auld, Criminal Courts Review, Chapter 11, § 61.

985 Zwar können die Berufsrichter am Crown Court theoretisch auch in einem Gremium mit zwei bis vier Laienrichtern Sitzung halten, doch findet sich diese Konstellation – trotz der ausdrücklichen gesetzlichen Regelung in Sections 8 (1) (c), 74 (1) Supreme Court Act 1981 – in der gerichtlichen Praxis nicht wieder.

die Zuständigkeit (*summary-only offences* und leichte *either-way offences*) und personelle Besetzung dem jetzigen Verfahren vor den Magistrates' Courts und soll in dieser Form auch beibehalten werden.[986] Bezüglich der strafrichterlichen Kompetenzen der Magistrates sieht der Criminal Courts Review (2001) daher keine wesentlichen Neuerungen vor.

Die augenblicklich problematische Situation, daß die Magistrates auch über die Zulässigkeit und Verwertbarkeit von Beweisen *(admissibility of evidence)* zu entscheiden haben, was möglicherweise zur Voreingenommenheit gegenüber dem Angeklagten führen könnte, soll durch eine grundlegende Reform des Beweisrechts entschärft werden, auf die hier jedoch nicht näher eingegangen werden kann.[987]

Ausdrücklich begrüßt Lord Justice Auld die offenbar zunehmende Begründung des Urteils von Seiten der Magistrates, eine Entwicklungstendenz, welche im Einklang mit dem avisierten Begründungszwang der Jury und der gemischten Strafkammern steht.

---

[986] Lord Justice Auld, Criminal Courts Review, Chapter 11, § 63: „*I see no overwhelming case for any change in the general structure and procedures of summary trial as they are today.*" sowie die entsprechende Recommendation 252 in Chapter 2.

[987] Vgl. hierzu ausführlich Lord Justice Auld, Criminal Courts Review, Chapter 11, §§ 79 - 151 sowie die entsprechenden Recommendations 254 - 275 in Chapter 2. Dabei sollen insbesondere für die Beweisaufnahme in der Hauptverhandlung im Rahmen einer grundlegenden Reform tiefgreifende Änderungen vorgenommen werden, welche den vor Gericht aussagenden Zeugen und Sachverständigen eine möglichst zusammenhängende Aussage ermöglichen sollen ohne die derzeit üblichen zahlreichen Unterbrechungen aus beweisrechtlichen Gründen. Entschieden hierzu Lord Justice Auld, Criminal Courts Review, Chapter 11, §§ 30 - 31: „*There are (...) constant breaks in the flow of the story while the witness is warned – to his bewilderment and that of the jury – why he cannot give his account as he would in any other setting.*", der das gegenwärtige Beweisrecht bezeichnet als „*(...) archaic and inappropriate rules of evidence, giving unrealistic primacy to the oral over the written word and causing confusion and anomaly where common sense suggests another course. The rules make the truthful witness's evidence a test of his memory rather than ensure its truthfulness and accuracy, and they do little to expose the dishonest witness's lies.*".

Zweiter Teil: Rechtsvergleichende Untersuchung und Analyse

Die nun folgende rechtsvergleichende Untersuchung und Analyse knüpft an die wesentlichen Unterschiede zwischen dem englischen und dem deutschen Rechtssystem an, sofern dadurch Sozialisation, Stellung sowie Kompetenzen der Strafrichter tangiert werden. Aus diesem Grunde erfolgt im Folgenden keine vollständige Gegenüberstellung aller im ersten Teil erörterten Aspekte, zumal diese dem deutschen Leser hinreichend bekannt sein dürften. Vielmehr werden nach einer jeweils kurzen Zusammenfassung der deutschen Ausgangssituation die charakteristischen Gesichtspunkte miteinander verglichen und infolgedessen analysiert.

An dieser Stelle sei jedoch angemerkt, daß die rechtsvergleichende Untersuchung nicht im Sinne einer Beurteilung als "besser" oder "schlechter" erfolgt, was im übrigen auch nicht Sinn und Zweck eines Rechtsvergleiches ist. Vielmehr sollen in diesem Zweiten Teil der Arbeit die markanten Besonderheiten und Unterschiede beider Rechtssysteme, welche für die richterliche Position sowie die richterlichen Kompetenzen im Strafverfahren von Bedeutung sind, beleuchtet und analysiert werden.

A. Grundlagen

Ein effizienter Vergleich der richterlichen Kompetenzen im Strafverfahren ist anhand einer isolierten Gegenüberstellung ohne Berücksichtigung des rechtlichen, politischen sowie gesellschaftlichen Gesamtbildes nicht möglich. Daher bezieht sich die rechtsvergleichende Untersuchung nicht nur auf die strafrichterlichen Befugnisse per se, sondern auch auf jene elementaren Grundlagen des Richteramtes auf deutscher Seite.

I. Die Ausbildung zum Richter

Die landesspezifische Ausbildung zum Richter begründet in weiten Teilen die Sozialisation der Richter im Hinblick auf ihre spätere Tätigkeit und ihr daraus erwachsendes Selbstverständnis.

1. Richterausbildung in Deutschland

Auch in Deutschland existiert keine spezielle Ausbildung zum Richter unabhängig von der regulären Juristenausbildung. Vielmehr durchlaufen alle angehenden

Juristen eine einheitliche Ausbildung, unabhängig von ihren späteren Berufswünschen. Erst im Anschluß an diese Ausbildung kann die Entscheidung für einen bestimmten Beruf, wie bspw. Richter, Rechtsanwalt, Notar etc. getroffen werden. Die deutsche Juristenausbildung orientiert sich maßgeblich an dem Anforderungsprofil des Richterberufes und nicht an dem des Rechtsanwaltes. Entsprechend deklariert § 5 Absatz 1 Deutsches Richtergesetz (DRiG) die "Befähigung zum Richteramt" als Ziel der Juristenausbildung, die jeder erwirbt, der ein rechtswissenschaftliches Studium an einer Universität mit der Ersten Juristischen Staatsprüfung und einen anschließenden Vorbereitungsdienst mit der Zweiten Juristischen Staatsprüfung abschließt. Die Befähigung zum Richteramt stellt daher nicht nur eine notwendige Grundvoraussetzung für den Richterberuf, sondern auch für andere juristische Berufe dar.[988]

Durch § 5 Absatz 1 DRiG wird zudem die Zweistufigkeit der Ausbildung gesetzlich fixiert. In einer ersten Phase erfolgt zunächst die wissenschaftliche Ausbildung an den Universitäten in Form eines rechtswissenschaftlichen Studiums mit dem Ziel der Vermittlung juristischer Kenntnisse.[989] Diese werden sodann in einer abschließenden Prüfung, dem Ersten Juristischen Staatsexamen festgestellt. Im Anschluß daran durchlaufen die angehenden Juristen die zweite, praktische Ausbildungsphase mit unterschiedlichen Stationen im Bereich der Justiz, der Verwaltung sowie der anwaltlichen Berufswelt (Vorbereitungsdienst / Referendariat).[990] Hier setzen sie die erlernten Kenntnisse um und stellen sie wiederum in einer abschließenden Prüfung, dem Zweiten Juristischen Staatsexamen unter Beweis.[991]

Ziel der Juristenausbildung in Deutschland ist gleichwohl nicht der perfekte Richter, sondern der sog. Einheitsjurist, d.h. ein Generalist, der sich in jedes Rechtsgebiet sowie in jede juristische Aufgabe einarbeiten kann und daher grundsätzlich in allen juristischen Professionen einsetzbar ist.[992] Daher muß der deutsche Jurist in der Ausbildung gelernt haben, das Gesetzesrecht sowohl in seiner verfassungsmäßigen Funktion als auch als interdependenten Teil der verfassungsrechtlichen Ordnung als Sinnganzes zu begreifen. Er muß sich in zen-

---

988 So ist diese Qualifikation gleichermaßen Voraussetzung für die Ernennung zum Staatsanwalt (§ 122 I DRiG) sowie für die Zulassung zum Rechtsanwalt (§ 4 BRAO) oder zum Notar (§ 5 BNotO).

989 Zum Inhalt und Gegenstand des Studiums sowie zur Studiendauer siehe § 5a DRiG wie auch die entsprechenden landesrechtlichen Vorschriften.

990 Vgl. § 5b DRiG und die entsprechenden landesrechtlichen Regelungen.

991 Siehe auch den – durchaus kritischen – Überblick über die aktuelle Situation der Juristenausbildung in Deutschland bei Böckenförde, Weg ins Abseits, S. 317 ff.

992 Vgl. hierzu Willoweit/Großfeld, Juristen für Europa, S. 607. Diese Zielsetzung ist primär auf die historischen Wurzeln des deutschen Ausbildungssystems zurückzuführen, welches eine lange, auf die Allgemeine Gerichtsordnung in Preußen zurückgehende Tradition hat. Siehe ausführlich dazu Hensen/Kramer, Gutachten F 58. DJT, S. F 12 ff; Stobbe, Leitbild oder Trugbild, S. 439; Hattenhauer, Geschichte und Probleme, S. 513 ff.

tralen Bereichen der Rechtsordnung auskennen, Funktion und Prinzipien des Rechts begriffen haben und Verständnis für die Zusammenhänge zwischen rechtlichen Regelungen und sozialer Wirklichkeit beweisen.[993]

Das deutsche Juristenausbildungssystem will nicht detailliertes Spezialwissen vermitteln, sondern die für die spätere Rechtsanwendung unverzichtbare Fähigkeit, die im Einzelfall anzuwendenden gesetzlichen Vorschriften zu erkennen, ihren Sinngehalt durch die Methoden der Rechtswissenschaft zu ermitteln und dem Recht unter Berücksichtigung der Folgen des eigenen Entscheidungsverhaltens in der Anwendung des Gesetzes Geltung zu verschaffen.[994] Ausbildungsziel ist somit nicht der berufsfertige, sondern der "berufsbefähigte"[995] Jurist, dem aufgrund seiner umfassenden Grundlagenkenntnisse, seines ausgeprägten Rechtsbewußtseins und der erlernten Methodik sowie Gesetzessystematik der Weg zu allen juristischen Berufen offensteht.[996]

2. Rechtsvergleichende Untersuchung und Analyse

a) Ziel der Juristenausbildung

Während das Ziel der Juristenausbildung in Deutschland die "Befähigung zum Richteramt" darstellt, wird in England das Bild des berufsfertigen Rechtsanwalts, Solicitor oder Barrister, als Ausbildungsziel avisiert. Diesen unterschiedlichen Zielsetzungen kommt eine wesentliche Bedeutung im Hinblick auf die jeweilige richterliche Sozialisation in Deutschland und England zu.

Das deutsche Ausbildungssystem orientiert sich maßgeblich an dem richterlichen Berufsbild und den entsprechenden Anforderungen in der Praxis. Weitere Zusatzqualifikationen oder eine eventuelle langjährige Bewährung in der gerichtlichen Praxis sind für die Ernennung zum Richter nicht erforderlich. Vielmehr stellt der erfolgreiche Abschluß der beiden Staatsexamina die entscheidende Ernennungsvoraussetzung dar.

---

993 Siehe Hensen/Kramer, Gutachten F zum 58. DJT, S. F 141.

994 Vgl. näher Koch, Überlegungen zur Reform, S. 42.

995 Mußgnug, Fakultätentag, S. 750, 752.

996 Vgl. näher Steiger, Juristenausbildung 1992, S. 286. Bei diesem Leitbild des Einheitsjuristen und den damit verbundenen Attributen handelt es sich jedoch um eine ungeschriebene Zielvorstellung. Denn zum einen kennen die die Juristenausbildung regelnden Vorschriften des DRiG den Begriff des Einheitsjuristen nicht. Vielmehr wird in § 5 DRiG die Befähigung zum Richteramt als Ziel der Juristenausbildung proklamiert, die jeder erwirbt, der ein rechtswissenschaftliches Studium an einer Universität mit der ersten Staatsprüfung und einen anschließenden Vorbereitungsdienst mit der zweiten Staatsprüfung abschließt. Zum anderen hängt die vielseitige Einsetzbarkeit eines ausgebildeten Volljuristen aber auch maßgeblich von der Situation auf dem Arbeitsmarkt ab und damit von einem Faktor, der außerhalb des Ausbildungssystems liegt.

Im Gegensatz dazu stellt das englische Konzept die Tätigkeit sowie das Aufgabenfeld des Rechtsanwaltes in den Mittelpunkt der juristischen Ausbildung. Diese Schwerpunktsetzung erfolgt vornehmlich aus dem Grunde, daß die meisten Absolventen unmittelbar nach Abschluß der Ausbildung in den Anwaltsberuf drängen. Der Richterberuf indessen wird nicht als gewöhnlicher Beruf angesehen, der unmittelbar im Anschluß an die juristische Ausbildung aus eigener Initiative zielstrebig ergriffen werden könnte. Vielmehr stellt die Ernennung zum Richter in England die Krönung einer erfolgreichen juristischen Tätigkeit als Anwalt im vorgerückten Lebensalter dar, welche lediglich außergewöhnlich qualifizierten und ehrenhaften Personen vorbehalten ist. Die langjährige Tätigkeit als erfolgreicher Rechtsanwalt wird als essentielle Grundvoraussetzung für die Qualifikation als Kandidat für ein Richteramt angesehen, weshalb es in England keine Richter jüngeren Alters gibt.[997]

Bei näherer Betrachtung offenbaren bereits die unterschiedlichen Ausbildungsziele wesentliche Vor- und Nachteile der beiden Ausbildungssysteme. Der Vorzug der deutschen Richterausbildung liegt zweifellos in der qualitativ hochwertigen Juristenausbildung, welche mit den beiden juristischen Staatsexamina abschließt. Nachteilig ist jedoch der frühe Eintritt der Juristen in den Richterberuf unmittelbar im Anschluß an die Ausbildung zu bewerten. In einem Einstiegsalter von durchschnittlich gerade einmal 30 Jahren kann grundsätzlich nicht die Ruhe, Weitsicht und die Lebenserfahrung vorausgesetzt werden, welche für die richterliche Aufgabenerfüllung wünschenswert erscheint. Gerade hierin besteht zweifellos der Vorteil des englischen Systems, in dem die Richter durchschnittlich im Alter von etwa 56 Jahren berufen werden[998]. Damit ist auf der anderen Seite gleichwohl der Nachteil verbunden, daß die erst spät ernannten Richter die längste Zeit ihres Lebens als Rechtsanwälte praktiziert haben und sich insofern einem fundamentalen Rollenwechsel gegenüber sehen von der Seite der Verteidigung respektive der Anklage auf die Seite des unparteiischen und im Strafverfahren weitestgehend zur Passivität angehaltenen Richters.

b) Regelung der Juristenausbildung

Anders als in England liegt die deutsche Juristenausbildung nicht in den Händen selbstverwaltender Standesorganisationen, sondern in staatlicher Hand und wird durch entsprechende Gesetze geregelt. Dies gewährleisten auf Bundesebene die §§ 5 ff DRiG, welche auf Länderebene durch entsprechende Landesgesetze

---

[997] Allein die Vorstellung eines gerade einmal 30jährigen Richters – in Deutschland keine Seltenheit – würde in England Sprachlosigkeit und Bestürzen hervorrufen. Siehe hierzu näher die Ausführungen im Ersten Teil dieser Arbeit unter A. II. 3 c) (1).

[998] Vgl. hierzu auch Meister, Rechtssystem Englands, S. 70 mit Hinweis darauf, daß das Durchschnittsalter aller Richter in England etwa 60 Jahre beträgt und der Altersdurchschnitt der Richter am Court of Appeal sowie der Law Lords bei 68 Jahren liegt.

konkretisiert werden.[999] Die staatliche Monopolstellung im Hinblick auf die Juristenausbildung in Deutschland begründet auf der einen Seite eine weitestgehende staatliche Kontrolle des juristischen Nachwuchses in Form der konkreten Ausgestaltung und Regelung der Ausbildung. Auf der anderen Seite gestalten sich mögliche Änderungen des Ausbildungssystems jedoch entsprechend schwierig und kompliziert, da sie untrennbar mit den aktuellen politischen Verhältnissen auf Bundes- und auf Landesebene verknüpft sind. Die langjährigen Diskussionen um die Reform der Juristenausbildung veranschaulichen dies überaus deutlich.

Das Selbstverwaltungsrecht der englischen Standesorganisationen ermöglicht eine staatlich nicht reglementierte Juristenausbildung, deren Anforderungen und Inhalt den Herausforderungen des modernen Wirtschaftslebens relativ flexibel angepaßt werden können.[1000] Darüber hinaus erzeugt die Identifikation mit einem bestimmten Stand ein traditionelles Standesbewußtsein, welches in diesem Maße in Deutschland nicht vorhanden ist.

c) Struktur und Inhalt der Juristenausbildung

Sowohl in England als auch in Deutschland verläuft die juristische Ausbildung in zwei Phasen. Im Anschluß an eine theoretische Phase, in der die wissenschaftlichen Grundkenntnisse erworben werden, folgt unmittelbar eine praktische Ausbildungsphase, in der die erworbenen Fähigkeiten und Kenntnisse in der Praxis unter Beweis gestellt werden.

Die bereits dargestellten, unterschiedlichen Ziele der beiden Ausbildungssysteme spiegeln sich deutlich in dem Ausbildungsinhalt wieder. So steht in England in erster Linie das Erlernen der Fähigkeit zu parteilichem Denken und Argumentieren im Vordergrund, eine für den angehenden Solicitor und auch Barrister essentielle Qualifikation. Daneben werden aber auch andere wichtige Kenntnisse und Fähigkeiten des praktizierenden Anwalts vermittelt wie bspw. mögliche Strategien zur Konfliktvermeidung *(interviewing and advising)*, die Erstellung von Kostenabrechnungen *(accounts)*, der Umgang mit Mandanten *(client care)* oder das standesgemäße Verhalten vor Gericht *(litigation and advocacy)*.[1001]

---

999 Vgl. die Juristenausbildungsgesetze (JAG) sowie die Juristenausbildungs- und Prüfungsordnungen (JAPO) der einzelnen Bundesländer.

1000 In der Tat werden die unterschiedlichen Ausbildungsregelungen und -inhalte der Law Society sowie des Bar Council jährlich neu angepaßt. Jedoch ändern sich dadurch gewöhnlich nur kleine Details. Eine grundlegende Änderung dieser Ausbildungssysteme wäre auch in England nicht ohne ein langwieriges Beratungs- und Entscheidungsverfahren möglich.

1001 Siehe hierzu z.B. die Inhalte des "Legal Practice Course" (LPC) für angehende Solicitors in Law Society, Solicitor Qualification, S. 20. Für den angehenden Barrister sind diese Fähigkeiten jedoch nur begrenzt von Bedeutung, da sie größtenteils in den Aufgabenbereich des Barristers' Clerk fallen.

Die deutsche Juristenausbildung hingegen stellt die justizielle Tätigkeit in den Mittelpunkt und konzentriert sich auf die Lösung von Rechtsfällen aus der Perspektive eines objektiven Richters. Die in England üblichen sog. *Moot Courts*[1002] existieren in Deutschland nicht. Vielmehr wird der angehende Jurist bewußt dazu angehalten, bei der Auslegung von Gesetzen und tatsächlichen Lebenssachverhalten die mögliche Zielsetzung des Gesetzgebers sowie eine weitestgehend natürliche und objektive Interpretation des Geschehens vorzunehmen, eine Fähigkeit, welche sich für den Beruf des Richters als wertvoll und nützlich erweist. Für die Tätigkeit eines Rechtsanwaltes ist diese neutrale Denkweise und Argumentationstechnik indessen nicht von Vorteil, da dieser zur erfolgreichen Vertretung seines Mandanten gerade parteilich denken und einseitig argumentieren muß.

In diesem Zusammenhang sei gleichwohl darauf hingewiesen, daß der Bundesrat im April 2002 ein neues Gesetz zur Reform der Juristenausbildung verabschiedet hat, das zum 01.07.2003 in Kraft treten wird.[1003] Danach verbleibt es zwar bei der zweistufigen Ausbildung zum Einheitsjuristen, jedoch ist eine stärkere Ausrichtung des Studiums und auch des Referendariats am Anwaltsberuf vorgesehen. So sollen die Studieninhalte künftig die Vermittlung sog. Schlüsselqualifikationen berücksichtigen, darunter etwa Verhandlungsmanagement, Gesprächsführung, Streitschlichtung und Vernehmungslehre. Den Schwerpunkt des insgesamt zweijährigen Referendariats bildet eine neunmonatige Pflichtausbildung bei einem Rechtsanwalt. Mithin zeichnet sich in der deutschen Juristenausbildung durch die Zuwendung zur rechtsanwaltlichen Tätigkeit ein entsprechendes Umdenken ab.

In Deutschland stellt ein abgeschlossenes Jurastudium an einer wissenschaftlichen Hochschule als erste Stufe der Juristenausbildung eine unabdingbare Grundvoraussetzung für die Befähigung zum Richteramt dar. In England wird dagegen auch nichtakademischen Bewerbern der Zugang zur juristischen Ausbildung gewährt. Diese können ein fehlendes rechtswissenschaftliches Studium durch das Absolvieren diverser Kurse kompensieren. Die wissenschaftliche Ausbildung an den Universitäten wird im Rahmen der englischen Juristenausbildung daher offensichtlich vernachlässigt. Der akademische Faktor spielt vielmehr eine lediglich unbedeutende Rolle und wird kompensiert durch eine

---

[1002] Dies sind im Rahmen der englischen Juristenausbildung weitverbreitete "Prozeßspiele", welche Gerichtsverhandlungen in der Praxis simulieren und innerhalb derer der angehende Rechtsanwalt die Rolle des Anklägers oder Verteidigers einnimmt und lernt, in einer für seine Partei günstigen Art und Weise zu argumentieren und zu überzeugen. In diesem Rahmen werden zudem juristische Streitfragen erörtert und anschaulich diskutiert.

[1003] Siehe BR-Drs. 259/02.

sowohl zeitlich als auch inhaltlich relativ oberflächlich gehaltene Universalvorbildung.[1004]

Die unterschiedlichen akademischen Ansprüche, welche an die wissenschaftliche Ausbildungsphase in Deutschland und England gestellt werden, dürften vornehmlich auf die entsprechend unterschiedlichen Rechtsordnungen zurückzuführen sein. Während das englische Recht überwiegend aus Richterrecht *(judge-made-law)*, Fallrecht *(case-law)* sowie dem traditionellen *common-law* und nur zu einem kleinen Teil aus Gesetzesrecht *(statute-law)* besteht, stellt das deutsche Recht in erster Linie durch den Richterspruch ausgelegtes Gesetzesrecht dar. Das englische Rechtssystem ist durch die Konzentration auf konkrete Einzelfälle daher eindeutig induktiver Natur[1005], während das deutsche Recht – geradezu gegensätzlich – im Sinne eines deduktiven Rechtsverständnisses die tragenden Grundlagen auf einer abstrakten gesetzesrechtlichen Ebene fixiert.[1006] Demzufolge sind die deutschen Gesetze aufgrund ihrer systematischen wissenschaftlichen Ausarbeitung und Entwicklung sowie aufgrund ihrer rechtstheoretischen Durchdringung durch einen Abstraktionsgrad gekennzeichnet, der ihre Auslegung allein auf der Grundlage des gesunden Menschenverstandes nicht mehr erlaubt. Vor diesem Hintergrund wäre ein deutscher Berufsrichter ohne rechtswissenschaftliche Universitätsausbildung den Anforderungen seines Berufes nicht gewachsen. Anders hingegen die weitaus weniger abstrakt gehaltenen Gesetze Großbritanniens, welche aus deutscher Perspektive aufgrund ihrer teilweise saloppen Formulierung nahezu dilettantisch anmuten und unter Zuhilfenahme des allgemeinen *common sense* interpretiert und angewendet werden können.

Hinzu kommt, daß das universitäre rechtswissenschaftliche Studium in England historisch gesehen keine Tradition hat und erst seit Mitte des letzten Jahrhunderts allmählich an Bedeutung gewonnen hat. Gleichwohl war im Laufe der letzten Jahre eine zunehmende Verbreitung der rechtswissenschaftlichen Universi-

---

1004 Zum historischen Hintergrund der Vernachlässigung der Universitätsausbildung und hauptsächlichen Verlagerung der juristischen Ausbildung auf die Standesorganisationen vgl. die Ausführungen im Ersten Teil unter A. I. 2.

1005 Vgl. dazu auch Lord Goff of Chieveley, Role of the Judge in England, S. 446: „*We tend to sheer away from wide generalisations, from abstract principles, and even from ideals enshrined in principles. In our work as judges, we worship at the shrine of the working hypothesis.*".

1006 Zwar existiert auch in Deutschland in gewissem Maße Richterrecht, welches die Obersten Gerichtshöfe des Bundes zur Ausfüllung von Gesetzeslücken und zur Weiterentwicklung des Rechts geschaffen haben (vgl. § 138 GVG). Doch sind der richterlichen Rechtsfortbildung durch den in Artikel 20 III GG verankerten Grundsatz der Rechts- und Gesetzesbindung enge Grenzen gezogen. Insofern hat auch das Bundesverfassungsgericht die Aufgabe und Befugnis der Gerichte zu richterlicher Rechtsfortbildung stets anerkannt, allerdings nur innerhalb der durch das Grundgesetz gezogenen Grenzen. Vgl. BVerfG NJW 1994, S. 475; BVerfG NJW 1979, S. 305 m.w.N.

tätsausbildung zu beobachten.[1007] In dieser Entwicklungstendenz manifestiert sich die offenbar wachsende Überzeugung auf englischer Seite, daß sowohl hinsichtlich der neuerdings komplizierteren Rechtsanwendungen im nationalen Bereich – wie sie z.B. auf der Grundlage des Human Rights Act 1998 nunmehr erforderlich sind – als auch hinsichtlich der Anwendung und Interpretation europäischer Rechtsquellen zukünftig methodische Fähigkeiten sowie ein umfassendes Grundlagenverständnis in den Vordergrund der juristischen Ausbildung rücken sollten.

Die Abschlußprüfungen der theoretischen Ausbildungsphase erreichen sowohl in Deutschland als auch in England ein qualitativ hohes Anspruchsniveau, da die gesamte Bandbreite des theoretischen Wissens umfassend geprüft wird. Dabei versuchen beide Systeme auf ihre Weise ein möglichst einheitliches Prüfungsniveau zu gewährleisten. Das Erste Juristische Staatsexamen in Deutschland kann aufgrund der unterschiedlichen Anforderungen in den verschiedenen Bundesländern in Wirklichkeit jedoch keine einheitliche Ausbildungsqualität bereitstellen.[1008] In England hingegen werden die theoretischen Abschlußprüfungen zentral von Seiten der Standesorgansiationen, Law Society und Bar Council, abgenommen. Auf diese Weise wird in der Tat eine einheitliche Beurteilung der Prüfungsleistungen gewährleistet. Das deutsche Zweite Juristische Staatsexamen als Abschlußprüfung der praktischen Ausbildungsphase findet auf englischer Seite indessen kein Pendant, da nach dem Absolvieren der *articles* respektive *pupillage* keine diesen Ausbildungsabschnitt abschließende Prüfung mehr erfolgt.

Die Finanzierung der Juristenausbildung in Deutschland erfolgt von staatlicher Seite. Insofern entfallen für die universitäre Ausbildungsphase keine Studiengebühren und die staatlichen Länderhaushalte übernehmen im Rahmen der praktischen Ausbildungsphase die Gehaltszahlungen der Referendare. In England in-

---

1007 So jedenfalls Meister, Rechtssystem Englands, S. 71.

1008 Zwar ist die Zweistufigkeit der Juristenausbildung durch die gesetzgeberische Grundentscheidung in § 5 I DRiG und der Inhalt des rechtswissenschaftlichen Studiums durch die Regelung in § 5a II DRiG für die Länder zwingend festgelegt. Doch sehen die unterschiedlichen Juristenausbildungsordnungen und Prüfungsordnungen der Länder teilweise wesentlich abweichende Prüfungsbestimmungen vor. So besteht der schriftliche Teil der Ersten Juristischen Staatsexemansprüfung in Nordrhein-Westfalen nach § 10 II S. 1 JAG-NRW aus 5 Aufsichtsarbeiten und einer häuslichen Arbeit, während in Rheinland-Pfalz nach § 3 II JAG-Rh.-Pf. 8 Aufsichtsarbeiten gefordert werden. Entsprechend divergieren auch die Anforderungen an die mündliche Prüfung, welche in Rheinland-Pfalz unabdingbar das Bestehen des schriftlichen Teils voraussetzt, in Nordrhein-Westfalen unter Umständen jedoch auch bei Nichtbestehen wahrgenommen werden und zu einem gesamtheitlichen Bestehen der Examensprüfung führen kann.

dessen ist die juristische Ausbildung weitestgehend selbst zu finanzieren[1009], weshalb in diesem Bereich ein hoher Anteil der *middle* und *upper-class*-Gesellschaft vertreten ist. Insofern stellen die englischen Juristen – und noch weniger die englischen Richter – keinen Querschnitt der Gesellschaft dar.

d) Dauer der Juristenausbildung

In Deutschland beginnt der Abiturient im Alter von etwa 19 Jahren[1010] die juristische Ausbildung in Form eines rechtswissenschaftlichen Universitätsstudiums. Dabei beträgt die Regelstudienzeit nach § 5a I S. 1 DRiG dreieinhalb Jahre[1011], eine angesichts des umfassenden Prüfungsstoffes weitgehend illusorische Zeitspanne, die bei realistischer Betrachtung wohl eher eine gesetzgeberische Wunschvorstellung als ein wirklichkeitsnahes Studienziel darstellt.[1012] Die Dauer des praktischen Vorbereitungsdienstes und damit der zweiten Ausbildungsphase beträgt nach § 5b Absatz 1 Satz 1 DRiG zwei Jahre.

Anhand der schlichten Addition von Universitätsausbildung und Vorbereitungsdienst läßt sich die Dauer der Juristenausbildung jedoch nicht vollständig errechnen. Vielmehr sind zudem noch die Zeit zur Ablegung der Staatsexamina sowie die Wartezeit zur Zuteilung eines Studienplatzes[1013] respektive einer Referendarstelle[1014] zu berücksichtigen. Angesichts der Tatsache, daß die jungen As-

---

1009 Auch die von Seiten der Law Society und auch des Bar Council zu vergebenen Stipendien bessern die finanzielle Lage nur unwesentlich auf, zumal die entsprechenden Kontingente sehr klein und nur außergewöhnlich qualifizierten Bewerbern vorbehalten sind.

1010 Bei Anrechnung des Wehr- oder Ersatzdienstes erhöht sich das Einstiegsalter der Studenten auf etwa 20 Jahre.

1011 Durch die Änderung des § 5a DRiG im Jahre 1984 wurde die Mindeststudienzeit von dreieinhalb Jahren als Regelstudienzeit ausgestaltet. Sinn und Zweck dieser Neuregelung sollte sein, daß sich der Student auch bereits vor Ablauf dieser 3 ½ Jahre zur Prüfung anmelden kann, sofern er die zur Zulassung erforderlichen Leistungen bereits vorher erbracht hat. In der Praxis konnte sich diese Zielsetzung bisher jedoch nicht durchsetzen.

1012 Zur Verkürzung der Studiendauer hat jedoch die sog. "Freischuß-Regelung" maßgeblich beigetragen, die durch das Gesetz zur Verkürzung der Juristenausbildung vom 20.11.1992 bundesweit eingeführt worden ist, deren nähere Ausgestaltung gem. § 5d V S. 2, 3 DRiG den Ländern obliegt (In der romantischen Oper von Carl Maria von Weber besitzt der "Freischütze" sieben Kugeln, die infolge magischer Kräfte stets sicher treffen. Das siebente Geschoß gehört jedoch dem Bösen und wird nach dessen Ermessen gelenkt.). Vgl. zum "Freischuß" sowie der erzielten Verkürzung der Studiendauer: Schöbel, Freischuß in Bayern, S. 126 ff; ders., Freischuß auf dem Prüfstand, S. 257 ff; Bohnenkamp, Statistik Jurastudenten, S. 299 m.w.N.

1013 Der Studiengang Rechtswissenschaften ist derzeit zwar nicht mit einem "numerus clausus" belegt, so daß grundsätzlich allen Bewerbern ein Studienplatz zugewiesen werden kann. Jedoch nehmen die meisten Studienanfänger eine Wartezeit in Kauf, um einen Studienplatz an der Universität ihrer Wahl zu erhalten.

1014 So beträgt die Wartezeit für die Zuteilung einer Referendarstelle am Hanseatischen Oberlandesgericht Hamburg zur Zeit 24 Monate. In Berlin warten die Studienabgänger etwa

sessoren unmittelbar nach dem Zweiten Juristischen Staatsexamen für den Praxiseinsatz in der Wirtschaft noch nicht voll tauglich sind, muß darüber hinaus auch eine postassessorale Ausbildungsphase[1015] mit einkalkuliert werden. Die Prüfungs- und Wartezeiten sowie die postassessorale Ausbildungsphase mit eingerechnet, dürfte die Gesamtdauer der Juristenausbildung in Deutschland deutlich über 8 Jahren liegen.[1016] Das Berufseinstiegsalter der deutschen Volljuristen liegt damit bei etwa 28 Jahren.

Demgegenüber stellt sich die Dauer der juristischen Ausbildung in England als wesentlich kürzer dar.[1017] Der übliche Weg der Ausbildung beginnt im Alter von durchschnittlich 18 Jahren unmittelbar im Anschluß an die Schulausbildung mit einem juristischen Universitätsstudium, welches drei Jahre in Anspruch nimmt, und führt über die wissenschaftliche Ausbildungsphase von etwa einem Jahr zur abschließenden praktischen Ausbildungsphase von einem Jahr für angehende Barristers *(pupillage)* und zwei Jahren für angehende Solicitors *(articles)*. Angesichts einer theoretischen Gesamtdauer von etwa 5 respektive 6 Jahren könnte der Berufseinstieg somit bereits im Alter von 23 respektive 24 Jahren erfolgen. Nach Angaben des Bar Council sowie der Law Society befinden sich die meisten Berufsanfänger jedoch in einem Alter von etwa 25 Jahren oder älter.

Im Rahmen dieser vergleichenden Betrachtung darf jedoch nicht unberücksichtigt bleiben, daß eine Ernennung zum Richter in Deutschland unmittelbar im Anschluß an die juristische Ausbildung erfolgen kann und in der Regel auch erfolgt. Grund hierfür ist die Kongruenz von Juristenausbildung und Richterausbildung durch das einheitsjuristische, am Richterberuf orientierte Ausbildungssystem. Indessen ermöglicht die englische Juristenausbildung lediglich den Berufseinstieg als Rechtsanwalt. Eine Ernennung zum Richter erfolgt vielmehr

---

18 Monate auf die Zuteilung einer Referendarstelle und das Oberlandesgericht Köln ist aufgrund der seit Jahren steigenden Nachfrage (die Kapazitäten reichen derzeit nicht einmal aus, um alle Bewerber aufzunehmen, die an den Universitäten Köln und Bonn ein rechtswissenschaftliches Studium absolviert und aus diesen Grunde einen Wohnsitz im Bezirk begründet haben) mittlerweile dazu übergegangen, für die Zuteilung von Referendarstellen nur noch Bewerber zu berücksichtigen, die eine enge persönliche Beziehung zum Oberlandesgerichtsbezirk Köln nachweisen können, welche nur unter sehr engen Voraussetzungen anerkannt wird.

1015 So werden nicht nur in der freien Wirtschaft, sondern auch bei Behörden wie z.B. der Finanzverwaltung oder dem Auswärtigen Amt sog. Trainee-Programme verordnet als "Training on the job". Dementsprechend ist auch die Teilnahme an Fortbildungsangeboten der Anwaltsvereinigungen für junge Rechtsanwälte in den letzten Jahren rapide angestiegen. Vgl. Hassemer/Kübler, Gutachten E 58. DJT, S. E 24 f.

1016 Allein die reine Ausbildungszeit beträgt mit der durchschnittlichen Studiendauer von etwa 4,5 Jahren und der Dauer des Referendariats von 2 Jahren bereits 6,5 Jahre. In diesem Sinne wohl auch Hoffmann-Riem/Willand, Neue Perspektiven I, S. 212.

1017 Vgl. auch die Ausführungen bei Hassemer/Kübler, Gutachten E 58. DJT, S. E 49 - 52.

erst nach einer langjährigen erfolgreichen Tätigkeit als Rechtsanwalt und in einem durchschnittlichen Alter von 53 Jahren. Damit beansprucht die Ausbildung zum Richter in Deutschland etwa 8 Jahre, während die Qualifikation für ein Richteramt in England erst nach etwa 30 Jahren[1018] erreicht ist.

II. Das Richteramt

1. Grundlagen des Richteramtes in Deutschland

a) Richterbild

Der deutsche Richter genießt auch nicht nur ansatzweise ein vergleichbares Ansehen und Sozialprestige wie sein englischer Kollege[1019], ein Faktum, welches sich nicht nur in dem gesellschaftlichen Richterbild, sondern auch in dem entsprechenden richterlichen Selbstverständnis wiederspiegelt. So definiert sich die Mehrheit der Richter in Deutschland nach wie vor als Staatsbeamte[1020], obwohl der Richter bereits seit Inkrafttreten des Grundgesetzes kein "richterlicher Beamter" mehr ist, sondern in einem Dienst- und Treueverhältnis eigener Art steht, dem sog. Richterverhältnis[1021]. In neuerer Zeit charakterisieren sich die Gerichte

---

[1018] Dies ergibt sich aus der Addition der 5 bzw. 6jährigen juristischen Ausbildung und der im Durchschnitt etwa 20-25jährigen Tätigkeit als erfolgreicher Rechtsanwalt in der Praxis. Näher hierzu im Ersten Teil der Arbeit unter A. II. 3. c) (1) (a). Siehe auch die Nachweise bei Kayser, Richterauswahl, S. 93; Cohn, Richter und Staat in England, S. 21 f.

[1019] Etwas anderes gilt allenfalls für die höchsten Richter des Landes, die Richter des Bundesverfassungsgerichts (BVerfG). Dieser werden jedoch, anders als in England, nicht als ehrenhafte Richterpersönlichkeiten wahrgenommen, sondern vielmehr als Teil einer bedeutenden Institution. Zur richterlichen Individualität und Richterpersönlichkeit in beiden Ländern vgl. die rechtsvergleichenden Ausführungen unter A. II. 2.

[1020] Vgl. näher hierzu sowie zu den historischen Rahmenbedingungen, aus denen heraus sich dieses Selbstverständnis entwickelt hat und bis heute fortwirkt, Ranieri, Richterbild in der EU, S. 286. Einen tiefen Einblick in die historischen deutschen Richterbilder sowie das entsprechende richterliche Selbstverständnis in den verschiedenen Epochen bieten Falk, Richterliches Selbstverständnis im 19. Jh., S. 251 ff; Drosdeck, Richterbilder in der Weimarer Republik, S. 293 ff; Koch, Selbstverständnis der obersten Richter in der Bonner Republik, S. 333 ff; Döllmeyer, Richterbild in der Habsburgmonarchie, S. 359 ff.

[1021] Entscheidendes Merkmal für die Abgrenzung des Richterverhältnisses vom Beamtenverhältnis ist jedoch nicht allein die Weisungsgebundenheit respektive Weisungsfreiheit, da auch Beamte ganz oder teilweise weisungsfrei sein können (so z.B. Hochschullehrer). Vielmehr unterscheiden sich Richterverhältnis und Beamtenverhältnis prinzipiell voneinander. Der Richter ist im Gegensatz zum Beamten in keine Hierarchie eingeordnet, sondern entscheidet mit vollem Stimmrecht und ist allein Gesetz und Recht untergeordnet. Vgl. dazu ausführlich Wagner, Richter und Beamte, S. 167 ff, Schmidt-Räntsch/Schmidt-Räntsch, DRiG-Kommentar, Vor § 8 Rn. 2; BVerfG DRiZ 1971, 426 ff (427) unter besonderer Berücksichtigung der Richterbesoldung.

darüber hinaus zunehmend als staatliche Dienstleistungsunternehmen[1022], in Anbetracht der sozialen Rolle und Verantwortung der Gerichte ein grundsätzlich positives Selbstverständnis, wenngleich dies von Seiten der Öffentlichkeit nicht mit einem erhöhten Maß an Autorität, Respekt und Achtung honoriert wird.

Aus gesellschaftlicher Perspektive gehört der Glaube an den weisen, königlichen Richter in Deutschland schon lange der Vergangenheit an. Die Richter sind in weiten Teilen Spiegelbild der pluralistischen Gesellschaft[1023] und insofern Bürger wie jeder andere. Aufgrund ihres staatlichen Amtes sind sie zwar zur Zurückhaltung und Mäßigung bei Meinungsäußerungen sowie zur allgemeinen staatsbürgerlichen Vorbildlichkeit verpflichtet. Ein besonderes Ansehen oder eine außerordentliche Ehre werden mit diesem Amt gleichwohl nicht verbunden. Vielmehr wird die Ausübung eines Richteramtes als gebräuchlicher Beruf angesehen, der theoretisch wie auch praktisch allen Staatsbürgern gleichermaßen offensteht.

Insofern stellt die deutsche Richterschaft keine Elite im gesellschaftlichen Sinne dar, da jegliche Anzeichen für einen elitären Sozialstatus fehlen.[1024] Dies zeigt sich in erster Linie in der keineswegs überdurchschnittlichen finanziellen Vergütung der Richter[1025], der unzureichenden personellen wie auch sachlichen Ausstattung der Justiz[1026] sowie der lediglich begrenzten Effizienz des Prinzips der

---

1022 So ausdrücklich Blunck, Illusion und Wirklichkeit, S. 95: *„Das Gericht ist ein Dienstleistungsunternehmen wie Müllabfuhr, Straßenreinigung und Abwasserbeseitigung."*.

1023 In diesem Sinne auch Makowka, Zinnsoldaten der Macht, S. 209 mit Hinweis darauf, daß es auch unter den Richtern *„den sehr guten und den nur guten, den gründlichen und den weniger gründlichen, den Richter, der bis in die Abendstunden in seiner Amtsstube studiert und den, der nicht so lange arbeitet"* gibt.

1024 Anders hingegen Rottmann, Neutralitätspflicht, S. 319 f, welcher die Richter als *„Elite – gemeint im Sinne von Funktionseliten"* sowie als einen der *„herausgehobensten Amtsträger im Staate"* bezeichnet. Dieses funktionale Richterbild erweist sich jedoch als zu eindimensional und infolgedessen als realitätsfern, da es ausschließlich auf den verfassungsrechtlichen Vorgaben des Grundgesetzes gründet, die soziale Wirklichkeit und damit die aktuelle gesellschaftspolitische Komponente jedoch unberücksichtigt läßt.

1025 Die Besoldung der Richter wird durch das Bundesbesoldungsgesetz (BBesG) in der Fassung der Bekanntmachung vom 03.12.1998 geregelt, welches im Hinblick auf die genaue Festsetzung der Richtergehälter auf die Bundesbesoldungsordnung R verweist. Diese differenziert in Anlehnung an die verschiedenen Dienstgrade nach 10 unterschiedlichen Besoldungsgruppen (R 1 bis R 10). Ein Richter am Amtsgericht im Alter von 30 Jahren erhält danach ein monatliches Bruttoeinkommen von DM 5.789,59. Doch auch die Gehälter der höheren Richter erweisen sich im Vergleich mit den Einkommen sonstiger juristischer Berufe keinesfalls als ausgesprochen hoch. Zur weitestgehenden Verschonung der R-Besoldung vor Kürzungen durch das am 01.07.1997 in Kraft getretene Dienstrechtsreformgesetz vgl. P. M., Dienstrechtsreformgesetz, S. 141 ff.

1026 In personeller Hinsicht beklagen die deutschen Richter seit Jahren eine permanente Überbelastung, die letztendlich zu Lasten der Qualität der richterlichen Entscheidungen geht. Aber auch die sachliche Ausstattung der Justiz im Sinne moderner Computer sowie

Bestenauslese[1027], da die meisten außerordentlich qualifizierten Juristen dem staatlichen Richteramt eine lukrative Tätigkeit in der freien Wirtschaft vorziehen. Letzteres ist – und auf diese Weise schließt sich der Zirkel – wiederum auf das fehlende Ansehen und Sozialprestige des Richteramtes zurückzuführen, welches die finanziellen Defizite dieses Berufes nicht auszugleichen geschweige denn zu überwiegen vermag und das Richteramt für erstklassige Juristen insofern nicht sonderlich attraktiv gestaltet.

Neben diesem gesellschaftlichen Richterbild und dem richterlichen Selbstverständnis, auf welches später noch zurückzukommen sein wird, existiert auch in Deutschland ein idealtypisches Richterbild im Sinne eines gütigen, ernsten und reifen Menschen mit Staatsgefühl, Lebenserfahrung, Welt und Weisheit, der von allem unabhängig und nur dem Recht verpflichtet ist, und dem Staat und Gesellschaft ein besonderes Maß an Achtung, Ehre und Respekt erweisen.[1028] Diese Beschreibung wirft unweigerlich die Frage nach dem Grad an Übereinstimmung mit dem deutschen Richter in der Rechtswirklichkeit auf, welcher zumindest zum Zeitpunkt seiner Ernennung keinen reifen Menschen mit Lebenserfahrung und Weisheit darstellt und welchem von Seiten der Gesellschaft auch kein besonderes Maß an Achtung erwiesen wird. Inwiefern hingegen der erfahrene und langjährig tätige deutsche Richter diesem Idealbild in der Realität entspricht, kann und soll hier nicht beantwortet werden. Statt dessen sei an dieser Stelle lediglich angemerkt, daß das deutsche Richterbild – wie wohl die meisten archetypischen Bilder – zwar viele idealisierende Züge aufweist, welche im Einzelfall wohl kaum jemals vollständig verwirklicht werden können. Gleichwohl entbindet dies nicht von der staatlichen Verpflichtung, die Entfernung der Wirklichkeit von diesem selbst gesetzten Idealbild möglichst gering zu halten. Denn das Idealmaß dient in erster Linie der Orientierung, statt einer illusionären Identifizierung.

b) Auswahl, Ernennung und Beförderung der Richter

Die Einstellung zum Richterdienst erfolgt auf Bundesebene durch das Bundesjustizministerium und auf Landesebene durch das Justizministerium des betreffen-

---

entsprechender Recherchemöglichkeiten oder auch die Unterbringung der Richter erweisen sich als beklagenswert. Vgl. dazu Blunck, Illusion und Wirklichkeit, S. 95.

1027 Näher hierzu die Ausführungen zur Auswahl, Ernennung und Beförderung der deutschen Richter unter A. II. 1. b).

1028 Vgl. Zweigert, Ethisierte Rechtsordnung, S. 301. Versuche einer Skizzierung des deutschen Richterbildes finden sich unter anderem auch bei Lamprecht, Richterbild Außenstehender, S. 161 ff; Flotho, Richterpersönlichkeit und Richterauslese, S. 168 ff; Makowka, Zinnsoldaten der Macht, S. 205 ff; Ranieri, Richterbild in der EU, S. 285 ff; Wipfelder, Der Richter, S. 117 ff.

den Bundeslandes.[1029] Dabei werden die höchsten Richter des Landes, die Richter des Bundesverfassungsgerichts, von der Legislative gewählt (Art. 94 I S. 2 GG)[1030] und die übrigen Bundesrichter durch die Legislative und Exekutive gemeinsam (Art. 95 II GG)[1031].

Die Voraussetzungen für die Ernennung zum Richter sind in § 9 DRiG geregelt. Danach darf zum Richteramt nur berufen werden, wer Deutscher i.S.d. Artikel 116 GG ist, die Gewähr dafür bietet, daß er jederzeit für die freiheitliche demokratische Grundordnung im Sinne des Grundgesetzes eintritt, und die Befähigung zum Richteramt besitzt. Die Auswahl der staatlichen Richter richtet sich nach dem in Artikel 33 II GG festgelegten Leistungsprinzip, welches auch als das Prinzip der Bestenauslese bezeichnet wird.[1032] Demzufolge hat jeder Deutsche nach seiner Eignung, Befähigung und fachlichen Leistung gleichen Zugang zu jedem öffentlichen Amt. Diese drei Merkmale stehen nicht nur gleichberechtigt nebeneinander, sondern bilden zugleich auch eine abschließende Positivliste der zulässigen Auswahlkriterien. Andere Charakteristika als diese dürfen zur Bewerberauslese folglich nicht herangezogen werden.[1033] Bei den gesetzlich festgelegten Auswahlkriterien handelt es sich um sog. unbestimmte Rechtsbegriffe, die der Einstellungsbehörde einen weiten, gerichtlich nicht voll nachprüfbaren Beurteilungsspielraum eröffnen.[1034]

1029 Zur Besetzung der Bundes- und Landesgerichte vgl. ausführlich und unter besonderer Berücksichtigung möglicher politischer Einflußfaktoren Lansnicker, Richteramt in Deutschland, S. 29 ff. Nach Art. 98 IV GG können die Länder bestimmen, daß über die Anstellung der Richter an den Landesgerichten der Landesjustizminister gemeinsam mit einem Richterwahlausschuß entscheidet. Dementsprechend sind in den Ländern Baden-Württemberg, Berlin, Bremen, Hamburg, Hessen und Schleswig-Holstein Richterwahlausschüsse eingerichtet. Die Zusammensetzung der Richterwahlausschüsse ist mangels einer einheitlichen gesetzlichen Regelung in den verschiedenen Bundesländern jedoch unterschiedlich.

1030 Nach Art. 94 I S. 2 GG werden die Richter des Bundesverfassungsgerichts je zur Hälfte vom Bundestag und vom Bundesrat gewählt.

1031 Nach Art. 95 II GG entscheidet über die Berufung der Bundesrichter der für das jeweilige Sachgebiet zuständige Bundesminister gemeinsam mit einem Richterwahlausschuß, der aus den für das jeweilige Sachgebiet zuständigen Ministern der Länder und einer gleichen Anzahl von Mitgliedern besteht, die vom Bundestag gewählt werden.

1032 Die Aussage des Artikel 33 Absatz 2 GG wird allgemein zwar als Leistungsgrundsatz charakterisiert, doch ist der Inhalt dieser Vorschrift damit nicht erschöpfend erfaßt, da sie zudem auch Ausdruck des Gleichbehandlungsgrundsatzes aus Artikel 3 Absatz 1 GG ist.

1033 Siehe Maunz in Maunz/Dürig-GG, Art. 33 Rn. 21.

1034 Vgl. hierzu aus der Rechtsprechung des Bundesverwaltungsgerichts: BVerwGE 8, 192 ff (195); 11, 139 ff (140); 15, 39 ff (40) jeweils unter Verweis auf den gerichtlich nicht überprüfbaren Beurteilungsspielraum. Siehe hierzu auch grundlegend auch das Werk von Schimke, Beurteilungsspielraum der Einstellungsbehörde sowie Bachof, Beurteilungsspielraum und Ermessen, S. 97 ff; Schmidt-Salzer, Der Beurteilungsspielraum, S. 7 ff.

Neben den Examensnoten der Ersten und Zweiten Juristischen Staatsprüfung sowie den Personalakten aus der Referendarzeit stehen für die Auswahl und Einstellung eines Richters gewöhnlich keine weiteren Unterlagen zur Verfügung. Doch werden im Rahmen von Vorstellungsgesprächen persönliche Interviews mit den Bewerbern geführt.[1035]

In der Vergangenheit wurden die Auswahlalternativen und damit auch die Möglichkeiten der Qualitätssicherung der Justiz in der Praxis vornehmlich auf die Examensnoten und Zeugnisse der Bewerber beschränkt, eine Selektion, welche auf der einen Seite ein zweifellos gerechtes Auswahlverfahren gewährleistete, da das maßgebliche Auswahlkriterium aufgrund seiner formellen Natur eindeutig bestimmbar war. Auf der anderen Seite barg dies jedoch auch die Gefahr einer zu einseitig orientierten Auswahl. Mittlerweile hat sich auch in der Justiz die Überzeugung durchgesetzt, daß die Nachweise über die fachlichen Fähigkeiten eines Bewerbers nicht ausreichen, um eine Prognose über dessen Eignung für den Richterdienst zu erstellen, denn gerade für einen Richter ist die fachliche Kompetenz allein nicht genügend. Dieser muß vielmehr darüber hinaus auch eine soziale Kompetenz vorweisen können, welche in juristischen Leistungsnachweisen nicht zum Ausdruck kommt.[1036] Die Berücksichtigung dieser sozialen Komponente kann aufgrund des Leistungsgrundsatzes aus Artikel 33 II GG jedoch nur innerhalb eines gewissen Rahmens erfolgen, namentlich bei Bewerbern mit gleicher oder nur geringfügig unterschiedlicher fachlicher Qualifikation.[1037] Die Durchsetzung des Leistungsprinzips kann von Seiten eines unterlegenen Bewerbers sogar auf gerichtlichem Wege, mit Hilfe der sog. Konkurren-

---

1035 Siehe hierzu Schnellenbach, Personalpolitik, S. 2229 und Flotho, Richterpersönlichkeit und Richterauslese, S. 170 f. Letzterer stellt das sog. "Personalauslese-Interview" vor, welches ursprünglich vom Niedersächsischen Justizministerium in Zusammenarbeit mit einem Kölner Institut für Personalführung entwickelt wurde und mittlerweile auch in vielen anderen Bundesländern Anwendung findet.

1036 Letztere offenbaren lediglich einen Einblick in das fachliche Wissen, die Rechtsanwendungstechnik, die Auffassungsgabe sowie das Ausdrucksvermögen eines Bewerbers. Vgl. in diesem Zusammenhang auch Flotho, Richterpersönlichkeit und Richterauslese, S. 169, der der starke Notenorientierung kritisiert und als wichtigste Elemente der sozialen Kompetenz soziales Verständnis, die Fähigkeit zum Verhandeln, eine verständliche Ausdrucksweise sowie Kooperationsfähigkeit und Fairneß charakterisiert.

1037 Insofern kann ein durchaus sozial-kompetenter Bewerber mit einer schlechten Examensnote einem Bewerber mit einer guten Examensnote und einer lediglich durchschnittlichen Sozialkompetenz grundsätzlich nicht vorgezogen werden. Aufgrund des subjektiv auszufüllenden Beurteilungsspielraumes können in diesem Bereich jedoch keine eindeutigen Grenzen gezogen werden. So kann es in der Praxis z.B. auch vorkommen, daß ein Kandidat mit einer mittleren fachlichen, dafür aber einer hohen sozialen Kompetenz erfolgreicher ist als ein Kandidat mit einer hervorragenden fachlichen, jedoch einer nur sehr schwach ausgeprägten sozialen Kompetenz.

tenklage erreicht werden[1038], wenngleich mit deutlich negativen Auswirkungen auf das Arbeitsklima in der Justiz.

Bei ihrer Einstellung sind die neuen Richter gewöhnlich etwa dreißig Jahre alt.[1039] Da die jungen Juristen bei ihrer Einstellung noch keine fertigen Richter sind, werden sie zunächst an Stellen eingesetzt, wo sie durch erfahrene Kollegen leicht Unterstützung finden. Dies ist in der Regel der Einsatz in einer Kammer am Landgericht.[1040] Auf diese Weise werden die jungen Richter mit ihrem Arbeitsumfeld sowie mit den richterlichen Aufgaben und Funktionen vertraut gemacht und in die berufliche Praxis eingeführt.[1041] Nach etwa 1 ½ Jahren in den Zivil- und Strafkammern des Landgerichts werden sie dann an ein Amtsgericht versetzt, wo sie erstmals als Einzelrichter allein über Fälle entscheiden. Nach weiteren 1 ½ Jahren in dieser Tätigkeit hat sich der Gerichtspräsident gewöhnlich ein hinreichendes Bild über die Fähigkeiten und die Persönlichkeit der jungen Richter gemacht und wird diese dann auf Dauer bei bestimmten Amts- oder Landgerichten einsetzen. Dabei steht den Proberichtern nach Ablauf der dreijährigen Vordienstzeit jedoch kein Anspruch auf Ernennung zum Richter auf Lebenszeit zu. Vielmehr kann die oberste Dienstbehörde einen Richter auf Probe noch bis zum Ablauf des vierten Jahres mit der Begründung entlassen, daß er für den Richterdienst nicht geeignet sei (§ 22 II DRiG). Erst mit Ablauf des fünften Jahres erwirbt der Richter auf Probe einen Anspruch auf Ernennung auf Lebenszeit, falls nicht vorher eine Entlassung ausgesprochen wird (§ 12 II S. 1 DRiG).

Innerhalb der Richterschaft gilt das maßgebliche Interesse der Beförderung, welche sich trotz der theoretischen Gleichwertigkeit aller Richterämter primär aus einem Grunde als erstrebenswert erweist, der höheren Vergütung. Auch die

---

1038 Die Bezeichnung "Konkurrentenklage" steht nicht etwa für eine eigenständige Klageart, sondern dient vielmehr als Sammelbegriff für die unterschiedlichen Konstellationen, welche mit der klageweisen Durchsetzung eines Anspruchs auf Ernennung verbunden sind. Jedoch gewährt Artikel 33 II GG keinem Bewerber einen Anspruch auf Ernennung, sondern vielmehr lediglich ein Recht auf Bewerbung sowie ein Recht auf ein rechtmäßiges Entscheidungsverfahren und eine fehlerfreie Ermessensausübung. Zudem kann aufgrund des erforderlichen Rechtsschutzinteresses nicht gegen eine fremde Begünstigung vorgegangen, sondern nur die eigene Begünstigung erstrebt werden. Ist die Begünstigung des Konkurrenten bereits erfolgt, so wird das Rechtsschutzinteresse regelmäßig verneint.

1039 Vgl. Kirchhof, Richter in Deutschland, S. 450.

1040 Der Einsatz der jungen Richter als Berufsanfänger ist in den verschiedenen Bundesländern unterschiedlich geregelt. Da die Gerichte von den einzelnen Bundesländern getragen werden, entscheiden diese auch über den Einsatz der Richter.

1041 Zu den ersten Berufserfahrungen des jungen Richters in der Strafkammer vgl. Pohl, Praxis des Strafrichters, S. 23 ff. Siehe auch Kirchhof, Richter in Deutschland, S. 450, der dieses System des Formens als Hauptgrund dafür ansieht, daß in Deutschland bereits erstinstanzliche Verfahren – zumindest die bedeutsameren – nach §§ 71, 75 bzw. §§ 74, 76 GVG durch ein Richterkollegium statt durch einen Einzelrichter entschieden werden.

Beförderung erfolgt nach dem Leistungsprinzip des Grundgesetzes, wobei für die Beurteilung von Eignung, Befähigung und fachlicher Leistung in erster Linie die Zeugnisse des Dienstvorgesetzten über den Bewerber von Bedeutung sind.[1042] Auf diese Weise treten die Zeugnisse des Dienstvorgesetzten in den Mittelpunkt des Interesses.[1043]

Infolge dieses Dilemmas der von einzelnen Dienstvorgesetzten abhängigen Beurteilung ist die Erprobung der zur Beförderung anstehenden Richter bei einem Obergericht entstanden.[1044] Diese Beurteilungsmethode bietet den Vorteil, daß die von Seiten der Obergerichte angelegten Maßstäbe vergleichsweise einheitlich und damit in besonderem Maße gerecht sind. Auf der anderen Seite ist damit aber auch der Nachteil verbunden, daß in die Beurteilung nur diejenigen Fähigkeiten einfließen, die für eine richterliche Tätigkeit als Beisitzer am Obergericht von Bedeutung sind. Für den Einzelrichter essentielle Fähigkeiten wie z.B. die Verhandlungsführung oder der Umgang mit Verfahrensbeteiligten werden insofern nicht berücksichtigt.[1045]

Richter, die sich einige Jahre in der ersten Instanz bewährt haben, können auf eigenen Wunsch hin zunächst probeweise an ein Oberlandesgericht als Berufungsgericht versetzt werden. Falls sie sich dort ebenfalls bewähren, können sie dort entweder auf Dauer bleiben oder zum Vorsitzenden einer Kammer beim Landgericht berufen werden. Entsprechend qualifizierte Richter werden zu diesem Zeitpunkt etwa 40 Jahre alt sein.[1046] Vom Berufungsgericht aus kann eine

---

1042 Siehe näher Schnellenbach, Personalpolitik, S. 2229 f mit einer anschaulichen Darstellung der Auslesemittel und –verfahren bei der Übertragung richterlicher Beförderungsämter. Zu den unterschiedlichen Formen des Dienstzeugnisses in Deutschland siehe näher Vultejus, Zugang zum Richterberuf, S. 253, der schließlich feststellt *„Es bleibt ein – böser? – Traum, Menschen nach objektiven Kriterien vermessen zu können.“*.

1043 Zu den Rechtsgrundlagen sowie dem Inhalt einer dienstlichen Beurteilung als Mittel der Bestenauslese siehe ausführlich und mit vielen Hinweisen auf die Landesgesetze Schnellenbach, Dienstliche Beurteilung, S. 223 ff.

1044 In der Praxis sind negative Aussagen in dienstlichen Beurteilungen jedoch kaum möglich, da sie aufgrund des verfassungsrechtlichen Grundsatzes der richterlichen Unabhängigkeit angefochten werden können. Dies stellt ein nicht unerhebliches Problem dar, da auf diese Weise de facto keine aussagekräftigen Dienstzeugnisse ausgestellt werden können. Kritik kann allenfalls im Rahmen der Herausstellung eines positiven Aspektes erfolgen wie bspw. in der Formulierung „Er könnte die Verständlichkeit seiner Urteile noch steigern, wenn .....“. Dies ist in der Praxis jedoch eher selten. Statt dessen sind mittlerweile die Mehrzahl der Dienstzeugnisse – unabhängig von dem wirklichen Leistungsprofil der zu beurteilenden Person – positiv ausgestaltet, was eine sachgerechte Differenzierung aufgrund dieses Kriteriums unmöglich macht.

1045 Lediglich bei den Landesarbeitsgerichten (LAG) gelten insofern Ausnahmebestimmungen, daß dort die zu erprobenden Richter als Einzelrichter eingesetzt werden. Dafür ist die Nähe der Beobachtungen jedoch entsprechend geringer. Vgl. Vultejus, Zugang zum Richterberuf, S. 254.

1046 Vgl. Kirchhof, Richter in Deutschland, S. 451.

weitere Beförderung zum Vorsitzenden eines Senats oder die Wahl als Richter am BGH erfolgen, wenn sich der Richter etwa 10jahre lang besonders bewährt hat. Nach der gesetzlichen Regelung in § 48 I DRiG treten in Deutschland alle Richter im Alter von 65 Jahren in den Ruhestand.

c) Laienrichter

Die Beteiligung juristischer Laien am Gerichtsverfahren ist in Deutschland ebenfalls vorgesehen, wenngleich auch nur im begrenztem Ausmaß. Ein Geschworenengericht im klassischen Sinne existiert in Deutschland nicht. Die Laienbeteiligung erfolgt vielmehr ausschließlich in Form der ehrenamtlichen Laienrichter, deren Einsatz im Rahmen der Zivilgerichtsbarkeit, der Verwaltungsgerichtsbarkeit sowie auch im Rahmen der Strafgerichtsbarkeit vorgesehen ist. So ist etwa die Kammer für Handelssachen am Landgericht mit einem Berufsrichter und zwei Laienrichtern aus den Reihen der Kaufmannschaft tätig[1047] und in der Arbeitsgerichtsbarkeit[1048] sowie auch in der Sozialgerichtsbarkeit[1049] sind in allen Instanzen zwei Laienrichter beteiligt. In der Strafgerichtsbarkeit werden sowohl auf der Ebene der Amtsgerichte[1050] als auch auf der Ebene der Landgerichte[1051] juristische Laien hinzugezogen.[1052]

Terminologisch ist in Anlehnung an die Regelung in § 45a DRiG zu differenzieren zwischen den ehrenamtlichen Richtern in der Strafgerichtsbarkeit, welche die Bezeichnung Schöffen tragen, den ehrenamtlichen Richtern bei den Kammern für Handelssachen, welche die Bezeichnung Handelsrichter führen, und den sonstigen ehrenamtlichen Richtern, welche schlichtweg als ehrenamtliche Richter bezeichnet werden. Die Laienrichter haben in der Hauptverhandlung die gleichen Befugnisse wie ein Berufsrichter. Sie wirken daher mit vollem und

[1047] Vgl. §§ 105 I, 109 GVG. Die Beteiligung von zwei Kaufleuten dient dem Ziel, ihre Kenntnisse über Handelsbräuche und ihre Erfahrungen in wirtschaftlichen Angelegenheiten für die Entscheidungsfindung nutzbar zu machen.

[1048] Jede Kammer des Arbeitsgerichts wird nach § 16 II ArbGG in der Besetzung mit einem Vorsitzenden Berufsrichter und je einem ehrenamtlichen Richter aus den Kreisen der Arbeitnehmer und der Arbeitgeber tätig.

[1049] Vor dem Sozialgericht werden in erster Instanz gemäß § 12 SGG zwei Laienrichter neben einem Berufsrichter tätig. Dabei gehört in Angelegenheiten der Sozialversicherung und der Arbeitslosenversicherung ein Laienrichter dem Kreis der Versicherten und der andere Laienrichter dem Kreis der Arbeitgeber an. In Angelegenheiten des Kassenarztrechts muß ein Laienrichter aus dem Kreise der Kassenärzte und der andere aus dem Kreis der Krankenkassen stammen. Vgl. näher Wolf, Rolle von Laien, S. 137 f.

[1050] Hier sind das Schöffengericht (§§ 24, 28 GVG), das erweiterte Schöffengericht (§§ 28, 29 II GVG) und das Jugendschöffengericht (§ 40 JGG) zu nennen.

[1051] Die Kammern des Landgerichts sind stets auch mit Laienrichtern besetzt und zwar unabhängig davon, ob dieses als Eingangsgericht oder als Berufungsinstanz fungiert.

[1052] Siehe die anschauliche Übersicht bei Kühne, Strafprozeßrecht, Rn. 122.

gleichwertigen Stimmrecht an der gerichtlichen Entscheidung mit und sind in gleichem Maße wie die Berufsrichter unabhängig (§ 45 I S. 1 DRiG).

Als Vorteil der Laienbeteiligung wird allgemein angeführt, die Mitwirkung der Laienrichter schaffe mehr Transparenz in der Rechtsprechung, da die Berufsrichter auf diese Weise gezwungen würden, ihre Verhandlungen und Beratungen in einer klaren und allgemein verständlichen Sprache zu führen.[1053] Ehrenamtliche Richter können zudem spezifisches Fachwissen einbringen und leisten auf diese Weise einen unschätzbaren Beitrag für praxis- und lebensnahe Gerichtsentscheidungen. Insbesondere im Rahmen der Zivilgerichtsbarkeit soll erreicht werden, daß neben der Einbringung von Kenntnissen und Erfahrungen auch die gegensätzlichen Interessen zwischen Arbeitgebern und Arbeitnehmern oder zwischen Krankenkassen und Ärzten im Gericht repräsentiert sind und durch die Beteiligung der Laienrichter in der Entscheidung zu einem Ausgleich gelangen.[1054] Auf diese Weise wird das Vertrauen der Parteien in das Gericht gestärkt, da ein Laienrichter, welcher derselben sozialen Gruppe angehört wie die Partei selbst, die jeweiligen Interessen effektiver zur Geltung bringen kann. Darüber hinaus wird dadurch auch das Vertrauen in die Unabhängigkeit der Gerichte generell bekräftigt. Schließlich trägt die Beteiligung von Laienrichtern zur Qualitätssicherung der Justiz und Förderung der gesellschaftlichen Akzeptanz von Urteilen bei.[1055]

2. Rechtsvergleichende Untersuchung und Analyse

a) Richterbild

In Deutschland hat der Richter zweifellos das verloren, was Max Weber einst als *Charisma* bezeichnete.[1056] Schon lange wird der Richter nicht mehr als Heiligkeit angesehen und er strahlt auch keine magische Wirkung mehr aus.[1057] Eine

---

[1053] Kritisch hierzu im Hinblick auf die Schöffen Kühne, Laienrichter im Strafprozeß, S. 238.

[1054] Vgl. Wolf, Rolle von Laien, S. 11 f.

[1055] Siehe hierzu die Ausführungen des rheinland-pfälzischen Justizministers Mertin aus Anlaß des 38. Ehrenamtskongresses der Justiz am 30.01.2001: „*Die Justiz lebt von den Menschen, die in ihr tätig sind. Nur die ständige Rückkopplung zwischen Juristen und freiwilligen Laien sichert die Bodenständigkeit, die gesellschaftliche Akzeptanz und damit die Qualität der Justiz.*", vgl. Justizministerium Rheinland-Pfalz, Pressemeldung vom 30.01.2001: 38. Ehrenamtskongress der Justiz*.

[1056] Vgl. hierzu die abstrahierenden Ausführungen Max Webers zu den besonderen Merkmalen charismatischer Herrschaftsformen in Wirtschaft und Gesellschaft, S. 140: „*"Charisma" soll eine als außeralltäglich (...) geltende Qualität einer Persönlichkeit heißen, um deretwillen sie als mit übernatürlichen oder übermenschlichen oder mindestens außeralltäglichen, nicht jedem anderen zugänglichen Kräften oder Eigenschaften oder als gottesgesendet oder als vorbildlich und deshalb als "Führer" gewertet wird. (...)*".

[1057] Vgl. Zweigert, Ethisierte Rechtsordnung, S. 302, der in seinen Ausführungen das grundlegende Problem erörtert, daß der Richter einerseits sein ursprüngliches Charisma eingeüber die gerichtliche Autorität hinausgehende besondere Ausstrahlungskraft haftet dem deutschen Richter nicht an. Dies ist primär darauf zurückzuführen, daß der Richter in Deutschland in erster Linie als Institution begriffen wird und nicht als persönliches Individuum respektive als richterliche Persönlichkeit. Während in fast allen anderen Berufen der Wert und das Sozialprestige einer Person auch durch äußere Ehre und Publizität deutlich sichtbar zu Tage treten, stellt der Richter in dieser Hinsicht eine offensichtliche Ausnahme dar, denn der deutsche Richter wird geradezu bewußt in der Anonymität der Kollegialgerichte belassen.[1058]

In England indessen sind die großen Richterpersönlichkeiten der Öffentlichkeit ebenso bekannt wie die großen Politiker.[1059] Die Richter repräsentieren neben der Krone das Land. Die Gründe für dieses außerordentlich hohe Ansehen der englischen Richterschaft sind vielfältig und wurden bereits im Rahmen des Ersten Teils dieser Arbeit ausführlich dargelegt.[1060] An dieser Stelle sollen daher lediglich mögliche Divergenzen respektive Konvergenzen mit der deutschen Richterschaft aufgezeigt werden.

Die englische Richterschaft stellt eine kleine homogene Gruppe dar, welche sich vornehmlich aus den gehobenen Gesellschaftsschichten zusammensetzt und aufgrund der außerordentlichen Qualifikation ihrer Mitglieder nicht nur in gesellschaftlicher und sozialer, sondern auch in fachlicher und funktionaler Hinsicht zu Recht als wahre Elite bezeichnet wird. Eine derartige Homogenität kann für die deutsche Richterschaft hingegen nicht bejaht werden, was in erster Linie auf die hohe Anzahl der deutschen Richter zurückzuführen ist. Darüber hinaus steht der Richterberuf in Deutschland grundsätzlich jedem Juristen mit entsprechender Qualifikation offen, so daß auf diese Weise die Bildung einer gesellschaftlichen Elite weitgehend vermieden wird.[1061] Dies erweist sich in Anbetracht der sozialen Rolle der Richter auch als überaus sinnvoll, denn anders als in England beklagt die deutsche Öffentlichkeit nicht die Realitätsferne und mangelnde Kenntnis der Belange der Durchschnittsbevölkerung von Seiten der

---

büßt habe, in unserer ethisierten Rechtsordnung andererseits aber gleichwohl mit Aufgaben belastet werde, zu deren Bewältigung er dieses Charismas bedürfe.

1058 Vgl. näher dazu die Ausführungen zur richterlichen Individualität unter A. II. 2. b).

1059 So jedenfalls Meister, Rechtssystem Englands, S. 66.

1060 Siehe hierzu die grundlegenden Ausführungen im Ersten Teil der Arbeit unter A.

1061 Zwar setzt sich auch die deutsche Richterschaft statistisch gesehen mehrheitlich aus Angehörigen der Mittel- und Oberschicht zusammen, doch dürfte dies primär auf soziologische Faktoren zurückzuführen sein, als auf (möglicherweise informelle) Zugangsrestriktionen zu diesem Beruf. Über die Herkunft und den sozialen Background der Richter geben im Wesentlichen lediglich ältere soziologische Studien aus den 70er Jahren Auskunft, die einen überproportional hohen Anteil der oberen Mittelschicht aufzeigen. Vgl. die Untersuchungen von Richter, Soziologische Struktur (1968); Kaupen, Hüter von Recht (1969); Kaupen/Rasehorn, Die Justiz (1971); Werle, Justizorganisation (1977).

Richter. Während die fortwährende gesellschaftliche Kritik an den englischen Richtern stets lautet, diese seien lebensfremd und lebten in ihren Elfenbeintürmen weit ab vom Alltag der Allgemeinheit, ist der deutsche Richter ein Bürger wie jeder andere und insofern mit den Belangen der Bevölkerung durchaus vertraut.

Gleichwohl scheint das Verantwortungsgefühl der englischen Richter für die Gesellschaft weitaus stärker ausgeprägt als bei deutschen Richtern. Dies liegt in der Systematik des englischen Rechts begründet, da aufgrund des Fallrechtssystems *(case-law)* jeder Richter in gewissem Maße selbst Recht setzt, denn jeder neue Fall erweist sich selbst als *the law*. Die deutschen Richter hingegen sehen sich aufgrund der weitgehenden Kodifikation des Rechts in Form systematischer Gesetze und der geringen Bedeutung des Richterrechts in erster Linie als "Gesetzesanwender" und nicht als "Rechtssetzer", ein Selbstverständnis und Selbstwertgefühl, welches sich auch in dem gesellschaftlichen Richterbild deutlich wiederspiegelt.

Als weiterer Grund für die herausragende gesellschaftliche Stellung der englischen Richter kommt das strenge Auswahlverfahren in Betracht, welches vielfältige positive Auswirkungen hat. Da nur eine kleine Anzahl der besten und erfahrensten Juristen aus dem Kreise der langjährig erfolgreichen Rechtsanwälte zum Richter ernannt werden, erreicht die Rechtsprechung ein qualitativ hohes und zudem einheitliches Niveau. Hinzu kommt das entsprechende Persönlichkeitsprofil sowie die Sozialisation der Richter. Diese haben eine erfolgreiche Karriere in der freien Wirtschaft bereits hinter sich und begreifen das Richteramt als ehrenvolle Krönung ihrer juristischen Laufbahn. Dabei verleiht das hohe Lebensalter dem richterlichen Handeln noch mehr an natürlicher Autorität. Anders hingegen der deutsche Richter, welcher nach seiner Ernennung in jungen Jahren noch geformt werden muß aufgrund seiner Unerfahrenheit sowie der mangelnden Lebenserfahrung und charakterlichen Festigkeit ein geradezu gegensätzliches Persönlichkeitsprofil aufweist.

Zur gehobenen Stellung der englischen Richter trägt zudem das Institut des *Contempt of Court* bei, welches den Richtern zum Schutz ihrer richterlichen Würde zur Verfügung steht und über die Zwangs-, Ungehorsams- und Ordnungsstrafen kontinentaleuropäischer Prozeßgesetze weit hinausreicht. Auf diese Weise können Mißachtungen des Gerichts bestraft und infolgedessen zudem wirksam vermieden werden.

Schließlich fördert die in England bevorzugte Einzelrichtermentalität die Entwicklung angesehener Richterpersönlichkeiten, welche eine herausragender Stellung im gesellschaftspolitischen Leben einnehmen. Das deutsche Rechtssystem hingegen beläßt den Richter weitestgehend in der Anonymität der Kollegialgerichte, eine Besonderheit, welche im Zusammenhang mit der richterlichen Individualität noch näher beleuchtet wird.

Abschließend sei hierzu kritisch angemerkt, daß aus deutscher Perspektive im Hinblick auf das Richterbild in der Öffentlichkeit immer wieder ein ganz entscheidender Faktor übersehen wird: Das Ansehen und die Qualität einer Person stehen gerade nicht in einer einseitigen Kausalbeziehung in dem Sinne, daß eine qualifizierte Person auch ohne weiteres Ansehen genießt. Vielmehr beeinflussen sich beide Merkmale in der Realität durchaus wechselseitig in dem Sinne, daß ein bestimmtes Ansehen besondere persönliche Qualitäten erzeugt oder fördert und daß das Ansehen und Sozialprestige eines bestimmten Berufes die Qualifizierten anzieht.

b) Richterliche Individualität

Die Bedeutung sowie das Ausmaß der richterlichen Individualität stellt ein weiteres wesentliches Kriterium für die rechtsvergleichende Untersuchung des deutschen und des englischen Richters dar.

Die deutsche Gerichtsordnung favorisiert das sog. Kollegialsystem in Form eines mit mehreren Richtern besetzten Gerichts sowohl in erster Instanz als auch in den Rechtsmittelinstanzen.[1062] Gerichtsurteile ergehen daher in aller Regel als Mehrheitsentscheidungen, die keine abweichenden Meinungsäußerungen gestatten[1063], eine absolutistische Grundeinstellung, welche sich maßgeblich in der schriftlichen Urteilsfassung manifestiert. So wird in einem deutschen Gerichtsurteil nach außen stets nur eine einheitliche Gerichtsmeinung vertreten, die Meinung der richterlichen Mehrheit. Davon abweichende richterliche Mindermeinungen werden hingegen nicht veröffentlicht.[1064] Ein Richter aus einem Spruch-

---

[1062] So sind in der Strafgerichtsbarkeit alle Strafgerichte kollegial besetzt mit Ausnahme des Einzelrichters (§ 25 GVG) und des Jugendrichters (§§ 33, 39 JGG), welche jedoch nur erstinstanzlich und nur im Falle leichter bis mittelschwerer Kriminalität zuständig sind. In der Zivilgerichtsbarkeit finden sich auf der Ebene des Amtsgerichtes zwar Einzelrichter, doch konkurriert deren erstinstanzlicher Zuständigkeitsbereich mit dem des Landgerichtes. Ab der landgerichtlichen Stufe der Gerichtshierarchie sind dann auch in Zivilstreitigkeiten alle Gerichte kollegial besetzt. Vgl. §§ 23 f, 71, 72 GVG.

[1063] Vgl. zur richterlichen Entscheidungsfindung innerhalb richterlicher Kollegien aus psychologischer Perspektive Weimar, Psychologische Strukturen, S. 200 mit Hinweis darauf, daß mit dem Kollegialorgan eine relativ starke Anonymität verbunden ist, welche eine Neigung begünstigen kann, persönliche Verantwortung abzuschwächen.

[1064] Siehe Kirchhof, Richter in Deutschland, S. 454 mit Hinweis darauf, daß die Beratungen des Gerichts in Deutschland jedenfalls seit dem späten Mittelalter immer geheim waren. Von der in Deutschland grundsätzlich nicht gestatteten öffentlichen Bekanntgabe eines "Sondervotums" ist jedoch die Abgabe von sog. "Separatvoten" zu unterscheiden, die in den Geschäftsordnungen der Obersten Bundesgerichtshöfe vorgesehen ist und allgemein als zulässig erachtet wird. Darunter ist die Stellungnahme eines überstimmten Richters zum Gang der Beratungen und der Abstimmung sowie dem Inhalt der Entscheidung zu verstehen, die entweder bei den Prozeßakten oder den Personalakten des Richters verschlossen aufbewahrt wird. Der Sinn und Zweck eines Separatvotums besteht darin, daß

körper würde zudem die ihm gesetzlich auferlegte Geheimhaltungspflicht verletzen, wenn er seine abweichende Meinung öffentlich verkünden würde.[1065]

Hinter dieser Praxis steht der Gedanke eines absoluten Rechtsverständnisses und die daraus resultierende Befürchtung, die Darstellung widersprechender Gründe oder abweichender richterlicher Ansichten könnte die Überzeugungskraft des gerichtlichen Urteils beeinträchtigen. Einzig und allein für die höchsten Richter des Landes, die Richter am Bundesverfassungsgericht, gilt diesbezüglich eine Ausnahmeregelung in Form des § 30 II S. 1 BVerfGG. Danach kann ein Verfassungsrichter seine in der Beratung vertretene abweichende Meinung zu der Entscheidung oder zu deren Begründung in einem Sondervotum niederlegen, welches der Entscheidung beigefügt wird. Darüber hinaus können die Senate nach § 30 II S. 2 BVerfGG in ihren Urteilen auch die Stimmenverhältnisse der Abstimmung über die Entscheidung mitteilen. Dabei handelt es sich jedoch lediglich um sog. Kannvorschriften, welche für die Richter keine Verpflichtung begründen, sondern durch die Schaffung eines Ermessensspielraumes lediglich Möglichkeiten eröffnen.

In Anbetracht dieser Ausnahme erweist sich das soeben dargelegte Argument der einheitlichen Überzeugungskraft des gerichtlichen Urteils jedoch zunächst als widersprüchlich, da insbesondere die Entscheidungen des Bundesverfassungsgerichts gesellschaftspolitische Signalwirkung ausstrahlen und aus diesem Grunde nach außen einstimmig erscheinen sollten. Doch wird gerade bei den grundlegenden Entscheidungen des Bundesverfassungsgerichts die Mitteilung abweichender Ansichten und des genauen Abstimmungsergebnisses als bedeutsam erachtet, da diese Entscheidungen von großer gesellschaftlicher Bedeutung und in der Regel mit grundsätzlichen Wertentscheidungen und Abwägungen außerhalb der bloßen Gesetzesanwendung verbunden sind. Auf diese Weise soll der Allgemeinheit die Komplexität und Tragweite dieser Wertentscheidungen anschaulich vor Augen geführt werden.

Mithin begünstigt das deutsche Gerichtssystem nicht gerade die Entwicklung und das Hervortreten individueller Richterpersönlichkeiten, sondern verhindert dies vielmehr durch die Betonung der mehrheitlichen Kollektiventscheidung.[1066] Lediglich bei den Entscheidungen des Bundesverfassungsgerichts verschwindet der einzelne Richter nicht in der Anonymität des Spruchkörpers, sondern tritt erkennbar als Einzelner hervor.[1067]

---

der Richter sein Verhalten und seinen Entscheidungsvorschlag für die Zukunft beweisbar macht und festhält. Vgl. Kissel, GVG-Kommentar, § 193 Rn. 6 m.w.N.

1065 Vgl. die gesetzlichen Regelungen in § 43 DRiG sowie § 193 GVG.

1066 Vgl. hierzu Lamprecht, Richterbild Außenstehender, S. 165 sowie Weimar, Psychologische Strukturen, S. 193 ff mit anschaulichen Ausführungen, inwiefern sich Richter aufgrund der andersartigen Reizsituation in Kollegien anders verhalten als als Einzelrichter.

1067 Dazu Lamprecht, Richterbild Außenstehender, S. 167: *„So werden Verfassungsrichter zu Menschen aus Fleisch und Blut.“*, der jedoch ebenfalls darauf hinweist, *„daß die Mehr-*

Demgegenüber präferiert das englische Recht die Mentalität des Einzelrichters im Hinblick auf die inhaltliche Entscheidungsfindung sowie die Urteilsfassung der Gerichte. Zwar finden sich auch im Rahmen der englischen Gerichtsordnung zahlreiche kollegiale Spruchkörper[1068], doch wird von jedem Richter erwartet, daß er nicht nur seine eigene Meinung formt, sondern sie darüber hinaus auch in einer sog. *dissenting opinion* zum Ausdruck bringt, falls er im Rahmen der abschließenden Beratung und Abstimmung der Mehrheit unterliegen sollte. Aus englischer Sicht bestärkt diese Praxis gerade die Autorität des Gerichts und die Überzeugungskraft des auf dieser Grundlage gefällten Urteils.[1069]

Das englische System erweist sich daher als sehr auf die Person des einzelnen Richters ausgerichtet und fördert infolgedessen eine entsprechende richterliche Individualität und Persönlichkeit.[1070] Da die englische Rechtsordnung bereits entschiedene Fälle, die sog. Präjudizien *(precedents)*, als eine unabhängige Rechtsquelle betrachtet, stellt sich die richterliche Entscheidungsfindung als richterliche Rechtsschöpfung in Form der graduellen Entwicklung von Einzelfall zu Einzelfall dar. Auf der Grundlage des Fallrechtssystems *(case-law)* und der großen Bedeutung des Richterrechts *(judge-made-law)* werden abweichende Meinungen daher nicht als Untergrabung der richterlichen Autorität oder gar als unsicheres Urteil betrachtet, sondern vielmehr als anschaulicher Beweis für das Funktionieren des Systems der richterlichen Rechtsfortbildung.

Dies stellt sich aufgrund des in Deutschland dominierenden absoluten Rechtsverständnisses und der Fülle an systematischen Gesetzesvorschriften freilich anders dar. Für den deutschen Richter stellt das positive Gesetzesrecht die primäre Rechtsquelle dar[1071], an die er aus verfassungsrechtlichen Gründen in jedem Fall gebunden ist. Der juristische Prozeß besteht insofern darin, die Gesetze

---

heit der Instanz-Richter den Abstieg in die Niederungen der Politik scheut, denen das Verfassungsgericht ausgesetzt ist – für die meisten eine Schreckensvision. Sie bevorzugen immer noch die neutrale Fassade und das blasse Konterfei.".

1068 Vgl. die Übersicht über die englische Gerichtshierarchie und die Besetzung der Gerichte oben im Ersten Teil unter A. II. 2. und B. III. sowie die graphische Darstellung der englischen Gerichtsbarkeit im Anhang.

1069 Vgl. Lord Goff of Chieveley, Role of the Judge in England, S. 444. Zudem können der nächsten Instanz auf diese Weise wichtige Nachweise und Argumentationen vorgelegt werden, welche die Arbeit des Rechtsmittelgerichts wesentlich erleichtern.

1070 In diesem Sinne wohl auch McCleary/Grabowsky, Englische Rechtsprechung, S. 17: „*Jeder (Richter) fühlt sich nicht nur als Vertreter der Krone, sondern ist auch ein kleiner König. Damit hängt zusammen, daß das Prinzip des Einzelrichters besteht. Der kollegiale Gedanke, die Eingliederung des Einzelnen in ein Kollegium, ist seit alters her unbeliebt; der englische Richter entscheidet selbstherrlich, in vollem Licht der Öffentlichkeit, aus persönlichstem Verantwortungsgefühl heraus.*".

1071 Zwar existiert auch in Deutschland ein gewisses Maß an Gewohnheitsrecht und Richterrecht, doch kommt diesem aus verfassungrechtlichen Gründen keine wesentliche Bedeutung zu.

auf den konkreten Einzelfall anzuwenden. Da in Deutschland folglich nicht das Richterrecht und dessen Fortbildung, sondern vielmehr die Anwendung von Gesetzesvorschriften und die Klärung von Rechtsfragen auf Grundlage der bestehenden Gesetzeslage im Vordergrund steht, können die abweichenden richterlichen Meinungsäußerungen im Rahmen eines Gerichtsurteils in diesem Rechtssystem nicht den gleichen Nutzen erfüllen wie im englischen Recht. In der Tat würde diese Praxis daher an deutschen Gerichten sowohl die Autorität des Gerichts, als auch die Überzeugungskraft des Urteils erheblich beeinträchtigen, mit der Folge einer letztlich untragbaren Rechtsunsicherheit. Eine ersichtlich knappe Mehrheitsentscheidung des Gerichts könnte die unterlegene Prozeßpartei zudem motivieren, in der Hoffnung auf eine positive Bescheidung den Rechtsweg zu beschreiten, eine Gefahr, die in England aufgrund der dargelegten Akzeptanz des nicht einstimmigen Urteils, der strengen Präjudizienbindung sowie der äußerst beschränkten Möglichkeiten zur Einlegung von Rechtsmittel nicht zum Tragen kommt.

Folglich bleibt festzuhalten, daß zwar auch an den deutschen Obergerichten, namentlich dem Bundesgerichtshof (BGH) sowie den Oberlandesgerichten (OLG), sowie in gewissem Maße auch an den Instanzgerichten ethische Grundentscheidungen getroffen werden, indem gesetzliche Ermessens- und Beurteilungsspielräume ausgefüllt werden.[1072] Insofern könnten theoretisch die Veröffentlichung der konkreten Abstimmungsverhältnisse aller deutschen Gerichte zur rechtsethischen Besinnung in der Gesellschaft und zur Stärkung des allgemeinen Rechtsbewußtseins beitragen.[1073] Doch würde diese Praxis im deutschen Rechtssystem, anders als in England, mit weitaus mehr Nachteilen als Vorzügen verbunden sein, weshalb sie sich für den deutschen Rechtsraum nicht als sinnvoll erweist.[1074]

1072 An dieser Stelle seien z.B. die zivilrechtlichen Generalklauseln "Treu und Glauben" und "gute Sitten" genannt, die durch den Richter auszufüllen sind. Auf verfassungsrechtlicher Ebene sind die Rechtsbegriffe "Würde des Menschen", "freie Entfaltung der Persönlichkeit" oder "Gleichheit vor dem Gesetz" anzuführen. Vgl. hierzu ausführlich Zweigert, Ethisierte Rechtsordnung, S. 303 f, der von einer *„wachsenden Entformalisierung und Ethisierung des Rechts"* spricht.

1073 Grundsätzlich sind die Richter aller Instanzen als Träger einer besonderen gesellschaftlichen Verantwortung zur Stärkung des gesellschaftlichen Wertebewußtseins sowie des Wertekonsens in der Gesellschaft aufgerufen. Aus diesem Grunde sollte sich jeder Richter der Verantwortung seiner Tätigkeit bewußt sein und sich vor Augen führen, daß jede richterliche Entscheidung Folgen für die Gesellschaft hat. In diesem Sinne wohl auch Wipfelder, Der Richter, S. 122, 128.

1074 Vgl. ausführlich zu der Frage, ob es sich empfiehlt, die Bekanntgabe der abweichenden Meinung des überstimmten Richters auch in den deutschen Verfahrensordnungen zuzulassen, Zweigert, Gutachten D - Dissenting Opinion, S. 1 ff.

c) Zahl der Berufsrichter

Viele positive Besonderheiten der englischen Richterschaft beruhen offensichtlich auf der Tatsache, daß es sich um eine kleine homogene Gruppe handelt. In Deutschland hingegen existiert eine große Anzahl an Berufsrichtern[1075], die sich naturgemäß nicht durch eine entsprechende Einheitlichkeit auszeichnet. Diese geradezu extremen Ausgangssituationen werfen die berechtigte Frage nach den Gründen für die verhältnismäßig hohe Zahl der Berufsrichter in Deutschland und die verhältnismäßig geringe Anzahl in England auf.

Die hohe Zahl der Berufsrichter in Deutschland ist zunächst auf verfassungsrechtliche Vorgaben des Grundgesetzes zurückzuführen. Dieses schreibt in den Artikeln 92 und 97 vor, daß bei jedem Urteil der rechtsprechenden Gewalt ein Berufsrichter mitwirken muß.[1076] Anders als in England, können Gerichtsentscheidungen in Deutschland daher nicht allein durch juristisch ungeschulte Laienrichter gefällt werden. Hinzu kommt die Bevorzugung kollektiver Spruchkörper in Deutschland, welche naturgemäß eine höhere Anzahl von Richtern bedingen. Zwar wird im Rahmen der aktuellen Debatte über die Justizreform in Zivilstreitigkeiten derzeit unter dem Stichwort "Stärkung der ersten Instanz" über eine Erweiterung des Einzelrichterprinzips diskutiert[1077], doch stehen bislang nach wie vor die Kammern als Kollegialorgane im Vordergrund.

Des weiteren ist in diesem Zusammenhang die Durchlässigkeit des Gerichtssystems in personaler Hinsicht von Bedeutung. Der deutsche Richter ist grundsätzlich nur einem Gericht zugeordnet und wird daher nicht an einem anderen tätig. Gegen seinen Willen kann er auch nicht an ein anderes Gericht versetzt werden. In England hingegen sind allenfalls die Law Lords im Oberhaus und die Laienrichter an den Magistrates' Courts diesen Gerichten fest zugewiesen, während sich die anderen Gerichte, insbesondere der High Court of Justice und der Court of Appeal aufgrund des üblicherweise praktizierten Kooptationssystems als

---

1075 In Deutschland sind derzeit etwa 20.969 Richterinnen und Richter tätig. Vgl. näher hierzu die ausführlichen Angaben des Bundesministeriums der Justiz, Zahlen aus der Justiz*.

1076 Neben den Artikeln 92 und 97 GG ist in diesem Zusammenhang auch Artikel 33 IV GG von Bedeutung. Aus dem Zusammenspiel sowie der wechselseitigen Bezugnahme dieser Regelungen ergibt sich, daß stets professionelle Berufsrichter bei gerichtlichen Entscheidungen mitzuwirken haben. Da das Grundgesetz keine ausdrückliche Regelung über den Umfang der Verwendung rechtsgelehrter Richter enthält, steht es im Ermessen des Gesetzgebers, je nach der Eigenart des Rechtsgebietes den Anteil ehrenamtlicher Richter festzulegen. Vgl. hierzu Herzog in Maunz/Dürig-GG, Art. 92 Rn. 77 ff, insbesondere Rn. 86 - 88 m.w.N.; Meyer in von Münch-GG, Art. 92 Rn. 17. Die Professionalität der Gerichte wird auf einfachgesetzlicher Ebene für den Regelfall der Spruchkörper durch § 28 II 1 DRiG gesichert, welcher die Mitwirkung zumindest eines Berufsrichters festlegt.

1077 Siehe zum Beispiel Bundesministerium der Justiz, Einführungsreferat der Frau Bundesministerin der Justiz, Prof. Dr. Herta Däubler-Gmelin, auf dem Aktuellen Forum des 63. DJT am 28.09.2000 zum Thema Justizreform*, Erweiterung des Einzelrichterprinzips; Deutscher Juristentag, Eckpunkte einer Justizreform – Aktuelles Forum des 63. DJT*.

deutlich flexibler erweisen. Insofern kommt dem Lord Chief Justice als Vorsitzender der Queen's Bench Division des High Court nicht nur die Aufsicht über diese Abteilung, sondern darüber hinaus auch ein wichtige Funktion in den Strafsenaten des Court of Appeal zu. Auch die Mitwirkung der *Puisne Judges* in der Criminal Division des Court of Appeal stellt keine Ausnahmeerscheinung, sondern vielmehr die Regel dar. Aber auch innerhalb des High Court besteht keine feste Zuordnung der Richter, so daß ein Richter aufgrund seiner Spezialkenntnisse ohne weiteres in eine andere Abteilung kooptiert werden kann.[1078]

Weiterhin sind in Deutschland viele Rechtsstreitigkeiten den Gerichten zugewiesen, für die in England besondere spezialisierte Tribunale eingerichtet wurden.[1079] Das deutsche Recht läßt zudem in weitem Umfang Rechtsmittel zu, das englische Recht hingegen nur sehr begrenzt.[1080] Schließlich muß an dieser Stelle die verhältnismäßig große Bereitschaft der Deutschen, ihre Konflikte vor Gericht auszutragen, Erwähnung finden, welche erheblich zur Belastung der Justiz beiträgt.[1081]

Das englische Gerichtssystem hingegen setzt sich getreu dem Motto, daß Weniger manchmal Mehr ist, aus wenigen erlesenen und außerordentlich qualifizierten Berufsrichtern sowie einer großen Anzahl an Laienrichtern zusammen. Auf der einen Seite gewährleistet die kleine Zahl der Berufsrichter auf der Grundlage ihrer ausgezeichneten juristischen Qualifikation sowie aufgrund des stark ausge-

---

1078 Vgl. Meister, Rechtssystem Englands, S. 70 mit Hinweis darauf, daß neu ernannte Richter gemäß ihrer Spezialisierung als Barrister zwar einer der drei Abteilungen des High Court of Justice zugewiesen werden. Doch ist vorgesehen, daß immer dann, wenn die Spezialkenntnisse eines Richters einer anderen Abteilung erforderlich zu sein scheinen, dieser ohne weiteres kooptiert werden kann.

1079 Insgesamt existieren in England über 60 verschiedene "Tribunals", welche allesamt der Aufsicht des "Council on Tribunals" unterliegen. Vgl. näher hierzu den Tribunals and Inquiries Act 1992. Siehe auch den anschaulichen Überblick bei Darbyshire, English Legal System, S. 153 ff.

1080 Vgl. Kirchhof, Richter in Deutschland, S. 455 m.w.N. So gingen im Jahre 1998 beim Bundesgerichtshof (BGH) insgesamt 6.096 Revisionen, Beschwerden und Berufungen in Zivilsachen und 3.827 in Strafsachen ein. Die Oberlandesgerichte hatten sich mit 69.600 Berufungen in Zivilsachen und 6.123 Strafverfahren in der Revisionsinstanz zu beschäftigen. Vgl. ausführlich Bundesministerium der Justiz, Zahlen aus der Justiz*.

1081 Siehe hierzu unter anderem Limbach, Im Namen des Volkes, S. 107: „*Die vielfach beschworene Vertrauenskrise der Justiz mindert nicht im geringsten die Bereitschaft der Deutschen, ihre Konflikte vor Gericht auszutragen. Das gilt übrigens auch für die Streitfreudigkeit der Verfassungsorgane und anderer öffentlicher Institutionen.*“. Vgl. auch die treffenden Ausführungen Wipfelders, Der Richter, S. 118: „*Der Rechtssuchende erwartet nach wie vor vom Recht Geborgenheit. Dazu gehört nicht zuletzt der Schutz vor Schicksalsschlägen. Denn der Bürger betrachtete heute weitgehend das Schicksal als einklagbaren Rechtsverlust. Das Recht wird gefragt: Wie hilft es uns beim Ertragen dieses Schicksals?*“.

prägten Berufsethos und Standesbewußtseins eine weitgehend einheitliche Rechtsprechung auf hohem Niveau. Auf der anderen Seite darf gleichwohl nicht übersehen werden, daß diese kleine elitäre Berufsrichterschaft auch in England ihren Preis hat, den man in Deutschland sicherlich nicht bereit wäre zu zahlen. So werden in England grundsätzlich keine schriftlichen Urteilsbegründungen angefertigt[1082], die zur Verfügung stehenden Rechtsmittel gegen ein Urteil sind sehr begrenzt und die überaus breit angelegte Heranziehung von Laienrichtern, welche an den unteren Gerichten im Kollektiv zum Teil auch ohne Beteiligung eines Berufsrichters sitzen, birgt die ihr eigenen, naturgemäßen Rechtsunsicherheiten. Die Rechtsprechung vollzieht sich daher nicht durchgehend, sondern primär im Bereich der höheren Instanzen auf einem qualitativ hohen Niveau.

Dennoch erweist sich die große Zahl deutscher Berufsrichter im Vergleich zur englischen Richterschaft als erschreckend. Dies gilt in Anlehnung an das richterliche Idealbild insbesondere aus dem Grunde, weil jene Qualitäten, über die ein Richter idealerweise verfügen sollte, nicht den normalen Durchschnittsjuristen kennzeichnen, sondern vielmehr dem Gesetz der kleinen Zahl unterliegen. Zudem ist die Tatsache, daß die Richter permanent über Überlastung klagen, ein deutliches Anzeichen für grundlegende Defizite im Rahmen des deutschen Gerichtssystems respektive der Gerichtsorganisation.

d) Sozialisation der Richter

Im Hinblick auf die Sozialisation der Richter erweist sich für eine rechtsvergleichende Untersuchung insbesondere das hieraus erwachsende richterliche Selbstverständnis als bedeutsam.

Den englischen Richter kennzeichnet ein scheinbar unumstößliches Selbstbewußtsein und eine entsprechende innere Unabhängigkeit, welche auch nach außen deutlich sichtbar zu Tage treten. Dies dürfte in erster Linie darauf zurückzuführen sein, daß die Richter in vorgerücktem Lebensalter aus den Kreisen der erfolgreichsten Rechtsanwälte berufen werden. Da sie in der freien Wirtschaft bereits ein außerordentliches Maß an Erfolg sowie eine beachtliche Reputation erlangt haben, weisen sie als Richter kein gesteigertes Geltungsbedürfnis mehr auf. Ganz im Gegenteil begreifen sie die Ernennung zum Richter als persönliche Ehre und als Krönung ihrer juristischen Tätigkeit. Die Ehrfurcht und der Stolz, die mit der Ausübung eines Richteramtes verbunden sind, überragen die lukrative Tätigkeit in der freien Wirtschaft offensichtlich bei weitem. Der englische Richter zeichnet sich durch einen umfangreichen Erfahrungsschatz sowohl in rechtlicher Hinsicht als auch im Hinblick auf seine Lebenserfahrung aus. Er stellt eine gesetzte Persönlichkeit mit großem Selbstbewußtsein und einer äußerlichen wie auch innerlichen Unantastbarkeit dar.

[1082] Vgl. hierzu ausführlich die rechtsvergleichenden Ausführungen unter C. II. 2. c).

Hinzu kommt, daß die zum Richter ernannten Anwälte gewöhnlich noch nie in ihrem Leben in einem hierarchischen Angestelltenverhältnis gearbeitet haben, innerhalb dessen sie Weisungen eines übergeordneten Vorgesetzten befolgen mußten. Vielmehr waren sie ihr ganzes Berufsleben hindurch "ihr eigener Herr", ein beruflicher Erfahrungshorizont, welcher einen nicht unwesentlichen Beitrag zur Entwicklung der richterlichen Persönlichkeit leistet.[1083]

Demgegenüber versteht sich der deutsche Richter primär als staatlicher Beamter. Insofern kann er kein auch nur ansatzweise vergleichbares Selbstbewußtsein wie sein englischer Kollege aufweisen. Obwohl die Zeiten des Gesetzespositivismus lange vorbei sind und mittlerweile in juristischen wie auch gesellschaftlichen Kreisen allgemein anerkannt ist, daß Gesetze nicht jeden konkreten Lebenssachverhalt erfassen können und insofern stets einer Auslegung und Anwendung auf den individuellen Einzelfall bedürfen, begreifen sich viele Richter, insbesondere an den unteren Gerichten, nach wie vor als Subsumtionsautomaten.[1084] Freilich trifft dies nicht auf die Richter an den höheren und höchsten deutschen Gerichten zu. Gleichwohl ist auch deren Selbstverständnis nicht ansatzweise vergleichbar mit dem eines englischen hohen Richters.

Der deutsche Richter muß sich in jungem Alter zunächst in der Praxis bewähren und sich sodann im Laufe seiner Berufserfahrung ein richterliches Selbstbewußtsein aneignen. Anders als in England wird ihm dieses jedoch weder über die juristische Ausbildung, noch über die berufliche Erfahrenheit vor der Ernennung zum Richter, noch über ein mit dem Richteramt selbst verbundenes Sozialprestige vermittelt. Dabei dürfte wohl auf der Hand liegen, daß diese Sozialisation nicht bei allen Richtern gleichermaßen gelingen kann. Insbesondere die fehlende Berufserfahrung der neu ernannten Richter erweist sich in diesem Zusammenhang als wesentlicher Faktor, denn außer der erfolgreich abgeschlossenen juristischen Ausbildung, welche im übrigen auch von allen vor Gericht agierenden Staatsanwälten und Verteidigern absolviert worden ist, kann der Richter auf keine besonderen erfolgreichen Erfahrungen aus der Praxis rekurrieren.[1085] Vor diesem Hintergrund wird die Entwicklung eines starken und selbstbewußten Persönlichkeitsprofils auf Seiten der Richter erheblich erschwert.

1083 Gleichwohl entspricht die Aussage, über einen zum Richter ernannten Anwalt sei noch nie eine Beurteilung geschrieben worden (so Meister, Rechtssystem Englands, S. 70), nicht ganz der Wirklichkeit, da die gesamte juristische Ausbildung von Anfang an auf Empfehlungen anderer und Beziehungen (connections) ausgerichtet ist. Mit anderen Worten dreht sich die gesamte juristische Berufswelt um die Tatsache "to know and to be known", ein Grundsatz, welcher sich in Form der secret soundings auch im Bereich der richterlichen Tätigkeit manifestiert und insofern fortsetzt.

1084 Vgl. Zweigert, Ethisierte Rechtsordnung, S. 303.

1085 Vor diesem Hintergrund verwundert es übrigens nicht, daß das Problem der Konfliktverteidigung vor Gericht in England gänzlich unbekannt ist.

e) Richterliche Qualifikation

Die Ausführungen zur Auswahl und Ernennung der Richter veranschaulichen, daß das englische und das deutsche Rechtssystem jeweils andere richterliche Qualitäten und Persönlichkeitsmerkmale in den Vordergrund stellen. Dies ist in erster Linie auf systemimmanente Gründe zurückzuführen, spiegelt zu gewissen Grade jedoch auch die nationalen Stereotypen wieder.

Die Auswahl der englischen Richter konzentriert sich neben der langjährigen und außerordentlich erfolgreichen Tätigkeit als Rechtsanwalt vor allen Dingen auf eine gesetzte Persönlichkeit, ein ausgewogenes Leben sowie die Persönlichkeitsmerkmale, welche traditionell mit dem englischen Ideal des Gentleman verbunden werden. Die Richter befinden sich im vorgerückten Lebensalter und strahlen infolgedessen ein hohes Maß an Lebenserfahrung und Ruhe aus.

Die Präferenz dieser richterlichen Charakteristika liegt maßgeblich in dem englischen Fallrechtssystem *(case-law)* begründet, dessen Funktionieren und Qualität in hohem Maße von der Persönlichkeit und Autorität des Richter abhängt. Aufgrund der hohen Stellung des Richterrechts *(judge-made-law)* im englischen Rechtssystem kommt dem Ansehen, der Homogenität und der Persönlichkeit der Richter eine große Bedeutung zu.

Neben den bereits angeklungenen Vorteilen sind die von englischer Seite bevorzugten richterlichen Qualitäten jedoch auch mit wesentlichen Nachteilen verbunden. So sichert die Homogenität der Richterschaft auf der einen Seite eine einheitliche Rechtsanwendung und Rechtsprechung, ein durchaus positiver und in der gerichtlichen Praxis nicht zu unterschätzender Aspekt. Auf der anderen Seite ist damit aber auch der die Gefahr verbunden, daß die Belange und Lebensbedingungen der Durchschnittsbevölkerung nicht wahrgenommen werden respektive nicht nachvollzogen werden können. Ähnlich erweist sich die jahrzehntelange Tätigkeit als praktizierender Rechtsanwalt zwar als wertvolle Berufserfahrung für den spät berufenen Richter, doch gestaltet sich der funktionale Rollenwechsel vom einseitig argumentierenden Anwalt zum unparteiischen Richter auf diese Art und Weise nicht gerade unproblematisch.

Im Vordergrund der in Deutschland praktizierten Richterauswahl steht ganz eindeutig die fachliche Qualifikation in Form zweier erfolgreich abgeschlossener juristischer Staatsexamina, obwohl auch soziale Kompetenzen mehr und mehr Berücksichtigung finden. So findet sich zu Beginn der Richterlaufbahn ein unerfahrener Proberichter wieder, der im Alter von durchschnittlich etwa 30 Jahren noch kein hohes Maß an Lebenserfahrungen, Ruhe oder charakterlicher Gesetztheit vorweisen kann.

Die maßgebliche Ausrichtung auf die fachlichen Kenntnisse und Fähigkeiten ist neben den historisch gewachsenen Besonderheiten der Juristenausbildung in Deutschland vor allen Dingen auf das deutsche Rechtssystem zurückzuführen, dessen primäre Rechtsquelle das geschriebene Gesetzesrecht darstellt. Die Anwendung und Auslegung dieser Fülle an Gesetzen erfordert zweifellos eine umfassende juristische Qualifikation, welche in den Noten der juristischen Staatsexamina zum Ausdruck kommt. Der deutsche Richter erweist sich daher als außerordentlich qualifiziert für seinen Beruf, zumal die gesamte juristische Ausbildung an dem Berufsbild des Richters ausgerichtet ist. Auf der anderen Seite fehlt es dem jungen Richter jedoch an Lebenserfahrung und der nötigen Ruhe und Gesetztheit, die ein weiter beruflicher Erfahrungsschatz sowie ein gewisses Lebensalter mit sich bringen. Zudem werden soziale Kompetenzen im Rahmen des Auswahlverfahrens immer noch zu sehr ausgeblendet.

Die vorangegangenen Ausführungen zeigen, daß keines der beiden Systeme perfekt ist. Entscheidend und für den Rechtsvergleich von Bedeutung ist jedoch die unterschiedliche Schwerpunktsetzung respektive die unterschiedlichen Zielvorstellungen, die mit den einzelnen richterlichen Persönlichkeitsmerkmalen verbunden werden. Vor diesem Hintergrund läßt sich sodann feststellen, daß sich die jeweils bevorzugten richterlichen Qualitäten in beiden Rechtssystemen in der Praxis auch manifestieren und insofern den mit ihnen verbundenen Nutzen erfüllen.

f) Selektion der Richter

Schließlich stellt sich im Rahmen der rechtsvergleichenden Untersuchung die Frage, auf welcher Stufe des richterlichen Auswahlverfahrens mit welchen Mitteln anhand welcher Kriterien in Deutschland und England selegiert wird.

In England sind die Zugangsvoraussetzungen zur juristischen Ausbildung sehr niedrig angesetzt, da ein rechtswissenschaftliches Universitätsstudium nicht notwendigerweise erforderlich ist. Da ausschließlich erfolgreiche Anwälte, welche über ein beachtliches Ansehen sowie eine entsprechende Reputation in der gerichtlichen Praxis verfügen, für ein Richteramt in Betracht kommen, selegiert sich der Kreis der potentiellen Kandidaten für ein Richteramt von selbst. Die Berufung erfolgt erst spät und auf der Grundlage langjähriger Beobachtungen des Bewerbers in der Praxis sowie aufgrund von Beurteilungen angesehener Persönlichkeiten aus den Kreisen der Richterschaft und der Standesorganisationen *(secret soundings)*.

In Deutschland hingegen erfolgt die Selektion bereits auf der Stufe des Zugangs zur juristischen Ausbildung, da ein rechtswissenschaftliches Studium an einer Universität zunächst ein Abitur voraussetzt. Nach Abschluß der Ausbildung wird sodann in erster Linie anhand der Examensnoten aus der Ersten und Zweiten Juristischen Staatsprüfung ausgewählt. Dabei liegt eine eventuelle Berufserfahrung der Bewerber grundsätzlich nicht vor, so daß diese Qualifikation im Rahmen der Auswahlentscheidung nicht berücksichtigt werden kann.

Die rechtsvergleichende Betrachtung wirft die Frage auf, ob nicht auch in Deutschland bereits im Stadium der Bewerberauswahl eine Qualitätskontrolle in der Form eingeführt werden könnte, daß vor der Einstellung in den Staatsdienst als Richter eine Mindestzeit an praktischer Berufserfahrung nachgewiesen werden muß.[1086] Die Berücksichtigung praktischer Erfahrungswerte wäre bei Kandidaten mit gleicher Qualifikation zwar möglich, doch gilt grundsätzlich das strenge Leistungsprinzip des Grundgesetzes und damit der Notenvorrang. Zudem würde die Gefahr drohen, daß sich die Justiz mit Bewerbern zweiter Klasse begnügen müßte, da die erstklassigen Juristen nach einigen Jahren Praxiserfahrung aufgrund der lukrativen Beschäftigung in der freien Wirtschaft und der relativ schlechten Bezahlung als Richter nicht mehr in den Staatsdienst eintreten wollten. Der Vergleich mit der englischen Richterschaft gestaltet sich in diesem Zusammenhang aus dem Grunde problematisch, da in Deutschland im Hinblick auf den Richterberuf kein entsprechendes Traditionsbewußtsein und Prestigeempfinden vorherrschen, welche die finanziellen Verluste ausgleichen und das Richteramt für außerordentlich qualifizierte Juristen attraktiv gestalten könnten. Insofern würde sich die Qualifikation anhand praktischer Berufserfahrung für die Richterauswahl in Deutschland nicht als nützliches Kriterium erweisen. Statt dessen sollten die Möglichkeiten zur Qualitätssicherung in den Grenzen des verfassungsrechtlichen Leistungsgrundsatzes noch intensiver als zuvor genutzt werden.

g) Beteiligung juristischer Laien am Gerichtsverfahren

Im deutschen Gerichtssystem findet sich nur eine sehr begrenzte Beteiligung juristischer Laien in Form der ehrenamtlichen Laienrichter wieder. Auf keiner gerichtlichen Ebene werden Entscheidungen ausschließlich durch Laienrichter getroffen.

In England ist die Beteiligung juristischer Laien hingegen weitaus breiter angelegt. So finden sich an den unteren Gerichten, den Magistrates' Courts, ganze Spruchkörper, die ausschließlich mit Laienrichtern *(Lay Magistrates)* besetzt sind und ohne Beteiligung eines Berufsrichters etwa 97 % der Fallast in strafrechtlichen Fällen entscheiden. Hinzu kommt die Beteiligung der Jury als Herzstück der englischen Rechtskultur. Die Geschworenen nehmen im formellen Strafverfahren vor dem Crown Court eine machtvolle Position ein, da sie allein über die Schuldfrage entscheiden und für ihre Entscheidung keine Gründe angeben. Der Wahrspruch der Jury kann folglich nicht angefochten werden.

Die Beteiligung juristischer Laien bei Gericht geht in England auf eine jahrhundertelange Tradition zurück und wird auch heute noch als Ausdruck von Freiheit

[1086] So könnte z.B. von jedem Bewerber für ein Richteramt verlangt werden, daß er eine mindestens dreijährige Tätigkeit als praktizierender Rechtsanwalt vorweisen kann. Hierfür wäre nicht einmal eine Gesetzesänderung erforderlich.

angesehen.[1087] Gleichwohl ist insbesondere das Jury-System in neuerer Zeit kritisiert worden, da es teilweise zu exzessiven Verlängerungen von Strafverfahren führt und infolgedessen hohe Kosten verursacht.

Bei näherer Betrachtung offenbaren sich unterschiedliche Gründe für die Beteiligung von juristischen Laien im Rahmen der staatlichen Gerichtsbarkeit in Deutschland und England. So bedeutet der Einsatz der *Lay Magistrates* in England für den Staat in erster Linie eine unglaubliche Einsparung an Kosten, ein aus kontinentaleuropäischer Perspektive nicht zu unterschätzender Aspekt, denn ohne die hohe Anzahl der Laienrichter würde das englische Gerichtssystem zweifellos kollabieren. Allein aus diesem Grunde wird diese Tradition auch in Zukunft beibehalten werden. Des weiteren soll durch die außerordentlich umfangreiche Heranziehung von Laien die unleugbar bestehende Herrschaft des Juristenstandes, insbesondere die außergewöhnliche Homogenität der Berufsrichterschaft korrigiert werden.[1088]

In Deutschland stellt die Laienbeteiligung im Rahmen der Strafgerichtsbarkeit ein Relikt aus alter Zeit dar, dem heutzutage weniger eine rechtsdogmatische als vielmehr eine rechtspolitische Bedeutung zukommt, denn die Schöffen werden als Vertreter der Allgemeinheit und nicht etwa wegen ihrer besonderen Sachkenntnisse hinzugezogen.[1089] Im Rahmen der Zivilgerichtsbarkeit dient die Heranziehung von Laienrichtern primär der Einbringung spezifischer Fachkenntnisse und praktischer Erfahrungen sowie dem gerechten Interessenausgleich kontrahierender Prozeßparteien respektive Interessenverbände. Dabei fungiert der Laienrichter im deutschen Recht primär als Korrektiv und nicht als Ersatz für den juristisch geschulten Berufsrichter. Insofern wird der Nachteil der fehlenden Rechtskenntnisse durch die Mitwirkung der Berufsrichter ausgeglichen.

III. Verfassungsrechtliche Grundlagen

1. Verfassungsrechtliche Konzeption des Richters in Deutschland

Die Rechtsprechung ist nach Art. 20 II S. 2 GG ein Element der vom Volke ausgehenden Staatsgewalt. Sie ist den Richtern anvertraut und wird durch das Bundesverfassungsgericht, durch die im Grundgesetz vorgesehenen Bundesgerichte

---

1087 Vgl. Lord Goff of Chieveley, Role of the Judge in England, S. 445 „*(...) the jury is still regarded (together with the rule of law) as one of the fundamental sources of our ancient freedom (...)*".

1088 So jedenfalls McCleary/Grabowsky, Englische Rechtsprechung, S. 33.

1089 Vgl. hierzu Kühne, Strafprozeßrecht, Rn. 117, der die Beteiligung von juristischen Laien im Strafverfahren als „*überlebte Reminiszenz mit Spuren basisdemokratischer Verklärung*" bezeichnet. Zur Frage, ob nach heutigem Recht noch überzeugende Argumente für die Beteiligung von Laienrichtern im Strafverfahren sprechen, siehe ausführlich Kühne, Laienrichter im Strafprozeß, S. 237 ff m.w.N.

sowie durch die Gerichte der Länder ausgeübt (Artikel 92 GG). Bei der Wahrnehmung ihrer Tätigkeit sind die Richter nur an "Gesetz und Recht" gebunden.[1090] Ihre Unabhängigkeit wird von der Verfassung in Art. 97 GG garantiert. Die Rechtsprechung hat einen verfassungsunmittelbaren Auftrag zur Kontrolle der beiden anderen Elemente der Staatsgewalt, der Exekutive und Legislative. Dies folgt aus den Art. 19 IV (Rechtsschutz gegen öffentliche Gewalt), 93 (Kompetenzen des Bundesverfassungsgerichts) und 100 GG (Normenkontrolle).

Mit diesen elementaren Aussagen ist der Bestand an Verfassungsbestimmungen zur Stellung der Rechtspflege im Staatsganzen bereits im wesentlichen umschrieben. Im Folgenden werden nunmehr die verfassungsrechtlichen Grundsätze näher beleuchtet, welche für die verfassungsrechtliche Konzeption des Richters in Deutschland konstitutiv sind.

a) Grundsatz der Gewaltenteilung

Der Grundsatz der Gewaltenteilung stellt ein tragendes Organisationsprinzip des Grundgesetzes dar und ist nach allgemeiner Ansicht in Art. 20 II S. 2 GG verankert.[1091] Mit den Worten des BVerfG besteht der Sinn und Zweck der Gewaltenteilung darin, daß „die Organe der Legislative, Exekutive und Justiz sich gegenseitig kontrollieren und begrenzen, damit die Staatsmacht gemäßigt und die Freiheit des einzelnen geschützt wird"[1092], eine klare Zielsetzung, die an die klassische Gewaltenteilungslehre Montesquieus erinnert.

Die Formulierung des Art. 20 II GG macht deutlich, daß der Grundsatz der Gewaltenteilung Zuständigkeiten verteilt, nicht aber die Staatsgewalt als solche teilt.[1093] Vielmehr geht das Grundgesetz von einer einheitlichen Staatsgewalt in Bund und Ländern aus, die auf das Staatsvolk zurückzuführen ist. Das Volk übt die Staatsgewalt aber nur in Form von Wahlen und Abstimmungen aus. Im übrigen ist sie den besonderen Organen der Gesetzgebung, der vollziehenden Gewalt und der Rechtsprechung anvertraut. Damit ist Art. 20 II GG gleichermaßen sedes materiae der Gewaltenteilung wie auch verfassungsrechtliche Quelle der Volkssouveränität, eine Fundamentalnorm zur Staatsorganisation mit herausragender Bedeutung im Gefüge des Grundgesetzes. Diese Sonderstellung manifestiert sich zudem in Art. 79 III GG, der eine Änderung der in Art. 20 GG darge-

---

1090 Siehe Art. 20 III GG. Näher zu dieser Bindung des Richters an "Gesetz und Recht" unter A. III. 1. c). Zudem konstituiert Art. 1 III GG ausdrücklich die unmittelbare Bindung der Rechtsprechung an den materiellen Inhalt des Grundrechtskatalogs.

1091 Vgl. BVerfGE 67, 100, 130; 34, 52, 59; 3, 225, 247. Siehe zudem Herzog in Maunz/Dürig-GG, Art. 20 V, Rn. 37; Schmidt-Aßmann in Isensee/Kirchhof, Handbuch des Staatsrechts I, S. 1013; Jarass/Pieroth, GG-Kommentar, Art. 20 Rn. 23.

1092 BVerfGE 9, 268, 279.

1093 Siehe dazu Wrege, System der Gewaltenteilung, S. 436; Pfeiffer, Aufgaben heute und morgen, S. 241.

legten Grundsätze – auch mit verfassungsrechtlicher Mehrheit des Parlamentes – für unzulässig erklärt.

Das Idealbild der strengen Gewaltenteilung im klassischen Sinne findet sich jedoch weder im deutschen Grundgesetz[1094] noch in der Verfassungswirklichkeit[1095] noch irgendwo sonst auf der Welt[1096] in seiner reinen Form wieder. Vielmehr sind Überschneidungen der Funktionen und Einflußnahmen der einzelnen Gewalten auf andere gebräuchlich wie auch unvermeidbar. Da eine idealtypische Gewaltenteilung in der Praxis nicht durchführbar ist[1097], wird der Sinn und Zweck des Gewaltenteilungsgrundsatzes darin erblickt, die Staatsfunktionen in ihrem Kernbereich verschiedenen Organen zuzuweisen und diese Kernbereiche sodann verfassungsrechtlich gegen Übergriffe anderer abzusichern.[1098] Insofern fordert auch das Grundgesetz keine absolute Trennung, sondern die gegenseitige Kontrolle, Hemmung und Mäßigung der Gewalten.[1099] Dabei wird aber jeder Gewalt durch Art. 20 II S. 2 GG ein Kernbereich gewährleistet.[1100] Zur Charakterisierung dieser Ordnung wird gewöhnlich der Begriff der Gewaltenverschränkung oder des *checks-and-balances* verwandt und in der Tat stellen wechselseitige Interaktionen der Staatsorgane bei der Wahrnehmung der ihnen zukommenden Kompetenzen die Regel und nicht die Ausnahme dar.

1094 Zahlreiche Überschneidungen der Elemente der Staatsgewalt sind schon im GG selbst angelegt und damit systemimmanent. So kommt die wechselseitige Funktionsverschränkungen zwischen Exekutive und Legislative unter anderem darin zum Ausdruck, daß der Bundestag dem Bundeskanzler das Mißtrauen aussprechen kann (Art. 67 GG). Insofern kommt dem Bundestag eine Kontrollfunktion hinsichtlich der Regierung zu. Auf der anderen Seite hat aber die Bundesregierung das Recht zur Gesetzgebungsinitiative (Art. 76 GG) und zum Erlaß von Rechtsverordnungen (Art. 80 I GG).

1095 Die Diskrepanz zwischen der historischen Idealvorstellung der vollständigen Trennung der drei Staatsgewalten und der verfassungsrechtlichen Wirklichkeit in Deutschland wird aus dogmatischer Perspektive auf unterschiedliche Weise zu bewältigen versucht. Vgl. dazu Reinhardt, Konsistente Jurisdiktion, S. 41 ff sowie insbesondere S. 50 ff mit einer ausführlichen Darstellung des rechtswissenschaftlichen Schrifttums.

1096 Vgl. hierzu BVerfG 34, 52, 59; 3, 225, 247; Stein, Staatsrecht, S. 110; Kissel, Grenzen der Rechtsprechung, S. 1779; Vogel, Gewaltenvermischung, S. 1506.

1097 Zu den logischen Inkonsequenzen der klassischen Gewaltenteilungslehre nach Montesquieu vgl. Jakobs, Gewaltenteilung nach Roman Herzog, S. 17 f, der die Rede des Bundespräsidenten über die Unabhängigkeit der Richter aus Anlaß des 500. Jahrestages der Gründung des Reichskammergerichts rezipiert.

1098 Vgl. Fastenrath, Gewaltenteilung Überblick, S. 200 m.w.N.; von Arnim, Grundfragen der Kontrolle, S. 917 ff; Wrege, System der Gewaltenteilung, S. 436 ff; Wank, Gewaltenteilung, S. 623 ff.

1099 Vgl. hierzu ausdrücklich BVerfGE 95, 1, 15.

1100 BVerfGE 95, 1, 15 f; 34, 52, 59; 9, 268, 279 f. Siehe auch Jarass/Pieroth, GG-Kommentar, Art. 20 Rn. 25 - 27 m.w.N.

In diesem System der Gewaltenbalancierung nimmt die Rechtsprechung jedoch eine Sonderstellung ein, denn ihr stehen zahlreiche unmittelbare wie auch mittelbare Einflußmöglichkeiten auf die Entscheidungen und Handlungen der beiden anderen Gewalten zur Verfügung, ohne daß den anderen Gewalten eine vergleichsweise Überwachungskompetenz zukommt. Dies ist letztlich darauf zurückzuführen, daß auch in Deutschland die machthindernden Schranken zwischen Exekutive und Legislative weitgehend eingeebnet sind. In diesem Zusammenhang sei auf die starke Position des BVerfG als deutsche Besonderheit hingewiesen, welchem gegenüber den anderen Organen im Hinblick auf die Verletzung spezifischen Verfassungsrechts respektive die Einhaltung der Verfassung stets das Recht der letzten Entscheidung zusteht[1101].

Trotz diverser Überschneidungen der Rechtsprechung mit den beiden anderen Gewalten, zeigt sich die Funktionentrennung in diesem Verhältnis als strikter.[1102] Dies beruht in erster Linie auf der verfassungsrechtlichen Garantie der richterlichen Unabhängigkeit in Art. 97 GG, wodurch der Legislative und Exekutive jegliche Eingriffe in die Rechtsprechung untersagt werden. Insofern erweist sich die Rechtsprechung als von den übrigen Staatsfunktionen gesonderte Gewalt, während Legislative und Exekutive vielfältig miteinander verknüpft sind[1103], eine Gewaltentrennung, welche durch die Herauslösung der Richter aus der Beamtenschaft noch deutlicher vollzogen ist als durch eine bloße Trennung der Institutionen. Gleichwohl ergeben sich auch im Verhältnis zur Rechtsprechung Berührungspunkte, denn diese ist nicht gänzlich gegen Einflüsse der anderen Gewalten isoliert. Doch tangieren die Einbrüche anderer Gewalten in die richterliche Domäne lediglich Randbereiche mit anderen Worten nur die Peripherie der richterlichen Tätigkeit.[1104]

1101 Dabei darf nach ständiger Rechtsprechung des Bundesverfassungsgerichts jeder deutsche Richter über die Verfassungsmäßigkeit vorkonstitutionellen Rechts entscheiden. Im Hinblick auf nachkonstitutionelles Recht ist dies jedoch dem Bundesverfassungsgericht vorbehalten, dem der Richter die Sache sodann nach Art. 93, 100 GG vorzulegen hat. Vgl. die Grundsatzentscheidung des Bundesverfassungsgerichts in BVerfGE 2, 124, 129 f.

1102 Vgl. Wrege, System der Gewaltenteilung, S. 437; Hesse, Verfassungsrecht, Rn. 551. Ausführlich zum Verhältnis der Rechtsprechung zu den anderen beiden Staatsfunktionen Kissel, Grenzen der Rechtsprechung, S. 1779 ff.

1103 Siehe hierzu Hesse, Verfassungsrecht, Rn. 547 m.w.N.

1104 Der maßgebliche Berührungspunkt mit der Legislative besteht darin, daß das Recht, dessen Wahrung und Weiterbildung den Gerichten aufgegeben ist, vorwiegend durch die Legislative geschaffen wird. Im Verhältnis zur Exekutive stellt insbesondere die Dienstaufsicht einen Bereich dar, in dem es zu Spannungen kommen kann, da die richterliche Unabhängigkeit durch entsprechende Maßnahmen möglicherweise gefährdet werden kann. Weitere Berührungspunkte ergeben sich im Bereich der Richterauswahl und der Ernennung zum Richter, denn die Richter werden grundsätzlich durch den zuständigen Fachminister, ein Organ der Exekutive, berufen. An der Berufung an oberste Bundesgerichte sind zudem Richterwahlausschüsse beteiligt, die sich aus den für das jeweilige Sachgebiet zuständigen Ministern der Ländern sowie einer gleichen Anzahl an Mitglie-

Im 21. Jahrhundert kann der klassische Grundsatz der Gewaltenteilung zu Recht als Anachronismus bezeichnet werden, denn im modernen Rechtsstaat kommt ihm keine eigenständige Bedeutung oder Relevanz mehr zu.[1105] Die Kontrolle absolutistischer Machtausübung, und damit die zentrale Intention des Gewaltenteilungsgrundsatzes, wird bereits durch die verfassungsrechtliche Fixierung auf eine demokratische und republikanische Staatsform in Art. 20 I GG gewährleistet und die Freiheit des Individuums sichert Art. 2 I GG aufgrund seiner Auffangfunktion, so daß es auch hier keines Schutzes über den Gewaltenteilungsgrundsatz mehr bedarf. Im Rahmen dieser Betrachtung darf jedoch nicht außer Acht gelassen werden, daß Verfassungen stets einen Entwurf für die Zukunft respektive ein imperatives Programm künftiger Staatstätigkeit darstellen.[1106] Sie akzentuieren das zur Zeit ihrer Entstehung für erforderlich Gehaltene und verzichten auf das selbstverständlich Gewordene.[1107]

Abschließend bleibt somit festzuhalten, daß sich das fortwährende Problem der staatlichen Machtkontrolle zwar auch im modernen, demokratischen Rechtsstaat stellt, doch wird es heute nicht mehr über das verfassungsrechtliche Prinzip der Gewaltenteilung einer Lösung zugeführt, sondern in erster Linie durch die rechtsprechende Gewalt des Bundesverfassungsgerichts sowie die föderale Struktur der Bundesrepublik Deutschland gewährleistet. Die Schutzmechanismen zur Begrenzung staatlicher Macht sowie zur Vermeidung von Machtkonzentrationen verlaufen heute zudem primär in politischen Dimensionen, wobei ferner nicht außer Acht gelassen werden darf, daß Macht in unserem modernen Rechtsstaat

---

dern zusammensetzen, die vom Bundestag gewählt werden (vgl. Art. 95 II GG). In diesen Fällen bestimmen folglich Exekutive und Legislative gemeinsam die personelle Zusammensetzung der Judikative. Die Richter des höchsten Bundesgerichtes, des Bundesverfassungsgerichts, werden sogar ausschließlich von der Legislative gewählt, und zwar je zur Hälfte vom Bundestag und vom Bundesrat (vgl. Art. 94 I S. 2 GG). Bedenken auf der Grundlage des Gewaltenteilungsgrundsatzes greifen hier aus dem Grunde nicht durch, da auch die Rechtsprechung als dritte Gewalt der mittelbaren demokratischen Legitimation bedarf.

1105 Das klassische Modell Montesquieus von der Gewaltenteilung stellt keine zeitlose Vorlage dar, sondern bedarf infolge des historischen Wandels der Anpassung an die heutigen Verhältnisse. Zu den zahlreichen Einwänden, die auf dieser Grundlage gegen den Gewaltenteilungsgrundsatz vorgebracht werden, vgl. Wank, Gewaltenteilung, S. 626 f.

1106 In diesem Zusammenhang sei in Erinnerung gerufen, daß die Gewaltenteilung während des dritten Reiches weitgehend beseitigt war: Bereits kurz nach der Machtergreifung im Jahre 1933 wurde Hitler durch das vom Reichstag mit Zweidrittelmehrheit beschlossene Ermächtigungsgesetz ("Gesetz zur Behebung der Not von Volk und Reich" vom 24.03.1933) in die Lage versetzt, Gesetze ohne das Parlament zu erlassen. Vgl. hierzu ausführlich Stern, Staatsrecht V, S. 775 f.

1107 Vgl. Zeidler, Richter und Verfassung, S. 12. Ähnlich Berg, Staatsrecht, Rn. 65; Herrmann, Die Unabhängigkeit, S. 286.

nicht mehr nur von Seiten des Staates ausgeht, sondern in zunehmendem Maße auch von nichtstaatlichen Institutionen und Organisationen ausgeübt wird.[1108]

b) Richterliche Unabhängigkeit

Die Unabhängigkeit der Richter steht in unmittelbarem Zusammenhang mit dem verfassungsrechtlichen Prinzip der Gewaltenteilung und stellt eine Garantie für das rechtsstaatliche Funktionieren der Gerichte dar und damit auch eine essentielle Grundvoraussetzung für den Rechtsstaat selbst.[1109] Die verfassungsrechtliche Ausgestaltung einer unabhängigen Rechtspflege erweist sich insbesondere im Rückblick auf das nationalsozialistische Gewaltregime[1110] von wesentlicher Bedeutung und ist aus diesem Grunde mit besonderer Sorgfalt bei der Schaffung des Bonner Grundgesetzes bedacht worden.[1111] Die Entwicklung der richterlichen Unabhängigkeit in ihrer heutigen Form ist zugleich die Geschichte des Richters im modernen Rechtsstaat und stellt das Ergebnis einer mehr als 200jährigen geistigen Entwicklung dar, die immer wieder durch Rückschritte gekennzeichnet war.[1112]

1108 An dieser Stelle seien vornehmlich die großen Banken und Wirtschaftsunternehmen, Interessenverbände, Kirchen und schließlich auch die politischen Parteien genannt. Zur verbliebenen Funktion des Grundsatzes der Gewaltenteilung im Grundgesetz unseres modernen Rechtsstaates siehe Reinhardt, Konsistente Jurisdiktion, S. 73 ff.

1109 Vgl. hierzu auch Mehle, Warum alle, S. 138: *„Wer sie (die richterliche Unabhängigkeit) angreift, zerstört Vertrauen. Wo Vertrauen zerstört ist, kann Akzeptanz nicht entstehen. Das wesentliche Ziel jeder Streitentscheidung, die Stiftung des Rechtsfriedens, würde unerreichbar.“*.

1110 Nach der Machtübernahme Hitlers im Jahre 1933 war die richterliche Unabhängigkeit nur noch vorläufig als unantastbar anzusehen. Zunächst wurde durch das "Gesetz zur Wiederherstellung des Berufsbeamtentums“ auf die Richter eingewirkt, wodurch diese zur Treue und zum Gehorsam gegenüber Adolf Hitler verpflichtet wurden. Danach erfolgte sodann auf dem Umweg über die Gesetze zur "Überleitung der Rechtspflege auf das Reich“ von 1934 (RGBl. I, S. 91 und S. 1214) und 1935 (RGBl. I, S. 68) eine organisatorische Umstrukturierung (sog. Verreichlichung der Justiz). Schließlich wurde die Unabhängigkeit der Richter durch den Reichstagsbeschluß vom 26. April 1942 (vgl. RGBl. I, S. 247) endgültig beseitigt: wer nunmehr als politisch unzuverlässig auffiel, mußte mit Disziplinarmaßnahmen bis hin zur Amtsenthebung rechnen, deren Verhängung ohne förmliches Verfahren sich Hitler als "Oberster Gerichtsherr“ ausdrücklich vorbehalten hatte. Damit waren die Richter der Willkür des Staates ausgeliefert. Doch auch schon vor dieser Maßnahme hatte eine Beeinflussung der Richter in Form der sog. "Richterbriefe“ stattgefunden, in denen der Richterschaft auf die nationalsozialistische Ideologie zugeschnittene Gesetzesauslegungen nahegelegt und sogar einzelne Gerichtsentscheidungen kritisiert wurden. Vgl. zum Ganzen ausführlich Stern, Staatsrecht V, S. 799 - 805; Lansnicker, Richteramt in Deutschland, S. 10 ff; Fenge, Unabhängigkeit und Verantwortung, S. 83 f.

1111 Vgl. schon BVerfGE 2, 307, 320. Siehe aber auch BVerfGE 22, 49, 75.

1112 Zur Entwicklung der richterlichen Unabhängigkeit in Deutschland von Ausgang des Mittelalters bis zum Inkrafttreten des Bonner Grundgesetzes am 24.05.1949 siehe Schaffer,

Das Prinzip der richterlichen Unabhängigkeit ist im Grundgesetz in den Art. 92, 97 GG sowie in den Landesverfassungen verankert, doch findet es sich auch auf einfachgesetzlicher Ebene in § 25 DRiG und § 1 GVG wieder sowie als geschriebene oder ungeschriebene Verfahrensmaxime in sämtlichen Gerichts- und Verfahrensordnungen.[1113] In der verfassungsrechtlichen Wirklichkeit weist die richterliche Unabhängigkeit zahlreiche Dimensionen auf und ist insofern nicht nur auf den verfassungsrechtlich definierten Kernbereich beschränkt. Auch läßt sich die Gewährleistung der richterlichen Unabhängigkeit nicht allein auf den Bereich der richterlichen Tätigkeit begrenzen, sondern gestaltet sich als sehr vielschichtig und komplex. Erst das wechselseitige Zusammenspiel unterschiedlicher Sphären garantiert die wirkliche Unabhängigkeit der Richter bei der Rechtsprechung. Aus diesem Grunde wird im Folgenden differenziert zwischen der sachlichen, der persönlichen und der inneren Unabhängigkeit sowie der institutionellen Unabhängigkeit.

Zuvor sei jedoch daran erinnert, daß die richterliche Unabhängigkeit im Interesse der Rechtspflege und des rechtssuchenden Bürgers garantiert wird und daher weder ein Grundrecht noch ein Standesprivileg der Richter darstellt.[1114] Sie ist den Richtern nicht um ihrer selbst willen, sondern im Interesse der Rechtssuchenden eingeräumt worden[1115], weshalb sie die Richter nicht *ent*pflichtet, sondern sie vielmehr *ver*pflichtet[1116].

(1) Sachliche Unabhängigkeit

Die sachliche Unabhängigkeit stellt das zentrale Element des Art. 97 I GG dar, dessen Aussage sich auf einfachgesetzlicher Ebene in § 1 GVG und § 25 DRiG wiederfindet. Diese Form der Unabhängigkeit wird allgemein als die Freiheit

---

Unabhängigkeit der Rechtspflege I, S. 643 ff. Vgl. auch Schmidt, Personalentscheidungen und Beurteilungen, S. 81 f.

1113 Ausführlich hierzu Lansnicker, Richteramt in Deutschland, S. 89 m.w.N.

1114 Vgl. hierzu die deutlichen Worte Geigers, Unabhängigkeit des Richters, S. 66: *„Richterliche Unabhängigkeit (...) ist kein Privileg des Richters; sie ist nur garantiert, damit der Richter frei von Zudringlichkeiten von außen in seiner ausschließlichen Unterworfenheit unter Recht und Gesetz in Selbstverantwortung und in Anspannung seines Gewissens das rechtlich richtige Urteil finde. Richterliche Unabhängigkeit ist also kein Freibrief zu eigenwilliger Überhebung über das Recht und noch weniger ein Fetisch, unter dem man Rechthabereien und Kapriolen pflegen kann, mit denen man Vorgesetzte ärgert oder den Rechtssuchenden spüren läßt, wie abhängig er von der Gnade des Richters ist.“*.

1115 Vgl. Dütz, Unabhängigkeit und Politik, S. 747; Niebler, Stellung des Richters, S. 287; N. N., Herzstück der Justizreform, S. 190, 191; Schaffer, Unabhängigkeit der Rechtspflege I, S. 645; Limbach, Bedeutung der Unabhängigkeit, S. 281. Siehe auch Schmidt-Jorzig, Aufgabe, Stellung und Funktion, S. 2378 mit dem trefflichen Hinweis auf die ursprünglich geplante Eingangsformel der Verfassung (Art. 1 I Herrenchiemsee-Entwurf): *„Der Staat ist um des Menschen willen da, nicht der Mensch um des Staates willen.“*.

1116 So Schneider, Von der Unabhängigkeit, S. 551

von Einzelweisungen im Hinblick auf die rechtsprechende Tätigkeit definiert.[1117] Dabei umfaßt die rechtsprechende Tätigkeit nicht nur den Entscheidungsanspruch, sondern auch diesem dienende, vorbereitende und nachfolgende Sach- und Verfahrensentscheidungen, wie z.B. Terminbestimmungen, Beweiserhebungen, Fristsetzung oder Geschäftsverteilung.[1118] Im Vordergrund der sachlichen Unabhängigkeit steht der Schutz gegen die Einflußnahme auf inhaltliche Belange der Rechtsprechung von außen. Somit sind Einzelweisungen der Regierung, der Verwaltung oder der Dienstaufsicht gegenüber der rechtsprechenden Gewalt unzulässig, wenn ein Gericht in rechtsprechender Funktion tätig wird.[1119]

Unabhängig ist aber nicht die Gerichtsbarkeit als ganzes, sondern der einzelne Richter[1120], wobei auch ehrenamtliche und nicht planmäßig endgültig angestellte Richter erfaßt werden.[1121]

(2) Persönliche Unabhängigkeit

Die persönliche Unabhängigkeit der Richter wird in Art. 97 II GG garantiert und beinhaltet, daß ein Richter gegen seinen Willen vor Ablauf seiner Amtszeit weder entlassen noch dauernd oder zeitweise seines Amtes enthoben und weder in eine andere Stelle noch in den Ruhestand versetzt werden darf. Damit betrifft diese Form der Unabhängigkeit den von Seiten des Dienstherrn[1122] beeinflußbaren Bereich außerhalb des direkten Bezuges auf die rechtsprechende Tätigkeit. Die persönliche Unabhängigkeit stellt eine notwendige Ergänzung der sachlichen Unabhängigkeit dar, denn Weisungsfreiheit bedeutet wenig, wenn der Richter befürchten muß, infolge nicht genehmer Entscheidungen versetzt oder sogar abgesetzt zu werden.

1117 Vgl. BVerfGE 60, 175, 214; 36, 174, 185; 27, 312, 322; 26, 186, 198; 14, 56, 69.

1118 Siehe Jarass/Pieroth, GG-Kommentar, Art. 97 Rn. 3 m.w.N.

1119 Siehe BVerfGE 31, 137, 140; 27, 312, 322; Kissel, GVG-Kommentar, § 1 Rn. 39, 40.

1120 Insofern genießt bei einem aus mehreren Richtern bestehenden Spruchkörper nicht nur der Spruchkörper als ganzes, sondern jeder einzelne Richter sachliche Unabhängigkeit. Vgl. Schaffer, Unabhängigkeit der Rechtspflege I, S. 645.

1121 Dazu Jarass/Pieroth, GG-Kommentar, Art. 97 Rn. 2

1122 Richter sind aufgrund ihrer Weisungsfreiheit nicht dienstrechtlich in eine hierarchische Befehlsstruktur eingegliedert. Daher haben sie, anders als Beamte, keine Vorgesetzten, sondern lediglich Dienstvorgesetzte, welche dienstrechtliche Entscheidungen über ihre persönliche Angelegenheiten treffen können. Organe der Dienstaufsicht sind im Bereich der ordentlichen Gerichtsbarkeit der Justizminister als oberste Dienstaufsichtsbehörde und stufenweise nachgeordnet die Gerichtspräsidenten (sog. "Präsidentenprinzip"). In den anderen Gerichtszweigen finden sich parallele Regelungen. Vgl. hierzu Schmidt-Räntsch/Schmidt-Räntsch, DRiG-Kommentar, § 26 Rn. 10 - 16; Kissel, GVG-Kommentar, § 1 Rn. 45.

Allerdings läßt Art. 97 II GG diverse Ausnahmen von dem Verbot der Versetzung und Amtsenthebung des Richters ohne seine Zustimmung zu. Eine unfreiwillige Versetzung oder Amtsenthebung kann zudem infolge einer Richteranklage nach Art. 98 II, V GG vorgenommen werden.

Die Richter auf Probe und die Richter kraft Auftrags genießen die persönliche Unabhängigkeit nur in eingeschränktem Maße. Da sie sich dienstrechtlich in einer zeitlich begrenzten Entwicklungsstufe befinden, die zum Richter auf Lebenszeit führen soll, können sie durch Verfügung des Justizministeriums entlassen werden.[1123] Ferner wird auch den ehrenamtlichen Richtern ein Minimum an persönlicher Unabhängigkeit gewährleistet, denn nach § 44 II DRiG können sie vor Ablauf ihrer Amtszeit nur unter den gesetzlich bestimmten Voraussetzungen und gegen ihren Willen nur durch Entscheidung eines Gerichts abberufen werden.[1124]

(3) Innere Unabhängigkeit

Während die verfassungsmäßige Garantie der sachlichen und persönlichen Unabhängigkeit der Richter eine gesetzliche Rechtsstellung begründet, bewegt sich die innere Unabhängigkeit der Richter außerhalb der rechtlichen Regelungen und Normierungsmöglichkeiten. Insofern stellt die innere Unabhängigkeit weniger eine Frage des Rechts, sondern vielmehr eine persönliche und individuelle Leistung eines jeden einzelnen Richters dar. Sie ist eine dem Richter gestellte persönliche Aufgabe und Verpflichtung, die eine geistige, ethische und willentliche Anstrengung voraussetzt. Aus diesem Grunde kann sie von staatlicher Seite in der Verfassung nicht garantiert werden.[1125] Sie ist nur schwer zu messen und noch schwerer zu bewerten.[1126] Zwar bieten die verfassungsrechtlich gewährleisteten Formen der Unabhängigkeit eine essentielle Rahmenbedingung dafür, daß sich die innere Unabhängigkeit als eigentlicher Garant für die ausschließliche Bindung des Richters an Gesetz und Recht entfalten kann. Jedoch entzieht sich ihre Erfüllung letztendlich jeglicher Kontrolle.

Der Richter wird, wie jeder andere Mensch, durch Meinungen, Vorurteile, Werturteile sowie durch die Kritik seiner Mitmenschen beeinflußt, eine Vielzahl von Faktoren, aufgrund derer der Richter sodann unbewußt seine Wertvorstel-

---

1123 Vgl. §§ 22, 23 DRiG. Nach § 12 II DRiG muß ein Richter auf Probe jedoch spätestens nach 5 Jahren zum Richter auf Lebenszeit berufen werden.

1124 Siehe hierzu auch die Entscheidungen des Bundesverfassungsgerichts in BVerfGE 27, 312, 322; 26, 186, 198 f; 18, 241, 255; 14, 56, 70.

1125 In diesem Sinne auch Geiger, Unabhängigkeit des Richters, S. 66: „*Richterliche Unabhängigkeit (...) ist eine Eigenschaft des Richters. Richterliche Unabhängigkeit hat er, oder er hat sie nicht. Im letzteren Fall hilft auch die Garantie der Verfassung nicht viel. Der Lahme kann auch mit dem Stock nicht gehen, und für eine taube Nuß ist die harte Schale gänzlich überflüssig.*".

1126 Vgl. hierzu Zuck, Unabhängige Richter, S. 589.

lungen und Weltanschauung, seine Überzeugungen und seine Ansichten formt. Insofern kann niemals ausgeschlossen werden, daß diese Paradigmen unter dem Deckmantel des sog. Allgemeinwissens oder der allgemeinen Lebenserfahrung auch Eingang in die richterliche Entscheidung finden. Dies sollte von Seiten des Richters jedoch immer wieder neu reflektiert und stets kritisch hinterfragt werden. Der wirklich unabhängige Richter schafft es, die Balance zu halten zwischen dem Vertrauen in die Richtigkeit der eigenen Entscheidung auf der einen Seite und dem Bewußtsein von der Relativität der Richtigkeit der eigenen Entscheidung auf der anderen Seite.

Die innere Unabhängigkeit ist ferner auch eine Frage der persönlichen Überzeugungskraft, da der Richter nicht nur frei sein soll von inneren und äußeren Zwängen, die seiner eigenen Person entstammen, sondern nach außen hin auch so erscheinen soll. Dies ist eine essentielle Voraussetzung für die Akzeptanz des Richterentscheids durch die Rechtsunterworfenen[1127], denn die Autorität des Rechts ist untrennbar verknüpft mit dem Ansehen derjenigen, die Recht sprechen[1128].

Abschließend bleibt somit festzuhalten, daß die innere Unabhängigkeit des Richters nicht in Form von Rechtsvorschriften garantiert werden kann.[1129] Erforderlich ist vielmehr, daß sich der Richter der soeben beschriebenen Abhängigkeiten und Beeinflussungen bewußt wird und vor diesem Hintergrund die Notwendigkeit der eigenen Selbstdisziplin erkennt. Er muß in ständiger Selbstkontrolle und unter Rückgriff auf seine persönliche charakterliche Festigkeit seine innere Unabhängigkeit immer wieder neu erkämpfen und gewinnen[1130],

---

1127 Vgl. auch Benda/Klein, Bemerkungen zur Unabhängigkeit, S.168: *„(...) nur die Anerkennung des Richters als des "wahren Richters" kann die innere Hinnahme des richterlichen Entscheids und damit wirkliche Rechtsberuhigung herbeiführen. Neben die objektivrechtliche Gewährleistung der Unabhängigkeit muß daher die subjektive Überzeugung der Betroffenen von der Unabhängigkeit des Richters treten.* ".

1128 Zur Autorität des Verfassungsrechts grds. Ress, Autorität des Verfassungsrechts, S. 5 ff.

1129 Einige wenige gesetzliche Bestimmungen sollen jedoch zur Gewinnung und Erhaltung der inneren Unabhängigkeit beitragen. So z.B. das Mäßigungsgebot des § 39 DRiG, wonach sich der Richter innerhalb und auch außerhalb seines Amtes, auch bei politischer Betätigung, so zu verhalten hat, daß das Vertrauen in seine Unabhängigkeit nicht gefährdet wird. Die Gefahren einer unkontrollierten Einbeziehung richterlicher Lebenserfahrung, Alltagswissens, etc. werden zudem durch die Einbindung in der Gerichtsorganisation (Art. 92 GG), durch die Begründungspflicht des Gerichts, durch geltungssichernde zukunftsoffene Dogmatik, durch Instanzenzüge sowie durch die Kontrolle der Öffentlichkeit zu bannen versucht. Hierzu Krützmann, Gemeinwesen des Grundgesetzes, S. 203 f.

1130 So auch Limbach, Bedeutung der Unabhängigkeit, S. 283. Siehe auch die äußerst treffende Formulierung Arthur Kaufmanns *„Die Unabhängigkeit des Richters wächst in dem Maße, wie er sich seiner Abhängigkeit bewußt wird.* ", Kaufmann, Sitzblockade, S. 2582.

gegen Beeinflussungen der Öffentlichkeit und der modernen Kommunikationsmittel sowie gegen die Einflüsse aus anderen Staatsgewalten.[1131]

(4) Institutionelle Unabhängigkeit

Mit dem Begriff der institutionellen Unabhängigkeit wird schließlich die organisatorische Trennung der Gerichte von der Exekutive und der Legislative bezeichnet, welche aus Art. 20 II GG und damit letztendlich aus dem Gewaltenteilungsgrundsatz abgeleitet wird. Die institutionelle Unabhängigkeit erschöpft sich jedoch nicht in der Selbständigkeit der Gerichte als Institution, sondern enthält vielmehr auch eine personale Komponente. So darf ein Berufsrichter, der Aufgaben der Rechtsprechung wahrnimmt und insofern einem Gericht zugewiesen ist, grundsätzlich nicht gleichzeitig in der Exekutive oder Legislative tätig sein.[1132] § 4 DRiG konkretisiert diese Inkompatibilitäten im einzelnen und läßt gleichzeitig eng begrenzte Ausnahmen zu. Diese sind aber verfassungsrechtlich unbedenklich, da der Grundsatz der Gewaltenteilung nach der Rechtsprechung des BVerfG einzelne Überschneidungen zwischen den Gewalten nicht ausschließt.[1133] Definitiv ausgeschlossen ist jedoch die gleichzeitige Wahrnehmung von Richteramt und Aufgaben der gesetzgebenden oder der vollziehenden Gewalt.[1134]

c) Bindung des Richters an "Gesetz und Recht"

Nach Art. 20 III GG ist die Rechtsprechung an "Gesetz und Recht" gebunden. Diese Bindung des Richters ist untrennbar mit dem Grundsatz der richterlichen

1131 Insbesondere im Hinblick auf die modernen Massenmedien sollte sich der Richter stets bewußt machen, daß auch er auf diese Weise beeinflußbar ist. Nur diese Erkenntnis respektive dieses Bewußtsein gewährleistet, daß der Richter letztendlich ungeachtet dieser Einflüsse, mit anderen Worten unbeeinflußt entscheidet. Dazu auch Hurlin, Ohne Furcht, S. 63: *„Zur inneren Unabhängigkeit gehört der Widerstand gegen unlautere Einflußnahme. Zu ihr gehört aber auch, einen öffentlichen Meinungsstreit zu erleben und auszuhalten. (...) Ein Richter muß auch dann frei und verantwortungsbewußt entscheiden können, wenn er sich dadurch persönliche Ablehnung der Kollegen oder das Kopfschütteln des Dienstvorgesetzten zuziehen könnte. Er ist (...) nicht heilig, ihm muß man nicht behutsam und schonungsvoll begegnen, um seinen einsamen Entscheidungsfindungsprozeß nicht zu stören.* ". Vgl. ferner Kissel, GVG-Kommentar, § 1 Rn. 188; Schaffer, Unabhängigkeit der Rechtspflege I, S. 648. Kritisch hierzu Lamprecht, Ringparabeln, S. 30: *„Die meisten Standesgenossen registrieren zwar ganz im stillen ihre Abhängigkeit von Erziehung, Religion und politischer Sympathie. Sie würden diese Prägung durch biographische Daten aber um nichts in der Welt öffentlich aussprechen. Nur wenige, zumeist jüngere, können die Erkenntnis, wie sehr das Sein ihr Bewußtsein bestimmt, ertragen und damit umgehen.* ".

1132 Siehe Schreiber, Wie unabhängig, S. 764; Kissel, GVG-Kommentar, § 1 Rn. 32.

1133 Vgl. oben A. III. 1. a). Siehe auch ausdrücklich BVerfGE 4, 331, 346 f.

1134 Ausführlich zu den Unvereinbarkeiten im Ganzen Schmidt-Räntsch/Schmidt-Räntsch, DRiG-Kommentar, § 4 Rn. 3 ff.

Unabhängigkeit verknüpft, indem sie gleichermaßen Zweck der Unabhängigkeit wie auch Mittel zur Unabhängigkeit darstellt.[1135] Insofern sind Gesetzesbindung und Unabhängigkeit, bildlich gesprochen, zwei Seiten der gleichen Medaille.

Der genaue Bedeutungsinhalt der Formulierung "Gesetz und Recht" respektive die exakte Abgrenzung zwischen diesen beiden Begriffen bereitet seit Inkrafttreten des Grundgesetzes Schwierigkeiten. Dies liegt nicht zuletzt in dem diesbezüglichen Schweigen der historischen Dokumente zur Entstehung des Grundgesetzes begründet, eine Ausgangssituation, die Raum für zahlreiche Interpretationsmöglichkeiten eröffnet. Dementsprechend wird teilweise vertreten, es handle sich bei diesen Begriffen um eine Tautologie[1136] oder zumindest um denselben Sinngehalt[1137]. Teilweise werden beide Begriffe aber auch nicht als Synonyme angesehen, sondern das "Recht" als weitergehend bezeichnet[1138]. Den Vorzug verdient jedoch die Ansicht, welche die Begriffe "Gesetz" und "Recht" zwar grundsätzlich, aber nicht notwendigerweise immer als deckungsgleich ansieht, denn gegenüber den positiv gesetzten Normen der Staatsgewalt kann unter Umständen ein Mehr an Recht bestehen, das seine Quelle in dem Gesamtzusammenhang der verfassungsmäßigen Rechtsordnung hat und das gegenüber dem geschriebenen Recht als Korrektiv zu wirken vermag.[1139] Mit diesem Verständnis von Recht löst sich auch der scheinbare Widerspruch zwischen "Gesetz" und "Recht" in Art. 20 III GG auf. Diese Begriffe stellen sodann keine Gegensätze mehr dar, sondern das "Recht" tritt als Ergänzung zum "Gesetz" hinzu in Form einer Wertordnung, welche auf der Gesamtheit des gesetzten Rechts und dem darin zum Ausdruck kommenden Vorverständnis und Wertebewußtsein beruht.[1140] Für die hier vertretene Ansicht spricht zudem ein mögliches Motiv des historischen Gesetzgebers, der aufgrund der bitteren Erfahrung

---

1135 Näher dazu Benda/Klein, Bemerkungen zur Unabhängigkeit, S. 169. Ähnlich auch Strekker, Thesen zur Unabhängigkeit, S. 141. Diese Verknüpfung stellt zugleich einen tragenden Bestandteil des Prinzips der Gewaltenteilung, des Rechtsstaatsprinzips sowie des Gebots der Rechtssicherheit dar. Vgl. Schaffer, Unabhängigkeit der Rechtspflege II, S. 679. Siehe auch BGHZ 67, 184, 187 f.

1136 Siehe dazu Jarass/Pieroth, GG-Kommentar, Art. 20 Rn. 38; Schnapp in von Münch-GG, Art. 20 Rn. 36 ("tendenziell"); Bäumlin/Ridder in AK-GG, Art. 20 III Rn. 55.

1137 Vgl. Thomas, Richterrecht, S. 128.

1138 Schulze-Fielitz in Dreier-GG, Art. 20 (Rechtsstaat) Rn. 85; Stern, Staatsrecht I, S. 798 f.

1139 In diesem Sinne auch die Interpretation des Bundesverfassungsgericht in BVerfGE 95, 96, 134 f; 34, 269, 286 f; 23, 98, 106. Siehe insbesondere die Entscheidung in BVerfGE 3, 225, 232 f, in der sich das BVerfG erstmalig der Formulierung Radbruchs anschließt: *„Der Konflikt zwischen der Gerechtigkeit und der Rechtssicherheit dürfte dahin zu lösen sein, daß das positive, durch Satzung und Macht gesicherte Recht auch dann den Vorrang hat, wenn es inhaltlich ungerecht und unzweckmäßig ist, es sei denn, daß der Widerspruch des positiven Gesetzes zur Gerechtigkeit ein so unerträgliches Maß erreicht, daß das Gesetz als "unrichtiges Recht" der Gerechtigkeit zu weichen hat."*.

1140 Vgl. dazu die Grundsatzentscheidungen des BVerfG in BVerfGE 39, 1, 41 (Schwangerschaftsabbruch); 35, 79, 114 (Hochschulurteil); 7, 198, 205 (Lüth) jeweils m.w.N.

der NS-Herrschaft einem allzu engen Gesetzespositivismus vorbeugen wollte.[1141]

Gleichwohl ermöglicht die Bindung des Richters an Gesetz und Recht kein Übergehen des positiven Rechts unter Berufung auf naturrechtliche Überlegungen, sondern will lediglich klarstellen, daß einem Gesetz nicht allein aufgrund seiner Positivität Rechtscharakter zukommt. Insofern darf zwar sehr wohl auf die im Grundgesetz und vor allen Dingen in den Grundrechten zum Ausdruck kommende Werteordnung zurückgegriffen werden, nicht jedoch auf eine aus der Natur des Menschen ableitbare Werteordnung. Ein wie auch immer geartetes Naturrecht jenseits der verfaßten Rechtsordnung wird somit abgelehnt. Überpositive Gerechtigkeitsvorstellungen dürfen daher nicht unter Berufung auf die Bindung an das "Recht" an die Stelle des positiven Rechts treten.[1142]

Für den Richter bedeutet die ausschließliche Bindung an Gesetz und Recht die täglich neue Verpflichtung, die allgemeinen Rechtsnormen in der Entscheidung von Einzelfällen mit Hilfe dieser Parameter auszulegen und zu konkretisieren.[1143] Dabei handelt es sich jedoch nicht um einen schematischen Erkenntnisvorgang, sondern um Wertentscheidungen und Auslegungsfragen, die in einer pluralistischen Gesellschaft verschieden ausfallen können und auch müssen. Da es sich bei der Gesetzesauslegung um einen dynamischen Prozeß handelt, der ständigem Wandel unterworfen und niemals abgeschlossen ist, verlangt die Bindung des Richters an Gesetz und Recht diesem auch immer neues Zweifeln und Nachdenken ab.[1144]

2. Rechtsvergleichende Untersuchung und Analyse

a) Verfassungsvorrang und Parlamentssouveränität: Zwei unterschiedliche Wege zum gleichen Ziel

Das deutsche wie auch das englische Rechtssystem nehmen zwar jeweils für sich in Anspruch, den Grundsatz der Gewaltenteilung zu berücksichtigen, doch ist dieses Prinzip in keiner der beiden Rechtsordnungen in seiner klassischen, reinen Form verwirklicht. Im Folgenden wird anhand eines systematischen Vergleiches auf verfassungsrechtlicher Ebene untersucht, wie beide Systeme auf unterschiedliche Art und Weise dennoch die zentrale Intention der Gewaltentei-

---

1141 Schließlich hat sich unter der Herrschaft des Nationalsozialismus deutlich gezeigt, daß es ungerechte und sogar gerechtigkeitsfeindliche Gesetzes geben kann und daß infolgedessen die positive Rechtsordnung und die Rechtsidee auseinanderklaffen können. Vgl. hierzu Herzog in Maunz/Dürig-GG, Art 20 VI, Rn. 53 f sowie Krey, Rechtsfortbildung contra legem I, S. 363 f; ders., Rechtsfortbildung contra legem III, S. 465 f jeweils m.w.N.

1142 Vgl. BVerfGE 3, 162, 182; Jarass/Pieroth, GG-Kommentar, Art. 20 Rn. 38 m.w.N.

1143 Treffend insofern Pfeiffer, Aufgaben heute und morgen, S. 244: *„Der Richter befreit die Norm aus ihrer Abstraktheit."*.

1144 Vgl. Strecker, Thesen zur Unabhängigkeit, S. 141.

lungsprinzips realisieren und damit zu dem gleichen Ziel gelangen, der Verhinderung von Machtmißbrauch und der Sicherung der Freiheit des Individuums.

In Deutschland gilt, anders als in England, der Grundsatz des Vorrangs der Verfassung.[1145] Diese steht nicht nur über dem einfachen Gesetz, sondern vielmehr auch über der gesetzgebenden Gewalt selbst. Die Verwirklichung des Verfassungsvorrangs in Deutschland erforderte für die Praxis die Einführung einer verfassungsgerichtlichen Rechtsprechung und mithin die Konstituierung des Bundesverfassungsgerichts als "Hüter der Verfassung", eine Notwendigkeit, die in erster Linie darin begründet liegt, daß ein fundierter Grundrechtskatalog in der Verfassung per se nicht ausreicht, um den Schutz und die Beachtung der Menschenrechte sowie die Aufrechterhaltung der Demokratie zu gewährleisten.[1146] Vielmehr müssen das Funktionieren des Rechtsstaates und der Schutz fundamentaler Grundrechte kontinuierlich gepflegt und auch verteidigt werden, zumal die Verfassung als programmatische Sollensordnung immer wieder neu interpretiert werden muß im Lichte des aktuellen Zeitgeistes und der Lebensumstände.[1147] Die Entscheidungen des BVerfG sind nicht nur für alle Gerichte und Behörden bindend, sondern auch für alle Verfassungsorgane des Bundes und der Länder.[1148] Im übrigen kommt den bundesverfassungsgerichtlichen Entscheidungen Gesetzeskraft zu.[1149]

In England hingegen gilt der verfassungsrechtliche Grundsatz der Parlamentssouveränität[1150], der trotz diverser Abschwächungen und Rückschläge im Laufe der letzten Jahre einen grundsätzlichen Gegensatz zum deutschen Verfassungsvorrang darstellt. Ein eventueller Vorrang der Verfassung wäre hier neben diversen historischen Besonderheiten allein aus dem Grunde nicht denkbar, da es sowohl an einer kodifizierten Verfassung, als auch an einer spezifischen Verfassungsgerichtsbarkeit fehlt.

Als gute Gründe für den – aus europäisch-integrativer Perspektive nicht gerade unproblematischen – Grundsatz der englischen Parlamentssouveränität werden neben der jahrhundertelangen rechtshistorischen Tradition und dem Eingang in das Rechtsbewußtsein der Bevölkerung in erster Linie zwei entscheidende Vorteile geltend gemacht. Zum einen gebiete sich dieses Prinzip aus pragmatischen Gründen und auf der Grundlage der funktionalen Gewaltenteilung, da nur diejenige Staatsgewalt, die ein Gesetz erlassen habe, dieses auch zurücknehmen kön-

---

1145 Siehe hierzu Sommermann in v. Mangoldt/Klein-GG, Art. 20 Rn. 243 ff m.w.N.

1146 Dies bezeugen die Erfahrungen aus der deutschen Verfassungsgeschichte vor dem Inkrafttreten des deutschen Grundgesetzes im Jahre 1949.

1147 Vgl. hierzu auch Limbach, Supremacy of the Constitution, S. 8.

1148 Siehe § 31 I BVerfGG.

1149 Siehe § 31 II S. 1 und 2 BVerfGG.

1150 Vgl. hierzu die Ausführungen im Ersten Teil dieser Arbeit unter A. III. 1.

ne. Die Rechtsprechung sei für solche Fragen, insbesondere wenn es um essentielle Leitlinien der Politik gehe, nicht der richtige Ansprechpartner. Zum anderen wird für die absolute Souveränität des englischen Parlamentes geltend gemacht, daß die Abgeordneten des Parlamentes im Gegensatz zu den englischen Richtern durch Wahlen demokratisch legitimiert seien und insofern eine direkte Rückkopplung zum Volke bestehe, welche eine derartige Machtposition rechtfertige.[1151] Mit anderen Worten wird unter Rückgriff auf das Demokratieprinzip die Schlußfolgerung gezogen, daß nur diejenigen Staatsgewalten wichtige Entscheidungen treffen dürfen, die in Form von Wahlen zur Verantwortung gezogen werden können.

Letzteres Argument erscheint aus kontinentaleuropäischer Sicht jedoch als Zirkelschluß, da eine unabhängige Judikative stets außerhalb des politischen Alltagsgeschehens stehen muß und insofern niemals eine direkte demokratische Legitimation in Form von Wahlen gewährleistet werden kann, ohne gleichzeitig die Unabhängigkeit und Neutralität der Richter zu beeinträchtigen.[1152] In diesem Punkt zeigen sich sehr deutlich die politischen Dimensionen des englischen Rechtssystems sowie die Bedeutung des sog. *self-restraint* aller Gewalten im Verhältnis zueinander. Dabei hat die Machtkontrolle in Form des politischen Instruments der Wiederwahl in England über Jahrhunderte hinweg funktioniert, während dies in Deutschland zu den verheerenden Erfahrungen der diktatorischen Vergangenheit geführt hat.

Im Rahmen der abschließenden Gesamtbetrachtung sei zunächst angemerkt, daß sich die deutsche wie auch die englische Verfassung gleichsam dem Demokratieprinzip sowie dem Grundsatz der Gewaltenteilung verschrieben haben. Auf der Grundlage der unterschiedlichen Rechtsordnungen, des englischen *common-law* mit dem Grundsatz der Parlamentssouveränität auf der einen Seite und des deutschen Rechtssystems mit dem absoluten Vorrang der Verfassung auf der anderen Seite, finden sich lediglich andersartige Lösungswege für die gleichen Probleme. So setzt das deutsche Rechtssystem zur Verhinderung von Machtmißbrauch und Willkürherrschaft, insbesondere vor dem Hintergrund der Erfah-

---

1151 Dazu Limbach, Supremacy of the Constitution, S. 9.

1152 Zur demokratischen Legitimation der einzelnen Staatsgewalten in Deutschland vgl. grundlegend und ausdrücklich den sog. Kalkar-Beschluß des Bundesverfassungsgerichts in BVerfGE 49, 89, 125 f: "*Aus dem Umstand, daß allein die Mitglieder des Parlamentes unmittelbar vom Volk gewählt werden, folgt nicht, daß andere Institutionen und Funktionen der Staatsgewalt der demokratische Legitimation entbehren. Die Organe der gesetzgebenden, der vollziehenden und der rechtsprechenden Gewalt beziehen ihre demokratische Legitimation aus der in Art. 20 GG getroffenen Entscheidung des Verfassungsgebers. (...) Das aber schließt es aus, aus dem Grundsatz der parlamentarischen Demokratie einen Vorrang des Parlaments und seiner Entscheidungen gegenüber den anderen Gewalten als einen alle konkreten Kompetenzordnungen überspielenden Auslegungsgrundsatz herzuleiten.*".

rungen in der NS-Zeit, maßgeblich auf den Vorrang der grundgesetzlichen Verfassung, deren Einhaltung durch das Bundesverfassungsgericht als höchstes Gericht des Landes sichergestellt wird. In England hingegen verläßt man sich auf die politischen Instrumentarien zur Machtkontrolle sowie auf die traditionelle Zurückhaltung der Staatsorgane im Hinblick auf eventuelle Übergriffe in den Kernbereich anderer Staatsgewalten. Innerhalb dieser Rahmenbedingungen kann sodann auch die absolute Souveränität des Parlamentes praktiziert werden, wenngleich dieses Verfassungsprinzip im Zuge der fortschreitenden europäischen Integration immer mehr an Bedeutung verlieren wird. Letztendlich kann jedoch keines der beiden Prinzipien, weder die Souveränität des Parlamentes in England noch der Vorrang der Verfassung in Deutschland, für sich eine absolute Richtigkeit oder gar Perfektion in Anspruch nehmen. Entscheidend ist vielmehr, daß jedes der beiden Rechtssysteme mit der ihnen jeweils zugrunde liegenden Rechtsordnung, dem spezifischen Rechtsverständnis, der politischen Kultur sowie den historischen Erfahrungen des Landes harmoniert und letztendlich gerade auf diese nationalen Besonderheiten zurückzuführen ist.

Trotz dieser systematischen Unterschiede auf verfassungsrechtlicher Ebene fällt jedoch auf, daß in beiden Rechtssystemen die Richter und damit die rechtsprechende Gewalt eine besondere, in gewisser Hinsicht vom sonstigen Staatsapparat losgelöste Stellung einnimmt, wenngleich sie in Deutschland aufgrund der Existenz des Bundesverfassungsgerichts als Hüter der Verfassung eine andere Stellung innehat als in England. In Deutschland manifestiert sich die Macht der Rechtsprechung am deutlichsten im Rahmen der Verfassungsgerichtsbarkeit, während sie in England eher in der alltäglichen Arbeit der Richter zum Ausdruck kommt, da diese durch ihre Entscheidungen täglich neu Recht setzen.

b) Gefährdungen der richterlichen Unabhängigkeit

Der Grundsatz der richterlichen Unabhängigkeit stellt sowohl in Deutschland, als auch in England ein absolutes verfassungsrechtliches Grundprinzip dar. Die fundamentale Bedeutung dieses Verfassungsprinzips für das Funktionieren eines jeden Rechtsstaates veranschaulicht auch die von Seiten des Europarates herausgegebene "Europäische Charta über die Rechtsstellung der Richterinnen und Richter" aus dem Jahre 1998[1153], welche die Unabhängigkeit, Unparteilichkeit

[1153] Bei der "European Charter on the Statute for Judges" handelt es sich nicht um ein Dokument des Europarates selbst und damit nicht um ein innerhalb der Regierungszusammenarbeit des Europarates erstelltes Papier. Die Arbeitstreffen zum "Status der Richter in Europa" haben vielmehr bisher im Rahmen des Themis-Programms des Europarates stattgefunden. Das Themis-Programm ist Teil eines umfassenden Programms zur Entwicklung und Konsolidierung der demokratischen Stabilität (Activities for the development and consolidation of democratic stability - ADACS) und dient der rechtlichen Zusammenarbeit des Europarates mit den Ländern Mittel- und Osteuropas. Ziel der Arbeitstreffen ist es, auf der Grundlage einer vergleichenden Analyse der nationalen Ge-

und Kompetenz der Richter gewährleisten soll und grundlegende Regelungen zur Verwirklichung dieses Zieles enthält.

Im Folgenden sollen auf der Grundlage der bereits erörterten verfassungsrechtlichen Verankerungen dieses Prinzips in Deutschland und England mögliche Gefährdungen der richterlichen Unabhängigkeit in beiden Ländern aufgezeigt werden, welche sowohl von staatlicher Seite wie auch durch außerstaatliche Kräfte erfolgen können. Eine ausführliche Betrachtung dieser Problematik kann und soll jedoch nicht Gegenstand dieser Arbeit sein, weshalb die unterschiedlichen Problembereiche in diesem Zusammenhang lediglich kurz beleuchtet werden.

(1) Gefährdung der sachlichen Unabhängigkeit

Eventuelle Gefährdungen der sachlichen Unabhängigkeit können sich in Deutschland vor allen Dingen im Bereich der Dienstaufsicht ergeben. Das Spannungsverhältnis zwischen richterlicher Unabhängigkeit auf der einen Seite und der staatlichen Dienstaufsicht auf der anderen Seite erwächst aus der Justizgewährungspflicht des Staates gegenüber seinen Bürgern, wonach dieser sicherzustellen hat, daß auch die Richter pflichtgemäß handeln und erforderlichenfalls dazu angehalten werden.[1154] Allein die Bundesverfassungsrichter und damit die höchsten Richter des Landes unterliegen nicht der Dienstaufsicht.[1155]

---

setzgebungen und internationalen Übereinkünfte gemeinsame Prinzipien zum Status der Richter zu finden und in einer "Europäischen Charta über das Richterstatut" niederzulegen. Die Charta soll insbesondere dazu dienen, den Mitgliedstaaten dabei zu helfen, die unabhängige Ausübung von Rechtsprechung zu sichern und zu fördern. Der deutsche Text der Charta findet sich im Internet bei Udo Hochschild, Europäische Charta über die Rechtsstellung der Richterinnen und Richter*.

1154 Im einzelnen dazu Pohl, Praxis des Strafrichters, S. 2; Schmidt-Räntsch/Schmidt-Räntsch, DRiG-Kommentar, § 26 Rn. 2; Kissel, GVG-Kommentar, § 1 Rn. 42. Vgl. grundsätzlich zur Dienstaufsicht über die deutschen Richter Schmidt-Räntsch/Schmidt-Räntsch, DRiG-Kommentar, § 26 Rn. 2 ff; Schaffer, Unabhängigkeit der Rechtspflege II, S. 680 ff; Herrmann, Die Unabhängigkeit, S. 289 f; Dütz, Unabhängigkeit und Politik, S. 750 ff. Zur historischen Entwicklung der Dienstaufsicht siehe instruktiv Weist, Entwicklung der Dienstaufsicht, S. 223 ff.

1155 Aus der besonderen Stellung des Bundesverfassungsgericht als Verfassungsorgan folgt, daß keine Stelle außerhalb des Bundesverfassungsgerichts, auch nicht der Präsident dieses Gerichts, die Dienstaufsicht über die Bundesverfassungsrichter ausübt. Das Bundesverfassungsgericht gehört demnach nicht zu dem Geschäftsbereich eines Bundesministers. Aus diesem Grunde gelten nach § 69 DRiG die Vorschriften des Richtergesetzes für die Richter des Buhdesverfassungsgerichts auch nur beschränkt. Im BVerfGG finden sich keine Bestimmungen über die Dienstaufsicht. Es besteht lediglich die Möglichkeit einer Versetzung in den Ruhestand bzw. einer Entlassung nach § 105 BVerfGG. Ferner darf auch in Form des Plenums keine Dienstaufsicht ausgeübt werden. Siehe hierzu Schmidt-Räntsch/Schmidt-Räntsch, DRiG-Kommentar, § 26 Rn. 9 sowie Benda, Richteramtsbonus, S. 50 mit Hinweis darauf, daß das Plenum des Bundesverfassungsgerichts es bisher stets abgelehnt habe, Äußerungen eines Richters förmlich zu mißbilligen, und

Bei Durchsicht der umfangreichen Rechtsprechung zur Abgrenzung zulässiger Maßnahmen der Dienstaufsicht von unzulässigen Eingriffen in die richterliche Unabhängigkeit gewinnt man jedoch den Eindruck, daß der Dienstaufsicht im Verhältnis zu anderen Einflüssen auf die Justiz in der allgemeinen Einschätzung eine wesentlich größere Bedeutung beigemessen wird, als ihr aufgrund der tatsächlich geübten Zurückhaltung von Seiten der Justizverwaltung eigentlich zukommen sollte.[1156]

In England hingegen existiert kein vergleichbares System der staatlichen Dienstaufsicht über die Richter. Allein der Gedanke an eine derartige Supervision würde innerhalb der englischen Richterschaft wahrscheinlich Bestürzen und schlichtweg Unverständnis hervorrufen.[1157] Denn eine staatliche Beaufsichtigung der richterlichen Amtsausübung wäre in jeder Hinsicht mit der Stellung des Richters im englischen Rechtssystem unvereinbar, und zwar nicht nur in verfassungsrechtlicher Hinsicht, sondern auch in sozialer, gesellschaftlicher und kultureller Hinsicht.

Angesichts dieser offensichtlichen Divergenzen zwischen der Dienstaufsicht über Richter in Deutschland und der fehlenden staatlichen Beaufsichtigung in England sowie angesichts der kritischen Grenzziehung zwischen Dienstaufsicht und richterlicher Unabhängigkeit erscheint die Frage berechtigt, ob eine Dienstaufsicht überhaupt erforderlich ist. Diese Frage kann jedoch nur vor dem Hintergrund der spezifischen Rechtsordnung beantwortet werden, in der die Dienstaufsicht ausgeübt wird.

So bleibt für Deutschland festzuhalten, daß zwar das höchste Gericht des Landes, das Bundesverfassungsgericht, welches ohnehin nur als Kollegium entscheidet, außerhalb der Dienstaufsicht stehen kann. Doch ist für die große Zahl der sonstigen deutschen Berufsrichter eine Dienstaufsicht, allein aufgrund ihrer großen Anzahl sowie der pluralistischen Zusammensetzung der Richterschaft unerläßlich. Eine Dienstaufsicht als solche ist in Deutschland daher nicht zu ent-

---

zwar selbst in den Fällen, in denen eine deutliche Mehrheit die Form oder den Inhalt der Äußerung für unglücklich hielt.

1156 Vgl. hierzu Pfeiffer, Innere Unabhängigkeit, S. 67; Schreiber, Wie unabhängig, S. 773; Dütz, Unabhängigkeit und Politik, S. 752. Siehe auch die Darstellung ausgewählter (teilweise kurioser) Fälle bei Schneider, Plaudereien zur Unabhängigkeit, S. 113 ff; ders., Von der Unabhängigkeit, S. 551; Papier, Unabhängigkeit und Dienstaufsicht, S. 11 f; Schmidt, Personalentscheidungen und Beurteilungen, S. 85. Dieser Streifzug durch die Rechtsprechung zum Richterdienstrecht veranschaulicht, daß die Berufung auf die richterliche Unabhängigkeit teilweise ausschließlich das Ziel verfolgt, persönliche Belange des Richters durchzusetzen.

1157 So jedenfalls die Reaktion von Seiten des Lord Chancellor's Department auf entsprechende Nachforschungen der Verfasserin. Siehe in diesem Zusammenhang jedoch die progressiven Forderungen nach "performance appraisal" und "enforcing standards of judicial conduct" bei Malleson, New Judiciary, S. 199 ff.

behren. Fraglich ist nur, wer sie ausübt, wie weit sie reicht und welcher Rechtsschutz dem Richter gegen dienstaufsichtsrechtliche Maßnahmen zur Verfügung steht.

In England hingegen bedarf es einer formellen Dienstaufsicht nicht, da sich die Richterschaft erstens aus einer relativ kleinen und überschaubaren Anzahl von Berufsrichter zusammensetzt, diese zweitens eine außergewöhnlich homogene Gruppe bilden und drittens über ein ausgeprägtes Traditionsbewußtsein, mit anderen Worten über ein spezifisches Selbstverständnis verfügen, das ohne Zweifel auch einen Verhaltens- respektive Ehrenkodex beinhaltet. Eventuelle Fehlverhaltensweisen werden daher auf informelle Art und Weise geregelt, etwa durch Hinweis der Kollegen. Auf diese Weise wird das auf eine jahrhundertlange Tradition zurückblickende Selbstverwaltungsrecht der Richter gewahrt, da die Exekutive nicht in den richterlichen Aufgabenbereich eingreift. Auf der anderen Seite ist realistischerweise jedoch von einem hohen Grad informeller Sozialkontrolle innerhalb der Richterschaft auszugehen.

(2) Gefährdung der persönlichen Unabhängigkeit

Gefährdungen der persönlichen Unabhängigkeit ergeben sich heutzutage in erster Linie aus dem System der Beförderungen und der dienstlichen Beurteilungen.[1158] Dabei liegt das maßgebliche Gefahrenpotential darin begründet, daß der Richter nicht mehr nach seiner Überzeugung entscheidet, sondern sich angesichts dienstlicher Beurteilungen zum Wohlgefallen seiner Vorgesetzten verhält, da er sich davon einen Karrierevorteil verspricht. Dieser Problembereich ist in England gleichermaßen existent wie in Deutschland, wenngleich er in Deutschland klarer als mögliche Gefährdung der richterlichen Unabhängigkeit identifiziert und als solche auch diskutiert wird.

In Deutschland sind dienstliche Beurteilungen der Persönlichkeit, der fachlichen Fähigkeit und der Leistungen im Hinblick auf die große Zahl der Richter sowie das verfassungsrechtliche Leistungsprinzip (Art. 33 II GG) unabdingbar, da nur auf diese Weise eine sachgerechte Auswahl und Besetzung der Richterämter mit

[1158] In Deutschland wird in den letzten Jahren zudem vereinzelt die lediglich eingeschränkte persönliche Unabhängigkeit der Richter auf Probe im Hinblick auf die Voraussetzungen der Unabhängigkeit nach der Europäischen Menschenrechtskonvention (EMRK) problematisiert. Die Richter auf Probe nehmen in Deutschland einen nicht zu unterschätzenden Teil der richterlichen Rechtsprechungsaufgaben wahr. Die Bedeutung der Frage nach einem möglichen Konventionsverstoß aufgrund der maßgeblich durch § 22 DRiG eingeschränkten persönlichen Unabhängigkeit ist zudem dadurch erhöht worden, daß durch den Einigungsvertrag in den neuen Bundesländern der Einsatz von Richtern auf Probe uneingeschränkt zugelassen wurde. Vgl. hierzu ausführlich und mit zahlreichen Verweisen und Nachweisen Lippold, Richter auf Probe, S. 2383 ff.

jeweils sehr unterschiedlichen Funktionen gewährleistet werden kann.[1159] Die Beurteilungen erfolgen ausschließlich schriftlich und nach einem stark formalisierten System.[1160] Eine mündliche Beurteilungspraxis unter Berücksichtigung der sog. gesprochenen Personalakte würde den Grundsätzen einer transparenten und am Leistungsprinzip orientierten Personalpolitik widersprechen und wird aus diesem Grunde als unzulässig betrachtet.

Der Vorteil dieses Beurteilungs- und Beförderungssystems liegt zweifellos in seiner Transparenz begründet, da die der Beurteilung zugrundeliegenden Erkenntnisquellen stets nachvollziehbar und mithin überprüfbar sind. Auf der anderen Seite ist es jedoch mit dem Nachteil behaftet, daß der Beurteilungsspielraum des Vorgesetzten durch den verfassungsrechtlichen Grundsatz der richterlichen Unabhängigkeit erheblich eingeschränkt ist und insofern eine realistische Beurteilung des in Frage stehenden Richters mit Bezugnahme auf dessen Stärken und Schwächen in der Praxis nicht möglich ist. Insofern kommt den schriftlichen Beurteilungen letztlich wenig Aussagekraft zu.

In England lag das gesamte Ernennungs- und Beförderungssystem der Richter lange Zeit im Dunkeln, bevor es im Laufe der letzten zehn Jahre nach und nach formalisiert und damit transparenter gestaltet wurde.[1161] Mittlerweile erfolgt der Großteil der Beurteilungen schriftlich und unter Angabe der befragten *consultees*. Lediglich die Besetzung der Stellen an den höheren Gerichten des Landes wird auf der Grundlage mündlicher Beurteilungen und mehr oder weniger geheimer *secret soundings* vorgenommen. Durch diesen Wandel hat sich nun auch England einer transparenten und rechtsstaatlichen Auswahlpraxis zugewandt, welche innerhalb der juristischen Profession auf große Zustimmung gestoßen ist.

Damit lassen beide Rechtssysteme ein Beförderungssystem erkennen, welches maßgeblich auf Beurteilungen der in Frage kommenden Kandidaten durch vorsitzende Richter oder Kollegen beruht. Dies ist grundsätzlich nicht zu beanstanden, solange die Beurteilungen in Form eines formellen und nachvollziehbaren Verfahrens eingeholt werden.

1159 Siehe auch Baur, Beurteilung des Richters, S. 6; Pfeiffer, Richter heute, S. 229; Schaffer, Unabhängigkeit der Rechtspflege II, S. 682.

1160 Zuständig für die Abgabe der dienstlichen Beurteilung ist die dienstaufsichtsführende Stelle, mit anderen Worten der Dienstvorgesetzte. Vgl. hierzu ausführlich Schmidt-Räntsch/Schmidt-Räntsch, DRiG-Kommentar, § 26 Rn. 8 ff. Dabei ist grundsätzlich zu differenzieren zwischen Regel- und Bedarfsbeurteilungen. Siehe ausführlich zum Beurteilungsverfahren – insbesondere unter Berücksichtigung landesrechtlicher Besonderheiten – Schnellenbach, Dienstliche Beurteilung, S. 423 ff.

1161 Ausführlich hierzu im Ersten Teil der Arbeit unter A. II. 3. b), c).

Gleichwohl darf in diesem Zusammenhang nicht die grundsätzliche Verlockung ausgeblendet werden, die mit einer Ernennung oder Beförderung in Form von gesteigertem Sozialprestige und auch finanziellen Vorteilen verbundenen ist. Gegen die hieraus resultierende Versuchung potentieller Richterkandidaten, sich durch Wohlverhalten dem Wohlwollen derer zu empfehlen, die über Ernennungen und Beförderungen entscheiden, besteht naturgemäß kein Schutz. Dies stellt jedoch kein spezifisches Problem des in England und Deutschland praktizierten Beurteilungssystems dar. Vielmehr verlangt ein jedes Beförderungswesen bestimmte Kriterien und hat damit zur Folge, daß die Richter versucht sind, diesen Kriterien zu genügen. Dem kann letztlich nur dadurch begegnet werden, daß das Personalsystem der Justiz keine Karrieremöglichkeiten mehr vorsieht, eine Grundvoraussetzung, welche im Rahmen der englischen Justiz deutlich mehr beherzigt wird als in Deutschland.[1162] In diesem Zusammenhang darf gleichwohl nicht unberücksichtigt bleiben, daß die deutsche Richterschaft aus weitaus mehr Berufsrichtern besteht als die englische. Diese zahlenmäßige Diskrepanz bedingt in beiden Ländern unterschiedliche Grundvoraussetzungen für Ernennungen und Beförderungen.

(3) Gefährdung der inneren Unabhängigkeit

Die innere Unabhängigkeit der Richter wird – insbesondere in den letzten Jahren – verstärkt durch den Einfluß und die Pressionen von Seiten der Massenmedien tangiert, ein Faktor der modernen Kommunikations- und Informationsgesellschaft, der sich in beiden Ländern gleichermaßen beobachten läßt.

Die Art und Weise der Einflußnahme respektive der Beeinflussungsversuche durch die Medien reicht in Deutschland von der einfachen Berichterstattung zu laufenden oder abgeschlossenen Verfahren über die unsachliche und vor allen Dingen unqualifizierte Urteilsschelte bis hin zu Versuchen, anstehende Entscheidungen in eine bestimmte Richtung zu lenken, indem den mit dem Verfahren befaßten Richtern für den Fall einer abweichenden Entscheidung Lebensfremdheit oder eine rechtsstaatswidrige Grundeinstellung vorgeworfen wird.[1163] Diesem Druck der Medien und der öffentlichen Meinung sehen sich in erster Linie die Strafrichter sowie die Richter des BVerfGG ausgesetzt, was die massiven Beeinflussungsversuche im Hinblick auf die verfassungsgerichtlichen Verfahren zum Schwangerschaftsabbruch oder zur betrieblichen Mitbestimmung in der Vergangenheit überaus deutlich gezeigt haben.

1162 Vgl. hierzu ausführlich den Ersten Teil der Arbeit unter A. II. 5.

1163 Vgl. näher zu diesem Problemfeld Pfeiffer, Innere Unabhängigkeit, S. 69; Herrmann, Die Unabhängigkeit, S. 292; Dütz, Unabhängigkeit und Politik, S. 754; Niebler, Stellung des Richters, S. 286.

Die englischen Richter sehen sich mit einem vergleichbaren Druck von Seiten der Medien nicht konfrontiert, wenngleich die Einflüsse der modernen Informationsgesellschaft auch in englischen Gerichtssälen deutlich spürbar sind. Grund für die ungewöhnliche journalistische Zurückhaltung im Hinblick auf laufende oder bevorstehende Gerichtsverfahren ist jedoch nicht eine möglicherweise weniger stark ausgeprägte Sensationslust der englischen Presse, sondern vielmehr das traditionelle und achtungsgebietende Rechtsinstrument des *Contempt of Court* in den Händen der englischen Richter. Mit Hilfe dieser richterlichen Machtbefugnis können Störungen des Gerichtsverfahrens durch sachfremde Einfußnahmen wirksam unterbunden und den Medien insofern deutliche Grenzen gesetzt werden[1164], ein Faktum, welches sich in einer sehr sachlichen und nüchternen Berichterstattung über bevorstehende oder laufende Gerichtsverfahren niederschlägt.

Dem deutschen Recht sind derartig umfassende Rechtsbehelfe gegen öffentliche Verfahrensbeeinflussungen jedoch fremd. Vielmehr wird durch die bestehenden Gesetze lediglich ein punktueller und häufig nur mittelbarer Schutz des Verfahrens gewährleistet.[1165] Als gesetzgeberische Lösung für den von Seiten der Medien ausgehenden Einfluß käme zwar eine Beschränkung der Berichterstattung über bevorstehende oder laufende Verfahren in Betracht. Diese Möglichkeit ist in der Vergangenheit auch bereits mehrfach diskutiert worden, wobei die Bemühungen jedoch fast ausschließlich auf die Schaffung eines Straftatbestandes gerichtet waren. Gleichwohl bestand letztendlich stets Einigkeit darüber, daß der hierdurch erzielte Gewinn an innerer Unabhängigkeit der Richter durch den Verlust an grundrechtlich geschützter Meinungs- und Pressefreiheit zu teuer erkauft sei. Aus diesem Grunde wurden derartige Überlegungen bislang stets verworfen.

Dieses Ergebnis verdient Zustimmung, da die Beschränkung von Grundrechten grundsätzlich nur sehr zurückhaltend und nur nach sorgfältiger Abwägung erfolgen sollte. Dabei darf vorliegend nicht übersehen werden, daß bislang nicht geklärt ist, ob und in welchem Umfang sich die von den Medien ausgehenden Einflüsse tatsächlich in der richterlichen Entscheidung niederschlagen

---

1164 Allgemein gesprochen kann ein englisches Gericht Geld- oder Freiheitsstrafen verhängen und sichernde Anordnungen treffen, wenn jemand durch öffentliche Äußerungen oder Handlungen die faire Verwirklichung des Rechts zu beeinflussen oder gar zu stören beabsichtigt, oder auch, wenn er nur die objektive Gefahr einer solchen Beeinflussung oder Störung heraufbeschwört. Vgl. hierzu ausführlich Halsbury's Laws of England, Volume 9 (1), §§ 401 ff. Instruktiv hierzu auch Bornkamm, Fairneß des Strafverfahrens, S. 25 ff; Stürner, Schutz des Gerichtsverfahrens, S. 161 ff.

1165 Vgl. die umfassende Darstellung der bestehenden Rechtslage in Deutschland bei Bornkamm, Fairneß des Strafverfahrens, S. 220 ff; Stürner, Schutz des Gerichtsverfahrens, S. 163. Zahlreiche Nachweise im Hinblick auf die erstaunliche Einigkeit dahingehend, daß das schwebende Strafverfahren nach geltendem deutschen Recht nicht ausreichend vor präjudizierender Publizität geschützt ist, finden sich auf S. 227 Anm. 39.

und insofern die innere Unabhängigkeit des Richters tatsächlich beeinträchtigen. Mangels empirischer Untersuchungen können zu diesen Zusammenhängen lediglich Vermutungen angestellt werden[1166], denen im Rahmen einer wissenschaftlichen Auseinandersetzung wenig Überzeugungskraft zukommt. Des weiteren fördern die Medien die Funktion des Öffentlichkeitsgrundsatzes, indem sie die Möglichkeit eröffnen, die – heutzutage ohnehin seltene – unmittelbare Teilnahme an Gerichtsverhandlungen durch entsprechende Gerichtsberichterstattungen zu kompensieren. Auf diese Weise können Informationen auch außerhalb des Gerichtssaals einem großen Teil der Bevölkerung zugänglich gemacht werden. Außerdem können die Medien durch Gerichtsberichterstattungen zum breiten Verstehen der juristischen Vorgänge beitragen und infolge dieser Transparenz gesamtgesellschaftliche Diskussionen und Auseinandersetzungen anregen, da die journalistisch aufbereitete Berichterstattung in der Regel einfacher verständlich ist als die juristische Fachsprache.

Im Hinblick auf das englische Rechtsinstitut des *Contempt of Court* sei an dieser Stelle zudem angemerkt, daß die souveräne Handhabung dieses machtvollen Instrumentes von Seiten der englischen Richter zum einen auf eine jahrhundertlange Rechtstradition zurückblickt und zum anderen untrennbar mit dem spezifischen Selbstverständnis sowie der erhabenen Autorität der englischen Richter verknüpft ist. Ferner darf das Recht des *Contempt of Court* nicht als scheinbar grenzenloses Allroundmittel gegen unliebsame Beeinflussungen des richterlichen Wohlbefindens vor oder während des Verfahrens mißverstanden werden. So dient zwar das Verbot beeinflussender Presseveröffentlichungen – und damit ein Hauptanwendungsbereich des Contempt-Tatbestandes – unter anderem auch dem Schutz der richterlichen Unabhängigkeit. Doch kommt dieser Schutz grundsätzlich nur den Laienrichtern zu Gute und nicht auch den Berufsrichtern, da letztere nach englischer Rechtsauffassung die Fähigkeit besitzen, die Wirkung von Presseberichten zu neutralisieren.[1167] In diesem Sinne wird auch in Deutschland argumentiert, der Richter nehme im deutschen Staatsgefüge eine so starke und herausragende Stellung ein, daß von ihm berechtigterweise erwartet

[1166] Der exakte Zusammenhang dieser Faktoren und der Einfluß, den eine Gerichtsberichterstattung tatsächlich auf die richterliche Entscheidung ausübt, konnten bis dato durch soziologische Studien nicht überzeugend geklärt werden. Ein monokausaler Zusammenhang im Sinne einer eindeutigen Ursache-Wirkung-Kombination kann jedoch zum einen aufgrund der (zumindest rudimentär vorhandenen) inneren Unabhängigkeit der Richter und zum anderen aufgrund der zahlreichen intervenierenden Variablen von vornherein ausgeschlossen werden.

[1167] Hierzu ausdrücklich Vine Products Ltd. and others v. Mackenzie & Co., Ltd. and others, 3 All E.R. 1965, S. 58, 62: „*(...) it has been generally accepted that professional judges are sufficiently well equipped by their professional training to be on their guard against allowing any such matters as this to influence them in deciding the case (...)*".

werden könne, die Kritik der Massenmedien – sei diese auch unberechtigt, unqualifiziert und hart – gleichmütig über sich ergehen zu lassen.[1168]

Vor diesem Hintergrund läßt sich somit festhalten, daß gegenüber dem Vorschlag einer Beschränkung der grundrechtlich geschützten Meinungs-, Informations- und Pressefreiheit in Deutschland zum Schutze der inneren Unabhängigkeit der Richter besondere Vorsicht anzuraten ist. Im Rahmen einer sorgfältigen Abwägung verdienen hier die Grundrechte den Vorzug. Eine andere Bewertung kann sich freilich dann ergeben, wenn mit einer entsprechenden Beschränkung nicht lediglich der Schutz der richterlichen Unabhängigkeit, sondern darüber hinaus auch der Schutz des fairen und rechtsstaatlichen Gerichtsverfahrens sowie der Verfahrensbeteiligten selbst bezweckt würde.

(4) Gefährdung der institutionellen Unabhängigkeit

Eventuelle Beeinträchtigungen der institutionellen Unabhängigkeit sind für die heutige Verfassungswirklichkeit nicht mehr von Relevanz, da es sich in der Regel um verfassungsrechtlich fixierte Ausnahmeregelungen zu den Inkompatibilitäten handelt.

Im Rahmen eines Rechtsvergleiches läßt sich in Deutschland eine strenge Einhaltung der Unvereinbarkeit von Amt und Mandat beobachten, wenngleich den Richtern eine grundsätzliche politische Betätigung freigestellt ist, solange diese nicht das Vertrauen der Allgemeinheit in die richterliche Unabhängigkeit beeinträchtigt.

In England hingegen wird über die grundsätzlichen Inkompatibilitäten hinaus auch eine politische Abstinenz der Berufsrichter gefordert, obwohl der höchste Richter des Landes, der Lord Chancellor, ein leuchtendes Beispiel für die Verschmelzung von Richteramt und politischem Mandat darstellt. Auf die politischen Betätigungsspielräume der deutschen und englischen Richter wird im Rahmen der rechtsvergleichenden Ausführungen zum Ideal des unpolitischen Richters noch zurückzukommen sein.

c) Grenzen richterlicher Unabhängigkeit

Die absolute Unabhängigkeit des Richters stellt ein Ideal dar, welches weder erreichbar ist, noch – bei näherer Betrachtung – erstrebenswert erscheint. Daher kann die richterliche Unabhängigkeit nicht völlig grenzenlos gewährleistet werden, sondern muß mit Hilfe von rechtsstaatlichen Sicherungsmechanismen und Rückkopplungen wiederum vor Mißbrauch durch die Richter selbst geschützt

[1168] Ähnlich wie hier Strecker, Thesen zur Unabhängigkeit, S. 141: *„Justizkritik darf nicht mit der Begründung unterbunden werden, sie gefährde die richterliche Unabhängigkeit; vielmehr hat das Rechtsinstitut der Unabhängigkeit den Zweck, die Richter in ihrer beruflichen Situation so zu stabilisieren, daß sie sich angstfrei der Kritik stellen, sie ertragen, akzeptieren und ihr auch widerstehen können.“*.

werden. Im Folgenden wird untersucht, in welcher Form das deutsche und das englische Rechtssystem diese Grenzziehung vornehmen.

Bei näherer Betrachtung des Grundgesetzes zeigt sich bereits deutlich, daß der deutsche Verfassungsgeber der richterlichen Unabhängigkeit offensichtlich Grenzen setzen wollte, und zwar unabhängig von den Konsequenzen und Sanktionsmöglichkeiten des Straf- und Disziplinarrechts. So wird unmittelbar im Anschluß an die verfassungsrechtliche Garantie der richterlichen Unabhängigkeit in Art. 97 GG die Möglichkeit der Richteranklage in Art. 98 GG[1169] normiert. Die Grenzen der richterlichen Unabhängigkeit zieht in Deutschland in erster Linie die strenge Bindung des Richters an das Gesetz, eine Verpflichtung, die sich in zahlreichen Normen sowohl auf verfassungsrechtlicher wie auch auf einfachgesetzlicher Ebene wiederfindet.[1170] Durch die Gesetzesbindung wird dem Richter auf der einen Seite ein großes Maß an Unabhängigkeit garantiert, indem er ausschließlich an die geltenden Gesetze gebunden ist. Auf der anderen Seite wird die richterliche Unabhängigkeit durch die strenge Bindung an die Gesetze aber auch beschränkt.

Historisch betrachtet war die Bindung des Richters an das Gesetz der Preis, welcher der Richterschaft dafür abverlangt wurde, daß sie zu Beginn des 19. Jahrhunderts von den willkürlichen Eingriffsmöglichkeiten des Monarchen befreit wurde. Infolgedessen wuchs, anders als in England, jedoch nicht der Richter zur eigenen Staatsgewalt heran, welche die Herrschaftsmacht des Monarchen beschränken konnte und auf diese Weise den Bürger vor staatlicher Willkür schützte. Vielmehr wurde diese Aufgabe dem geschriebenen, positiven Recht zuerkannt, das vom Parlament erlassen und durch die Rechtsprechung lediglich angewendet wurde. Aufgrund der Rezeption des römischen Rechts vertraute man in Deutschland auf die Rationalität des Rechts und auf die Möglichkeit, ein geschlossenes Rechtssystem zu entwickeln und jede Rechtsfrage durch die Auslegung und Anwendung abstrakter Rechtsbegriffe sowie durch den Rückgriff auf den Systemzusammenhang beantworten zu können.[1171] Vor dem Hintergrund dieses Verfassungsverständnisses fiel den Richtern somit eine eher bescheidene Rolle zu, denn ihre Aufgabe bestand lediglich darin, den für ein konkretes Rechtsproblem passenden Rechtssatz ausfindig zu machen und sodann den konkreten Lebenssachverhalt unter die abstrakten Rechtsbegriffe zu subsumieren. Diese bedingungslose Anerkennung des Gesetzes, welche in den Lehren der Begriffsjurisprudenz sowie des Gesetzespositivismus zum Ausdruck kommt,

[1169] Bislang hat das Institut der Richteranklage jedoch keine praktische Bedeutung gewonnen, was maßgeblich auf die hohen verfahrensrechtlichen und die hochgradig auslegungsbedürftigen materiellen Voraussetzungen zurückzuführen ist. Vgl. Schulze-Fielitz in Dreier-GG, Art. 98 Rn. 39 m.w.N.; Reinhardt, Konsistente Jurisdiktion, S. 109 f.

[1170] Siehe Art. 20 III und Art. 97 I GG sowie § 25 DRiG und § 1 GVG.

[1171] Dazu Larenz, Methodenlehre, S. 20 ff; Herrmann, Die Unabhängigkeit, S. 287.

brachte für den Richter auf der anderen Seite aber auch eine wesentliche Entlastung und ein großes Maß an Unabhängigkeit.[1172]

Dieses Subsumtionsdogma wurde im Laufe der Zeit jedoch überwunden, eine Erkenntnis, die zur Entwicklung weg von der Begriffs- und hin zur Interessenjurisprudenz geführt und insofern den Blick dafür geschärft hat, daß in den Prozeß der Rechtsfindung notwendigerweise Wertungen eingehen, die von der anzuwendenden Norm nicht vorgezeichnet sind.[1173] So zählt es heute in Deutschland zum Allgemeinwissen, daß dem Richter trotz der nach wie vor bestehenden Bindung an das Gesetz ein großes Maß an Freiheit zusteht, da er eben nicht als Subsumtionsautomat funktioniert, sondern in jeder richterlichen Auslegung und Anwendung des Rechts zugleich gewissermaßen auch ein Akt richterlicher Rechtsschöpfung liegt.[1174] Nicht nur die in den Gesetzen enthaltenen Lücken, sondern auch die von Seiten des Gesetzgebers verwendeten Generalklauseln eröffnen dem Richter die Möglichkeit, eigene Wertungen und metarechtliche Erwägungen mit in die Entscheidung einfließen zu lassen. Hinzu kommt, daß der Richter in Deutschland im Laufe der Zeit zu einer wirklichen dritten Gewalt im Staatsgefüge herangewachsen ist, eine Rechtsstellung, die in der Rolle des Bundesverfassungsgerichts besonders deutlich zum Ausdruck kommt.

In England hingegen wird eine derartige Bindung des Richters an das Gesetz aufgrund des *common-law* Systems nicht statuiert, da hier nicht primär das geschriebene, kodifizierte Gesetzesrecht die Rechtswirklichkeit dominiert, sondern vielmehr die richterliche Rechtsfortbildung und das daraus erwachsende Fallrecht *(case-law)*. Der richterlichen Unabhängigkeit des englischen Richters werden daher in erster Linie durch die strenge Bindung an Präjudizien sowie durch den Grundsatz der Souveränität des Parlamentes Grenzen gesetzt.

Wie das deutsche, so kann auch das englische System auf die spezifischen Wurzeln der englischen Rechtsordnung sowie auf die historische Entwicklung des Richters zurückgeführt werden. Anders als in Deutschland wurde in England nicht das römische Recht rezipiert, sondern es entwickelte sich das Recht des *common-law*, ein System von Präzedenzfällen, dessen charakteristisches Merkmal die Autorität und beachtliche Stellung der Richter war. Insofern kam dem englischen Richter historisch betrachtet eine wesentlich andere Position im Staatsgefüge zu als dem deutschen Richter. Er sollte und konnte durch seine

---

1172 Da der Richter lediglich als "Sprachrohr des Gesetzes" fungierte, um mit den klassischen Worten Montesquieus zu sprechen *(„Les juges ne sont que la bouche qui prononce les paroles de la loi.")*, und die richterliche Entscheidung eines Rechtsstreits als rein logischer Erkenntnisprozeß angesehen wurde, konnte er somit für eine als ungerecht empfundene Entscheidung auch nicht verantwortlich gemacht werden.

1173 Hierzu ausführlich und mit zahlreichen Nachweisen Krey, Studien zum Gesetzesvorbehalt, S. 56 ff; ders., Rechtsfortbildung contra legem II, S. 428 ff.

1174 Vgl. Dütz, Unabhängigkeit und Politik, S. 745; Herrmann, Die Unabhängigkeit, S. 287.

Rechtsprechung die Bürger vor der Willkürherrschaft des Monarchen schützen. Doch auch in England mußte sich die Richterschaft diesen Status infolge der *Glorious Revolution* von 1688 erst erkämpfen. Der Preis für die dadurch errungene weitgehende Selbstständigkeit und vor allen Dingen für die Selbstverwaltung der Richter war die Souveränität des Parlamentes und damit die unanfechtbare Macht und Autorität desselben. Der heutige Status des englischen Richters ist deutlich geprägt durch diese historische Entwicklung, zumal das Rechtssystem des *common-law* die Jahrhunderte überdauert hat und nach wie vor in Kraft ist.

Die rechtsvergleichende Betrachtung zeigt, daß beide Rechtsordnungen unabhängig voneinander eine Begrenzung der richterlichen Unabhängigkeit für notwendig erachten, wenngleich diese auf unterschiedliche Art und Weise realisiert wird. Letztlich sind jedoch beide Sicherungsmechanismen auf die ihnen zugrunde liegenden historischen Wurzeln sowie die spezifischen Besonderheiten des entsprechenden Rechtssystems zurückzuführen. Auch haben sich im Laufe der Zeit beide Methoden zur Begrenzung der richterlichen Unabhängigkeit in der Realität als funktional erwiesen.

d) Ideal des unpolitischen Richters

Das Idealbild des sog. unpolitischen Richters findet sich nahezu in jeder Rechtsordnung wieder. Allein der Gedanke einer möglichen Vermischung oder gar Einheit von Politik und Rechtsprechung löst allgemein Unbehagen aus, da politischer Opportunismus und richterliche Unparteilichkeit für jeden rechtstaatlich Denkenden zweifellos Antonyme darstellen.[1175]

Der Begriff des politischen Richters ist in der Vergangenheit häufig mit unterschiedlichen Bedeutungsinhalten versehen und infolgedessen mißverstanden worden.[1176] Aus diesem Grunde wird im Folgenden zwischen dem politischen

---

[1175] Vgl. hierzu die interessanten Ausführungen von Simon, Unabhängigkeit des Richters, S. 104 f: „*Der Konstitutionalismus hatte Recht und Politik in zwei Sphären aufgegliedert und antithetisch konfrontiert. Diese folgenreiche Konzeption entsprach der Dichotomie von Staat und Gesellschaft. (...) Nur auf dem Hintergrund dieser Erbschaft sind die zum erheblichen Teil gerade auch von Juristen getragenen Bemühungen um eine saubere begriffliche Trennung von Recht und Politik zu verstehen. Sie nähren sich von der Vorstellung, daß mit der und durch die Trennung der Begriffe auch eine Scheidung der Aufgaben in den Griff zu bekommen sei: hier der Verwalter des Rechts und da der Verwalter der Politik. Der Kunstgriffe, welcher man sich in diesem Paradies artifizieller Distinktionen bediente, ist Legion.*".

[1176] Die in Deutschland im Laufe der 70er Jahre aufkommende Diskussion über den "politischen Richter", gedacht als reformatorisches Gegenstück zu dem an den Buchstaben des Gesetzes hängenden, der Lebenswirklichkeit aber verschlossenen, im Elfenbeinturm judizierenden Richter, zeigt dies besonders anschaulich. Siehe ausführlich hierzu Simon, Unabhängigkeit des Richters, S. 104 ff mit einer umfangreichen Zusammenstellung der

Richter im engeren Sinne und dem politischen Richter im weiteren Sinne differenziert.[1177] Ersterer nutzt seine richterliche Tätigkeit gezielt dazu, um seinen politischen Ansichten und Überzeugungen Ausdruck zu verleihen, wobei er seinen Amtsbonus systematisch zur Verstärkung und Verbreitung seiner politischen Präferenzen einsetzt. Diese Art des politischen Richters ist charakteristisch für diktatorische Machtverhältnisse in totalitären Systemen und daher in keinem modernen und demokratischen Rechtsstaat existent oder erstrebt. Der Begriff des politischen Richters im weiteren Sinne hingegen bezeichnet einen weltanschaulich und ethisch, mit anderen Worten politisch im weiteren Sinne geprägten Richter, dessen persönliches Wertebewußtsein in die richterliche Entscheidung mit einfließt. Dabei ist heutzutage weitgehend anerkannt, daß es einen in diesem Sinne apolitischen, weltanschaulich neutralen und ethisch wertfreien Richter gar nicht geben kann. Vielmehr ist dieses weite Verständnis der politischen Prägung als natürliche menschliche Besonderheit hinzunehmen. Insofern erweist sich ein jeder Richter als politisch im weiteren Sinne.

Das universelle Idealbild des unpolitischen Richters bezieht sich in der Regel darauf, daß der Richter nicht politisch im engeren Sinne agieren darf, und ist demzufolge auf die Furcht vor dem politisch indoktrinierten, dem politisierenden Richter zurückzuführen, welcher nicht nur gegen das Rechtsstaatsprinzip, sondern auch gegen den verfassungsrechtlichen Grundsatz der Gewaltenteilung verstößt. Diese Erscheinungsform des politischen Richters ist in unserer modernen Demokratie jedoch nicht von Relevanz und wird aus diesem Grunde in dem anschließenden Rechtsvergleich bewußt ausgeklammert. Im Hinblick auf den politischen Richter im weiteren Sinne stellt sich jedoch die Frage, inwiefern dem Richter über das (unvermeidbare) Vorverständnis hinaus die Teilnahme am politischen Leben gestattet ist. Im Folgenden wird daher untersucht, ob und in welcher Form das deutsche und das englische Rechtssystem politische Betätigungen der Richter zulassen.

Der deutsche Gesetzgeber hat sich bewußt für den politischen Richter entschieden in dem Sinne, daß dieser wie jeder andere Staatsbürger seine politische Auffassung in Wort und Schrift äußern und vertreten, in eine Partei oder eine sonstige politische Vereinigung eintreten, dort Ämter übernehmen sowie auch nach außen als Funktionär einer Partei oder Vereinigung in Erscheinung treten

---

relevanten Literatur aus der Zeit bis 1975 in Form eines "Bibliographischen Kommentars" auf den S. 127 - 145. Vgl. auch das Werk von Wassermann, Politischer Richter, in dessen Fußnoten sich eine Fülle an tagespolitischen und hauptsächlich aus der Richterschaft selbst stammenden Beiträgen findet zum Verhältnis von Richter und Politik. Diese dokumentieren eindrucksvoll den zugleich archaischen und gereizten Zustand richterlichen Selbstverständnisses zu dieser Zeit.

1177 Dabei handelt es sich um eine von der Verfasserin selbst gewählte Unterscheidung, welche sich bei näherer Betrachtung der umfangreichen Literatur zum "politischen" respektive "unpolitischen" Richter herauskristallisiert hat.

kann.[1178] Diese bedeutende Grundentscheidung läßt sich auf den Grundgedanken der wehrhaften Demokratie[1179] zurückführen, der das gesamte Grundgesetz durchzieht. Auf diese Weise soll verhindert werden, daß sich die Justiz – wie in der Weimarer Zeit – gegenüber der freiheitlichen Demokratie reserviert, gleichgültig oder sogar feindselig verhält. Dieser Gedanke kommt auf einfachgesetzlicher Ebene neben § 39 DRiG, der politische Betätigungen des Richters nicht verbietet[1180], zudem in § 9 Nr. 2 DRiG zum Ausdruck, wonach in das Richterverhältnis nur berufen werden darf „wer die Gewähr dafür bietet, daß er jederzeit für die freiheitlich demokratische Grundordnung im Sinne des Grundgesetzes eintritt".

Ein aktives Eintreten des Richters für den Staat kann berechtigterweise aber nur erwartet werden, wenn dieser nicht nur aktiv am alltäglichen Leben, sondern insbesondere auch am politischen Leben teilnehmen kann. Vor diesem Hintergrund stellt sich aus deutscher Perspektive die Einbindung des Richters als Privatperson in sein soziales Umfeld nicht nur als unvermeidlich dar, sondern angesichts der allgemeinen, gesellschaftlichen Wachsamkeit, die von Seiten des Richters erwartet wird, als durchaus wünschenswert. Ferner dürfen die gesellschaftlichen, wirtschaftlichen, sozialen und politischen Verhältnisse auch bei der richterlichen Beurteilung eines Lebenssachverhaltes nicht ausgeklammert werden, da der Richter nur bei deren Kenntnis eine lebensnahe und sachgerechte Entscheidung treffen kann.[1181]

1178 Näher hierzu Schmidt-Räntsch/Schmidt-Räntsch, DRiG-Kommentar, § 39 Rn. 15.

1179 Siehe hierzu ausführlich Becker in Isensee/Kirchhof, Handbuch des Staatsrechts VII, S. 309 ff; Dreier in Dreier-GG, Art. 20 (Demokratie), Rn. 75, 138; Maunz/Zippelius, Staatsrecht, § 12 II 10. Mit im wesentlichen gleicher Bedeutung werden auch andere Begriffe verwendet, insbesondere der Begriff der "streitbaren Demokratie". Vgl. hierzu auch die Entscheidung des Bundesverfassungsgerichts zur Verfassungswidrigkeit der Kommunistischen Partei Deutschlands (KPD) in BVerfGE 5, 85, 139.

1180 Der Regierungsentwurf des DRiG sah noch eine ausdrückliche Beschränkung der politischen Betätigung von Richtern vor. Diese wurde letztendlich jedoch nicht übernommen mit der Begründung *„Offene politische Betätigung sollte in einer Demokratie nicht den Verdacht begründen, daß sie die Unbefangenheit und die Fähigkeit zu sauberer und gerechter Amtsführung beeinträchtige. Der Ausschuß hat daher die Absätze 1 und 3 des § 38 gestrichen und dafür nur in den § 37 die Mahnung aufgenommen, daß der Richter auch bei politischer Betätigung die Würde seines Amtes und das Vertrauen in seine Unabhängigkeit nicht vergessen darf (...)"*, vgl. Schmidt-Räntsch/Schmidt-Räntsch, DRiG-Kommentar, § 39 Rn. 14 m.w.N.

1181 Vgl. hierzu Krützmann, Gemeinwesen des Grundgesetzes, S. 203 mit der These, richterliche Unabhängigkeit erlange ihre reale Geltung in der Rechtswirklichkeit primär dadurch, daß der Richter "von dieser Welt" sei. Mit anderen Worten müsse der Richter die grundrechtlich geschützten Lebensbereiche leben und nicht lediglich "im Stillen" wirken, sondern am Leben des Gemeinwesens teilhaben. Ähnlich auch Faller, Unabhängigkeit im Spannungsfeld, S. 90, der Richter könne und solle dem politischen Leben nicht aus dem

Gleichwohl ist diese Einsicht in Deutschland wenig verbreitet, obwohl sie in der Verfassung und auch in einfachen Gesetzen klar zum Ausdruck kommt.[1182] Vielmehr gehört der neutrale und unpolitische Richter zum eisernen Bestand des – mittlerweile längst überkommenen – richterlichen Selbstverständnisses.[1183] Dieses "Unverhältnis" der deutschen Richter zu der politischen Dimension ihrer Aufgabe liegt eindeutig in den Zerrbildern der Vergangenheit begründet, denn in beiden deutschen Diktaturen wurde die Justiz instrumentalisiert und mißbraucht, um politisch Andersdenkende zu unterdrücken oder sogar auszuschalten. Im Zuge fortschreitender Vergangenheitsbewältigung wird sich die deutsche Justiz dieser verantwortungsvollen Aufgabe aber früher oder später stellen müssen.

Die Stellung des Richters als Organ der Rechtssprechung läßt eine politische Betätigung jedoch nicht grenzenlos zu. Die wichtigste Einschränkung statuiert das in § 39 DRiG festgelegte Mäßigungsgebot[1184], wonach sich der Richter innerhalb wie auch außerhalb seines Amtes so zu verhalten hat, daß das Vertrauen in seine Unabhängigkeit nicht gefährdet wird. Das aus zwei unbestimmten Rechtsbegriffen zusammengesetzte Merkmal "Vertrauen in die Unbefangenheit" in § 39 DRiG ist einer genauen Definition und Konturierung kaum zugänglich. Allgemein läßt sich daher lediglich festhalten, daß auch Richter selbstverständlich ihre Meinung – und dazu zählt auch ihre politische Meinung – öffentlich äußern dürfen.[1185] Es ist ihnen jedoch dienstrechtlich untersagt, ihre Äußerungen so zu formulieren oder in einer solchen Art und Weise oder unter solchen Umständen abzugeben, daß für einen objektiven Dritten der Eindruck entsteht, sie seien in einer Art und Weise voreingenommen und unzugänglich, die mit dem Bild des unparteilichen und abwägenden Richters nicht mehr in Einklang steht.[1186]

Wege gehen und sich in ein "Wolkenkuckucksheim" zurückziehen, sowie Niebler, Stellung des Richters, S. 285, der Richter lebe nicht auf einer "Insel der Seeligen".

1182 Ebenso Heimeshoff, Parteipolitische Betätigung, S. 264.

1183 Vgl. ausführlich hierzu Limbach, Bedeutung der Unabhängigkeit, S. 283.

1184 Zu den typischen Fällen der hierdurch gebotenen richterlichen Mäßigung im Zusammenhang mit politischen Meinungsäußerungen und den entsprechenden drei Kategorien der (1) exponierten Meinungen, (2) exponierten Richter und des (3) exponierten Verhaltens vgl. ausführlich Schmidt-Räntsch/Schmidt-Räntsch, DRiG-Kommentar, § 39 Rn. 23 ff.

1185 Siehe insbesondere die Grundentscheidungen aus der verfassungsgerichtlichen Rechtsprechung in BVerfG NJW 1987, 430 f und BVerfG NJW 1983, 2691.

1186 Vgl. Pfeiffer, Innere Unabhängigkeit, S. 78. Ausführlich zur politischen Beeinflussung und auch Einflußnahme von Seiten der Richter im innerdienstlichen wie auch im außerdienstlichen Bereich Lansnicker, Richteramt in Deutschland, S. 171 ff, 195 ff. Vgl. hierzu unter anderem Schmidt-Jortzig, Aufgabe, Stellung und Funktion, S. 2382: „*Wer sich als öffentlich Bediensteter diesen Prioritäten nicht unterwerfen will, vor allem meint, die darin liegenden Inpflichtnahmen und Verantwortungen nicht mit seinem eigenen Entfaltungsanspruch vereinbaren zu können, braucht und darf sich nicht in diesen Zusammenhang begeben.*". Das Spannungsverhältnis zwischen den grundgesetzlich garantierten Freiheiten des einzelnen auf der einen Seite und den Anforderungen des öffentlichen

In England hingegen ist den Berufsrichtern – mit Ausnahme des Lord Chancellor – jegliche politische Bekundung oder Stellungnahme kategorisch untersagt, eine ungeschriebene Tradition, die auch heute noch streng beachtet und eingehalten wird.[1187] Daher sind richterliche Stellungnahmen in der Öffentlichkeit zu allgemeinpolitischen Fragen oder gar zu persönlichen Ansichten schlichtweg undenkbar. Der Richter soll nach englischer Auffassung gerade nicht am politischen Leben teilhaben, sondern isoliert und außerhalb dessen stehen. Dies führt in der Praxis jedoch dazu, daß die Richter von Seiten der Allgemeinheit als zu weit entrückt, mit anderen Worten als lebensfremd bezeichnet werden. In weiten Teilen der Gesellschaft dominiert daher die Vorstellung, die Richter lebten bildlich gesprochen in Elfenbeintürmen fernab der Realität und des Alltages der Durchschnittsbevölkerung. Aufgrund der unantastbaren Autorität sowie des traditionellen Charismas der englischen Richter finden die richterlichen Urteile aber dennoch die Akzeptanz der Allgemeinheit.

Gleichwohl werden die politischen Präferenzen und Ansichten von Richtern auch in England thematisiert, wenngleich in einem anderen Kontext als in Deutschland. Da den englischen Richtern jegliche politische Meinungsäußerung strengstens untersagt ist, spielt der politische Faktor weniger im Zusammenhang mit richterlichen Kommentaren oder Aktionen, sondern vielmehr in Verbindung mit der Ernennungspraxis zum Richter eine Rolle. So war die Berücksichtigung politischer Präferenzen und Interessen der Kandidaten im Rahmen der Richterauswahl noch zu Beginn des letzten Jahrhunderts Usus und kann auch heute nicht gänzlich ausgeschlossen werden. In diesem Sinne wird in England häufig die auffällige Homogenität der Richterschaft im Hinblick auf Herkunft, soziale Standards und Erziehung kritisiert, ein Phänomen, welches zweifellos auf das System der englischen Richterauswahl, insbesondere auf das in Form der *secret soundings* praktizierte Kooptationsverfahren zurückzuführen ist.[1188] Nicht zufällig wird das System der *secret soundings* im Volksmund auch als *the magic circle* bezeichnet.

Amtes auf der anderen Seite hat sich in der Vergangenheit insbesondere in Form öffentlicher Äußerungen von Richtern zu politischen Fragen unter ausdrücklicher Bezugnahme auf ihr Richteramt manifestiert. Genannt seien in diesem Zusammenhang öffentliche Stellungnahmen zu allgemeinpolitischen Fragen wie bspw. zur Raketenstationierung in Deutschland, zur Sicherheit von Atomkraftwerken, zum Thema Umweltverschmutzung, zu sog. Berufsverboten oder zu diversen Flugplatzerweiterungen. Vgl. zu diesen Beispielen ausführlich Dütz, Unabhängigkeit und Politik, S. 746; Rudolph, Unabhängigkeit des Richters, S. 142; Schultz, Meinungsfreiheit des Richters, S. 191 ff; Sendler, Richter in der Öffentlichkeit, S. 695 ff; Schaffer, Unabhängigkeit der Rechtspflege I, S. 648; Schmidt-Jortzig, Politische Betätigung, S. 2057 f, 2062.

1187 Vgl. Heimeshoff, Parteipolitische Betätigung, S. 261.

1188 Vgl. hierzu ausführlich im Ersten Teil der Arbeit unter A. II. 3.

Im Rahmen einer abschließenden Gesamtbetrachtung kann somit Folgendes festgehalten werden: In beiden Rechtssystemen existiert das Ideal des unpolitischen Richters in dem Sinne, daß der Richter sein hoheitliches Amt nicht dazu mißbrauchen darf, um seinen persönlichen politischen Ansichten Ausdruck zu verleihen. Im Hinblick auf eine darüber hinausgehende politische Betätigung außerhalb des Richteramtes bestehen jedoch wesentliche Unterschiede. Während dem Richter in England jegliche politische Äußerung auch außerhalb seiner richterlichen Tätigkeit untersagt ist, darf sich der deutsche Richter durchaus politisch engagieren, wenngleich seiner politischen Entfaltungsfreiheit durch § 39 DRiG notwendigerweise Grenzen gezogen sind[1189]. Gleichwohl wird der politische Faktor in England nicht gänzlich ausgeblendet, sondern findet sich als brisanter Diskussionspunkt auf der Ebene der Richterauswahl wieder. In Deutschland hingegen werden politische Ernennungen aufgrund der strengen Geltung des im Grundgesetz angelegten Leistungsgrundsatzes (Art. 33 II GG) nicht thematisiert. Allenfalls die Ernennungen der Richter am Bundesverfassungsgericht führen hin und wieder zu politischen Kontroversen.[1190]

Die Hintergründe für die diesbezüglichen Unterschiede in Deutschland und England finden sich auch hier gewissermaßen auf der Makroebene wieder, mit anderen Worten in den Grundfesten und Fundamenten der beiden historisch gewachsenen Rechtssysteme. Während sich die politische Enthaltsamkeit der englischen Richter über Jahrhunderte hinweg bewährt hat, zeigt die Vergangenheit der deutschen Justiz, daß politische Abstinenz nicht zwangsläufig ein wirksames Sicherungsinstrument gegen diktatorischen Machtmißbrauch darstellt. Aus diesem Grunde baut das deutsche Grundgesetz auf dem Gedanken der wehrhaften Demokratie auf, wonach der deutsche Richter zur aktiven Verteidigung der Verfassung und der darin verbürgten Werteordnung aufgerufen ist. Auf diese Weise soll eine Indoktrination der Richter und damit der erste Schritt zur diktatorischen Instrumentalisierung verhindert werden.

Die – zumindest vordergründige – politische Isolation der englischen Richter liegt in der umfangreichen Rechtsetzungsfunktion des Richters im Rechtssystem des englischen *common-law* begründet. Da die Richter selbst einen Großteil des geltenden englischen Rechts schaffen *(judge-made-law)*, kommt ihrer politischen Neutralität innerhalb wie auch außerhalb ihres Amtes ein ganz besonderer

---

[1189] Zu der in diesem Zusammenhang interessanten Frage, ob das Mäßigungsgebot des § 39 DRiG auch nach Beendigung des Richterverhältnisses fortwirkt siehe ausführlich Benda, Amtsbonus, S. 44 ff.

[1190] Bei der Besetzung der Richterstellen am Bundesverfassungsgericht ist die politische Orientierung der zur Auswahl stehenden Kandidaten durchaus von Bedeutung, da die Richter des Bundesverfassungsgericht nach Art. 94 I S. 2 GG je zur Hälfte vom Bundestag und vom Bundesrat gewählt werden. Vgl. hierzu auch Lansnicker, Richteramt in Deutschland, S. 30 ff; Faller, Unabhängigkeit im Spannungsfeld, S. 87 ff; Dütz, Unabhängigkeit und Politik, S. 745 jeweils m.w.N.

Stellenwert zu. In Deutschland hingegen erfolgt die Rechtsetzung in erster Linie durch den Gesetzgeber und nur ein kleiner Teil des geltenden Rechts entspringt dem Richterrecht. Insofern kann den deutschen Richtern aufgrund ihrer sehr begrenzten Rechtsetzungsbefugnisse – auch unter Berücksichtigung der ausfüllenden Gesetzesinterpretation bei Generalklauseln – zweifellos eher ein politischer Betätigungsfreiraum gewährt werden.

Abschließend sei darauf hingewiesen, daß die "Europäische Charta über die Rechtsstellung der Richterinnen und Richter" den einzelnen Staaten in dieser Hinsicht einen weiten Spielraum gewährt, indem sie in den §§ 4.2. und 4.3. eine außerdienstliche politische Betätigung der Richter zuläßt, vorausgesetzt das Vertrauen in ihre Unparteilichkeit und Unabhängigkeit wird dadurch nicht beeinträchtigt.

B. Richterliche Kompetenzen im Vorfeld des Hauptverfahrens

I. Ermittlungsverfahren

1. Der Richter im deutschen Ermittlungsverfahren

a) Bedeutung des Ermittlungsverfahrens und Verfahrensablauf

Das Ermittlungsverfahren wird von Amts wegen aufgrund eines Strafantrages oder – so in den meisten Fällen – aufgrund einer Strafanzeige eingeleitet (§ 158 I StPO). Durch die Strafverfolgungsbehörden soll sodann ermittelt werden, ob gegen den Verdächtigen ein zur Eröffnung des Hauptverfahrens hinreichender Tatverdacht besteht. Der Sinn und Zweck des Ermittlungsverfahrens, welches gewöhnlich auch als Vorverfahren bezeichnet wird, besteht daher zum einen darin, bei unbegründetem Verdacht eine Hauptverhandlung zu vermeiden, und zum anderen darin, das Beweismaterial zu sammeln und zu sichten. Im Hinblick auf das spätere Hauptverfahren kommt dem Ermittlungsverfahren eine erhebliche Bedeutung zu. Zwar besteht keine Kongruenz zwischen dem im Ermittlungsverfahren agierenden Ermittlungsrichter und dem Richter der Hauptverhandlung, doch ist letzterer auf das im Rahmen des Ermittlungsverfahrens zusammengetragene Beweismaterial angewiesen. Insofern ist das Ermittlungsverfahren von vorentscheidender Bedeutung für das spätere Hauptverfahren.[1191]

[1191] Siehe Schlothauer, Beweiserhebungsanspruch, S. 158 m.w.N., der das Ermittlungsverfahren als „*entscheidende Weichenstellung*" für den späteren Prozeß bezeichnet. Siehe auch Kruse, Besondere Ermittlungsmaßnahmen in Deutschland, S. 126; Richter, Bedeutungswandel des Ermittlungsverfahrens, S. 385 f. Noch weitergehend Nelles, Strukturre-

Im Rahmen des Ermittlungsverfahrens nehmen Polizei, Staatsanwaltschaft und Ermittlungsrichter auf der Grundlage eines komplexen Kompetenzgefüges unterschiedliche Aufgaben wahr. Die Staatsanwaltschaft leitet und führt die Ermittlungen (§§ 152 II, 160 ff StPO), weshalb sie auch als "Herrin des Ermittlungsverfahrens" bezeichnet wird.[1192] Es gilt der Grundsatz der freien Gestaltung des Ermittlungsverfahrens, der nach h.M. in den §§ 161, 163 I StPO zum Ausdruck kommt.[1193] Danach kann die Staatsanwaltschaft nach ihrem Ermessen diejenigen Mittel zu demjenigen Zeitpunkt und in derjenigen Reihenfolge sowie in dem Umfang zur Anwendung bringen, wie sie es für zweckmäßig erachtet, um ihre gesetzlichen Aufgaben zu erfüllen.[1194]

Die Ermittlungstätigkeit der Staatsanwaltschaft ist durch das Legalitätsprinzip (§ 152 II StPO) gekennzeichnet, welches sie vorbehaltlich anderer gesetzlicher Regelungen verpflichtet, wegen aller verfolgbaren Straftaten einzuschreiten, sofern zureichende tatsächliche Anhaltspunkte vorliegen. Auf diese Weise soll eine einheitliche und am Gleichheitssatz ausgerichtete Strafverfolgung gewährleistet, mit anderen Worten eine willkürliche Selektion vor dem Hintergrund des staatlichen Strafverfolgungsmonopols ausgeschaltet werden. Diverse Ausnahmen des Legalitätsprinzips gründen sich auf das Opportunitätsprinzip, welches

---

form des Ermittlungsverfahrens, S. 147: „*Es ist ein offenes Geheimnis, daß sich der Schwerpunkt des Verfahrens im Gegensatz zum normativen Konzept, das der Strafprozeßordnung zugrundeliegt, von der Hauptverhandlung zum Ermittlungsverfahren verlagert hat.*". Nach Rieß in LR-StPO, Vor § 158 Rn. 7 „*erscheint es kaum noch vertretbar, zu sagen, daß der Schwerpunkt des Verfahrens in der Hauptverhandlung liege*".

1192 Dies wird ihr auch von Praktikern der Polizei grundsätzlich konzediert, vgl. Matussek, Staatsanwaltschaft und Polizei, S. 583; Stümper, Herrin des Strafverfahrens, S. 395. Vgl. auch Bindel, Verhältnis Staatsanwaltschaft zur Polizei, S. 166; Schnarr, Verknüpfung von Richtervorbehalten, S. 210; Roxin, Strafverfahrensrecht, § 37 Rn. 1; Volk, Strafprozeßrecht, § 8 Rn. 1; Bottke, Polizeiliches Legalitätsprinzip, S. 81; Merten, Abrufrecht der Staatsanwaltschaft, S. 12; Schultz/Leppin, Staatsanwaltschaft contra Polizei, S. 521 ff. Nach fast einhelliger Auffassung liegt mithin die Verantwortung und damit korrespondierend die Sachleitungsbefugnis für das gesamte Ermittlungsverfahren bei der Staatsanwaltschaft. Siehe hierzu neben den bereits Genannten Gössel, Stellung der Staatsanwaltschaft, S. 344; Baumann, Reform der StPO, S. 687; Füllkrug, Kriminalitätsbekämpfung, S. 194; Rebmann/Schoreit, Strafverfolgung und Datenschutz, S. 4. Anderer Ansicht seit einiger Zeit Knemeyer, der eine eigenständige Ermittlungskompetenz der Polizei sowie ein selbständiges polizeiliches Ermittlungsverfahren annimmt, vgl. Knemeyer/Deubert, Kritische Überlegungen, S. 3131 f; Knemeyer, Polizeirecht, Rn. 312 m.w.N.

1193 BVerfG, NStZ 1996, S. 45; Hellmann, Strafprozeßrecht, § 2 Rn. 3; Kleinknecht/Meyer-Goßner, StPO-Kommentar, § 161 Rn. 7.

1194 Vgl. ausführlich hierzu Prechtel, Staatsanwaltschaft und Ermittlungsrichter, S. 60; Volk, Strafprozeßrecht, § 10 Rn. 1. Bei der Entscheidung, welche Ermittlungshandlung im konkreten Fall zur Anwendung kommen soll, steht der StA eine Gestaltungsfreiheit zu, welche zutreffend auch als "taktisches Handlungsermessen" bezeichnet wird. Hierzu Hellmann, Strafprozeßrecht, § 2 Rn. 3; Achenbach in AK-StPO, § 161 Rn. 1.

die Verfolgungspflicht trotz an sich bestehender Verfolgungsvoraussetzungen nach Maßgabe gesetzlicher Vorschriften einschränkt.[1195]

Da die Staatsanwaltschaft selbst keine Vollzugsorgane besitzt, steht ihr zur Unterstützung die Polizei zur Verfügung[1196], welche im Auftrag oder durch Ersuchen der StA tätig wird. Doch stehen nicht alle Polizeibeamten der Staatsanwaltschaft zur Unterstützung zur Seite, sondern lediglich die sog. *Hilfsbeamten der Staatsanwaltschaft*, welche sich im Hinblick auf ihre Befugnisse im Rahmen des Ermittlungsverfahrens von den sonstigen Polizeibeamten unterscheiden. Entscheidend für die Eigenschaft als Hilfsbeamter ist nach § 152 II GVG i.V.m. der jeweiligen Verordnung der Landesregierung über die Hilfsbeamten der Staatsanwaltschaft die beamtenrechtliche Stellung. Neben der Ermittlung auf Weisung steht der Polizei nach § 163 StPO zudem das Recht des ersten Zugriffs zu, d.h. bei Vorliegen hinreichender tatsächlicher Anhaltspunkte muß sie aus eigener Initiative unmittelbar tätig werden. Diese Vorschrift erklärt sich daraus, daß in der Regel die Polizei zuerst und damit vor der Staatsanwaltschaft Kenntnis von dem Verdacht einer Straftat erhält. Gleichwohl verbleibt die Sachleitungsbefugnis auch in diesen Fällen bei der Staatsanwaltschaft, da das Zugriffsrecht der Polizei lediglich als Notkompetenz ausgestaltet ist. Dies verdeutlicht die Regelung des § 163 II StPO, wonach die Polizei verpflichtet ist, nach Durchführung der gebotenen Ermittlungshandlungen die darüber angefertigten Unterlagen unverzüglich an die Staatsanwaltschaft zu übersenden. Daher fungiert die Polizei auch im Rahmen des § 163 StPO als Ermittlungsorgan der Staatsanwaltschaft, mit anderen Worten als "verlängerter Arm der Staatsanwaltschaft"[1197].

1195 Zu nennen sind hier in erster Linie die §§ 153 ff StPO sowie auch § 45 JGG (Absehen von der Verfolgung bei Strafsachen Jugendlicher), §§ 430 ff StPO (Verfahren bei Einziehung und Vermögensbeschlagnahme). Siehe hierzu insbesondere und ausführlich Kühne, Strafprozeßrecht, Rn. 308, welcher nicht nur die gesetzlich fixierten, sondern auch die zahlreichen faktischen Ausnahmen beleuchtet, denen sich das Legalitätsprinzip in der Praxis ausgesetzt sieht. Vgl. auch Döhring, Strafverfahren und Legalitätsprinzip, S. 135 ff; Faller, Grenzen des Opportunitätsprinzips, S. 71 f, 74 ff; Kleinknecht/Meyer-Goßner, StPO-Kommentar, § 152 Rn. 7 - 9.

1196 Aufgrund des fehlenden integrierten Ermittlungsunterbaus wird die Staatsanwaltschaft treffend auch als "Kopf ohne Hände" bezeichnet, vgl. Kern, Gerichtsverfassungsrecht, S. 227; Matussek, Staatsanwaltschaft und Polizei, S. 584; Hellmann, Strafprozeßrecht, § 3 Rn. 4. Trotz ihrer funktionalen Zuordnung zur Staatsanwaltschaft untersteht die Polizei organisatorisch den Innenministerien der einzelnen Bundesländer und ist damit Teil der Exekutive. Insofern nimmt sie gleichzeitig Verwaltungsaufgaben und Aufgaben der Strafverfolgung wahr. Im Bereich der Gefahrenabwehr wird die Fachaufsicht daher durch die Innenverwaltung ausgeübt, während die Polizei im Rahmen der Strafverfolgung der Fachaufsicht der Staatsanwaltschaft untersteht.

1197 BVerwG NJW 1975, 893, 894; Benfer, Anordnung von Grundrechtseingriffen, S. 1245; Pfeiffer in KK-StPO, Einl. Rn. 34.

Besonders eingriffsintensive und daher grundrechtsrelevante Ermittlungshandlungen dürfen aus rechtsstaatlichen Gründen nur durch den Ermittlungsrichter angeordnet werden. Dieser prüft jedoch nur, ob die von Seiten der StA beantragte Zwangsmaßnahme angeordnet werden darf, nicht aber, ob sie vorgenommen werden soll.[1198] Insofern stellt die richterliche Anordnung keinen Befehl an die Staatsanwaltschaft dar, sondern lediglich eine Art "Unbedenklichkeitserklärung"[1199], eine Erlaubnis, die beantragte Maßnahme vorzunehmen. Die grundsätzliche Verfahrensherrschaft der Staatsanwaltschaft bleibt somit auch im Verhältnis zum Ermittlungsrichter bestehen. Dieser kann – abgesehen von der Ausnahmeregelung des § 165 StPO – in keinem Fall eigene Ermittlungsinitiativen entwickeln. Doch selbst in diesem Ausnahmefall ist der Richter lediglich zu einzelnen "Notermittlungen" berechtigt, die gem. § 167 StPO alsbald dem Staatsanwalt zu übermitteln sind.

Das Ermittlungsverfahren wird von Seiten der Staatsanwaltschaft auf der Grundlage des Ermittlungsergebnisses durch Anklageerhebung (§ 170 I StPO) oder durch Einstellungsverfügung (§ 170 II StPO) abgeschlossen, wobei die weit überwiegende Zahl der Ermittlungsverfahren mit einer Einstellung endet.

Das vorstehend dargestellte gesetzgeberische Grundkonzept hinsichtlich der Verfahrensführung und Kompetenzverteilung im Ermittlungsverfahren findet sich, insbesondere hinsichtlich des Verhältnisses von Polizei und Staatsanwaltschaft in der Praxis des Ermittlungsverfahrens jedoch nicht wieder. Vielmehr werden im Bereich der leichten bis mittelschweren Kriminalität die Ermittlungen in der Regel durch die Polizei vollständig abgeschlossen, bevor die Akten an die Staatsanwaltschaft weitergegeben werden.[1200] Die Staatsanwaltschaft erläßt daraufhin lediglich noch die Abschlußverfügung auf Einstellung des Verfahrens oder Anklageerhebung. Vor diesem Hintergrund erweist sich die Polizei

---

[1198] Vgl. Nelles, Kompetenzen und Ausnahmekompetenzen, S. 56; Geppert, Kontroll- und Förderungspflicht, S. 409; Rieß, Prüfungskompetenzen des Ermittlungsrichters, S. 515; Benfer, Grundrechtseingriffe im Ermittlungsverfahren, S. 312; Schnarr, Verknüpfung von Richtervorbehalten, S. 210.

[1199] So Benfer, Anordnung von Grundrechtseingriffen, S. 1247; Lisken/Mokros, Richtervorbehalte im Polizeirecht, S. 611.

[1200] Vgl. Braun, Unendliche Geschichte, S. 517 f; Rieß, Prolegomena, S. 195 f; Nelles, Strukturreform des Ermittlungsverfahrens, S. 153; Hellmann, Strafprozeßrecht, § 3 Rn. 6 und 62; Kruse, Besondere Ermittlungsmaßnahmen in Deutschland, S. 128; Wache in KK-StPO, § 163 Rn. 4, 24; Gössel, Stellung der Staatsanwaltschaft, S. 347. Differenzierend Bräutigam, Sachleitungsbefugnis des Staatsanwaltes, S. 215 f mit anschaulichen Beispielen aus der Praxis. Siehe auch schon die frühe Untersuchung Blankenburgs aus dem Jahre 1970, der aufgrund empirischer Erhebungen in insgesamt 8 Staatsanwaltschaften zu dem Ergebnis gelangt: *„Die Staatsanwaltschaft ist bei der großen Zahl der kleinen und mittleren Delikte keine Ermittlungs-, sondern eine "Aktenbearbeitungsbehörde". (...) Bei der großen Zahl der Fälle übernimmt sie das Ermittlungsergebnis der Polizei ohne weitere Nachforschungen.*", vgl. Blankenburg, Staatsanwaltschaft im System, S. 263 m.w.N.

als "faktische Herrin" des Ermittlungsverfahrens, während die Staatsanwaltschaft entgegen dem gesetzlichen Leitbild in weiten Bereichen der Kriminalität nur noch als "Randfigur des Geschehens" erscheint.[1201]

Die Gründe für diese abweichende Verfahrenswirklichkeit sind in erster Linie in der personell stärkeren und sachlich moderneren Ausstattung der Polizei zu sehen, welche im Laufe der Jahre systematisch aufgestockt worden ist.[1202] Ferner werden rund 80 % aller Ermittlungsverfahren von der Polizei eingeleitet, weil diese aufgrund erstatteter Strafanzeigen sowie infolge ihrer präventiven Tätigkeit gewöhnlich als erste Kenntnis von einem Anfangsverdacht nimmt und sodann aufgrund ihres Erstzugriffsrechts gem. § 163 StPO tätig wird. Auf dieser Grundlage ermittelt die Polizei sodann weitgehend selbständig und oftmals monatelang ohne Kenntnis der Staatsanwaltschaft.[1203]

Das Verhältnis von Staatsanwaltschaft und Polizei war und ist seit jeher Gegenstand intensiver rechtspolitischer Diskussionen, welche durch emotionale Empfindlichkeiten auf beiden Seiten sowie durch Polemik gekennzeichnet sind.[1204] Angesichts der eklatanten Diskrepanz zwischen theoretischer Kompetenzverteilung auf der einen Seite und der tatsächlichen Aufgabenwahrnehmung im Ermittlungsverfahren auf der anderen Seite sind in der Vergangenheit wiederholt Reformbestrebungen zur Neuregelung des Verhältnisses zwischen Polizei und

---

1201 Vgl. Prechtel, Staatsanwaltschaft und Ermittlungsrichter, S. 50 f; Krey, Strafverfahrensrecht I, Rn. 494 f; Lilie, Polizei im Ermittlungsverfahren, S. 626.

1202 Dazu Bräutigam, Sachleitungsbefugnis des Staatsanwaltes, S. 215; Däubler-Gmelin, Reform des Strafprozesses, S. 359. Vgl. hierzu auch Uhlig, Herrin des Strafverfahrens, S. 117; Lilie, Polizei im Ermittlungsverfahren, S. 626 mit Hinweis darauf, daß die faktische Führung der Ermittlungen durch die Polizei andererseits eine große Entlastung für den Haushalt der Justizministerien nach sich zieht.

1203 Siehe Prechtel, Staatsanwaltschaft und Ermittlungsrichter, S. 50; Bräutigam, Sachleitungsbefugnis des Staatsanwaltes, S. 214, 215. Kritisch hierzu Lilie, Polizei im Ermittlungsverfahren, S. 627: *„Sie (die Polizei) übernimmt mit Selbstverständlichkeit inzwischen auch rechtlich diffizile wie technisch komplizierte Aufgabengebiete."*.

1204 Vgl. etwa Füllkrug, Kriminalitätsbekämpfung, S. 193 ff; Merten, Abrufrecht der Staatsanwaltschaft, S. 10 ff; Schultz/Leppin, Staatsanwaltschaft contra Polizei, S. 521; Franzheim, Zusammenarbeit aus der Sicht der Justiz, S. 90 ff; Pfiszter, Zusammenarbeit aus der Sicht der Polizei, S. 95 ff; Bindel, Verhältnis Staatsanwaltschaft zur Polizei, S. 165 ff; Bräutigam, Sachleitungsbefugnis des Staatsanwaltes, S. 214 ff; Wick, Gefahrenabwehr, S. 217 ff; Braun, Unendliche Geschichte, S 519; Knemeyer/Deubert, Kritische Überlegungen, S. 3131 f; Ernesti, Informationsverbund, S. 57 ff; ders., Zusammenarbeit, S. 57 ff. Siehe auch Rüping, Strafverfahren, Rn. 88 mit dem Hinweis: *„In der historischen Entwicklung haben sich Polizeiinteressen stets mächtiger als Justizinteressen erwiesen."*. Vgl. in diesem Zusammenhang auch die grundlegenden Ausführungen von Gössel, Stellung der Staatsanwaltschaft, S. 325 ff.

Staatsanwaltschaft geäußert worden.[1205] Eine Realisierung dieser Reformüberlegungen ist bis dato jedoch nicht absehbar.

b) Kompetenzen des Ermittlungsrichters

Nach Abschaffung der gerichtlichen Voruntersuchung und damit auch des sog. Untersuchungsrichters im Jahre 1974[1206] kommt dem Richter im Rahmen des Ermittlungsverfahrens nur noch eine punktuelle Mitwirkungsfunktion zu, da die Leitung und Gestaltung des Ermittlungsverfahrens seither in den Händen der Staatsanwaltschaft liegt. In diesem für ihn fremden Verfahrensbereich wird der Richter, genauer gesagt der Ermittlungsrichter[1207] grundsätzlich nur auf Antrag der Staatsanwaltschaft tätig in Form der Vornahme richterlicher Untersuchungshandlungen. Nur ausnahmsweise ist er nach § 165 StPO zur Vornahme richterlicher Nothandlungen befugt, eine Funktion, die heutzutage nur noch von geringer praktischer Bedeutung ist.

Die Beantragung richterlicher Untersuchungshandlungen beim Ermittlungsrichter von Seiten der Staatsanwaltschaft ist in § 162 I StPO geregelt. Dabei erfaßt der Begriff der "richterlichen Untersuchungshandlung" zwei unterschiedliche Fallgestaltungen: Zum einen werden Ermittlungshandlungen des Richters erfaßt, die an sich auch die Staatsanwaltschaft selbst vornehmen könnte, wie beispielsweise Vernehmungen des Beschuldigten oder von Zeugen. Zum anderen fällt hierunter die richterliche Anordnung strafprozessualer Zwangsmaßnahmen. Während erstere eine gesetzlich besonders geregelte Form der Amtshilfe im Sinne von Artikel 35 I GG darstellen, erweisen sich letztere als funktionell materielle Rechtsprechungstätigkeit, bei welcher der Richter in eigener Kompetenz

---

1205 Dabei wird teilweise erwogen, die faktische Ermittlungshoheit der Polizei zum Gesetz zu erheben. Andere fordern hingegen die Rückverlagerung des Ermittlungsschwerpunktes auf die Staatsanwaltschaft. Vgl. zu den einzelnen Reformvorschlägen Lilie, Polizei im Ermittlungsverfahren, S. 626 ff, 641 ff; Kruse, Besondere Ermittlungsmaßnahmen in Deutschland, S. 129 jeweils m.w.N.; Rüping, Strafverfahren, Rn. 87 ff.

1206 Die gerichtliche Voruntersuchung gemäß den §§ 178 - 197 StPO a.F. wurde durch das 1. Strafverfahrensreformgesetz vom 09.12.1974 abgeschafft. Seither besitzt die Staatsanwaltschaft die uneingeschränkte Verantwortlichkeit für das Ermittlungsverfahren.

1207 Diese Formulierung findet sich nicht ausdrücklich in der StPO wieder, folgt jedoch indirekt aus § 21 e I GVG, wonach das Präsidium im Wege der Geschäftsverteilung einen Amtsrichter mit der Aufgabe des Ermittlungsrichters betraut. Zuständig für die Vornahme richterlicher Untersuchungshandlungen im Ermittlungsverfahren ist grundsätzlich das Amtsgericht, in dessen Bezirk die Untersuchungshandlung vorzunehmen ist. An größeren Amtsgerichten findet sich in der Regel ein Ermittlungsrichter, der neben dieser Funktion keine Spruchtätigkeit ausübt. Vgl. näher Kleinknecht/Meyer-Goßner, StPO-Kommentar, § 162 Rn. 7 ff. Dazu treten bei den in die Zuständigkeit des OLG im ersten Rechtszug fallenden Strafsachen (§ 120 GVG) die besonderen Ermittlungsrichter des BGH oder des OLG (§ 169 StPO).

als Organ der Rechtspflege entscheidet.[1208] Vor diesem Hintergrund wird die Spannungslage der ermittlungsrichterlichen Tätigkeit besonders deutlich, denn dieser sieht sich einer zweifachen Aufgabenstellung gegenüber. Auf der einen Seite hat er das Ermittlungsverfahren durch die Vornahme richterlicher Untersuchungshandlungen im Auftrage der Staatsanwaltschaft zu fördern, auf der anderen Seite obliegt ihm in Form des Richtervorbehaltes jedoch auch die Kontrolle grundrechtsbeeinträchtigender strafprozessualer Zwangsmaßnahmen.

(1) Vornahme beantragter Ermittlungshandlungen

Als richterliche Ermittlungshandlungen kommen insbesondere Vernehmungen des Beschuldigten, von Zeugen und Sachverständigen, die Einnahme eines Augenscheins und die Anwesenheit bei der Leichenschau und Leichenöffnung in Betracht. Aufgrund der ihm zur Verfügung stehenden Möglichkeiten nach den §§ 161a, 163a III StPO sollte der Staatsanwalt diese Art der richterlichen Untersuchungshandlungen jedoch nur beantragen, wenn er sie aus besonderen Gründen für erforderlich erachtet. Dies kann in Anlehnung an Nr. 10 der Richtlinien für das Straf- und Bußgeldverfahren (RiStBV) der Fall sein, wenn z.B. der Verlust eines Beweismittels droht, ein Geständnis festzuhalten ist (§ 254 StPO) oder wenn eine Straftat nur durch Personen bewiesen werden kann, die zur Verweigerung des Zeugnisses berechtigt sind. Demzufolge ist der Antrag auf eine richterliche Vernehmung eines Zeugen in der Regel nur dann erforderlich, wenn dieser vereidigt werden soll (§ 65 StPO) oder aus Gründen der Beweissicherung eine verlesbare Vernehmungsniederschrift angestrebt wird (§§ 223, 251 StPO). Die richterliche Vernehmung des Beschuldigten kann zur Erlangung eines in der späteren Hauptverhandlung verlesbaren Geständnisprotokolls (§ 254 StPO) beantragt werden. In anderen Fällen dürfte die Beantragung entsprechender Maßnahmen aufgrund der staatsanwaltlichen Kompetenzen nach den §§ 161, 163a III StPO entbehrlich sein.

Gleichwohl wird die staatsanwaltliche Antragsbefugnis nach § 162 I StPO in der verfahrensrechtlichen Praxis weitaus häufiger in Anspruch genommen, als dies von Seiten des Gesetzgebers vorgesehen ist.[1209] Als praktisches Problemfeld erweist sich vor allen Dingen die Frage, inwiefern und aus welchen Gründen der Ermittlungsrichter die Vornahme einer Untersuchungshandlung ablehnen kann. Dies ist insbesondere im Zusammenhang mit der Beantragung richterlicher Vernehmungen relevant, wobei umstritten ist, ob der Richter die beantragte Vernehmung allein deshalb ablehnen darf, weil die Staatsanwaltschaft diese aufgrund ihres – nach §§ 161a I, II und 163a III StPO sogar zwangsweise durch-

---

1208 Vgl. Kleinknecht/Meyer-Goßner, StPO-Kommentar, § 162 Rn. 1; Rieß in LR-StPO, § 162 Rn. 2; Wache in KK-StPO, § 165 Rn. 1.

1209 Hierzu Geppert, Kontroll- und Förderungspflicht, S. 408.

setzbaren – eigenen Ladungsrechts ebensogut selbst vornehmen könnte.[1210] Profaner Hintergrund dieser Meinungsverschiedenheiten, auf die an dieser Stelle lediglich hingewiesen werden soll, ist die Tatsache, daß Vernehmungen in der Regel sehr zeit- und arbeitsaufwendig sind. Die Versuchung von Seiten der allzeit überlasteten und personell unterbesetzten Staatsanwaltschaft ist daher groß, sich durch eine weitreichende Inanspruchnahme des Ermittlungsrichters Arbeitserleichterungen zu verschaffen.

(2) Anordnung strafprozessualer Zwangsmaßnahmen

Die Strafprozeßordnung weist ein komplexes Kompetenzgefüge im Hinblick auf die Anordnung strafprozessualer Zwangsmaßnahmen auf, an dessen Spitze der Ermittlungsrichter steht. Im ganzen läßt sich ein nach Eingriffsintensität abgestuftes System skizzieren, wonach einige besonders schwerwiegende Maßnahmen ausschließlich durch den Ermittlungsrichter, in Eilfällen auch durch die Staatsanwaltschaft und – mit Einschränkungen – auch durch ihre Hilfsbeamten angeordnet werden dürfen.[1211] Für andere Zwangsmaßnahmen hingegen sieht das Gesetz eine originäre Zuständigkeit von Staatsanwaltschaft oder Polizei vor.[1212]

1210 Zur richterlichen Prüfungskompetenz hinsichtlich der Notwendigkeit einer richterlichen Einschaltung zur Vornahme von Ermittlungshandlungen siehe ausführlich und mit zahlreichen Nachweisen zum aktuellen Streitstand Rieß, Prüfungskompetenz des Ermittlungsrichters, S. 515 ff; Schellenberg, Staatsanwaltliche Vernehmungsersuchen, S. 72 f; Geppert, Kontroll- und Förderungspflicht, S. 407; Kleinknecht/Meyer-Goßner, StPO-Kommentar, § 162 Rn. 17. Siehe auch die diesbezüglich uneinheitliche Rechtsprechung: LG Tübingen, MDR 1989, 1015; LG Düsseldorf, NStZ 1985, 377; a.A. in "ständiger Rechtsprechung" das LG Köln, NStZ 1989, 41, 42.

1211 Zur Struktur und Bedeutung dieses Kompetenzsystems siehe grundlegend die Arbeit von Nelles, Kompetenzen und Ausnahmekompetenzen in der Strafprozeßordnung (1980) sowie die Übersicht bei Rieß/Thym, Strafprozessuale Zwangsmaßnahmen, S. 192.

1212 So kann die Staatsanwaltschaft aus eigenem Recht etwa folgende Anordnungen treffen: Leichenschau und Leichenöffnung (§ 87 StPO)[1212], die Durchsicht der Papiere des von einer Durchsuchung Betroffenen (§ 110 I StPO), die uneidliche Vernehmung von Zeugen und Sachverständigen (§ 161a StPO), die Vernehmung des Beschuldigten vor Abschluß der Ermittlungen (§ 163a StPO). Maßnahmen, die die StA wie auch die Beamten des Polizeidienstes (anders als bei den Eilkompetenzen wird hier – außer im Falle des § 111 l II StPO – nicht auf die Eigenschaft als "Hilfsbeamter der Staatsanwaltschaft" abgestellt, sondern auf die allgemeine Zugehörigkeit zur Polizei) aus eigener Zuständigkeit anordnen können, betreffen z.B. die Aufnahme von Lichtbildern und Fingerabdrücken (§ 81b StPO), die vorläufige Festnahme (§ 127 II StPO), die Notveräußerung beschlagnahmter oder gepfändeter Gegenstände (§ 111 l II StPO), die Ausschreibung zur Festnahme (§ 131 StPO), die Feststellung der Identität (§ 163b StPO) oder die Festnahme von Störern (§ 164 StPO).

Im Folgenden werden die Kompetenzen des Ermittlungsrichters bei der Anordnung strafprozessualer Zwangsmaßnahmen näher beleuchtet. Dabei wird differenziert zwischen Zwangsmaßnahmen, die ausschließlich durch den Ermittlungsrichter angeordnet werden dürfen, solchen, die grundsätzlich nur durch den Ermittlungsrichter, bei Gefahr im Verzuge aber auch durch die Staatsanwaltschaft angeordnet werden dürfen, und schließlich solchen, bei denen diese Eilkompetenz bei Gefahr im Verzuge neben der Staatsanwaltschaft auch deren Hilfsbeamten zusteht.

(aa) Ausschließliche Kompetenzen des Ermittlungsrichters

Die Anordnung bestimmter Zwangsmaßnahmen ist ausschließlich dem Ermittlungsrichter vorbehalten, sog. ausschließliche Richtervorbehalte. Der Grund hierfür liegt in der besonderen Eingriffsintensität dieser Maßnahmen in den grundrechtlichen Schutzbereich des Betroffenen. Dabei betreffen die Richtervorbehalte jedoch lediglich die Anordnung der Maßnahmen. Vollzogen werden diese Handlungen grundsätzlich von der Staatsanwaltschaft.

Ausschließlich dem Ermittlungsrichter vorbehalten ist insbesondere die Anordnung freiheitsentziehender Zwangsmaßnahmen, darunter in erster Linie die:

- Verhängung von Ordnungshaft (einschließlich der Anwendung unmittelbaren Zwanges) gegenüber Zeugen, §§ 51 III; 70 III; 161a II S. 2; 81c VI StPO;
- Unterbringung des Beschuldigten in ein psychiatrisches Krankenhaus zur Vorbereitung eines Sachverständigengutachtens, § 81 StPO;
- Anordnung von Untersuchungshaft, § 114 I StPO, sowie die sonstigen Haftentscheidungen, §§ 114b I S. 2, 116 StPO;
- Anordnung einer einstweiligen Unterbringung in einem psychiatrischen Krankenhaus, § 126a II StPO.

Ferner zählen auch die folgenden Maßnahmen zu den ausschließlichen Kompetenzen des Ermittlungsrichters:

- Körperliche Untersuchung nicht zeugnisverweigerungsberechtigter Personen ohne Einwilligung des gesetzlichen Vertreters, §§ 81c III S. 3 StPO;
- Molekulargenetische Untersuchung, § 81f I S. 1 StPO;
- Beschlagnahme in Redaktionsräumen, §§ 98 I S. 2, 97 V S. 2 StPO;
- Beschlagnahme eines periodischen Druckwerks, § 111n I S. 1 StPO;
- Vorläufige Entziehung der Fahrerlaubnis, § 111a I S. 1 StPO;
- Verhängung eines vorläufigen Berufsverbots, § 132a I S. 1 StPO;
- Eidliche Vernehmung von Zeugen, §§ 161a I S. 3, 59, 65 StPO.

(bb) Eilkompetenzen der Staatsanwaltschaft bei bestehender richterlicher Primärkompetenz

Für eine Vielzahl von Zwangsmaßnahmen sieht das Gesetz einen sog. kombinierten Richtervorbehalt in der Form vor, daß die Anordnungskompetenz primär dem Ermittlungsrichter zusteht, für den Fall besonderer Eilbedürftigkeit ("Gefahr im Verzug")[1213] jedoch auch der Staatsanwaltschaft eingeräumt wird.

Dieses Modell des Richtervorbehaltes ist vorgesehen für die:

- Anordnung einer Leichenöffnung und Ausgrabung, § 87 IV S. 1 StPO;
- Anordnung einer Rasterfahndung, § 98b I StPO;
- Anordnung der Postbeschlagnahme, § 100 I StPO;
- Anordnung der Überwachung der Telekommunikation, § 100b I S. 2 StPO;
- Durchsuchungen bei anderen Personen, § 105 I S. 2 StPO;
- Einsatz eines Verdeckten Ermittlers, § 110b II StPO;
- Anordnung der Beschlagnahme oder des dinglichen Arrestes, § 111e I S. 1 StPO;
- Anordnung der Beschlagnahme eines Druckwerks, § 111n I S. 2 StPO;
- Vermögensbeschlagnahme, § 443 II StPO.

Innerhalb dieser kombinierten Richtervorbehalte ist zwischen den einzelnen Regelungen jedoch insofern zu differenzieren, als daß bei einigen Maßnahmen eine nachträgliche richterliche Überprüfung der staatsanwaltlichen Eilanordnung entweder zwingend oder lediglich fakultativ erforderlich ist oder aber überhaupt nicht vorgesehen ist. Letzteres ist der Fall bei der Anordnung einer Leichenöffnungen oder Ausgrabung einer beerdigten Leiche (§ 87 IV S. 1 StPO) sowie bei Durchsuchungen bei anderen Personen (§ 105 I S. 2 StPO).

Im Falle des § 98 II StPO (Beschlagnahme) und des § 111e II StPO (Beschlagnahme oder Arrest) "soll" die Staatsanwaltschaft indessen eine richterliche Überprüfung beantragen, jedoch sind und bleiben die staatsanwaltlichen Anordnungen auch ohne richterliche Bestätigung wirksam und verbindlich. Die unterbliebene richterliche Überprüfung zieht demnach keine Rechtsfolgen nach sich, insbesondere kommt ein Verwertungsverbot lediglich in Fällen bewußter oder objektiv willkürlicher Umgehung des Richtervorbehalts in Betracht.[1214]

1213 In der Regel sieht das Gesetz die Formulierung "Gefahr im Verzug" vor. Diese besteht dann, wenn die richterliche Anordnung nicht eingeholt werden kann, ohne daß der Zweck der Maßnahmen gefährdet wird. Vgl. dazu BVerfG NJW 1979, 1539, 1540; BGH JZ 1962, 609; Kleinknecht/Meyer-Goßner, StPO-Kommentar, § 98 Rn. 6.

1214 So ausdrücklich Kleinknecht/Meyer-Goßner, StPO-Kommentar, § 98 Rn. 14; Schäfer in LR-StPO, § 98 Rn. 37, 45, 82. Siehe auch BVerfG NStZ 2000, 489 f.

Im Falle besonders eingriffsintensiver Maßnahmen besteht der Gesetzgeber hingegen auf eine nachträgliche richterliche Bestätigung der staatsanwaltlichen Eilanordnung. Erfolgt diese nicht innerhalb einer bestimmten Frist, so werden die angeordneten Maßnahmen automatisch rechtsunwirksam. Dieses Regelungsmodell ist einschlägig für die Fälle der Rasterfahndung (§ 98b I S. 2, 3 StPO - drei Tage), Beschlagnahme (§ 100 II StPO - drei Tage), Telefonüberwachungen (§ 100b I S. 3 StPO - drei Tage), Observationsmaßnahmen ohne Wissen des Betroffenen (§ 100d I S. 2 StPO - drei Tage), Beschlagnahme eines Druckwerks (§ 111n I S. 3 StPO - drei Tage), Schleppnetzfahndung (§ 163d II S. 2, 3 StPO - drei Tage), Ausschreibung zur polizeilichen Beobachtung (§ 163e IV S. 3, 4 StPO - drei Tage), Vermögensbeschlagnahme (§ 443 II S. 2 StPO - drei Tage).

Diese Kombination von Richtervorbehalt, staatsanwaltlicher Eilkompetenz und obligatorischer richterlicher Bestätigung findet sich in zahlreichen neueren Vorschriften der StPO, insbesondere im Bereich der modernen Ermittlungsmethoden wieder und scheint daher von Seiten des Gesetzgebers für die Zukunft bevorzugt zu werden.[1215] Gleichwohl eignet sich dieses Kombinationsmodell nicht für alle Zwangsmaßnahmen. Bei Maßnahmen ohne Dauerwirkung würde eine nachträgliche Bestätigung oder ihre Verweigerung von Seiten des Richters zweifellos ins Leere laufen.[1216] So würde etwa eine obligatorische richterliche Bestätigung, bei deren Fehlen die Maßnahme automatisch rechtsunwirksam wird, bei Beschlagnahmen und Durchsuchungen zu einer weitegehend sinnlosen Mehrbelastung der Gerichte führen, im Rahmen derer die richterliche Kontrolle angesichts der Vielzahl der zu erwartenden Fälle ein reiner Formalismus wäre und insofern keine effektive Rechtsmäßigkeitskontrolle gewährleisten könnte.

(cc) Eilkompetenzen der Staatsanwaltschaft und ihrer Hilfsbeamten (§ 152 GVG) bei bestehender richterlicher Primärkompetenz

Für bestimmte Zwangsmaßnahmen gesteht das Gesetz neben der Staatsanwaltschaft auch deren Hilfsbeamten (§ 152 GVG) eine Eilkompetenz zu, wobei beide Eilkompetenzen – bis auf den Ausnahmefall der Notveräußerung nach § 111 l II StPO – gleichrangig nebeneinander stehen.

1215 Siehe etwa die Änderungen der StPO durch das Strafverfahrensänderungsgesetz vom 02.08.2000, durch das Gesetz zur Verbesserung der Bekämpfung der Organisierten Kriminalität vom 04.05.1998, durch das Verbrechensbekämpfungsgesetz vom 28.10.1994 sowie durch das Organisierte Kriminalitätsgesetz (OrgKG) vom 15.07.1992.

1216 In diesem Sinne auch Schnarr, Verknüpfung von Richtervorbehalten, S. 213; Geppert, Kontroll- und Förderungspflichten, S. 411; Nelles, Kompetenzen und Ausnahmekompetenzen, S. 252 f; Fezer, Rechtsschutz gegen Zwangsmaßnahmen, S. 130; Amelung, Strafprozessuale Grundrechtseingriffe, S. 32.

Folgende Regelungen spiegeln dieses Kompetenzmodell wieder:

- Anordnung einer körperlichen Untersuchung und Entnahme von Blutproben, § 81a II StPO;
- Untersuchung anderer Personen ohne deren Einwilligung, § 81c V StPO;
- Beschlagnahme, § 98 I S. 1 StPO;
- Durchsuchungen, § 105 I S. 1 StPO;
- Anordnung von Kontrollstellen auf Straßen und Plätzen, § 111 II StPO;
- Anordnung der Beschlagnahme einer beweglichen Sache, § 111e I S. 2 StPO;
- Notveräußerung beschlagnahmter oder gepfändeter Gegenstände, § 111 l II StPO;
- sonstige Maßnahmen zur Sicherstellung der Strafverfolgung und Strafvollstreckung, § 132 II StPO.

(3) Richterliche Nothandlungen, § 165 StPO

Durch § 165 StPO wird die Befugnis, aber auch die Pflicht des Ermittlungsrichters normiert, bei Gefahr im Verzuge und Nichterreichbarkeit eines Staatsanwaltes auch ohne einen Antrag der Staatsanwaltschaft vorübergehend von sich aus tätig zu werden und die erforderlichen Untersuchungshandlungen vorzunehmen. Insofern erweitert § 165 StPO die dem Richter nach § 162 StPO zustehenden Befugnisse nicht, sondern macht sie unter den dort genannten Voraussetzungen lediglich von einem entsprechenden Antrag der Staatsanwaltschaft unabhängig.[1217]

Die Vorschrift beruhte ursprünglich auf der Annahme, daß „strafbare Handlungen häufig eher zur Kenntnis des Richters als zu der der Staatsanwaltschaft kommen, und ebenso häufig die ersten Schritte zur Feststellung des Thatbestandes oder zur Sicherung der Verfolgung sich als unaufschiebbar darstellen“[1218]. Aufgrund der modernen Kommunikationsmittel und Nachrichtenübermittlung ist diese Funktion des Ermittlungsrichters, welche früher in ländlichen und kleinstädtischen Verhältnissen unentbehrlich war, heute nur noch von geringer praktischer Bedeutung. Hinzu kommt, daß an die Voraussetzung der Unerreichbarkeit des Staatsanwaltes hohe Anforderungen gestellt werden.[1219] Ein richter-

1217 Durch § 165 StPO wird bei Gefahr im Verzug daher lediglich die Wahrnehmungszuständigkeit für staatsanwaltliche Kompetenzen auf den Richter übertragen. Zu einer Veränderung des Kompetenzsystems kommt es hingegen nicht, was im übrigen auch aus § 167 StPO folgt. Siehe hierzu ausführlich Nelles, Kompetenzen und Ausnahmekompetenzen, S. 61 ff; Schnarr, Verknüpfung von Richtervorbehalten, S. 211; Kleinknecht/Meyer-Goßner, StPO-Kommentar, § 167 Rn. 1.

1218 So die Begründung des historischen Gesetzgebers, zit. n. Rieß in LR-StPO, § 165 Rn. 1.

1219 So reicht es nicht aus, daß der Richter den zuständigen Staatsanwalt nicht erreichen kann. Vielmehr genügt die Erreichbarkeit irgendeines Staatsanwaltes, soweit dieser zu einer Entscheidung über die Antragstellung in der Lage ist. Unerreichbar ist der Staatsanwalt

liches Tätigwerden als sog. Notstaatsanwalt kommt heutzutage namentlich bei einem richterlichen Bereitschaftsdienst am Wochenende in Betracht, wenn und soweit kein staatsanwaltlicher Notdienst besteht oder wenn eilbedürftige Ermittlungshandlungen im Bezirk eines außerhalb des Sitzes der Staatsanwaltschaft gelegenen Amtsgerichts notwendig sind und eine telefonische oder schriftliche Entscheidung der Staatsanwaltschaft nicht herbeigeführt werden kann.[1220]

c) Richtervorbehalte als prozessuale Grundrechtssicherung

Die zweifellos bedeutendsten Kompetenzen des Ermittlungsrichters im Rahmen des staatsanwaltlich geführten Ermittlungsverfahrens stellen die richterlichen Kompetenzen zur Anordnung strafprozessualer Zwangsmaßnahmen dar, welche sich aus den gesetzlich vorgesehenen Richtervorbehalten ergeben. Aus diesem Grunde wird im Folgenden das Institut des Richtervorbehalts sowie der Umfang der ermittlungsrichterlichen Prüfungskompetenz bei der Anordnung von Zwangsmaßnahmen erörtert und anschließend die Effizienz dieses Kontrollmechanismus in der Praxis kritisch beleuchtet.

(1) Institut des Richtervorbehalts

Das Institut des Richtervorbehalts bedeutet, daß bestimmte Zwangsmaßnahmen nur durch den Richter angeordnet werden dürfen.[1221] Maßgeblicher Grund für die Einschaltung des Ermittlungsrichters ist die Grundrechtsrelevanz solcher Maßnahmen, welche erhebliche Eingriffe in den grundrechtlich geschützten Bereich möglicherweise unschuldiger Bürger darstellen. Durch die präventive richterliche Kontrolle sollen die infolge unvermeidbaren Überraschungseffekts oder Heimlichkeit der Ermittlungsmaßnahmen oftmals eingeschränkten Rechtsschutzmöglichkeiten des Betroffenen kompensiert werden. Insofern bewirkt der Richtervorbehalt durch eine Art vorverlagerten Rechtsschutz eine rechtsstaatliche Kontrolle von Polizei und Staatsanwaltschaft im Ermittlungsverfahren und soll auf diese Weise einen entsprechenden Machtmißbrauch der Ermittlungsbehörden verhindern.[1222]

---

jedoch dann, wenn nur eine fernmündliche Information möglich ist, sich der Staatsanwalt danach jedoch außerstande erklärt, den Sachverhalt so beurteilen zu können, daß ihm eine Entscheidung über die Antragstellung möglich ist. Vgl. Kleinknecht/Meyer-Goßner, StPO-Kommentar, § 165 Rn. 3; Wache in KK-StPO, § 165 Rn. 3.

1220 Vgl. Rieß in LR-StPO, § 165 Rn. 2 a.E.; Schäfer, Praxis des Strafverfahrens, Rn. 249.

1221 Zum Institut des Richtervorbehaltes im Ermittlungsverfahren siehe ausführlich den zweiteiligen Beitrag von Hilger, Richtervorbehalt im Ermittlungsverfahren I und II sowie den Beitrag von von Kühlewein, Der Richtervorbehalt, S. 27 ff.

1222 Siehe hierzu Schnarr, Verknüpfung von Richtervorbehalten, S. 210; Asbrock, Richtervorbehalt als Grundrechtssicherung, S. 17; Lisken/Mokros, Richtervorbehalte im Polizeirecht, S. 609; Wolf, Anspruch und Wirklichkeit, S. 2. Ausführlich zur Bedeutung des Richtervorbehalts Hilger, Richtervorbehalt im Ermittlungsverfahren I, S. 213 ff.

Als klassische Richtervorbehalte werden die verfassungsrechtlich vorgegebenen Richtervorbehalte bei Wohnungsdurchsuchungen (Artikel 13 II GG, §§ 102 ff, 105 I StPO) und Haftanordnungen (Artikel 104 II GG, 112 ff, 114 I StPO) bezeichnet. Darüber hinaus findet sich jedoch eine Vielzahl weiterer Richtervorbehalte in der StPO sowie in zahlreichen Nebengesetzen.[1223]

Die rechtliche Ausgestaltung der Richtervorbehalte in der Strafprozeßordnung erscheint auf den ersten Blick zwar unsystematisch.[1224] Jedoch läßt sich bei näherer Betrachtung durchaus ein gesetzgeberisches System erkennen, welches durch die Parameter "Anordnungskompetenz" und "Kontrollintensität" definiert werden kann.[1225] So kann hinsichtlich der Anordnungskompetenz bei grundrechtsrelevanten Zwangsmaßnahmen differenziert werden zwischen Maßnahmen, die ausschließlich durch den Ermittlungsrichter angeordnet werden dürfen, solchen, die im Eilfalle auch von der Staatsanwaltschaft, und solchen, die im Eilfalle sowohl von der Staatsanwaltschaft wie auch von deren Hilfsbeamten angeordnet werden dürfen.

Im Hinblick auf das Merkmal der Kontrollintensität besteht im Rahmen kombinierter Richtervorbehalte ein abgestuftes System, welches von einer gänzlich fehlenden nachträglichen richterlichen Kontrolle über eine nachträgliche richterliche Bestätigung, deren Fehlen keine ausdrücklich geregelten Folgen nach sich zieht, bis hin zu einer obligatorischen und zudem fristgerechten, richterlichen Bestätigung führt, deren Fehlen das automatische Außerkrafttreten der Maßnahme zur Folge hat.

1223 Richtervorbehalte finden sich aber nicht nur in strafrechtlichen Nebengesetzen (FernmeldeanlagenG, AußenwirtschaftsG, AusländerG, WehrdisziplinarO), sondern vor allen Dingen auch im Polizeirecht. Zu letzteren vgl. ausführlich Lisken/Mokros, Richtervorbehalte im Polizeirecht, S. 609 ff.

1224 Von Seiten der Literatur werden die Regelungen des Richtervorbehaltes in der StPO schon seit langen Jahren als verworren und unsystematisch kritisiert. Vgl. die Kritik bei Hilger, Richtervorbehalt im Ermittlungsverfahren I, S. 210 ff; ders., Richtervorbehalt im Ermittlungsverfahren II, S. 487 ff; Schnarr, Verknüpfung von Richtervorbehalten, 209 ff; Asbrock Richtervorbehalt als Grundrechtssicherung, S. 18 mit Hinweis, daß die vielfachen und durch Verweisungen komplizierten Regelungsformen mit jeweils unterschiedlicher Kontrollintensität selbst für erfahrene Richter nur schwer zu überschauen sind.

1225 So die von Verfasserin selbst gewählten Parameter. In der Literatur findet sich eine Vielzahl unterschiedlicher Modelle zur Darstellung der Anordnungssystematik strafprozessualer Zwangsmaßnahmen in der Strafprozeßordnung. Vgl. insofern Rieß/Thym, Rechtsschutz gegen Zwangsmaßnahmen, S. 192 (Differenzierung anhand fünf feiner Abstufungen hinsichtlich der Anordnungskompetenz); Schnarr, Verknüpfung von Richtervorbehalten, S. 209 (Differenzierung nach drei Gruppen, ähnlich wie Rieß/Thym); Rüping, Strafverfahren, Rn. 310 - 314 (vier unterschiedliche Anordnungsgruppen).

(2) Prüfungskompetenz des Ermittlungsrichters bei der Anordnung strafprozessualer Zwangsmaßnahmen

Der Umfang des ermittlungsrichterlichen Prüfungsrechts bei der Anordnung strafprozessualer Zwangsmaßnahmen ergibt sich in erster Linie aus den gesetzlichen Voraussetzungen der jeweiligen Maßnahme und ist daher maßnahmespezifisch unterschiedlich ausgestaltet.[1226] Dabei werden die Prüfungs- und Begründungsanforderungen in der Theorie relativ hoch angesetzt[1227], ein Anspruch, dem die verfahrensrechtliche Praxis jedoch nicht immer gerecht wird. Dem Richter steht zwar kein Initiativrecht oder die Befugnis zu eigenen Ermittlungen zu[1228], doch kann er theoretisch zusätzliches Beweismaterial von Seiten der Staatsanwaltschaft fordern. Von diesem Recht wird in der Praxis gleichwohl selten Gebrauch gemacht.[1229] Ganz im Gegenteil finden sich nicht selten formularmäßige Anordnungen, die dem Ermittlungsrichter bereits ausgefüllt vorgelegt und von diesem lediglich unterschrieben werden.[1230]

(aa) Zulässigkeitsprüfung

Die Prüfungskompetenz des Ermittlungsrichters bei der Anordnung von Zwangsmaßnahmen erstreckt sich gem. § 162 III StPO lediglich auf die gesetzliche Zulässigkeit der beantragten Maßnahme, eine Formulierung, welche seit jeher Anlaß heftiger Diskussionen ist. Konsens besteht jedoch zumindest dahin-

---

[1226] Siehe hierzu ausführlich Rieß, Prüfungskompetenz des Ermittlungsrichters, S. 514 ff, der auf der Grundlage der zwei Arten richterlicher Untersuchungshandlungen zu Recht differenziert zwischen der Prüfungskompetenz bei der Anordnung von Zwangsmaßnahmen und der Prüfungskompetenz bei richterlichen Ermittlungshandlungen.

[1227] Vgl. BVerfG, StV 1997, 394 f (LS 1): *„Der Richter darf eine Durchsuchung nur anordnen, wenn er sich aufgrund eigenverantwortlicher Prüfung der Ermittlungen überzeugt hat, daß die Maßnahme verhältnismäßig ist. Seine Anordnung hat die Grundlage der konkreten Maßnahme zu schaffen und muß Rahmen, Grenzen und Ziel der Durchsuchung definieren.*"; BGH NStZ 1997, 249 (*„Abwägung auf der Grundlage sämtlicher im Einzelfall relevanter Erkenntnisse*").

[1228] Gerade das Fehlen dieser Kompetenzen unterscheidet den heutigen Ermittlungsrichter maßgeblich von dem früheren Untersuchungsrichter. Vgl. auch Geppert, Kontroll- und Förderungspflicht, S. 409 m.w.N. in Fn. 43.

[1229] Siehe näher hierzu die Ausführungen zur Effizienz des Richtervorbehaltes in der Praxis unter B. I. 1. c) (3).

[1230] Bezeichnend ist in diesem Zusammenhang die Entscheidung des BGH, StV 1996, 357, welche zu Beginn die *„Abwägung auf der Grundlage sämtlicher im Einzelfall relevanter Erkenntnisse*" seitens des Ermittlungsrichters fordert, wenige Zeilen später jedoch genügen läßt, daß der Ermittlungsrichter ein bereits ausgefülltes Formular unterschreibt. Dabei soll sogar unschädlich sein, wenn das Formular falsch ausgefüllt worden ist und der Richter diesen Fehler nicht korrigiert. Treffend hierzu Bernsmann, Anm. zu BGH v. 23.03.1996, S. 250: *„All diese wohlklingenden Grundsätze sind allerdings nutzlos, wenn ihre Mißachtung ohne Folgen bleibt.*". Ebenfalls kritisch Weßlau, Anm. zu BGH v. 23.03.1996, S. 579 f.

gehend, daß der Ermittlungsrichter eine Rechtmäßigkeitsprüfung vorzunehmen hat.[1231] Da es sich bei der ermittlungsrichterlichen Entscheidung über die Anordnung von Zwangsmaßnahmen – anders als bei der Vornahme richterlicher Ermittlungshandlungen – um eine materielle Rechtsprechungstätigkeit handelt, welche der Richter in eigener Kompetenz als Organ der Rechtspflege wahrnimmt, ist er dabei an die Rechtsauffassung der Staatsanwaltschaft grundsätzlich nicht gebunden.[1232]

Zu prüfen sind somit in erster Linie die tatbestandsmäßigen Voraussetzungen der beantragten Maßnahme, unter die der Richter den konkreten Sachverhalt aufgrund des ihm vorliegenden Materials zu subsumieren hat. Auf dieser Grundlage ordnet der Richter die beantragte Maßnahme sodann entweder an oder er lehnt sie ab.

(bb) Zweckmäßigkeitserwägungen

Fragen der Zweckmäßigkeit, Notwendigkeit oder Erfolgseignung unterliegen grundsätzlich nicht der Prüfungskompetenz des Ermittlungsrichters, da diese als ermittlungstaktische Erwägungen in den Verantwortungsbereich der das Ermittlungsverfahren leitenden Staatsanwaltschaft fallen.[1233] Im Gegensatz zu § 162 I StPO, welcher der Staatsanwaltschaft ausdrücklich einen handlungstaktischen Ermessensspielraum einräumt, gesteht § 162 III StPO dem Ermittlungsrichter im Rahmen seiner Prüfungspflicht kein Ermessen zu, sondern verlangt lediglich eine Zulässigkeitskontrolle hinsichtlich der beantragten Maßnahme, nicht jedoch auch eine Zweckmäßigkeitskontrolle hinsichtlich deren sachgerechter Auswahl. Etwas anderes gilt allenfalls dann, wenn Überlegungen hinsichtlich der Notwendigkeit oder der Erfolgseignung ausnahmsweise als vertypte Voraussetzungen

---

1231 Die Formulierung als "gesetzliche Zulässigkeit" wird daher überwiegend auch im Sinne von "rechtlicher Zulässigkeit" verstanden. Vgl. dazu Ranft, Strafprozeßrecht, Rn. 358; Rieß, Prüfungskompetenz des Ermittlungsrichters, S. 515 f. Zur Bedeutung der gesetzlichen Zulässigkeit im Sinne des § 162 III StPO sowie zur Frage, ob die Zulässigkeit des Ermittlungsverfahrens als Ganzes – insbesondere das Vorliegen eines Anfangsverdachts – ebenfalls Bestandteil der ermittlungsrichterlichen Prüfungspflicht ist, siehe ausführlich und m.w.N. Prechtel, Staatsanwaltschaft und Ermittlungsrichter, S. 257 ff.

1232 Siehe Wache in KK-StPO, § 162 Rn. 19; Rieß in LR-StPO, § 162 Rn. 44; Müller in KMR-StPO, § 162 Rn. 9; a.A. Geppert, Kontroll- und Förderungspflicht, S. 406, der – wie viele – jedoch nicht zwischen den beiden unterschiedlichen Arten richterlicher Untersuchungshandlungen differenziert.

1233 Vgl. Hellmann, Strafprozeßrecht, § 3 Rn. 107; Nelles, Kompetenzen und Ausnahmekompetenzen, S. 56 f; Pfeiffer in KK-StPO, Einl. Rn. 37. Zutreffend differenzierend zwischen dem Umfang der richterlichen Prüfungskompetenz bei Ermittlungshandlungen auf der einen Seite und bei der Anordnung von Zwangsmaßnahmen auf der anderen Seite: Rieß in LR-StPO, § 162 Rn. 37 ff, insbesondere zu der hier in Frage stehenden Prüfungskompetenz bei Zwangsmaßnahmen Rn. 44 f.

der beantragten Maßnahme gesetzlich festgelegt sind.[1234] In diesen Fällen hat der Ermittlungsrichter auch die in den gesetzlichen Kriterien zum Ausdruck kommenden Zweckmäßigkeitserwägungen zu berücksichtigen. Dabei handelt es sich dann aber um eine Rechtsprüfung der tatbestandsspezifischen Voraussetzungen der Maßnahme und gerade nicht um eine Erörterung ermittlungstaktischer Fragen.

(cc) Bedeutung und Reichweite des Verhältnismäßigkeitsgrundsatzes

Umstritten ist, ob dem Ermittlungsrichter im Rahmen der Prüfung des allgemeinen Verhältnismäßigkeitsgrundsatzes letztlich nicht doch eine Prüfungskompetenz hinsichtlich der Zweckmäßigkeit und Notwendigkeit der beantragten Maßnahme zukommt, da das aus dem Rechtsstaatsprinzip abgeleitete, das gesamte Strafverfahren dominierende und jeden Hoheitsträger bindende Prinzip der Verhältnismäßigkeit grundsätzlich auch von Seiten des Ermittlungsrichters beachtet werden muß.[1235] Als allgemeines rechtsstaatliches Korrektiv ist es aufgrund seines Verfassungsrangs auch dann zu berücksichtigen, wenn es nicht ausdrücklich in dem Wortlaut einer Befugnisnorm Niederschlag gefunden hat.[1236]

Die besondere Problematik der Verhältnismäßigkeitsprüfung im Rahmen des § 162 III StPO liegt darin, daß der Ermittlungsrichter einerseits die Zweckmäßigkeit und Notwendigkeit der beantragten Maßnahme aufgrund des ermitt-

---

1234 Dies ist beispielsweise der Fall bei der Anordnung einer Schleppnetzfahndung (§ 163d I S. 1 StPO: „wenn Tatsachen die Annahme rechtfertigen, daß die Auswertung der Daten zur Ergreifung des Täters oder zur Aufklärung der Straftat führen kann"), einer Rasterfahndung (§ 98a I S. 2 StPO: „Die Maßnahme darf nur angeordnet werden, wenn die Erforschung des Sachverhaltes oder die Ermittlung des Aufenthaltsortes des Täters auf andere Weise erheblich weniger erfolgsversprechend oder wesentlich erschwert wäre."), einer Telefonüberwachung (§ 100a I S. 1 StPO: „wenn die Erforschung des Sachverhalts oder die Ermittlung des Aufenthaltsortes des Beschuldigten auf andere Weise aussichtslos oder wesentlich erschwert wäre."), bei der Anordnung heimlicher Observationsmaßnahmen (§ 100c I StPO: „wenn die Erforschung des Sachverhalts oder die Ermittlung des Aufenthaltsortes des Täters auf andere Weise weniger erfolgsversprechend oder erschwert (Nr. 1) / aussichtslos oder wesentlich erschwert (Nr. 2) wäre"), sowie beim Einsatz Verdeckter Ermittler (§§ 110a I S. 3, 4, 110b II StPO: „Der Einsatz ist nur zulässig, soweit die Aufklärung auf andere Weise aussichtslos oder wesentlich erschwert wäre. Zur Aufklärung von Verbrechen dürfen Verdeckte Ermittler außerdem eingesetzt werden, wenn die besondere Bedeutung der Tat den Einsatz gebietet und andere Maßnahmen aussichtslos wären.").

1235 In diesem Punkt besteht Einigkeit in Rspr. und Literatur. Vgl. jeweils m.w.N.: BVerfGE 19, 342, 348 ff; LG Saarbrücken, NStZ 1989, 132 m. zust. Anm. Weyand; OLG Zweibrücken, NJW 1981, 534 (2. LS); LG Hildesheim, NdsRpf. 1966, 251; Nelles, Kompetenzen und Ausnahmekompetenzen, S. 55 f; Prechtel, Staatsanwaltschaft und Ermittlungsrichter, S. 282; Rieß, Prüfungskompetenzen des Ermittlungsrichters, S. 515.

1236 Vgl. Nelles, Kompetenzen und Ausnahmekompetenzen, S. 55; Geppert, Kontroll- und Förderungspflicht, S. 409.

lungstaktischen Handlungsermessens der Staatsanwaltschaft nicht überprüfen darf, diese Gesichtspunkte aber andererseits auch für die Verhältnismäßigkeitsprüfung von Bedeutung sind. Zwar verlangt der Verhältnismäßigkeitsgrundsatz keine optimale Zweckmäßigkeit, doch ist er auch nicht gänzlich zweckmäßigkeitsneutral.[1237]

Angesichts dieser offensichtlichen Spannungslage werden in Literatur und Rechtsprechung hinsichtlich der Reichweite des Verhältnismäßigkeitsgrundsatzes im Rahmen der ermittlungsrichterlichen Prüfungskompetenz nach § 162 III StPO unterschiedliche Meinungen vertreten. So ist eine Auffassung der Ansicht, der Ermittlungsrichter habe im Rahmen der Verhältnismäßigkeitsprüfung stets auch die Zweckmäßigkeit der beantragten Maßnahme zu prüfen.[1238] Andere Auffassungen hingegen lehnen eine derartige Zweckmäßigkeitskontrolle durch den Ermittlungsrichter in mehr oder weniger großem Umfang ab.[1239]

Gegen die letztgenannten Auffassungen spricht, daß die Beurteilung der allgemeinen Verhältnismäßigkeit eines strafprozessualen Zwangsmittels nicht völlig losgelöst von dessen Zweckmäßigkeit und Notwendigkeit erfolgen kann, so daß derartige Überlegungen nicht außen vor gelassen werden können.

Doch auch die Auffassung, welche eine umfassende ermittlungsrichterliche Zweckmäßigkeitskontrolle favorisiert, sieht sich mit überzeugenden Argumenten auf normativer wie auch faktischer Ebene konfrontiert. Zum einen wird die in § 162 III StPO festgelegte Begrenzung der ermittlungsrichterlichen Prüfungskompetenz auf die gesetzliche Zulässigkeit der Maßnahme bewußt unterlaufen, indem die Zweckmäßigkeit – gewissermaßen durch die Hintertüre – als Kriterium der Verhältnismäßigkeit in die Prüfung eingeführt wird. Auf diese Weise wird letztendlich die Verfahrensherrschaft der Staatsanwaltschaft im Ermittlungsverfahren ausgehebelt, da über die gesetzlich vorgesehene Zulässigkeitskontrolle hinaus zudem eine richterliche Kontrolle der staatsanwaltlichen Ermessensausübung vorgenommen wird. Des weiteren spricht jedoch auch die faktische Situation des Ermittlungsrichters gegen ein derartig umfassendes Prüfungsrecht, denn dieser verfügt in der Regel weder über das vollständige und vor allen Dingen ungefilterte Aktenmaterial, noch über die kriminalistische Sach-

---

1237 Vgl. Prechtel, Staatsanwaltschaft und Ermittlungsrichter, S. 287 m.w.N.

1238 So etwa Kühne, Strafprozeßrecht, Rn. 409 unter Hinweis darauf, daß je zweckmäßiger ein Zwangsmittel für die Ermittlungen erscheine, desto eher könne eine belastende Ermittlungsmaßnahme als noch vertretbar angesehen werden. Siehe hierzu auch LG Krefeld, DR 1968, 68.

1239 Rieß, Prüfungskompetenz des Ermittlungsrichters, S. 515 („soweit sie (...) das verfassungsrechtliche Verhältnismäßigkeitsprinzip betreffen"); ders. in LR-StPO, § 162 Rn. 44 („nicht generell (...), sondern nur insoweit, als dies zur Beurteilung der konkreten Zulässigkeit der Handlung erforderlich ist"); Wache in KK-StPO, § 162 Rn. 19 („Notwendigkeit und Angemessenheit").

kunde, noch über die erforderliche Zeit, um die Zweckmäßigkeit einer Ermittlungsmaßnahme sorgfältig beurteilen und abwägen zu können.[1240]

Vorzugswürdig und angesichts der rechtlichen wie auch faktischen Rahmenbedingungen der ermittlungsrichterlichen Tätigkeit vernünftig erscheint daher ein ein Kompromiß zwischen diesen beiden Extrempositionen: Auf der einen Seite ist der Verhältnismäßigkeitsgrundsatz als allgemeines rechtsstaatliches Korrektiv unstreitig auch seitens des Ermittlungsrichters zu beachten, auf der anderen Seite darf hierdurch jedoch nicht die ermittlungstaktische Gestaltungsfreiheit der Staatsanwaltschaft ausgehöhlt werden. Vor diesem Hintergrund ist die Reichweite des Verhältnismäßigkeitsgrundsatzes im Rahmen der ermittlungsrichterlichen Prüfungskompetenz nach § 162 III StPO notwendigerweise zu beschränken. Dabei zwingt die Frage nach einer sachgerechten Begrenzung der Verhältnismäßigkeitsprüfung zunächst zur Rückbesinnung auf den essentiellen Grundgedanken und die rechtsstaatliche Funktion dieses Prinzips, mit anderen Worten auf das Ziel eines sachgerechten Interessenausgleiches zwischen den Belangen der Allgemeinheit und den Belangen des Einzelnen.[1241] Aus diesem Verständnis heraus wird der Verhältnismäßigkeitsgrundsatz auch zutreffend als Übermaßverbot bezeichnet.[1242] Insofern ist das verfassungsrechtliche Korrektiv der Verhältnismäßigkeit nicht als positive Zulässigkeitsvoraussetzung einer jeden Maßnahme zu verstehen, vielmehr stellt die Unverhältnismäßigkeit eines Eingriffes ein Unzulässigkeitskriterium dar.[1243] Dementsprechend sollte sich die ermittlungsrichterliche Prüfungspflicht auch nicht auf die positive Feststellung der Verhältnismäßigkeit der beantragten Maßnahme beziehen, sondern lediglich die Berücksichtigung einer offensichtlichen Unverhältnismäßigkeit bei Vorliegen zuverlässiger Anhaltspunkte ermöglichen.[1244] Mit anderen Worten sollte die

---

1240 Vgl. die Ausführungen zur tatsächlichen Kontrollwirkung des Richtervorbehalts unter B. I. 1. c) (3) mit zahlreichen Nachweisen.

1241 Ausführlich dazu Schütz, Verhältnismäßigkeit bei strafprozessualen Maßnahmen, S. 1 ff.

1242 Siehe Kleinknecht/Meyer-Goßner, StPO-Kommentar, Einl. Rn. 21; Schütz, Verhältnismäßigkeit bei strafprozessualen Maßnahmen, S. 8, 10.

1243 Im Ergebnis ebenso, wenngleich mit anderer Terminologie: Kleinknecht, Beweisverbote im Strafprozeß, S. 1540 ("Zulässigkeitslimit"); Sommermeyer, Schutz der Wohnung, S. 496 ("Korrektiv"); Prechtel, Staatsanwaltschaft und Ermittlungsrichter, S. 301 ("Maßnahmehindernis").

1244 Lediglich wenn Anhaltspunkte für eine Unverhältnismäßigkeit vorliegen, hat der Ermittlungsrichter diese zu berücksichtigen. Die Unverhältnismäßigkeit steht einer Maßnahme ferner nur dann entgegen, wenn sie sicher feststeht. Vgl. Schütz, Verhältnismäßigkeit bei strafprozessualen Maßnahmen, S. 114, 118; Prechtel, Staatsanwaltschaft und Ermittlungsrichter, S. 301; Weyand, Anm. zu LG Saarbrücken v. 13.09.1989, S. 132 f; OLG Düsseldorf, NStZ 1993, 554.

Verhältnismäßigkeit nicht als positive Handlungsvoraussetzung verstanden werden, sondern als Unzulässigkeitskriterium bei übermäßigen Eingriffen.[1245]

Als Ergebnis der hier vertretenen Ansicht läßt sich somit festhalten, daß Zweckmäßigkeitserwägungen grundsätzlich nicht in den ermittlungsrichterlichen Prüfungsbereich fallen, da sie als Ausdruck eines ermittlungstaktischen Handlungsspielraums der Staatsanwaltschaft zustehen. Etwas anderes gilt lediglich dann, wenn sich die beantragte Maßnahme als offensichtlich unverhältnismäßig darstellt.[1246] Dabei muß die Grenzziehung zur Offensichtlichkeit der richterlichen Wertung im individuellen Einzelfall unter Berücksichtigung der konkreten Umstände des Falles überlassen werden. In diesem Zusammenhang verbieten sich schematische Verallgemeinerungen.

Die hier vertretene Auffassung löst die oben skizzierte Spannungslage im Sinne einer praktischen Konkordanz, indem sie einerseits der Staatsanwaltschaft innerhalb der durch das verfassungsrechtliche Verhältnismäßigkeitsprinzip vorgegebenen Grenzen nach wie vor einen autonomen ermittlungstaktischen Ermessensspielraum zugesteht. Andererseits ermöglicht sie dem Richter jedoch auch, die Verhältnismäßigkeit einer beantragten Maßnahme in einem verfassungsrechtlich vertretbaren Umfang zu prüfen und damit seiner Funktion als rechtsstaatliches Kontrollorgan gerecht zu werden.

(3) Tatsächliche Kontrollwirkung des Richtervorbehalts in der Praxis

In Anlehnung an die vorangegangenen Ausführungen stellt sich nunmehr die Frage, ob das Institut des Richtervorbehalts die ihm von Seiten des Gesetzgebers und der Rechtsprechung zugewiesene rechtsstaatliche Funktion als prozessuale Grundrechtssicherung in der Praxis auch tatsächlich zu realisieren vermag. Dabei zeigt ein kurzer Blick in den strafverfahrensrechtlichen Alltag, daß der Richtervorbehalt den hohen Erwartungen an einen effektiven Grundrechtsschutz de facto nicht gerecht wird.

Die Gründe für die relative Wirkungslosigkeit des Richtervorbehaltes in der Praxis sind vielfältig und bedingt durch die normativen wie auch faktischen Rahmenbedingungen der ermittlungsrichterlichen Tätigkeit.[1247] So ist eine Umgehung der Richtervorbehalte bereits durch die gesetzlichen Regelungen weitestgehend vorprogrammiert, da die wenigsten Zwangsmittel ausschließlich

---

1245 Ebenso Prechtel, Staatsanwaltschaft und Ermittlungsrichter, S. 299 ff; Schütz, Verhältnismäßigkeit bei strafprozessualen Maßnahmen, S. 57 ff, 100 f.

1246 Im Ergebnis ebenso, teilweise jedoch zu undifferenziert OLG Zweibrücken, GA 1981, 418 f; LG Verden, StV 1986, 427 ff; LG Saarbrücken, NStZ 1989, 132; OLG Düsseldorf, NStZ 1990, 145; Kleinknecht/Meyer-Goßner, StPO-Kommentar, § 162 Rn. 14.

1247 Vgl. hierzu ausführlich Asbrock, Richtervorbehalt als Grundrechtssicherung, S. 18 f; Kühne, Strafprozeßrecht, Rn. 409-412; Geppert, Kontroll- und Förderungspflicht, S. 410 f; von Kühlewein, Der Richtervorbehalt, S. 422 ff.

durch den Richter angeordnet werden können. Vielmehr sieht das Gesetz in den meisten Fällen eine staatsanwaltliche Eilkompetenz im Falle von Gefahr im Verzug vor, welche in der Praxis von Seiten der Staatsanwaltschaft weitläufig genutzt wird. Vor diesem Hintergrund wundert es nicht, wenn die meisten Durchsuchungen, Beschlagnahmen und Blutprobenentnahmen ohne eine vorherige richterliche Anordnung vorgenommen werden[1248] und der Richtervorbehalt in der Praxis durch eine großzügige Annahme von Eilbedürftigkeit umgangen wird.[1249] Eine weitere Entwertung erfährt der Richtervorbehalt dadurch, daß offenbar auch in den Fällen nichtrichterlicher Anordnungen, in denen das Gesetz ausdrücklich eine nachträgliche Bestätigung des Richters fordert, das Beweisergebnis auch im Falle einer ausbleibenden Bestätigung verwertbar ist.[1250]

Des weiteren kann der Richtervorbehalt die an ihn gestellten hohen Erwartungen aus rein faktischen Gründen nicht einlösen, da sich die tatsächlichen Kontrollmöglichkeiten des Ermittlungsrichters in der Praxis als sehr beschränkt erweisen. Dieser sieht sich zunächst mit dem selektiven und auf eine positive Entscheidung ausgerichteten Aktenmaterial konfrontiert, welches ihm von Seiten der Staatsanwaltschaft vorgelegt wird. Für eine intensive Sachverhaltsüberprüfung fehlt ihm aufgrund der regelmäßigen Eilbedürftigkeit der Entscheidung je-

---

1248 Siehe Kühne, Strafprozeßrecht, Rn. 409 Fn. 27 m.w.N. zur staatsanwaltlichen Praxis sowie Asbrock, Richtervorbehalt als Grundrechtssicherung, S. 18 mit weiteren Nachweisen und Hinweis darauf, daß selbst bei Telefonüberwachungen, welche in der Regel einer längeren organisatorischen sowie technischen Vorbereitung bedürfen, staatsanwaltliche Eilanordnungen ergehen, und zwar im Jahre 1995 in 71 von insgesamt 3.667 Fällen und im Jahre 1996 in 258 von insgesamt 6.428 Fällen.

1249 Deutlich hierzu Geppert, Kontroll- und Förderungspflicht, S. 411: *„Beschlagnahmen und Durchsuchungen werden mit Vorliebe am Freitagnachmittag durchgeführt oder finden außerhalb der Dienstzeit statt, wenn der planmäßige Ermittlungsrichter nicht mehr / noch nicht in seinem Dienstzimmer zu erreichen ist.“*.

1250 Zwar sehen die gesetzlichen Vorschriften das Außerkrafttreten der staatsanwaltlichen Anordnung vor, wenn die richterliche Bestätigung nicht erfolgt. Doch läßt der Wortlaut des Gesetzes offen, ob das Außerkrafttreten ex-tunc oder ex-nunc gilt. Hinsichtlich der Verwertbarkeit der bis dahin gewonnen Beweise gehen Rechtsprechung und das überwiegende Schrifttum davon aus, daß das Außerkrafttreten der nichtrichterlichen Anordnung nicht zurückwirkt und die zwischenzeitlich erlangten Erkenntnisse auch verwertbar bleiben. Vgl. Schäfer in LR-StPO, § 98 Rn. 45, § 100 Rn. 29; Kleinknecht/Meyer-Goßner, StPO-Kommentar, § 98a Rn. 11, § 100a Rn. 21, § 163d Rn. 15 a.E., § 110b Rn. 11 mit jeweils weiteren Nachweisen; Schnarr, Verknüpfung von Richtervorbehalten, S. 214 f; Rieß / Thym, Rechtsschutz gegen Zwangsmaßnahmen, S. 199 mit Fn. 66; BGH, NStZ 1995, 516 m. Anm. Krey / Jaeger; Weßlau, Anm. zu BGH v. 07.03.1995, S. 506 ff (mit Hinweis und Nachweis darauf, daß gerade das Erfordernis der vorherigen richterlichen Zustimmung beim Einsatz Verdeckter Ermittler in den parlamentarischen Beratungen über das OrgKG hervorgehoben und als rechtsstaatliche Absicherung bezeichnet worden ist); Zaczyk, Prozeßsubjekte oder Störer, S. 496 f; Kühne, Strafprozeßrecht, Rn. 409 m.w.N.; ders., Anm. zu LG Wiesbaden v. 03.03.1978, S. 1053 f.

doch die Zeit[1251] sowie oftmals auch die erforderliche kriminalistische Sachkunde[1252]. Daher ergehen in der Praxis gewöhnlich formularmäßige Beschlüsse als Antwort auf üblicherweise ebenfalls pauschal formulierte Antragsbegründungen.[1253] Weiterhin darf nicht übersehen werden, daß im Rahmen des richterlichen Eildienstes, als Vertretung und an Wochenenden nicht selten junge und im Strafrecht unerfahrene Richter eingesetzt werden, welche aufgrund der fehlenden Erfahrung dazu neigen, den gestellten Anträgen zu entsprechen. Die pauschale Antragsentsprechung stellt ferner auch aus dem Grunde eine verlockende Erledigungsstrategie dar, weil der Ermittlungsrichter nicht verfahrensbegleitend, sondern lediglich punktuell tätig wird, und daher mit seiner eigenen Entscheidung später nicht mehr konfrontiert wird.[1254]

Abschließend läßt sich somit festhalten, daß der Richtervorbehalt in seiner gegenwärtigen Form die hohen Erwartungen des Rechtsstaates an den zu vermittelnden Grundrechtsschutz nicht einzulösen vermag, da er vielfachen Aushöhlungen sowohl auf normativer wie auch auf faktischer Ebene ausgesetzt ist. Angesichts der überaus schwachen Position des Ermittlungsrichters sowie seiner entsprechend starken Abhängigkeit von Staatsanwaltschaft und Polizei kann dieser letztlich keine wirksame rechtliche Kontrolle ausüben.[1255] Infolgedessen liegt die Definitionsmacht für grundrechtsrelevante Ermittlungsmaßnahmen in der

---

1251 In diesem Zusammenhang sei unter Rückgriff auf Kühne, Strafprozeßrecht, Rn. 410 zudem auf den Pensenschlüssel hingewiesen, welcher dem Ermittlungsrichter hier ebenfalls nur relativ kurze Entscheidungszeiten zugesteht.

1252 Insbesondere bei den modernen Ermittlungsformen hängt die erforderliche Erfolgsprognose in erster Linie von kriminalistischen Erkenntnissen ab, die in der Regel weder Staatsanwalt noch Ermittlungsrichter vorweisen können. Insofern können diese wohl kaum selbst beurteilen, ob die Ermittlung auf andere Weise "aussichtslos oder wesentlich erschwert" (etwa § 100a I S. 1 StPO) oder "weniger erfolgsversprechend" (etwa § 100c I Nr. 1 StPO) oder sogar "erheblich weniger erfolgsversprechend" (§ 163e I S. 3 StPO) wäre. Die fein abgestuften Begrifflichkeiten der gesetzlichen Eingriffsvoraussetzungen und das dahinterstehende System laufen aufgrund der mangelnden kriminalistischen Kenntnisse von Ermittlungsrichtern und Staatsanwälten daher ins Leere mit der Folge, daß die Kontrollfunktion dieser Anordnungsbefugnisse letztendlich nicht wahrgenommen wird. Aufgrund dessen kann der Ermittlungsrichter etwa eine Behauptung der Polizei, daß es keine andere Ermittlungsalternative gebe, kaum entkräftigen.

1253 Vgl. Richter, Bedeutungswandel des Ermittlungsverfahrens, S. 385; Geppert, Kontroll- und Förderungspflicht, S. 408; Nelles, Strukturreform des Ermittlungsverfahrens, S. 154.

1254 Siehe hierzu auch Kühne, Strafprozeßrecht, Rn. 410 a.E., der eine verfahrensbegleitende Tätigkeit des Ermittlungsrichters als erstrebenswert betrachtet, da dieser sich dadurch eine breitere Entscheidungsbasis sowie auch eine Korrekturmöglichkeit verschaffen könne. Auf diese Weise könne einer unzureichenden oder gar gänzlich fehlenden richterlichen Kontrolle wirksam vorgebeugt werden.

1255 Daher illusorisch Gropp, Ermittlungsrichter als Hoffnungsträger, S. 502: „*Denn mag der Ermittlungsrichter auch faktisch blind und nicht selten dem Wunschdenken der beantragenden Ermittlungsorgane ausgesetzt sein, so ist er doch wenigstens rechtlich sehend.*".

Praxis bei der Staatsanwaltschaft, welche wiederum von den Vorgaben der tatsächlich ermittelnden Kriminalpolizei abhängig ist. Das Institut des Richtervorbehalts vermittelt daher lediglich die Illusion einer besonders wirksamen und intensiven Kontrolle von Grundrechtseingriffen.[1256]

2. Rechtsvergleichende Untersuchung und Analyse

a) Theoretische und faktische Herrschaft über das Ermittlungsverfahren

Die deutsche Konzeption im Hinblick auf die Stellung von Polizei und Staatsanwaltschaft im Ermittlungsverfahren ist durch die Diskrepanz zwischen theoretischer Gesetzesnorm und tatsächlicher Rechtswirklichkeit gekennzeichnet, denn nach den gesetzlichen Vorgaben ist die Staatsanwaltschaft Herrin des Ermittlungsverfahrens, faktisch dominiert jedoch die Polizei das Verfahren.

In England ist die Polizei ebenfalls Herrin des Ermittlungsverfahrens, wenngleich hier gesetzgeberische Wunschvorstellung und Verfahrenswirklichkeit nicht auseinanderklaffen. Vielmehr liegt die Einleitung des Ermittlungsverfahrens und seine Durchführung trotz der 1985 erfolgten Einrichtung des Crown Prosecution Service (CPS) bewußt allein in den Händen der Polizei, wobei diese nicht nur über einen weiten Ermessensspielraum verfügt, sondern darüber hinaus auch eigens mit Opportunität ausgestattet ist. Die Polizei ermittelt selbständig und unabhängig und schließt das Ermittlungsverfahren ohne Mitwirkung der Staatsanwaltschaft ab. Insofern ist der CPS weder befugt, Ermittlungen selbst vorzunehmen, noch konkrete Ermittlungsaufträge zu erteilen. Er kann allenfalls die Einholung weiterer Beweise anregen, dies jedoch nicht erzwingen.[1257]

Mithin findet sich in beiden Ländern ein polizeilich dominiertes Ermittlungsverfahren wieder, eine Konstruktion, welche nahezu unweigerlich die Frage nach der rechtsstaatlichen Kontrolle polizeilicher Ermittlungshandlungen aufwirft. In Deutschland ist die Kontrolle der polizeilichen Ermittlungshandlungen durch Staatsanwaltschaft und auch Ermittlungsrichter zwar im theoretischen Grundgefüge der Strafprozeßordnung angelegt. Gleichwohl erweist sich dieses Modell in der Praxis des Ermittlungsverfahrens nicht als besonders effizient, ein Kontrolldefizit, welches im Rahmen der Ausführungen zum Richtervorbehalt bereits beleuchtet worden ist und im Rahmen der rechtsvergleichenden Ausführungen weiter unten erneut aufgegriffen wird[1258].

[1256] Zu den rechtspolitischen Forderungen und Wegen aus der bestehenden Misere siehe die rechtsvergleichenden Ausführungen weiter unten unter B. I. 2. d).

[1257] Vgl. Ahlers, Strafverfolgungspraxis im Vergleich, S. 65; Huber/Klumpe, Verwertbarkeit von Äußerungen, S. 145.

[1258] Siehe weiter unten B. I. 2. d).

In England hingegen existiert hinsichtlich der polizeilichen Ermittlungsführung keine Kontrollinstanz. Insbesondere die Staatsanwaltschaft nimmt weder selbst Ermittlungsaufgaben wahr, noch übt sie eine sachliche Kontrolle über die Ermittlungen der Polizei aus. Sie fungiert lediglich als Anklageorgan, nicht aber als Ermittlungsorgan.[1259] Bislang ist eine mögliche Überwachung der polizeilichen Ermittlungstätigkeit durch die Staatsanwaltschaft auch stets abgelehnt worden.[1260] Insofern wurde auch der 1985 neu geschaffene CPS in dieser Hinsicht nicht besser gestellt als der bis dahin amtierende Director of Public Prosecutions, welcher über keinerlei Weisungs- und Kontrollbefugnisse hinsichtlich der Polizei verfügte, sondern lediglich bei der Aufklärung schwerer Fälle im Beratungswege eine gewisse Aufsicht ausübte.[1261]

Die passive Rolle des CPS im Ermittlungsverfahren eröffnet daher nicht die Möglichkeit, das nicht selten selektive Vorgehen der Polizei und die daraus erwachsende Mängel der Strafverfolgung zu unterbinden oder zumindest auszugleichen. Daraus resultierende Unzulänglichkeiten, insbesondere im Hinblick auf die Qualität und Verläßlichkeit der im Ermittlungsverfahren gesammelten Beweise ziehen sich infolgedessen bis in die Hauptverhandlung hinein. Erst dort kann im Wege des richterlichen Beweismittelausschlusses nach Section 78 PACE eine gewisse, wenngleich auch nur nachträgliche Kontrolle ausgeübt werden.

Der Umstand, daß neben der Staatsanwaltschaft auch kein anderes staatliches Organ die Polizei in der Ausübung ihres Strafverfolgungsermessens kontrollieren oder anweisen kann, mutet aus deutscher Perspektive nicht gerade als rechtsstaatliche Verfahrenspraxis an und vermittelt möglicherweise die Vorstellung eines willkürlichen Polizeistaates. Doch existieren im englischen Recht diverse Kontrollmechanismen, die das polizeiliche Handeln überwachen sollen.[1262] Nennenswert ist hier vor allen Dingen die polizeiinterne Kontrolle in Form des Police and Criminal Evidence Act 1984 sowie der auf dieser Grundlage ergan-

1259 Beide Einrichtungen, die Polizei auf der einen Seite und der CPS auf der anderen Seite, sind voneinander unabhängig. Im Rahmen der Strafverfolgung dient – anders als in Deutschland – keine als "verlängerter Arm der anderen", vgl. dazu auch Huber/Klumpe, Verwertbarkeit von Äußerungen, S. 145 m.w.N. in Fn. 9.

1260 Siehe zuletzt und ausführlich gegen eine Stärkung der Staatsanwaltschaft die Royal Commission on Criminal Justice, Report 1993, Chapter 2, § 67.

1261 Zu Einzelheiten hinsichtlich des Amts des Director of Public Prosecutions vor 1986 siehe Huber, Funktion der Anklagebehörde, S. 545 ff.

1262 Eine kurze Auflistung dieser Kontrollmechanismen, die teils straf- und strafverfahrensrechtlicher, teils zivilrechtlicher oder disziplinarischer Natur sind, findet sich bei Huber/ Klumpe, Besondere Ermittlungsmaßnahmen in England, S. 241 - 245 mit jeweils weiteren Nachweisen. Dabei handelt es sich jedoch lediglich um eine Zusammenstellung aller theoretisch zur Verfügung stehenden Kontrollmittel ohne Berücksichtigung ihrer praktischen Relevanz und vor allen Dingen ihrer Effizienz in der alltäglichen Praxis des Ermittlungsverfahrens.

genen Codes of Practice. Diese Vorkehrungen sollen die Rechtmäßigkeit von Zwangsmaßnahmen und anderen Ermittlungshandlungen der Polizei garantieren und nachweisbar machen, etwa durch zwingend vorgeschriebene schriftliche Protokollierungen von Vorgängen oder die Aufzeichnung von Aussagen auf Tonband.

Im Laufe der letzten Jahre hat zudem die Möglichkeit einer Beschwerde an die sog. *Police Complaints Authority (PCA)* im Falle polizeilichen Fehlverhaltens zunehmend Aufmerksamkeit erfahren, ein durch den PACE 1984 eingeführtes Beschwerdeverfahren zur Ahndung jedweder Verletzung der Codes of Practice durch die Einleitung eines Disziplinarverfahrens (Section 67 (8) PACE).[1263] Dabei reichen die zur Verfügung stehenden Sanktionen von der Herabstufung im Rang über die Entfernung aus dem Polizeidienst bis hin zur Erstattung einer Strafanzeige gegen den betreffenden Polizeibeamten.

Die Unabhängigkeit der PCA wird jedoch zu Recht angezweifelt und dies sowohl auf der Grundlage nationaler Untersuchungen[1264] wie auch von europäischer Seite[1265]. Statistiken zeigen, daß nur ein kleiner Prozentsatz der substantiierten Beschwerden tatsächlich die Einleitung eines Disziplinarverfahrens nach sich zieht.[1266] In den meisten Fällen wird ein solches als entbehrlich betrachtet

---

1263 Zur Funktion des polizeilichen Beschwerdeverfahrens sowie zur Entstehungsgeschichte der Police Complaints Authority vgl. ausführlich Smith, Police Complaints, S. 373 ff.

1264 An dieser Stelle sei verwiesen auf den Bericht des Home Affairs Committee, First Report, "Police Disciplinary and Complaints Procedures" (1998) sowie die Untersuchung von Harrison und Cunneen, "An Independent Police Complaints Commission" (2000) im Auftrag von LIBERTY und die von KPMG im Auftrag der Home Office Policing and Reducing Crime Unit durchgeführte Studie "Feasibility of an Independent System of Investigating Complaints Against the Police" (2000).

1265 Der Europäische Gerichtshof für Menschenrechte (EGMR) hat bereits vor Jahren festgestellt, daß die Police Complaints Authority aufgrund der ihr fehlenden Unabhängigkeit kein wirksames Rechtsmittel darstellt, mit dessen Hilfe die Einhaltung der durch die EMRK garantierten Menschenrechte gewährleistet werden könne. Auch der im Januar 2000 veröffentlichte Bericht der Delegation des "European Committee for the Prevention of Torture and Inhuman or Degrading Treatment or Punishment" läßt Zweifel an der Unabhängigkeit der PCA aufkommen. Vgl. ausführlich hierzu den Bericht der Delegation unter: European Committe for the Prevention of Torture and Inhuman or Degrading Treatment or Punishment, Report to the United Kingdom Government on the Visit to the United Kingdom from 8 to 17 September 1997*, Legal Remedies for Police Misconduct. Dabei hatte die Delegation nicht nur mehrere Polizeistationen besucht und die dortigen Vorgehensweisen mitverfolgt, sondern darüber hinaus auch unbegrenzten Zugang zu den entsprechenden polizeilichen und staatsanwaltlichen Akten.

1266 Vgl. die Statistiken des Innenministeriums "Police Complaints and Discipline in England and Wales" aus den Jahren 1994 bis 1998/1999 abgedruckt bei Smith, Police Complaints, S. 377. So erwiesen sich im Berichtszeitraum 1998/1999 von insgesamt 9.202 untersuchten Beschwerden lediglich 745 als begründet, wobei nur in 141 Fällen, und damit in weniger als 20 % der Fälle, ein Disziplinarverfahren eingeleitet wurde.

und der Polizeibeamte, gegen den eine Beschwerde vorliegt, von Seiten seines Vorgesetzten zu einer mündlichen Unterredung geladen. An den Beschwerdeführer ergeht in diesen Fällen lediglich ein kurzes Schreiben, in dem mitgeteilt wird, daß der verantwortliche Polizeibeamte mit seinem Vorgesetzten ein Gespräch über den fraglichen Vorfall führen wird. Bemerkenswert ist in diesem Zusammenhang jedoch der hohe Prozentsatz disziplinarrechtlicher Strafen infolge von Disziplinarverfahren, mit anderen Worten die Sanktionsbilanz im Falle durchgeführter Disziplinarverfahren. So endeten im Berichtszeitraum 1998/1999 etwa 82 % der aufgrund von Beschwerden eingeleiteten Disziplinarverfahren mit einer disziplinarrechtlichen Verurteilung eines Polizeibeamten.[1267]

Dies wirft letztlich nicht nur die Frage nach der Verantwortlichkeit der Polizeibeamten in realiter auf, sondern auch die Frage nach den durch dieses Verfahren gewährleisteten Rechtsschutzinteressen des Beschwerdeführers. Diese Schwachstellen sind mittlerweile jedoch auch von Seiten der Regierung erkannt worden, die nunmehr ein höheres Maß an Unabhängigkeit und mehr Transparenz in das Beschwerdeverfahren gegen Polizeibeamte zu bringen will. Vor diesem Hintergrund und mit dieser Intention sammelt das Innenministerium zur Zeit Vorschläge im Hinblick auf das im Jahre 2000 veröffentlichte Consultation Paper "Complaints Against the Police".[1268]

Schließlich erfolgt eine Kontrolle der englischen Polizei durch die Möglichkeit des Beweismittelausschlusses der Strafgerichte nach Section 78 PACE im Hinblick auf Beweise, die in rechtswidriger Art und Weise erlangt wurden. Dabei ist jedoch zu berücksichtigen, daß von der Möglichkeit des Beweismittelausschlusses, über dessen tatbestandliche Voraussetzungen nach wie vor Unklarheit und Verwirrung herrscht, von Seiten der englischen Strafrichter bislang nur zögerlich Gebrauch gemacht wird. Hingegen haben sich die zahlreichen Reglementierungen in den *Codes of Practice* im Laufe der letzten Jahre durchaus bewährt und spürbar zur Disziplinierung der Polizei beigetragen.

Die vorgehende Betrachtung zeigt deutlich, daß das englische Recht auf eine wesentlich andere Art und Weise als das deutsche Recht versucht, das polizeilich dominierte Ermittlungsverfahren rechtsstaatlich auszugestalten. Den deutschen Anforderungen an ein rechtsstaatliches Ermittlungsverfahren dürfte dieses Modell jedoch nicht gerecht werden.[1269] Hierfür sprechen ferner auch die in

---

1267 Vgl. Smith, a.a.O.

1268 Dazu ausdrücklich Home Office, Complaints against the Police, § 6.

1269 Siehe in diesem Zusammenhang auch das Resümee bei Eser, Strafverfahrensrecht in Europa, S. 126, der nach einem Überblick über die strafprozessuale Reformszene in Europa zu dem Ergebnis kommt: „*Wer mit einer weitverbreiteten öffentlichen Meinung annimmt, daß nur in Deutschland der Trend einseitig in Richtung verstärkter Strafverfolgungseffizienz gehe und demgegenüber vom Ausland her Munition zur Verteidigung rechtsstaatlicher Bastionen zu holen sei, der wird mit Ernüchterung feststellen müssen,*

England zunehmend lauter werdende Kritik an der unzureichenden Kontrolle der Polizei sowie die Vielzahl der an den Europäischen Gerichtshof für Menschenrechte gerichteten Klagen auf der Grundlage schwerwiegender Fehlverhaltensweisen der englischen Polizei.

b) Zusammenarbeit von Polizei und Justiz

In Deutschland wie auch in England erscheint das Verhältnis zwischen Staatsanwaltschaft und Polizei auf theoretischer Ebene als symbiotische Zusammenarbeit auf der Grundlage eines effizienten Kompetenzsystem und mit dem Ziel der gemeinsamen Strafverfolgung. Die verfahrensrechtliche Praxis in beiden Ländern vermittelt jedoch eher den Eindruck, daß die Zusammenarbeit durch beiderseitige Empfindlichkeiten und teilweise sogar Animositäten geprägt ist.[1270] Diese Empfindsamkeiten liegen in beiden Ländern gleichermaßen und trotz unterschiedlicher Ausgangssituationen in der faktischen Herrschaft der Polizei über das Ermittlungsverfahren begründet.

Zwar offenbart sich in beiden Ländern ein gespanntes Verhältnis zwischen Polizei und Staatsanwaltschaft, doch wird dies jeweils durch unterschiedliche Motive hervorgerufen. So nimmt die deutsche Polizei letztlich Aufgaben wahr, die aus rechtsstaatlichen wie auch aus verfassungsrechtlichen Gründen in den Verantwortungsbereich der Staatsanwaltschaft fallen.[1271] Auf diese Art und Weise dominiert sie das Ermittlungsverfahren entgegen dem gesetzlich vorgesehenen Grundkonzept. Da die Staatsanwaltschaft weder personell noch sachlich in der Lage ist, die ihr nach dem Gesetz obliegende Verpflichtung zumindest im Bereich der kleineren und mittleren Kriminalität zu erfüllen, wundert die Übernahme dieser Aufgaben durch die besser ausgestattete Polizei nicht.

Die englische Polizei hingegen ist auch aus Perspektive des Gesetzgebers allein zuständig für das Ermittlungsverfahren und steht in diesem Bereich weder theoretisch noch praktisch in Konkurrenz zum CPS. Konfliktpotential erwächst hier aus der Tatsache, daß durch die Neuschaffung des CPS die Anklagefunktion nunmehr nicht mehr bei der Polizei liegt, sondern auf die neu konstituierte

---

daß manche europäische Nachbarn bislang nicht einmal jenen rechtsstaatlichen Standard erreicht haben, den es hierzulande zu verteidigen gilt. Deshalb wird von solchen Ländern allenfalls zu lernen sein, worauf man keinesfalls zurückfallen darf.".

1270 So kommt dem Stichwort "Sachleitungsbefugnis" im Kreise deutscher Staatsanwälte heutzutage eher der Charakter eines Reizwortes zu als die Umschreibung einer tatsächlichen Kompetenz. Auf der anderen Seite fühlen sich Polizeibeamte durch die formelle Bezeichnung als "Hilfsbeamte der Staatsanwaltschaft" zu einer Handlangerstellung degradiert, die ihrer praktische Dominanz im Rahmen des gesamten Ermittlungsverfahrens nicht zutreffend wiederspiegelt. Siehe hierzu auch Bräutigam, Sachleitungsbefugnis des Staatsanwaltes, S. 214 f. Zur vergleichbaren Situation in England siehe die obigen Ausführungen im Ersten Teil unter C. III.

1271 Vgl. hierzu ausführlich Gössel, Stellung der Staatsanwaltschaft, S. 331 ff.

Staatsanwaltschaft übergegangen ist. Dieser Machtverlust seitens der Polizei wird angesichts der historisch gewachsenen Zuständigkeit für diesen Bereich sowie der traditionellen polizeilichen Unabhängigkeit wohl erst im Laufe der nächsten Jahre verkraftet werden.

c) Legalitätsprinzip v. Opportunitätsprinzip

In Deutschland unterliegt die das Ermittlungsverfahren leitende Staatsanwaltschaft grundsätzlich dem Legalitätsprinzip, welches sie verpflichtet, bei Vorliegen zureichender tatsächlicher Anhaltspunkte wegen aller verfolgbaren Straftaten einzuschreiten. Durch diesen gesetzlich fixierten Verfolgungszwang sollen die Grundsätze der Gleichheit vor dem Gesetz (Artikel 3 I GG) und der Gerechtigkeit im Rahmen des Möglichen verwirklicht werden. Eine willkürliche Strafverfolgung entgegen diesen Grundsätzen soll vermieden werden.

Der repressive Tätigkeitsbereich der Polizei ist ebenfalls durch das Legalitätsprinzip geprägt, so daß diese im Rahmen ihrer Strafverfolgungstätigkeit ebenfalls zum Einschreiten verpflichtet ist, falls hinreichende tatsächliche Anhaltspunkte für das Vorliegen einer Straftat vorhanden sind (§§ 163 I, 152 II StPO). Für die präventive Tätigkeit der Polizei im Bereich der Gefahrenabwehr gilt hingegen das reine Opportunitätsprinzip, ein Gegensatz, welcher gerade in neuerer Zeit aufgrund der zunehmenden Verwässerung der Grenze zwischen präventivem und repressivem Polizeihandeln zu fragwürdigen Kompetenzverlagerungen in der strafverfolgungsrechtlichen Praxis geführt hat.[1272]

Die Praxis der polizeilichen Strafverfolgung in England ist indessen maßgeblich durch den Opportunitätsgedanken gekennzeichnet. Ein Verfolgungszwang entsprechend dem deutschen Legalitätsprinzip besteht nicht. Die Strafverfolgungspolitik bestimmt in erster Linie der Oberste Beamte des Polizeigebietes, der sog. *Chief Constable*, in Form behördeninterner Richtlinien. Insofern können sich in den verschiedenen Polizeibezirken durchaus Unterschiede in der Verfolgungs-

---

[1272] Die Grenzen zwischen den beiden Funktionsbereichen der Polizei, Gefahrenabwehr auf der einen Seite und Strafverfolgung auf der anderen Seite, welche in jeweils andere gesetzlichen Grundlagen eingebettet sind, drohen zu verwässern mit der Folge einer zunehmend stärkeren Vormachtstellung der Polizei im Ermittlungsverfahren sowie weitreichenden, der staatsanwaltlichen Kontrolle entzogenen Eingriffsbefugnissen. Vgl. hierzu sowie zu den aus der sog. vorbeugenden Verbrechensbekämpfung erwachsenden rechtsstaatlichen Problemen ausführlich Merten/Merten, Vorbeugende Verbrechensbekämpfung, S. 217 ff; Paeffgen, Verpolizeilichung des Strafprozesses, S. 13 ff; Rachor, Vorbeugende Straftatenbekämpfung, S. 31 ff; Nelles, Strukturreform des Ermittlungsverfahrens, S. 149 ff; Wolter, Präventive Videoüberwachung, S. 525 ff; Göhring, Polizeiliche Kontrollstellen, S. 133 ff; Lilie, Polizei im Ermittlungsverfahren, S. 633 ff; Stümper, Herrin des Strafverfahrens, S. 396.

politik ergeben.[1273] Zwar werden von Seiten des Home Office gelegentlich verbindliche Rundschreiben *(circulars)* oder Richtlinien *(guidelines)* herausgegeben, um eine einheitliche Ausübung der polizeilichen Ermessensspielräume zu gewährleisten. Die darin enthaltenen Kriterien sind jedoch so vage und allgemein gefaßt, daß sie keine wirkliche Vereinheitlichung in diesem Bereich bewirken können.[1274]

Der Ermessensspielraum der Polizei umfaßt grundsätzlich das Entschließungsermessen hinsichtlich der Frage des "Ob" wie auch das Auswahlermessen hinsichtlich der Frage des "Wie" der Strafverfolgung, wenngleich eine dogmatische Differenzierung zwischen diesen beiden Arten des Ermessens in England nicht vorgenommen wird.[1275] Überaus deutlich wird die polizeiliche Opportunität bei der Entscheidung zur Einleitung eines Ermittlungsverfahrens, denn selbst wenn hinreichendes Beweismaterial vorliegt, muß dies nicht automatisch zu einer Strafverfolgung oder Anklage führen. Die Polizei kann vielmehr auch nur eine Verwarnung *(caution)* aussprechen und die Strafverfolgung respektive das Ermittlungsverfahren infolgedessen einstellen. Gleichwohl verdichtet sich dieser Ermessensspielraum mit zunehmender Schwere der zu verfolgenden Straftat mehr und mehr zu einem Verfolgungszwang, mit anderen Worten kann ein Ermittlungsverfahren wegen eines schweren Verbrechens (wie etwa im Falle von Mord oder Totschlag oder eines bewaffneten Banküberfalls) seitens der Polizei nicht mit einer Verwarnung eingestellt werden.

Angesichts der unterschiedlichen Modelle des Ermittlungsverfahrens in Deutschland und England sei an dieser Stelle ausdrücklich hervorgehoben, daß die rechtliche Ausgestaltung des Ermittlungsverfahrens sowohl durch das Lega-

---

1273 Hierzu etwa Huber/Klumpe, Besondere Ermittlungsmaßnahmen in England, S. 236 f; Sanders in Maguire/Morgan/Reiner, Handbook of Criminology, S. 1070 f mit zahlreichen Nachweisen auf entsprechende empirische Studien sowie insbesondere Benyon, Limelight Policing, S. 16 mit Hinweis darauf, daß in manchen Bezirken bestimmte Formen der Kriminalität stärker verfolgt werden als andere und diverse Delikte teilweise bewußt geduldet werden.

1274 Vgl. ausführlich hierzu Sanders in Maguire/Morgan/Reiner, Handbook of Criminology, S. 1070 f mit zahlreichen weiteren Nachweisen.

1275 Eine ausdifferenzierte Dogmatik zur rechtmäßigen Ermessensausübung existiert im englischen Polizeirecht ebensowenig wie eine entsprechende gesetzliche Regelung. Aus diesem Grunde ist die Frage der gerichtlichen Kontrolle in diesem Bereich von besonderer Bedeutung. Bei der gerichtlichen Überprüfung polizeilicher Ermessensentscheidungen spielt die historisch gewachsene Unabhängigkeit der englischen Polizei eine wichtige Rolle, weshalb die Gerichte von ihrer Prüfungskompetenz häufig nur sehr zurückhaltend Gebrauch machen und die polizeiliche Ermessenentscheidung in der Regel nur im Falle eines offensichtlichen Rechtsverstoßes aufheben. Zu Inhalt, Grenzen und Kontrolle von Ermessensentscheidungen im englischen Polizeirecht vgl. Heckenberger, Vollzugspolizei in England und Deutschland, S. 222 ff.

litätsprinzips wie auch in Form des Opportunitätsprinzips rechtsstaatskonform sein kann, was inzwischen wohl auch allgemein anerkannt ist.[1276]

Gleichwohl existiert mittlerweile kein Verfahrenssystem mehr, welches sich ausschließlich zu dem einen oder anderen Grundsatz bekennt. Vielmehr sind die modernen Rechtssysteme, darunter auch das deutsche und das englische Ermittlungsverfahren, durch eine symbiotische Verknüpfung beider Verfahrensprinzipien gekennzeichnet. So werden in Deutschland aus Gründen der Verfahrensökonomie sowie der Effizienz der Strafverfolgung diverse Ausnahmen vom Legalitätsprinzip in Form des Opportunitätsprinzips zugelassen, während die grundsätzlich uneingeschränkte Opportunität der englischen Polizei im Bereich der schweren Kriminalität zugunsten eines Verfolgungszwanges zurücktreten muß. Demnach haben beide Systeme zwar unterschiedliche, um nicht zu sagen gegensätzliche Ausgangspunkte, doch verfolgen sie letztendlich das gleiche Ziel: die uneingeschränkte Verfolgung schwerer Straftaten auf der einen Seite und die Möglichkeit des Absehens von Strafverfolgung in den Fällen, in denen ein solches Vorgehen aus unterschiedlichen Gründen unverhältnismäßig wäre, auf der anderen Seite.

Vor diesem Hintergrund erweisen sich das englische und das deutsche Ermittlungsverfahren in Wirklichkeit nicht so konträr wie üblicherweise behauptet wird. Bei näherer Betrachtung zeigt sich sogar eine bemerkenswerte Entsprechung des deutschen Opportunitätsgrundsatzes im englischen Verfahrensrecht in der Form, daß sich die bei der Ausübung der Opportunität von Seiten der deutschen Staatsanwaltschaft respektive der englischen Polizei zu beachtenden Gesichtspunkte gleichen. So finden sich auch in England Ermessenskriterien wie etwa das öffentliche Interesse *(public interest)*, die öffentliche Ordnung *(public order)*, der Gedanke der Prozeßökonomie *(probability of obtaining a conviction)* oder das Alter des Straftäters *(age of the offender)*.[1277]

Aufgrund dieser Gemeinsamkeit sehen sich demnach auch beide Systeme mit der Frage nach der rechtsstaatlichen Begrenzung der eingeräumten Opportunität konfrontiert, ein Problem, welches an dieser Stelle nicht vertieft werden kann, aber dennoch Erwähnung finden soll. Dabei besteht die Schwierigkeit zweifellos darin, die Kriterien für die Ausübung von Opportunität in der Praxis hinreichend zu objektivieren, ohne die bewußt eingeräumten Spielräume von Staatsanwaltschaft respektive Polizei zu sehr einzuengen. Da letztlich eine jede Entscheidung aus Opportunitätsgründen eine Selektion beinhaltet, folgt hieraus die Gefahr einer willkürlichen Strafverfolgung für den Fall, daß die Selektionskriterien zu

---

[1276] Vgl. Meyer, Verwertung polizeilicher Protokolle, S. 388 f.

[1277] Siehe hierzu ausführlich Liebehentze, Opportunitätsprinzip in England, S. 40 ff. Vgl. in diesem Zusammenhang auch die Ausführungen bei Meyer, Strafverfolgungspflicht im europäischen Vergleich, S. 57 ff zu der interessanten Frage, wie Legalitätsprinzip und Opportunitätsprinzip weiterentwickelt und einander angenähert werden können.

weit und zu ungenau gefaßt sind. Dabei zeigen sich in beiden Ländern Spuren der soeben beschriebenen Gratwanderung zwischen Rechtssicherheit auf der einen Seite und Verfahrenseffizienz auf der anderen Seite, welche neuerdings auch in Deutschland zugunsten des Opportunitätsgedankens tendieren. Beispielhaft für die hierzulande entstehende rechtsstaatliche Grauzone der Strafverfolgung sei die sog. Cannabis-Entscheidung des Bundesverfassungsgerichts[1278] genannt, wonach der Besitz "kleiner Mengen" dieser Droge als staatsanwaltliches Einstellungskriterium festgelegt wird, ohne jedoch einen genauen Grenzwert zu definieren.[1279] Infolgedessen haben sich die Bundesländer bis heute nicht auf eine gemeinsame Definition der "kleinen Menge" einigen können. Hinzu kommt, daß die uneingeschränkte Geltung des Legalitätsprinzips für die deutsche Polizei im Bereich der Strafverfolgung mehr und mehr aufgeweicht wird durch die sog. vorbeugende Verbrechensbekämpfung, mit anderen Worten durch die zunehmende Verwässerung der Grenze zwischen präventiver und repressiver Polizeitätigkeit.

Diese selektiven Diskrepanzen finden sich in der englischen Strafverfolgungspraxis in einem weitaus größeren Rahmen wieder. So sind in den verschiedenen Polizeibezirken unterschiedliche Verfolgungspräferenzen der *Chief Constables* zu beobachten mit der Folge, daß ein bestimmtes Delikt in einem Bezirk verfolgt wird, während es in einem anderen Bezirk nicht zur Strafverfolgung kommt.[1280] Die unterschiedslose Verfolgung aller Straftaten wird – außerhalb des Bereiches der schwerwiegender Kriminalität – von Seiten des englischen Strafverfolgungssystems daher nicht angestrebt.

d) Richtervorbehalte in Theorie und Praxis

Im Folgenden wird im Rahmen einer rechtsvergleichenden Analyse die Geltung und Wirkung strafprozessualer Richtervorbehalte in Deutschland und England kritisch beleuchtet. Diese sind als rechtsstaatlicher Kontrollmechanismus im Falle besonders eingriffsintensiver Ermittlungsmaßnahmen in beiden Ländern vorgesehen, wenngleich die deutsche Strafprozeßordnung aufgrund des Zusammenspiels von Staatsanwaltschaft, Polizei und Ermittlungsrichter ein weitaus komplexeres Anordnungssystem aufweist als das englische Strafverfahrensrecht.

Vor allen Dingen in Deutschland erweckt der Richtervorbehalt den Anschein eines besonders intensiven und wirksamen Grundrechtsschutzes, große Erwartungen, denen die strafverfahrensrechtliche Praxis – wie bereits erörtert – jedoch nicht gerecht wird. Dabei kommt der richterlichen Kontrolle gerade im heutigen Zeitalter der modernen und größtenteils geheimen Ermittlungsmetho-

---

[1278] BVerfGE 90, 145 ff.

[1279] Ebenfalls kritisch hierzu Kühne, Strafprozeßrecht, Rn. 584 mit weiteren Nachweisen.

[1280] Vgl. hierzu mit zahlreichen bemerkenswerten Nachweisen aus der Praxis Liebehentze, Opportunitätsprinzip in England, S. 36 f; Benyon, Limelight Policing, S. 16.

den eine besonders große Bedeutung zu.[1281] Vor dem Hintergrund zunehmend eingriffsintensiverer Ermittlungsmethoden avanciert der Ermittlungsrichter neuerdings offenbar zur letzten Bastion eines rechtsstaatlichen Ermittlungsverfahrens, mit anderen Worten zum "Hoffnungsträger"[1282], obwohl er diese Funktion angesichts der gegenwärtigen rechtlichen wie auch faktischen Rahmenbedingungen seiner Tätigkeit nicht effektiv wahrnehmen kann. Andererseits mehren sich jedoch auch die Stimmen, die das Institut des Richtervorbehalts als "Mythos und bloßes rechtsstaatliches Trostpflaster"[1283] sowie als "konstruktiven Mißgriff"[1284] oder als einen "Wachhund, der weder bellt noch beißt"[1285] bezeichnen. Trotz dieser heftigen und durchaus berechtigten Kritik hat der Richtervorbehalt derzeit Konjunktur. Das polizeiliche Verfolgungsinstrumentarium wird kontinuierlich ausgebaut mit dem Ziel einer effektiven Verbrechensbekämpfung, insbesondere zur Bekämpfung des Terrorismus sowie der Organisierten Kriminalität, wobei die neuen oder geänderten Gesetzesvorschriften regelmäßig Richtervorbehalte als rechtsstaatliche Grundrechtssicherung vorsehen.

Auch im Rahmen des englischen Ermittlungsverfahrens finden sich vereinzelt Richtervorbehalte für besonders eingriffsintensive Ermittlungshandlungen. Diese erweisen sich in der Praxis jedoch keineswegs als effizient, da sie von Seiten der Polizei geschickt umgangen und insofern problemlos ausgehebelt werden.[1286]

Somit bleibt festzustellen, daß der deutsche wie auch der englische Gesetzgeber im Rahmen des Ermittlungsverfahrens eine richterliche Kontrolle in Form von Richtervorbehalten vorsehen, welche in beiden Ländern jedoch gleichermaßen versagt. Vor diesem Hintergrund stellt sich sodann die Frage, auf welche Art und Weise ein wirksamer Schutz des Bürgers vor unrechtmäßigen grundrechtsrelevanten Zwangsmaßnahmen sowie eine rechtsstaatliche Kontrolle der staatlichen Strafverfolgungsbehörden am effektivsten gewährleistet werden kann.

Dabei ist zu berücksichtigen, daß die deutsche Strafprozeßordnung in quantitativer wie auch in qualitativer Hinsicht ein erheblich umfangreicheres und wesentlich komplexeres Repertoire an Richtervorbehalten aufweist als das englische Strafverfahrensrecht. Während sich das Institut des Richtervorbehalts in Deutschland als verfassungsrechtliche Notwendigkeit in das Bild der Kompetenzordnung im Ermittlungsverfahren natürlich einfügt, stellt es im Rahmen des ausschließlich polizeilich dominierten Ermittlungsverfahrens in England mehr oder weniger einen Fremdkörper dar.

[1281] Ebenso Roxin, Richterliche Kontrolle, S. 654.

[1282] Gropp, Ermittlungsrichter als Hoffnungsträger, S. 505.

[1283] Asbrock, Richtervorbehalt als Grundrechtssicherung, S. 17.

[1284] Geppert, Kontroll- und Förderungspflicht, S. 409.

[1285] Geppert, Kontroll- und Förderungspflicht, S. 411.

[1286] Vgl. die Ausführungen im Ersten Teil der Arbeit unter C. IV.

In Deutschland ist der Richtervorbehalt als rechtsstaatliches Kontrollinstrument gegenüber der Exekutive sowie zur Sicherung von Grundrechten unverzichtbar. Dies gilt insbesondere im Hinblick auf die steigende Tendenz zum Ausbau moderner Ermittlungsmethoden sowie dem damit einhergehenden Machtzuwachs der Polizei im Rahmen der Strafverfolgung. Aus diesem Grunde müssen die Ursachen für die praktische Ineffizienz des Richtervorbehalts systematisch ausgeschaltet werden. Eine wirkliche Verbesserung der gegenwärtigen Situation erfordert neben maßgeblichen Impulsen auf rechtspolitischer Ebene erstens die Schaffung von systematischen und in sich stringenten rechtlichen Grundlagen zur Anordnung prozessualer Zwangsmaßnahmen, wobei zunächst eine systematische Neuordnung des Kompetenzsystems erforderlich wäre.[1287] Ferner müßte im Zuge dieser Neugestaltung eine rechtliche Strategie gegen die unberechtigte Inanspruchnahme der Eilkompetenzen durch Polizei und Staatsanwaltschaft entwickelt werden. Zu denken wäre hier an eine mögliche Reduzierung der staatsanwaltlichen Eilkompetenzen verbunden mit einem Ausbau der ausschließlichen Richtervorbehalte. Möglich wäre aber auch die vermehrte Einführung einer obligatorischen Pflicht zur nachträglichen richterlichen Bestätigung für den Fall nichtrichterlicher Eilanordnungen. Letzteres Regelungsmodell hat der Gesetzgeber zwar für die neu eingeführten modernen Ermittlungsmethoden der letzten Jahre gewählt, doch eignet es sich nicht für alle Zwangsmaßnahmen gleichermaßen.[1288]

Zweitens sind wesentliche Änderungen der faktischen Rahmenbedingungen sowie der strukturellen Defizite der ermittlungsrichterlichen Tätigkeit erforderlich. Hierzu zählen neben der Verbesserung der Personalsituation beispielsweise die effektive Organisation und Besetzung von Bereitschaftsdiensten, die weitgehende Entlastung des Ermittlungsrichters von anderen Aufgaben sowie die Verbesserung seiner fachlichen Qualifikation.

Drittens erweist sich schließlich die Förderung einer effektiven Kooperation zwischen Polizei und Justiz als erstrebenswert. Dabei gilt es, bislang bestehende Vorurteile und (Über)Empfindlichkeiten abzubauen, damit eine vertrauensvolle Zusammenarbeit mit dem gemeinsamen Ziel einer effektiven und rechtsstaatlichen Strafverfolgung stattfinden kann. Diese Kooperation läßt sich jedoch nicht durch das rechtliche Instrumentarium des Gesetzgebers forcieren, sondern stellt in erster Linie eine rechtspolitische Herausforderung dar. Zwar dürfte die augenblicklich gebräuchliche Umgehung des Richtervorbehaltes durch die Wahr-

---

1287 Vgl. hierzu die zahlreichen Reformvorschläge etwa bei Hilger, Richtervorbehalt im Ermittlungsverfahren II, S. 487 ff; Amelung, Probleme des Rechtsschutzes, S. 1692 mit Fokus auf den Rechtsschutz gegen Grundrechtseingriffe. Siehe in diesem Zusammenhang auch die analytischen und praxisorientierten, rechtspolitischen Forderungen bei Asbrock, Richtervorbehalt als Grundrechtssicherung, S. 19.

1288 Siehe hierzu Geppert, Kontroll- und Förderungspflicht, S. 411; Nelles, Kompetenzen und Ausnahmekompetenzen, S. 252 f.

nehmung von Eilkompetenzen durch entsprechende gesetzliche Reglementierungen zu bewältigen sein. Der selektiven bis teilweise sogar manipulativen Aktenvorlage und Beweismittelbenennung von Seiten der Polizei wie auch von Seiten der Staatsanwaltschaft hingegen kann auf diese Weise nicht Einhalt geboten werden.[1289]

Im Zusammenhang mit der soeben skizzierten Effektuierung des Richtervorbehaltes in Deutschland sei insbesondere auf ein erst kürzlich ergangenes Urteil des Bundesverfassungsgerichts vom 20.02.2001[1290] hingewiesen, welches sich mit den Begründungsanforderungen eines Durchsuchungsbeschlusses sowie dem Begriff der "Gefahr im Verzug" in Art. 13 II GG auseinandersetzt und für die alltägliche Strafverfolgungspraxis weitreichende Folgen haben dürfte. Erklärtes Ziel der Verfassungsrichter ist es, die faktische Wirkungslosigkeit des Richtervorbehaltes zu beheben, wobei sich entsprechende Erwartungen nicht nur an die Strafverfolgungsorgane richten, sondern gleichermaßen auch an die Gerichte.[1291] Diese Zielsetzung wird durch das BVerfG – entsprechend der derzeitigen Mißstände – auf mehreren Ebene verfolgt, mit anderen Worten sollen die faktischen, aber auch die bereits aufgezeigten rechtlichen Defizite ausgeschaltet werden. Auf nähere Einzelheiten des Urteils kann hier nicht näher eingegangen werden. Gleichwohl sollten die rechts- und justizpolitischen Dimensionen dieser Entscheidung nicht unterschätzt werden.[1292]

Das englische Ermittlungsverfahren vermittelt indessen ein anderes Lagebild. Hier kann die richterliche Kontrolle aufgrund der Zuständigkeit der Laienrichter am Magistrates' Court ohnehin nicht die Intensität und mithin nicht den gleichen Schutzgrad erreichen wie die Prüfung durch einen deutschen Berufrichter, da die Effizienz des Richtervorbehalts in der Praxis nicht zuletzt auch von der fachlichen Qualifikation der anordnungsbefugten Richter abhängt. Das Institut des Richtervorbehalts kann in der Praxis stets nur so effizient sein, wie die Richter qualifiziert sind, welche die entscheidende richterliche Kontrolle vornehmen und infolgedessen besonders eingriffsintensive Anordnungen treffen, eine Feststellung, welche für das englische gleichermaßen wie auch für das deutsche Ermittlungsverfahren zutrifft.[1293] Zwar legt die formelle Bezeichnung als *Examining Justice* eine entsprechende fachliche Qualifikation des englischen Ermitt-

---

1289 In diesem Sinne auch Wolf, Anspruch und Wirklichkeit, S. 2: „*Rechtsstaatlichkeit wird nicht allein durch den Bestand an Normen und deren Wortlaut definiert und schon gar nicht garantiert.*". Ähnlich auch Pfiszter, Zusammenarbeit aus der Sicht der Polizei, S. 95 ff und Franzheim, Zusammenarbeit aus der Sicht der Justiz, S. 90 ff.

1290 BVerfGE 95, 1 ff = BVerfG StV 2001, 207 ff.

1291 So ausdrücklich BVerfG StV 2001, 207 (209).

1292 Ebenso Asbrock, Anm. zu BVerfG Urt. v. 20.02.2001, S. 322 ff m.w.N.

1293 Daher wird in Deutschland bereits seit Jahren der Einsatz junger und unerfahrener Richter in nächtlichen und Wochenendbereitschaftsdiensten kritisiert.

lungsrichters nahe, doch wird diese Funktion in der Praxis ausschließlich von Laienrichtern wahrgenommen.

Hinzu kommt, daß das englische Ermittlungsverfahren zu sehr und vor allen Dingen zu einseitig durch die Polizei dominiert wird, als daß sich der Kontroll- und Schutzmechanismus eines Richtervorbehaltes in der Praxis wirksam entfalten und durchsetzen könnte. Angesichts dieser alleinigen Herrschaft der Polizei sowie eines fehlenden gemeinsamen Zusammenspiels von Staatsanwaltschaft, Polizei und Richter stellen sich die einzelnen, gesetzlich fixierten Richtervorbehalte im Rahmen des englischen Ermittlungsverfahrens als Fremdkörper respektive als konstruktive Fehlgriffe dar.

Vor diesem Hintergrund kann ein effektiver Schutz des sensiblen Schutzbereiches der von polizeilichen Zwangsmaßnahmen Betroffenen sowie eine Kontrolle der polizeilichen Ermittlungsführung wohl am effektivsten durch Maßnahmen und Konzepte erreicht werden, die unmittelbar bei der Anordnung und Durchführung der polizeilichen Ermittlungsmaßnahmen ansetzen. Dieser Gedanke ist in England bereits vor Jahren aufgegriffen worden und hat in den zahlreichen *Codes of Practice*, insbesondere zum Police and Criminal Evidence Act (PACE) 1984[1294] Niederschlag gefunden. Der Sinn und Zweck dieser administrativen Durchführungsvorschriften besteht darin, der Polizei in detaillierter Form klare Kriterien und Richtlinien zu Durchführung der im Gesetz beschriebenen Aufgaben an die Hand zu geben. Wenngleich diesen Codes of Practice als reine Verwaltungsvorschriften formell kein Gesetzesrang zukommt[1295], so stecken sie in der Praxis doch wirksam den Rahmen der polizeilichen Ermittlungstätigkeit ab und regeln darüber hinaus das Verhältnis zum Verdächtigen sowie dessen Rechte. Sie enthalten klare Vorgaben für eine Vielzahl polizeilicher Maßnahmen und haben neben der Disziplinierung der Polizei vor allen Dingen den Schutz des Verdächtigen im Auge.

II. Zwischenverfahren

Der nach Abschluß des Ermittlungsverfahrens folgende Verfahrensabschnitt zwischen dem Eingang der staatsanwaltlichen Anklageschrift bei Gericht und der Entscheidung über die Eröffnung des Hauptverfahrens wird allgemein als Zwischenverfahren oder auch als Eröffnungsverfahren bezeichnet.

[1294] Code A: The Exercise of Powers to Stop and Search, Code B: The Searching of Premises and Seizure of Property, Code C: The Detention, Treatment and Questioning of Persons by the Police, Code D: The Identification of Persons Suspected of Crime, Code E: Tape Recording of Police Interviews.

[1295] Es handelt sich weder um Gesetze, noch um Verordnungen, sondern um Verwaltungsvorschriften. Zum Erlaß dieser Codes of Practice ist nach Section 66 PACE der Innenminister ermächtigt, der sie dem Parlament zur Billigung vorlegen muß.

1. Der Richter im deutschen Zwischenverfahren

a) Bedeutung des Zwischenverfahrens und Verfahrensablauf

Im Zwischenverfahren prüft das Gericht, welche Verfahren aufgrund der Anklage durchgeführt und welche zur Vermeidung unnötiger Hauptverhandlungen bereits vorher beendet werden sollen. Diese Filter- und Kontrollfunktion, welche von einem unabhängigen Richter respektive einem richterlichen Gremium in nichtöffentlicher Sitzung wahrgenommen wird, soll verhindern, daß es zu Hauptverfahren aufgrund ungerechtfertigter oder überschießender Anklagen kommt.[1296] Das Gericht prüft daher selbst, ob der hinreichende Tatverdacht besteht, den die Staatsanwaltschaft zur Grundlage ihrer Beschuldigungen gemacht hat. Statistisch gesehen lehnt es in der Praxis allerdings in weniger als 1 % der angeklagten Fälle eine Eröffnung des Hauptverfahrens ab.[1297]

Gleichzeitig kommt dem Zwischenverfahren eine bedeutende Schutzfunktion im Hinblick auf den Angeschuldigten[1298] zu, welcher vor der diskriminierenden Wirkung einer unnötigen Hauptverhandlung bewahrt werden soll. Neben dem Angeschuldigten sollen zudem auch die Gerichte sowie die sonstigen Prozeßbeteiligten vor überflüssigen Belastungen bewahrt werden.[1299] Doch führt nicht jede Anklage zwangsläufig auch zu einem Zwischenverfahren. Dieses findet nicht statt im Strafbefehlsverfahren (§§ 407 ff StPO) sowie im beschleunigten Verfahren (§§ 417 ff StPO).[1300]

Das Zwischenverfahren wird eingeleitet, indem die Staatsanwaltschaft die Anklageschrift mit Antrag auf Eröffnung des Hauptverfahrens bei dem ihrer An-

---

1296 Vgl. hierzu Rüping, Strafverfahren, Rn. 360; Roxin, Strafverfahrensrecht, § 40 Rn. 2; Heghmanns, Zwischenverfahren im Strafprozeß, S. 57 m.w.N.

1297 Vgl. Volk, Strafprozeßrecht, § 16 Rn. 1; Rüping, Strafverfahren, Rn. 361; Kühne, Strafprozeßrecht, Rn. 621 Fn. 13 m.w.N. Siehe in diesem Zusammenhang auch die empirische Studie von Schünemann, welche zur empirischen Bestätigung von Perseveranz- und Schulterschlußeffekten in Bezug auf deutsche Strafrichter gelangt und hinsichtlich der gerichtlichen Entscheidung über die Eröffnung des Hauptverfahrens feststellt *„daß bei völlig identischer Informationslage allein die Orientierung an dem Urteil einer kompetenten Vergleichsperson, nämlich der bereits erfolgten Anklageerhebung der Staatsanwaltschaft, zu einer für den Angeklagten nachteiligen Beurteilung des Tatverdachts führt."*, vgl. Schünemann, Manipulierter Richter, S. 224 mit Tabelle 4 auf S. 225.

1298 Mit der Erhebung der öffentlichen Klage wird der "Beschuldigte" gemäß § 157 StPO zum "Angeschuldigten".

1299 Vgl. Eisenberg, Beweisrecht, Rn. 745. Zur diskriminierenden Wirkung der Hauptverhandlung auch Hellmann, Strafprozeßrecht, § 2 Rn. 1.

1300 Jedoch hat das Gericht auch in diesen Fällen zu prüfen, ob die Prozeßvoraussetzungen sowie ein hinreichender Tatverdacht vorliegen und einer Verurteilung keine Verfahrenshindernisse entgegenstehen. Sind diese Grundvoraussetzungen nicht erfüllt, so hat das Gericht eine Verurteilung im beschleunigten Verfahren ebenso abzulehnen (§ 419 III StPO) wie den Erlaß eines Strafbefehls (§ 408 II S. 1 StPO).

sicht nach zuständigen Gericht einreicht und zugleich die Ermittlungsakten vorlegt (§ 199 II StPO). Auf diese Weise geht die Zuständigkeit für den weiteren Verfahrensverlauf von den Ermittlungsorganen auf einen unabhängigen Richter respektive ein unabhängiges Richterkollegium über.

Der Vorsitzende des Gerichts teilt dem Angeschuldigten daraufhin die Anklageschrift mit und fordert ihn gleichzeitig auf, innerhalb einer bestimmten Frist zu erklären, ob er die Vornahme einzelner Beweiserhebungen vor der Entscheidung über die Eröffnung des Hauptverfahrens beantragen oder Einwendungen gegen die Eröffnung des Hauptverfahrens vorbringen möchte. Soweit es das Gericht im Hinblick auf seine Entscheidung über die Eröffnung des Hauptverfahrens für notwendig erachtet, kann es zur besseren Sachaufklärung gem. § 202 StPO auch selbst einzelne Beweiserhebungen anordnen. Ausgehend von einer nunmehr ausreichenden Beurteilungsgrundlage hat das Gericht schließlich im Rahmen einer vorläufigen Tatbewertung zu prüfen, ob ein hinreichender Tatverdacht gegen den Angeschuldigten besteht. Dementsprechend beschließt es entweder die Eröffnung des Hauptverfahrens (§ 203 StPO) oder die Nichteröffnung (§ 204 StPO), oder aber es stellt das Verfahren vorläufig (§ 205 StPO) oder endgültig (§§ 153 II, 153a II, 153b II StPO) ein.

b) Richterliche Kompetenzen

Der Richter respektive das Gericht hat am Ende des Zwischenverfahrens zu entscheiden, ob es einen Eröffnungsbeschluß erläßt (§ 203 StPO), die Eröffnung des Hauptverfahrens ablehnt (§ 204 StPO) oder das Verfahren vorläufig (§ 205 StPO) oder endgültig (§§ 153 ff StPO) einstellt. Diese Entscheidungen werden außerhalb der Verhandlung getroffen, d.h. ohne Beteiligung der Laienrichter in nichtöffentlicher Sitzung (§§ 30 II, 76 I S. 2 GVG). Beim Amtsgericht (auch beim Schöffengericht) entscheidet allein der Strafrichter (§ 29 I GVG), bei der großen Strafkammer des Landgerichts und damit auch beim Schwurgericht entscheiden die drei Berufsrichter (§ 76 I GVG) und beim OLG jeweils der ganze Strafsenat (§ 122 II GVG)[1301].

(1) Entscheidungsalternativen

(aa) Eröffnungsbeschluß, §§ 203, 207 StPO

Das Gericht beschließt die Eröffnung des Hauptverfahrens, wenn bei vorläufiger Tatbewertung ein hinreichender Verdacht gegen den Angeschuldigten besteht (§ 203 StPO). Dies ist dann der Fall, wenn eine spätere Verurteilung des Ange-

[1301] Hinsichtlich der Besetzung des Strafsenats am OLG ist jedoch zu differenzieren: Vor Eröffnung des Hauptverfahrens entscheidet der Strafsenat stets in der Besetzung mit 3 Richtern (§ 122 I GVG), über die Eröffnung wird hingegen immer in der Besetzung mit 5 Richtern einschließlich des Vorsitzenden entschieden (§ 122 II S. 1 GVG). Vgl. hierzu Kleinknecht/Meyer-Goßner, StPO-Kommentar, § 122 GVG Rn. 3 f m.w.N.

klagten bei vorläufiger Tatbewertung wahrscheinlich ist.[1302] Dabei ist jedoch zu berücksichtigen, daß jede Wahrscheinlichkeitsprognose stets auch Raum für Zweifel läßt. Der hinreichende Verdacht genügt zudem nur für die Tatfrage. Rechtsfragen hingegen sind, betreffen sie nun die Strafbarkeit der vorgeworfenen Tat oder das Vorliegen von Verfahrensvoraussetzungen, abschließend zu klären, mit anderen Worten muß das Gericht in dieser Hinsicht überzeugt sein.[1303]

Durch den Eröffnungsbeschluß läßt das Gericht die Anklage der Staatsanwaltschaft zur Hauptverhandlung zu. Formell betrachtet, spricht das Gericht demnach nicht selbst den Tatverdacht aus, ein Umstand, der sich auch in der späteren Hauptverhandlung insofern wiederspiegelt, als daß nicht der Vorsitzende den Eröffnungsbeschluß verliest, sondern vielmehr die Staatsanwaltschaft ihren Anklagesatz (§ 243 III StPO). Gleichwohl setzt die Zulassung der Anklage inhaltlich die Bejahung eines hinreichenden Tatverdachts gegen den Angeschuldigten voraus, so daß der Eröffnungsbeschluß letztlich doch die Auffassung des Gerichts wiedergibt. Er kann zwar inhaltlich von der Anklage abweichen, allerdings nur innerhalb des durch § 207 II StPO begrenzten Umfangs.

Der Eröffnungsbeschluß bezeichnet ferner das Gericht, vor dem die Hauptverhandlung stattfinden soll. Auf diese Weise wird das Hauptverfahren von Zuständigkeitsprüfungen und entsprechenden Verschiebungen deutlich entlastet. Zwar erhebt die Staatsanwaltschaft stets Anklage vor dem nach ihrer Ansicht zuständigen Gericht, doch ist letzteres an den Antrag der Staatsanwaltschaft nicht gebunden. Vielmehr hat es nach § 209 StPO eine selbständige Zuständigkeitsprüfung vorzunehmen. Hält das Gericht, bei dem die Staatsanwaltschaft ihre Anklage eingereicht hat, die Zuständigkeit eines Gerichts niederer Ordnung für begründet, so eröffnet es gem. § 209 I StPO das Hauptverfahren mit bindender Wirkung vor diesem Gericht. Hält es hingegen ein Gericht höherer Ordnung für zuständig, so legt es diesem gem. § 209 II StPO die Akten durch Vermittlung der Staatsanwaltschaft zur Entscheidung über die Zuständigkeit vor. Dieses eröffnet sodann das Hauptverfahren entweder vor sich oder beim zuständigen Gericht niederer Ordnung.[1304]

Der Eröffnungsbeschluß kann nach § 210 I StPO von Seiten des Angeschuldigten nicht angefochten werden, so daß dieser die Berechtigung der Anklage nur noch in der Hauptverhandlung bestreiten kann.[1305]

[1302] Vgl. Volk, Strafprozeßrecht, § 16 Rn. 10; Rüping, Strafverfahren, Rn. 362.

[1303] Siehe Krey, Strafverfahrensrecht II, Rn. 69; Roxin, Strafverfahrensrecht, § 40 Rn. 8; Heghmanns, Zwischenverfahren im Strafprozeß, S. 84 f m.w.N. in Fn. 406.

[1304] Siehe hierzu ausführlich Kleinknecht/Meyer-Goßner, StPO-Kommentar, § 209 Rn. 3.

[1305] Auch eine selbständige Verfassungsbeschwerde kommt nicht in Betracht, da es sich bei erstinstanzlichen Eröffnungsbeschlüssen lediglich um Zwischenentscheidungen handelt. Vgl. BVerfG, NJW 1995, 316.

(bb) *Ablehnungsbeschluß, § 204 StPO*

Das Gericht lehnt die Eröffnung des Hauptverfahrens durch Beschluß ab, wenn eine Verurteilung des Angeschuldigten aus rechtlichen Gründen ausscheidet oder aus tatsächlichen Gründen nicht zu erwarten ist. Dabei ist die Eröffnung aus rechtlichen Gründen abzulehnen, wenn die Anklage funktionelle Mängel enthält, wenn ein Verfahrenshindernis vorliegt, wenn der Sachverhalt keinen Straftatbestand erfüllt oder wenn aufgrund sonstiger rechtlicher Erwägungen[1306] eine Verurteilung des Angeklagten ausscheidet.[1307] Tatsächliche Ablehnungsgründe liegen hingegen vor, wenn nach der Beweislage kein hinreichender Tatverdacht gegen den Angeschuldigten zu begründen ist. Nach § 204 I StPO muß aus dem Ablehnungsbeschluß hervorgehen, ob er auf tatsächlichen oder auf rechtlichen Gründen beruht. Eine Doppelbegründung ist im Hinblick auf einen möglichen Strafklageverbrauch nach § 211 StPO nicht zulässig.[1308]

Der Nichteröffnungsbeschluß kann nach § 210 II StPO von der Staatsanwaltschaft und nach § 400 II S. 1 StPO von Seiten des Nebenklägers mit der sofortigen Beschwerde angefochten werden.

(cc) *Einstellungsbeschluß*

Das Gericht kann in den Fällen der §§ 153 II, 153a II und 153b II StPO eine endgültige Einstellung des Verfahrens aus Opportunitätsgründen beschließen. Dies setzt jedoch die Zustimmung der Staatsanwaltschaft und darüber hinaus auch die Zustimmung des Angeklagten voraus.

Die vorläufige Einstellung des Verfahrens im Sinne des § 205 StPO beschließt das Gericht, wenn der Hauptverhandlung für längere Zeit die Abwesenheit des Angeschuldigten oder ein anderes in seiner Person liegendes vorübergehendes Verfahrenshindernis entgegensteht.[1309]

1306 So etwa das Eingreifen von Rechtfertigungs- oder Schuldausschließungsgründen.

1307 Vgl. Kleinknecht/Meyer-Goßner, StPO-Kommentar, § 204 Rn. 2; Martin, Doppelbegründung, S. 528.

1308 So jedenfalls die h.M., vgl. Kühne, Strafprozeßrecht, Rn. 620; Rieß in LR-StPO, § 204 Rn. 12; Kleinknecht/Meyer-Goßner, StPO-Kommentar, § 204 Rn. 4. Anderer Ansicht jedoch Martin, Doppelbegründung, S. 528 ff, der auf S. 531 zu dem Ergebnis gelangt, daß eine Doppelbegründung entgegen der h.M. im Schrifttum zwar grundsätzlich zulässig ist, aber nur in wenigen Fällen sinnvoll sein dürfte.

1309 Zur umstrittenen Frage, ob die Regelung des § 205 StPO analog auch auf nicht in der Person des Angeschuldigten liegende Hindernisse oder Verfahrenshemmnisse anderer Art anwendbar ist, darunter insbesondere der Fall, daß ein Zeuge verhindert ist oder in absehbarer Zeit nicht zur Verfügung steht, vgl. ausführlich Rieß in LR-StPO, § 205 Rn. 22; Loos in AK-StPO, § 205 Rn. 9; Kleinknecht/Meyer-Goßner, StPO-Kommentar, § 205 Rn. 8 jeweils mit zahlreichen Nachweisen.

(2) Entscheidungskriterien

Nach § 203 StPO hat das Gericht zu prüfen, ob der Angeschuldigte aufgrund der Ergebnisse des Ermittlungsverfahrens einer Straftat hinreichend verdächtig ist. Ein hinreichender Verdacht ist zu bejahen, wenn bei vorläufiger Tatbewertung[1310] eine spätere Verurteilung des Angeklagten wahrscheinlich erscheint.[1311] Dabei eröffnet dieser unbestimmte Rechtsbegriff einen weiten Beurteilungsspielraum, da es sich um eine eigene Prognoseentscheidung des Gerichts handelt.[1312]

Die Prüfung des hinreichenden Verdachts erfolgt in rechtlicher und tatsächlicher Hinsicht, wobei sich die rechtliche Prüfung darauf bezieht, ob der in der Anklageschrift bezeichnete Sachverhalt die Voraussetzungen für das Vorliegen der in der Anklage bezeichneten Straftat erfüllt. Die tatsächliche Prüfung hingegen beinhaltet die Frage, ob eine Verurteilung des Angeklagten angesichts der bestehenden Beweismöglichkeiten mit hinreichender Wahrscheinlichkeit zu erwarten ist.

In diesem Zusammenhang darf gleichwohl nicht außer Acht gelassen werden, daß das Gericht im Zwischenverfahren lediglich die Wahrscheinlichkeit einer Verurteilung zu prüfen hat. Es ist gerade nicht Sinn und Zweck dieses Verfahrensabschnitts bereits eine in rechtlicher sowie in tatsächlicher Hinsicht fundierte und endgültige Entscheidung über die Strafbarkeit herbeizuführen. Dies ist vielmehr Aufgabe des Hauptverfahrens, dem zu diesem Zeitpunkt nicht vorgegriffen werden darf.

Der Grundsatz in dubio pro reo findet im Rahmen des gerichtlichen Wahrscheinlichkeitsurteils zwar keine unmittelbare Anwendung. Gleichwohl kann er durchaus mittelbar von Bedeutung sein, wenn das Gericht das Vorliegen eines hinreichenden Tatverdachts aus dem Grunde ablehnt, weil es den Angeklagten nach Aktenlage und angesichts der bestehenden Beweismöglichkeiten am Ende der Hauptverhandlung wahrscheinlich aus diesem Grunde freisprechen wird.[1313]

[1310] Zu diesem Kriterium siehe BGHSt 23, 304, 306; 29, 224, 229; BayObLG, NStZ 1983, 123; OLG Karlsruhe, wistra 1985, 163, 164.

[1311] Vgl. Krey, Strafverfahrensrecht II, Rn. 69; Kleinknecht/Meyer-Goßner, StPO-Kommentar, § 203 Rn. 2.

[1312] Hierzu grundlegend BGH, NJW 1970, 1543 (LS); Sailer, Anklageerhebung, S. 1138 f.

[1313] Vgl. Kleinknecht/Meyer-Goßner, StPO-Kommentar, § 203 Rn. 2, § 261 Rn. 27 f; BayObLG, NStZ 1983, 123; Kühne, Strafprozeßrecht, Rn. 610. Ebenso Volk, Strafprozeßrecht, § 16 Rn. 10 mit Hinweis, daß der Grundsatz in dubio pro reo in diesem Verfahrensstadium nur gelte, wenn sich das Gericht sicher sei, daß die Zweifel unüberwindbar bleiben würden.

(3) Entscheidung über Beweisanträge und ergänzende Ermittlungen des Gerichts

Der Angeschuldigte kann im Zwischenverfahren Beweisanträge oder Einwendungen gegen die Eröffnung des Hauptverfahrens vorbringen, über die das Gericht durch Beschluß entscheidet. Dieser Beschluß ist gemäß § 201 II S. 2 StPO unanfechtbar. Für die Ablehnung der Beweisanträge gelten – anders als in der späteren Hauptverhandlung – nicht die strengen Regeln des § 244 III, IV StPO. Vielmehr entscheidet das Gericht nach pflichtgemäßem Ermessen im Hinblick auf die Bedeutsamkeit der Beweistatsache für die Verdachtsfrage.[1314] Die Durchführung der Beweisaufnahme erfolgt im Zwischenverfahren grundsätzlich freibeweislich, d.h. sie ist nicht auf die Beweismittel im formellen Sinne beschränkt.[1315]

Das Gericht hat sich jedoch nicht nur mit den nach § 201 I StPO im Zwischenverfahren vorgebrachten Beweisanträgen und Einwendungen des Angeschuldigten auseinanderzusetzen, sondern auch mit den Beweisanträgen, die bereits im Ermittlungsverfahren geltend gemacht wurden, bislang aber unerledigt geblieben sind.

Darüber hinaus räumt § 202 StPO dem Gericht eine eigenständige Ermittlungskompetenz ein, welche jedoch inhaltlich auf die Entscheidung über die Eröffnung des Hauptverfahrens und umfangmäßig auf einzelne Beweiserhebungen begrenzt ist. Die Anordnungskompetenz ist nach dem Wortlaut des § 202 S. 1 StPO dem Gericht als Kollegium und nicht dem Vorsitzenden allein zugewiesen. Gleichwohl schließt die Vorschrift ein Tätigwerden des Vorsitzenden in Ausübung seiner generellen Befugnis zur Verfahrensleitung nach allgemeiner Meinung nicht aus. Zwar kann eine Beweisanordnung des Vorsitzenden andere Stellen zur Vornahme von Ermittlungsmaßnahmen nicht verpflichten und insofern auch keine wirksame Grundlage für die Anordnung von Zwangsmaßnahmen begründen. Gleichwohl kann der Vorsitzende aus eigenem Recht bei der Staatsanwaltschaft oder Polizei ergänzende Ermittlungen anregen oder andere Behörden um Auskünfte bitten.[1316] Dabei kann das Gericht die einzelnen Beweiserhebungen entweder selbst vornehmen oder auch die Staatsanwaltschaft

---

[1314] So Kühne, Strafprozeßrecht, Rn. 613; Heghmanns, Zwischenverfahren im Strafprozeß, S. 87 f; Tolksdorf in KK-StPO, § 201 Rn. 19; Kleinknecht/Meyer-Goßner, StPO-Kommentar, § 201 Rn. 8. Anderer Ansicht jedoch Rieß in LR-StPO, § 201 Rn. 30; Fezer, Strafprozeßrecht, Fall 9 Rn. 72; Seidl in KMR-StPO, § 201 Rn. 26.

[1315] Vgl. Roxin, Strafverfahrensrecht, § 40 Rn. 6; Eisenberg, Beweisrecht, Rn. 752; Rieß in LR-StPO, § 202 Rn. 9, 11.

[1316] Vgl. hierzu Tolksdorf in KK-StPO, § 202 Rn. 4; Rieß in LR-StPO, § 202 Rn. 5. Nach der Eröffnung des Hauptverfahrens ist im Rahmen der Vorbereitung der Hauptverhandlung jedoch der Vorsitzende allein für die seitens des Angeklagten gestellten Beweisanträge zuständig. Gerichtsbeschlüsse sind dann nach § 219 I S. 1 StPO unzulässig.

bitten, die erforderlichen Ermittlungen selbst oder durch ihre Hilfsbeamten zu tätigen.[1317]

Der Sinn und Zweck dieser gerichtlichen Ermittlungsbefugnis besteht jedoch nicht darin, der späteren Hauptverhandlung vorzugreifen. Aus diesem Grunde dürfen Ermittlungen, die für die Eröffnungsentscheidung nicht entscheidungsrelevant sind, etwa weil sie einen ohnehin bestehenden hinreichenden Tatverdacht weiter bestärken oder einen nicht hinreichenden Tatverdacht weiter entkräften könnten oder weil sie lediglich für die Strafzumessung von Bedeutung sind, nicht auf § 202 StPO gestützt werden. Derartige Beweisaufnahmen können allenfalls aus Gründen der Beweissicherung nach den §§ 223 ff StPO erforderlich sein. Anders stellt sich die Situation hingegen dar, wenn durch einzelne Beweiserhebungen ein bestehender hinreichender Tatverdacht möglicherweise (wenn auch nur teilweise) beseitigt oder ein noch nicht hinreichender Tatverdacht möglicherweise begründet werden könnte. In diesen Fällen ist das Gericht sogar verpflichtet, von der Ermittlungskompetenz nach § 202 Gebrauch zu machen.[1318] Im Falle wesentlicher Ermittlungslücken, muß jedoch entweder die Staatsanwaltschaft zur Rücknahme der Anklage oder zu einer entsprechenden Nachbesserung aufgefordert werden oder das Gericht muß die Eröffnung des Hauptverfahrens ablehnen.[1319]

Folglich darf das Gericht im Zwischenverfahren keine umfangreichen eigenen Ermittlungen führen, da dies zu einer unerwünschten Vorbelastung für die Hauptverhandlung führen würde. Entsprechend reicht die gerichtliche Pflicht zur Aufklärung des Sachverhaltes auf Antrag oder von Amts wegen im Zwischenverfahren weniger weit als im Hauptverfahren. Die Beweise müssen für die Entscheidung über die Eröffnung des Hauptverfahrens notwendig erschei-

---

1317 Heftig umstritten ist jedoch, ob die Staatsanwaltschaft hierzu verpflichtet ist. Bejahend: Roxin, Strafverfahrensrecht, § 40 Rn. 6; LG Münster, JR 1979, 40 f mit zust. Anm. Peters; Paeffgen in SK-StPO, § 202 Rn. 7 m.w.N. Verneinend: KG Berlin, JR 1966, 230 f mit zust. Anm. Kleinknecht; Tolksdorf in KK-StPO, § 202 Rn. 8; Siewert/Mattheus, Nachermittlungspflicht, S. 355; Fezer, Strafprozeßrecht, Fall 9, Rn. 73; Kleinknecht/Meyer-Goßner, StPO-Kommentar, § 202 Rn. 3 m.w.N. Differenzierend: Rieß in LR-StPO, § 202 Rn. 12; Strate, Kompetenzordnung im Hauptverfahren, S. 339 f (Grundsätze der Amtshilfe); Eisenberg, Beweisrecht, Rn. 753 m.w.N.

1318 Zwar ist diese Pflicht nicht ausdrücklich gesetzlich fixiert, doch folgt sie aus dem Sinn und Zweck des Zwischenverfahrens sowie dem Systemzusammenhang. Siehe ausführlich hierzu Eisenberg, Beweisrecht, Rn. 746 mit Bezugnahme auf die §§ 155 II, 206 StPO und Hinweis auf den weiten Beurteilungsspielraum der Gerichte sowie die Unanfechtbarkeit des Beschlusses. Ebenso Rieß in LR-StPO, § 202 Rn. 4; Fezer, Richterliche Kontrolle, S. 421 m. Fn. 43.

1319 Siehe Hellmann, Strafprozeßrecht, § 2 Rn. 5 a.E.; Loos in AK-StPO, § 202 Rn. 2; Kleinknecht/Meyer-Goßner, StPO-Kommentar, § 200 Rn. 26 m.w.N.

nen, wobei die Schwelle hier wesentlich höher liegt als im Hauptverfahren.[1320] Beweisanträge und Beweiserhebungen in diesem Verfahrensstadium verfolgen in erster Linie das Ziel, den hinreichenden Tatverdacht zu erschüttern. In Betracht kommt hier insbesondere die ergänzende Vernehmung des Angeschuldigten.

Die verfahrensrechtliche Praxis in Deutschland zeigt jedoch, daß das Gericht von der ihm zustehenden Ermittlungskompetenz zur besseren Sachaufklärung im Rahmen des Zwischenverfahrens nur sehr zurückhaltend Gebrauch macht.[1321] In der Regel stellt sich das Zwischenverfahren als rein schriftliches Verfahren unter Anwendung des gesamten Akteninhalts und ohne richterliche Beweisaufnahme dar.[1322]

2. Rechtsvergleichende Untersuchung und Analyse

a) Umfang der gerichtlichen Prüfungspflicht

Die rechtsvergleichende Betrachtung zeigt, daß die richterlichen Prüfungskompetenzen im Rahmen des deutschen und englischen Zwischenverfahrens sehr unterschiedlich ausgeprägt sind. Dies wird besonders deutlich im Hinblick auf die vorläufige Beweiswürdigung des Gerichts sowie hinsichtlich dessen Möglichkeit, ergänzende Beweiserhebungen zur besseren Sachaufklärung anzuordnen.

So können die englischen Examining Justices im Zwischenverfahren keine eigenständigen Beweiserhebungen vornehmen oder anordnen, ein Umstand, welcher letztlich darin begründet liegt, daß das englische Zwischenverfahren ausschließlich vor den Magistrates' Courts stattfindet. Als Examining Justices fungieren daher lediglich Laienrichter.[1323] Diese haben zu entscheiden, ob die von Seiten der Parteien vorgebrachten Beweise den Anscheinsbeweis begründen, daß der Angeklagte die ihm vorgeworfene Tat begangen hat *(prima facie case)*. An die Beweislage werden somit nur sehr geringe Anforderungen gestellt. Es muß lediglich die Schlüssigkeit der Beweise nachgewiesen werden. Des weiteren sehen auch die Magistrates selbst ihre Aufgabe als juristische Laien allein darin, lediglich die offensichtlich unbegründeten Anklagefälle herauszufiltern.

[1320] Vgl. Heghmanns, Zwischenverfahren im Strafprozeß, S. 86 f. Siehe auch die Ausführungen zur richterlichen Aufklärungspflicht in der Beweisaufnahme unter C. II.1. b) (2) (aa).

[1321] Vgl. Eisenberg, Beweisrecht, Rn. 752; Fezer, Richterliche Kontrolle, S. 421; Pohl, Praxis des Strafrichters, S. 53. Für ein stärkeres Ausschöpfen der durch § 202 StPO eröffneten Aufklärungsmöglichkeiten ausdrücklich Peters, Fehlerquellen II, S. 223. Anderer Ansicht und damit für eine weitgehende Entlastung des Zwischenverfahrens von gerichtlichen Ermittlungen: Heghmanns, Zwischenverfahren im Strafprozeß, S. 92 f; Meyer-Goßner, Richterliche Beweiserhebungen, S. 416; Pohl, Praxis des Strafrichters, S. 53.

[1322] Vgl. Rieß in LR-StPO, vor § 198 Rn. 6; Eisenberg, Beweisrecht, Rn. 752.

[1323] Siehe die Ausführungen im Ersten Teil unter D. II.

Ferner ist die Form des traditionellen Zwischenverfahrens mit richterlicher Beweiswürdigung *(six-one-committal)* infolge zahlreicher Maßnahmen zur Verfahrensverkürzung im Laufe der letzten Jahre massiv zurückgedrängt worden, so daß inzwischen kaum mehr das aufwendige und zeitintensive Prozedere einer richterlichen Beweiswürdigung stattfindet.

Demgegenüber stellen sich die rechtlichen Rahmenbedingungen der deutschen Richter im Zwischenverfahren wesentlich anders dar. Nicht nur steht dem Gericht die Möglichkeit eigenständiger Ermittlungen nach § 202 StPO zur Verfügung, sondern es obliegt ihm darüber hinaus sogar die Pflicht, einzelne Beweiserhebungen vorzunehmen, wenn dadurch möglicherweise ein hinreichender Tatverdacht beseitigt oder ein nicht hinreichender Tatverdacht begründet werden kann. Charakteristischerweise entscheiden über die Eröffnung respektive die Nichteröffnung des Hauptverfahrens an allen Gerichten nur die Berufsrichter, denen der Gesetzgeber eine erhöhte Objektivität zumißt. Die Laienrichter sind von dieser Entscheidung im Vorfeld der Hauptverhandlung gem. §§ 30 II, 76 I S. 2 GVG ausdrücklich ausgeschlossen. Jedoch machen die deutschen Gerichte von den ihnen zur Verfügung stehenden Möglichkeiten zur ergänzenden Beweisaufnahme im Zwischenverfahren nur sehr zurückhaltend Gebrauch, so daß die durch § 202 StPO eröffneten Aufklärungsmöglichkeiten in der Praxis nur selten ausgeschöpft werden.

Folglich läßt sich festhalten, daß die richterlichen Kompetenzen im Rahmen des deutschen und des englischen Zwischenverfahrens auffallend divergieren. Dies ist in erster Linie auf die abweichende Besetzung der zuständigen Gerichte mit ausschließlich Berufsrichtern in Deutschland und mit ausschließlich Laienrichtern in England zurückzuführen. Abschließend ergibt sich somit folgendes Bild: Während den englischen Examining Justices bereits aufgrund der konzeptionellen und rechtlichen Rahmenbedingungen im Zwischenverfahren keine bedeutenden beweisrechtlichen Kompetenzen zukommen, verfügen die im deutschen Zwischenverfahren zuständigen Gerichte zwar über eine eingeschränkte Kompetenz zur eigenständigen Beweiserhebung und Beweiswürdigung, doch wird diese in der gerichtlichen Praxis zumeist nicht ausgeschöpft, sondern nur sehr zurückhaltend eingesetzt.

b) Filter- und Schutzfunktion des Zwischenverfahrens in Theorie und Praxis

Filter- wie auch Schutzfunktion des Zwischenverfahrens können nur dann wirksam zur Geltung gelangen, wenn das zuständige Gericht nicht auf eine summarische Plausibilitäts- und Schlüssigkeitsprüfung der Anklage beschränkt ist, sondern statt dessen eine eigenständige Prüfung des hinreichenden Tatverdachts in tatsächlicher und rechtlicher Hinsicht vornimmt.[1324] Derartige Prüfungskompetenzen sind im Rahmen des englischen Zwischenverfahrens eindeutig nicht vorgesehen. In Deutschland dürfte angesichts der verschwindend geringen Prozentzahl an Nichteröffnungsbeschlüssen von unter 1 % zumindest zweifelhaft sein, ob eine sorgfältige gerichtliche Überprüfung der Anklage bereits im Rahmen des Zwischenverfahrens stattfindet.

Trotz möglicher Ineffizienz des Zwischenverfahrens bleibt jedoch dessen hoher symbolischer Wert erhalten, ein Faktum, welches bislang einer möglichen Abschaffung des Zwischenverfahrens in Deutschland wie auch in England entgegenstand. So wurde in der Tat bereits in beiden Ländern eine Absetzung des Zwischenverfahrens erwogen, doch konnten sich entsprechende Vorschläge bis dato nicht durchsetzen.

In England wurde als Antwort auf anhaltende Forderungen zur Verfahrensverkürzung bereits im Jahre 1994 der Versuch unternommen, das Zwischenverfahren abzuschaffen und durch ein schriftliches Verfahren mit formeller Überweisung an den Crown Court *(transfer for trial)* zu ersetzen. Infolge heftiger Kritik und vehementen Widerstandes von vielen Seiten der juristischen Berufswelt, wurde das *transfer for trial* durch den Criminal Procedure and Investigations Act 1996, Section 44 jedoch wieder abgeschafft, bevor die maßgebliche Section 44 des Criminal Justice and Public Order Act 1994 überhaupt in Kraft getreten war.

Die heftige Kritik an der Einführung des *transfer for trial* im Jahre 1994 einerseits und die lautstarken Forderungen nach effizienten Alternativen zur Verfahrensverkürzung andererseits zeigen deutlich, daß dem Zwischenverfahren auf der einen Seite zwar ein hoher Symbolwert zugemessen wird, auf der anderen Seite jedoch auch klar erkannt wird, daß dieses Verfahren in seiner klassischen Form zu nicht länger hinnehmbaren Verfahrensverzögerungen und Verfahrenskosten führt und insofern reformbedürftig ist. Aus diesem Grunde finden sich im englischen Strafverfahrensrecht seither zahlreiche prozessuale Alternativmöglichkeiten, welche in Form von Ausnahmeregelungen oder Versuchsprojekten letztlich die gleiche Verfahrensweise wie das *transfer for trial* vorsehen.[1325] Auf diese Art und Weise wird das klassische Zwischenverfahren, welches in der verfahrensrechtlichen Praxis ohnehin nur noch vereinzelt zur Anwendung gelangt, auch in Zukunft zugunsten verkürzter und zeitsparender Verfahrensformen mehr und mehr zurückgedrängt werden.

1324 Zu den Anforderungen dieser "Doppelprüfung" in tatsächlicher und rechtlicher Hinsicht vgl. Bruns, Tatverdacht und Schlüssigkeitsprüfung, S. 866 ff. Siehe auch Bohnert, Abschlußentscheidung der StA, S. 363 ff, der das Zwischenverfahrens aufgrund seines Prüfungsinhaltes als "fortgeführtes Vorverfahren" (S. 364) bezeichnet.

1325 Siehe hierzu ausführlich im Ersten Teil der Arbeit unter D. II. 4. und 5.

Auch in Deutschland mehren sich seit Jahren die Stimmen für eine Abschaffung respektive eine Novellierung des Zwischenverfahrens. Stein des Anstoßes ist hierzulande jedoch in erster Linie der Aspekt der Voreingenommenheit des erkennenden Gerichts in der späteren Hauptverhandlung, da dieses in Form des Eröffnungsbeschlusses bereits zum Ausdruck gebracht habe, daß es nach der Aktenlage und bei vorläufiger Tatbewertung eine Verurteilung des Angeklagten für wahrscheinlich halte und somit davon ausgehe, daß es nach der Hauptverhandlung keinen vernünftigen Zweifel an der Schuld des Angeklagten haben werde. Das Gericht könne insofern nicht unbelastet und völlig unvoreingenommen in die Hauptverhandlung eintreten, ein Aspekt, welcher in psychologischer Hinsicht kaum überwindbar sei.[1326] Auch die verbalen Feinheiten des Gesetzestextes[1327] sowie die Möglichkeit, voreingenommene Richter im Rahmen der Hauptverhandlung aus Gründen der Befangenheit abzulehnen[1328], könnten diese psychologische Vorbelastung nicht wirksam ausblenden. Das psychologische Wechselspiel des Gerichts, welches im Zwischenverfahren zunächst über die Eröffnung des Hauptverfahrens und im unmittelbaren Anschluß daran auch in der Hauptverhandlung entscheidet, erinnere nicht nur unweigerlich an die Inquisitionsprozesse vergangener Jahrhunderte, sondern gefährde zudem auch die

---

1326 Zur tendenziellen Erwartung des Gerichts, daß sich die eigene Prognose in der Hauptverhandlung eher bestätigt als wiederlegt, vgl. ausführlich Eisenberg, Kriminologie, § 28 Rn. 16 (sog. "primacy-Effekt") m.w.N. Zutreffend auch Kühne, Strafprozeßrecht, Rn. 622 a.E. mit dem Hinweis darauf, daß der richterliche Rollenwechsel im Inquisitionsprozeß vergangener Jahrhunderte heute "als psychologisch undurchführbar belächelt" werde, auf der anderen Seite in der gegenwärtigen Ausgestaltung des Zwischenverfahrens dem Richter jedoch kaum weniger abverlangt werde. Vgl. in diesem Zusammenhang auch den psychologischen Ansatz bei Schünemann, Manipulierter Richter, S. 217. Anders hingegen und ohne Berücksichtigung des psychologischen Rollenkonflikts Pohl, Praxis des Strafrichters, S. 55 und Ranft, Strafprozeßrecht, Rn. 1285 mit Hinweis darauf, der Richter sei sich bei der Eröffnungsentscheidung bewußt, daß die umfassende Erkenntnisgrundlage der mündlichen Hauptverhandlung noch ausstehe.

1327 Bis zu den gesetzlichen Änderungen der Strafprozeßordnung durch das Gesetz zur Änderung der StPO und des GVG (StPÄG) vom 19.12.1964 sprach das Gericht den hinreichenden Tatverdacht am Ende des Zwischenverfahrens stets selbst aus. Nach der Neufassung des § 207 I StPO läßt das Gericht nunmehr "die Anklage zur Hauptverhandlung zu", eine lediglich verbale Veränderung der Situation, da die Zulassung der Anklage inhaltlich nach wie vor die Bejahung des hinreichenden Tatverdachts durch das Gericht voraussetzt (§ 203 StPO). In diesem Sinne auch Roxin, Strafverfahrensrecht, § 40 Rn. 3 ("verbale Verschleierung") und Arbeitskreis, AE-Hauptverhandlung, S. 39 ("nur eine optische, aber keine sachliche Änderung").

1328 So etwa die wenig überzeugende und zudem realitätsferne Ansicht von Volk, Strafprozeßrecht, § 16 Rn. 1, die Richter könnten im Falle von Voreingenommenheit in der Hauptverhandlung als befangen abgelehnt werden.

Unschuldsvermutung und damit einen fundamentalen Grundsatz eines jeden rechtsstaatlichen Strafverfahrens.[1329]

Darüber hinaus wird vielfach auch die Ineffizienz des Zwischenverfahrens hinsichtlich der diesem Verfahrensabschnitt zukommenden Filter- und Kontrollfunktion kritisiert. So zeige sich das Gericht in der verfahrensrechtlichen Praxis aus interorganisatorischen sowie auch aus kollegialen Gründen offenbar deutlich gehemmt, im Rahmen der vorzunehmenden vorläufigen Tatbewertung das Vorliegen eines hinreichenden Tatverdachts zu verneinen.[1330] Ganz im Gegenteil stelle die Entsprechung der staatsanwaltlichen Anklage eine gebräuchliche Erledigungsstrategie zwischen Staatsanwaltschaft und Gericht dar.[1331]

Vor diesem Hintergrund stellt sich in Deutschland nicht nur die vordergründige Frage nach dem Sinn und Zweck des Zwischenverfahrens, sondern es ist ernsthaft zu diskutieren, ob ein nicht nur ineffizientes, sondern im Hinblick auf die Unschuldsvermutung zumindest fragwürdiges Zwischenverfahren in seiner gegenwärtigen Form beibehalten werden kann oder ob es nicht durch eine andere, effektivere Verfahrensform zu ersetzen ist. In diesem Zusammenhang ist daher nach einer neuen Gestaltung des Zwischenverfahrens zu suchen, eine Herausforderung, zu der im Laufe der letzten Jahre vielfach Stellung bezogen worden ist. Dabei wird vereinzelt die gänzliche Abschaffung des Zwischenverfahrens gefordert in der Form, daß auf die staatsanwaltliche Anklageerhebung in aller Regel, mit anderen Worten ohne die Feststellung eines hinreichenden Tatverdachts, die Hauptverhandlung folgt und das Gericht die Anklage nur ausnahmsweise bei Vorliegen krasser Mängel zurückweist.[1332] Weitere Lösungsmodelle reichen etwa über eine Verlagerung der Zuständigkeiten im Zwischenverfahren auf einen unabhängigen Eröffnungsrichter[1333] über die Einführung einer geson-

---

1329 Siehe zu beiden Vorwürfen Kühne, Strafprozeßrecht, Rn. 622, der eine "institutionelle Gefährdung der Unschuldsvermutung" konstatiert und in diesem Zusammenhang über die Grenzen der deutschen Verfassung hinaus auf Artikel 6 II EMRK verweist.

1330 Vgl. hierzu ausführlich Eisenberg, Beweisrecht, Rn. 749 a.E. mit Hinweis auf die Effizienz der Verfahrenserledigung und auf den Umstand, daß ein Nichteröffnungsbeschluß im Gegensatz zu einem Eröffnungsbeschluß zu begründen ist und durch die Staatsanwaltschaft angefochten werden kann, während dem Angeschuldigten gegen die Eröffnungsentscheidung keine Anfechtungsmöglichkeit zur Verfügung steht.

1331 Charakteristisch hierzu HansOLG Hamburg, StV 1996, 418 f. Siehe hierzu auch die Ergebnisse der empirischen Studie zu Perseveranz- und Schulterschlußeffekt innerhalb der Justiz von Schünemann, Manipulierter Richter, S. 224 mit Tabelle 4 auf S. 225.

1332 So der Arbeitskreis, AE-Hauptverhandlung, S. 39 f, 43. Anders hingegen Schäfer, Praxis des Strafverfahrens, Rn. 523 und Roxin, Strafverfahrensrecht, § 40 Rn. 3, wenngleich beide eingestehen, daß die grundsätzlich positive Kontrollfunktion des Zwischenverfahrens in der Praxis lediglich bei bedeutenden und Aufsehen erregenden Fällen ernst genommen wird.

1333 Zu entsprechenden Reformüberlegungen siehe Kühne, Strafprozeßrecht, Rn. 622 a.E. mit dem Vorschlag, *„daß ein anderes als das für die Hauptverhandlung zuständige Gericht*

derten Rechtsbehelfsmöglichkeit des Angeschuldigten gegen die staatsanwaltliche Anklageerhebung[1334] bis hin zur Anhebung der Aufklärungspflicht des Gerichts auf das Niveau des Hauptverfahrens[1335]. Eine systematische Auseinandersetzung mit diesen Reformüberlegungen kann und soll im Rahmen dieser Arbeit jedoch nicht erfolgen, weshalb an dieser Stelle auf die angeführten Literaturquellen verwiesen sei.[1336]

C. Richterliche Kompetenzen im Hauptverfahren

I. Vorbereitung der Hauptverhandlung

1. Richterliche Vorbereitung der Hauptverhandlung in Deutschland

a) Bedeutung der Vorbereitung der Hauptverhandlung

Zum Zwecke eines zügigen und ungestörten Verfahrensablaufs bedarf die Hauptverhandlung einer sorgfältigen Vorbereitung. Sie muß etwa organisiert werden in Form von Terminbestimmungen und Ladungen. Maßnahmen zur Vorbereitung der Hauptverhandlung finden sich in den §§ 213 - 225 StPO, die jedoch keine erschöpfende Regelung der erforderlichen und zulässigen Anordnungen darstellen.

b) Richterliche Kompetenzen

Die Vorbereitung der Hauptverhandlung obliegt im Wesentlichen dem Vorsitzenden des Gerichts, so daß der gesamte Spruchkörper nur in den gesetzlich vorgeschriebenen Fällen mitwirkt.[1337] Der einzelne Strafrichter beim Amtsgericht verhandelt und entscheidet zwar allein, doch muß er in den Fällen, in denen das Gesetz eine Entscheidung durch Gerichtsbeschluß vorsieht, ebenfalls einen förmlichen Beschluß erlassen.

über die Eröffnung des Hauptverfahrens entscheiden muß". Ebenso mit überzeugenden Argumenten Roxin, Strafverfahrensrecht, § 40 Rn. 3 (unabhängiger "Eröffnungsrichter" oder entsprechendes "Eröffnungsgericht"). Tiefgreifende Bedenken gegen diese Vorschläge äußern jedoch unter anderem Eisenberg, Beweisrecht, Rn. 751; Fezer, Richterliche Kontrolle, S. 422 m.w.N.; Peters, Fehlerquellen II, S. 223; Volk, Strafprozeßrecht, § 16 Rn. 1; Rieß in LR-StPO, Vor § 198 Rn. 19 f.

1334 So Loritz, Wert des Zwischenverfahrens, S. 133 ff.

1335 Siehe hierzu ausführlich Heghmanns, Zwischenverfahren im Strafprozeß, S. 88 ff.

1336 Instruktiv zur Gesamtproblematik: Arbeitskreis, AE-Hauptverhandlung, S. 38 ff; Roxin, Reform der Hauptverhandlung, S. 52 ff; Rieß in LR-StPO, Vor § 198 Rn. 13 ff.

1337 Vgl. die wichtigsten Gerichtsbeschlüsse bei Schäfer, Praxis des Strafverfahrens, Rn. 602.

(1) Terminbestimmungen, § 213 StPO

Nach § 213 StPO wird der Termin zur Hauptverhandlung durch den Vorsitzenden des Gerichts anberaumt, wobei Ort, Tag und Stunde der Hauptverhandlung festzulegen sind. Die Terminbestimmung liegt im Ermessen des Vorsitzenden. Dieser hat auf der einen Seite die verfahrensrechtliche Konzentrationsmaxime zu beachten, welche eine baldmögliche Durchführung der Hauptverhandlung nach Eröffnung des Hauptverfahrens fordert. Der Vorsitzende hat daher das Recht, die anfallenden Sachen auf die zur Verfügung stehenden Sitzungstage so zu verteilen, wie es eine zweckmäßige Erledigung der Geschäfte erfordert.[1338]

Auf der anderen Seite ist den Verfahrensbeteiligten jedoch auch hinreichend Zeit zur Vorbereitung einzuräumen. Zudem kann der Vorsitzende berechtigte Wünsche der Verfahrensbeteiligten berücksichtigen, insbesondere mögliche Verhinderungen des Verteidigers.[1339] Dies ist auch sinnvoll, um späteren Anträgen zur Aussetzung oder Vertagung der Hauptverhandlung nach §§ 228, 229 StPO vorzubeugen. Aus diesem Grunde sind in der Praxis zumindest bei großen Strafverfahren frühzeitige Terminabsprachen mit dem Verteidiger durchaus üblich.[1340] Im Hinblick auf die anderen Verfahrensbeteiligten ist der Vorsitzende jedoch nicht zur Kontaktaufnahme verpflichtet, um eventuelle Verhinderungsgründe zu ermitteln. Auch haben sie grundsätzlich keinen Anspruch auf Verlegung des Termins.

Die Terminplanung des Vorsitzenden ergeht folglich im Lichte unterschiedlicher, teilweise gegenläufiger Ermessenskriterien, namentlich dem Gebot der Verfahrensbeschleunigung, der Gesamtbelastung der Strafkammer, der eigenen Terminplanung des Gerichts sowie der Interessen der Verfahrensbeteiligten.[1341]

(2) Ladungen, § 214 StPO

Der Vorsitzende des Gerichts ordnet nach § 214 I StPO die zur Hauptverhandlung erforderlichen Ladungen an. Während der Angeklagte (§ 216 StPO), sein Verteidiger (§ 218 StPO) sowie Zeugen und Sachverständige förmlich zu laden sind, wird der Hauptverhandlungstermin der Staatsanwaltschaft formlos mitgeteilt.

Die Ladungsfrist bemißt sich nach § 217 I StPO. Danach muß zwischen der Zustellung der Ladung und dem Tag der Hauptverhandlung mindestens eine Woche vergehen. Zweck dieser Ladungsfrist ist es, dem Angeklagten ausreichend

---

[1338] BGHSt 15, 390, 392.

[1339] Vgl. BGH GA 1981, 37, 38; BGH NStZ 1998, 311 f, wobei der BGH aber klarstellt: *„Daraus folgt jedoch nicht, daß bei jeder Verhinderung des gewählten Verteidigers eine Hauptverhandlung gegen den Angeklagten nicht durchgeführt werden könnte."*.

[1340] Siehe hierzu Schäfer, Praxis des Strafverfahrens, Rn. 543; OLG Frankfurt, StV 1995, 11 f; LG Lüneburg, StV 1992, 509 f.

[1341] Vgl. BGH NStZ 1998, 311 f; BGH GA 1981, 37, 38 jeweils m.w.N.

Zeit für die Vorbereitung seiner Verteidigung zu gewähren und ihn auf diese Weise vor Überraschungsverfahren zu schützen.[1342] Die anderen Verfahrensbeteiligten haben daher keinen Anspruch auf Einhaltung der Ladungsfrist. Zwar kann der Angeklagte nach § 217 III StPO auf die Einhaltung der Ladungsfrist verzichten, doch muß er in diesem Fall über sein Recht belehrt werden, gegebenenfalls die Aussetzung der Hauptverhandlung zu verlangen (§§ 228 III, 217 II StPO).[1343]

An Zeugen und Sachverständigen sind erstens die von Seiten des Staatsanwaltschaft in der Anklage oder später benannten, zweitens die seitens des Gerichts von Amts wegen gewünschten (§ 221 StPO)[1344], und drittens die vom Angeklagten nach § 219 StPO verlangten[1345] zu laden. Der Angeklagte kann einen Zeugen oder Sachverständigen nach § 220 I StPO jedoch auch unmittelbar selbst laden und nach Zahlung der gesetzlichen Entschädigung zum Erscheinen verpflichten (§ 220 II StPO). In der Regel wird er dieses Recht jedoch nur in Anspruch nehmen, wenn sein Antrag zur Ladung dieser Beweisperson von Seiten des Vorsitzenden abgelehnt worden ist. Die unmittelbar selbst geladenen Beweispersonen hat der Angeklagte dem Gericht und der Staatsanwaltschaft rechtzeitig namhaft zu machen (§ 222 II StPO).

(3) Ermittlungskompetenzen des Gerichts

Nach § 221 kann der Vorsitzende von Amts wegen die Herbeischaffung weiterer als Beweismittel dienender Gegenstände anordnen, eine Kompetenz, welche bereits dem Wortlaut nach über die Regelung des § 214 IV S. 2 StPO hinausgeht und es dem Vorsitzenden von daher ermöglicht, auch die Herbeischaffung von solchen Beweismitteln anzuordnen, die in der Anklageschrift nicht aufgeführt sind.

In diesem Zusammenhang ist jedoch zu berücksichtigen, daß die Vorbereitung der Hauptverhandlung lediglich einen zügigen und möglichst reibungslosen Ablauf der Hauptverhandlung gewährleisten, dieser gleichwohl nicht vorgreifen soll. Auch ist es nicht Sinn und Zweck der Ermittlungskompetenz nach § 221 StPO, möglicherweise unvollständige Ermittlungsergebnisse oder eine unzureichende Sachaufklärung der Ermittlungsbehörden zu korrigieren. Insbesondere im Hinblick auf Beweise, die den Angeklagten belasten, kann eine weitgehende Ermittlungstätigkeit des Vorsitzenden leicht den Eindruck der Befangenheit be-

---

1342 BGHSt 24, 143, 146 mit Hinweis auf die Entstehungsgeschichte des § 217 StPO; BGH NJW 1982, 248; Fezer, Strafprozeßrecht, Fall 11 Rn. 2.

1343 Vgl. Schäfer, Praxis des Strafverfahrens, Rn. 546 mit Hinweis darauf, daß eine kurzfristige Terminierung ohne Einhaltung der Ladungsfrist in der Praxis namentlich bei Amtsgerichtssachen erfolgt, wenn dem Angeklagten an einer baldigen Hauptverhandlung gelegen ist, wie etwa in Haft- oder Führerscheinsachen.

1344 Näher hierzu weiter unten unter C. I. 1. b) (3).

1345 Dies jedoch nur insoweit, als der Vorsitzende dem diesbezügl. Beweisantrag entspricht.

gründen. Zudem darf nicht übersehen werden, daß die Ermittlungskompetenz nach § 221 StPO zweifellos inquisitorische Elemente in die richterliche Tätigkeit hineinbringt, welche durch die Abschaffung der gerichtlichen Voruntersuchung gerade beseitigt werden sollten.[1346] Auch aus diesem Grunde sollte der Vorsitzende hiervon nur zurückhaltend Gebrauch machen. Ein Bedürfnis nach derartigen Ermittlungen wird bei einem Gericht, welches im Rahmen des Zwischenverfahrens von der Möglichkeit weiterer Aufklärungen gem. § 202 StPO pflichtgemäß Gebrauch gemacht hat, ohnehin nur sehr selten aufkommen.

(4) Antizipierte Beweisaufnahmen, §§ 223 ff StPO

Unter bestimmten Voraussetzungen kann ein Teil der Beweisaufnahme bereits im Rahmen der Vorbereitung der Hauptverhandlung erfolgen und zwar in Form einer antizipierten Beweisaufnahme nach den §§ 223 - 225 StPO. Diese stellt eine Ausnahme des Unmittelbarkeitsgrundsatzes dar, die bezogen auf die formelle Unmittelbarkeit darin gesehen wird, daß ein Teil der Beweisaufnahme und damit der Hauptverhandlung vorweggenommen wird.[1347] Im Hinblick auf die materielle Unmittelbarkeit wird die Durchbrechung hingegen darin erblickt, daß die kommissarische Beweisaufnahme im Vorfeld der Hauptverhandlung Beweise sichern soll, damit diese später gem. § 251 StPO in der Hauptverhandlung verlesen werden können.[1348]

Die antizipierte Beweisaufnahme kann in Form einer kommissarischen Vernehmung oder einer Einnahme richterlichen Augenscheins erfolgen, wobei erstere in der Praxis weitaus häufiger zur Anwendung gelangt. Eine kommissarische Vernehmung kommt in Betracht, wenn dem Erscheinen eines Zeugen oder Sachverständigen in der Hauptverhandlung für eine längere oder ungewisse Zeit Krankheit oder Gebrechlichkeit oder andere nicht zu beseitigende Hindernisse entgegenstehen (§ 223 I StPO) oder ihnen das Erscheinen wegen großer Entfernung nicht zugemutet werden kann (§ 223 II StPO). Sinn und Zweck dieser Verfahrensweise ist es, eine Niederschrift über die Vernehmung des Zeugen oder Sachverständigen zu erlangen, welche in der späteren Hauptverhandlung nach § 251 I Nr. 2 und 3 StPO verlesen werden kann.

Eine kommissarische Vernehmung wird entweder von Amts wegen oder auf Antrag angeordnet, wobei neben der Staatsanwaltschaft, dem Angeklagten, sowie den anderen Verfahrensbeteiligten auch die zur Hauptverhandlung geladenen

---

[1346] So auch Dallinger, Anm. zu BGH Urt. v. 01.12.1965, S. 428; Strate, Kompetenzordnung im Hauptverfahren, S. 339.

[1347] So Rüping, Strafverfahren, Rn. 371; Strate, Kompetenzordnung im Hauptverfahren, S. 339; Schäfer, Praxis des Strafverfahrens, Rn. 552; Kleinknecht/Meyer-Goßner, StPO-Kommentar, § 223 Rn. 1. In diesem Sinne auch BGHSt 9, 24, 27.

[1348] So Ranft, Strafprozeßrecht, Rn. 1404 f, 1657; Gollwitzer in LR-StPO (25), § 223 Rn. 1; Paulus in KMR-StPO, § 223 Rn. 2.

Zeugen und Sachverständigen antragsberechtigt sind.[1349] Die Durchführung erfolgt durch einen beauftragten oder ersuchten Richter[1350] in nichtöffentlicher Sitzung.[1351]

Grundsätzlich sind die Staatsanwaltschaft, der Angeklagte und sein Verteidiger von den Terminen zum Zwecke der Vernehmung vorher zu benachrichtigen, es sei denn, der Untersuchungserfolg würde dadurch gefährdet (§ 224 I S. 1 und 2 StPO). Gleichwohl müssen sie bei der Vernehmung nicht anwesend sein. Das Vernehmungsprotokoll wird der Staatsanwaltschaft und dem Verteidiger nach § 224 I S. 3 StPO vorgelegt und zwar unabhängig davon, ob diese bereits bei der Vernehmung anwesend waren.[1352]

Eine antizipierte Beweisaufnahme kann ferner auch durch die Einnahme eines richterlichen Augenscheines nach § 225 StPO erfolgen. Von dieser Möglichkeit wird heutzutage aber kaum noch Gebrauch gemacht, da die Beweise bei drohendem Beweisverlust durch Untergang oder Änderung des Augenscheinobjektes heute zumeist durch technische Mittel wie etwa Fotografie, Videofilme oder Tonbandaufnahmen gesichert werden können. Für diese Form der antizipierten Beweisaufnahme gilt jedoch ebenfalls die Benachrichtigungspflicht des § 224 I S. 1, 2 StPO sowie die Vorlagepflicht des § 224 I S. 3 StPO.

2. Rechtsvergleichende Untersuchung und Analyse

Die rechtsvergleichende Betrachtung zeigt, daß sich bereits im Vorfeld der Hauptverhandlung deutliche Unterschiede zwischen dem deutschen und dem englischen Strafverfahren abzeichnen, die sich im Rahmen der Hauptverhandlung fortsetzen werden und letztlich auf den adversatorischen respektive inquisitorischen Grundcharakter des englischen respektive deutschen Verfahrensmodells zurückzuführen sind.

1349 Vgl. Paulus in KMR-StPO, § 223 Rn. 17; Kleinknecht/Meyer-Goßner, StPO-Kommentar, § 223 Rn. 11.

1350 Ersterer ist ein mit der Vernehmung betrauter Richter des erkennenden Gerichts (vgl. § 361 ZPO), während letzterer ein im Wege der Rechtshilfe nach § 157 GVG angegangener Richter eines anderen Gerichts ist (vgl. § 362 ZPO).

1351 Zwar sollen auch mehrere oder sogar alle Berufsrichter des erkennenden Spruchkörpers beauftragt werden dürfen, vgl. Gollwitzer in LR-StPO (25), § 223 Rn. 28 m.w.N.; Paulus in KMR-StPO, § 223 Rn. 23. Unzulässig ist jedoch eine Vernehmung durch das Gericht in der vollen Besetzung der Hauptverhandlung, d.h. einschließlich der Schöffen, da die Bezeichnung als kommissarische Vernehmung nicht zur Umgehung der Anwesenheitsrechte der Verfahrensbeteiligten führen darf. Vgl. dazu BGHSt 31, 236 (LS); Eisenberg, Beweisrecht, Rn. 83; Tolksdorf in KK-StPO, § 223 Rn. 17; Schlüchter in SK-StPO, § 223 Rn. 37 a.E.

1352 BGHSt 25, 357 (LS); Kleinknecht/Meyer-Goßner, StPO-Kommentar, § 224 Rn. 11.

Kennzeichnend für die Vorbereitung der Hauptverhandlung in Deutschland ist zweifellos die dominante Position des Vorsitzenden bzw. des Einzelrichters, die bereits in diesem frühen Verfahrensstadium einsetzt und bis zum Ende der Hauptverhandlung fortdauern wird. Dabei darf nicht übersehen werden, daß in dieser vorbereitenden Phase des Hauptverfahrens seitens des Richters wesentliche Weichenstellungen für die Hauptverhandlung erfolgen können, etwa durch die Auswahl der Zeugen respektive die Ladung zusätzlicher, in der Anklageschrift nicht aufgeführter Zeugen, oder durch die Herbeischaffung zusätzlicher Beweisgegenstände nach § 221 StPO. Darüber hinaus kommt in der verfahrensrechtlichen Praxis auch der Auswahl und Bestellung von Sachverständigen eine große Bedeutung zu.[1353] Auf den ersten Blick handelt es sich bei diesen Anordnungen lediglich um Formalitäten. Bei näherer Betrachtung offenbaren sich jedoch inhaltliche Gestaltungsmöglichkeiten des Vorsitzenden, anhand derer er den Ablauf wie auch den Inhalt der Hauptverhandlung auf subtile Art und Weise beeinflussen kann.

Die Vorbereitung der englischen Hauptverhandlung hingegen liegt in erster Linie in den Händen der Parteien. Gleichwohl findet sich auch hier ein vorbereitendes Verfahrensstadium unter Beteiligung des Richters wieder in Form der *pre-trial hearings*.[1354] Diese finden als gerichtliche Anhörungstermine im Verfahren vor dem Crown Court wie auch vor dem Magistrates' Court in verschiedenen Variationen statt und dienen dazu, einen möglichst reibungslosen und zügigen Ablauf der Haupterhandlung zu gewährleisten, indem sich die Parteien sorgfältig hierauf vorbereiten und bereits im Vorfeld der Hauptverhandlung die strittigen und unstrittigen Punkte identifiziert werden.

In der Vergangenheit haben die *pre-trial hearings* allerdings nicht in dem Maße zur Verfahrensbeschleunigung beigetragen wie es angesichts des gerichtlichen Verfahrensaufwandes wünschenswert gewesen wäre. Aus diesem Grunde hat sich Lord Justice Auld im Rahmen des Criminal Courts Review (2001) unter anderem auch mit der richterlichen Vorbereitung der Hauptverhandlung befaßt

---

[1353] Siehe zutreffend Kühne, Strafprozeßrecht, Rn. 638 a.E. sowie Rn. 861 ff mit einer ausführlichen Darstellung der in der Praxis auftretenden Probleme im Zusammenhang mit der Auswahl und Bestellung eines Sachverständigen. Zwar obliegt die Bestellung eines Sachverständigen nach § 73 I S. 1 StPO grundsätzlich dem Gericht, doch gilt diese Regelung nach h.M. nur für das gerichtliche Verfahren, so daß im Ermittlungsverfahren die Staatsanwaltschaft nach § 161a I S. 2 StPO ihren Sachverständigen bestimmen kann, wovon sie in der Regel auch Gebrauch macht. Näher hierzu Kleinknecht/Meyer-Goßner, StPO-Kommentar, § 73 Rn. 1 m.w.N. Kritisch zur Interpretation des § 73 StPO durch die h.M. und den daraus resultierenden Folgen: Krauß, Richter und Sachverständiger, S. 324 f, 331 ff; Sarstedt, Auswahl und Leitung, S. 177 ff; Kühne, Strafprozeßrecht, § 862 m.w.N. Zwar kann das Gericht sodann im Hauptverfahren einen neuen Sachverständigen bestellen, doch unterläßt es dies in den meisten Fällen, allein aus Zeitgründen.

[1354] Siehe hierzu die obigen Ausführungen im Ersten Teil der Arbeit unter E. I.

und in diesem Bereich zahlreiche Änderungen vorgeschlagen.[1355] Danach sollen *pre-trial hearings* in Zukunft nur noch ausnahmsweise vor Gericht stattfinden und weitestgehend durch eine außergerichtliche Kooperation der Parteien unter Einhaltung standardisierter oder auch auf den konkreten Fall angepaßter Zeitlimits *(time-tables)* verdrängt werden.[1356] In den wenigen verbleibenden Fällen eines gerichtlichen *hearing* soll der Richter, anders als bisher, sodann eine autoritäre und interventionistische Rolle einnehmen, um die frühzeitige Identifizierung des Verfahrensgegenstandes sowie die ordentliche Vorbereitung des Falles seitens der Parteien zu gewährleisten. Dies soll er erforderlichenfalls auch wirksam forcieren können etwa durch die Anordnung angemessener Kostenerstattungen für Pflichtverteidiger oder auch Ermahnungen derselben sowie durch Kostenanordnungen *(cost orders)* zu Lasten beider Parteien, falls diese ohne triftigen Grund die Zeitlimits nicht einhalten oder sonstige richterliche Anweisungen nicht befolgen.[1357]

Die Auswahl und Bestellung von Sachverständigen erfolgt im englischen Strafverfahren indessen nicht durch den Richter, sondern durch die Parteien selbst, ein Umstand, der nahezu zwangsläufig zum widerstreitenden Kampf der Experten, dem sog. *battle of the experts* führt. Auch mit dieser Problematik hat sich der Criminal Courts Review (2001) beschäftigt, insbesondere unter Einbeziehung einzelner kontinentaleuropäischer Verfahrensmodelle, in denen die in der Sache zu hörenden Sachverständigen von Seiten des Gerichts bestellt werden.[1358] Doch hat sich ein solches Konzept für das englische Verfahren letztlich nicht durchsetzen können. Vielmehr soll die Bestellung von Sachverständigen auch weiterhin in der Hand der Parteien liegen. Der Problematik des Expertenwiderstreits soll dadurch begegnet werden, daß die Experten beider Parteien im Vorfeld der Hauptverhandlung die Streitpunkte des konkreten Falles identifizieren, hierüber diskutieren und schließlich eine gemeinsame Abhandlung entwerfen mit den Punkten, in denen sie übereinstimmen, und den Punkten, in denen sie unterschiedlicher Auffassung sind. Eine derartige Kooperation soll durch das Gericht dann gegebenenfalls auch forciert werden können.

[1355] Vgl. hierzu ausführlich Lord Justice Auld, Criminal Courts Review, Chapter 10, §§ 1 - 10, insbesondere § 7.

[1356] So ausdrücklich Lord Justice Auld, Criminal Courts Review, Chapter 2, Recommendations 210 und 217.

[1357] Zu den hierzu vorgesehenen richterlichen Befugnissen siehe Lord Justice Auld, Criminal Courts Review, Chapter 2, Recommendation 220.

[1358] Siehe ausführlich zum Sachverständigenbeweis und den diesbezüglichen Mißständen im englischen Strafverfahrensrecht, darunter insbesondere die Probleme im Hinblick auf die fachliche Kompetenz und die Objektivität der seitens der Parteien bestellten Sachverständigen: Lord Justice Auld, Criminal Courts Review, Chapter 10, §§ 129 - 151 sowie Chapter 2, Recommendations 269 - 272.

Der Hauptgrund für diesen Lösungsansatz dürfte in erster Linie darin liegen, daß die richterliche Benennung eines Sachverständigen anders als die im Vorfeld der Hauptverhandlung abgehaltenen *pre-trial hearings* das adversatorische Grundprinzip der Hauptverhandlung in seinem Kern betreffen würde. Während demnach eine Stärkung der richterlichen Stellung im Rahmen der Vorbereitung der Hauptverhandlung nicht nur als nützlich, sondern auch als noch systemkonform betrachtet wird, wird die Einräumung richterlicher Kompetenzen zur Benennung von Sachverständigen als zu starke inquisitorische Prägung angesehen, die den adversatorischen Grundzügen des englischen Strafprozesses widersprechen würde.

Abschließend läßt sich somit festhalten, daß die richterliche Position im Rahmen der Vorbereitung der englischen Hauptverhandlung – anders als die Stellung des deutschen Vorsitzenden – bislang nur sehr schwach ausgeprägt war, da bereits dieses frühe Verfahrensstadium durch die beiden Parteien dominiert wird und damit die gleichen Grundzüge wie die adversatorische Hauptverhandlung trägt. Erst die Offenlegung zahlreicher Mißstände im Vorfeld der Hauptverhandlung durch den Criminal Courts Review (2001), namentlich die oftmals unzureichende Vorbereitung des Falles sowie diverse Verschleierungstaktiken seitens der Parteien, haben den Blick für die Nützlichkeit und Notwendigkeit richterlicher Autorität in dieser Phase geschärft. Infolgedessen zeichnen sich durch den Bericht Lord Justice Aulds gewisse Tendenzen hin zu einer Stärkung der richterlichen Position im Vorfeld der Hauptverhandlung ab. Jedoch bezieht sich dieser Trend lediglich auf organisatorisch-vorbereitende Maßnahmen, mit anderen Worten auf Maßnahmen im Rahmen der *pre-trial hearings*, die einen zügigen Ablauf der Hauptverhandlung ermöglichen sollen, nicht aber auch auf die Bestellung von Sachverständigen. Zudem darf in diesem Zusammenhang die zugleich geforderte massive Zurückdrängung der gerichtlichen *hearings* zugunsten einer außergerichtlichen Kooperation der Parteien nicht außer Acht gelassen werden, wodurch die Forderung nach mehr richterlicher Autorität nicht nur deutlich relativiert wird, sondern auch in einem übergreifenden Gesamtkontext, der graduellen Reduzierung des richterlichen Verantwortungsbereiches im Vorfeld der Hauptverhandlung erscheint.

II. Hauptverhandlung

1. Der Richter in der deutschen Hauptverhandlung

a) Verfahrensablauf

Die reguläre Abfolge der Verfahrensvorgänge in der Hauptverhandlung bis zur Beweisaufnahme ist in § 243 StPO gesetzlich geregelt.[1359] Danach beginnt die Hauptverhandlung mit dem Aufruf der Sache und der Feststellung von Seiten des Vorsitzenden, ob der Angeklagte und der Verteidiger anwesend und die Beweismittel herbeigeschafft, insbesondere ob die geladenen Zeugen und Sachverständigen erschienen sind. Anschließend verlassen die Zeugen den Sitzungssaal und der Vorsitzende vernimmt den Angeklagten über seine persönlichen Verhältnisse. Daraufhin verliest die Staatsanwaltschaft – unter Berücksichtigung möglicher Änderungen nach § 207 II StPO – den Anklagesatz (§ 243 III StPO). Der Angeklagte wird sodann darauf hingewiesen, daß es ihm freisteht, sich zu der Anklage zu äußern oder nicht zur Sache auszusagen. Ist der Angeklagte zur Aussage bereit, so wird er nach Maßgabe des § 136 II StPO durch den Vorsitzenden zur Sache vernommen. Im Anschluß an die Vernehmung des Angeklagten erfolgt gem. § 244 I StPO die Beweisaufnahme. Nach dem Schluß der Beweisaufnahme folgen gem. § 258 StPO die Schlußvorträge, mit anderen Worten das Plädoyer der Staatsanwaltschaft und des Verteidigers sowie das letzte Wort des Angeklagten. Anschließend zieht sich das Gericht zur Beratung zurück. Die Hauptverhandlung schließt gem. § 260 I StPO mit der auf die Beratung folgenden Verkündung des Urteils.

b) Richterliche Kompetenzen

(1) Verhandlungsleitung, § 238 StPO

Nach § 238 I StPO obliegt die Leitung der Verhandlung, die Vernehmung des Angeklagten und die Aufnahme des Beweises allein dem Vorsitzenden.[1360] Ziel dieser gesetzlichen Regelung ist es, einen zügigen Ablauf der Hauptverhandlung zu gewährleisten, welcher zweifellos ausgeschlossen wäre, wenn das Gericht als mehrköpfiger Spruchkörper über jede Einzelheit der Verhandlungsführung entscheiden müßte.

[1359] Abweichungen von dieser Reihenfolge sind nur ausnahmsweise zulässig, wenn triftige Gründe hierfür vorliegen, der Aufbau der Hauptverhandlung als Ganzes gewahrt bleibt und die Prozeßbeteiligten dem nicht wiedersprechen. Vgl. näher BGH StV 1991, 148 m.w.N.; BGH NStZ 1986, 371 m.w.N.; BGH NStZ 1981, 111.

[1360] Vgl. Gollwitzer in LR-StPO (25), § 238 Rn. 15 ; Tolksdorf in KK-StPO, § 238 Rn. 1 jeweils mit Hinweis darauf, daß diese Zuständigkeit nicht delegierbar ist. Der Vorsitzende darf die Verfahrensleitung daher grundsätzlich weder ganz noch teilweise einem anderen Gerichtsmitglied überlassen. Rein verfahrenstechnische Vorgänge darf der Vorsitzende hingegen auf andere Verfahrensbeteiligte übertragen, so etwa die Verlesung einer Urkunde auf einen beisitzenden Richter.

(aa) Leitung der Verhandlung

Zur Verhandlungsleitung gehören alle Maßnahmen zur Durchführung der Hauptverhandlung, namentlich die Eröffnung, Durchführung, Unterbrechung und Schließung der Verhandlung, sowie die konkrete Bestimmung des Verfahrensablaufes, soweit dieser nicht durch § 243 StPO festgelegt ist, und die Verkündung des Urteils. Von den sachleitenden Anordnungen und Verfügungen des Vorsitzenden sind die Beschlüsse zu unterscheiden, die das Gericht als Kollegium im Laufe der Hauptverhandlung faßt, wobei Vorsitzender und Gericht im Falle der Zuständigkeit des Strafrichters identisch sind.

Nach § 238 II StPO kann grundsätzlich jede sachleitende Anordnung oder Verfügung des Vorsitzenden als unzulässig beanstandet werden mit der Folge eines anschließenden Gerichtsbeschlusses.[1361] Beanstandungsberechtigt sind alle Prozeßbeteiligten, die von der Anordnung betroffen sind[1362], darunter auch die beisitzenden Berufsrichter und Schöffen[1363]. Die früher vielfach übliche Differenzierung zwischen Maßnahmen der formellen Verhandlungsleitung, welche lediglich die äußere Gestaltung des Verfahrens betreffen und der Beanstandung nach § 238 II StPO nicht zugänglich sein sollten, und der Sachleitung im engeren Sinne[1364] wird heute zu Recht überwiegend abgelehnt.[1365] Grund hierfür sind die zahlreichen Abgrenzungsschwierigkeiten, die eine praktische Handhabung

---

1361 Dies gilt angesichts der erheblichen revisionsrechtlichen Bedeutung dieses Beanstandungsrechts auch für Verhandlungen vor dem Strafrichter (str., aber h.M.), vgl. Schellenberg, Hauptverhandlung, S. 43; Roxin, Strafverfahrensrecht, § 42 Rn. 15 f; OLG Düsseldorf, StV 1996, 252; Ebert, Beanstandungsrecht, S. 275 f; Kleinknecht/Meyer-Goßner, StPO-Kommentar, § 238 Rn. 18, 22 f.

1362 Anderer Ansicht jedoch Ebert, Beanstandungsrecht, S. 275 (auch ohne Beschwer jederzeit); Schellenberg, Hauptverhandlung, S. 43 f (zumindest Staatsanwaltschaft, Angeklagter, Verteidiger, Nebenkläger, Beisitzer und Schöffen ohne Beschwer); Paulus in KMR-StPO, § 238 Rn. 45 m.w.N.

1363 Vgl. Schellenberg, Hauptverhandlung, S. 43 mit überzeugender Begründung in Fn. 6; Roxin, Strafverfahrensrecht, § 42 Rn. 13; Fezer, Strafprozeßrecht, Fall 11 Rn. 48; Gollwitzer in LR-StPO (25), § 238 Rn. 29; Paulus in KMR-StPO, § 238 Rn. 45; Schlüchter in SK-StPO, § 238 Rn. 13. Anderer Ansicht aber Kleinknecht/Meyer-Goßner, StPO-Kommentar, § 238 Rn. 14 mit der Begründung, diese könnten eine gerichtliche Entscheidung ohne weiteres herbeiführen, indem sie eine Beratung verlangen. Ebenso Erker, Beanstandungsrecht, S. 54 ff; Ranft, Strafprozeßrecht, Rn. 1452.

1364 Siehe RGSt 42, 157, 158; BGH NJW 1957, 271; OLG Hamm, NJW 1972, 1246; Roesen, Stellung des Vorsitzenden, S. 977 ff.

1365 Vgl. Gollwitzer in LR-StPO, § 238 Rn. 19 ff; Krey, Strafverfahrensrecht II, Rn. 674; Hellmann, Strafprozeßrecht, § 2 Rn. 40; Volk, Strafprozeßrecht, § 19 Rn. 24; Beulke, Strafprozeßrecht, Rn. 373; Gössel, Strafverfahrensrecht, S. 169 ff; Fuhrmann, Bedeutung und Grenzen des § 238 II StPO, S. 69 ff; Schmid, Anrufung des Gerichts, S. 552, 558; Tolksdorf in KK-StPO, § 238 Rn. 6; Paulus in KMR-StPO, § 238 Rn. 4 ff. Ausführlich hierzu Erker, Beanstandungsrecht, S. 17 ff. Nach wie vor differenzierend im Ergebnis aber gleich Roxin, Strafverfahrensrecht, § 42 Rn. 13 f.

dieser Unterscheidung nahezu unmöglich machen. So kommen auch bei der formellen Verhandlungsleitung zahlreiche Maßnahmen in Betracht, welche den Angeklagten oder andere Prozeßbeteiligte beschweren können.[1366] Heute wird daher überwiegend eine begriffliche Gleichstellung von Verhandlungsleitung und Sachleitung angenommen, so daß letztlich alle Anordnungen des Vorsitzenden nach § 238 II StPO beanstandet werden können.[1367] Mit der Beanstandung kann allerdings nur die Unzulässigkeit einer sachleitenden Anordnung geltend gemacht werden, nicht jedoch auch deren Unzweckmäßigkeit oder Unangemessenheit.

(bb) Vernehmung des Angeklagten und Aufnahme des Beweises

Die Verhandlungsleitung des Vorsitzenden beinhaltet zudem die Vernehmung des Angeklagten und die Beweisaufnahme, die weiter unten näher ausgeleuchtet wird. Aus dem Wortlaut des § 244 I StPO sowie der systematischen Stellung dieser Vorschrift folgt zwar, daß die Vernehmung des Angeklagten formell nicht zur Beweisaufnahme gehört. Gleichwohl stellt der Angeklagte ein Beweismittel im weiteren Sinne dar, wenn er aussagt, in Augenschein genommen wird oder sonst ein Bild von dem Geschehensablauf abgibt.[1368]

Im Anschluß an die Vernehmung des Angeklagten wie auch der Zeugen durch den Vorsitzenden steht den beisitzenden Richtern und Schöffen, der Staatsanwaltschaft sowie dem Angeklagten und seinem Verteidiger nach § 240 StPO ein ausgedehntes Fragerecht zur Verfügung. Lediglich die gegenseitige Befragung von Mitangeklagten ist nach § 240 II S. 2 StPO untersagt. Der Vorsitzende leitet die Befragungen nach § 240 StPO, d.h. er bestimmt die Reihenfolge, in der die Verfahrensbeteiligten gehört werden, und erteilt ihnen das Wort oder entzieht es ihnen, falls sie es mißbrauchen (§§ 240, 241 StPO). Dabei ist üblich, daß zunächst den Beisitzern und Schöffen, dann der Staatsanwaltschaft, eventuell der Nebenklage und schließlich dem Angeklagten respektive dem Verteidiger die Gelegenheit zur Befragung gegeben wird. Jedoch ist der Vorsitzende in der Bestimmung der Reihenfolge frei und kann aus Zweckmäßigkeitserwägungen auch eine andere Abfolge wählen.[1369] Nach seinem Ermessen kann er auch Zwischen-

---

[1366] Zahlreiche Beispiele nennen unter anderem Roxin, Strafverfahrensrecht, § 42 Rn. 14; Volk, Strafprozeßrecht, § 19 Rn. 24 a.E.; Erker, Beanstandungsrecht S. 24 ff, 126 ff; Tolksdorf in KK-StPO, § 238 Rn. 8-10 (Einzelfälle aus der Rechtsprechung des BGH).

[1367] Siehe Schellenberg, Hauptverhandlung, S. 42 mit Fn. 3; Fezer, Strafprozeßrecht, Fall 11 Rn. 48; Kleinknecht/Meyer-Goßner, StPO-Kommentar, § 238 Rn. 12 m.w.N.

[1368] Vgl. Kleinknecht/Meyer-Goßner, StPO-Kommentar, § 244 Rn. 2 m.w.N.; Kühne, Strafprozeßrecht, Rn. 792 („materiell zur Beweisaufnahme zu rechnen"); BGHSt 28, 196, 198 („Einlassung des Angeklagten eine wichtige Quelle zur Erkenntnis des Sachverhaltes"); Dencker, Geständnis im Strafprozeßrecht, S. 54 ff; KG NJW 1979, 1668.

[1369] Vgl. ausdrücklich BGH, NJW 1969, 437f; Gollwitzer in LR-StPO (25), § 240 Rn. 11; Schellenberg, Hauptverhandlung, S. 45 mit Hinweis darauf, daß der Vorsitzende z.B. zunächst die Befragung durch den Sachverständigen oder durch den Verteidiger vorziehen

fragen gestatten, wenngleich er Fragen der anderen Prozeßbeteiligten gewöhnlich erst zulassen wird, nachdem er die Vernehmung der betreffenden Person abgeschlossen hat.

Darüber hinaus hat der Vorsitzende den Angeklagten gem. § 257 I StPO nach jeder einzelnen Beweiserhebung und Mitangeklagtenvernehmung zu fragen, ob er dazu etwas zu erklären habe. Ferner ist nach § 257 II StPO auch dem Staatsanwalt sowie dem Verteidiger nach jeder einzelnen Beweiserhebung von Seiten des Vorsitzenden die Gelegenheit zu Erklärungen zu geben. Diese Einzelerklärungen sollen den Verfahrensbeteiligten ermöglichen, im Verlauf der gesamten Beweisaufnahme auf den Überzeugungsbildungsprozeß des Gerichts Einfluß zu nehmen. Auf diese Weise darf das Schlußplädoyer jedoch nicht vorweggenommen werden. Schließlich entläßt der Vorsitzende die Zeugen und Sachverständigen nach § 248 StPO, so daß sie sich von der Gerichtsstelle entfernen dürfen.

(cc) Sitzungspolizeiliche Befugnisse, § 176 GVG

Zur Verhandlungsleitungsbefugnis des Vorsitzenden zählt ferner auch die Sitzungspolizei nach § 176 GVG.[1370] Von daher obliegt es dem Vorsitzenden und nicht etwa dem Sitzungsstaatsanwalt oder dem Inhaber des Hausrechts, die Ruhe und Ordnung in der Sitzung aufrecht zu erhalten und allen Störungen vorzubeugen, die eine ordnungsgemäße Durchführung der Hauptverhandlung gefährden könnten, und diese gegebenenfalls abzuwehren.[1371] Dabei entscheidet der Vorsitzende nach eigenem, pflichtgemäßem Ermessen, ob er gegen eine Störung überhaupt einschreiten will oder ob er es für zweckmäßiger hält, dagegen nichts zu unternehmen, etwa weil ein Einschreiten den Fortgang der Hauptverhandlung noch stärker beeinträchtigen würde als die Störung selbst oder weil die Störung im konkreten Fall der Wahrheitsfindung dienlich war.

(2) Beweisaufnahme

Die Beweisaufnahme stellt zweifellos die Nukleus der Hauptverhandlung, mit anderen Worten das Kernstück des Erkenntnisverfahrens dar. Sie ist in den §§ 244 bis 257 StPO gesetzlich geregelt und gekennzeichnet durch die Grundsätze der Unmittelbarkeit (§ 250 StPO), der Mündlichkeit (§ 261 StPO), der gerichtlichen Aufklärungspflicht (§ 244 II StPO), der freien richterlichen Beweis-

---

kann, wenn er sich davon Antworten verspricht, die weitere Fragen anderer Beteiligten erübrigen.

1370 Siehe Fuhrmann, Bedeutung und Grenzen des § 238 II StPO, S. 68; Rüping, Strafverfahren, Rn. 374; Roxin, Strafverfahrensrecht, § 42 Rn. 12; Tolksdorf in KK-StPO, § 238 Rn. 5. Ausführlich zur sitzungspolizeilichen Gewalt des Vorsitzenden: Fezer, Strafprozeßrecht, Fall 11 Rn. 43 ff; Pohl, Praxis des Strafrichters, S. 145 ff.

1371 Vgl. Gollwitzer in LR-StPO (25), § 238 Rn. 12; Schlüchter in SK-StPO, § 238 Rn. 3; Tolksdorf in KK-StPO, § 238 Rn. 5. Siehe hierzu auch Greiser, Gestörte HV, S. 23 ff mit praktischen Fallbeispielen ab S. 27.

würdigung (§ 261 StPO) und der Öffentlichkeit (§§ 169 ff GVG). Da das Gericht nach § 261 StPO seine Überzeugung über das Ergebnis der Beweisaufnahme ausschließlich aus dem Inbegriff der Hauptverhandlung zu schöpfen hat, verfolgt die Beweisaufnahme in der Hauptverhandlung den Zweck, den Beweis von Grund auf neu zu führen.[1372]

Der Vorsitzende nimmt im Rahmen der gesamten Beweisaufnahme eine starke und führende Position ein, die über die reine Verhandlungsleitung weit hinausgeht. So ordnet er Beweiserhebungen an und führt diese grundsätzlich auch selbst durch.[1373] Zudem bestimmt er die Reihenfolge, in der die einzelnen Beweismittel in die Hauptverhandlung eingeführt werden, was insbesondere im Hinblick auf die Plazierung von Be- und Entlastungszeugen bedeutsam ist.[1374] Bei Urkundenbeweisen entscheidet der Vorsitzende ferner, ob diese durch Verlesung (§ 249 I StPO) oder durch Selbstlesung des Gerichts (§ 249 II StPO) in die Hauptverhandlung eingeführt werden, wobei erstere Alternative die Regel ist. Am Ende der Beweisaufnahme obliegt es schließlich dem Gericht, die vorgebrachten Beweise umfassend und erschöpfend zu würdigen.

Im Folgenden werden die richterliche Beweiserhebung und die richterliche Beweiswürdigung als maßgebliche richterliche Kompetenzen im Rahmen der Beweisaufnahme näher beleuchtet.

(aa) Richterliche Beweiserhebung

(aaa) Untersuchungsgrundsatz, § 244 II StPO

Die richterliche Beweiserhebung in der Hauptverhandlung ist in erster Linie durch den Untersuchungsgrundsatz gekennzeichnet, welcher dem Richter eine Pflicht zur Erforschung der Wahrheit, mit anderen Worten eine Pflicht zur Sachaufklärung von Amts wegen auferlegt, und dem deutschen Strafverfahren somit seinen spezifischen, inquisitorischen Charakter verleiht. Der Untersuchungsgrundsatz wird allgemein auch als Amtsermittlungsgrundsatz, Instruktions- oder Inquisitionsmaxime bezeichnet und ist in § 244 II StPO für die Hauptverhandlung sowie in § 155 II StPO als konstitutives Element des gesamten Strafverfahrensmodells niedergelegt. Danach hat das Gericht die Beweisaufnahme zur Erforschung der Wahrheit von Amts wegen auf alle Tatsachen und Beweismittel zu erstrecken, die für die Entscheidung von Bedeutung sind (§ 244 II StPO).

1372 Vgl. hierzu auch Kühne, Strafprozeßrecht, Rn. 751, der das Ziel der Beweisaufnahme mit einem dreifachen Zweck "Produktion, Restriktion und Interpretation" beschreibt.

1373 Ausnahmen hierzu bilden jedoch die Möglichkeit des Kreuzverhörs nach § 239 StPO sowie die Möglichkeit des Vorsitzenden, die Verlesung von Urkunden einem beisitzenden Richter (auch einem Schöffen oder Ergänzungsrichter) zu überlassen oder den Urkundsbeamten damit zu beauftragen.

1374 Siehe Haller/Conzen, Das Strafverfahren, Rn. 173. Zur Plazierung der Be- und Entlastungszeugen insbesondere Eisenberg, Beweisrecht, Rn. 1325; Rogall in SK-StPO, Vor § 48 Rn. 158 f m.w.N.; Hammerstein, Reihenfolge der Beweiserhebung, S. 323 ff, 326.

Die anderen Verfahrensbeteiligten (Staatsanwaltschaft, Angeklagter, Verteidiger, Nebenkläger) können durch Beweisanträge auf den Umfang der Beweisaufnahme zwar Einfluß nehmen, doch tragen sie indes letztlich keine Verantwortung für die Richtigkeit und Vollständigkeit der Beweisaufnahme. Aus diesem Grunde darf sich das Gericht nicht auf die Beweismittel beschränken, welche die Staatsanwaltschaft im Ermittlungsverfahren gem. § 160 II StPO zusammengetragen hat oder welche die Verfahrensbeteiligten in die Hauptverhandlung einführen werden. Das Gericht erforscht den Sachverhalt vielmehr von Amts wegen mit der Folge, daß es auch gegen den Willen des Angeklagten ihm Günstiges ermittelt und weder Beweisanträge der Prozeßbeteiligten abwartet noch an diese gebunden ist.[1375]

Dem Gericht obliegt mithin die Pflicht zur vollständigen Wahrheitsermittlung, ein charakteristisches Kennzeichen des Strafverfahrens, welches dieses von den anderen Verfahrensarten deutlich abgrenzt. So wird das Strafverfahren – im Gegensatz zum Zivilprozeß[1376] und dem verwaltungsgerichtlichen Verfahren[1377] – vollständig von Amts wegen betrieben (§§ 152 II, 160 I, 163 I StPO, Offizialprinzip) und zielt auf die Erforschung einer der Disposition der Beteiligten entzogenen, materiellen Wahrheit ab. Letzteres erweist sich jedoch als nicht unproblematische Zielsetzung, auf die im Rahmen der rechtsvergleichenden Untersuchung und Analyse später noch zurückzukommen sein wird.

(bbb) Umfang der richterlichen Aufklärungspflicht

Maßgeblich für den Umfang der richterlichen Aufklärungspflicht ist, inwieweit bekannte oder erkennbare Umstände – wie sie etwa aus den Akten, aus Anträgen oder Anregungen oder sonst aus dem Verfahrensablauf hervorgehen können – zu weiteren Nachforschungen oder der Heranziehung weiterer Beweismittel drängen oder dies jedenfalls nahelegen.[1378] Zur Beantwortung der Frage, wann

---

1375 Vgl. Roxin, Strafverfahrensrecht, § 43 Rn. 2; Rüping, Strafverfahren, Rn. 457; Fezer, Strafprozeßrecht, Fall 12 Rn. 44.

1376 Im Zivilprozeß verhandeln die Parteien über den streitigen Anspruch (Verhandlungsmaxime) und binden das Gericht, indem unstreitige und zugestandene Tatsachen als wahr gelten (§ 138 III ZPO, Prinzip der formellen Wahrheit). Ferner bestimmen sie durch Klagerücknahme, Verzicht und Anerkenntnis den Verfahrensgegenstand (§§ 269, 306, 307 ZPO, Dispositionsmaxime).

1377 Im verwaltungsgerichtlichen Verfahren erforscht das Gericht den Sachverhalt aufgrund der Gesetzmäßigkeit der Verwaltung zwar von Amts wegen (§ 86 I S. 1 VwGO, Untersuchungsgrundsatz), jedoch liegen die Erhebung der Klage sowie ihre Erledigung durch Rücknahme und Vergleich bei den Beteiligten (§§ 81, 92, 106 VwGO).

1378 Vgl. BGH StV 1981, 164, 165; BGHSt 30, 131, 143; 23, 176, 188; 13, 326 (LS); 3, 169, 173; BGH NStZ 1985, 324, 325. Siehe auch Eisenberg, Beweisrecht, Rn. 11; Haller/Conzen, Das Strafverfahren, Rn. 266; Alsberg/Nüse/Meyer, Beweisantrag, S. 20 f; Kleinknecht/Meyer-Goßner, StPO-Kommentar, § 244 Rn. 12; Gollwitzer in LR-StPO (25),

derartige Anhaltspunkte vorliegen, lassen sich jedoch keine allgemeinen Richtlinien aufstellen. Entscheidend ist vielmehr allein die konkrete Beweissituation, die unter Anwendung allgemeiner kriminalistischer Erfahrungsregeln beurteilt werden muß. Im Rahmen dieser Beurteilung ist das Gericht gehalten, alle den konkreten Umständen des Falles nach naheliegenden Möglichkeiten in den Abwägungsvorgang mit einzubeziehen.

Nach der Rechtsprechung des Bundesgerichtshofes muß grundsätzlich von jedem bekannten oder erkennbaren Beweismittel Gebrauch gemacht werden, wenn auch nur die entfernte Möglichkeit einer Änderung der bisher begründeten Vorstellung von dem zu beurteilenden Sachverhalt besteht.[1379] Dabei hat das Gericht aber nicht nur Beweise zu erheben, die ihm eine Überzeugung von der Schuld des Angeklagten verschaffen, sondern auch diejenigen Beweise, die seine Überzeugung möglicherweise erschüttern könnten. In seiner neueren Rechtsprechung weist der Gerichtshof jedoch darauf hin, daß das Gericht nicht zu einer ausufernden Aufklärung verpflichtet ist.[1380] Insofern müsse nicht jede theoretisch denkbare, rein abstrakte Möglichkeit mit einbezogen werden, welche gedanklich nicht völlig ausgeschlossen werden könne. Vielmehr sei auf der Grundlage einer verständigen Würdigung und Beweisprognose zu entscheiden, ob sich bei sorgfältiger Abwägung der bisherigen Sach- und Beweislage vernünftige Zweifel an dem bislang festgestellten Sachverhalt ergeben.[1381] Dabei sei der Anlaß, weitere Beweismöglichkeiten zu nutzen umso größer, je weniger gesichert ein Beweisergebnis erscheine.[1382] Ferner müsse die Bedeutung der Beweiserhebung für die Wahrheitsfindung mit dem Interesse an einer reibungslosen und beschleunigten Durchführung des Verfahrens (Beschleunigungsgebot) abgewogen werden.[1383]

---

§ 244 Rn. 46a. Zur Rechtsprechung des BGH insbesondere Fezer, Amtsaufklärung und Beweisantrag, S. 854 ff.

1379 Siehe BGH NStZ 1991 399; NStZ 1990, 384; NStZ 1985, 324, 325; StV 1989, 518, 519; NStZ 1983, 210 (bei Pfeiffer/Miebach); StV 1981, 164 f; BGHSt 30, 131, 143. Vgl. auch die Ausführungen des BGH im sog. Bartsch-Fall (BGHSt 23, 176, 188), der jedoch zweifellos einen besonderen Grenzfall darstellt: *„In Grenzfällen wird der Richter daher eher ein Zuviel als ein Zuwenig tun müssen.“*.

1380 BGH NStZ 1998, 51; BGH NStZ 1994, 247, 248 mit Anm. Wohlers, JR 1994, 288; mit Anm. Widmaier, NStZ 1994, 248 ff (nur in den dort aufgeführten Grenzfällen); Eisenberg, Beweisrecht, Rn. 11 m.w.N. Ausführlich zur gerichtlichen Aufklärungspflicht aus Sicht der Rechtsprechung des BGH: Maul, Gerichtliche Aufklärungspflicht, S. 49 ff.

1381 Vgl. Schlüchter in SK-StPO, § 244 Rn. 37; Gollwitzer in LR-StPO (25), § 244 Rn. 46a; Kleinknecht/Meyer-Goßner, StPO-Kommentar, § 244 Rn. 12. Kritisch gegenüber dieser Formulierung: Herdegen in KK-StPO, § 244 Rn. 21, wonach der Tatrichter von einer Beweiserhebung absehen können soll, wenn er für seine Prognose *„Gründe hat, die in hohem Maße plausibel sind“*.

1382 Vgl. BGH NStZ-RR 1996, 299; BGH StV 1996, 249.

1383 BGH NStZ 1994, 247, 248.

(ccc) Grenzen der richterlichen Aufklärungspflicht

Grundsätzlich erhebt das Gericht Beweis über alle entscheidungserheblichen Tatsachen, die unmittelbar (Haupttatsachen) oder auch nur mittelbar (Indiztatsachen) für die Entscheidung von Bedeutung sein können.[1384] Dem Umfang der richterlichen Aufklärungspflicht sind aber auch Grenzen gesetzt.

Einschränkungen ergeben sich zum einen für Tatsachen, die – obwohl erheblich – nicht beweisbedürftig sind, weil sie bereits erwiesen oder offenkundig sind, wobei im Rahmen der offenkundigen Tatsachen zwischen allgemeinkundigen und gerichtskundigen Tatsachen zu differenzieren ist.[1385] Des weiteren folgt aus der rechtsstaatlichen Konzeption des Strafverfahrens, daß die Wahrheit nicht um jeden Preis erforscht werden soll, sondern nur auf justizmäßigem Wege und unter Beachtung der verfassungsrechtlich geschützten Bereiche des Angeklagten und der Zeugen.[1386] Ferner ist eine sog. überschießende Aufklärung in inhaltlicher und zeitlicher Hinsicht unzulässig, da sie den Sinn und Zweck des Strafverfahrens überschreitet.[1387]

(ddd) Aufklärungspflicht und Beweisantragsrecht

Angesichts der umfassenden Aufklärungspflicht des Gerichts stellt sich die Frage nach dem Verhältnis zwischen gerichtlicher Sachaufklärung und dem Beweisantragsrecht von Staatsanwaltschaft, Verteidiger und Angeklagtem. Es besteht keine vollständige Übereinstimmung zwischen Sachaufklärung und Beweisantragsrecht[1388], wenngleich in der Regel Beweiserhebungen, die in Form

---

1384 Vgl. Pfeiffer, StPO-Kommentar, § 244 Rn. 2; Kleinknecht/Meyer-Goßner, StPO-Kommentar, § 244 Rn. 3.

1385 Zur Allgemeinkundigkeit und deren Quellen vgl. BVerfGE 10, 177, 183; BGHSt 6, 292, 293. Siehe auch BHG NStZ 1994, 140 (Massenmord an den Juden in den Konzentrationslagern während des 2. Weltkrieges); Keller, Beweisbedürftigkeit, S. 381; Kühne, Strafprozeßrecht, Rn. 772, der vor Druckfehlern auch in seriösen Quellen warnt; Kleinknecht/Meyer-Goßner, StPO-Kommentar, § 244 Rn. 51; Alsberg/Nüse/Meyer, Beweisantrag, S. 545.

1386 Grundlegend hierzu BGHSt 14, 358, 365; 19, 325, 329.

1387 Im Hinblick auf Tatsachen, welche für die Schuld- und Tatfrage von Bedeutung sind, zieht der prozessuale Tatbegriff die Grenze des Aufklärungsumfangs. Darüber hinausgehende Tatsachen mögen zwar durchaus interessant sein, doch sind sie für das konkrete Strafverfahren nicht von Relevanz. Treffend hierzu Volk, Strafprozeßrecht, § 24 Rn. 2: *„Der Strafprozeß ist kein historisch-kritisches Forum der Zeitgeschichte."*. Ferner endet die Aufklärungspflicht in zeitlicher Hinsicht bei feststehender Entscheidungsreife des Gerichts. Siehe hierzu auch Eisenberg, Beweisrecht, Rn. 14; Kleinknecht/Meyer-Goßner, StPO-Kommentar, § 244 Rn. 13; Schlüchter in SK-StPO, § 244 Rn. 40; Paulus in KMR-StPO, § 244 Rn. 115 ff.

1388 Dies ist jedoch umstritten. Ebenso wie hier: Schulz, Erosion des Beweisantragsrechts, S. 354 ff; ders. Historische Skizze, S. 105; Wessels, Aufklärungsrüge, 3 ff. Ausführlich zum Unterschied zwischen Sachaufklärungspflicht und Beweisantragsecht Alsberg/Nüse/

eines Beweisantrages erzwungen werden können, auch durch die gerichtliche Aufklärungspflicht geboten sind. Dennoch gibt es Fälle, in denen das Gericht über die nach § 244 II StPO gebotene Aufklärung hinaus Beweise erheben muß, da ein Ablehnungsgrund nach § 244 III oder IV StPO nicht eingreift.[1389] Auf der anderen Seite kann eine Beweiserhebung nach § 244 II StPO erforderlich sein, obwohl ein entsprechender Beweisantrag entweder gar nicht gestellt wurde oder formal rechtsfehlerfrei abgelehnt werden könnte.[1390]

Der Bundesgerichtshof sieht die Bedeutung des Beweisantragsrechts darin, „das Gericht zu nötigen, über das von ihm zur Aufklärung des Sachverhaltes für erforderlich Gehaltene hinauszugehen“[1391]. Den Verfahrensbeteiligten würden auf diese Weise „Chancen aktiver Einflußnahme auf das Beweisergebnis jenseits der gerichtlichen Aufklärungspflicht“[1392] eingeräumt. Diese abstrakten Formulierungen sind vor dem Hintergrund der revisionsgerichtlichen Rechtsprechung des BGH insofern verallgemeinerungsfähig, als daß das Beweisantragsrecht als eigenständiges Prozeßinstitut neben dem Amtsaufklärungsgrundsatz begriffen wird, welches den Verfahrensbeteiligten das Recht gibt, auch solche Beweiserhebungen durchzusetzen, die das Gericht von Amts wegen für die Wahrheitsfindung gerade nicht für geboten hält.[1393] Das Beweisantragsrecht erweist sich damit gewissermaßen als "parteiprozessuales Korrektiv“[1394] des stark inquisitorisch ausgerichteten deutschen Strafverfahrens.

(bb) Richterliche Beweiswürdigung

(aaa) Grundsatz der freien Beweiswürdigung, § 261 StPO

Der Grundsatz der freien richterlichen Beweiswürdigung hat im 19. Jahrhundert das System der strengen Beweisregeln abgelöst. Noch das ältere deutsche Recht und der gemeine deutsche Strafprozeß sahen Beweisregeln vor, die den Richter anwiesen, eine Tatsache unter bestimmten Voraussetzungen als wahr anzusehen (formales Beweisrecht). So galt etwa ein Geständnis des Angeklagten oder die Aussage zweier einwandfreier Zeugen als voller Beweis, während durch die

---

Meyer, Beweisantrag, S. 26 ff und Gollwitzer in LR-StPO (25), § 244 Rn. 59 jeweils mit zahlreichen weiteren Nachweisen.

1389 Vgl. hierzu Roxin, Strafverfahrensrecht, § 43 Rn. 4; Gollwitzer in LR-StPO (25), § 244 Rn. 59; Alsberg/Nüse/Meyer, Beweisantrag, S. 29 ff mit Beispielen und Nachweisen; Frister, Beweisantragsrecht und Aufklärungspflicht, S. 340 ff.

1390 Siehe etwa BGHSt 23, 176, 187 f;10, 116, 118; Paulus in KMR-StPO, § 244 Rn. 234 m.w.N.; Alsberg/Nüse/Meyer, Beweisantrag, S. 32 f. Anderer Ansicht Fezer, Strafprozeßrecht, Fall 12 Rn. 99 a.E. mit weiteren Nachweisen.

1391 BGH NStZ 1989, 334, 335.

1392 BGH NStZ 1997, 503, 504.

1393 Ebenso Fezer, Amtsaufklärung und Beweisantrag, S. 861.

1394 So Schulz, Erosion des Beweisantragsrechts, S. 362. Ähnlich auch Kühne, Strafprozeßrecht, Rn. 761.

Aussage nur eines Zeugen lediglich ein halber Beweis erbracht werden konnte, welcher zur peinlichen Befragung, mit anderen Worten zur Anwendung von Folter berechtigte.[1395] Auf diese Art und Weise sollte möglicher richterlicher Willkür entgegengetreten werden. Die französische Revolution öffnete jedoch die Türen des Gerichts und setzte Laien auf die Richterbank. Letztere konnten nicht an rechtliche, festgelegte Beweiskriterien gebunden waren, so daß sich die innere Überzeugung *(intime conviction)* geschöpft aus dem Inbegriff der Hauptverhandlung zum Kriterium der Wahrheit entwickelte.[1396]

Das heutige Strafprozeßrecht kennt grundsätzlich keine gesetzlichen Vorschriften mehr darüber, unter welchen Voraussetzungen der Richter eine Tatsache als erwiesen respektive nicht erwiesen anzusehen hat.[1397] Eine Ausnahme hierzu bilden lediglich § 274 StPO (formelle Beweiskraft des Sitzungsprotokolls) und § 190 StGB (Wahrunterstellung einer beleidigenden Behauptung im Falle rechtskräftiger Verurteilung) als die beiden einzigen förmlichen Beweisregeln des Strafverfahrensrechts.

Der Grundsatz der freien Beweiswürdigung besagt, daß das Gericht aufgrund eigener persönlicher Überzeugung und unabhängig von festen Beweisregeln zu entscheiden hat. Insofern kann der Tatrichter weder daran gehindert werden, an sich mögliche, wenn auch nicht zwingende Folgerungen aus bestimmten Tatsachen zu ziehen, noch kann ihm vorgeschrieben werden, unter welchen Voraussetzungen er zu einer bestimmten Schlußfolgerung und einer bestimmten Überzeugung gelangen muß.[1398] Nach § 261 StPO entscheidet das Gericht über das Ergebnis der Beweisaufnahme nach seiner freien, aus dem Inbegriff der Hauptverhandlung geschöpften Überzeugung. Dies bedeutet auf der einen Seite, daß das Gericht bei seiner Entscheidungsfindung ausschließlich Beweisvorgänge aus der Hauptverhandlung verwerten darf. Auf der anderen Seite ist es hierdurch aber auch verpflichtet, alle ordnungsgemäß in die Hauptverhandlung eingeführten Beweistatsachen zu berücksichtigen.

Unter der richterlichen Überzeugung im Sinne des § 261 ist die persönliche subjektive Gewißheit des Richters von der objektiven Wahrheit der entscheidungserheblichen Tatsachen zu verstehen. Die Rechtsprechung sieht in der richterlichen Überzeugung eine persönliche Gewißheit und grenzt sie damit von den

---

[1395] Vgl. Roxin, Strafverfahrensrecht, § 15 Rn. 12; Volk, Strafprozeßrecht, § 18 Rn. 16; Jerouschek, Freie Beweiswürdigung, S. 498.

[1396] Zur historischen Entwicklung der freien Beweiswürdigung siehe Jerouschek, Freie Beweiswürdigung, S. 497 ff; Küper, Historische Bemerkungen, S. 23 ff; Volk, Napoleon und Strafrecht, S. 281 ff; Schmidt, Freie richterliche Beweiswürdigung, S. 5 ff; Kühne, Strafprozessuale Beweisverbote, S. 15 - 19; Roxin, Strafverfahrensrecht, § 15 Rn. 12.

[1397] BGH, JR 1980, 168 mit Anm. Peters, BGH, NJW 1982, 2882 f.

[1398] BGHSt 29, 18, 20; 10, 208, 210. Anschaulich ferner Volk, Strafprozeßrecht, § 18 Rn. 16.

objektivierbaren Wahrscheinlichkeitsurteilen der Naturwissenschaft ab.[1399] Auch kann die richterliche Überzeugung nicht durch die objektive Feststellung einer an Sicherheit grenzenden Wahrscheinlichkeit ersetzt werden, mit anderen Worten bedarf auch die an Sicherheit grenzende Wahrscheinlichkeit zusätzlich der inneren Gewißheit des Richters von der Wahrheit des Geschehens, um die Entscheidung tragen zu können.[1400] Dabei stellt die gerichtliche Wahrheit die nach den Bestimmungen des Prozeßrechts mögliche Gewißheit dar, ein Mehr als die bloße Überzeugung von der Wahrscheinlichkeit, andererseits nur ein Maß von Sicherheit, das vernünftige Zweifel ausschließt.

An der für eine Verurteilung erforderlichen Überzeugung fehlt es jedoch, wenn bzw. solange der Richter Zweifel an der Täterschaft oder Schuld des Angeklagten hegt. Jedoch sind rein abstrakte, theoretische Zweifel, welche sich im Hinblick auf die allgemeine Unzulänglichkeit des menschlichen Erkenntnisvermögens ergeben können, nicht von Belang. Zu berücksichtigen sind vielmehr lediglich auf konkreten Umständen beruhende vernünftige Zweifel. Einer objektiven oder absoluten oder gar mathematischen Gewißheit, die jede Möglichkeit eines abweichenden Geschehens ausschließt, bedarf es demzufolge nicht.[1401] Ferner ist die richterliche Überzeugung eine höchstpersönliche und damit nicht austauschbar. Insofern ist es unerheblich, ob ein anderer Richter an Stelle des entscheidenden Richters noch oder nicht mehr gezweifelt hätte.[1402]

Um der Gefahr einer willkürlichen richterlichen Entscheidung vorzubeugen, muß die Überzeugung des Richters objektiv auf einer tragfähigen tatsächlichen Grundlage beruhen und auf eine logische, nachvollziehbare Beweiswürdigung zurückzuführen sein, welche einer rationalen Argumentation standhält. Die subjektive richterliche Überzeugung benötigt demnach ein objektives Fundament. Daher muß mit der subjektiven Überzeugung des Richters eine mindestens hohe objektive Wahrscheinlichkeit der Sachverhaltsannahmen des Tatgerichts einhergehen.[1403] Läßt das objektive Ergebnis der Beweisaufnahme einen rational einleuchtenden Schluß auf die Täterschaft des Angeklagten nicht zu, so kann auch die subjektive Gewißheit des Richters nicht ausreichen.[1404] Bloße Vermutungen

---

1399 Ausführlich hierzu Höcherl, Richterliche Überzeugung, S. 17 ff; Schmidt, Freie richterliche Beweiswürdigung, S. 79 ff. Grundlegend und ausführlich zur Struktur des richterlichen Überzeugungsbildungsvorganges Fezer, Tatrichterlicher Erkenntnisprozeß, S. 97 ff.

1400 Siehe auch Roxin, Strafverfahrensrecht, § 15 Rn. 13; Hellmann, Strafprozeßrecht, § 4 Rn. 7; Freund, Tatfrage als Rechtsfrage, S. 411 f; Gollwitzer in LR-StPO (25), § 261 Rn. 9. Vgl. insbesondere BGHSt 10, 208, 210; Peters, Anm. zu BGH v. 07.06.1979, S. 169; BGH NStZ 1984, 180.

1401 BGH NStZ-RR 1998, 275; BGH NStZ 1988, 236, 237 mit zahlreichen Nachweisen.

1402 Vgl. hierzu BGH GA 1954, S. 152 f.

1403 Instruktiv dazu BGH StV 1995, 453 (1. LS).

1404 BGH NStZ 1988, 236, 237. Vor diesem Hintergrund wird die richterliche Beweiswürdigung nach § 261 StPO auch als „prognostischer Kompromiß" bezeichnet, vgl. Eisenberg,

tragen eine Verurteilung ebensowenig wie richterliche Intuition, da sie letztlich nicht mehr als einen Verdacht zu begründen vermögen.[1405] Vor diesem Hintergrund zeigt sich deutlich die kontrollierende Funktion der objektiven Komponente der freien Überzeugungsbildung im Hinblick auf eine möglicherweise voreingenommene oder zu frühzeitige subjektive Überzeugungsbildung des Tatrichters.

Die Objektivierung der freien Beweiswürdigung ist zudem deshalb von Bedeutung, da durch das Abstellen auf eine rein subjektive Überzeugungsbildung des Richters letztlich der Grundsatz in dubio pro reo unterlaufen würde, denn dieser Grundsatz greift stets erst bei verbleibenden Zweifeln am Ende der Beweisaufnahme ein und könnte seine Schutzwirkung mithin nicht entfalten, wenn der Richter auch bei geringer Wahrscheinlichkeit in nicht nachprüfbarer Weise überzeugt sein dürfte.[1406]

Nach § 261 StPO ist das Gericht ferner zu einer umfassenden Beweiswürdigung verpflichtet[1407], deren Grundlage neben allen in der Hauptverhandlung erhobenen Beweisen (sofern diesen kein Verwertungsverbot entgegensteht) auch der in der Hauptverhandlung gewonnene Gesamteindruck darstellt. So ist nicht nur das Ergebnis der förmlichen Beweisaufnahme zu bewerten, sondern z.B. auch Äußerungen der Verfahrensbeteiligten, ihr äußeres Erscheinungsbild oder beobachtete Reaktionen und Verhaltensweisen.[1408]

(bbb) Grenzen der freien Beweiswürdigung

Dem Grundsatz der umfassenden und freien Beweiswürdigung sind zum einen rechtliche Schranken gesetzt in Form der anerkannten Beweisverbote und Beweisverwertungsverbote, die zum Ausdruck bringen, daß die Wahrheitsermittlung im Strafverfahren nicht um jeden Preis erfolgt.[1409] Zum anderen ergeben sich Einschränkungen aus den bereits erwähnten Beweisregeln des § 274 StPO und des § 190 StGB.

Beweisrecht, Rn. 88 mit zahlreichen weiteren Nachweisen. Siehe auch Freund, Tatfrage als Rechtsfrage, S. 415 f m.w.N.; Hellmann, Strafprozeßrecht, § 4 Rn. 9, der von einer *„Verknüpfung von objektivierbarer Tatsachengrundlage und subjektiver Überzeugungsbildung"* spricht.

1405 Siehe dazu BGH StV 1997, 120; BGH NStZ-RR 1997, 42, 43; BGH StV 1995, 453; BGH StV 1993, 116 f.

1406 So zutreffend Roxin, Strafverfahrensrecht, § 15 Rn. 15 m.w.N.

1407 Ständige Rechtsprechung, vgl. statt vieler nur BGH StV 1997, 292, 293.

1408 Vgl. Hürxthal in KK-StPO, § 261 Rn. 19; Kleinknecht/Meyer-Goßner, StPO-Kommentar, § 261 Rn. 6; Gollwitzer in LR-StPO (25), § 261 Rn. 16. Kritisch hierzu Eisenberg, Beweisrecht, Rn. 98 a.E.

1409 BGHSt 14, 358, 365: *„Es ist (...) kein Grundsatz der StPO, daß die Wahrheit um jeden Preis erforscht werden müßte."*. Siehe in diesem Zusammenhang auch die Ausführungen von Kühne, Strafprozeßrecht, Rn. 880.

Für eine richterliche Überzeugungsbildung ist ferner dort kein Raum, wo eine Tatsache aufgrund naturwissenschaftlicher Erkenntnisse feststeht.[1410] Diese entfalten die gleiche Wirkung wie gesetzliche Beweisregeln, mit anderen Worten darf sie der Richter keiner Würdigung unterziehen, sondern muß sie vielmehr so hinnehmen, wie er sie vorfindet.

Schließlich kann auch die Kollision mit anderen Verfahrensgrundsätzen und Verfahrensrechten zu einer Einschränkung der richterlichen Beweiswürdigung führen. So dürfen etwa das Schweigerecht des Angeklagten (§§ 136 I S. 2, 243 IV S. 1 StPO) oder das Zeugnisverweigerungsrecht eines Zeugen (§§ 52 ff StPO) nicht ausgehöhlt werden, indem aus dem Schweigen des Angeklagten oder des Zeugen ohne weiteres nachteilige Schlüsse für den Angeklagten gezogen werden.[1411] Andernfalls würde der Angeklagte oder der Zeuge indirekt gezwungen, auf sein Schweigerecht zu verzichten.

(ccc) Kontrolle der freien Beweiswürdigung

Der innere Vorgang der richterlichen Überzeugungsbildung wird nach außen dadurch sichtbar, daß das Gericht ihn in den schriftlichen Urteilsgründen wiedergibt. Zwar begründen weder § 261 StPO noch § 267 StPO eine gesetzliche Verpflichtung, die Beweisaufnahme in der Hauptverhandlung sowie die anschließende Beweiswürdigung des Gerichts in den Urteilsgründen schriftlich festzuhalten. Doch hat sich die revisionsgerichtliche Rechtsprechung (insbesondere des BGH) im Laufe der letzten 50 Jahre Schritt für Schritt von dem Standpunkt des historischen Gesetzgebers gelöst, der eine Nachprüfung der richterlichen Überzeugungsbildungsvorganges nicht vorsah.[1412] Im Zuge dieser Entwicklung wurden die Anforderungen an die schriftliche Darstellung der tatrichterlichen Beweiswürdigung zunehmend angehoben.[1413]

Heute ist das erkennende Gericht verpflichtet, die Beweiswürdigung in den schriftlichen Urteilsgründen so darzulegen, daß das Revisionsgericht die Einhaltung der Grenzen der freien Beweiswürdigung überprüfen kann.[1414] Das Ergeb-

---

1410 Vgl. Volk, Strafprozeßrecht, § 29 Rn. 6 mit Beispielen und Nachweisen.

1411 Zum Schweigerecht des Angeklagten vgl. etwa BGHSt 38, 302 (LS); 25, 365, 368; BVerfG NStZ 1995, 555 f. Zum Schweigerecht des Zeugen siehe BGHSt 34, 324, 327; 32, 140, 141 f; 22, 113, 114.

1412 Zu den historischen Hintergründen und den einzelnen Entwicklungsstufen bis hin zum heutigen Verständnis der freien richterlichen Beweiswürdigung siehe ausführlich Schulz, Historische Skizze, S. 93 ff; Fezer, Amtsaufklärung und Beweisantrag, S. 847 ff; Rieß, Revisibilität der Überzeugung, S. 262 ff; Schmidt, Freie richterliche Beweiswürdigung, S. 193 ff, 201 ff; Alsberg/Nüse/Meyer, Beweisantrag, S. 23 ff.

1413 Vgl. ausführlich und zugleich kritisch hierzu Schulz, Historische Skizze, S. 93 ff, 104. Siehe ferner auch Pohl, Praxis des Strafrichters, S. 171.

1414 Hierzu Fezer, Strafprozeßrecht, Fall 17 Rn. 31 m.w.N.; Hellmann, Strafprozeßrecht, § 4 Rn. 9; Hannack in LR-StPO (25), § 337 Rn. 120 f. Näher hierzu BGH StV 1993, 176 mit

nis der Beweiswürdigung ist daher nicht nur eine persönliche Entscheidung des Richters, sondern vielmehr muß die richterliche Überzeugungsbildung wegen der Überprüfbarkeit im Rechtsmittelverfahren objektiv nachvollziehbar sein. Der Prozeß der richterlichen Überzeugungsbildung ist nur dann rechtlich einwandfrei, wenn das Gericht erstens alle für den konkreten Fall maßgeblichen naturwissenschaftlichen, kriminalistischen oder auf allgemeiner Lebenserfahrung beruhenden Regelsätze über Zusammenhänge bzw. Deutungsmöglichkeiten bestimmter Umstände berücksichtigt hat[1415], zweitens andere Deutungsalternativen mit rationalen Argumenten ausgeschlossen hat, und drittens die nunmehr verbleibende Deutungsalternative auf einer hinreichend fundierten Tatsachengrundlage beruht. Dem Urteil des Tatrichters muß bedenkenfrei entnommen werden können, daß er bei seiner Prüfung keinen wesentlichen Gesichtspunkt außer Acht gelassen hat, der geeignet sein könnte, das Beweisergebnis zu beeinflussen.[1416] Daher müssen die verwerteten Beweisanzeichen im Urteil lückenlos zusammengefügt und unter allen für ihre Beurteilung maßgeblichen Gesichtspunkten vom Tatrichter gewürdigt werden, damit ersichtlich ist, ob der Schuldbeweis schlüssig erbracht ist und alle gleich naheliegenden Deutungsmöglichkeiten für und gegen den Angeklagten geprüft worden sind.

In der Praxis enthält daher jedes Urteil, soweit nötig, eine Beweiswürdigung, da sich das Revisionsgericht anderenfalls keine Sicherheit darüber verschaffen kann, ob die Beweiswürdigung fehlerfrei erfolgt ist, und das Urteil infolgedessen auf eine Aufklärungsrüge oder auf eine behauptete Fehlerhaftigkeit der Beweiswürdigung hin aufheben müßte. Doch darf das Revisionsgericht die Beweiswürdigung des Tatgerichts nur auf rechtliche Fehler prüfen und nicht durch seine eigene Beweiswürdigung ersetzen.[1417] Aus diesem Grunde kann mit der Revision nicht die falsche Würdigung der Beweise gerügt werden, sondern vielmehr lediglich der Weg dorthin.[1418]

Die Untergerichte stehen somit unter Druck, in ihren Urteilen eine genaue Beweiswürdigung vorzunehmen. Doch wird in der Revisionsrechtsprechung immer wieder darauf hingewiesen, daß insbesondere an die Wiedergabe der Beweiser-

---

Anm. Schlothauer; BGH NStZ 1990, 501; BGH NStZ 1987, 473 f; Jerouschek, Freie Beweiswürdigung, S. 508 ff.

1415 Siehe etwa BGH StV 1993, 510 f; BGH StV 1990, 438 f.

1416 Vgl. BGH StV 1994, 175 f; BGH NStZ 1990, 501; BGH, NJW 1988, 2898 ff.

1417 BGH StV 1983, 267, 268; BGHSt 29, 18, 20; 10, 208, 210; Roxin, Strafverfahrensrecht, § 48 Rn. 8 a.E. Ausführlich und kritisch zum Maßstab der revisionsgerichtlichen Überprüfung der tatgerichtlichen Sachaufklärung Fezer, Amtsaufklärung und Beweisantrag, S. 855 ff.

1418 Vgl. Kleinknecht/Meyer-Goßner, StPO-Kommentar, § 337 Rn. 26 ff mit zahlreichen Beispielen und Nachweisen. Siehe aus der Rechtsprechung BGHSt 25, 365, 367 ff; 25, 285, 286; 14, 162, 164 f; 12, 311, 314 ff.

gebnisse der Hauptverhandlung keine zu hohen Anforderungen gestellt werden dürfen, da die Urteilsgründe nicht dazu dienen, das Beweisgeschehen der Hauptverhandlung lückenlos zu dokumentieren.[1419] Eine umfassende Aufführung aller in der Hauptverhandlung benutzten Beweismittel in den Urteilsgründen ist daher weder erforderlich, noch für die gerichtliche Praxis besonders sinnvoll, da die Gefahr besteht, daß Beweismittel bezeichnet werden, die tatsächlich nicht benutzt worden sind, etwa weil auf einen Zeugen verzichtet worden ist. Dies kann im Zuge der Revision zur Aufhebung des Urteils führen.[1420]

Letztlich ist der Richter in seiner Beweiswürdigung demnach nicht so frei wie es der Wortlaut des § 261 möglicherweise nahelegen mag.[1421] Vielmehr sind die Grundsätze der richterlichen Beweiswürdigung nach § 261 StPO dadurch gekennzeichnet, daß das Gericht seine Entscheidung auf rational-objektiver Grundlage und in intersubjektiv nachvollziehbarer Weise zu treffen hat. Die Freiheit der richterlichen Beweiswürdigung nach § 261 liegt letztlich allein darin, daß dieser nicht an bestimmte Beweisregeln oder Beweisvermutungen gebunden ist. Die Formulierung darf hingegen nicht dahingehend mißverstanden werden, die richterliche Überzeugungsbildung verlange keine rationale und objektive Grundlage.

(ddd) Grundsatz in dubio pro reo

Der Grundsatz in dubio pro reo hat in der deutschen StPO keine ausdrückliche gesetzliche Regelung erfahren. Insofern erweist sich die Rechtsnatur und Ableitung dieses Verfahrensgrundsatzes als vielgestaltig. So erfolgt eine Herleitung teilweise aus dem Grundsatz der freien Beweiswürdigung (§ 261 StPO) sowie aus dem Rechtsstaatsprinzip (Art. 20 III GG), dem Bestimmtheitsgebot (Art.

1419 BGH NStZ-RR 1997, 270; BGH NStZ-RR 1998, 277; Fezer, Strafprozeßrecht, Fall 17 Rn. 62; Kleinknecht/Meyer-Goßner, StPO-Kommentar, § 267 Rn. 12 m.w.N. und Hinweis darauf, daß allein aus dem Nichterwähnen eines Beweismittels auf dessen Übersehen geschlossen werden darf. Zur Tendenz der Revisionsrechtsprechung zusammenfassend auch Fezer, Tatrichterlicher Erkenntnisprozeß, S. 98 f; Schäfer, Freie Beweiswürdigung, S. 147 ff. Siehe ferner auch Rieß, Aufhebungsgründe, S. 49 ff mit einer empirischen Untersuchung über Aufhebungsgründe in Revisionsentscheidungen des BGH und einer Fallauswertung für die Jahre 1979 - 1981.

1420 Vgl. hierzu und zu anderen Fehlerquellen des Strafurteils aus revisionsrechtlicher Sicht Meyer-Goßner, Abfassung eines Strafurteils, S. 529 ff, 532. Zum schulmäßigen Aufbau der Urteilsgründe siehe Pohl, Praxis des Strafrichters, S. 164 ff.

1421 Aus diesem Grunde wird das Wort "frei" in § 261 StPO teilweise auch als *„historische, der vormaligen Bindung an die genannten Beweisregeln geschuldete Reminiszenz"* bezeichnet, vgl. Eisenberg, Beweisrecht, Rn. 88 a.E. Ähnlich auch Fezer, Tatrichterlicher Erkenntnisprozeß, S. 101.

103 II GG), dem Schuldgrundsatz *(nulla poena sine culpa)* oder aus der in Artikel 6 II EMRK niedergelegten Unschuldsvermutung.[1422]

In dubio pro reo bedeutet, daß sich alle Zweifel im Bereich der Tat- und Schuldfrage zu Gunsten des Angeklagten auszuwirken haben, im Zweifel demnach für den Angeklagten zu entscheiden ist. Der Angeklagte darf daher nur verurteilt werden, wenn das Gericht von seiner Schuld überzeugt ist. Hat das Gericht seine Zweifel hingegen nicht überwinden können, so muß es den Angeklagten freisprechen. Für einen Freispruch ist folglich nicht die richterliche Überzeugung von der Unschuld, sondern lediglich der Zweifel an der Schuld des Angeklagten erforderlich.

Der Grundsatz in dubio pro reo greift erst nach Ausnutzung und Würdigung aller Beweismittel ein. Daher stellt er keine Regelung zur Würdigung der Beweise dar, da nicht die Überzeugungsbildung geregelt wird, sondern die Frage, wie zu entscheiden ist, wenn das Gericht gerade keine Überzeugung gewinnen kann. In dubio pro reo besagt daher nur, was im Zweifel zu geschehen hat, aber nicht, wann gezweifelt werden soll.[1423] Eine Überzeugung des Gerichts kann daher nicht mit der Begründung angegriffen werden, daß es vernünftigerweise hätte zweifeln sollen. Auch ist das Gericht nicht etwa gezwungen, diesen Grundsatz immer dann anzuwenden, wenn eine entlastende Behauptung des Angeklagten nicht weiter aufgeklärt werden kann. Vielmehr kann es trotz derartiger Behauptungen seitens des Angeklagten von der entsprechenden Tatsache überzeugt sein, so daß der Grundsatz in dubio pro reo nicht zur Anwendung gelangt. Die Einlassung des Angeklagten sieht das Gericht sodann als bloße Schutzbehauptung, welche es zweifellsfrei für unwahr hält.[1424]

(3) Strafzumessung

Das deutsche Strafrecht kennt zwei Arten von Strafen, namentlich die Freiheitsstrafe (§§ 38, 39 StGB) und die Geldstrafe (§§ 40 - 43 StGB). Beide Strafarten sind an die Schuld des Täters gebunden. Daneben kann das Gericht aber auch sog. Maßregeln der Besserung und Sicherung (§§ 61 - 72 StGB) anordnen, die nicht an die Schuld, sondern vielmehr an die Gefährlichkeit des Täter für die Gesellschaft anknüpfen und aus diesem Grunde bei negativer Gefährlichkeitsprognose auch dann anwendbar sind, wenn der Täter zum Zeitpunkt der Tat schuldunfähig war. Dieses dualistische System der Strafen einerseits und der

---

1422 Ausführlich hierzu Montenbruck, In dubio pro reo, S. 13 ff sowie die Entscheidung des BVerfG in NJW 1988, 477, wo das Gericht ausdrücklich offenläßt, ob diesem Grundsatz Verfassungsrang zukommt. Siehe ferner auch Kühne, Strafprozeßrecht, Rn. 956; Hellmann, Strafprozeßrecht, § 4 Rn. 16; Fezer, Strafprozeßrecht, Fall 17 Rn. 39; Rüping, Strafverfahren, Rn. 513.

1423 So ausdrücklich BVerfG NJW 1988, 477.

1424 Vgl. Fezer, Strafprozeßrecht, Fall 17 Rn. 40.

Maßregeln der Besserung und Sicherung andererseits wird allgemein auch als die Zweispurigkeit des Strafrechts bezeichnet.

In der gerichtlichen Praxis wird die Freiheitsstrafe zunehmend durch die Geldstrafe verdrängt, was in erster Linie auf die in § 47 I StGB gesetzlich festgelegte, kriminalpolitische Wertung des Gesetzgebers zurückzuführen ist. Danach darf das Gericht eine kurze Freiheitsstrafe, d.h. eine Freiheitsstrafe unter 6 Monaten nur in besonderen Ausnahmefällen verhängen. Diese Regelung beruht auf der Erkenntnis, daß die Anordnung kurzer Freiheitsstrafen in der Regel verfehlt ist, da der Täter aus seinen sozialen Verflechtungen gerissen wird, in dieser relativ kurzen Zeit nicht wirksam beeinflußt werden kann und darüber hinaus krimineller Ansteckung ausgesetzt ist.[1425] Daher soll eine Freiheitsstrafe unter 6 Monaten nur als ultima ratio in Betracht kommen und bei günstiger Sozialprognose stets zur Bewährung ausgesetzt werden.[1426] Zu einem gänzlichen Verzicht auf die kurze Freiheitsstrafe sieht sich der Gesetzgeber zu Recht nicht in der Lage, da andere strafrechtliche Sanktionen mit entsprechender Wirkung nicht zur Verfügung stehen, insbesondere die Geldstrafe keinen ausreichenden Ersatz bietet.

Die Strafzumessung erfolgt am Ende der Hauptverhandlung durch das Gericht nach den in § 46 StGB gesetzlich fixierten Grundsätzen. Danach bildet die Schuld des Täters die Grundlage für die Strafzumessung. Daneben sind gem. § 46 I S. 2 StGB aber auch die Wirkungen der Strafe im Hinblick auf das künftige Leben des Täters in der Gesellschaft zu berücksichtigen. Bei der Strafzumessung hat das Gericht zudem die für und gegen den Täter sprechenden Umstände gegeneinander abzuwägen und auf dieser Grundlage sodann die Strafe für die konkrete Tat zu bestimmen, wobei namentlich die in § 46 II S. 2 StGB beispielhaft genannten sog. Strafzumessungstatsachen zu berücksichtigen sind.[1427]

Ausgangspunkt einer jeden Strafzumessung ist die gesetzliche Strafdrohung, insbesondere der gesetzlich vorgesehene Strafrahmen. Letzterer stellt eine generelle Vorbewertung des für den einzelnen Tatbestand typischen Handlungsunrechts seitens des Gesetzgebers dar, an der sich der Richter zu orientieren hat.[1428] Doch fixiert der Strafrahmen nicht etwa zwei bloße Grenzpunkte, innerhalb de-

---

1425 Ausführlich hierzu Weigend, Kurze Freiheitsstrafe, S. 260 ff und KG StV 1997, 640 f.

1426 Näher Tröndle/Fischer, StGB-Kommentar, § 47 Rn. 1 m.w.N. Zu den Grundlagen und Voraussetzungen der kurzen Freiheitsstrafe ausführlich Meier, Strafrechtliche Sanktionen, S. 82 ff.

1427 Hierzu Bruns, Normalfall im Strafzumessungsrecht, S. 1053 ff; Fahl, Komplizierte Strafzumessung, S. 748 ff m.w.N.; Meine, Schuldrahmen, S. 159 ff; Hettinger, Doppelverwertungsverbot, S. 2, die den Prozeß der richterlichen Strafzumessung in 5 aufeinanderfolgende Phasen unterteilen. Ähnlich, wenngleich mit anderen Ansatzpunkten auch Schäfer, Praxis der Strafzumessung, Rn. 487 ff (3 Schritte); Meier, Strafrechtliche Sanktionen, S. 142 ff (7 Phasen) und Günther, Systematische Grundlagen, S. 1026 ff (8 Stufen).

1428 Ausführlich hierzu BVerfGE 27, 10, 29.

rer das Gericht die Strafe nach seinem Ermessen wählen könnte, sondern bezeichnet vielmehr eine kontinuierliche Schwereskala, in die der Richter die konkrete Tat einzuordnen hat.[1429] Das Gericht hat demnach die gesetzliche Vorbewertung in der Beurteilung der Einzeltat zu konkretisieren. Dabei wird von der Rspr. die sog. Spielraumtheorie vertreten, wonach sich aus dem Schuldmaß zwar keine feste Strafgröße für eine konkrete Tat ergibt, wohl aber ein gegenüber dem gesetzlichen Strafrahmen konkreter Schuldrahmen finden lasse, innerhalb dessen in richterlicher Wertung eine schuldangemessene Strafe für die konkrete Tat zuzumessen ist.[1430]

Folglich hat das Gericht die Strafe innerhalb des im konkreten Fall anzuwendenden Strafrahmens auf der Grundlage der individuellen Schuld des Täters zu bestimmen unter Berücksichtigung der von ihr für das künftige Leben des Täters in der Gesellschaft zu erwartenden Wirkungen sowie unter Abwägung der in § 46 II StGB beispielhaft genannten Strafzumessungstatsachen. In Ausnahmefällen kann das Gericht nach § 60 StGB auch von Strafe absehen, wenn die Folgen der Tat, die den Täter getroffen haben, so schwer sind, daß die Verhängung einer Strafe offensichtlich verfehlt wäre und wenn der Täter keine Freiheitsstrafe von mehr als einem Jahr für die Tat verwirkt hat.[1431]

1429 Vgl. Schäfer, Praxis der Strafzumessung, Rn. 622; Tröndle/Fischer, StGB-Kommentar, § 46 Rn. 17. Siehe ferner auch die entsprechenden Ergebnisse der empirischen Untersuchung von Götting, Empirische Untersuchung zur Strafzumessung, S. 57 f.

1430 Zur Spielraumtheorie siehe unter anderem BGHSt 7, 28, 32; 10, 259, 263 ff; 20, 264, 266 ff; 29, 319, 320. Vgl. ausführlich zum Ganzen Theune, Grundsätze und Einzelfragen I, S. 163 ff; ders., Grundsätze und Einzelfragen II, S. 205 ff; Freund, Rechtsfolgenbestimmung, S. 535 ff; Frisch, Strafzumessungsdogmatik, S. 361; Beckmann, Neuregelung, S. 353 ff. Daneben wurde früher die sog. Theorie der Punktstrafe als der einzigen schuldangemessenen Strafe für die konkrete Tat vertreten, die mittlerweile jedoch als bloße Fiktion abgelehnt wird. Ferner hat sich auch die insbesondere von Dreher vertretene Theorie der Strafzumessung als sozialer Gestaltungsakt nicht durchsetzen können, da sie die problematische Abweichung von der gesetzlich vorgesehenen Schuldangemessenheit der Strafe nicht zu lösen vermochte. Siehe zu diesen und anderen Theorien der Strafzumessung mit zahlreichen Literaturnachweisen Tröndle/Fischer, StGB-Kommentar, § 46 Rn. 22; Schäfer, Praxis der Strafzumessung, Rn. 456 ff; Götting, Empirische Untersuchung zur Strafzumessung, S. 72 ff; Meier, Strafrechtliche Sanktionen, S. 146 ff.

1431 Dies kommt etwa in Betracht, wenn der Täter infolge der Tat einen nahen Angehörigen verloren hat und Tat und Schuld durch diese Tatfolge als hinreichend kompensiert erscheinen, so daß das Strafbedürfnis entfällt. Vgl. näher hierzu Stree in Schönke/Schröder, StGB-Kommentar, § 60 Rn. 1. Ausführlich zu dieser Vorschrift Meier, Strafrechtliche Sanktionen, S. 43 ff sowie die Arbeit von Bassakou, Analyse und Reform des § 60 StGB, aus dem Jahre 1991, der insbesondere den poena-naturalis-Gedanken (S. 114 ff) und eine mögliche Neukonstruktion des § 60 StGB (S. 135 ff) näher beleuchtet.

(4) Urteil

Die Entscheidung des Gerichts am Ende der Hauptverhandlung ergeht grundsätzlich durch Urteil. Dabei handelt es sich um ein Sachurteil, wenn das Gericht über die Sache und demnach über die Schuldfrage entscheidet. Diese Urteile lauten auf Verurteilung, Freispruch oder Anordnung von Maßregeln der Besserung und Sicherung. Hingegen wird die Einstellung des Verfahrens nach Abschluß der Hauptverhandlung aufgrund eines Verfahrenshindernisses oder aufgrund des Fehlens einer Verfahrensvoraussetzung als Prozeßurteil bezeichnet. Alle anderen die Hauptverhandlung abschließenden Entscheidungen des Gerichts, wie etwa die Einstellung des Verfahrens aus Opportunitätsgründen (§§ 153 II S. 3, 153a II S. 3 StPO) oder aus anderen Gründen (§§ 153e II, 154 II, 154b IV StPO), die Aussetzung der Hauptverhandlung (§§ 228 I S. 1, 265 III, IV StPO) oder die vorläufige Einstellung nach § 205 StPO, ergehen als Beschluß.

(aa) Beratung und Abstimmung

Die Beratung und Abstimmung des Gerichts im Vorfeld der Urteilsverkündung erfolgen nicht öffentlich, da die gerichtliche Entscheidung von fremden Einflüssen freigehalten werden soll. Der Hergang der Entscheidungsfindung unterliegt zudem dem Beratungsgeheimnis nach § 43 DRiG. Aus diesem Grunde dürfen nach § 192 I GVG nur die zur Entscheidung berufenen Richter anwesend sein, wobei § 193 GVG diverse Ausnahmen gestattet. Jedoch dürfen Studenten, die ihre Ferienpraxis bei Gericht ableisten, bei der Beratung und Abstimmung nach h.M. nicht zugegen sein.[1432]

In der Beratung erfolgt die endgültige Überzeugungsbildung des Gerichts, bei Kollegialgerichten die gemeinsame Willensbildung, mit dem Ziel der Urteilsfindung in Form einer Verurteilung, eines Freispruches oder einer Einstellung des Verfahrens. Sie wird in der Regel eröffnet mit einem Vortrag des Berichterstatters über die Sach- und Rechtslage.[1433] Im Anschluß daran leitet gem. § 194 I

[1432] BGHSt 41, 119, 120 - 122 mit weiteren Nachweisen und der Zustimmung verdienenden Begründung, daß erstens der Sinn und Zweck der praktischen Studienzeiten nicht vergleichbar sei mit der Tätigkeit von Referendaren, zweitens der Schutzzweck des § 193 GVG (vertrauliche Beratung) umgangen würde und drittens die Entstehungsgeschichte dieser Vorschrift einer Zulassung von Studenten entgegenstehe. Ebenso OLG Karlsruhe, NJW 1969, 628 f; Hellmann, Strafprozeßrecht, § 4 Rn. 2; Kleinknecht/Meyer-Goßner, StPO-Kommentar, § 193 GVG Rn. 5; Meyer-Goßner, Anm. zu BGH v. 30.03.1995, S. 607 f. Anderer Ansicht jedoch zahlreiche Stimmen in der Literatur mit Hinweis darauf, daß nach § 193 I und II GVG auch die bei Gericht beschäftigten wissenschaftlichen Hilfskräfte und sogar ausländische Hospitanten zur Urteilsberatung zugelassen werden können. Siehe dazu Roxin, Strafverfahrensrecht, § 46 Rn. 8; Kreft, Anm. zu OLG Karlsruhe v. 26.09.1968, S. 1784 f; Rüping, Strafverfahren, Rn. 528 mit Fn. 5; Speiermann, Anm. zu BGH v. 30.03.1995, S. 397 f; Seifert, Studenten im Beratungszimmer, S. 125.

[1433] Berichterstatter ist der vom Vorsitzenden damit beauftragte Berufsrichter. Doch kann auch der Vorsitzende selbst Berichterstatter sein, beim Schöffengericht ist er es stets.

GVG der Vorsitzende die Beratung, stellt Fragen und sammelt die Stimmen. Bei Meinungsverschiedenheiten über den Gegenstand, die Fassung oder die Reihenfolge der Fragen oder über das Ergebnis der Abstimmung entscheidet das Gericht (§ 194 II GVG). Die Stimmen der Berufsrichter und der Schöffen sind gleichwertig, wobei die Reihenfolge der Stimmabgabe in § 197 GVG gesetzlich geregelt ist.[1434] Für Entscheidungen über Prozeßvoraussetzungen und die Kosten des Verfahrens genügt eine einfache Stimmenmehrheit, während alle dem Angeklagten nachteiligen Entscheidungen über die Schuldfrage sowie die Rechtsfolgen der Tat gem. § 263 I StPO einer Zweidrittelmehrheit bedürfen.

Der Strafrichter am Amtsgericht entscheidet als Einzelrichter ohne Schöffen, so daß eine Beratung und Abstimmung bereits begrifflich nicht möglich ist. Vielmehr berät der Einzelrichter nur mit sich selbst, die Beratung spielt sich somit in seinem Inneren ab.[1435] Dieser Vorgang kann zwar auch äußerlich in Erscheinung treten, muß es aber nicht unbedingt. Folglich muß der Richter nach dem Schlußwort des Angeklagten keine Vorkehrungen treffen, die äußerlich erkennbar machen, daß er noch überlegt. Um den Schlußvorträgen und dem letzten Wort des Angeklagten auch nach außen gebührendes Gewicht zukommen zu lassen, sollte sich aber auch der Einzelrichter ins Beratungszimmer zurückziehen oder zumindest nicht während der Plädoyers die Urteilsformel niederschreiben, ein Stil, der in der alltäglichen amtsgerichtlichen Praxis jedoch nur selten anzutreffen ist.

(bb) Inhalt

Die Urteilsniederschrift besteht zunächst aus dem Urteilskopf, dem sog. Rubrum, welches früher mit roter Tinte geschrieben wurde und den Namen und die Personalien des Angeklagten, den gerichtlichen Spruchkörper, den Tag der Sitzung sowie die Namen der beteiligten Richter, des Staatsanwaltes, des Verteidigers und des Urkundsbeamten der Geschäftsstelle bezeichnet.[1436] Anschließend folgt die Urteilsformel, der sog. Tenor, als der wichtigste Teil des Urteils, da er die Grundlage der Rechtskraft und etwaigen Strafvollstreckung darstellt, sowie eine selbständige Paragraphenliste, in der die angewendeten Vorschriften nach

---

1434 Danach gibt der Berichterstatter, sofern ein solcher benannt ist, seine Stimme zuerst ab. Daraufhin stimmen die Schöffen ab und zwar der jüngere vor dem älteren. Im Anschluß daran folgt die Stimmabgabe der Berufsrichter, wobei sich die Reihenfolge nach deren Dienstalter und bei gleichem Dienstalter nach deren Lebensalter bestimmt. Der Jüngere stimmt stets vor dem Älteren und der Vorsitzende gibt seine Stimme stets zuletzt ab. Auf diese Weise soll die Selbständigkeit der Abstimmung des jeweils Jüngeren, Rangniedrigeren oder Unerfahreneren gewahrt und mögliche Auswirkungen von Autorität oder eines Abhängigkeitsverhältnisses vermieden werden.

1435 Ausführlich zur "Beratung" des Einzelrichters: BGHSt 11, 74, 79.

1436 Siehe § 275 III StPO, der die zwingend erforderlichen Angaben des Rubrums aufführt.

Paragraph, Absatz, Nummer, Buchstabe und mit der Bezeichnung des Gesetzes aufgeführt werden (§ 260 V S. 1 StPO).

Sodann werden die Urteilsgründe angeführt, wobei die gesetzlichen Anforderungen an Inhalt und Umfang der Urteilsbegründung in § 267 StPO für die verschiedenen Varianten des Urteils geregelt sind.[1437] Der Begründung des Urteils kommt eine mehrfache Bedeutung zu. Sie soll den Verfahrensbeteiligten zum einen zeigen, daß nicht Willkür, sondern Recht gesprochen worden ist. Zum anderen soll sie den Anfechtungsberechtigten in die Lage versetzen, eine sachgerechte Entscheidung über die Einlegung von Rechtsmitteln zu fällen[1438], und schließlich der höheren Instanz eine Nachprüfung des Urteils ermöglichen[1439]. Für die Begründung bei Verurteilung gilt § 267 I - IV StPO, während für die Begründung bei Freispruch § 267 V StPO einschlägig ist. Zur Begründung eines Einstellungsurteils enthält § 267 StPO keine besondere Regelung, doch ergibt sich die grundsätzliche Begründungspflicht eindeutig aus § 34 StPO. Insofern dürften Art und Umfang der Begründung von dem jeweiligen Verfahrenshindernis abhängen.[1440]

Den Abschluß des Urteils bildet die Unterschrift der Berufsrichter, die bei der Entscheidung mitgewirkt haben. Der Unterschrift der Schöffen bedarf es nach § 275 II S. 3 StPO nicht, doch dürfen diese auch unterschreiben.[1441] Mit ihrer Unterschrift beurkunden die Richter die Übereinstimmung der Urteilsgründe mit dem Beratungsergebnis. Dabei bezeugen sie jedoch nur die Auffassung der Mehrheit mit der Folge, daß ein überstimmter Richter seine Unterschrift nicht verweigern darf.[1442] Darüber hinaus darf ein überstimmter Richter seine abweichende Meinung auch nicht in einem separaten Sondervotum zum Ausdruck bringen, ein markantes Charakteristikum der deutschen Kollegialgerichtsbarkeit, auf das im Rahmen der rechtsvergleichenden Ausführungen noch zurückzukommen sein wird.

(cc) Verkündung und schriftliche Absetzung

Nach § 260 I StPO schließt die Hauptverhandlung mit der Verkündung des Urteils, welches "im Namen des Volkes" ergeht. Die Verkündung erfolgt durch den Vorsitzenden und beinhaltet die Verlesung des Urteilstenors sowie die Eröffnung der Urteilsgründe. Dabei hat die Verlesung des zuvor schriftlich fixierten Tenors wegen seiner Bedeutung und aus Rücksicht auf den Angeklagten stets vor der Mitteilung der Urteilsgründe zu erfolgen (§ 268 II S. 3 StPO). Die

---

1437 Zu Inhalt und Aufbau eines strafgerichtlichen Urteils vgl. BGH NStZ 1994, 400; Roxin, Strafverfahrensrecht, § 48 Rn. 7 ff; Fezer, Strafprozeßrecht, Fall 17 Rn. 60 ff.

1438 So Kleinknecht/Meyer-Goßner, StPO-Kommentar, § 34 Rn. 1.

1439 Vgl. OLG Düsseldorf, StV 1991, 520, 521 und Anm. Schlothauer; KG, StV 1986, 142.

1440 So Fezer, Strafprozeßrecht, Fall 17 Rn. 69; Gollwitzer in LR- StPO (25), § 267 Rn. 158 f.

1441 BGHSt 39, 281, 285.

1442 BGHSt 26, 92, 93.

Bekanntgabe der Urteilsgründe, die im Strafprozeß – anders als im Zivilprozeß (§ 311 III ZPO) – zwingend vorgeschrieben ist (§ 268 II S. 1 StPO)[1443], erfolgt entweder durch Verlesung oder durch mündliche Mitteilung ihres wesentlichen Inhalts, wobei letztere Alternative die Regel ist. Die mündliche Eröffnung der Urteilsgründe dient dazu, die Verfahrensbeteiligten bereits am Ende der Hauptverhandlung vorläufig von der Urteilsbegründung in Kenntnis zu setzen. Entscheidende Bedeutung kommt jedoch allein den schriftlichen Urteilsgründen zu, da im Falle eines inhaltlichen Widerspruchs zwischen der mündlichen und der schriftlichen Begründung stets letztere maßgebend ist.[1444]

Das Urteil wird in der gerichtlichen Praxis meist erst nach der Verkündung abgesetzt, mit anderen Worten zu den Akten gebracht, wenngleich eine schriftliche Abfassung des ganzen Urteils, d.h. mitsamt der Urteilsgründe, auch vor der Verkündung zulässig ist.[1445] Dies ist nach § 268 IV StPO insbesondere dann erwünscht, wenn die Urteilsverkündung ausgesetzt war. Der Urteilstenor ist jedoch ausnahmslos vor der Verkündung schriftlich niederzulegen, damit Abweichungen zwischen der beschlossenen und der verkündeten Entscheidung verhindert werden.[1446] Urteilsverfasser ist im Schöffengericht der Vorsitzende und in der Strafkammer sowie den anderen Kollegialgerichten der Berichterstatter.

Die Absetzung des Urteils muß gem. § 275 I S. 2 StPO spätestens fünf Wochen nach der Verkündung geschehen, wobei für umfangreichere Verfahren Verlängerungen vorgesehen sind, die sich nach der Anzahl der Verhandlungstage richten (§ 275 I S. 2 und 4 StPO). Wird das Urteil nicht innerhalb der Absetzungsfrist zu den Akten gebracht, so stellt dies einen absoluten Revisionsgrund nach § 338 Nr. 7 StPO dar mit der Folge, daß das Urteil bei einem entsprechenden Antrag aufgehoben und die Hauptverhandlung sodann von Grund auf neu geführt werden muß.[1447]

1443 Zwar stellt eine unvollständige Bekanntgabe der Urteilsbegründung einen Verstoß gegen § 268 II S. 1 StPO dar, doch kann hieraus weder nach § 338 Nr. 7 StPO (da dieser ein gänzliches Fehlen voraussetzt), noch nach § 337 StPO (da das Urteil auf dieser nachträglichen Gesetzesverletzung nicht beruhen kann) ein Revisionsgrund erwachsen. Vgl. auch BGHSt 8, 41, 42 m.w.N.

1444 BGH bei Kusch, NStZ 1996, 326; BGHSt 15, 263, 265; 7, 363, 370; 2, 63, 66; Fezer, Strafprozeßrecht, Fall 17 Rn. 57; Kleinknecht/Meyer-Goßner, StPO-Kommentar, § 268 Rn. 18; Gollwitzer in LR- StPO (25), § 268 Rn. 18, 67.

1445 Es steht im Ermessen des Vorsitzenden, ob das Urteil mit den Gründen als besondere Niederschrift zu den Akten gebracht oder ob es bereits in das Sitzungsprotokoll aufgenommen werden soll. Bei Aufnahme des Urteils in das Sitzungsprotokoll müssen die Urteilsformel und die Gründe im Protokoll von allen mitwirkenden Richtern unterschrieben werden. Danach darf das Urteil nicht mehr nachträglich ergänzt oder geändert werden.

1446 Vgl. Fezer, Strafprozeßrecht, Fall 17 Rn. 51; Gollwitzer in LR-StPO (25), § 268 Rn. 20.

1447 Dazu BGHSt 26, 247, 249; BGH StV 1998, 477 (keine Ausnahme für noch so geringfügige Fristüberschreitungen); Rieß, 1. StVRG, S. 87 (zur ratio legis des § 275 StPO und

2. Rechtsvergleichende Untersuchung und Analyse

a) Rolle des Richters im Hinblick auf die prozessuale Wahrheitsfindung

Zu Beginn der rechtsvergleichenden Untersuchung und Analyse wird die Rolle des Richters im Zusammenhang mit der Wahrheitsfindung in der Hauptverhandlung näher beleuchtet, ein für den Kontext dieser Arbeit interessanter Aspekt, der die richterlichen Aufgaben und Funktionen im Gesamtbild des Strafverfahrens veranschaulicht. Dabei sind bei näherer Betrachtung vor allen Dingen die grundlegenden Unterschiede zwischen dem englischen und dem deutschen Strafverfahren im Hinblick auf die Methode der Wahrheitsermittlung und den Stellenwert, den dieses Verfahrensziel im Zusammenspiel mit anderen Prozeßzielen einnimmt, von Bedeutung.

Das deutsche System beruht auf dem Grundgedanken, daß jede Strafverfolgung und strafrechtliche Verurteilung im Idealfall auf einer wahren materiellen Grundlage beruht und daher das Bemühen auf die Erforschung eben dieser materiellen Wahrheit gerichtet sein muß. Zentrales Anliegen und mithin beherrschendes Prinzip des deutschen Strafverfahrens ist daher die Ermittlung des wahren Sachverhaltes.[1448] Dabei dient das Ziel der materiellen Wahrheitserforschung der Verwirklichung des materiellen Schuldprinzips und der Durchsetzung des staatlichen Strafanspruchs[1449], mit anderen Worten dient die Ermittlung des wahren Sachverhaltes nach diesem Verständnis der Legitimation staatlichen Strafens. Aus diesem Grunde konstituiert das Strafverfahrensrecht eine Aufklärungspflicht der staatlichen Behörden, die nicht nur die Hauptverhandlung (§ 244 II StPO), sondern vielmehr das gesamte Strafverfahren, also auch das Ermittlungsverfahren (§ 160 StPO) und – wenngleich in geringerem Umfang – das Zwischenverfahren (§ 202 StPO) kennzeichnet.[1450] Gleichwohl kann in der Praxis letztlich nicht ausgeschlossen werden, daß Verfahren teilweise auch auf unzutreffender Tatsachengrundlage erfolgen, ein Risiko, welches sich wohl in einem jeden Strafverfahrenssystem wiederfindet.

Im Hinblick auf die Methode der Wahrheitsermittlung liegt dem deutschen Strafprozeßrecht der Gedanke zugrunde, daß die volle Wahrheit am besten durch den Richter ans Licht gebracht werden kann, weshalb diesem weitgehende Befugnisse der aktiven Einflußnahme auf das Verfahren eingeräumt werden. Da

---

der bestehenden Rechtslage vor dem 1. StVRG); Kleinknecht/Meyer-Goßner, StPO-Kommentar, § 338 Rn. 54. Ausführlich dazu auch Rieß, Urteilsabsetzungsfrist, S. 441 ff.

1448 Vgl. BVerfGE 63, 45, 61; 57, 250, 275; 33, 367, 383; 32, 373, 381; BVerfG NStZ 1987, 419 ("zentrales Anliegen des Strafprozesses"); BGHSt 1, 94, 96 ("beherrschender Grundsatz des § 244 II StPO"); 10, 116, 118; 23, 176, 187.

1449 BVerfGE 57, 250, 275; BVerfG NStZ 1987, 419.

1450 So auch Schellenberg, Hauptverhandlung, S. 52; Eisenberg, Beweisrecht, Rn. 1; Roxin, Strafverfahrensrecht, § 15 Rn. 5, Volk, Strafprozeßrecht, § 18 Rn. 15, Heghmanns, Zwischenverfahren im Strafprozeß, S. 86 f.

der deutsche Strafprozeß nicht als Parteiprozeß ausgestaltet ist, sondern lediglich eine Anklageform (§ 155 I StPO) kennt, ist trotz der Beteiligung der Staatsanwaltschaft auch das Gericht zur Erforschung der materiellen Wahrheit verpflichtet. So verpflichtet der Untersuchungsgrundsatz (§§ 202, 244 II StPO) das Gericht, von Amts wegen selbständig und unabhängig von den Anträgen oder Erklärungen der Verfahrensbeteiligten die Tatsachengrundlage der Entscheidung umfassend zu untersuchen und aufzuklären. Daneben existiert jedoch auch das Beweisantragsrecht der Parteien, welches angesichts der strukturellen Mängel des stark inquisitorisch geprägten Verfahrens, d.h. angesichts der Personalunion von Inquirent und Urteilendem in der Person des Richters, zur Erforschung der materiellen Wahrheit ebenfalls als erforderlich ertrachtet wird. Doch nicht das Recht der Prozeßbeteiligten, Beweisanträge zu stellen, sondern die Pflicht des Gerichts, alle entscheidungserheblichen Tatsachen von Amts wegen aufzuklären, stellt das dominierende Prinzip des Beweisrechts der deutschen Strafprozeßordnung dar.

Von dem Prinzip der materiellen Wahrheit im deutschen Strafverfahren ist das Prinzip der formellen Wahrheit zu differenzieren, welches im deutschen Zivilprozeß sowie im englischen Strafverfahren gilt. Letzteres ist dadurch gekennzeichnet, daß die Parteien selbst und in eigener Verantwortung für die tatsächlichen Urteilsgrundlagen sorgen, wobei sie aufgrund der Dispositionsmaxime auch den Prozeßgegenstand selbst bestimmen.[1451] Dies darf jedoch nicht dahin mißverstanden werden, daß es im englischen Strafverfahren überhaupt nicht auf die Wahrheit ankäme.[1452] Vielmehr strebt auch der englische Strafprozeß danach, ein Urteil auf der Grundlage wahrer Tatsachen zu fällen, so daß sich auch hier der Grundgedanke der prozessualen Wahrheitsfindung wiederfindet.

Im Vergleich zum deutschen Strafprozeß ergeben sich bei näherer Betrachtung jedoch zwei wesentliche Unterschiede. Zum einen favorisiert das englische Strafverfahrensmodell eine andere Methode der Wahrheitsermittlung, welche in dem Grundsatz „*The truth is best discovered by powerful statements on both sides of the question.*“[1453] anschaulich zum Ausdruck kommt. Das englische Recht vertraut demnach darauf, daß die Wahrheit am besten zu Tage gefördert wird, indem sich die Parteien kämpferisch-engagiert auseinandersetzen und jeweils ihren eigenen Standpunkt bewußt einseitig zur Geltung bringen.[1454] Mit

1451 Vgl. hierzu Stamp, Wahrheit im Strafverfahren, S. 17 f.

1452 Siehe dazu auch Nagel, Beweisaufnahme, S. 25 m.w.N.; Watzek, Englisches Strafrecht, S. 26; Herrmann, Reform der Hauptverhandlung, S. 158 f m.w.N.

1453 So Lord Eldon L.C., zitiert von Lord Denning in Jones v. National Coal Board, (1957) 2 All E.R., S. 155 ff (159) mit zahlreichen weiteren Nachweisen.

1454 Vgl. insofern auch die Ausführungen in McConville/Sanders/Leng, Case for the Prosecution, S. 1: „*(...) There are two sides – defence and prosecution – and cases which go to trial are judged by "impartial" magistrates, judges and occasionally juries. This means that each side has a specific role to play. Rather than each seeking the "truth", which*

anderen Worten soll das „reinigende Feuer einer kontrovers geführten Debatte die Wahrheit ans Licht bringen“[1455]. Charakteristisch für den englischen Strafprozeß ist daher die eigenständige Sachverhaltsermittlung durch Anklage und Verteidigung. Der Richter hingegen ist nicht zur Wahrheitsermittlung berufen, sondern beobachtet vielmehr, wie die Wahrheit durch den Widerstreit der Parteien allmählich ans Tageslicht tritt.[1456] Dabei bezieht sich die Dispositionsmacht der Parteien nicht allein auf die Beweisgewinnung, sondern auch auf den Verfahrensgegenstand. In diesem Sinne muß sich der Angeklagte zu Beginn der Hauptverhandlung zu jedem einzelnen Punkt der Anklage schuldig oder nicht schuldig bekennen, wobei er sich auch zu einer leichteren Form der vorgeworfenen Tat für schuldig bekennen kann.

Zum anderen stellt die prozessuale Wahrheitsfindung im englischen Strafprozeß nicht das oberste Ziel des Strafverfahrens dar, dem alle anderen Zielsetzungen und Grundprinzipien untergeordnet würden.[1457] Im Mittelpunkt des englischen Strafprozesses steht vielmehr der Grundsatz des *fair trial* und damit der Aspekt der Verfahrensgerechtigkeit *(procedural justice)*, ein zwar bescheideneres Ziel, welches im Gegensatz zur materiellen Wahrheitserforschung jedoch eher erreichbar ist. Die Aufgabe des Gerichts besteht demnach nicht darin, Gewißheit über die letzten Wahrheiten herzustellen, ein ohnehin zweifelhaftes Unternehmen, sondern vielmehr darin, zu entscheiden, welches Ergebnis in Anbetracht der vorgelegten Beweise gerecht und angemessen ist.[1458] Dabei wird die Gewährleistung eines fairen Verfahrens in erster Linie darin erblickt, daß beide Parteien nach den gleichen Spielregeln dem Gericht ihren Fall so präsentieren, wie sie es für richtig halten.

---

would be a duplication of effort, each side argues its case as best it can within certain ethical limits.“.

1455 So Justice Megarry in der (zivilrechtlichen) Entscheidung Cordell v. Second Clanfield Properties, (1969) 2 Chancery Division, S. 9 ff (16), der den Parteienwiderstreit als „*the purifying ordeal of skilled argument on the specific facts of a contested case*“ bezeichnet und hinzufügt „*Argued law is tough law.*“.

1456 Vgl. Nagel, Beweisaufnahme, S. 25; Watzek, Englisches Strafrecht, S. 26; Herrmann, Reform der Hauptverhandlung, S. 316.

1457 Deutlich hierzu Lord Kilmuir, Migration of the Common Law, S. 42 f: „*(...) the first striking feature of the common law is that it puts justice before truth. The issue in a criminal prosecution is not, basically, "Guilty or not guilty?" but "Can the prosecution prove its case according to the rules?" These rules are designed to ensure "fair play", even at the expense of truth.*“.

1458 So jedenfalls Viscount Simon L.C. in Hickman v. Peacey, (1945) A.C., S. 304 ff, H.L. auf S. 318: „*(...) a sharp distinction must be drawn between reaching a correct conclusion in a court of law, and establishing an absolute scientific truth. A court of law (...) is not engaged in ascertaining ultimate verities: it is engaged in determining what is the proper result to be arrived at, having regard to the evidence before it.*“.

Abschließend läßt sich somit festhalten, daß das deutsche wie auch das englische Strafverfahren gleichermaßen das Ziel eines gerechten, auf wahren Tatsachen beruhenden Urteils verfolgen. Damit streben beide Systeme nach dem gleichen Gerechtigkeitsideal in Form eines Strafurteils, welches auf Wahrheit beruht, gerecht ist und infolgedessen Rechtsfrieden schafft.[1459] Lediglich im Hinblick auf die Erreichung dieser Zielsetzung finden sich in beiden Ländern andere Konzepte wieder. Diese kommen einerseits in den unterschiedlichen Vorstellungen über die Art und Weise, wie sich die Wahrheit im Rahmen eines gerichtlichen Strafverfahrens am bestens ermitteln läßt, zum Ausdruck. Damit korrespondierend gestaltet sich auch der richterliche Aufgabenbereich im Zusammenhang mit der prozessualen Wahrheitsermittlung wesentlich anders. Während der deutsche Richter als aktiver Inquirent selbst zur Erforschung der materiellen Wahrheit verpflichtet ist, nimmt der englische Richter eine eher passive Position als neutraler Beobachter ein, der über dem engagierten Wettstreit der Parteien steht.

Andererseits wird auch der Stellenwert der prozessualen Wahrheitsermittlung in beiden Strafverfahrenssystemen kontrovers beurteilt. Insbesondere in diesem letzten Punkt veranschaulicht der Rechtsvergleich, daß mögliche Widersprüche zwischen einzelnen Verfahrensfunktionen und -zielen nicht zwangsläufig zugunsten der Wahrheitsermittlung gelöst werden müssen, sondern daß der Gedanke der Wahrheitsfindung bei Betonung anderer Prozeßziele auch in den Hintergrund treten kann. Vor diesem Hintergrund sind sodann verschiedene Modelle eines rechtsstaatlichen Strafverfahrens denkbar.[1460] In diesem Zusammenhang sei jedoch angemerkt, daß auch in Deutschland keine Wahrheitserforschung um jeden Preis betrieben wird, was die Beweisverbote und Beweisverwertungsverbote der deutschen StPO deutlich zeigen.[1461]

In Anbetracht der aufgezeigten Unterschiede im Hinblick auf die prozessuale Wahrheitsfindung im deutschen und englischen Strafverfahren soll die rechtsvergleichende Untersuchung für den deutschen Leser zudem einen Denkanstoß in Bezug auf die Frage geben, inwiefern eine vollständige Wahrheitserkenntnis im Strafprozeß überhaupt möglich ist. Die konträre Beurteilung der Grenzen und Möglichkeiten einer prozessualen Wahrheitsfindung aus englischer und aus deutscher Perspektive soll Anlaß geben, über die vielfältigen Probleme der ge-

[1459] In diesem Sinne wohl auch der frühere L.C., Lord Kilmuir, Migration of the Common Law, S. 42: *„(...) I have learned that in every kind of civilisation the pursuit of justice is instinctive and that a legal system which gives the instinct freedom to express itself has an inherent strength which is not easily destroyed."*. Ähnlich Findlay, Synthesis in Trial Procedures, S. 28: *„(...) there is little doubt that the ideology of criminal justice in both traditions (adversarial and inquisitorial) takes the trial at its manifestations."*.

[1460] Siehe ausführlich hierzu Gössel, Verfahrensbeschleunigung - Gutachten C, S. 30 ff.

[1461] So ausdrücklich BGHSt 14, 358, 365: *„Es ist (...) kein Grundsatz der StPO, daß die Wahrheit um jeden Preis erforscht werden müßte."*.

richtlichen Wahrheitsfindung sowie über die Leistungsfähigkeit des Wahrheitsbegriffes generell zu reflektieren. In diesem Zusammenhang kann wohl nicht bestritten werden, daß ein Gerichtsverfahren zur Erforschung der Wahrheit ein höchst zweifelhaftes Unternehmen darstellt. So können Zeugen lügen oder sich irren und selbst Richter sind als normale Menschen nicht unfehlbar. Zudem stellt die "Wahrheit" zweifellos einen relativen Begriff dar. Eine absolute Wahrheit kann es nicht geben, da die menschliche Erkenntnisfähigkeit begrenzt ist und stets nur zu subjektiven Ergebnissen führen kann.[1462] Diese Grundproblematik potenziert sich für das erkennende Gericht zudem dadurch, daß seine Erkenntnisquellen wiederum nur aus dem bestehen, was ihm andere Menschen als ihre Wahrheit darlegen. Insofern kann das Gericht auch im günstigsten Fall keine objektive Wahrheit ermitteln, sondern lediglich eine ausschnittweise Annäherung hieran.[1463] Von daher ist grundlegend zu differenzieren zwischen dem Bild, welches sich sämtliche Verfahrensbeteiligte im Strafprozeß von der Wahrheit machen, und diesem Geschehen selbst als dem Gegenstand des Wahrheitsbildes.[1464] Diesen Überlegungen wird jedoch zunehmend auch in der deutschen Rechtsliteratur Rechnung getragen. Vor diesem Hintergrund wird die Wahrheitsermittlung sodann teilweise auch im deutschen Strafverfahren nicht als Verfahrensziel bezeichnet, sondern lediglich als Prozeßmaxime oder als Grundlage eines gerechten Urteils.[1465]

Abschließend sei in diesem Zusammenhang darauf hingewiesen, daß nach Ergebnissen der rechtswissenschaftlichen Forschung in den Augen der Betroffenen der wichtigster Faktor für die Legitimität einer gerichtlichen Entscheidung die Verfahrensgerechtigkeit ist.[1466] Dies sowie die obigen Erwägungen sollten im Rahmen einer jeden Diskussion über Sinn und Zweck sowie Möglichkeiten und Grenzen der prozessualen Wahrheitsfindung berücksichtigt werden.[1467]

b) Richterliche Kompetenzen in der Hauptverhandlung

Die rechtsvergleichende Untersuchung wendet sich nunmehr den richterlichen Kompetenzen in der Hauptverhandlung zu, welche gewissermaßen Ausdruck der richterlichen Stellung und Funktion in diesem Verfahrensabschnitt sind. Da-

1462 Vgl. hierzu BGH NJW 1951, 122. Siehe ferner auch Kühne, Strafprozeßrecht, Rn. 947.

1463 Vgl. Schellenberg, Hauptverhandlung, S. 52 f. Ähnlich auch Haller/Conzen, Das Strafverfahren, Rn. 12; Gössel, Ermittlung oder Herstellung, S. 9.

1464 Instruktiv hierzu Gössel, Ermittlung oder Herstellung, S. 9 ff, der sich intensiv mit dem Gedanken der Subjektabhängigkeit respektive -unabhängigkeit der Gegenstände menschlicher Wahrnehmung auseinandersetzt.

1465 Näher hierzu Eser, Funktionswandel strafrechtlicher Prozeßmaximen, S. 363; Gössel, Stellung des Verteidigers, S. 28; Stamp, Wahrheit im Strafverfahren, S. 21 f.

1466 Vgl. Schünemann, Manipulierter Richter, S. 229 mit Hinweis auf weitere Forschungsarbeiten in diesem Bereich.

1467 Siehe hierzu insbesondere Stamp, Wahrheit im Strafverfahren, S. 249 ff; Gössel, Verfahrensverkürzung - Gutachten C, S. 1 ff; Gössel, Ermittlung oder Herstellung, S. 8 ff.

bei werden sowohl maßgebliche Divergenzen wie auch Ähnlichkeiten zwischen dem deutschen und englischen Verfahrensmodell aufgezeigt und im Anschluß daran analysiert.

Darüber hinaus wird auf diesbezügliche aktuelle Reformtendenzen in beiden Ländern hingewiesen, wobei für das englische Strafverfahren insbesondere die Ergebnisse des im Oktober 2001 veröffentlichten Criminal Courts Review berücksichtigt werden.

(1) Verhandlungsleitung

Die rechtsvergleichende Untersuchung zeigt, daß die Leitung der Verhandlung im deutschen wie auch im englischen Strafverfahren grundsätzlich dem Richter obliegt.

Divergenzen ergeben sich jedoch dahingehend, daß sich die Verhandlungsleitung des englischen Richters in erster Linie auf die Moderation des Verhandlungsablaufes richtet. Im Rahmen dieser Verhandlungsleitung im engeren Sinne hält sich der Richter bewußt im Hintergrund und interveniert aus seiner schiedsrichterlichen Position als objektiver und neutraler Beobachter heraus nur, wenn die Parteien gegen die Spielregeln verstoßen. Dies wird besonders deutlich im Rahmen der Beweisaufnahme, deren Ablauf maßgeblich durch die Parteien bestimmt wird. Im Gegensatz dazu geht die Verhandlungsleitung des deutschen Richters weit über diesen Kernbereich der Moderation hinaus, denn dieser leitet die Verhandlung nicht nur, sondern er führt sie vielmehr in eigener Regie. Insofern nimmt der deutsche Richter zwangsläufig mehr Einfluß nicht nur auf den äußeren Ablauf, sondern auch auf die inhaltliche Gestaltung der Hauptverhandlung.

Mithin findet sich in beiden Strafverfahrenssystemen die gleiche richterliche Funktion wieder, welche jedoch mit jeweils unterschiedlicher Intensität ausgefüllt wird.

(2) Beweisaufnahme

Die Ausführungen im ersten Teil der Arbeit haben hinsichtlich der strafrichterlichen Kompetenzen in der Beweisaufnahme anschaulich vor Augen geführt, daß der englische Richter grundsätzlich nicht auf die gänzlich passive Rolle reduziert werden kann, welche ihm von kontinentaleuropäischer Seite in der Regel zugeschrieben wird. Ebensowenig wie der englische Strafprozeß ein reines Parteiverfahren darstellt, so ist auch der englische Strafrichter nicht auf die reine Aufsichtsfunktion eines Schiedsrichters beschränkt.

Vielmehr stehen ihm im Rahmen der Beweisaufnahme auch Kompetenzen zur selbständigen Befragung von Zeugen und darüber hinaus sogar zur Ladung seitens der Parteien unbenannter Zeugen zur Verfügung. Gleichwohl übt der englische Richter diese Befugnisse nur mit größter Zurückhaltung aus.[1468] Dies ist in erster Linie auf das traditionelle Richterbild zurückzuführen sowie auf die entsprechend restriktive Rechtsprechung des Court of Appeal im Hinblick auf richterliche Eingriffe in den Ablauf oder gar auf den Inhalt der Beweisaufnahme. Hinter diesen Begründungen steht zudem immer der adversatorische Grundcharakter der englischen Hauptverhandlung. Danach ist es weder Aufgabe des Richters die materielle Wahrheit zu erforschen, noch hat er für eine möglichst vollständige Sammlung an Beweisen zu sorgen. Vielmehr fällt dies in den Verantwortungsbereich der Parteien und ist somit Aufgabe von Staatsanwaltschaft und Verteidigung.

Neben der Ergänzung der Beweisaufnahme, etwa durch die Befragung von Zeugen, kann der Richter diese aber auch beschränken, indem er von den Parteien vorgebrachte Beweismittel ausschließt. In diesem Zusammenhang sind insbesondere die Regelungen in Section 76 *(confessions)* und Section 78 *(exclusion of unfair evidence)* des Police and Criminal Evidence Act 1984 von Bedeutung. Dabei ist vor allen Dingen Section 78, die den Ausschluß von auf unrechtmäßige Art und Weise erlangten Beweisen in das Ermessen des Richters stellt, im Laufe der letzten Jahre heftig diskutiert worden.[1469]

Im Gegensatz dazu stellt der deutsche Strafrichter ohne Zweifel die zentrale Figur im Rahmen der Beweisaufnahme dar. Seine Befugnisse gehen bei weitem über die bloße Moderation der Beweisaufnahme hinaus, denn er ordnet auch selbständig Beweiserhebungen an, die er sodann in eigener Regie durchführt. Der Richter vernimmt den Angeklagten sowie Zeugen und Sachverständige. Erst im Anschluß an die richterliche Vernehmung können Staatsanwaltschaft und Verteidigung noch einzelne, offen gebliebene Fragen an die vernommene Person richten, wobei der Richter wiederum die Befragungen leitet, indem er die Reihenfolge der Fragen bestimmt und den Verfahrensbeteiligten dementsprechend das Wort erteilt oder auch entzieht. Der Richter – und nicht Staatsanwaltschaft und Verteidigung – trägt die Verantwortung für die Vollständigkeit der Beweisaufnahme. Diese hat er nach § 244 II StPO zur Erforschung der materiellen Wahrheit von Amts wegen auf alle Tatsachen und Beweismittel zu erstrecken, die für die Entscheidung von Bedeutung sind.

Trotz dieser grundlegenden Unterschiede im Hinblick auf die richterlichen Kompetenzen respektive die richterliche Funktion in der Beweisaufnahme läßt sich bei näherer Betrachtung jedoch feststellen, daß die Beweisaufnahme im deutschen und englischen Strafverfahren grundsätzlich das gleiche Ziel verfolgt. Da beide Verfahrensmodelle darauf ausgerichtet sind, durch ein faires Verfahren ein auf wahren Tatsachen beruhendes Urteil zu erreichen, streben auch beide

---

[1468] Ausführlich hierzu im Ersten Teil unter E. II 3. b) (2).

[1469] Vgl. hierzu die Nachweise im Ersten Teil unter E. II. 3. b) (1).

Verfahren nach einer möglichst kompletten Sammlung aller zugänglichen und potentiell relevanten Beweise. Divergenzen ergeben sich lediglich im Hinblick auf die Art und Weise wie beide Systeme diese Ziel zu erreichen versuchen.

Dies wird besonders deutlich in der unterschiedlichen Verantwortlichkeit für die Beweisaufnahme, die im deutschen Strafprozeß der Richter trägt, während sie im englischen Strafverfahren den Parteien obliegt. Mit anderen Worten vertraut das deutsche Modell des Strafverfahrens maßgeblich auf die Objektivität und Sachlichkeit der Berufsrichter, die zur Wahrheitserforschung von Amts wegen verpflichtet sind und sich daher nicht mit den von Seiten der Parteien vorgebrachten Beweise begnügen müssen. Im Gegensatz dazu setzt der englische Strafprozeß sein Vertrauen auf das engagierte und eigennützige Vorbringen der Parteien in der Beweisaufnahme, während der Richter als objektiver Beobachter agiert und sich zur Wahrung seiner Neutralität bewußt im Hintergrund hält.[1470] Diese unterschiedlichen Ansätze bedingen die konträre prozessuale Struktur der Beweisaufnahme, in der sich unverkennbar die Grundzüge des inquisitorischen respektive des adversatorischen Verfahrensmodells wiederspiegeln. In diesem Zusammenhang sei zudem auf die entsprechend abweichende Methode der Wahrheitsfindung hingewiesen sowie den infolgedessen unterschiedlichen Stellenwert, den das deutsche und das englische Strafverfahren dieser Prozeßmaxime zuschreiben. Diese grundlegenden Divergenzen sind jedoch bereits oben ausführlich erörtert worden, worauf an dieser Stelle verwiesen sei.[1471]

Angesichts dieser konträren Rolle des Richters in der Beweisaufnahme stellt sich aus rechtsvergleichender Perspektive die Frage nach eventuellen Schnittstellen zwischen beiden Systemen respektive nach möglichen Annäherungen. Dabei erweist sich diese Frage in der Tat nicht als so fernliegend, wie sie auf den ersten Blick erscheinen mag, lassen doch die Reformdiskussionen der letzten Jahre in beiden Ländern erkennen, daß die Position des Richters in der Hauptverhandlung im Umbruch begriffen ist. Diese Entwicklungstendenzen weisen bei näherer Betrachtung durchaus gewisse Ähnlichkeiten auf im Sinne einer zumindest theoretisch angedachten Implementierung einzelner Aspekte des jeweils entgegengesetzten Verfahrenmodells.

So wird in Deutschland bereits seit vielen Jahren eine Reform der Hauptverhandlung diskutiert, deren zentrales Anliegen die Einführung verschiedener Elemente des Parteiverfahrens darstellt, eine Zielsetzung, die insbesondere die Stellung des Richters in der Hauptverhandlung betrifft.[1472] Dabei richtet sich die

---

1470 Vgl. hierzu Eser, Überbrückende Beobachtungen, S. 561 ff.

1471 Vgl. die rechtsvergleichenden Ausführungen zur Wahrheitsfindung unter C. II. 2. a).

1472 Die Literatur zur Reform der deutschen Hauptverhandlung nach dem Vorbild angloamerikanischer Prozeßmodelle ist nahezu unüberschaubar. Aus diesem Grunde soll hier nur auf einige Quellen mit wiederum umfassenden Literaturnachweisen verwiesen werden: Roxin, Reform der Hauptverhandlung, S. 56 ff; ders., Strafverfahrensrecht, § 42 Rn.

Kritik gegen die gegenwärtige Rollenverteilung in der Hauptverhandlung in erster Linie gegen die Aufgabenkonzentration in der Person des (vorsitzenden) Richters, der gleichzeitig objektiv-distanzierter Verhandlungsleiter, inquisitorisch Vernehmender und neutral Urteilender ist.[1473] Diese dreifache Funktion in derselben Person übersteige die menschlichen Fähigkeiten und versetze den Richter aufgrund der zwangsläufig auftretenden Rollenkonflikte in eine psychologisch unerträgliche Situation.[1474] Zudem wiederspreche die Untersuchungsfunktion des Richters in der Hauptverhandlung dem Bild der richterlichen Objektivität und Unparteilichkeit, für deren Beurteilung in erster Linie nicht auf die tatsächliche psychologische Verfassung des Richters abzustellen sei, welche von außen kaum einsehbar sei, sondern darauf, wie dieser dem Angeklagten und der Öffentlichkeit gegenüber erscheine.

Eine Umgestaltung des deutschen Strafverfahrens in Anlehnung an das Modell des reinen Parteiverfahrens wird heute jedoch überwiegend nicht als empfehlenswert betrachtet, da die idealtypische Form des klassischen Parteiverfahrens noch stärkeren Bedenken ausgesetzt wäre, als die gegenwärtige Lösung der Strafprozeßordnung.[1475] Vielmehr kreisen die Reformvorschläge um eine Typenmischung, wie sie sich in vielfach variierender Form heute international überwiegend durchgesetzt hat. Vor dem Hintergrund der historischen Entwicklung des deutschen Strafprozesses wird daher erwogen, auf der einen Seite zwar die richterliche Aktenkenntnis und den Grundsatz der Amtsaufklärung gem. § 244 II StPO sowie die objektive Stellung der Staatsanwaltschaft beizubehalten, auf der anderen Seite jedoch die Vernehmung des Angeklagten zur Sache

---

56 ff; Sessar, Neugestaltung der HV, S. 698 ff; Schild, Richter in der HV, S. 37 ff; Schöch, Reform der HV, S. 52 ff; ders., Struktur der HV, S. 99 ff. Ausführlichst hierzu die Arbeit von Herrmann, Reform der Hauptverhandlung (1971), der die Reform der deutschen Hauptverhandlung nach dem Vorbild des anglo-amerikanischen Strafverfahrens in allen Einzelheiten untersucht.

1473 Näher hierzu Arbeitskreis, AE-Hauptverhandlung, S. 68. Siehe auch Schünemann, Manipulierter Richter, S. 216: *„Daß diese Rollenkumulierung infolge naheliegender Rollenkonflikte für den Richter zu einer Rollenüberforderung führt, ist von der Prozeßwissenschaft und von Verteidigern häufig geltend gemacht, von Richtern unter Hinweis auf ihre professionelle Erziehung zur Objektivität aber stets vehement zurückgewiesen worden."*.

1474 Roxin, Reform der Hauptverhandlung, S. 55 bezeichnet dies als die *„rollenbedingte Gegnerschaft von Inquirent und Inquisit"*. Siehe aber auch Herrmann, Reform der Hauptverhandlung, S. 361 f mit Hinweis darauf, daß die"psychologisch unerträgliche Situation des Vorsitzenden" bislang nicht durch entsprechende wissenschaftliche, psychologische Forschungen bestätigt worden ist, sondern vielmehr auf die allgemeine, mehr oder weniger intuitive Erfahrung gestützt wird. In diesem Zusammenhang stellt sich jedoch die berechtigte Frage, inwiefern die Situation des Vorsitzenden mit Hilfe empirisch-psychologischer Untersuchungen überhaupt wissenschaftlich aufgeklärt werden kann.

1475 Vgl. zusammenfassend etwa Roxin, Reform der Hauptverhandlung, S. 56 - 58.

sowie die Beweisaufnahme in der Hauptverhandlung in den Verantwortungsbereich von Staatsanwaltschaft und Verteidigung zu verlagern.[1476]

Die Überlegungen zur Reform der Hauptverhandlung haben aber gezeigt, daß eine isolierte Reform ohne gleichzeitige grundlegende Änderungen des gesamten Strafverfahrens weder sinnvoll noch durchführbar ist. Eine umfassende Gesamtreform hat sich bislang jedoch nicht durchsetzen können und ist in absehbarer Zukunft auch nicht geplant. Bemerkenswert ist jedoch, daß das soeben gezeichnete Bild der richterlichen Position im Strafverfahren eine gewisse Ähnlichkeit mit der Stellung des Richters im englischen Strafprozeß aufweist.

Vergleichbare Reformgedanken finden sich in spiegelbildlicher Weise, d.h. ausgehend von einem vornehmlich adversatorisch geprägten Verfahrensmodell, auch in England wieder.[1477] So forderte bereits die Royal Commission on Criminal Justice im Jahre 1993 eine aktivere Stellung des Richters im Strafverfahren, wenngleich sie die entscheidende Frage nach den konkreten richterlichen Kompetenzen in der Hauptverhandlung, darunter insbesondere die Interventionsmöglichkeiten im Rahmen der Beweisaufnahme offen ließ. So verwies der Bericht lediglich auf die anerkannten aktiven Eingriffsbefugnisse zur Ausübung der richterlichen Kontrollfunktion, welche in der gerichtlichen Praxis in geeigneten Fällen wahrgenommen werden müßten. Doch nahmen die englischen Richter auch in der Folgezeit ihre Kontrollkompetenzen sowie ihre Befugnisse zum Stellen zusätzlicher Fragen oder zur Benennung weiterer Zeugen nur mit größter Zurückhaltung wahr, so daß diese im Verfahrensalltag nach wie vor nur selten zu Tage traten. Das Postulat der Royal Commission on Criminal Justice (1993) nach einer stärkeren Ausübung der richterlichen Eingriffsbefugnisse hat sich in der Vergangenheit folglich nicht durchsetzen können.

Der im Oktober 2001 veröffentlichte Criminal Courts Review betont dementsprechend die richterlichen Kompetenzen im Zusammenhang mit der Verhandlungsleitung, mit anderen Worten die schiedsrichterliche Kontrollfunktion des

---

1476 Nach dem gemischten Modell würden die Vernehmungen in Form sog. Wechselverhöre stattfinden, d.h. die eigentliche Vernehmung von Angeklagten, Zeugen und Sachverständigen würde durch die Staatsanwaltschaft und die Verteidigung durchgeführt. Vgl. näher hierzu Arbeitskreis, AE-Hauptverhandlung, S. 68 ff m.w.N.; Roxin, Reform der Hauptverhandlung, S. 58 ff. Als Verhandlungsleiter hätte der Richter das Wechselverhör zwar zu überwachen, wäre ansonsten aber auf das Stellen von Zusatzfragen und gegebenenfalls auf die Durchführung ergänzender Vernehmungen beschränkt. Jedoch hätte der Richter auch weiterhin die Verantwortung für eine erschöpfende Sachverhaltserforschung, so daß er nicht auf das Material beschränkt wäre, welches ihm von Seiten der Staatsanwaltschaft und Verteidigung unterbreitet würde. Im Falle von Unklarheiten wäre es ihm daher unbenommen, Zusatzfragen zu stellen und erforderlichenfalls auch ergänzende Vernehmungen durchzuführen.

1477 Hierzu sei auf die bereits erfolgten Ausführungen zu den Reformtendenzen der letzten 10 Jahre verwiesen, im Ersten Teil der Arbeit unter F. und im Zweiten Teil unter C. I. 2.

Richters. Diese erschöpft sich jedoch darin, die Einhaltung der verfahrensrechtlichen Spielregeln von Seiten beider Parteien zu überwachen und lediglich im Falle eines Verstoßes einzuschreiten.

Eine pro-aktivere Rolle des Richters, wie sie von Seiten der Royal Commission on Criminal Justice (1993) tendenziell befürwortet wurde, lehnt Lord Justice Auld hingegen vehement ab. Vielmehr dürften richterliche Eingriffe in die Beweisaufnahme, wie etwa das Befragen oder sogar das eigenständige Laden von Zeugen, auf der Grundlage des adversatorischen englischen Verfahrensmodells nur in seltenen Ausnahmefällen erfolgen. Die mehr oder weniger genaue Grenzziehung, wann eine derartige Ausnahmesituation vorliege, solle dabei wie bisher der Rechtsprechung des Court of Appeal überlassen bleiben.[1478] Statt derartige Interventionen vorzunehmen, solle sich der Richter getrost auf die professionellen Parteien, Staatsanwaltschaft und Verteidiger, verlassen.[1479] Damit erteilt Lord Justice Auld der aktiven, interventionistischen Rolle des Richters im Strafverfahren eine klare Absage.

Im Gegensatz zu den pro-aktiven Forderungen der Royal Commission on Criminal Justice (1993), welche sich in der gerichtlichen Praxis der letzten 8 Jahre noch nicht einmal ansatzweise etablieren konnten, sollten sich die Reformvorschläge des Criminal Courts Review (2001) in diesem Bereich zumindest für die nahe Zukunft als wegweisend erweisen, zumal sie weitestgehend im Einklang mit der Rechtsprechung des Court of Appeal stehen. Langfristig betrachtet ist die Diskussion um die Stellung des Richters im Strafverfahren damit aber sicherlich noch nicht beendet. Dies läßt auch die geschickte Formulierung Lord Justice Aulds im Zusammenhang mit der grundsätzlichen Negation richterlicher Interventionsmöglichkeiten im Rahmen der Beweisaufnahme erkennen: „*Nevertheless, so long as we retain our essentially adversarial system, I consider that judges should use this power only in exceptional cases (...)*“[1480]. Diese Ausdrucksweise veranschaulicht, daß die Ergebnisse des Criminal Courts Review sowie die hierauf aufbauenden Reformvorschläge ausdrücklich im Lichte des adversatorischen Charakters des englischen Strafverfahrens stehen und sich vor dem Hintergrund dieses Verfahrenstypus als sinnvoll erweisen. Eine möglicherweise graduelle Abkehr von den Grundsätzen des Parteiverfahrens ist damit aber zumindest für die ferne Zukunft nicht kategorisch ausgeschlossen.

Abschließend bleibt somit festzuhalten, daß sich hinsichtlich der strafrichterlichen Kompetenzen im Rahmen der Beweisaufnahme in beiden Ländern ein zweifellos konträres Bild zeichnen läßt. Zwar tendieren Reformbewegungen in

---

1478 Lord Justice Auld, Criminal Courts Review, Chapter 11, § 34.

1479 Ersterer vertrete mit fachlicher Kompetenz und Pflichtgefühl für sein öffentliches Amt die öffentlichen Interessen, während letzterer genau wisse, was im Interesse seines Mandanten liege, vgl. Lord Justice Auld, Criminal Courts Review, Chapter 11, § 36 a.E.

1480 Lord Justice Auld, Criminal Courts Review, Chapter 11, § 36 a.E.

Deutschland wie auch in England dahin, einzelne Elemente des jeweils entgegengesetzten Verfahrensmodells zu implementieren, doch haben sich diese in Bezug auf die deutsche Hauptverhandlung bislang nicht spürbar durchsetzen können. Im Hinblick auf die englische Hauptverhandlung stellt der Bericht des Criminal Courts Review (2001) gemessen an den Forderungen der Royal Commission on Criminal Justice (1993) einen deutlichen Rückschritt dar, mit anderen Worten eine bewußte Rückbesinnung auf die Rolle des Richters im klassischen adversatorischen Verfahrensmodell. Für die Vorbereitung der Hauptverhandlung favorisiert Lord Justice Auld hingegen eine Stärkung der richterlichen Autorität, allerdings unter gleichzeitiger Zurückdrängung der gerichtlichen *pretrial hearings* zu Gunsten einer außergerichtlichen Kooperation der Parteien, wodurch diese Forderung deutlich relativiert wird.[1481]

Die Reformerwägungen in Deutschland wie auch in England veranschaulichen, daß beide Rechtsordnungen auf der Suche sind nach einer effizienten Synthese zwischen den klassischen verfahrensrechtlichen Extremtypen des Parteimodells einerseits und des Inquisitionsmodells andererseits, wobei der jeweilige historische Grundtypus bewahrt werden soll. So finden sich heute in beiden Ländern Mischformen wieder, die im Laufe der historischen Entwicklung auf dem Weg zu einem ausgeglichenen Verfahrensmodell entstanden sind. Dies wird im Hinblick auf die Beweisaufnahme in der Hauptverhandlung besonders deutlich, denn die deutsche Strafprozeßordnung sieht neben der Sachaufklärungspflicht des Gerichts nach § 244 II StPO, gewissermaßen als parteiprozessuales Korrektiv, ein weitreichendes Beweisantragsrecht der Parteien vor. Ähnlich verläßt sich auch das englische Strafprozeßrecht nicht ausschließlich auf die prozessuale Wahrheitsfindung durch die engagierte Auseinandersetzung der Parteien in der Hauptverhandlung, sondern räumt in besonderen Fällen auch dem Richter eine Befugnis zur selbständigen Beweiserhebung und Beweisführung ein.

Vor diesem Hintergrund ist daher auch das in beiden Ländern gleichermaßen zu beobachtende Interesse an ausländischen Rechtssystemen sowie einem entsprechenden Rechtsvergleich im Laufe der letzten Jahre deutlich angestiegen. Während in Deutschland schon seit Jahren die Einführung einzelner Elemente des adversatorischen Verfahrensmodells gefordert wird, befindet sich nun auch der englische Strafprozeß in einer Periode verfahrensrechtlicher Selbstzweifel und zeigt infolgedessen Interesse an einzelnen inquisitorischen Verfahrenszügen.[1482]

Ob und wann einzelne Verfahrenselemente aus ausländischen Rechtsordnungen Eingang in die deutsche oder englische Hauptverhandlung finden werden, wird die Zukunft zeigen. Dabei ist jedoch zu berücksichtigen, daß Verfahrensänderung in diesem Bereich den essentiellen Kern des jeweiligen Verfahrensmodells berühren und aus diesem Grunde mit weitreichenden Folgen

---

1481 Vgl. hierzu die rechtsvergleichenden Ausführungen unter C. I. 2.

1482 Ebenso wie hier Hatchard/Huber/Vogler, Comparative Criminal Procedure, S. 2.

für die Stellung der anderen Verfahrensbeteiligten sowie für den grundsätzlichen Verfahrensablauf verbunden wären. Anders als die richterliche Position im Vorfeld der Hauptverhandlung wäre eine Stärkung respektive Schwächung der richterlichen Kompetenzen in der Beweisaufnahme der Hauptverhandlung mit weitreichenden Konsequenzen für das gesamte Strafverfahren verbunden und aus diesem Grunde allein im Rahmen einer umfassenden Gesamtreform möglich. Dies würde für beide Systeme jedoch eine Abkehr von den historischen Wurzeln des eigenen Verfahrenmodells bedeuten, weshalb eine solche Entwicklung für die Zukunft sehr unwahrscheinlich sein dürfte. Vielmehr werden in beiden Ländern wohl eher nur einzelne Elemente des jeweils anderen Strafverfahrensmodells Berücksichtigung finden, die zwar maßgeblich zur Verfahrensverkürzung beitragen, aber gerade nicht den essentiellen Kern des Strafverfahrens und damit die Beweisaufnahme in der Hauptverhandlung betreffen.

(3) Strafzumessung

Im Hinblick auf die richterliche Strafzumessung am Ende der Hauptverhandlung offenbart die rechtsvergleichende Untersuchung zunächst diverse Ähnlichkeiten zwischen dem deutschen und dem englischen Strafrichter. So steht beiden Richtern ein Ermessensspielraum zur Verfügung in Bezug auf die Art und die Höhe der zu verhängenden Strafe. Dabei haben die Richter strafschärfende und strafmildernde Umstände gleichermaßen zu berücksichtigen und gegeneinander abzuwägen, so etwa eine besonders schwere Art der Tatbegehung, mögliche Vorstrafen des Angeklagten sowie entsprechende Sozialprognosen. Zudem haben sie gesetzlich vorgegebene Ermessenskriterien zu beachten, darunter insbesondere die Schwere der Tat respektive die Schuld des Täters.[1483]

Bei näherer Betrachtung lassen sich jedoch auch deutliche Unterschiede zwischen der Strafzumessung des englischen und des deutschen Strafrichters erkennen. Diese werden bereits im Vorfeld der richterlichen Strafzumessung im engeren Sinne sichtbar, indem der englische Crown Prosecutor in seinem Plädoyer am Ende des zweiten Teils der Hauptverhandlung, anders als der deutsche Staatsanwalt, nicht die Verhängung einer bestimmten Strafe bzw. eines bestimmten Strafmaßes beantragt. Die Festsetzung der Strafe wird im englischen Strafverfahren vielmehr als ausschließliche Kompetenz des Richters verstanden, welche nicht durch konkrete Strafmaßanträge der Staatsanwaltschaft tangiert werden darf.

Darüber hinaus offenbaren sich klare Differenzen im Hinblick auf die Begründung der verhängten Strafe durch den Richter. Während der Angeklagte im englischen Strafverfahren durch den Richter persönlich angesprochen wird und sich nicht selten moralischen Appellen und eindringlichen Aufrufen zur Besserung

[1483] Siehe hierzu im Ersten Teil unter E. II. 3. e) für den englischen Richter und im Zweiten Teil unter C. II. 1. b) (3) für den deutschen Richter.

gegenüber sieht, haben moralisierende Erwägungen von Seiten des deutschen Richters bei der Begründung der Strafzumessung tunlichst zu unterbleiben, da sie als nichtssagend und überflüssig betrachtet werden.[1484] Dies gilt erst recht für unsachliche Formulierungen und Erwägungen.[1485] Diese Unterschiede sind ohne Zweifel auf das grundlegend abweichende Standing des englischen und des deutschen Richters nicht nur in verfahrensrechtlicher, sondern auch und insbesondere in gesellschaftspolitischer, sozialer und kultureller Hinsicht zurückzuführen, ein Konglomerat zahlreicher, bereits erörterter Divergenzen, welches im Rahmen der rechtsvergleichenden Ausführungen zum unterschiedlichen Urteilsstil in beiden Ländern näher beleuchtet wird.[1486]

Schließlich erscheint aus rechtsvergleichender Perspektive ein weiterer Aspekt interessant, der im Laufe der letzten Jahre in Deutschland wie auch in England zunehmend Aufmerksamkeit erhalten hat: die Absprachenpraxis der Gerichte im Hinblick auf das richterliche Strafmaß.

In Deutschland hat die Absprachenpraxis in Strafsachen in den letzten Jahren so stark zugenommen, daß sie mittlerweile als eigenständiges strafverfahrensrechtliches Institut bezeichnet wird.[1487] Beteiligt sind in der Regel der Strafrichter, im Falle eines Kollegialgerichts der Vorsitzende und der Berichterstatter des Gerichts, sowie der Verteidiger und der Vertreter der Staatsanwaltschaft. Dabei wird durch diese Personen gewöhnlich außerhalb der Hauptverhandlung das weitere Verfahren typischerweise dahingehend abgesprochen, daß der Angeklagte ein Geständnis ablegt und dem Gericht auf diese Weise weitere Beweiserhebungen erspart, daß daraufhin einige Tatkomplexe nach den §§ 154, 154a

1484 So ausdrücklich BGH StV 1998, 261 sowie BGH NJW 1987, 2685 (2. LS). Siehe auch Pohl, Praxis des Strafrichters, S. 175 f.

1485 Siehe hierzu BGH StV 1994, 424; Tröndle/Fischer, StGB-Kommentar, § 46 Rn. 106.

1486 Vgl. die rechtsvergleichenden Ausführungen zur Urteilsstilistik unter C. II. 2. d).

1487 Vgl. Landau/Eschelbach, Absprachen zur Hauptverhandlung, S. 321, Weigend, Abgesprochene Urteile, S. 57 *("fest etabliert")*; Deal (Pseudonym), Der Vergleich, S. 545, der treffend bemerkt: *„(...) fast jeder kennt es, fast jeder praktiziert es, nur keiner spricht darüber."*. Zur Häufigkeit siehe Gerlach, Absprachen im Strafverfahren, S. 19 ff mit Hinweis auf zahlreiche empirische Untersuchungen. Die wahre Flut der rechtswissenschaftlichen Publikationen zu diesem Thema ist bereits seit Jahren unüberschaubar. Aus diesem Grunde sei neben den nachfolgend zitierten Quellen hier nur auf einzelne ausgesuchte Literaturquellen verweisen, die umfassende Hinweise auf die Vielzahl weiterer Publikationen geben: Niemöller, Absprachen, S. 34 ff; Kleinknecht/Meyer-Goßner, StPO-Kommentar, Einl. Rn. 119i; Tröndle/Fischer, StGB-Kommentar, § 46 Rn. 107; Pfeiffer in KK-StPO, Einl. Rn. 29a - 29f. Instruktiv und überaus lesenswert sind zudem die Materialien zum 58. Deutschen Juristentages (DJT), der vom 18.09. bis zum 21.09.1990 in München stattfand und sich mit diesem Phänomen unter dem Thema "Absprachen im Strafverfahren? Grundlagen, Gegensätze und Grenzen" ausführlich beschäftigte. Vgl. den entsprechenden Überblick bei Gallandi, Strafprozessualer Vergleich, S. 47 ff und Böttcher, DJT und Absprachen, S. 49 ff.

StPO ausgeschieden werden und das Gericht eine Strafe verhängt, die den Beteiligten so akzeptabel erscheint, daß sie einen Rechtsmittelverzicht erklären. Aus dieser Mixtur unterschiedlicher Absprachen zwischen verschiedenen Verfahrensbeteiligten sind für den vorliegenden Kontext insbesondere die gerichtlichen Absprachen über das Strafmaß, mit anderen Worten die gerichtliche Zusage, eine bestimmte Strafobergrenze bei Ablegung eines Geständnisses des Angeklagten nicht zu überschreiten, von Bedeutung.

Die Gründe, die zu Absprachen im Strafverfahren führen, erweisen sich als äußerst vielfältig, da letztlich alle Verfahrensbeteiligten – Gericht, Staatsanwalt, Angeklagter und Verteidiger – ein legitimes Interesse an dieser Form der Verfahrensvereinfachung und insbesondere der Verfahrensverkürzung bzw. -beendigung haben.[1488] Als Hauptursache kann jedoch ohne Zweifel die völlige Überlastung der Strafjustiz angeführt werden.[1489]

Die StPO enthält keine positivrechtliche gesetzliche Regelung im Hinblick auf informelle Absprachen im Strafverfahren. Im Jahre 1987 hatte erstmals das BVerfG zur Absprachenpraxis Stellung bezogen und diese nicht für grundsätzlich unzulässig gehalten.[1490] Allerdings mahnte das Gericht ausdrücklich die Beachtung diverser Grenzen an.[1491] In der Folgezeit ergingen sodann zahlreiche Entscheidungen des BGH zur Zulässigkeit und zu den Grenzen von Verfahrensabsprachen, eine Entwicklung der Rechtsprechung, die durch eine Grundsatzentscheidung des 4. Strafsenates im Jahre 1998[1492] zu einem gewissen Abschluß gekommen ist.

In dieser Entscheidung, an der sich die heutige Absprachenpraxis maßgeblich orientiert, befaßt sich der BGH mit der Ablegung eines Geständnisses des Angeklagten gegen Zusicherung einer Strafmilderung und legt zugleich fest, unter welchen Voraussetzungen eine konsensuale Verständigung im Strafprozeß zu-

---

1488 Ausführlich hierzu Gerlach, Absprachen im Strafverfahren, S. 21-28.

1489 Die Strafgerichte geraten zunehmend an ihre Leistungsgrenzen, ein Phänomen, welches nicht nur in der steigenden Anzahl von Strafverfahren, sondern auch in deren wachsender Komplexität begründet liegt. Diesem Druck kann die überlastete Justiz in der Praxis nur durch Zuhilfenahme von Verfahrenserleichterungen und zweckmäßigen Verfahrensverkürzungen standhalten. Vgl. dazu Kleinknecht/Meyer-Goßner, StPO-Kommentar, Einleitung Rn. 119b; Dahs, Chancen und Risiken, S. 154 m.w.N.; Hanack, Bewältigung von Großverfahren, S. 500 ff; Widmaier, Strafprozessualer Vergleich, S. 357 ff.

1490 BVerfG NStZ 1987, 419 mit Anm. Gallandi.

1491 So dürfe die Freiheit der Willensbetätigung und der Willensentschließung des Angeklagten nicht unter Verstoß gegen § 136a StPO beeinträchtigt werden. Zudem dürfe das Gericht seine Sachaufklärungspflicht nach § 244 II StPO nicht verletzen, indem es sich mit dem Geständnis, das der Angeklagte gegen die Zusage oder das In-Aussicht-Stellen einer Strafmilderung abgegeben hat, begnügt, obwohl eine weitere Beweiserhebung naheliegt. Die Strafe dürfe ferner nicht unangemessen niedrig sein.

1492 BGHSt 43, 195 = NJW 1998, 86.

lässig ist.[1493] Danach muß die Verständigung in öffentlicher Hauptverhandlung unter Mitwirkung aller Verfahrensbeteiligten stattfinden, wobei jedoch Vorgespräche außerhalb der Hauptverhandlung nicht ausgeschlossen sind. Das Ergebnis der Verständigung muß als vorgeschriebene Förmlichkeit im Hauptverhandlungsprotokoll niedergelegt werden. Zudem hat das Gericht das Geständnis des Angeklagten daraufhin zu überprüfen, ob es glaubhaft ist, vor allen Dingen darf es sich hierzu aufdrängende Beweiserhebungen nicht unterlassen. Des weiteren darf das Gericht keine bestimmte Strafe zusagen, sondern lediglich eine Strafobergrenze angeben, die es nicht überschreiten werde. An diese Zusage ist es nur dann nicht gebunden, wenn sich in der Hauptverhandlung neue, bislang noch unbekannte schwerwiegende Umstände zu Lasten des Angeklagten ergeben haben. Im übrigen hat das Gericht sowohl bei der Zusage des Nichtüberschreitens wie auch bei der Strafbemessung selbst die allgemeinen Strafzumessungsgrundsätze zu beachten. Die Strafe darf insbesondere den Boden der Schuldangemessenheit nicht verlassen. Ferner darf auch das aus Anlaß einer Absprache abgelegte, taktische Geständnis strafmildernd berücksichtigt werden.

Durch diese Entscheidung wird die strafprozessuale Absprachenpraxis, die sich im Laufe der Jahre praeter legem entwickelt hat und bei realistischer Betrachtungsweise wohl auch nicht mehr zur Unzulässigkeit zurückgeschraubt werden kann[1494], nunmehr auch seitens der höchstrichterlichen Rechtsprechung anerkannt. Dabei bleibt jedoch abzuwarten, wie scharf der BGH die Einhaltung dieser selbstformulierten Kriterien in Zukunft beobachten wird.[1495] Zumindest aber werden die Absprachebeteiligten hierdurch in gewissem Maße vom Ruch des verbotenen Handelns entlastet, wenngleich die Grundsatzentscheidung des BGH trotz ihrer differenzierten Beurteilungsweise in der rechtswissenschaftlichen Literatur nicht unumstritten ist.[1496]

Im Hinblick auf die zukünftige Entwicklung der strafprozessualen Absprachen sei darauf hingewiesen, daß die Bundesregierung in ihrem Beschluß zu den Eckpunkten einer Reform des Strafverfahrens vom 06.04.2001 ausdrücklich eine Förderung konsensualer Elemente im Strafverfahren gefordert hat.[1497] Ziel der

---

1493 Vgl. hierzu auch den systematischen Überblick bei Landau/Eschelbach, Absprachen zur Hauptverhandlung, S. 321 ff; Kleinknecht/Meyer-Goßner, StPO-Kommentar, Einl. Rn. 119e - 119g; Weigend, Abgesprochene Urteile, S. 57 ff.

1494 Ebenso Meurer, Dogmatik und Pragmatismus, S. 2944 und Weigend, Abgesprochene Urteile, S. 63 mit weiteren Nachweisen in Fn. 73.

1495 Insofern verwundert die Entscheidung des BGH NStZ 1999, S. 92, da hier offensichtlich entgegen den Kriterien der Grundsatzentscheidung kein Grund gesehen wird, der Glaubwürdigkeit eines abredebedingten Geständnisses des Angeklagten durch weitere Beweisaufnahmen nachzugehen. Zu Recht kritisch hierzu Kühne, Strafprozeßrecht, Rn. 750; Weigend, Abgesprochene Urteile, S. 61 f.

1496 Vgl. Landau/Eschelbach, Absprachen zur Hauptverhandlung, S. 321; Gerlach, Absprachen im Strafverfahren, S. 17, 19; Widmaier, Strafprozessualer Vergleich, S. 358.

1497 Näher dazu Bundesregierung, Eckpunkte einer Reform, S. 314 ff.

Bundesregierung ist es in diesem Zusammenhang auch, eine gesetzliche Normierung der Absprachen im Strafverfahren zu erreichen, um die rechtstaatlichen Grenzen der Absprachenpraxis verbindlich festzulegen und unerwünschte Praktiken, die auf der Grundlage der jahrelang unsicheren Rechtslage entstanden sind, zu unterbinden.[1498] Die nähere Ausgestaltung dieser gesetzlichen Regelungen bedarf jedoch zweifellos noch einiger intensiver Debatten und wird voraussichtlich auch auf verschiedene Gegenstimmen treffen.

Ähnlich wie in Deutschland fand sich die gerichtliche Absprachenpraxis über das Strafmaß in den letzten Jahren vermehrt auch in England im Zentrum rechtswissenschaftlicher Diskussionen wieder. Anlaß hierzu war und ist die etablierte und mittlerweile auch gesetzlich anerkannte Praxis des *sentence discount*[1499], wonach dem Angeklagten ein Strafnachlaß gewährt wird, wenn er im Gegenzug in einem möglichst frühen Verfahrensstadium ein Schuldgeständnis *(guilty plea)* ablegt. Auf diese Weise trägt der Angeklagte nicht nur zur Verfahrensbeschleunigung bei, sondern darüber hinaus auch zur Reduzierung der Verfahrenskosten und schließlich auch zur Entlastung der ansonsten in der Hauptverhandlung vernommenen Zeugen, weshalb ihm im Gegenzug ein milderes Strafmaß gewährt wird. Hintergrund dieser Verfahrenspraxis ist die Tatsache, daß sich die meisten Angeklagten im englischen Strafverfahren erst zu einem sehr späten Zeitpunkt für schuldig bekennen mit der Folge, daß die getroffenen Verfahrensvorkehrungen – wie etwa die Zusammenstellung einer Jury oder die Terminierung von Verhandlungstagen – hinfällig werden, eine Konstellation, die gewöhnlich auch als *cracked trial* bezeichnet wird. Mit der Entscheidung des Court of Appeal im Fall R. v. Turner[1500] aus dem Jahre 1970 sollte die bis dahin übliche informelle, nahezu geheimnisvolle Erkundigung des Verteidigers über das voraussichtliche Strafmaß beim zuständigen Richter (vorzugsweise in Form eines vertraulichen Gespräches in dessen Dienstzimmer) endgültig und wirksam unterbunden werden. Jedoch hat die Verfahrenspraxis der letzten Jahrzehnte gezeigt, daß diese Vorgaben in vielfältiger Art und Weise seitens der Strafverteidiger wie auch seitens der Richter unterlaufen werden.

Angesichts dieser Entwicklung hatte bereits die Royal Commission on Criminal Justice im Jahre 1993 insofern eine Entspannung der Turner-Regeln gefordert, als daß der Richter auf Antrag des Angeklagten zumindest das Höchstmaß an Strafe bekanntgeben sollte, welches er im Falle eines Schuldbekenntnisses zu dem konkreten Zeitpunkt verhängen würde. Hingegen sollte es dem Richter

---

1498 So ausdrücklich Däubler-Gmelin, Reform des Strafprozesses, S. 362.

1499 Vgl. Section 152 des Powers of Criminal Courts (Sentencing) Act 2000, welche die Vorschrift des Criminal Justice and Public Order Act 1994, Section 48 in der durch den Crime (Sentences) Act 1997 geänderten Fassung übernimmt. Siehe auch die obigen Ausführungen im Ersten Teil unter E. II. 3. e).

1500 (1970) 54 Cr.App.R., S. 322 ff.

nicht erlaubt sein, dem Angeklagten das Strafmaß für den Fall eines Schuldbekenntnisses im unmittelbaren Vergleich mit dem Strafmaß im Falle einer Verurteilung nach erfolgter Hauptverhandlung mitzuteilen, da dies einen zu großen Druck auf in Wahrheit unschuldige Angeklagte ausüben würde, die sich sodann aus Angst vor der höheren Strafe schuldig bekennen würden.[1501]

In neuerer Zeit hat sich zudem der Criminal Courts Review (2001) ausführlich mit der Praxis des *sentence discount* befaßt und zu diesem Thema zahlreiche Meinungen innerhalb der juristischen Berufswelt eingeholt.[1502] Auf dieser Grundlage sprach Lord Justice Auld sodann die Empfehlung aus, der Richter solle dem Angeklagten in Zukunft auf dessen Anfrage hin das voraussichtliche Höchststrafmaß für den Fall der Ablegung eines Schuldbekenntnisses und das mögliche Strafmaß im Falle einer Verurteilung nach Durchführung der Hauptverhandlung mitteilen.[1503] Dies setze den Angeklagten keinesfalls unter einen unakzeptablen Druck, sondern führe ihm vielmehr genau den Vergleich vor Augen, den dieser bei seinen Überlegungen, ob er seine Schuld eingestehen solle oder nicht, erwägen würde.[1504] Dabei müsse die Anfrage seitens des Angeklagten durch seinen Verteidiger gestellt werden, was entweder in nichtöffentlicher Sitzung in Anwesenheit des Staatsanwaltes, des Angeklagten und seines Verteidigers sowie eines Gerichtsberichterstatters erfolgen könne oder in vertraulicher Sitzung unter vollständiger Protokollierung eines Gerichtsschreibers. Der Gefahr eines nicht wahrheitsgemäßen Schuldbekenntnisses solle dadurch entgegengewirkt werden, daß zum einen der Verteidiger dem Angeklagten raten solle, sich nur dann für schuldig zu bekennen, wenn er es auch wirklich sei. Zum anderen solle sich auch der Richter durch eine direkte Befragung des Angeklagten von der Echtheit und Freiwilligkeit des abgelegten Geständnisses sowie davon überzeugen, daß der Angeklagte die damit verbundenen Folgen verstanden hat.[1505]

1501 Royal Commission on Criminal Justice, Report 1993, Chapter 7, §§ 41 - 58; Chapter 12, Recommendations 156 - 163.

1502 Dabei sprachen sich zahlreiche Richter und ein Großteil der Praktiker für eine Rückkehr zur Verfahrensweise vor dem Turner-Urteil aus, wenngleich diesbezüglich eine formellere Art und Weise der Durchführung angestrebt werden sollte. Ähnlich äußerte sich auch der Bar Council. Im Gegensatz dazu wurde von Seiten der Rechtswissenschaft teilweise heftige Kritik laut, die sich jedoch nicht nur gegen die Gewährung eines Strafnachlasses für den Fall eines Schuldbekenntnisses wendete, sondern in erster Linie gegen die grundsätzliche Geltung und Behandlung der guilty pleas im englischen Strafverfahrensrecht. Vgl. zusammenfassend dazu Lord Justice Auld, Criminal Courts Review, Chapter 10, §§ 97 - 99 sowie Ashworth, The Criminal Process, S. 276 - 297 mit beachtlichen Erörterungen zahlreicher Gründe, die gegen die Verfahrensweise des "sentence discount" sprechen. Ebenso Darbyshire, Plea Bargaining and Sentencing Rewards, S. 895 ff mit zahlreichen Nachweisen. Vgl. aber auch die – letztlich nicht überzeugende – Erwiderung hierzu bei Lord Justice Auld, Criminal Courts Review, Chapter 10, §§ 103 - 114.

1503 Lord Justice Auld, Criminal Courts Review, Chapter 2, Recommdendation 187.

1504 So ausdrücklich Lord Justice Auld, Criminal Courts Review, Chapter 10, § 112.

1505 Lord Justice Auld, Criminal Courts Review, Chapter 10, § 114.

Des weiteren soll die Strafmaßprognose, mit anderen Worten die Zusage, eine bestimmte Strafobergrenze im Falle eines Schuldbekenntnisses nicht zu überschreiten, nicht nur den an der Absprache beteiligten Richter selbst, sondern auch jeden anderen in diesem Verfahren urteilenden Richter binden.[1506] Im übrigen sprach sich Lord Justice Auld für die gesetzliche Festlegung einer graduell abgestuften Skala der zu gewährenden Strafnachlässe *(judicial sentencing guidelines)* aus.

Die Untersuchungsergebnisse und Empfehlungen des Criminal Courts Review (2001) lassen als klare Zielvorgabe eindeutig erkennen, die inzwischen durchaus gängige Praxis des *sentencing discount* aus dem zweifelhaften Graubereich der verfahrensrechtlichen Zulässigkeit herauszulösen und in Form gesetzlicher Bestimmungen rechtmäßig zu etablieren. Diese Erwägungen sehen sich aus rechtswissenschaftlicher Perspektive zwar beachtlichen Bedenken gegenüber, die auch durch die entsprechenden Ausführungen Lord Justice Aulds nicht völlig entkräftet werden. Dies gilt vor allen Dingen für den Gesichtspunkt, daß auf in Wirklichkeit unschuldige Angeklagte kein unangemessener Druck zur Ablegung eines Geständnisses ausgeübt werde. Jedoch scheinen die zunehmende Fallast der englischen Strafgerichte sowie die große Anzahl der *cracked trials* und der aus sonstigen Gründen unnötig durchgeführten Hauptverhandlungen diese skeptische Zurückhaltung der Lehre im Rahmen einer Gesamtabwägung schließlich zu übertreffen. Den offenbar dringenden Bedürfnissen der verfahrensrechtlichen Praxis wird gegenüber den theoretischen Bedenken der Rechtswissenschaft offenbar mehr Gewicht zugemessen und infolgedessen der Vorzug gegeben, eine in erster Linie durch pragmatische Gesichtspunkte gekennzeichnete Abwägung, die in typisch englischer Manier das Funktionieren des Systems und nicht etwa dessen theoretische Basis in den Vordergrund stellt. Für die Zukunft bleibt jedoch abzuwarten, ob die Reformvorschläge des Criminal Courts Review (2001) in diesem Zusammenhang auch tatsächlich umgesetzt werden oder ob sie, ähnlich wie die diesbezüglichen Forderungen der Royal Commission on Criminal Justice (1993), lediglich ein theoretisches Grundkonzept bleiben. Letzteres dürfte aus den bereits genannten Gründen aber eher unwahrscheinlich sein.

Im Rahmen einer abschließenden Gesamtschau läßt sich somit festhalten, daß Absprachen über das Strafmaß im deutschen wie auch im englischen Strafverfahren heute fest etablierte Verfahrensinstitute darstellen. Vor dem Hintergrund der zunehmenden Überlastung der Justiz in quantitativer wie auch in qualitativer Hinsicht werden sie nicht nur als ein sinnvolles Instrument zur Verfahrensverkürzung, zur Einsparung von Verfahrenskosten sowie zur Entlastung von Opfern und Zeugen angesehen, sondern in vielen Bereichen – wie etwa der Wirtschaftskriminalität – sogar als unentbehrlich bezeichnet.

[1506] Lord Justice Auld, Criminal Courts Review, Chapter 2, Recommendation 193.

Aus diesem Grunde wird in Deutschland wie in England gleichermaßen eine gesetzliche Normierung der Absprachenpraxis angestrebt, um den Makel des Unerlaubten und Anstößigen von diesem Verfahrensinstitut zu nehmen und auf diese Weise eine effiziente Handhabung in der Praxis zu erreichen. Ob dies durch eine offizielle und weitgehend formalisierte Absprachenpraxis erreicht werden kann, die nicht wie bislang "hinter den Kulissen", d.h. am Telefon oder im Dienstzimmer des vorsitzenden Richters oder auf den Gängen in den Verhandlungspausen stattfindet, bleibt abzuwarten. Ebenfalls abzuwarten bleibt, ob die gesetzlichen Regelungen der Zukunft – anders als die heutigen informellen Verfahrensabsprachen – eben nicht den Anschein eines "Handel(s) mit der Gerechtigkeit"[1507] erwecken, ein beachtlicher und nicht ohne weiteres von der Hand zu weisender Kritikpunkt, mit dem sich das englische Strafverfahren aufgrund des traditionellen *guilty plea*-Systems jedoch weitaus deutlicher konfrontiert sieht als der deutsche Strafprozeß.

c) Richterliche Urteilsbegründung

Im Rahmen der rechtsvergleichenden Untersuchung fallen des weiteren wesentliche Unterschiede hinsichtlich der schriftlichen, richterlichen Urteilsbegründungen ins Auge, welche an dieser Stelle näher beleuchtet werden.

Die englischen Strafrichter an den unteren Gerichten müssen grundsätzlich keine schriftlichen Urteilsbegründungen anfertigen.[1508] So wird an den Magistrates' Courts weder von den Laienrichtern noch von den professionellen District Judges (Magistrates' Courts) eine schriftliche Begründung des Urteils gefordert, wenngleich letztere ihre Entscheidungen in der Regel begründen. Im formellen Strafverfahren vor dem Crown Court wird die Schuldfrage durch die Jury entschieden, welche ebenfalls keine Gründe für ihren Wahrspruch angeben muß. Der Richter darf hier noch nicht einmal nach den Gründen fragen. Lediglich die Entscheidung über die Strafzumessung erfolgt durch den Richter und wird von

---

1507 So der Titel einer Monographie von K. F. Schumann aus dem Jahre 1977, der jedoch lediglich das amerikanische Modell des "plea-bargaining" im Auge hatte. Gleichwohl liegen die Bedenken gegen die Praxis der Verfahrensabsprachen auf der Hand: weder der staatliche Strafanspruch, noch die Einhaltung essentieller Verfahrensgrundsätze, weder die rechtliche Subsumtion des konkreten Lebenssachverhaltes, noch die Grundsätze der Strafzumessung dürfen in das Belieben und zur freien Disposition des Verfahrensbeteiligten und des Gerichts gestellt werden. Siehe hierzu auch Baumann, Rechtsstaatliche Regelung, S. 157 ff; Weigend, Strafzumessung durch die Parteien, S. 200 ff; ders., Effizienz durch Kooperation, S. 774 ff; Haller/Conzen, Das Strafverfahren, Rn. 363 - 365. Ausführlich hierzu auch Hamm, Dilemma der Urteilsabsprachen, S. 33 ff, der von der "*Unmöglichkeit, Informelles zu formalisieren*" spricht.

1508 Nach einem traditionellen Grundsatz des common-law gehört es zu einem ordnungsgemäßen Gerichtsverfahren, daß der Berufsrichter seine Entscheidung im Hinblick auf rechtliche und tatsächliche Streitfragen begründet. Für Laienrichter und District Judges (Magistrates' Courts) gilt diese Regelung aber nicht.

diesem auch (zumindest mündlich) begründet. Nur wenn der Angeklagte ein Rechtsmittel einlegt, was nicht häufig der Fall ist, muß der Richter respektive das Gericht einen Bericht *(case stated)* für die nächste Instanz verfassen. Im Gegensatz dazu werden die Entscheidungen der höheren Gerichte stets begründet, da sie in aller Regel von weitreichender Bedeutung sind.

Das traditionelle Begründungsdefizit an den unteren englischen Gerichten hat in neuerer Zeit, bedingt durch den verschärften Fokus auf den Schutz der Menschenrechte nach Inkrafttreten des Human Rights Act 1998, zunehmend Aufmerksamkeit erfahren. Während sich innerhalb der Richterschaft trotz fehlender gesetzlicher Regelungen in zunehmendem Maße eine Begründungsbereitschaft abzeichnet[1509], ergeht die Entscheidung der Geschworenen nach wie vor ohne jegliche Angabe von Gründen. Dies wirft nahezu zwangsläufig die Frage nach der Vereinbarkeit einer unbegründeten Entscheidung mit den Anforderungen des Artikel 6 EMRK an ein faires Gerichtsverfahren auf, eine Frage, der sich nunmehr auch die englische Strafgerichtsbarkeit zuwendet. Zwar hat der EGMR sich mit diesem Punkt noch nicht unmittelbar befaßt[1510], doch soll dies aus englischer Perspektive auch möglichst vermieden werden, indem dieser Schwachstelle bereits im Vorfeld durch das englische Strafverfahrensrecht abgeholfen wird.[1511]

In diesem Zusammenhang wird teilweise geltend gemacht, der Spruch der Geschworenen bilde im Zusammenspiel mit der rechtlichen Belehrung der Jury seitens des Richters sowie dem richterlichen *summing-up* durchaus eine begründete gerichtliche Entscheidung. Hierbei handelt es sich jedoch um eine sehr oberflächliche Betrachtungsweise, welche weder dem Vergleich mit der begründeten Entscheidung eines Einzelrichters standhält noch das offensichtliche Dunkelfeld der Juryentscheidung aufzuhellen vermag. Die Entscheidungsfindung wie auch die Entscheidungsbegründung seitens der Jury wird daher mehrheitlich als reformbedürftig angesehen. Dabei wird insbesondere darauf hingewiesen, daß die Anforderungen an die englische Strafgerichtsbarkeit im Laufe der letzten Jahrzehnte zunehmend angestiegen sind, insbesondere hinsichtlich der Begründung von Gerichtsentscheidungen sowie im Hinblick auf die ordnungsgemäße Instruktion der Jury, während sich die Anforderungen an das Verdikt der

---

1509 So Lord Justice Auld, Criminal Courts Review, Chapter 5, § 89, Chapter 11, § 63.

1510 Siehe jedoch die diese Problematik deutlich tangierenden Entscheidungen in den Fällen Murray v. The United Kingdom, Urteil vom 08.02.1996 und Condron v. The United Kingdom, Urteil vom 02.05.2000, sowie die Auseinandersetzung mit diesen Fällen bei Lord Justice Auld, Criminal Courts Review, Chapter 5, §§ 94 - 96.

1511 Bezeichnend für das englische Selbstverständnis ist in dieser Hinsicht die ausdrückliche Betonung Lord Justice Aulds, die Erörterung dieser Problematik erfolge nicht, um das Vereinigte Königreich vor einer möglichen Verurteilung aus Straßburg zu schützen, sondern vielmehr um den langhergebrachten eigenen Anforderungen an ein faires Verfahren gerecht zu werden. Vgl. Lord Justice Auld, Criminal Courts Review, Chapter 5, § 96.

Geschworenen nicht in Richtung einer modernen Strafgerichtsbarkeit verändert haben.

Vor diesem Hintergrund fordert nun auch Lord Justice Auld in seinem Untersuchungsbericht Criminal Courts Review (2001), daß die Geschworenen zu einer Begründung der von ihnen gefällten Entscheidung verpflichtet werden sollen. Dies soll in Form eines sog. *special verdict*[1512] erfolgen, indem der Richter der Jury einige Fragen mit rechtlichen Implikationen zur Beurteilung der vorgebrachten Tatsachen stellt und die Geschworenen diese beantworten müssen. Die Beantwortung der Fragen könne nach dem Ermessen des Richters entweder mündlich in öffentlicher Sitzung erfolgen oder in Form eines schriftlichen Fragenkataloges, über den die Geschworenen in zurückgezogener Beratung zu entscheiden haben. Aus diesen Antworten folge sodann die Entscheidung über die Schuldfrage, welche seitens des Richters verkündet werde.[1513] Für die Zukunft bleibt jedoch abzuwarten, ob diese Reformvorschläge letztlich auch in die Praxis umgesetzt werden. Dies dürfte angesichts der breiten Zustimmung im Rahmen der von Lord Justice Auld durchgeführten Umfragen innerhalb der juristischen Profession sowie angesichts der zumindest zweifelhaften Frage nach der Übereinstimmung der gegenwärtigen Praxis mit den Anforderungen der EMRK aber nicht unwahrscheinlich sein.

Im Gegensatz dazu haben die deutschen Strafrichter ihre Entscheidungen stets schriftlich zu begründen, wobei die Anforderungen an eine ordnungsgemäße Urteilsbegründung sehr hoch angesetzt werden.[1514] Ein sog. abgekürztes Urteil gem. § 267 IV StPO kommt nur ausnahmsweise in Betracht, wenn von vornherein feststeht, daß kein Rechtsmittel eingelegt wird und insofern auch kein Rechtsmittelgericht die Urteilsbegründung lesen wird. In diesen Fällen kann sodann offensichtlich überflüssige Schreibarbeit vermieden werden.

Abschließend läßt sich somit festhalten, daß die rechtsvergleichende Untersuchung deutliche Unterschiede im Hinblick auf schriftliche richterliche Urteilsbegründungen in Deutschland und England offenbart. Diese sind in erster Linie

---

1512 Darunter versteht man jedes Verdikt der Jury, welches über die einfache Aussage "schuldig" respektive "nicht schuldig" hinaus geht. Zwar sind derartige "special verdicts" seit dem Beginn des 19. Jahrhunderts in der Verfahrenspraxis der englischen Gerichte nicht mehr üblich, doch bedeutet dies nicht, daß diese Tradition nicht möglicherweise wieder belebt werden könnte. In diesem Sinne auch Lord Justice Auld, Criminal Courts Review, Chapter 11, § 52 a.E. mit zahlreichen Nachweisen auf einschlägige Gerichtsentscheidungen: „*It may be a rusty weapon (...) but perhaps it is time to polish it up and use it again. (...) I see no reason why the jury should not be required to return a special verdict or verdicts if directed by the judge, whatever the present state of the law about that.*".

1513 Siehe Lord Justice Auld, Criminal Courts Review, Chapter 2, Recommendations 249 und 250 sowie die entsprechenden Ausführungen in Chapter 11, §§ 52 - 55.

1514 Vgl. hierzu die obigen Ausführungen zum richterlichen Urteil unter C. II. 1. b) (4).

auf die starke Beteiligung juristischer Laien an den unteren englischen Gerichten – sei es in Form der Magistrates an den Magistrates' Courts oder in Form der Jury im Verfahren vor dem Crown Court – zurückzuführen. Daneben stehen diese Divergenzen jedoch auch in unmittelbarem Wechselspiel mit der Einlegung von Rechtsmitteln in beiden Ländern, worauf an dieser Stelle lediglich kurz hingewiesen werden soll. So gestalten sich die Möglichkeiten der Überprüfung eines Urteils in tatsächlicher Hinsicht in Deutschland auf der Grundlage ausführlicher schriftlicher Urteilsbegründungen der Berufsrichter verständlicherweise umfangreicher, als eine tatsächliche Nachprüfung eines englischen Gerichtsurteils. Vor diesem Hintergrund erklärt sich sodann nicht nur die auffallend höhere Quote eingelegter Rechtsmittel in Deutschland, sondern infolgedessen auch die unterschiedliche Größe und Anzahl der Rechtsmittelgerichte in Deutschland und England.[1515]

d) Urteilsstile

Im Anschluß an die untersuchten Differenzen im Hinblick schriftliche, richterliche Urteilsbegründungen sollen schließlich die unterschiedlichen Urteilsstile in beiden Ländern Erwähnung finden, ein interessantes Phänomen, welches bei der Lektüre deutscher und englischer Gerichtsurteile unweigerlich hervorsticht. Die Stilistik englischer Gerichtsurteile unterscheidet sich auffallend von der deutscher Urteile. So steht dem sehr persönlich gehaltenen, diskursiven Urteilsstil der englischen Richter der nüchterne deutsche Amtstil gegenüber. Dieser Kontrast ist letztlich auf ein Konglomerat zahlreicher, bereits erörterter Unterschiede zurückzuführen – namentlich auf die andersgeartete Stellung des Richters im Strafverfahren sowie auch in der Gesellschaft, die Struktur der Rechtsordnung und die Methodik der Rechtsfindung – und soll im Folgenden näher ausgeleuchtet werden.

Die englischen Richter genießen, wie bereits dargestellt[1516], ein wesentlich höheres Ansehen als ihre deutschen Kollegen, da der Richterberuf mit einem enormen Sozialprestige, einem geradezu elitären Status verbunden ist. Hinzu kommt ein ansehnliches Einkommen, das die Zugehörigkeit zu dieser kleinen, homogenen Elitegruppe finanziell abrundet. In Deutschland hingegen läßt sich ein geradezu konträres Richterbild zu beobachten. Der Richterberuf wird eher als Beruf wie jeder andere angesehen, wobei die Richter sich selbst teilweise immer noch als Staatsdiener sehen.

1515 Siehe hierzu auch Hatchard/Huber/Vogler, Comparative Criminal Procedure, S. 237 mit dem Hinweis darauf, daß das englische Gerichtssystem einer Ausweitung der Möglichkeiten zur Einlegung von Rechtsmitteln personell gar nicht gewachsen wäre.

1516 Vgl. die Ausführungen im Ersten Teil unter A. II. 1. sowie die rechtsvergleichende Untersuchung und Analyse im Zweiten Teil unter A. II. 2. a).

Vor diesem Hintergrund ist es nur allzu verständlich, daß die englischen Richter einen anderen Urteilsstil verwenden als ihre deutschen Kollegen. Das ausgeprägte Selbstbewußtsein sowie das spezifische Selbstverständnis der englischen Richter tritt auch in ihren Urteilen deutlich zu Tage. Bei Mehrheitsentscheidungen werden abweichende Meinungen in persönlichen Sondervoten *(dissenting opinions)* niedergelegt und geradezu selbstverständlich als Bestandteil des Urteils unter namentlicher Angabe des überstimmten Richters mitveröffentlicht. Anders hingegen die deutschen Richter, deren Persönlichkeit hinter der förmlichen Amtssprache zurück tritt. Die abweichenden Meinungen einzelner Richter gehen im anonymen Mehrheitsentscheid des Spruchkörpers unter, mehr noch wird noch nicht einmal der das mehrheitliche Urteil schriftlich verfassende Richter namentlich genannt.

Auffallend ist in diesem Zusammenhang auch, daß die englischen Urteile grundsätzlich in der ersten Person Singular formuliert sind. Auf diese Weise möchte jeder Richter sein Votum als eigene persönliche Leistung zugerechnet wissen. Dabei scheuen sich die englischen Richter auch nicht davor, in der Urteilsbegründung offen mitzuteilen, daß sie persönlich den Fall als schwierig oder die Rechtslage als zweifelhaft oder das Ergebnis als unbefriedigend empfinden, eine in deutschen Gerichtsurteilen undenkbare Bemerkung. Das persönliche Element tritt besonders in den Vordergrund, wenn es in der Urteilsbegründung um ethische sowie im weitesten Sinne politische Wertungsfragen geht, welche sich losgelöst vom dogmatischen Kontext stellen. In den Urteilsbegründungen findet sich sodann der typisch englische Urteilsstil wieder, welcher sich durch sprachlichen Glanz sowie eine unverwechselbare Rhetorik auszeichnet und in nahezu pathetischer Ausdrucksform die Verfahrensbeteiligten von der Vernünftigkeit des richterlichen Urteils zu überzeugen versucht.[1517]

Dem deutschen Richter ist hingegen daran gelegen, jede individuelle Ausdrucksweise möglichst zu vermeiden und das Urteil in stilistischer Hinsicht uniform und nüchtern zu halten. Eine persönliche Akzentuierung des Urteils ist aufgrund der Verwendung feststehender Standardformulierungen sowie einer technisch hoch abstrahierten juristischen Fachsprache geradezu unmöglich. Dabei sei an dieser Stelle betont, daß dementsprechend auch ein wesentlicher Teil der deutschen Juristenausbildung, an der Universität und vor allem während des Referendariats, gerade dazu dient, die Formulierungstechnik eines rechtswissenschaftlichen Gutachtens (sog. Gutachtenstil) respektive eines gerichtlichen Urteils (sog. Urteilsstil) zu vermitteln. Demgegenüber wird die Tradition der engli-

[1517] Insofern verwundert es nicht, daß die Voten mancher Richter, darunter insbesondere die des legendären Lord Denning, in England geradezu berühmt sind und sich wie ein literarisches Werk über die Geschichte oder die Werteordnung Englands lesen. Siehe hierzu unter anderem die Arbeiten von Jowell/McAuslan, Lord Denning and the Law (1984) sowie von Kutzner, Lord Denning und Auslegungstradition (2001), jeweils mit zahlreichen Hinweisen und Entscheidungsrezeptionen.

schen Gerichtsurteile nicht durch die juristische Ausbildung vermittelt, sondern ist vielmehr gekennzeichnet durch den persönlichen Stil des einzelnen Richters sowie seine professionelle Erfahrung und Autorität.[1518]

Die unterschiedlichen Urteilsstile sind ferner auch durch die andersartige Methodik der Rechtsfindung in Deutschland und England bedingt. So ist das englische Recht geprägt durch das System des *common-law*, welches auf einer induktiven Methodik der Rechtsfindung, dem sog. *reasoning from case to case* aufbaut. Danach leitet sich die Lösung für einen konkreten Rechtsfall nicht aus Rechtsvorschriften oder juristischen Fachbegriffen oder Legaldefinitionen ab, sondern muß vielmehr vor dem Hintergrund älterer Fälle in offener Argumentation individuell erarbeitet werden. Dies gilt selbst dann, wenn der konkrete Fall nach einer bestimmten gesetzlichen Vorschrift zu beurteilen ist, was heute angesichts der zunehmenden Kodifikation des englischen Rechts in Form des *statute-law* mehr und mehr der Fall ist. Auch in diesen Fällen versucht der englische Richter niemals den Eindruck zu erwecken, er leite die Lösung des Falles allein aus dem Wortlaut dieser Regelung ab. Vielmehr setzt er den konkreten Fall in Gesamtzusammenhang mit hierzu einschlägigen, bereits ergangenen Entscheidungen *(precedents)* und erörtert die Frage, welche Tragweite die Präjudizien haben, was in ihnen tragender Entscheidungsgrund *(ratio decidendi)* und was lediglich *obiter dictum* ist, welche allgemeinen Regeln, Grundsätze und Prinzipien sich ihnen abgewinnen und für den konkreten Fall fruchtbar machen lassen. Somit wird die Lösung eines Falles im Sinne eines induktiven Denkstils schrittweise angegangen, und zwar ausgehend vom einzelnen Sachproblem hin zum übergeordneten Sachzusammenhang und fundamentalen Grundprinzipien, welche sich aus den einschlägigen *precedents* ergeben. Auf diese Weise wird das Verständnis und die Akzeptanz des richterlichen Urteils für den juristischen Laien zweifellos erhöht, denn dieser folgt der richterlichen Argumentation und kann die Angemessenheit und Vernünftigkeit der Entscheidung schließlich selbst nachvollziehen.[1519]

Entsprechend unterschiedlich stellen sich sodann auch die richterlichen Urteilsbegründungen dar, indem der anschaulichen und lebensnahen Begründung englischer Gerichtsurteile, in denen der Angeklagte persönlich angesprochen wird, die nüchterne Amtssprache der deutschen Richter gegenüber steht, welche nicht selten den Eindruck vermittelt, als bestünde die Lösung des Falles lediglich in der Subsumtion des konkreten Lebenssachverhaltes unter eine abstrakt formulierte Rechtsnorm. Gleichwohl verfolgt die Urteilsbegründung in beiden Ländern das gleiche Ziel. Sie soll die Entscheidung des Gerichts als eine vernünftige

---

1518 Vgl. zu den unterschiedlichen Techniken und Traditionen der professionellen Urteilsformulierung in Deutschland, England, Frankreich, Spanien und Italien: Ranieri, Richterbild in der EU, S. 293 f. Zum Ganzen auch Kötz, Justiz im Stilvergleich, S. 257 ff.

1519 Ebenso wie hier Kötz, Entscheidungsstil I, S. 148.

und einleuchtende Lösung rechtfertigen und von den Entscheidungsadressaten als solche verstanden und akzeptiert werden.

Dies scheint den englischen Gerichtsurteilen auf den ersten Blick besser zu gelingen als den deutschen. Jedoch darf in diesem Zusammenhang nicht außer Acht gelassen werden, daß der spezifische Stil englischer Gerichtsurteile untrennbar mit dem gesellschaftlichen Ansehen, dem Selbstverständnis und der Rekrutierung der englischen Berufsrichter verknüpft ist, so daß sich eine isolierte Betrachtung und erst Recht eine möglicherweise unreflektierte Implementierung in das deutsche Rechtsgefüge verbietet. Des weiteren ist in diesem Zusammenhang auch das oben bereits untersuchte Begründungsdefizit an den unteren englischen Gerichten[1520], den Magistrates' Courts und dem Crown Court, zu berücksichtigen, die als Eingangsinstanzen für alle Strafrechtsfälle fungieren. In den Genuß einer richterlichen Urteilsbegründung im soeben aufgezeigten Stil kommt der Angeklagte daher nur, wenn sein Fall vor den höheren englischen Gerichten entschieden wird, mit anderen Worten wenn er ein Rechtsmittel gegen die erstinstanzliche Entscheidung eingelegt hat.

Für das deutsche Rechtssystem stellt sich vor diesem Hintergrund aber dennoch die berechtigte Frage, ob an jenem unpersönlichen und obrigkeitlichen Amtstil im Zeitalter des 21. Jahrhunderts noch weiterhin festgehalten werden sollte[1521], wenngleich eine diesbezügliche Angleichung an den Begründungsstil englischer Gerichte aufgrund der grundlegend unterschiedlichen Ausgangssituationen sicherlich nicht zweckdienlich wäre[1522].

1520 Siehe die rechtsvergleichenden Ausführungen oben unter C. II. 2. c).

1521 Dieser Urteilsstil mochte so lange plausibel sein, wie noch die Auffassung herrschte, das Gerichtsurteil sei in erster Linie ein Staatsakt, welcher den Rechtsuntertanen eindrucksvolle Kunde von der Majestät des Gesetzes und der strikten Logik der Gesetzesinterpretation gebe. Siehe insofern Kötz, Entscheidungsstil II, S. 185. Diese Auffassung ist mit der Abkehr von der Begriffsjurisprudenz jedoch lange überkommen und mit der gegenwärtigen Forderung nach Bürgernähe der Justiz zweifellos nicht vereinbar. Ferner kann auch die betonte Nüchternheit und Unpersönlichkeit nicht vermeiden, daß der Prozeß der richterlichen Urteilsfindung – bewußt oder unbewußt – von zahlreichen Faktoren beeinflußt wird, welche als soziales Wertebewußtsein und persönlicher Erfahrungshorizont des einzelnen Richters außerhalb der gerichtlichen Entscheidung stehen. Siehe hierzu ausführlich die obigen Ausführungen zur inneren Unabhängigkeit der Richters unter A. III. 1. b) (3) sowie die rechtsvergleichenden Ausführungen zum Ideal des unpolitischen Richters unter A. III. 2. d). Die Befreiung des Richters von diesen Einflüssen stellt ein utopisches Ziel dar, welches zudem in letzter Konsequenz wenig erstrebenswert ist. Wünschenswert wäre vielmehr die offensive Alternative in Form einer offeneren Urteilsbegründung, die den Verfahrensbeteiligten in verständlicher Sprache und nachvollziehbarer Argumentation die richterlichen Wertungsakte vor Augen führt und dem Urteil auf diese Weise die erforderliche Transparenz und Akzeptanz verleiht.

1522 Zu groß ist die Anzahl der deutschen Berufsrichter, so daß sich gerade nicht wie in England eine kleine homogene Gruppe elitärer Juristen herausbilden könnte. Vielmehr wäre eine einheitliche Rechtsprechung aufgrund der pluralistischen Zusammensetzung der

e) Adversatorische und inquisitorische Natur des englischen und deutschen Strafverfahrens

Gewissermaßen als Abschluß der rechtsvergleichenden Ausführungen zum Hauptverfahren sei an dieser Stelle in der gebotenen Kürze aufgezeigt, daß sich weder in England noch in Deutschland reine Verfahrensmodelle des adversatorischen respektive inquisitorischen Strafprozesses wiederfinden. Der altdeutsche Inquisitionsprozeß und das englische Parteiverfahren stellen historisch betrachtet die beiden extremen Gestaltungsalternativen des Strafverfahrens dar, doch finden sich diese in ihrer klassischen, reinen Form heute in beiden Ländern nicht mehr wieder. Mehr noch lassen sich lupenreine Modelle eines Partei- oder Amtsermittlungsverfahrens heute nirgends mehr nachweisen.[1523] Vielmehr haben sich im Laufe der Zeit auf der Suche nach einer effizienten Synthese zwischen diesen klassischen verfahrensrechtlichen Extremtypen sogenannte Typenmischungen herausgebildet, die unterschiedliche Elemente des einen und des anderen Verfahrensmodells miteinander verbinden, wobei der jeweilige historische Grundtypus im Kern bewahrt wird.[1524]

So verknüpft das Modell des gegenwärtigen deutschen Strafverfahrens die Grundprinzipien des Inquisitionsprozesses mit einzelnen Elementen des reinen Parteiverfahrens. Dabei zeigt sich die inquisitorische Grundprägung in der Verfahrensherrschaft des Richters unmittelbar nach Eröffnung der öffentlichen Klage, während die Komponenten des Parteiverfahrens darin bestehen, daß Strafverfolgungs- und Urteilstätigkeit von zwei voneinander unabhängigen Behörden – Staatsanwaltschaft und Gericht – wahrgenommen werden, daß das erkennende

---

deutschen Richterschaft nahezu unmöglich. Ferner fehlt es den deutschen Richtern an der unantastbaren Autorität, der charismatischen Würde ihrer englischen Kollegen, wodurch der Argumentation letzterer noch mehr Gewicht und Tragweite zukommt. Schließlich darf nicht außer Acht gelassen werden, daß in der deutschen Rechtsordnung eindeutig das Gesetzesrecht dominiert, welches von Natur aus eine andere Rechtsfindungstechnik beansprucht als das englische common-law.

1523 Vgl. Findlay, Synthesis in Trial Procedures, S. 29; Stamp, Wahrheit im Strafverfahren, S. 18 m.w.N.; Nelles, Strukturreform des Ermittlungsverfahrens, S. 166.

1524 Vgl. dazu auch Damaska, Faces of Justice, S. 3, die im Hinblick auf eine rechtsvergleichende Gegenüberstellung des adversatorischen und inquisitorischen Systems zu dem Ergebnis gelangt: *„The adversarial mode of proceeding takes its shape from a contest or a dispute (...) The nonadversarial mode is structured as an official inquiry. (...) Beyond this core meaning uncertainty begins. It is unclear how far the adversarial process yields to the wishes of the parties ("how passive the judge?") and how pervasive official control is in the inquisitorial mode ("how active the officials?"). Each concept is endowed with features of a different shape (...) Particularly confusing is the habit of incorporating into the two models of procedure various traits whose relation to the opposition of contest and inquest ideas is tenuous at best. (...) The more each concept embraces such loosely knit collections of characteristics, the more obvious becomes that the premises of the opposition are uncertain or ambiguous."*.

Gericht an der Ermittlungstätigkeit im Vorfeld des Hauptverfahrens nicht teilhat und daß die gerichtliche Untersuchung von der Erhebung einer öffentlichen Klage abhängt (Akkusationsprinzip). Ferner prägt auch das Beweisrecht der Parteien, gewissermaßen als parteiprozessuales Korrektiv zum richterlichen Amtsermittlungsgrundsatz, den Ablauf der Beweisaufnahme in der Hauptverhandlung.

Der englische Strafprozeß hingegen wird zwar in erster Linie durch die Grundsätze des Parteiverfahrens dominiert, doch finden sich auch hier Ansätze des inquisitorischen Modells, welche im Laufe der Zeit immer stärker betont worden sind. In diesem Zusammenhang sind insbesondere die richterlichen Kompetenzen im Rahmen der Hauptverhandlung zum Ausschluß von Beweisen *(exclusion of evidence)*, zur Befragung und sogar zur eigenständigen Ladung von Zeugen *(questioning and calling of witnesses)* zu nennen. Daneben wird zum Zwecke der Verfahrensverkürzung durch den Criminal Courts Review (2001) zudem eine Stärkung der richterlichen Kompetenzen im Rahmen der Vorbereitung der Hauptverhandlung favorisiert.

Insofern demonstrieren das deutsche wie auch das englische Strafverfahrensmodell, daß die Ausrichtung an einem bestimmten verfahrensrechtlichen Grundtypus, sei es der historische Inquisitionsprozeß oder das klassische Parteiverfahren, letztlich nicht daran hindert, bestimmte Fragen oder Verfahrensbereiche nach anderen Regelungsmustern zu gestalten, insbesondere einzelne Aspekte des entgegengesetzten Verfahrensmodells zu implementieren.

Dritter Teil: Zusammenfassung und abschließendes Resümee

A. Verfahrensübergreifender Untersuchungsansatz

Die vorliegende Arbeit verfolgt eine besondere Herangehensweise, ein spezifisches Konzept der rechtsvergleichenden Untersuchung. Der Fokus richtet sich nicht gleich zu Beginn auf die richterlichen Kompetenzen im Strafverfahren, Ausgangspunkt der Arbeit ist vielmehr ein verfahrensübergreifender Untersuchungsansatz. Mit anderen Worten beschränkt sich die rechtsvergleichende Untersuchung und Analyse nicht auf die richterlichen Kompetenzen in den einzelnen Verfahrensabschnitten des Strafprozesses, sondern setzt bereits im Vorfeld des Strafverfahrens an. So werden die Grundlagen des Richteramtes in Deutschland und England ausführlich und in vielfacher Hinsicht ausgeleuchtet, insbesondere im Hinblick auf die unterschiedliche Ausbildung und Sozialisation der Richter sowie hinsichtlich der verfassungsrechtlichen Konzeption des Richteramtes in beiden Ländern.

Dieser Untersuchungsansatz wurde aus dem Grunde gewählt, da eine isolierte Betrachtung der richterlichen Kompetenzen im Strafverfahren ohne Berücksichtigung des umfassenden ideologischen Gesamtkontexts des jeweiligen Rechtssystems lediglich zu einer abstrakten Würdigung im Sinne einer vordergründigen Gegenüberstellung führen kann, nicht jedoch zu einer grundlegenden Analyse.[1525] Ein wirkliches Verständnis der strafrichterlichen Kompetenzen erfordert daher die Einbettung des Richteramtes in die kulturellen, gesellschaftlichen, politischen und verfassungsrechtlichen Eigenheiten der deutschen und englischen Rechtskultur, mithin eine Einordnung in die rechtsideologische Makroebene. Diese Grundlagenanalyse ist, wie sich im Laufe der Arbeit deutlich gezeigt hat, für die verfahrensrechtliche Stellung des Strafrichters von großer Bedeutung und erschöpft sich gerade nicht in der bloßen Gegenüberstellung von *common-law* und *civil-law*, sondern erfordert vielmehr eine tiefergehende Auseinandersetzung mit der deutschen und englischen Rechtskultur im weiteren Sinne.

Ferner versucht die vorliegende Arbeit die oftmals zu beobachtende puristische Sichtweise im Sinne einer kontrastierenden Gegenüberstellung des klassischen adversatorischen Verfahrensmodells auf der einen Seite und des inquisitorischen Strafverfahrens auf der anderen Seite zu vermeiden. Zum einen bestehen weder das englische noch das deutsche Strafverfahren in derartiger Reinkultur.[1526] Zum anderen, und dies ist im Hinblick auf die europäische Integration von besonderer

[1525] In diesem Sinne wohl auch Jung, Strafverteidigung in Europa, S. 515: „*Es wird gerne übersehen, daß das Recht zur kulturellen Identität gehört und dementsprechend eine besondere binnenkulturelle Verflechtung und gesellschaftliche Prägung aufweist.*".

[1526] Vgl. die entsprechenden Ausführungen im Zweiten Teil der Arbeit unter C. II. 2. e).

Bedeutung, erweckt eine derartige Darstellung meist den Anschein unüberwindbarer struktureller wie auch inhaltlicher Gegensätzlichkeiten, ein bekanntes Vorurteil, welches sich bei näherer Betrachtung nicht nur als oberflächlich, sondern angesichts zahlreicher Konvergenzen in der Praxis vielfach auch als grundlegend verfehlt herausstellt.[1527] Vor diesem Hintergrund soll die vorliegende Arbeit vor allen Dingen dem weitverbreiteten Denken in nationalen Stereotypen Grenzen aufzeigen und statt dessen den Weg in Richtung eines grenzüberschreitenden Verständnisses sowie einer entsprechenden Verständigung weisen. Die Arbeit versucht hinter die Fassade beider Rechtssysteme zu blicken und sucht dort nach tieferliegenden Unterschieden wie auch Gemeinsamkeiten. Dabei zeigen sich an vielen Stellen fundamentale Übereinstimmungen, wie etwa hinsichtlich des Ziels des Beweisaufnahme. Auf der anderen Seite wird der Blick aber auch geschärft für die unterschiedlichen theoretischen Ansätze, durch welche beide Systeme versuchen, ihre Zielsetzungen zu erreichen.

B. Zusammenfassung der rechtsvergleichenden Untersuchung und Analyse

Im Rahmen der folgenden Zusammenfassung werden die verschiedenen Einzelergebnisse der rechtsvergleichenden Untersuchung und Analyse systematisch zusammengefaßt, so daß sich nunmehr eine abschließende Gesamtbetrachtung, mit anderen Worten ein umfassendes Resümee ergibt. Zu konkreten Einzelfragen, insbesondere im Hinblick auf die Auswirkungen des im Oktober 2001 veröffentlichten *Review of the Criminal Courts of England and Wales* sei freilich auf die einzelnen Kapitel der Arbeit verwiesen.

Als Quintessenz dieser Arbeit läßt sich festhalten, daß zwischen dem deutschen und dem englischen Strafrichter in vielfacher Hinsicht grundlegende Unterschiede bestehen. Diese treten zum einen vor dem Hintergrund der wesentlich anderen Rechtskultur zu Tage und wurden daher im Zusammenhang mit den untersuchten Grundlagen des Richteramtes in beiden Ländern deutlich. Zum an-

---

[1527] Treffend hierzu auch Kötz, Rechtskreislehre, S. 497, der die sog. Rechtskreislehre als irreführend und sogar gefährlich bezeichnet, *„weil sie die Unterschiede zwischen Civil Law und Common Law mit allzu starken Farben malt, das Trennende statt das Verbindende herausstreicht und Gegensätze sieht, wo die Entwicklung in Wahrheit auf konvergierenden Linien verläuft.“* und im Anschluß daran hinzufügt *„In der Tat kann ich aus eigener Erfahrung berichten, daß, wer das englische Common Law für eine kontinentaleuropäische Leserschaft darstellen möchte, nur schwer der Neigung wiederstehen kann, das Merkwürdige und Fremdartige, das Charakteristisch Andere zu betonen, und sei es auch nur, weil er damit seine Leser besser unterhalten und gleichzeitig die eigene Aufgabe als besonders schwierig erscheinen lassen kann.“*.

deren manifestieren sich diese Divergenzen aber auch in der richterlichen Stellung im Strafverfahren selbst, genauer gesagt in den unterschiedlichen strafrichterlichen Aufgabenbereichen und Kompetenzen.

Die rechtsvergleichende Untersuchung hat jedoch auch aufgezeigt, daß sich das englische und das deutsche Rechtssystem in vielen Bereichen sehr ähnlich sind. So werden teilweise die gleichen Zielsetzungen lediglich auf unterschiedliche Art und Weise verfolgt. Infolgedessen richtete sich der Fokus der Arbeit an vielen Stellen auf die unterschiedlichen Instrumente und Sicherungsmechanismen hinter der vordergründigen Fassade, die auf den ersten Blick den Eindruck unüberwindbarer Gegensätzlichkeiten vermittelt, während die unterschiedlichen Grundprinzipien letztlich auf das gleiche Ziel zusteuern. Schließlich verbleiben jedoch zahlreiche tiefgreifende Unterschiede und landesspezifische Eigenheiten, die selbst im Rahmen einer verfahrensübergreifenden Grundlagenanalyse nicht eingeebnet werden können.

I. Grundlagen des Richteramtes

Ausgangspunkt der Grundlagenanalyse ist die landesspezifische Einbettung des Richteramtes in den historischen, kulturellen, politischen und gesellschaftlichen Kontext sowie die Untermauerung durch verfassungsrechtliche Grundsätze, Konventionen und Traditionen. Im Hinblick auf diese Grundlagen des Richteramtes außerhalb des verfahrensrechtlichen Kontextes bestehen in Deutschland und England deutliche Divergenzen, welche sich nicht nur in den Persönlichkeitsmerkmalen der Richter und deren Selbstverständnis manifestieren, sondern auch und gerade in dem gesellschaftlichen Richterbild sowie der Akzeptanz richterlicher Entscheidungen. Darüber hinaus richtete sich der Fokus der rechtsvergleichenden Untersuchung auf die verfassungsrechtliche Konzeption des Richters in beiden Ländern, wobei insbesondere das englische Verfassungsrecht sowie diesbezügliche Entwicklungstendenzen im Zuge der fortschreitenden europäischen Integration kritisch beleuchtet wurden.

Insgesamt gibt die Arbeit einen vertiefenden Einblick in die deutsche und insbesondere in die englische Rechtskultur. Aus der rechtsvergleichenden Untersuchung und Analyse dieser Grundlagen des Richteramtes seien im Folgenden in der gebotenen Kürze die markantesten Aspekte herausgegriffen. Zur ausführlichen Erörterung einzelner Gesichtspunkte, insbesondere zur vollständigen Erfassung der zahlreichen Interdependenzen innerhalb des englischen Rechtssystems sei auf die umfangreichen Ausführungen im ersten Teil der Arbeit und die entsprechenden rechtsvergleichenden Untersuchungen im zweiten Teil verwiesen.

Zu Beginn der Grundlagenanalyse wurde festgestellt, daß weder in Deutschland noch in England unabhängig von der allgemeinen Juristenausbildung eine spezifische Ausbildung zum Richter vorgesehen ist.[1528] Vielmehr werden die Richter in beiden Ländern aus dem Pool besonders qualifizierter Juristen ernannt, wobei die deutschen Richter bereits in jungen Jahren im unmittelbaren Anschluß an ihre juristische Ausbildung rekrutiert werden, während für das Richteramt in England ausschließlich besonders erfolgreiche Rechtsanwälte aus der Praxis in Betracht kommen, die eine langjährige Berufserfahrung vorzuweisen haben. Im Hinblick auf Ziel, Struktur, Inhalt, Regelung und Dauer der Juristenausbildung bestehen in beiden Ländern greifbare Unterschiede, die bei näherer Betrachtung vornehmlich auf die unterschiedlichen Rechtssysteme, genauer gesagt auf die unterschiedlichen Methoden der Rechtsfindung zurückzuführen sind. Letztere kommen besonders deutlich in den akademischen Ansprüchen zum Ausdruck, welche an die wissenschaftliche Ausbildungsphase gestellt werden.

Noch offensichtlicher werden die unterschiedlichen Anforderungsprofile im Zusammenhang mit der Auswahl, Ernennung und Beförderung der Richter in Deutschland und England.[1529] So steht der strengen und noch vor nicht allzu langer Zeit weitestgehend undurchsichtigen Richterauswahl auf englischer Seite, das formelle deutsche Auswahlverfahren anhand des verfassungsrechtlichen Leistungsprinzips (Artikel 33 II GG) gegenüber, ein deutlicher Kontrast, der sich in zahlreichen Feinheiten der einzelnen Auswahl- und Ernennungssysteme näher konkretisiert. An dieser Stelle sei jedoch lediglich das Endergebnis des richterlichen Auswahlprozesses hervorgehoben, mit anderen Worten der avisierte Grundtypus des auf diese Weise herausgefilterten, auserwählten Richters. Dieser stellt sich in England als einer der besten und erfahrensten Juristen aus dem Kreise der langjährig erfolgreichen Rechtsanwälte dar. Da er eine erfolgreiche Karriere in der freien Wirtschaft bereits hinter sich hat, begreift er das Richteramt als ehrenvolle Krönung seiner juristischen Laufbahn, wobei die Ehrfurcht und der Stolz, die mit der Ausübung eines Richteramtes verbunden sind, die lukrative Tätigkeit in der freien Wirtschaft bei weitem überragen. Der englische Richter zeichnet sich daher durch einen umfangreichen Erfahrungsschatz sowohl in rechtlicher Hinsicht als auch im Hinblick auf seine Lebenserfahrung aus. Er stellt eine gesetzte Persönlichkeit im vorgerückten Lebensalter mit großem Selbstbewußtsein und einer äußerlichen wie auch innerlichen Unantastbarkeit dar, führt ein ausgewogenes Leben und vereinigt in sich all die Persönlichkeitsmerkmale, welche traditionell mit dem englischen Ideal des Gentleman verbunden werden.

[1528] Zur Richterausbildung in England und Deutschland vgl. ausführlich im Ersten Teil der Arbeit unter A. I., im Zweiten Teil der Arbeit unter A. I. 1. sowie insbesondere die rechtsvergleichenden Ausführungen unter A. I. 2.

[1529] Vgl. hierzu im Ersten Teil unter A. II. 3., 5. und im Zweiten Teil unter A. II. 1. b) und 2.

Im Vordergrund der in Deutschland praktizierten Richterauswahl steht hingegen ganz eindeutig die fachliche Qualifikation in Form zweier erfolgreich abgeschlossener juristischer Staatsexamina, wenngleich zunehmend auch soziale Kompetenzen berücksichtigt werden. So findet sich zu Beginn der Richterlaufbahn ein unerfahrener Proberichter wieder, der im Alter von durchschnittlich etwa 30 Jahren noch kein hohes Maß an Lebenserfahrungen, Ruhe oder charakterlicher Gesetztheit vorweisen kann und damit ein geradezu gegensätzliches Persönlichkeitsprofil zum neu ernannten englischen Richter darstellt. Insbesondere die fehlende Berufserfahrung erweist sich in diesem Zusammenhang als wesentlicher Faktor, denn außer der erfolgreich abgeschlossenen juristischen Ausbildung, welche im übrigen auch von allen vor Gericht agierenden Staatsanwälten und Verteidigern absolviert worden ist, kann der neu ernannte Richter auf keine praktischen Berufserfahrungen rekurrieren. Problematisch gestalten sich in Deutschland zudem die Möglichkeiten der Qualitätssicherung in der Justiz, denen nicht nur durch das verfassungsrechtliche Leistungsprinzip Grenzen gesetzt sind, sondern vielmehr auch durch die große Anzahl der deutschen Richter sowie durch die Tatsache, daß im Hinblick auf den deutschen Richterberuf – anders als in England – kein Traditionsbewußtsein und Prestigeempfinden vorherrschen, welche das Richteramt für außerordentlich qualifizierte Juristen attraktiv gestalten könnten.

Vor diesem Hintergrund wird anschaulich, daß das englische und das deutsche Auswahlsystem jeweils andere richterliche Qualitäten und Persönlichkeitsmerkmale in den Vordergrund stellen. Dies ist in erster Linie auf systemimmanente Gründe zurückzuführen, die im Rahmen der rechtsvergleichenden Untersuchung und Analyse eingehend durchleuchtet wurden, spiegelt zu gewissen Grade jedoch auch die nationalen Stereotypen wieder. Als entscheidend und für den Rechtsvergleich von besonderer Bedeutung erweist sich jedoch die unterschiedliche Schwerpunktsetzung respektive die unterschiedlichen Zielvorstellungen, die mit den einzelnen richterlichen Persönlichkeitsmerkmalen verbunden werden.

Da zahlreiche positive Besonderheiten der englischen Richterschaft darauf beruhen, daß es sich um eine kleine elitäre und homogene Gruppe handelt, wendete sich die rechtsvergleichende Untersuchung zudem der Frage zu, warum die Zahl der Berufsrichter in Deutschland verhältnismäßig groß und in England verhältnismäßig klein ist.[1530] Als Grund für die hohe Anzahl an Richtern in Deutschland ist zunächst auf die verfassungsrechtlichen Vorgaben des Grundgesetzes hinzuweisen, denn nach Artikel 92 und 97 GG muß bei jedem Urteil der rechtsprechenden Gewalt ein Berufsrichter mitwirken. Daher können Gerichtsentscheidungen in Deutschland, anders als in England, nicht ausschließlich durch ein Kollegium ungeschulter Laienrichter getroffen werden. Des weiteren bevor-

[1530] Siehe die Ausführungen im Zweiten Teil unter A. II. 2. c).

zugt das deutsche Rechtssystem den Einsatz kollektiver Spruchkörper, während in England das Einzelrichterprinzip favorisiert wird. Zudem ist die personale Flexibilität des englischen Gerichtswesens bedingt durch das Kooptationssystem zu nennen sowie die Tatsache, daß in Deutschland viele Rechtsstreitigkeiten den Gerichten zugewiesen sind, für die in England besonders spezialisierte Tribunale zuständig sind. Ferner läßt das deutsche Recht in weitaus größerem Umfang Rechtsmittel zu als das englische Recht. Abgerundet wird dieses Bild schließlich durch die verhältnismäßig große Bereitschaft der Deutschen, ihre Konflikte vor Gericht auszutragen, ein Umstand, der erheblich zur Belastung der Justiz beiträgt.

In diesem Zusammenhang darf jedoch nicht übersehen werden, daß die kleine elitäre Berufsrichterschaft auch in England ihren Preis hat, den man in Deutschland sicherlich nicht bereit wäre zu zahlen. So werden in England grundsätzlich keine schriftlichen Urteilsbegründungen angefertigt, die zur Verfügung stehenden Rechtsmittel gegen ein Urteil sind sehr begrenzt und die überaus breit angelegte Heranziehung von Laienrichtern, welche an den unteren Gerichten im Kollektiv zum Teil auch ohne Beteiligung eines Berufsrichters sitzen, birgt die ihr eigenen, naturgemäßen Rechtsunsicherheiten.

Des weiteren wurde die Beteiligung juristischer Laien an Gerichtsverfahren in Deutschland und England untersucht.[1531] Dabei fand sich im deutschen Gerichtssystem nur eine sehr begrenzte Beteiligung juristischer Laien in Form der ehrenamtlichen Laienrichter wieder. Auf keiner gerichtlichen Ebene werden jedoch Entscheidungen ausschließlich durch Laienrichter getroffen. Im Gegensatz dazu ist die Beteiligung juristischer Laien in England weitaus breiter angelegt. So finden sich an den unteren Gerichten, den Magistrates' Courts, ganze Spruchkörper, die ausschließlich aus Laienrichtern *(Lay Magistrates)* bestehen und ohne Beteiligung eines Berufsrichters etwa 97 % der Fallast in strafrechtlichen Fällen entscheiden. Hinzu kommt die Beteiligung der Jury als Herzstück der englischen Rechtskultur. Die Geschworenen nehmen im formellen Strafverfahren vor dem Crown Court eine machtvolle Position ein, da sie allein über die Schuldfrage entscheiden und für ihre Entscheidung keine Gründe angeben. Der Wahrspruch der Jury kann folglich nicht angefochten werden.

Eine Zusammenarbeit von Laienrichtern und professionellen Berufsrichtern, wie sie in Deutschland in Form der gemischten Strafkammern am Amtsgericht und Landgericht praktiziert wird, existiert in der englischen Strafgerichtsbarkeit bislang noch nicht. Jedoch sehen die Reformvorschläge des Criminal Courts Review (2001) die Zuständigkeit einer gemischten Strafkammer *(mixed bench)* am neuen *Unified Criminal Court* vor, und zwar in der Besetzung mit einem Berufs-

[1531] Vgl. im Zweiten Teil unter A. II. 2. g).

richter und zwei beisitzenden Laienrichtern. Ob und wann diese Forderungen jedoch tatsächlich realisiert werden, wird die Zukunft zeigen.

Weiterhin befaßte sich die rechtsvergleichende Grundlagenanalyse eingehend mit dem in Deutschland und England vorherrschenden Richterbild sowie dem richterlichen Selbstverständnis.[1532] Die englische Justiz konnte sich über Jahrhunderte hinweg bis hin zur Gegenwart ein hohes gesellschaftliches Ansehen bewahren, wobei die Gründe für diesen außerordentlichen Status der englischen Richterschaft vielfältig sind und im Rahmen des ersten Teils der Arbeit ausführlich dargelegt wurden. Danach stellt die englische Richterschaft eine kleine homogene Gruppe dar, welche sich vornehmlich aus den gehobenen Gesellschaftsschichten zusammensetzt und aufgrund der außerordentlichen Qualifikation ihrer Mitglieder nicht nur in gesellschaftlicher und sozialer, sondern auch in fachlicher und funktionaler Hinsicht zu Recht als wahre Elite bezeichnet wird. Eine derartige Homogenität kann für die deutsche Richterschaft hingegen nicht bejaht werden, was in erster Linie auf die hohe Anzahl der deutschen Richter zurückzuführen ist. Ebensowenig stellen die deutschen Richter in gesellschaftlicher wie in fachlicher Hinsicht eine besondere Elite dar.

Das richterliche Selbstverständnis steht ebenfalls in engem Zusammenhang mit dem Auswahl- und Ernennungssystem sowie dem Traditionsbewußtsein und Sozialprestige des Richterberufes und dem gesellschaftlichen Richterbild. So kennzeichnet den englischen Richter ein scheinbar unumstößliches Selbstbewußtsein und eine entsprechende innere Unabhängigkeit, die auch nach außen deutlich sichtbar zu Tage treten. Dies ist in erster Linie darauf zurückzuführen, daß die Richter in vorgerücktem Lebensalter aus den Kreisen der erfolgreichsten Rechtsanwälte berufen werden. Da sie in der freien Wirtschaft bereits ein außerordentliches Maß an Erfolg sowie eine beachtliche Reputation erlangt haben, weisen sie als Richter kein gesteigertes Geltungsbedürfnis mehr auf. Ganz im Gegenteil begreifen sie die Ernennung zum Richter als persönliche Ehre und als Krönung ihrer juristischen Tätigkeit, die sie mit Ehrfurcht und der Stolz erfüllt.

Demgegenüber versteht sich der deutsche Richter nach wie vor überwiegend als staatlicher Beamter, weshalb er kein auch nur ansatzweise vergleichbares Selbstbewußtsein wie sein englischer Kollege aufweisen kann. Diese Diskrepanz ist im Hinblick auf die Richter an den unteren Gerichten überaus deutlich, wenngleich sie bei einem Vergleich der höheren Richter nicht gänzlich schwindet. Der neu ernannte deutsche Richter muß sich in jungem Alter zunächst in der gerichtlichen Praxis bewähren und sodann im Laufe seiner Berufserfahrung ein richterliches Selbstbewußtsein aneignen. Anders als in England wird ihm dieses jedoch weder über die juristische Ausbildung, noch über die berufliche Erfahrenheit vor der Ernennung zum Richter, noch über ein mit dem Richteramt

---

[1532] Siehe hierzu im Ersten Teil unter A. II. 1. sowie im Zweiten Teil unter A. II. 1. a) und 2.

selbst verbundenes Sozialprestige vermittelt. Ferner begünstigt das deutsche Gerichtssystem – anders als das englische – nicht gerade die Entwicklung und das Hervortreten individueller Richterpersönlichkeiten, sondern verhindert dies vielmehr durch die Betonung mehrheitlicher und anonymer Kollektiventscheidung.

Abschließend richtete sich der Fokus der rechtsvergleichenden Grundlagenanalyse auf die verfassungsrechtlichen Fundamente des Richteramtes[1533], ein interessanter Ansatz, da es in England an einer Verfassung im klassischen Sinne, mit anderen Worten an einem geschriebenen Verfassungsdokument fehlt. In diesem Zusammenhang wurde zunächst die Bedeutung des verfassungsrechtlichen Grundsatzes der Gewaltenteilung in beiden Ländern näher beleuchtet. Dabei fiel auf englischer Seite unweigerlich die Souveränität des englischen Parlamentes ins Auge, eine spezifische Besonderheit des englischen Verfassungsrechts, welche nicht nur im krassen Gegensatz zum Vorrang der Verfassung in Deutschland steht, sondern sich darüber hinaus auch im Hinblick auf die fortschreitende europäische Integration als nicht unproblematisch erweist. Zwar nehmen das deutsche wie auch das englische Rechtssystem jeweils für sich in Anspruch, den Grundsatz der Gewaltenteilung zu berücksichtigen, doch ist dieses Prinzip in keiner der beiden Rechtsordnungen in seiner klassischen, reinen Form verwirklicht.

Gleichwohl zeigte der systematische Vergleich auf verfassungsrechtlicher Ebene, daß beide Rechtsordnungen auf unterschiedliche Art und Weise die zentrale Intention des Gewaltenteilungsprinzips realisieren und damit letztlich zu dem gleichen Ziel gelangen, der Verhinderung von Machtmißbrauch und Willkürherrschaft sowie der Sicherung der Freiheit des Individuums. So setzt das deutsche Rechtssystem, insbesondere vor dem Hintergrund der Erfahrungen in der NS-Zeit, maßgeblich auf den Vorrang der grundgesetzlichen Verfassung, deren Einhaltung durch das Bundesverfassungsgericht als höchstes Gericht des Landes sichergestellt wird. In England hingegen verläßt man sich auf die politischen Instrumentarien zur Machtkontrolle sowie auf die traditionelle Zurückhaltung der Staatsorgane im Hinblick auf eventuelle Übergriffe in den Kernbereich anderer Staatsgewalten. In diesem Zusammenhang zeigen sich sehr deutlich die politischen Dimensionen des englischen Rechtssystems sowie die Bedeutung des sog. *self-restraint* aller Gewalten im Verhältnis zueinander. Dabei sei jedoch angemerkt, daß die politische Machtkontrolle in England bis heute über Jahrhunderte hinweg funktioniert hat, während dieses Konzept in Deutschland zu den verheerenden Erfahrungen der diktatorischen Vergangenheit geführt hat.

1533 Vgl. im Hinblick auf die ungeschriebene englische Verfassung die Ausführungen im Ersten Teil unter A. III. und hinsichtlich der verfassungsrechtlichen Grundlagen in Deutschland den Zweiten Teil unter A. III. 1. sowie die rechtsvergleichenden Ausführungen im Zweiten Teil unter A. III. 2.

Trotz dieser systematischen Unterschiede auf verfassungsrechtlicher Ebene fiel jedoch auf, daß in beiden Rechtssystemen die Richter und damit die rechtsprechende Gewalt eine besondere, in gewisser Hinsicht vom sonstigen Staatsapparat losgelöste Stellung einnimmt, wenngleich sie in Deutschland aufgrund der Existenz des Bundesverfassungsgerichts als Hüter der Verfassung eine andere Position innehat als in England. In Deutschland manifestiert sich die Macht der Rechtsprechung am deutlichsten im Rahmen der Verfassungsgerichtsbarkeit, während sie in England eher in der alltäglichen Arbeit der Richter zum Ausdruck kommt, da diese durch ihre Entscheidungen täglich neu Recht setzen.

Die verfassungsrechtliche Grundlagenanalyse wendete sich weiterhin dem Grundsatz der richterlichen Unabhängigkeit zu, der in beiden Ländern gleichermaßen Verfassungsrang genießt und von überaus großer Bedeutung für die richterliche Amtsausübung ist. Dabei wurden insbesondere die unterschiedlichen Gefährdungspotentiale in Bezug auf die sachliche, die persönliche, die innere sowie die institutionelle Unabhängigkeit in Deutschland und in England aufgezeigt. Ferner wurde das Ideal des unpolitischen Richters in beiden Ländern kritisch beleuchtet, ein Ansatzpunkt, der den politischen Betätigungsbereich der deutschen und englischen Richter nicht nur rechtsvergleichend gegenüberstellt, sondern darüber hinaus auch versucht, einen Blick hinter die politisch korrekte Fassade zu werfen.

II. Richterliche Kompetenzen im Ermittlungsverfahren

Das deutsche Ermittlungsverfahren liegt de lege lata in den Händen der Staatsanwaltschaft, de facto wird es im Bereich der leichten und mittleren Kriminalität jedoch eindeutig durch die Polizei dominiert, eine inzwischen offenkundige Diskrepanz, welche im Laufe der letzten Jahre zunehmend in den Vordergrund rechtswissenschaftlicher und insbesondere auch rechtspolitischer Diskussionen gerückt ist. Der zuständige Ermittlungsrichter nimmt im Ermittlungsverfahren eine wichtige Kontrollfunktion wahr, wobei in der Praxis vor allen Dingen die richterlichen Kompetenzen zur Anordnung strafprozessualer Zwangsmaßnahmen von Bedeutung sind. Diese stehen an der Spitze eines komplexen Kompetenzgefüges, welches nach Eingriffsintensität abgestuft ist und dementsprechend besonders intensive Maßnahmen der richterlichen Anordnung vorbehält, während andere Maßnahmen auch durch Staatsanwaltschaft oder Polizei angeordnet werden können. Daneben kann der Ermittlungsrichter zudem seitens der Staatsanwaltschaft beantragte Ermittlungshandlungen (§ 162 I StPO) oder sog. richterliche Nothandlungen (§ 165 StPO) vornehmen.

Im Gegensatz dazu liegt das englische Ermittlungsverfahren einzig und allein in den Händen der Polizei. Ein vergleichbares Wechselspiel zwischen richterlichen, staatsanwaltlichen und polizeilichen Kompetenzen wie es die deutsche

StPO vorsieht, existiert im englischen Verfahrensrecht nicht. So können die meisten polizeilichen Maßnahmen vollständig ohne richterliche Mitwirkung und erst recht ohne Beteiligung des Crown Prosecution Service (CPS) angeordnet und durchgeführt werden.

Dem englischen Richter stehen insgesamt keine nennenswerten Einflußmöglichkeiten auf das Ermittlungsverfahren zur Verfügung. Da zumindest de facto kein Bereich der Zwangsmaßnahmen ausschließlich der richterlichen Anordnung vorbehalten ist, werden vergleichbare polizeiliche Befugnisse in der Praxis weitaus öfter in Anspruch genommen als entsprechende richterliche Anordnungen. Somit hat der Richter weder Einfluß auf Art und Ausmaß der polizeilichen Ermittlungen, noch kann er die Arbeit der Polizei auf andere Art und Weise kontrollieren oder überwachen. Originäre richterliche Kompetenzen finden sich lediglich im Hinblick auf die Anordnung von Untersuchungshaft *(custody)* oder die Freilassung auf Kaution *(bail)*. Besondere Aufmerksamkeit verdient aus deutscher Perspektive der Umstand, daß die Maßnahmen der englischen Polizei im Vorfeld der Anklage keiner richterlichen Nachprüfung unterzogen werden. Vielmehr wird die Rechtmäßigkeit bzw. Rechtswidrigkeit von Polizeimaßnahmen, die im Rahmen des Ermittlungsverfahrens vorgenommen wurden, erst zu einem wesentlich späteren Zeitpunkt, nämlich im Rahmen der späteren Hauptverhandlung unter dem Gesichtspunkt der Beweiszulassung *(admissibility of evidence)* erörtert. Dieses Kontrolldefizit im Rahmen des Ermittlungsverfahrens führt zu einer Vielzahl von Verfahrenseinstellungen im Stadium des Hauptverfahrens sowie zu Freisprüchen, sei es aus Mangel an Beweisen oder aufgrund der Nichtverwertbarkeit rechtswidrig erlangter Beweise.

In Deutschland hingegen wird wesentlich mehr Aufwand betrieben, um den Fall schon in einem sehr frühen Stadium zu überprüfen und die Ermittlungstätigkeit der Polizei zu kontrollieren. Diese Kontrollfunktionen werden wahrgenommen von Staatsanwaltschaft und Ermittlungsrichter, mit anderen Worten von juristisch qualifizierten Personen. So besteht etwa für den deutschen Beschuldigten aufgrund des verfassungsrechtlichen Grundsatzes des rechtlichen Gehörs jederzeit die Möglichkeit, gegen ein nicht ordnungsgemäß erlangtes Geständnis zu protestieren. Der englische Beschuldigte muß in der Regel bis zur Eröffnung der Hauptverhandlung warten, um ein auf rechtwidrige Art und Weise erlangtes Geständnis ordnungsgemäß anfechten zu können.

Des weiteren haben der deutsche wie auch der englische Gesetzgeber im Rahmen des Ermittlungsverfahrens eine richterliche Kontrolle in Form von Richtervorbehalten vorgesehen, welche in beiden Ländern jedoch gleichermaßen versagt.[1534] Vor diesem Hintergrund ging die rechtsvergleichende Untersuchung sodann der Frage nach, auf welche (möglicherweise alternative) Art und Weise

---

1534 Siehe hierzu die rechtsvergleichenden Ausführungen im Zweiten Teil unter B. I. 2. d).

ein wirksamer Schutz des Bürgers vor unrechtmäßigen grundrechtsrelevanten Zwangsmaßnahmen sowie eine rechtsstaatliche Kontrolle der staatlichen Strafverfolgungsbehörden am effektivsten gewährleistet werden könne.

In diesem Zusammenhang kommt die Verfasserin zunächst zu dem Ergebnis, daß die deutsche Strafprozeßordnung in quantitativer wie auch in qualitativer Hinsicht ein erheblich umfangreicheres und wesentlich komplexeres Repertoire an Richtervorbehalten aufweist als das englische Strafverfahrensrecht. Während sich das Institut des Richtervorbehalts in Deutschland als verfassungsrechtliche Notwendigkeit in das Bild der Kompetenzordnung im Ermittlungsverfahren natürlich einfügt, stellt es im Rahmen des ausschließlich polizeilich dominierten Ermittlungsverfahrens in England mehr oder weniger einen Fremdkörper dar. Vor diesem Hintergrund wird der Richtervorbehalt in Deutschland als rechtsstaatliches Kontrollinstrument gegenüber der Exekutive sowie zur Sicherung von Grundrechten als unverzichtbar erachtet. Dies gilt insbesondere im Hinblick auf die steigende Tendenz zum Ausbau moderner Ermittlungsmethoden sowie dem damit einhergehenden Machtzuwachs der Polizei im Rahmen der Strafverfolgung. Aus diesem Grunde sind die Ursachen für die praktische Ineffizienz des Richtervorbehalts systematisch auszuschalten.

Das englische Ermittlungsverfahren hingegen vermittelt ein anderes Lagebild, da die richterliche Kontrolle durch die am Magistrates' Courts zuständigen Laienrichter *(Examining Justices)* ohnehin nicht die Intensität und mithin nicht den gleichen Schutzgrad erreichen kann wie die Prüfung durch deutsche Berufsrichter. Zudem wird das englische Ermittlungsverfahren zu sehr und vor allen Dingen zu einseitig durch die Polizei dominiert, als daß sich der Kontroll- und Schutzmechanismus eines Richtervorbehaltes in der Praxis wirksam entfalten und durchsetzen könnte. Angesichts dieser wesentlich anderen Ausgangssituation kann ein effektiver Schutz des sensiblen Schutzbereiches der von polizeilichen Zwangsmaßnahmen Betroffenen sowie eine Kontrolle der polizeilichen Ermittlungsführung in England wohl am wirksamsten durch Maßnahmen und Konzepte erreicht werden, die unmittelbar bei der Anordnung und Durchführung der polizeilichen Ermittlungsmaßnahmen ansetzen. Dieser Gedanke ist in England bereits vor Jahren aufgegriffen worden und hat in den zahlreichen *Codes of Practice*, insbesondere zum Police and Criminal Evidence Act (PACE) 1984 Niederschlag gefunden.

Da sich letztlich in beiden Ländern ein polizeilich dominiertes Ermittlungsverfahren wiederfindet, hat die rechtsvergleichende Untersuchung die Frage nach der rechtsstaatlichen Kontrolle polizeilicher Ermittlungshandlungen aufgeworfen, und ist zu dem Ergebnis gelangt, daß das englische Verfahrensrecht auf eine wesentlich andere Art und Weise als das deutsche Strafprozeßrecht versucht, das polizeilich dominierte Ermittlungsverfahren rechtsstaatlich auszugestalten.[1535] So ist in Deutschland die Kontrolle polizeilicher Ermittlungshandlungen durch Staatsanwaltschaft und auch Ermittlungsrichter bereits im theoretischen Grundgefüge der Strafprozeßordnung angelegt, wenngleich im Hinblick auf den Richtervorbehalt zweifellos ein Kontrolldefizit besteht, welches dringend beseitigt werden muß.

In England hingegen existiert hinsichtlich der polizeilichen Ermittlungsführung keine Kontrollinstanz. Insbesondere die Staatsanwaltschaft in Form des CPS nimmt weder Ermittlungsaufgaben wahr, noch übt sie eine sachliche Kontrolle über die Ermittlungen der Polizei aus. Sie fungiert lediglich als Anklageorgan, nicht aber als Ermittlungsorgan. Doch existieren im englischen Recht diverse andere Kontrollmechanismen, die das polizeiliche Handeln überwachen sollen. In diesem Zusammenhang sind zum einen die gesetzlichen Regelungen der polizeilichen Ermittlungskompetenzen im PACE 1984 und die in diesem Zusammenhang ergangenen *Codes of Practice* zu nennen, und zum anderen die Möglichkeit des Beweismittelausschlusses der Strafgerichte nach Section 78 PACE im Hinblick auf Beweise, die in rechtswidriger Art und Weise erlangt wurden. Während sich die zahlreichen Reglementierungen in den Codes of Practice im Laufe der letzten Jahre durchaus bewährt und spürbar zur Disziplinierung der Polizei beigetragen haben, herrscht über die tatbestandlichen Voraussetzungen des Beweismittelausschlusses nach Section 78 PACE nach wie vor Unklarheit und Verwirrung, weshalb die englischen Strafrichter von dieser Kompetenz bislang nur zögerlich Gebrauch machen.

III. Richterliche Kompetenzen im Zwischenverfahren

Die rechtsvergleichende Untersuchung und Analyse hat gezeigt, daß die richterlichen Prüfungskompetenzen im Rahmen des Zwischenverfahrens in beiden Ländern sehr unterschiedlich ausgeprägt sind, ein Gegensatz, der im Hinblick auf die Möglichkeit einer vorläufigen Beweiswürdigung des Gerichts sowie hinsichtlich dessen Möglichkeit, ergänzende Beweiserhebungen zur besseren Sachaufklärung anzuordnen, besonders deutlich wurde.

So können die englischen *Examining Justices* im Zwischenverfahren keine eigenständigen Beweiserhebungen vornehmen oder anordnen, während die deutschen Richter über eine eingeschränkte Kompetenz zur eigenständigen Beweiserhebung und Beweiswürdigung verfügen, wenngleich diese in der gerichtlichen Praxis zumeist nicht ausgeschöpft, sondern nur sehr zurückhaltend eingesetzt wird. Diese Divergenzen sind in erster Linie auf die abweichende Besetzung der

[1535] Vgl. insofern die rechtsvergleichenden Ausführungen im Zweiten Teil unter B. I. 2. a).

zuständigen Gerichte mit ausschließlich Berufsrichtern in Deutschland und mit ausschließlich Laienrichtern in England zurückzuführen.

In diesem Zusammenhang beleuchtete die rechtsvergleichende Untersuchung zudem die Filter- und Schutzfunktion des Zwischenverfahrens in Theorie und Praxis. Diese Funktionen können nur dann wirksam zur Geltung gelangen, wenn das zuständige Gericht nicht auf eine summarische Plausibilitäts- und Schlüssigkeitsprüfung der Anklage beschränkt ist, sondern statt dessen eine eigenständige Prüfung des hinreichenden Tatverdachts in tatsächlicher und rechtlicher Hinsicht vornimmt. Angesichts dieser These offenbarte das englische Zwischenverfahren eine höchst unzureichende Überprüfung der Anklage durch die zuständigen Laienrichter (Examining Justices). Insofern setzt sich das bereits im Ermittlungsverfahren beobachtete Kontrolldefizit auch im Rahmen des Zwischenverfahrens fort, mit der Folge, daß eventuelle Unzulänglichkeiten, die im Rahmen des Ermittlungsverfahrens aufgetreten sind, auch im Zwischenverfahren nicht korrigiert werden können.

Jedoch läßt auch das deutsche Zwischenverfahren Zweifel an einer sorgfältigen gerichtlichen Überprüfung aufkommen, da die Entsprechung der staatsanwaltlichen Anklage offenbar eine gebräuchliche Erledigungsstrategie der Gerichte darstellt und zudem eröffnendes und erkennendes Gericht in der Regel identisch sind. Lediglich in Fällen von besonderem öffentlichem Interesse nehmen die deutschen Gerichte ihre Kontrollfunktion im Zwischenverfahren ernster als im Normalfall, so daß in diesen Fällen eine sorgfältigere Kontrolle stattfindet.

Trotz möglicher Ineffizienz des Zwischenverfahrens bleibt letztlich jedoch dessen hoher symbolischer Wert erhalten, ein Faktum, welches bislang einer möglichen Abschaffung des Zwischenverfahrens in Deutschland wie auch in England entgegenstand. So wurde in der Tat bereits in beiden Ländern eine Absetzung des Zwischenverfahrens erwogen, doch konnten sich entsprechende Vorschläge bis dato nicht durchsetzen. Für die zukünftige Entwicklung in England zeichnet sich in den letzten Jahren deutlich ab, daß der erkannten Ineffizienz des Zwischenverfahrens nunmehr auf die traditionelle englische Art und Weise, mit anderen Worten in Form des *British Approach* begegnet wird: statt einer grundlegenden Abschaffung dieses Verfahrensabschnittes, wird das klassische Zwischenverfahren Schritt für Schritt zurückgedrängt und im Laufe der nächsten Jahre durch effizientere Verfahrensformen ersetzt werden, während die formelle Bezeichnung als solches – und damit auch die symbolische Bedeutung – nach wie vor bestehen bleibt.

In Deutschland stellt sich hingegen nicht nur die vordergründige Frage nach dem Sinn und Zweck des Zwischenverfahrens, sondern es ist ernsthaft zu diskutieren, ob ein nicht nur ineffizientes, sondern auch im Hinblick auf die Unschuldsvermutung fragwürdiges Zwischenverfahren in seiner gegenwärtigen Form beibehalten werden kann oder ob es nicht durch eine andere, effektivere

Verfahrensform ersetzt werden müßte. Für die Zukunft ist daher nach einer neuen Gestaltung des Zwischenverfahrens zu suchen.

IV. Richterliche Kompetenzen im Hauptverfahren

1. Vorbereitung der Hauptverhandlung

Die rechtsvergleichende Betrachtung hat gezeigt, daß sich bereits im Vorfeld der Hauptverhandlung deutliche Unterschiede zwischen dem deutschen und dem englischen Strafverfahren abzeichnen, die sich im Rahmen der Hauptverhandlung fortsetzen und letztlich auf den adversatorischen respektive inquisitorischen Grundcharakter des englischen respektive deutschen Verfahrensmodells zurückzuführen sind.

Charakteristisch für die Vorbereitung der Hauptverhandlung in Deutschland ist zweifellos die dominante Position des Vorsitzenden bzw. des Strafrichters, die bereits in diesem frühen Verfahrensstadium einsetzt und bis zum Ende der Hauptverhandlung fortdauert. In dieser vorbereitenden Phase des Hauptverfahrens können seitens des Richters wesentliche Weichenstellungen für die Hauptverhandlung vorgenommen werden, etwa durch die Auswahl der Zeugen respektive die Ladung zusätzlicher, in der Anklageschrift nicht aufgeführter Zeugen, oder durch die Herbeischaffung zusätzlicher Beweisgegenstände nach § 221 StPO.

Im Gegensatz dazu ist die richterliche Position im Rahmen der Vorbereitung der englischen Hauptverhandlung nur sehr schwach ausgeprägt, da bereits dieses frühe Verfahrensstadium durch die beiden Prozeßparteien dominiert wird und damit die gleichen Grundzüge wie die adversatorische Hauptverhandlung trägt. Die gerichtlichen *pre-trial hearings*, die zum Zwecke der Verfahrensverkürzung eingeführt wurden und in unterschiedlichen Varianten vor dem Magistrates' Court sowie auch vor dem Crown Court stattfinden, haben sich hierbei nicht als besonders nützlich erwiesen.

Durch die Reformvorschläge des Criminal Courts Review (2001) zeichnet sich jedoch eine deutliche Tendenz zur Stärkung der richterlichen Befugnisse in diesem Bereich ab mit dem Ziel einer möglichst frühzeitigen Identifizierung der streitigen Punkte sowie einer sorgfältigen Vorbereitung des Falles seitens der Parteien. Gleichwohl werden über den organisatorischen Funktionsrahmen hinausgehende richterliche Kompetenzen wie etwa die richterliche Bestellung von Sachverständigen aufgrund des adversatorischen Charakters der Hauptverhandlung abgelehnt. Zudem darf in diesem Zusammenhang die zugleich geforderte massive Zurückdrängung der gerichtlichen *hearings* zugunsten einer außergerichtlichen Kooperation der Parteien nicht außer Acht gelassen werden, wodurch die Forderung nach mehr richterlicher Autorität nicht nur deutlich relativiert wird, sondern auch in einem übergreifenden Gesamtkontext, der graduellen Reduzierung des richterlichen Verantwortungsbereiches im Vorfeld der Hauptverhandlung erscheint.

2. Hauptverhandlung

Die Stellung und Kompetenzen des deutschen und englischen Strafrichters im Rahmen der Hauptverhandlung unterscheiden sich in vielerlei Hinsicht deutlich voneinander. Diese grundlegenden Divergenzen sind primär auf die strukturellen Unterschiede zwischen adversatorischem und inquisitorischem Verfahrensmodell zurückzuführen. Gleichwohl spielen in diesem Zusammenhang auch die bereits erörterten Grundlagen des Richteramtes, wie etwa die Auswahl und Ernennung der Richter sowie ihr gesellschaftliches Standing eine Rolle, da all diese Faktoren das richterliche Selbstverständnis prägen und sich auf diesem Wege mittelbar in der Hauptverhandlung niederschlagen.

a) Verhandlungsleitung

Die rechtsvergleichende Untersuchung hat gezeigt, daß die Leitung der Verhandlung im deutschen wie auch im englischen Strafverfahren grundsätzlich dem Richter obliegt. Divergenzen ergeben sich jedoch dahingehend, daß diese richterliche Kompetenz in beiden Strafverfahrenssystemen jeweils mit unterschiedlicher Intensität ausgefüllt wird. So richtet sich die Verhandlungsleitung des englischen Richters in erster Linie auf die Moderation des Verhandlungsablaufes. Im Rahmen dieser Verhandlungsleitung im engeren Sinne hält sich der Richter bewußt im Hintergrund und interveniert aus seiner schiedsrichterlichen Position als objektiver und neutraler Beobachter heraus nur, wenn die Parteien gegen die Spielregeln des Strafverfahrensrechts verstoßen.

Im Gegensatz dazu geht die Verhandlungsleitung des deutschen Richters weit über diesen Kernbereich der Moderation hinaus, denn dieser leitet die Verhandlung nicht nur, sondern er führt sie vielmehr in eigener Regie. Insofern nimmt der deutsche Richter zwangsläufig mehr Einfluß nicht nur auf den äußeren Ablauf, sondern auch auf die inhaltliche Gestaltung der Hauptverhandlung.

b) Beweisaufnahme

Hinsichtlich der strafrichterlichen Kompetenzen in der Beweisaufnahme hat die rechtsvergleichende Untersuchung anschaulich vor Augen geführt, daß der englische Richter grundsätzlich nicht auf die gänzlich passive Rolle reduziert werden kann, welche ihm aus kontinentaleuropäischer Sicht in der Regel zugeschrieben wird. Ebensowenig wie der englische Strafprozeß ein reines Parteiverfahren darstellt, so ist auch der englische Strafrichter nicht auf die reine Aufsichtsfunktion eines Schiedsrichters beschränkt.

Vielmehr stehen ihm im Rahmen der Beweisaufnahme auch Kompetenzen zur selbständigen Befragung von Zeugen und darüber hinaus sogar zur Ladung von Seiten der Parteien unbenannter Zeugen zur Verfügung. Daneben kann der Richter die Beweisaufnahme aber auch beschränken, indem er von den Parteien vorgebrachte Beweismittel ausschließt. In diesem Zusammenhang sind insbesondere die Regelungen in Section 76 *(confessions)* und Section 78 *(exclusion of unfair evidence)* des Police and Criminal Evidence Act 1984 von Bedeutung. Dabei stellt Section 78, deren tatbestandliche Voraussetzungen im Laufe der letzten Jahre heftig diskutiert worden sind, den Ausschluß von Beweisen, die auf unrechtmäßige Art und Weise erlangt worden sind, in das Ermessen des Richters. Jedoch übt der englische Richter diese Befugnisse nur mit größter Zurückhaltung aus.

Im Gegensatz dazu stellt der deutsche Strafrichter ohne Zweifel die zentrale Figur im Rahmen der Beweisaufnahme dar, deren Befugnisse bei weitem über die bloße Moderation der Beweisaufnahme hinausgehen. So ordnet er selbständig Beweiserhebungen an, die er sodann in eigener Regie durchführt, und vernimmt den Angeklagten sowie Zeugen und Sachverständige. Erst im Anschluß an die richterliche Vernehmung können Staatsanwaltschaft und Verteidigung noch einzelne, offen gebliebene Fragen an die vernommene Person richten, wobei der Richter wiederum die Befragungen leitet, indem er die Reihenfolge der Fragenden bestimmt und den Verfahrensbeteiligten dementsprechend das Wort erteilt oder auch entzieht.

Wie bereits einleitend erwähnt, sind diese grundlegenden Unterschiede im Hinblick auf die richterlichen Kompetenzen und die hieraus folgende richterliche Funktion in der Beweisaufnahme primär auf das adversatorische Grundkonzept der englischen respektive den inquisitorischen Charakter der deutschen Hauptverhandlung zurückzuführen. So stellt sich die englische Hauptverhandlung in erster Linie als engagierter Wettstreit zwischen den Parteien dar, welcher durch den neutralen und objektiv beobachtenden Richter überwacht wird, während die deutsche Hauptverhandlung durch die aktive Prozeßführung und Untersuchungstätigkeit des Richters gekennzeichnet ist.

Darüber hinaus konnte bei einem Blick hinter die verfahrensrechtliche Fassade jedoch festgestellt werden, daß die Beweisaufnahme im deutschen und englischen Strafverfahren grundsätzlich das gleiche Ziel verfolgt. Da beide Verfahrensmodelle darauf ausgerichtet sind, durch ein faires Verfahren ein auf wahren Tatsachen beruhendes Urteil zu erreichen, streben auch beide Verfahren nach einer möglichst kompletten Sammlung aller zugänglichen und potentiell relevanten Beweise. Divergenzen ergeben sich demnach lediglich im Hinblick auf die Art und Weise wie beide Systeme diese Ziel zu erreichen versuchen. So trägt im deutschen Strafprozeß der Richter die Verantwortung für die Vollständigkeit der Beweisaufnahme (§ 244 II StPO), während dies im englischen Strafverfahren den widerstreitenden Parteien obliegt.

In diesem Zusammenhang rückte zudem ein weiterer Aspekt in den Fokus der rechtsvergleichenden Untersuchung: die unterschiedlichen Methoden der Wahrheitsfindung im deutschen und englischen Strafverfahren sowie der Stellenwert, den das deutsche und das englische Strafverfahren dieser Prozeßmaxime zuschreiben.[1536] Dabei zeigte sich rasch, daß das englische Strafverfahren gleichermaßen wie der deutsche Strafprozeß ein gerechtes Urteil auf der Grundlage wahrer Tatsachen anstrebt. Dem weitverbreiteten Vorurteil, daß es im englischen Strafprozeß überhaupt nicht auf das wahre Geschehen ankomme, konnte somit entgegengetreten werden.

Divergenzen ergaben sich jedoch in zweierlei Hinsicht. So favorisiert das englische Strafverfahrensmodell zum einen eine andere Methode der Wahrheitsermittlung, indem es darauf vertraut, daß die Wahrheit am besten durch eine kämpferisch-engagierte Auseinandersetzung der Parteien – Staatsanwaltschaft und Verteidigung – zu Tage gefördert wird. Zum anderen stellt das Ziel der Wahrheitssuche im englischen Strafprozeß nicht die oberste Maxime des Strafverfahrens dar, sondern hat sich vielmehr dem Grundsatz des *fair trial* und damit dem Aspekt der Verfahrensgerechtigkeit *(procedural justice)* unterzuordnen. Letzteres stellt zwar ein bescheideneres Ziel dar als die Erforschung der materiellen Wahrheit, doch ist es im Gegensatz zur Wahrheitserforschung, deren Möglichkeiten und Grenzen aus englischer Perspektive überaus skeptisch beurteilt werden, realistischerweise erreichbar.

c) Strafzumessung

Im Hinblick auf die richterliche Strafzumessung am Ende der Hauptverhandlung ließ die rechtsvergleichende Untersuchung zunächst diverse Ähnlichkeiten zwischen dem deutschen und dem englischen Strafrichter erkennen. So steht beiden Richtern ein Ermessensspielraum zur Verfügung in Bezug auf die Art und die Höhe der zu verhängenden Strafe, beide haben gesetzlich vorgegebene Ermessenskriterien zu beachten und im Rahmen eines Abwägungsprozesses strafschärfende und strafmildernde Umstände gleichermaßen zu berücksichtigen.

Bei näherer Betrachtung offenbaren sich jedoch auch deutliche Unterschiede zwischen der Strafzumessung des englischen und des deutschen Strafrichters. So darf der englische *Crown Prosecutor* in seinem Plädoyer am Ende des zweiten Teils der Hauptverhandlung – anders als der deutsche Staatsanwalt – nicht die Verhängung einer bestimmten Strafe respektive eines bestimmten Strafmaßes beantragen, da die Strafzumessung als ausschließliche Kompetenz des Richters verstanden wird.

[1536] Siehe hierzu im Zweiten Teil unter C. II. 2. a).

Des weiteren wird der Angeklagte im Rahmen der Begründung der verhängten Strafe durch den englischen Richter persönlich angesprochen, wobei er sich nicht selten moralischen Appellen und eindringlichen Aufrufen zur Besserung gegenübersieht. Indessen hat der deutsche Richter moralisierende Erwägungen bei der Begründung der Strafzumessung tunlichst zu unterlassen, da diese als nichtssagend und überflüssig betrachtet werden, eine auffällige Gegensätzlichkeit, welche ohne Zweifel auf das grundlegend abweichende Standing des englischen und des deutschen Richters nicht nur in verfahrensrechtlicher, sondern auch und insbesondere in gesellschaftlicher, sozialer und kultureller Hinsicht zurückzuführen ist.

Ferner beleuchtete die rechtsvergleichende Untersuchung im Zusammenhang mit den richterlichen Strafzumessungskompetenzen ausführlich die gerichtliche Praxis informeller Absprachen über das Strafmaß, ein Bereich, in dem sich auffällige Ähnlichkeiten zwischen dem deutschen und englischen Strafverfahren offenbarten.[1537] So stellen diese Absprachen in beiden Ländern heute fest etablierte Verfahrensinstitute dar, welche angesichts der zunehmenden Überlastung der Justiz nicht nur als ein sinnvolles Instrument zur Verfahrensverkürzung, zur Einsparung von Verfahrenskosten sowie zur Entlastung von Opfern und Zeugen angesehen, sondern in vielen Bereichen – wie etwa der Wirtschaftskriminalität – sogar als unentbehrlich bezeichnet werden.

Aus diesem Grunde wird neuerdings in beiden Ländern gleichermaßen, durch aktuelle Reformbestrebungen der Bundesregierung einerseits und des Criminal Courts Review (2001) andererseits, eine gesetzliche Normierung der Absprachenpraxis angestrebt, um den Makel des Unerlaubten und Anstößigen von diesem Verfahrensinstitut zu nehmen und auf diese Weise eine effiziente Handhabung in der Praxis zu erreichen. Dabei bleibt jedoch abzuwarten, ob die avisierten gesetzlichen Regelungen in Zukunft – anders als die heutigen informellen Verfahrensabsprachen – eben nicht den Anschein eines Handels mit der Gerechtigkeit erwecken, ein beachtlicher und nicht ohne weiteres von der Hand zu weisender Kritikpunkt, mit dem sich das englische Strafverfahren aufgrund des traditionellen *guilty plea*-Systems jedoch weitaus deutlicher konfrontiert sieht als der deutsche Strafprozeß.

d) Urteilsbegründung und Urteilsstil

Die rechtsvergleichende Untersuchung zeigte deutliche Divergenzen im Hinblick auf die schriftliche Urteilsbegründung der deutschen und englischen Richter auf. Während an die schriftliche Urteilsbegründung der deutschen Strafrichter hohe Anforderungen gestellt werden, müssen die englischen Strafrichter an

[1537] Ausführlich dazu die rechtsvergleichenden Ausführungen unter C. II. 2. b) (3).

den unteren Gerichten ihre Entscheidungen nicht schriftlich begründen.[1538] Lediglich wenn der Angeklagte ein Rechtsmittel einlegt, was nicht häufig der Fall ist, muß der Richter respektive das Gericht einen Bericht *(case stated)* für die nächste Instanz verfassen.

Dieses offenkundige Begründungsdefizit an den unteren englischen Gerichten liegt in erster Linie in der starken Beteiligung juristischer Laien – sei es in Form der Magistrates an den Magistrates' Courts oder in Form der Jury im Verfahren vor dem Crown Court – begründet. In neuerer Zeit zeichnet sich jedoch sowohl bei den professionellen District Judges (Magistrates' Courts) sowie den wirklichen Laienrichtern an den Magistrates' Courts in zunehmendem Maße eine Begründungsbereitschaft ab, mithin ist im Bereich der Richterschaft ein klarer Trend in Richtung einer schriftlichen Urteilsbegründung zu beobachten.

Problematisch erweist sich hingegen das formelle Strafverfahren vor dem Crown Court, in dem die Schuldfrage durch die Jury entschieden wird. Die Entscheidung der Geschworenen ergeht ohne jegliche Angabe von Gründen, wobei der Richter auch nicht nach Gründen fragen darf. Dies wirft nahezu zwangsläufig die Frage nach der Vereinbarkeit einer unbegründeten Entscheidung mit den Anforderungen des Artikel 6 EMRK an ein faires Gerichtsverfahren auf, ein Problem, dem sich in neuerer Zeit auch die englische Strafgerichtsbarkeit zugewendet hat. So fordert Lord Justice Auld in seinem Bericht des Criminal Courts Review (2001), daß die Geschworenen in Zukunft zu einer Begründung der von ihnen gefällten Entscheidung verpflichtet werden sollen. Vorgesehen ist hierfür die Form eines sog. special verdict. Für die Zukunft bleibt jedoch abzuwarten, ob diese Reformvorschläge letztlich auch in die Praxis umgesetzt werden oder ob möglicherweise der EGMR in Straßburg, der mit dieser Frage bislang nur mittelbar befaßt wurde, durch eine entsprechende Grundsatzentscheidung klare Vorgaben für eine begründete richterliche Entscheidung geben wird.

Des weiteren wendete sich die rechtsvergleichende Untersuchung den unterschiedlichen Urteilsstilen zu, ein interessantes Phänomen, welches bei der Lektüre deutscher und englischer Gerichtsurteile unweigerlich hervorsticht und in den Entscheidungen der höheren Gerichte besonders deutlich zum Ausdruck kommt.[1539] So steht dem sehr persönlich gehaltenen, argumentativen Urteilsstil der englischen Richter der nüchterne deutsche Amtstil gegenüber. Dieser Kontrast wurde sodann auf ein Konglomerat zahlreicher, bereits erörterter Unterschiede zurückgeführt, namentlich auf die andersgeartete Stellung des Richters im Strafverfahren sowie auch in der Gesellschaft, die Struktur der Rechtsordnung und die wesentlich unterschiedliche Methodik der Rechtsfindung.

[1538] Vgl. im Zweiten Teil unter C. II. 2. c).

[1539] Siehe die rechtsvergleichenden Ausführungen im Zweiten Teil unter C. II. 2. d).

C. Ausblick auf zukünftige Entwicklungstendenzen

Im Folgenden soll ein Ausblick auf mögliche zukünftige Entwicklungstendenzen innerhalb des deutschen und englischen Rechtssystems gegeben werden, wobei sich der Fokus zunächst auf den Bereich des Strafverfahrens und die strafrichterlichen Aufgaben und Kompetenzen konzentriert. Im Anschluß daran werden gleichwohl auch verfahrensübergreifende Aspekte, insbesondere eventuelle Annäherungen und Reformbestrebungen der deutschen und englischen Rechtsordnung berücksichtigt.

I. Strafverfahren

Die aktuellen rechtspolitischen Entwicklungen in Deutschland und England zeigen deutlich, daß sich die Strafverfahrenssysteme beider Länder im Umbruch befinden. So plant die deutsche Bundesregierung eine grundlegende Reform des Strafprozesses mit dem Ziel einer Modernisierung des Strafverfahrensrechts. Danach sollen Strafverfahren zukünftig im Interesse aller Verfahrensbeteiligten und ohne Einbuße an Rechtsstaatlichkeit effizienter ausgestaltet und damit zügiger abgeschlossen werden können.[1540] Besonderes Augenmerk liegt daher auf dem Aspekt der Verfahrensverkürzung sowie der Verfahrensvereinfachung. Zu diesem Zwecke sollen in allen Verfahrensstadien diverse konsensuale Elemente gefördert werden, so soll etwa im Ermittlungsverfahren ein Rechts- oder Kooperationsgespräch stattfinden, während für das Zwischenverfahren ein nach dem Ermessen des Gerichts anzuberaumender Anhörungstermin favorisiert wird. Ferner soll auch die Hauptverhandlung transparenter gestaltet werden.

Ausgangspunkt dieser rechtspolitischen Überlegungen sind die Ergebnisse zweier empirischer Untersuchungen, die im Auftrag des Bundesministeriums für Justiz erarbeitet worden sind. Die rechtstatsächliche Untersuchung von Dölling und Feltes über die Dauer von Strafverfahren vor den Landgerichten gelangt unter anderem zu dem Ergebnis, daß der Vorwurf obstruktiver Verteidigung als Hauptursache für Verfahrensverzögerungen nicht zutrifft.[1541] Zudem werden verschiedene Möglichkeiten einer Verfahrensbeschleunigung angeregt, darunter auch die Frage, wie es erreicht werden könne, daß alle Verfahrensbeteiligten die von ihnen für relevant gehaltenen Fragestellungen und Beweismittel rechtzeitig in das Verfahren einführen, so daß der Prozeß ohne unnötige Verzögerungen geführt werden kann.[1542] Die zweite, vom Max-Planck-Institut für ausländisches

---

[1540] Vgl. Bundesregierung, Eckpunkte einer Reform, S. 314 ff; Däubler-Gmelin, Reform des Strafprozesses, S. 359.

[1541] Siehe Dölling/Feltes, Dauer von Strafverfahren, Ziffer 7, S. 284; Ziffer 8, S. 287. Zu den Verteidigeraktivitäten im Einzelnen siehe Ziffer 6.2.3., S. 127 ff.

[1542] Dölling/Feltes, Dauer von Strafverfahren, Ziffer 7, S. 284 f.

und internationales Strafrecht durchgeführte rechtsvergleichende Untersuchung befaßt sich im Rahmen eines internationalen Vergleiches mit der Rechtswirklichkeit und Effizienz von Rechtsmitteln.[1543]

In England zeichnen sich derweil ähnliche, wenngleich deutlich umfassendere Reformbewegungen ab in Form des im Oktober 2001 veröffentlichten Criminal Courts Review, der nicht nur das englische Strafverfahrensrecht, sondern darüber hinaus auch das gesamte organisatorische System der englischen Strafgerichtsbarkeit eingehend untersucht und durchleuchtet. Im Mittelpunkt der Reformvorschläge von Lord Justice Auld stehen – ähnlich wie auch in Deutschland – das Ziel der Verfahrensbeschleunigung sowie der Vereinfachung des englischen Prozeßrechts, namentlich des Beweisrechts in der Hauptverhandlung. Daneben sollen zudem derzeit bestehende Reibungsverluste durch eine grundlegende Neuorganisation der Gerichte sowie der am Gerichtsverfahren beteiligten Justizbehörden abgeschafft werden.

Vor diesem Hintergrund sei jedoch angemerkt, daß sich diese möglicherweise zukünftigen Entwicklungstendenzen voraussichtlich in die Methodik der bisherigen Reformprozesse des deutschen und englischen Strafverfahrens einreihen werden. In diesem Sinne dürften von englischer Seite wohl auch in Zukunft keine revolutionären Umstürze zu erwarten sein, sondern vielmehr graduelle Veränderungen. Anders als das deutsche Verfahrensrecht gründet das englische Recht nicht auf einer theoretisch durchdachten systematischen Struktur, sondern es hat sich seit jeher auf der Grundlage eines funktionalen Pragmatismus evolutionär entwickelt.[1544] Dementsprechend liegt auch bei den einzelnen Verfahrensabschnitten die Betonung stets auf dem Aspekt der Funktionalität, statt auf einer systematischen Strukturanalyse, wobei die Parallelen zum englischen Verfassungsrecht in diesem Zusammenhang unverkennbar sind.

Im Gegensatz dazu wird das deutsche Strafverfahrensrecht durch systematische und ausführliche gesetzliche Regelungen bestimmt, welche die theoretische Grundstruktur des inquisitorischen Grundmodells in die Praxis umsetzen. Zwar ist der Gesichtspunkt der praktischen Funktionalität auch dem deutschen Strafprozeß nicht fremd, jedoch steht nicht dieser Aspekt im Vordergrund, sondern vielmehr der systematische und logisch durchdachte gesetzliche Unterbau des Strafverfahrensrechts.

Anhand dieses Kurzüberblickes über die aktuellen Reformbestrebungen in Deutschland und England lassen sich bereits klare Gemeinsamkeiten im Hinblick auf die hinter möglichen Reformen stehenden Zielsetzungen erkennen. So streben beide Verfahrensmodelle nach einer Verfahrensbeschleunigung, ohne

---

1543 Siehe Becker/Kinzig, Rechtsmittel im Strafrecht (2000).

1544 Siehe hierzu auch Hatchard/Huber/Vogler, Comparative Criminal Procedure, S. 224.

die Rechte der Verfahrensbeteiligten, insbesondere des Beschuldigten zu sehr zu beschneiden. Ferner soll das Strafverfahrensrecht in beiden Ländern einfacher gestaltet werden, eine Forderung, die insbesondere im Hinblick auf das englische Beweisrecht gerechtfertigt ist[1545].

II. Richterliche Kompetenzen

Trotz der soeben aufgezeigten Reformpläne in Deutschland und England dürften tiefgreifende verfahrensrechtliche Änderungen im Hinblick auf die richterliche Funktion und Stellung im Strafverfahren in Zukunft nicht sehr wahrscheinlich sein. Vor allen Dingen dürften einzelne Verfahrenselemente ausländischer Rechtsordnungen wohl kaum Eingang in die deutsche oder englische Hauptverhandlung finden. Dies liegt darin begründet, daß Verfahrensänderungen in diesem Bereich den essentiellen Kern des jeweiligen Verfahrensmodells berühren und aus diesem Grunde mit weitreichenden Folgen für die Stellung der anderen Verfahrensbeteiligten sowie für den grundsätzlichen Verfahrensablauf verbunden wären. Anders als die richterliche Position im Vorfeld der Hauptverhandlung wäre eine Stärkung respektive Schwächung der richterlichen Kompetenzen in der Hauptverhandlung (etwa in der Beweisaufnahme) mit weitreichenden Konsequenzen für das gesamte Strafverfahren verbunden. Dies würde für beide Systeme jedoch eine Abkehr von den historischen Wurzeln des eigenen Verfahrenmodells bedeuten. Wahrscheinlicher dürfte hingegen sein, daß in beiden Ländern einzelne Elemente Berücksichtigung finden, die maßgeblich zur Verfahrensverkürzung beitragen und nicht den funktionalen Aufgabenbereich des Richters betreffen.

Ähnliche Tendenzen eines unveränderten richterlichen Rollenverständnisses zeichnen sich in beiden Ländern auch für andere Verfahrensbereiche wie etwa das Ermittlungsverfahren oder das Zwischenverfahren ab. Zwar setzen die Reformvorschläge insbesondere im Vorfeld der Hauptverhandlung an, doch stehen auch in diesen Verfahrensstadien keine grundlegenden Änderungen im Hinblick auf den richterlichen Funktionsrahmen an.

Im Zusammenhang mit dieser Prognose sei an dieser Stelle angemerkt, daß es zwar einerseits richtig und wichtig ist, sich von ausländischen Verfahrensmodellen inspirieren oder von schlechten Erfahrungen auch abschrecken zu lassen. Auf der anderen Seite dürfen hierbei jedoch nicht die unterschiedlichen Verfahrensstrukturen außer Acht gelassen werden, die einer punktuellen Implementie-

[1545] Vgl. hierzu die umfassenden Ausführungen bei Lord Justice Auld, Criminal Courts Review, Chapter 11, §§ 76 - 151, sowie die entsprechenden Reformvorschläge in Chapter 2, Recommendations 254 - 275.

rung einzelner Verfahrenselemente in das deutsche oder englische Strafverfahren entgegen stehen. Der Vergleich mit einer Transplantation eines menschlichen Organs, welches vom Körper des Spendenempfängers angenommen werden muß, liegt auf der Hand. Ein anschauliches Beispiel für ein entsprechendes "Abstoßen" stellt die aus dem anglo-amerikanischen Strafverfahrensrecht entliehene und in § 239 der deutschen StPO normierte Möglichkeit des Kreuzverhörs dar. Dieser Vorschrift kommt in der deutschen Gerichtspraxis keine Bedeutung zu, da sie offensichtlich nicht in das Konzept der Beweisaufnahme in der deutschen Hauptverhandlung paßt.[1546]

Insofern ist bei Vergleichen zwischen dem deutschen und englischen Strafverfahren stets zu berücksichtigen, daß es sich dem Grunde nach bei ersterem um ein inquisitorisches Verfahrenssystem handelt, bei dem in der Hauptverhandlung im Wesentlichen das Gericht den Umfang der Beweisaufnahme bestimmt, während letzteres ein adversatorisches System darstellt, in dem Beweisermittlung und Beweisführung primär in den Händen der Parteien liegen.[1547]

III. Verfahrensübergreifende Aspekte

Bei aufmerksamer Betrachtung offenbaren sich zudem gewisse Annäherungen beider Rechtssysteme außerhalb des strafverfahrensrechtlichen Bereiches, wenngleich sich diese aufgrund der tiefen Verwurzelung der verfahrensübergreifenden Aspekte in der deutschen und englischen Rechtskultur nur sehr langsam aufeinander zu bewegen.

In diesem Zusammenhang sind wohl an erster Stelle die deutlichen Umbrüche im englischen Verfassungsrecht zu nennen, auf die im Rahmen des ersten Teils der Arbeit vielfach hingewiesen worden ist. So hat etwa die grundlegende Reform des House of Lords durch den House of Lords Act 1999 bereits begonnen[1548] und die im Hinblick auf den verfassungsrechtlichen Gewaltenteilungsgrundsatz durchaus kritische Position des Lord Chancellor ist zumindest in den Fokus rechtspolitischer Diskussionen gerückt, ein Stein, der in erster Linie durch

---

[1546] Vgl. Roxin, Strafverfahrensrecht, § 42 Rn. 21 *(„(...) paßt, weil es den Vorsitzenden aus der Verhandlungsleitung verdrängt, nicht in die Struktur des deutschen Strafprozesses")*; Kühne, Strafprozeßrecht, Rn. 300 a.E. *(„keine praktische Bedeutung")*; Rüping, Strafverfahren, Rn. 374 *("Theorie")*; Gollwitzer in LR-StPO (25), § 239 Rn. 1 *("Fremdkörper")*; Kleinknecht/Meyer-Goßner, StPO-Kommentar, § 239 Rn. 1 *(„In der Praxis (...) so gut wie kein Gebrauch")*; Pfeiffer, StPO-Kommentar, § 239 Rn. 1 *(„kaum praktische Bedeutung")*.

[1547] So grundsätzlich auch Eser, Strafverfahrensrecht in Europa, S. 87.

[1548] Siehe hierzu die Ausführungen im Ersten Teil der Arbeit zur dualen Funktion des Law Lords unter A. III. 2. c) sowie zur Vereinbarkeit der Besonderheiten des englischen Verfassungsrechts mit der EMRK unter A. III. 2. d).

die Rechtsprechung des EGMR im Fall McGonnel v. The United Kingdom ins Rollen gebracht wurde[1549].

Zudem deutet sich bereits seit einigen Jahren ein verfassungsrechtliches Umdenken im Hinblick auf die fortschreitende europäische Integration an, welches in dem am 02.10.2000 vollständig in Kraft getretenen Human Rights Act 1998 einen ersten greifbaren Ausdruck gefunden hat. Von diesen Umwälzungsprozessen ist auch der Aufgabenbereich des Richters betroffen, da die englischen Richter nunmehr nicht nur die Autorität, sondern sogar die Pflicht haben, die Vereinbarkeit von Parlamentsgesetzen mit den Konventionsrechten der EMRK zu überprüfen und diese dann gegebenenfalls für inkompatibel zu erklären *(declaration of incompatibility)*. Das Gemeinschaftsrecht wirft damit offensichtlich einen verfassungsrechtlichen Konflikt mit dem Grundsatz der Parlamentssouveränität auf und fordert auf diese Weise gerade das ein, was durch diesen absoluten Verfassungsgrundsatz ursprünglich ausgeschlossen werden sollte: die inhaltliche Normenkontrolle durch die Gerichte im Lichte externer, d.h. nicht vom Westminster-Parlament selbst gesetzter Maßstäbe. Zwar ist eine langfristige Lösung dieser verfassungsrechtlich brisanten Problematik zur Zeit noch nicht absehbar, doch deuten aktuelle Anzeichen darauf hin, daß sich das englische Rechtsdenken langsam der kontinentalen Konzeption eingeschränkter Parlamentsautonomie annähert. In diesem Zusammenhang ist insbesondere die kürzlich von Lord Irvine vorgenommen Differenzierung zwischen der *contemporary sovereignty* des Parlamentes einerseits und der *ultimate sovereignty* andererseits zu nennen, die auf ein entsprechendes Umdenken hindeutet.[1550]

Des weiteren verdient auch die *devolution*-Gesetzgebung des britischen Parlamentes Aufmerksamkeit, mit anderen Worten die Einführung selbständiger Strukturen in den neu eingerichteten parlamentarischen Vertretungen in Nordirland, Schottland und Wales. Diese Maßnahmen können möglicherweise die ersten Schritte auf dem Weg zu einem geschriebenen verfassungsrechtlichen Unterbau in England bedeuten. Denn obwohl sie durch die gewöhnliche Gesetzgebung eingeführt wurden, wird ihnen in Zukunft zu einem beachtlichen Teil die Qualität einer geschriebenen Verfassung zukommen, da sie durch das englische Parlament nur schwerlich geändert oder ergänzt und de facto auf absehbare Zeit nicht widerrufen werden können.

Ferner sind bei näherer Betrachtung leichte Annäherungstendenzen der beiden Rechtssysteme im Hinblick auf die normative Bedeutung von Gesetzesrecht respektive von Präjudizien zu beobachten. So findet sich, entgegen einer weitverbreiteten Fehlvorstellung, auch in der deutschen Rechtsordnung eine Orientierung an Präjudizien wieder, und zwar im Hinblick auf die bindenden

---

1549 Vgl. hierzu im Ersten Teil der Arbeit unter A. III. 2. b) und d).

1550 Vgl. Lord Irvine of Lairg, The Influence of Europe, S. 12 ff.

Entscheidungen der Obergerichte.[1551] Auf der anderen Seite nimmt in England der Bereich des kodifizierten Gesetzesrechts *(statute-law)* mehr und mehr zu[1552], eine Entwicklung, die sicherlich nicht unwesentlich durch den Prozeß der europäischen Integration bedingt ist. Als aktuelles Beispiel dieses Kodifikationsbestrebens auf englischer Seite sei an dieser Stelle auf die durch den Criminal Courts Review (2001) geforderte Erarbeitung einer umfassenden Gesetzgebung für das Strafrecht und das Strafprozeßrecht in Form eines sog. *Code of Criminal Law* hingewiesen.[1553] Dieses Gesetzeswerk soll sich aus vier Teilen zusammensetzen, namentlich einem *Criminal Offences Code*, einem *Code of Procedure*, einem *Code of Criminal Evidence* sowie einem *Sentencing Code*, und hat bereits die Zustimmung der Regierung erhalten.[1554]

Abschließend bleibt gleichwohl festzuhalten, daß jedes der beiden Rechtssysteme, das deutsche wie auch das englische, seine eigenen spezifischen Stärken und seine eigene Integrität aufweist. Diese Besonderheiten sind bei näherer Betrachtung auf die Eigenheiten der nationalen Rechtskultur sowie auf tiefgreifende historische Wurzeln in den nationalen Rechts- und Sozialgeschichten zurückzuführen, selbst wenn diese historischen Zusammenhänge nicht mehr bewußt sind und in der kollektiven Erinnerung verschüttet erscheinen.[1555]

D. Nutzen der rechtsvergleichenden Untersuchung für die justizielle Zusammenarbeit auf europäischer Ebene

Im 21. Jahrhundert und damit im Zeitalter eines mehr und mehr zusammenwachsenden Europas sowie einer Zeit, in der rechtsvergleichende Untersuchungen und Analysen Hochkonjunktur verzeichnen, wird der Blick für ausländische

---

1551 Zur Präjudizienbindung im deutschen Recht siehe ausführlich Reinhardt, Konsistente Jurisdiktion, S. 409 ff; Kötz, Entscheidungsstil II, S. 183 f.

1552 Siehe hierzu Schmitthoff, Systemdenken und Fallrecht, S. 1, der im Hinblick auf das englische Rechtssystem zwischen den Begriffen "Kodifizierung" und "Konsolidierung" differenziert.

1553 Lord Justice Auld, Criminal Courts Review, Chapter 2, Recommendation 1.

1554 Vgl. Criminal Courts Review – The Government's Statement on the Review*, §§ 24 - 25 mit Hinweis auf den seitens der Regierung im Februar 2001 veröffentlichten Reformplan "Criminal Justice: The Way Ahead". Siehe ausführlich hierzu Lord Justice Auld, Criminal Courts Review, Chapter 1, §§ 35 und 36 m.w.N.; Chapter 10, §§ 271 - 280.

1555 Vgl. Ranieri, Richterbild in der EU, S. 294. In diesem Sinne auch Eugen Ehrlich: „*Der Schwerpunkt der Rechtsentwicklung liegt (...) weder in der Gesetzgebung noch in der Jurisprudenz oder in der Rechtsprechung, sondern in der Gesellschaft selbst.*", zitiert nach Neumayer in David/Grasmann, Große Rechtssysteme, S. 34.

Rechtssysteme zunehmend geschärft.[1556] Diese Entwicklung ist zum einen unter dem Gesichtspunkt wünschenswert, daß ausländische Verfahrensmodelle eine Inspiration zur Behebung möglicher nationaler Verfahrensdefizite geben können. Wenn zwei unterschiedliche Verfahrenssysteme letztlich mit den gleichen Problemen konfrontiert werden, diese jedoch auf unterschiedliche Art und Weise einer Lösung zuführen, so kann dies zweifellos nützliche Denkanstöße geben und möglicherweise der Beginn eines für beide Seiten bereichernden Erfahrungsaustausches sein. Dabei eignen sich gemischte Verfahrenstypen besonders für einen Rechtsvergleich, da sie Elemente des inquisitorischen und des adversatorischen Verfahrens in sich vereinigen und versuchen vor dem Hintergrund der eigenen kulturellen, politischen, sozialen und auch historischen Identität eine effektive Synthese zu finden.[1557] In diesem Zusammenhang darf zwar die eigene kulturelle und rechtliche Identität weder vergessen noch aufgegeben werden. Gleichwohl bieten sich auch unter Berücksichtigung dieser Einschränkung in Deutschland wie auch in England noch große Spielräume für einen fruchtbaren gegenseitigen Austausch.[1558]

Vor diesem Hintergrund haben in der Vergangenheit bereits einige Tagungen unter Beteiligung englischer und deutscher Richter mit dem Ziele eines möglichst unmittelbaren Erfahrungsaustausches stattgefunden, welche auf beiden Seiten ein positives Echo hervorgerufen haben.[1559] Sehr zu begrüßen ist in diesem Zusammenhang auch die Veranstaltung eines "Europäischen Juristentages", der im Jahre 2001 erstmalig und unter Beteiligung von rund 1.500 Teilnehmern, darunter etwa ein Drittel ausländische Juristen aus 37 Ländern, in Nürnberg stattgefunden hat.[1560] Für die Zukunft sind weitere derartige Zusammenkünfte

---

1556 Zur Notwendigkeit der rechtsvergleichenden Perspektive siehe anschaulich Neumayer in David/Grasmann, Große Rechtssysteme, S. 35: „*Die Rechtswissenschaft in die Grenzen eines Staates einsperren zu wollen und sich vorzunehmen, das einheimische Recht ohne Rücksicht auf ausländische Rechtsgedanken und ausländische Erfahrungen zu entwickeln, hieße die Erkenntnisquellen und das Betätigungsfeld des Juristen zu beschränken. Das Recht als soziale Wissenschaft kann ebensowenig wie die Geschichte (...) unter rein nationalen Gesichtpunkten gehörig studiert werden. Der Nationalismus (...) bedeutet eine Verarmung und ist eine Gefahr für die Entwicklung und die Anwendung des internen Rechts.*".

1557 Ebenso Lord Goff of Chieveley, Coming Together, S. 239.

1558 So auch Clark, Introduction to the Millenium Lectures, S. 2.

1559 Vgl. Lord Goff of Chieveley, Coming Together, S. 248 sowie den ausführlichen Tagungsbericht zur ersten Tagung hoher englischer und deutscher Richter bei Kirchhof, Tagungsbericht, S. 352 ff.

1560 Siehe hierzu den informativen Tagungsbericht bei N.N., Europäischer Juristentag, S. 451 ff. Dabei waren sich die Tagungsteilnehmer offenbar darüber einig, daß die europäische Justizkultur noch wenig ausgeprägt sei, weshalb es dringend geboten sei, die Fähigkeit zur Zusammenarbeit zwischen den nationalen juristischen Systemen zu fördern und mehr und mehr Schnittstellen zwischen den einzelnen Systemen aufzuzeigen. Bei allen Untergeplant. Der Zweite Europäische Juristentag wird im Jahre 2003 voraussichtlich in Griechenland stattfinden.

Zum anderen ist ein Blick über den nationalen Tellerrand aber auch zum Zwekke einer fruchtbringenden Zusammenarbeit auf europäischer Ebene erforderlich, denn das zusammenwachsende Europa verändert auch die Welt der Justiz und stellt die nationalen Justizsysteme vor neue, bisher unbekannte Herausforderungen. Die aktuelle Herausforderung für die nationale Justiz eines jeden Mitgliedstaates betrifft die allmähliche Heranbildung eines europäischen Rechtsraumes und mithin auch eines Justizraumes, ein Unternehmen, welches derzeit im Aufbau begriffen ist und im Laufe der nächsten Jahre von zunehmender Bedeutung sein wird. Dabei werden Strafbefugnis, Strafanspruch und Strafgewalt in der Regel als letzte Bastion der nationalstaatlichen Souveränität gesehen. Aus diesem Grunde ergeben sich besondere Sensibilitäten im Bereich der Harmonisierung der Strafjustiz. Diese hat bislang einen eher bescheidenen Platz in Europa eingenommen, wenngleich das nationale materielle Strafrecht mit Rückgriff auf die innere Sicherheit in der Vergangenheit nicht selten populistisch instrumentalisiert worden ist.

Die ersten Konturen justizieller Verflechtungen auf europäischer Ebene wurden bereits vor 20 Jahren sichtbar in Form des Brüsseler Übereinkommens über die gegenseitige Anerkennung und Vollstreckung gerichtlicher Entscheidungen (EuGVÜ). Viel offensichtlicher sind diese transnationalen Schnittstellen jedoch in der Praxis, denn kriminelle Straftäter denken nicht in den Kategorien von Schengen oder Mitgliedstaaten oder EU.[1561] Vielmehr stellt die Nationalitäten und Nationalstaaten übergreifende Kriminalität vor dem Hintergrund der Grenzöffnungen infolge der Schengener Übereinkommen von 1985 und 1990 heutzutage keine Seltenheit mehr dar. Dies potenziert sich für die Bundesrepublik Deutschland zudem durch ihre geographische Lage in der Mitte Europas und im Schnittpunkt zahlreicher international bedeutsamer Verkehrswege.[1562] Dabei entstehen Schnittstellen zwischen zwei oder mehreren Mitgliedstaaten nicht nur bei ausländischen oder länderübergreifenden Straftaten, sondern auch bei inländischen Straftaten unter Beteiligung ausländischer Täter. Vor diesem Hinter-

---

schieden in der Rechtstechnik der nationalen Regelungen, in ihrem Stil, ihrer Methodik, in der juristischen Denk- und Argumentationsweise sowie in den unterschiedlichen Rechtskonstruktionen steckten dahinter doch häufig gleiche Sachprobleme. Dabei bedürfe angesichts des raschen Zusammenwachsens insbesondere die Zusammenarbeit der Gerichte und Staatsanwaltschaften einer deutlichen Verbesserung.

[1561] Vgl. Pieth, Internationale Harmonisierung, S. 756 mit Blick auf die grenzüberschreitende Wirtschaftskriminalität und zahlreichen Nachweisen in Fn. 1; Schomburg, Europäischer Rechtsraum, S. 107 mit Hinweis darauf, daß *„allenfalls deren geschickte juristische Berater, die delikts- und täterspezifisch die Lücken und Mängel bisheriger Vertragspolitik unter Umständen (oft sogar schon ex ante) aufzeigen."*.

[1562] Siehe hierzu Corves/Bartsch, Strukturen und Methoden der Zusammenarbeit, S. 505 f.

grund wird die Erforderlichkeit einer Kooperation zwischen den Mitgliedstaaten in strafrechtlicher Hinsicht überaus anschaulich. Die Öffnung des nationalen Visiers wird angesichts der zunehmenden europäischen Verflechtungen immer dringlicher. Dies gilt umso mehr, da sich die strafprozessualen Gesichtszüge in den letzten Jahren in fast allen europäischen Ländern mehr oder weniger stark gewandelt haben.[1563]

Auf der Ebene der Polizei findet bereits eine lohnende Kooperation statt, wenngleich diese de facto primär auf persönliche Kontakte der Polizeibeamten im Grenzbereich sowie auf das polizeiliche Vertrauen zwischen angrenzenden Nachbarstaaten zurückzuführen ist und weniger auf rechtsbürokratische Regelungen. Dennoch stellt dies einen vielversprechenden Anfang dar. Des weiteren ist in diesem Zusammenhang das Europäische Polizeiamt (Europol) zu nennen, dessen Einrichtung im Maastrichter Vertrag über die Europäische Union vom 7. Februar 1992 beschlossen wurde. Von seinem Sitz in Den Haag, Niederlande, nahm Europol am 3. Januar 1994 als Europol-Drogenstelle (EDS) zunächst begrenzte Aktivitäten auf. Nach und nach wurde die Tätigkeit jedoch auf andere wichtige Gebiete der Kriminalität ausgedehnt. Das sog. Europol-Übereinkommen wurde von allen Mitgliedstaaten ratifiziert und trat am 1. Oktober 1998 in Kraft. Nach Abschluss einer Reihe von weiteren Rechtsakten im Zusammenhang mit dem Übereinkommen hat Europol nunmehr am 1. Juli 1999 seine Tätigkeiten in vollem Umfang aufgenommen.[1564]

Auf strafjustizieller Ebene erweist sich die Zusammenarbeit zwischen den Mitgliedstaaten indes als schwieriger, weshalb sie in der Praxis noch nicht so weit entwickelt ist wie die polizeiliche Kooperation.[1565] Dies liegt in erster Linie in den unterschiedlichen Strafverfahrensordnungen der Mitgliedstaaten begründet, die zum Teil wesentliche Divergenzen aufweisen. Anders als auf polizeilicher

---

1563 Einen länderorientierten Kurzüberblick über Gesamtreformen, wichtige Einzelreformen und Reformentwürfe bietet Eser, Strafverfahrensrecht in Europa, S. 88 ff.

1564 Die Aufgabe von Europol ist die Unterstützung der Strafverfolgungsaktivitäten in folgenden Bereichen: illegaler Drogenhandel, Schleusungskriminalität, Kraftfahrzeugverschiebung, Menschenhandel einschließlich Kinderpornographie, Geldfälschung und Fälschung anderer Zahlungsmittel, illegaler Handel mit radioaktiven und nuklearen Substanzen, Terrorismus, assoziierte Geldwäsche-Aktivitäten. Dies gilt, sofern tatsächliche Anhaltspunkte für eine kriminelle Organisationsstruktur vorliegen und wenn zwei oder mehr Mitgliedstaaten betroffen sind. Das Mandat kann auf andere Formen schwerer international organisierter Kriminalität ausgedehnt werden. Dies kann jedoch nur in Übereinstimmung mit dem Europol-Übereinkommen und durch einstimmigen Beschluß des Europäischen Rats erfolgen. Vgl. hierzu instruktiv Europol, Europol-Informationen (Facts)*. Siehe auch N. N., Strafverfolgung in Europa, S. 1 ff zur Entwicklung einer gemeinsamen und kooperativen Strafverfolgung in Europa unter besonderer Berücksichtigung der Entwicklungen nach den Terroranschlägen in den USA vom 11.09.2001.

1565 Kritisch hierzu Nelles, Europäisierung des Strafverfahrens, S. 754.

Ebene, wo sich lediglich verschiedenartige polizeiliche Eingriffsbefugnisse und Anordnungskompetenzen der nationalen Mitgliedstaaten gegenüberstehen, ergeben sich im Bereich der Strafjustiz vielfältige Probleme im Hinblick auf verfahrensrechtliche Zuständigkeiten, richterliche Kompetenzen sowie strafprozessuale Besonderheiten, darunter namentlich die Zulässigkeit und Verwertbarkeit von Beweisen in der Hauptverhandlung.

In diesem Zusammenhang sei zudem auf den Rechtshilfeverkehr in Strafsachen hingewiesen, dessen Funktionseffizienz in der Praxis aufgrund des teilweise undurchdringbaren Netzwerkes bi- und multilateraler Rechtshilfeabkommen nicht überschätzt werden sollte.[1566] So basiert die heute praktizierte Rechtshilfe in erster Linie auf einem immer dichter werdenden Netz multilateraler Verträge, insbesondere des Europarates, der Schengenstaaten sowie der Europäischen Union, über die klassische kleine Rechtshilfe im engeren Sinne, über Auslieferung, über den Transfer von Verfahren oder Entscheidungen, über den Transfer von verurteilten Personen.[1567] Der Rechtshilfeverkehr in Strafsachen, insbesondere die traditionellen Grundsätze über einen Erkenntnisgewinn im Ausland und dessen Verwertung im inländischen Strafverfahren, sollen hier jedoch nicht weiter vertieft werden, weshalb an dieser Stelle auf entsprechende Literaturquellen verwiesen sei.[1568]

Die Rechtssysteme anderer Mitgliedstaaten sind den nationalen Rechtspraktikern in aller Regel nicht vertraut.[1569] Insbesondere das englische Justizsystem ist den deutschen Rechtspraktikern weitestgehend unbekannt. Vereinzelt sind sporadische Kenntnisse hinsichtlich des englischen Rechtssystems zu beobachten, welche sich in aller Regel jedoch in den Stichworten "common-law" und "judicial precedents" erschöpfen. Grundstein einer effizienten Zusammenarbeit auf europäischer Ebene ist jedoch die Kenntnis wie auch das Verständnis ausländi-

---

1566 Siehe unter anderem Schomburg, Europäischer Rechtsraum, S. 108 ff, der von einem "schwer genießbaren Rechtshilfecocktail" (S. 111) spricht.

1567 Vgl. dazu Corves/Bartsch, Strukturen und Methoden der Zusammenarbeit, S. 517 ff mit zahlreichen Nachweisen; Schomburg, Europäischer Rechtsraum, S. 108.

1568 Siehe hierzu etwa Gleß, Verwertung im inländischen Strafverfahren, S. 57 ff mit zahlreichen weiteren Nachweisen. Zu den Strukturen und unterschiedlichen Methoden der internationalen und regionalen Zusammenarbeit auf dem Gebiet des Strafrechts siehe auch Corves/Bartsch, Strukturen und Methoden der Zusammenarbeit, S. 507 ff.

1569 Exemplarisch für dieses Informationsdefizit und das offensichtliche Unverständnis sei an dieser Stelle auf die in Deutschland teilweise zu beobachtende Kritik an dem knappen und zurückhaltenden Urteilsstil des Europäischen Gerichtshofes in Luxemburg (EuGH) sowie des Europäischen Gerichtshofes für Menschenrechte in Straßburg (EGMR) hingewiesen, welcher in deutlichem Gegensatz zu den langen und ausführlichen Urteilsbegründungen deutscher Gerichte steht. Gemessen an französischen Verhältnissen weist dieser Urteils- und Argumentationsstil jedoch keine Besonderheiten auf. Vgl. hierzu auch Ranieri, Richterbild in der EU, S. 286, 291 f.

scher Rechtssysteme. Dies ist daher der Ausgangspunkt und gleichermaßen auch die Zielsetzung der vorliegenden Arbeit. Sie vermittelt umfassende Kenntnisse über die Stellung des englischen Richters, nicht nur in verfahrensrechtlicher Hinsicht, sondern auch im Hinblick auf seine juristische Ausbildung, seine Auswahl und Ernennung sowie im Hinblick auf die verfassungsrechtlichen Grundlagen des Richteramtes. Zugleich gibt sie einen vertiefenden Einblick in die englische Rechtskultur. Auf rechtsvergleichender Ebene zeigt die Arbeit zudem die Relativität nationaler Rechtstraditionen sowie die funktionalen Ähnlichkeiten zwischen dem deutschen und dem englischen Rechtssystem, insbesondere dem Strafverfahren auf. In diesem Zusammenhang werden sodann alternative Rechtsinstrumentarien zur Lösung gleicher Problemlagen veranschaulicht, wobei vor allen Dingen die Lösungsansätze und Hintergründe im Rahmen des englischen Rechtssystems in vielfacher Hinsicht beleuchtet werden.

Des weiteren begegnet die vorliegende Arbeit dem in der Praxis bedauerlicherweise weitverbreitetem Irrglauben, daß sich ein Rechts- und Justizsystem auf seine normativen Grundlagen reduzieren lasse. Dies ist insbesondere für das englische Rechtssystem unzutreffend, in dem es nicht nur an einer geschriebenen Verfassung fehlt, sondern darüber hinaus ein Großteil des Rechts auf gesetzlich nicht fixierten Grundsätzen des *common-law* sowie althergebrachten Traditionen beruht, die nicht einmal in rechtswissenschaftlichen Lehrbüchern wiedergegeben werden. Insofern sind die wesentlichen Unterschiede zwischen dem englischen und deutschen Rechtssystemen in erster Linie nicht auf normativer Ebene zu suchen, sondern sie spiegeln sich vielmehr in den wesentlich unterschiedlichen Traditionen, der abweichenden Denkweise und Argumentationstechnik sowie in dem spezifischen Selbstverständnis der nationalen Justiz wieder, mit anderen Worten sind sie auf den nationalspezifischen unterschiedlichen Rechtsstil zurückzuführen. Divergenzen auf gesetzlicher Ebene sind letztlich nur Ausfluß dieser tiefgreifenden Verwurzelungen, die im Rahmen des verfahrensübergreifenden Untersuchungsansatzes der vorliegenden Arbeit aufgezeigt wurden und auf diese Weise den konkreten Untersuchungsgegenstand stets anschaulich untermalten. Insofern kann auch die Übersetzung einschlägiger Normen oder Gesetze kein wirkliches Verständnis vermitteln, mit anderen Worten kann eine fremde Rechtsordnung durch sprachliche Verständigung allein nicht erfaßt werden.[1570] Dies ist zwar ein erster Schritt, der aber bei weitem nicht ausreicht, wie die vorliegende Arbeit gezeigt hat.

[1570] Nichtsdestotrotz ist eine zentrale und für jeden Mitgliedstaat leicht zugängliche Dokumentation einschlägiger Rechtsnormen (im vorliegenden Kontext z.B. eine – bestenfalls mehrsprachige – Dokumentation der unterschiedlichen Strafverfahrensordnungen der Mitgliedstaaten sowie entsprechender Verträge, Protokolle und Rechtshilfeabkommen) das Minimum, was ein Rechtspraktiker in einem zusammenwachsenden Europa erwarten darf. In diese Richtung gehen auch die Zukunftsvisionen bei Schomburg, Europäischer Rechtsraum, S. 113. Die Aufgabe einer justiziellen Dokumentations- und Clearingstelle

Vor diesem Hintergrund wird mit Blick auf das fortschreitende Zusammenwachsen Europas auch deutlich, daß sich die Unterschiede zwischen dem englischen und dem deutschen Strafverfahrenssystem nicht ad hoc infolge rechtlicher Regelungen einebnen lassen, da sie in den nationalen Rechtsordnungen verwurzelt sind. Zwar haben sich die Rechts- und Justizsysteme Englands und Deutschlands, wie auch anderer europäischer Mitgliedstaaten, im Laufe der letzten Jahre tendenziell angenähert, doch kann von einer Angleichung noch nicht gesprochen werden. Letztere würde vielmehr auch eine Annäherung im Hinblick auf die unterschiedlichen Mentalitäten und Traditionen der englischen und deutschen Juristen erfordern, ein wichtiger Faktor, der im Rahmen der vorliegenden Arbeit ebenfalls gewürdigt worden ist.[1571]

So wird auch in naher Zukunft im Bereich der Strafjustiz nach wie vor das nationale Recht im Vordergrund stehen, d.h. das Strafverfahrensrecht wie auch das Strafrecht der verfahrensbeteiligten Mitgliedstaaten. Eine Harmonisierung des Verfahrensrechtes kann nicht erzwungen werden. Vielmehr werden in Zukunft infolge vertiefter Kooperation in der Praxis diverse Annäherungen erfolgen mit der Folge, daß sich nach und nach effiziente Instrumentarien zur graduellen Reduktion von Reibungsverlusten herauskristallisieren werden.[1572]

Wie die grenzüberschreitende Kooperation der Polizei zeigt, hängt eine effektive Zusammenarbeit in erster Linie von persönlichen Kontakten ab, die als erstes Fundament für ein verläßliches und vertrauensvolles Miteinander über die na-

---

soll in Zukunft "EUROJUST" mit Sitz in Brüssel übernehmen, deren Einrichtung auf den Beschluß des Europäischen Rates in Tampere / Finnland im Jahre 1999 zurückgeht. Seit dem 01.03.2001 hat nun die provisorische Einheit "Pro-EUROJUST" ihre Tätigkeit in Brüssel aufgenommen, gewissermaßen als Versuchprojekt für die endgültige Einrichtung von EUROJUST. Vgl. näher hierzu und mit zahlreichen weiteren Nachweisen den Tagungsbericht von Schulte-Nover/Mahnken, EUROJUST, S. 541 f sowie N. N., Strafverfolgung in Europa, S. 4 mit Hinweis darauf, daß Pro-EUROJUST bisher in über 130 Fällen als Serviceeinheit Koordinierungshilfe in bilateralen (ca. 40 %) und multilateralen (ca. 60 %) Verfahren leisten konnte.

1571 Siehe hierzu die umfassenden Ausführungen im Ersten Teil unter A. I. und II. sowie im rechtsvergleichenden Zweiten Teil unter A. I. 2. und A. II. 2. Vgl. ferner auch Kötz, Rechtskreislehre, S. 500.

1572 Uneingeschränkte Zustimmung verdient daher auch der Ansatz von Schomburg, Europäischer Rechtsraum, S. 111: *„Wandel und Annäherung durch praktizierte Kooperation!"*. In diesem Sinne auch Klip, Harmonisierung des Strafrechts, der auf S. 629 zu dem Ergebnis gelangt, *„daß sich eine Rechtskultur nicht so schnell ändern läßt wie ein Paragraph (... und) daß eine wirkliche Harmonisierung einer europäischen Rechtskultur bedarf."* Eher pessimistisch hierzu aufgrund der wesentlich unterschiedlichen Gerichtsverfassungen der Mitgliedstaaten der EU und der engen Verknüpfung dieser Unterschiede mit den nationalen Rechtskulturen und dem nationalen Selbstverständnis Nelles, Europäisierung des Strafverfahrens, S. 747: *„Ein einheitliches europäisches Strafprozeßrecht kann und wird es auf absehbare Zeit nicht geben."*.

tionalen Grenzen des eigenen Landes hinaus unerläßlich sind.[1573] Vor diesem Hintergrund sind insbesondere die bereits erwähnten Tagungen unter Beteiligung englischer und deutscher Richter von Bedeutung, welche einen unmittelbaren Austausch ermöglichen. Im Laufe der Zeit wird sich auf dieser Ebene eine zunehmend vertrauensvolle Grundlage bilden, eine Basis, für offene Gesprächsdiskussionen über denkbare Lösungsansätze für die gleichen Probleme in unterschiedlichen Systemen. Vor allen Dingen wird hierdurch das Verständnis der Mitgliedstaaten untereinander für nationalspezifische Problempunkte gestärkt und der Blick für die Konturen einer nationalstaatenübergreifenden Kooperation geschärft.

[1573] So auch Lord Goff of Chieveley, Coming Together, S. 248: „*I have learned that, in this work, much in the end depends on personal relationships; and that, once these are established on a satisfactory basis, everything else follows, in particular the trust und confidence that enable to discuss even the most sensitive problems without restraint.*".

Literaturverzeichnis

(Die Zitierweise in den Fußnoten ist jeweils in Klammern angegeben.)

Abraham, Henry J.: The Judicial Process – An Introductory Analysis of the Courts of the United States, England, and France, 6. Auflage, Oxford 1993 (Judicial Process)

Addison, Neil: Tell me what you really want, New Law Journal 1998, S. 1061 - 1062 (What you want)

Ahlers, Malaika: Die deutsche Strafverfolgungspraxis im Vergleich mit der Strafverfolgungspraxis in England und Wales, Europäische Hochschulschriften, Reihe II: Rechtswissenschaften, Band 3151, Frankfurt a. M. 2000 (Strafverfolgungspraxis im Vergleich)

Allan, T. R. S.: Law, Liberty and Justice: The Legal Foundations of British Constitutionalism, Oxford 1993 (Foundations of British Constitutionalism)

Allan, T. R. S.: Parliamentary Sovereignty: Law, Politics, and Revolution, Law Quarterly Review 1997, S. 443 - 452 (Politics and Revolution)

Alsberg, Max / Nüse, Karl-Heinz / Meyer, Karlheinz: Der Beweisantrag im Strafprozeß, 5. Auflage, Köln 1983 (Beweisantrag)

Alternativkommentar: Kommentar zum Grundgesetz für die Bundesrepublik Deutschland, Erhard Denninger (Hrsg.), Neuwied, Loseblattausgabe in 2 Bänden, Stand: 2001 (Bearbeiter in AK-GG)

Alternativkommentar: Kommentar zur Strafprozeßordnung, 3 Bände, Rudolf Wassermann (Hrsg.), Neuwied 1992 (Bearbeiter in AK-StPO)

Amelung, Knut: Probleme des Rechtsschutzes gegen strafprozessuale Zwangsmaßnahmen, NJW 1979, S. 1687 - 1692 (Probleme des Rechtsschutzes)

Amelung, Knut: Rechtsschutz gegen strafprozessuale Grundrechtseingriffe, Berlin 1976 (Strafprozessuale Grundrechtseingriffe)

Arbeitskreis deutscher und schweizerischer Strafrechtslehrer (Hrsg.): Alternativ-Entwurf: Novelle zur Strafprozeßordnung – Reform der Hauptverhandlung, Baumann, Jürgen u.a. (Bearb.), Tübingen 1985 (Arbeitskreis, AE-Hauptverhandlung)

Archbold: Criminal Pleading, Evidence and Practice, 2001 Edition, P. J. Richardson (Hrsg.), London 2001 (Criminal Pleading)

Armstrong, Nick: Best practice in training, New Law Journal 1998, S. 1429 - 1430 (Practice in Training)

Armytage, Livingston: Educating Judges – Towards a New Model of Continuing Judicial Learning, Den Haag 1996 (Educating Judges)

Asbrock, Bernd: Anmerkung zum Urteil des BVerfG vom 20.02.2001, StV 2001, S. 322 - 324 (Anm. zu BVerfG Urt. v. 20.02.2001)

Asbrock, Bernd: Der Richtervorbehalt – prozedurale Grundrechtssicherung oder rechtsstaatliches Trostpflaster?, ZRP 1998, S. 17 - 19 (Richtervorbehalt als Grundrechtssicherung)

Ashworth, Andrew: Ein repressiver Umschwung der englischen Strafjustiz, ZStW 1997, S. 677 - 685 (Repressiver Umschwung)

Ashworth, Andrew: The Criminal Process: An Evaluative Study, 2. Auflage, Oxford 1998 (The Criminal Process)

Bachof, Otto: Beurteilungsspielraum, Ermessen und unbestimmter Rechtsbegriff im Verwaltungsrecht, JZ 1955, S. 97 - 102 (Beurteilungsspielraum und Ermessen)

Bahl, Kamlesh: Solicitor's Profession – slow decline or golden future, New Law Journal 1998, S. 920 (Golden Future)

Baker, John Hamilton: An Introduction to English Legal History, 3. Auflage, London 1990 (Legal History)

Baker, John Hamilton: The Legal Profession and the Common Law, Historical Essays, London 1986 (Historical Essays)

Bar Council: A Career at the Bar, London 1988 (Career at the Bar)

Bar Council: Code of Conduct of the Bar of England and Wales, 7. Auflage, Stand 31.07.2000

Bar Council: Constitution of the Council of the Inns of Court, London 1998

Bar Council: Constitution of the General Council of the Bar, London 1998

Bar Council: The Consolidated Regulations of the Honourable Societies of Lincoln's Inn, Inner Temple, Middle Temple and Gray's Inn, Stand 01.08.2000 (Consolidated Regulations 2000)

Bar Council / Lord Chancellor's Department (Hrsg.): Without Prejudice? Sex Equality at the Bar and in the Judiciary, London 1992 (Without Prejudice)

Barbara, Döllmeyer: Vom Staatsdiener zum "Sozialingenieur" – Zum Richterbild in der Habsburgmonarchie, in: Europäische und amerikanische Richterbilder, André Gouron / Laurent Mayoli / Antonio Padoa Schioppa / Dieter Simon (Hrsg.), Franfurt am Main 1996, S. 359 - 382 (Richterbild in der Habsburgmonarchie)

Barton, Sir D. Plunket: The Story of our Inns of Court, 1924 (Inns of Court)

Bassakou, Xanthi: Beiträge zur Analyse und Reform des Absehens von Strafe nach § 60 StGB, Frankfurter Kriminalwissenschaftliche Studien, Band 31, Frankfurt am Main 1991 (Analyse und Reform des § 60 StGB)

Baumann, Jürgen: Forum: Wie reformbedürftig ist die Strafprozeßordnung?, JuS 1987, S. 681 - 687 (Reform der StPO)

Baumann, Jürgen: Von der Grauzone zur rechtsstaatlichen Regelung – Ein Vorschlag zur Einführung des Rechtsgesprächs in § 265 StPO, NStZ 1987, S. 157 - 162 (Rechtsstaatliche Regelung)

Baur, Fritz: Die Beurteilung des Richters und seine Unabhängigkeit, DRiZ 1973, S. 6 - 8 (Beurteilung des Richters)

Beckmann, Heinrich: Zur Neuregelung der vorsätzlichen Tötungsdelikte, GA 1981, S. 335 - 361 (Neuregelung)

Becker, Monika / Kinzig, Jörg: Rechtsmittel im Strafrecht: Eine international vergleichende Untersuchung zur Rechtswirklichkeit und Effizienz von Rechtsmitteln, Ed. Iuscrim, Max-Planck-Institut für ausländisches und internationales Strafrecht, Freiburg im Breisgau 2000 (Rechtsmittel im Strafrecht)

Benda, Ernst: Nachteile des Richteramtsbonus, in: Festschrift für Wolfgang Zeidler, Walther Fürst / Roman Herzog / Dieter C. Umbach (Hrsg.), Band 1, Berlin 1987, S. 43 - 65 (Richteramtsbonus)

Benda, Ernst / Klein, Eckart: Bemerkungen zur richterlichen Unabhängigkeit, DRiZ 1975, S. 166 - 171 (Bemerkungen zur Unabhängigkeit)

Benfer, Jost: Anordnung von Grundrechtseingriffen durch Richter und Staatsanwaltschaft und die Verpflichtung zum Vollzug, NJW 1981, S. 1245 - 1247 (Anordnung von Grundrechtseingriffen)

Benfer, Jost: Grundrechtseingriffe im Ermittlungsverfahren, 2. Auflage, Köln 1990 (Grundrechtseingriffe im Ermittlungsverfahren)

Benyon, J.: Policing in the Limelight, in: The Police, J. Benyon / C. Bourn (Hrsg.), Oxford 1986, S. 3 - 44 (Limelight Policing)

Berg, Wilfried: Staatsrecht : Grundriß des Staatsorganisationsrechts und der Grundrechte, 2. Auflage, Stuttgart 1997 (Staatsrecht)

Berlins, Marcel / Dyer, Clare: The Law Machine, 4. Auflage, London 1994 (Law Machine)

Bernsmann, Klaus: Anmerkung zum Beschluß des BGH vom 23.03.1996, NStZ 1997, S. 250 - 251 (Anm. zu BGH v. 23.03.1996)

Beulke, Werner: Strafprozeßrecht, 5. Auflage, Heidelberg 2001 (Strafprozeßrecht)

Bing, Inigo: Criminal Procedure and Sentencing in Magistrates' Courts, 5. Auflage, London 1999 (Procedure and Sentencing)

Bingham, T. H.: The European Convention on Human Rights: Time to Incorporate, Law Quarterly Review 1993, S. 390 - 400 (Time to Incorporate)

Blackburn, Robert: Legal and Political Arguments for a United Kingdom Bill of Rights, in: Human Rights for the 1990s – Legal, Political and Ethical Issues, Robert Blackburn / John Taylor (Hrsg.), London 1991, S. 109 - 120 (Legal and Political Arguments)

Blackburn, Robert / Taylor, John: Human Rights for the 1990s: Legal, Political and Ethical Issues, London 1991 (Human Rights)

Blankenburg, Erhard: Die Staatsanwaltschaft im System der Strafverfolgung, ZRP 1978, S. 263 - 268 (Staatsanwaltschaft im System)

Böckenförde, Ernst-Wolfgang: Juristenausbildung – auf dem Weg ins Abseits?, JZ 1997, S. 317 - 326 (Weg ins Abseits)

Böttcher, Reinhard: Der Deutsche Juristentag und die Absprachen im Strafprozeß, in: Strafverfahrensrecht in Theorie und Praxis, Festschrift für Lutz Meyer-Goßner zum 65. Geburtstag, Albin Eser / Jürgen Goydke / Kurt Rüdiger Maatz / Dieter Meurer (Hrsg.), München 2001, S. 49 - 61 (DJT und Absprachen)

Bogdanor, Vernon: Britain and Europe: The Myth of Sovereignty, in: Time for a New Constitution, Richard Holme / Michael Elliot (Hrsg.), London 1988, S. 81 - 99 (Myth of Sovereignty)

Bogdanor, Vernon: Politics and the Constitution – Essays on British Government, Dartmouth 1996 (Politics and Constitution)

Bohlander, Michael: Zur Reform des englischen Strafverfahrens – Der Bericht der Royal Commission on Criminal Justice, ZStW 1994, S. 448 - 457 (Reform des englischen Strafverfahrens)

Bohnenkamp, Julia: Statistik Jurastudenten, Prüfungen, Rechtsanwälte, BRAK-Mitteilungen, Heft 6/2000, S. 299 - 301 (Statistik Jurastudenten)

Bohnert, Joachim: Die Abschlußentscheidung des Staatsanwalts, Schriften zum Strafrecht, Heft 90, Berlin 1992 (Abschlußentscheidung der StA)

Bornkamm, Joachim: Pressefreiheit und Fairneß des Strafverfahrens – Die Grenze der Berichterstattung über schwebende Strafverfahren im englischen, amerikanischen und deutschen Recht, Baden-Baden 1980 (Fairneß des Strafverfahrens)

Bottke, Wilfried: Grundlagen des polizeilichen Legalitätsprinzips, JuS 1990, S. 81 - 86 (Polizeiliches Legalitätsprinzip)

Bradley, A. W.: The Sovereignty of Parliament – Form or Substance?, in: The Changing Constitution, Jeffrey Jowell / Dawn Oliver, 4. Auflage, Oxford 2000, S. 23 - 58 (Form or Substance)

Braun, Peter: Die Unendliche Geschichte: Das Verhältnis von Polizei und Staatsanwaltschaft, Kriminalistik 1990, S. 517 - 520, 537 (Unendliche Geschichte)

Bridges, Lee / McConville, Mike: Keeping Faith With Their Own Convictions: The Royal Commission on Criminal Justice, Modern Law Review 1994, S. 75 - 90 (Keeping Faith)

Broom, Herbert / Hadley Edward: Commentaries on the Laws of England, 1. Auflage, London 1869 (Commentaries of England)

Brown, David: PACE ten years on: A Review of the Research, Home Office Research Study No. 155, London 1997 (PACE ten years on)

Bruns, Hans-Jürgen: Die Bedeutung des Durchschnitts-, des Regel- und des Normalfalls im Strafzumessungsrecht, JZ 1988, S. 1053 - 1058 (Normalfall im Strafzumessungsrecht)

Bruns, Hans-Jürgen: Tatverdacht und Schlüssigkeitsprüfung im strafprozessualen Ermittlungsverfahren – Rechtsdogmatische Randbemerkungen zu einem politischen Thema: "Vorverurteilung" und "Vorfreispruch", in: Gedächtnisschrift für Hilde Kaufmann, Hans-Joachim Hirsch / Günther Kaiser / Helmut Marquardt (Hrsg.), Berlin 1986, S. 863 - 873 (Tatverdacht und Schlüssigkeitsprüfung)

Bundesregierung: Eckpunkte einer Reform des Strafverfahrens, Beschluß der Bundesregierung (Stand 06.04.2001), StV 2001, S. 314 - 317 (Eckpunkte einer Reform)

Carpenter, Val: Prejudiced? Me?, The Magistrate 1998, S. 129 (Prejudiced)

Chandler, David: The Magistrate Debate: Clerk's Powers, The Magistrate 1998, S. 68 (Magistrate Debate)

Clark, Keith: Introduction to the Clifford Chance Millenium Lectures, in: The Clifford Chance Millenium Lectures: The Coming Together of the Common Law and the Civil Law, Basil S. Markesinis (Hrsg.), Oxford 2000, S. 1 - 9 (Introduction to the Millenium Lectures)

Cohen, Hermann: A History of the English Bar and Attornatus to 1450, London 1929 (History of the English Bar)

Cohn, Ernst Joseph: Richter, Staat und Gesellschaft in England, Vortrag gehalten für die Juristische Studiengesellschaft in Karlsruhe am 16. Mai 1958, Schriftenreihe der Juristischen Studiengesellschaft, Karlsruhe 1958 (Richter und Staat in England)

Corves, Erich / Bartsch, Hans-Jürgen: Strukturen und Methoden internationaler und regionaler Zusammenarbeit auf dem Gebiet des Strafrechts, ZStW 1984, S. 505 - 526 (Strukturen und Methoden der Zusammenarbeit)

Craig, Paul: Britain in the European Union, in: The Changing Constitution, Jeffrey Jowell / Dawn Oliver, 4. Auflage, Oxford 2000, S. 61 - 88 (Britain in the EU)

Crane, Peter / Balston, Anthony: Plea and Directions Hearings: The case for and against, Judicial Studies Board Journal, Heft 1/1997, S. 10 - 13 (PDH for and against)

Crown Prosecution Service: Annual Report 1999 - 2000, The Stationary Office London 2000 (Annual Report 1999/2000)

Crowther, Eric: How shall I call the Judge?, New Law Journal 1998, S. 947 (Call the Judge)

Curzon, L. B.: English Legal History, 2. Auflage 1979 (English Legal History)

Dahs, Hans: Absprachen im Strafprozeß – Chancen und Risiken, NStZ 1988, S. 153 - 159 (Chancen und Risiken)

Dallinger, Wilhelm: Anmerkung zum Urteil des BGH vom 01.12.1965, MDR 1966, S. 427 - 429 (Anm. zu BGH Urt. v. 01.12.1965)

Damaska, Mirjan R.: The Faces of Justice and State Authority – A Comparative Approach to the Legal Process, 1. Auflage, London 1986 (Faces of Justice)

Darbyshire, Penny: A Comment on the Powers of Magistrates‘ Clerks, Crim.L.R. 1999, S. 377 - 386 (Powers of Magistrates‘ Clerks)

Darbyshire, Penny: Eddey on the English Legal System, 5. Auflage, London 1992 (English Legal System)

Darbyshire, Penny: English Legal System in a Nutshell, 2. Auflage, London 1992 (English Legal System NS)

Darbyshire, Penny: The Magistrates' Clerk, Chichester 1984 (Magistrates' Clerk)

Darbyshire, Penny: The Mischief of Plea Bargaining and Sentencing Rewards, Criminal Law Review 2000, S. 895 ff (Plea Bargaining and Sentencing Rewards)

Däubler-Gmelin, Herta: Überlegungen zur Reform des Strafprozesses, StV 2001, S. 359 - 363 (Reform des Strafprozesses)

David, René / Grasmann, Günther u.a.: Einführung in die großen Rechtssysteme der Gegenwart, 2. deutsche Auflage, München 1988 (Bearbeiter in David/Grasmann)

De Smith, Stanley / Brazier, Rodney: Constitutional and Administrative Law, 6. Auflage, London 1989 (Constitutional Law)

De Wilde, Robin: A constitutional issue – the judges and the Bar, New Law Journal 1998, S. 1424 - 1449 (Constitutional Issue)

Deal, Detlef (Pseudonym): Der strafprozessuale Vergleich, StV 1982, S. 545 - 552 (Der Vergleich)

Dencker, Friedrich: Zum Geständnis im Straf- und Strafprozeßrecht, ZStW 1990, S. 51 - 79 (Geständnis im Strafprozeßrecht)

Denham, Paul: Law: A modern introduction, 3. Auflage, London 1994 (Law introduction)

Denning, Sir Alfred: The Road to Justice, London 1955 (Road to Justice)

Devlin, Patrick: Easing the Passing: The Trial of Dr. John Bodkin Adams, London 1985 (Easing the Passing)

Devlin, Patrick: The Judge, Oxford 1979 (The Judge)

Dicey, Albert Venn: An Introduction to the Study of the Law of the Constitution, 10. Auflage, London 1955 (Law of the Constitution)

Dicke, Detlev: Englisches Verfassungsverständnis und die Schwierigkeiten einer Verfassungskodifikation, DÖV 1971, S. 409 - 412 (Englisches Verfassungsverständnis)

Doehring, Karl: Die Autorität des Rechts als Maßstab für die Widerstandsfähigkeit unserer Demokratie, DRiZ 1987, S. 5 ff (Autorität des Rechts)

Döhring, Silke: Ist das Strafverfahren vom Legalitätsprinzip beherrscht?, Europäische Hochschulschriften, Reihe II: Rechtswissenschaften, Band 2672, Frankfurt am Main 1999 (Strafverfahren und Legalitätsprinzip)

Dölling, Dieter / Feltes, Thomas: Die Dauer von Strafverfahren vor den Landgerichten: Eine empirische Analyse zur Rechtswirklichkeit von Strafverfahren in der Bundesrepublik Deutschland, Köln: Bundesanzeiger (Rechtstatsachenforschung) 2000 (Dauer von Strafverfahren)

Donelly, Kate / Smith, Nicole: Delivering Constitutional Reform – The Independent Inquiry into the Implementation of Constitutional Reform, The Constitution Unit (Hrsg.), London 1996 (Constitutional Reform)

Dreier, Horst (Hrsg.): Grundgesetz Kommentar in 3 Bänden, Band I: Artikel 1 - 19, Tübingen 1996; Band II: Artikel 20 - 82, Tübingen 1998; Band III: Artikel 83 - 146, Tübingen 2000 (Bearbeiter in Dreier-GG)

Drinker, Henry S.: Legal Ethics, Legal Studies of the William Nelson Cromwell Foundation, New York 1953 (Legal Ethics)

Drosdeck, Thomas: Richterbilder und richterliches Selbstverständnis in der Weimarer Republik, in: Europäische und amerikanische Richterbilder, André Gouron / Laurent Mayoli / Antonio Padoa Schioppa / Dieter Simon (Hrsg.), Franfurt am Main 1996, S. 293 - 332 (Richterbilder in der Weimarer Republik)

Dunn, R.: Sword and Wig, London 1993 (Sword and Wig)

Dütz, Wilhelm: Richterliche Unabhängigkeit und Politik, JuS 1985, S. 745 - 754 (Unabhängigkeit und Politik)

Ebert, Andreas: Zum Beanstandungsrecht nach Anordnungen des Strafrichters gem. § 238 Abs. 2 StPO, StV 1997, S. 269 - 276 (Beanstandungsrecht)

Eisenberg, Ulrich: Kriminologie, 4. Auflage, Berlin 1995 (Kriminologie)

Emmerson, Ben / Ashworth, Andrew: Human Rights and Criminal Justice, 1. Auflage, London 2001 (Human Rights)

Emmins, Christopher J.: A Practical Approach to Criminal Procedure, 2. Auflage, London 1983 (Practical Approach)

Erker, Martin: Das Beanstandungsrecht gemäß § 238 II StPO, Schriften zum Strafrecht, Heft 72, Berlin 1988 (Beanstandungsrecht)

Ernesti, Günter: Informationsverbund Justiz – Polizei, NStZ 1983, S. 57 - 63 (Informationsverbund)

Ernesti, Günter: Staatsanwaltschaft, Polizei und die Zusammenarbeit mit den Nachrichtendiensten, ZRP 1989, S. 57 - 60 (Zusammenarbeit)

Eser, Albin: Beweisermittlung und Beweiswürdigung in vergleichender Perspektive – Einige überbrückende Beobachtungen zwischen "adversatorischem" und "inquisitorischem" System, in: Festschrift für Koichi Miyazawa, Hans-Heiner Kühne (Hrsg.), Baden-Baden 1995, S. 561 - 569 (Überbrückende Beobachtungen)

Eser, Albin: Entwicklung des Strafverfahrensrechts in Europa – Orientierung an polizeilicher Effektivität oder an rechtsstaatlichen Grundsätzen?, ZStW 1996, S. 86 - 127 (Strafverfahrensrecht in Europa)

Eser, Albin: Funktionswandel strafrechtlicher Prozeßmaximen: Auf dem Weg zur "Reprivatisierung des Strafverfahrens"?, ZStW 1992, S. 361 - 397 (Funktionswandel strafrechtlicher Prozeßmaximen)

European Commission of Human Rights: Report of the Commission adopted on 20 October 1998, Strasbourg, Application No. 28488/95, Richard James Joseph McGonnel against the United Kingdom (McGonnel-Report)

Evans, Anthony: The Magistrate Debate: Clerk's Powers, The Magistrate 1998, S. 69 (Clerk powers)

Everling, Ulrich: Welche gesetzlichen Regelungen empfehlen sich für das Recht der rechtsberatenden Berufe, insbesondere im Hinblick auf die Entwicklung in der Europäischen Gemeinschaft?, Gutachten C zum 58. Deutschen Juristentag, Band I, München 1990 (Gutachten 58. DJT)

Fahl, Christian: Aus der Praxis: Komplizierte Strafzumessung, JuS 1998, S. 748 - 750 (Komplizierte Strafzumessung)

Falk, Ulrich: Von Dienern des Staates und von anderen Richtern – Zum Selbstverständnis der deutschen Richterschaft im 19. Jahrhundert, in: Europäische und amerikanische Richterbilder, André Gouron / Laurent Mayoli / Antonio Padoa Schioppa / Dieter Simon (Hrsg.), Franfurt am Main 1996, S. 251 - 292 (Richterliches Selbstverständnis im 19. Jh.)

Faller, Hans: Verfassungsrechtliche Grenzen des Opportunitätsprinzips, in: Festgabe für Theodor Maunz zum 70. Geburtstag, Hans Spanner / Peter Lerche / Hans Zacher / Peter Badura / Axel Frh. v. Campenhausen (Hrsg.), München 1971, S. 69 - 87 (Grenzen des Opportunitätsprinzips)

Faller, Hans Joachim: Die richterliche Unabhängigkeit im Spannungsfeld von Politik, Weltanschauung und öffentlicher Meinung, in: Festschrift für Wolfgang Zeidler, Walther Fürst / Roman Herzog / Dieter C. Umbach (Hrsg.), Band 1, Berlin 1987, S. 81 - 100 (Unabhängigkeit im Spannungsfeld)

Fastenrath, Ulrich: Gewaltenteilung – ein Überblick, JuS 1986, S. 194 - 201 (Gewaltenteilung Überblick)

Fenge, Hilmar: Unabhängigkeit und Verantwortung von Richtern und Rechtsanwälten, in: Anwaltsberuf und Richterberuf in der heutigen Gesellschaft – Deutsche Landesberichte zur IX. Weltkonferenz für Prozeßrecht in Coimbra und Lissabon, Peter Gilles (Hrsg.), 1. Auflage, Baden-Baden 1991, S. 81 - 120 (Unabhängigkeit und Verantwortung)

Fezer, Gerhard: Amtsaufklärungsgrundsatz und Beweisantragsrecht, in: 50 Jahre Bundesgerichtshof, Festgabe aus der Wissenschaft, Band IV: Strafrecht, Strafprozeßrecht, Claus Roxin / Gunter Widmaier (Hrsg.), München 2000, S. 847 - 881 (Amtsaufklärung und Beweisantrag)

Fezer, Gerhard: Rechtsschutz gegen erledigte strafprozessuale Zwangsmaßnahmen, Jura 1982, S. 126 - 138 (Rechtsschutz gegen Zwangsmaßnahmen)

Fezer, Gerhard: Richterliche Kontrolle der Ermittlungstätigkeit der Staatsanwaltschaft vor Anklageerhebung?, in: Gedächtnisschrift für Horst Schröder, Walter Stree / Theodor Lenckner / Peter Cramer / Albin Eser (Hrsg.), München 1978, S. 407 - 423 (Richterliche Kontrolle)

Fezer, Gerhard: Strafprozeßrecht, 2. Auflage, München 1995 (Strafprozeßrecht)

Fezer, Gerhard: Tatrichterlicher Erkenntnisprozeß – "Freiheit" der Beweiswürdigung, StV 1995, S. 95 - 101 (Tatrichterlicher Erkenntnisprozeß)

Field, Stewart: Judicial Supervision and the Pre-Trial Process, in: Justice and Efficiency? The Royal Commission on Criminal Justice, Steward Field / Philip A. Thomas (Hrsg.), Oxford 1994, S. 119 - 135 (Judicial Supervision)

Field, Steward / Thomas, Philip A.: Justice and Efficiency? The Royal Commission on Criminal Justice, in: Justice and Efficiency? The Royal Commission on Criminal Justice, Steward Field / Philip A. Thomas (Hrsg.), Oxford 1994, S. 1 - 19 (Justice and Efficiency)

Findlay, Marc: Synthesis in Trial Procedures? The Experience of International Criminal Tribunals, International & Comparative Law Quarterly, Vol. 50, Januar 2001, S. 26 - 53 (Synthesis in Trial Procedures)

Fischer, Paul / Burwell, Geoffrey: Kleines England Lexikon, 2. Auflage, München 1991 (England Lexikon)

Flood, John Anthony: Barristers' clerks – the law's middlemen, Manchester 1983 (Barristers' clerks)

Flood-Page, Claire / Mackie, Alan: Sentencing Practice: An Examination of Decisions in Magistrates' Courts and the Crown Court in the mid-1990's, A Research and Statistics Directorate Report / Research Study No. 180, Home Office, London 1998 (Sentencing Practice)

Flotho, Manfred: Richterpersönlichkeit und Richterauslese, DRiZ 1988, S. 167 - 171 (Richterpersönlichkeit und Richterauslese)

Franzheim, Horst: Die Zusammenarbeit von Polizei und Justiz bei der Verfolgung von Wirtschaftsstraftaten – aus der Sicht der Justiz, DRiZ 1984, S. 90 - 95 (Zusammenarbeit aus der Sicht der Justiz)

Freund, Georg: Die Tatfrage als Rechtsfrage – "Persönliche Gewißheit", "objektive Schuldwahrscheinlichkeit" und rechtsgenügender Beweis, in: Strafverfahrensrecht in Theorie und Praxis, Festschrift für Lutz Meyer-Goßner zum 65. Geburtstag, Albin Eser / Jürgen Goydke / Kurt Rüdiger Maatz / Dieter Meurer (Hrsg.), München 2001, S. 409 - 429 (Tatfrage als Rechtsfrage)

Freund, Georg: Straftatbestand und Rechtsfolgenbestimmung – Zur Bedeutung der gesetzlichen Regelungstechnik und der "harmonisierten" Strafrahmen für die Strafzumessung, GA 1999, S. 509 - 538 (Rechtsfolgenbestimmung)

Frisch, Wolfgang: Gegenwärtiger Stand und Zukunftsperspektiven der Strafzumessungsdogmatik, ZStW 1987, S. 349 - 388 (Strafzumessungsdogmatik)

Frister, Helmut: Das Verhältnis von Beweisantragsrecht und gerichtlicher Aufklärungspflicht im Strafprozeß, ZStW 1993, S. 340 - 363 (Beweisantragsrecht und Aufklärungspflicht)

Fuhrmann, Hans: Das Beanstandungsrecht des § 238 II StPO – Seine Bedeutung und seine Grenzen, GA 1963, S. 65 - 81 (Bedeutung und Grenzen des § 238 II StPO)

Füllkrug, Michael: Neue Formen der Kriminalitätsbekämpfung und ihre Auswirkungen auf das Verhältnis von Staatsanwaltschaft und Polizei, ZRP 1984, S. 193 - 195 (Kriminalitätsbekämpfung)

Gallandi, Volker: Strafprozeßrecht im Umbruch – Der strafprozessuale Vergleich nach den Diskussionen des 58. Deutschen Juristentages, wistra 1991, S. 47 - 52 (Strafprozessualer Vergleich)

Gandy, David: The Crown Prosecution Service: its organisation and philosophy, in: The Role of the Prosecutor, Report of the International Criminal Justice Seminar held at the London School of Economics and Political Science in January 1987, J. E. Hall Williams (Hrsg.), London 1988, S. 7 - 18 (CPS Organisation and Philosophy)

Gautier, Ulrich: Judicial Discretion to Intervene in the Course of the Trial, The Criminal Law Quarterly, Vol. 23, 1980/1981, S. 88 - 124 (Judicial Discretion)

Geiger, Willi: Die Unabhängigkeit des Richters, DRiZ 1979, S. 65 - 69 (Unabhängigkeit des Richters)

Geldart, William: Introduction to English Law, 9. Auflage, Oxford 1985 (Introduction)

General Council of the Bar: Chambers, Pupillages & Awards Handbook, 16. Auflage, London 1998 (Chambers Handbook)

Geppert, Klaus: Kontroll- und Förderungspflicht des Ermittlungsrichters, DRiZ 1992, S. 405 - 414 (Kontroll- und Förderungspflicht)

Gerlach, Götz: Absprachen im Strafverfahren – Ein Beitrag zu den Rechtsfolgen fehlgeschlagener Absprachen im Strafverfahren, Europäische Hochschulschriften, Reihe II: Rechtswissenschaften, Band 1249, Frankfurt am Main 1992 (Absprachen im Strafverfahren)

Gibbons, Julian: Those same old Arguments, New Law Journal 1998, S. 1546 (Same Arguments)

Gleß, Sabine: Zur Verwertung von Erkenntnissen aus verdeckten Ermittlungen im Ausland im inländischen Strafverfahren, NStZ 2000, S. 57 - 62 (Verwertung im inländischen Strafverfahren)

Glidewell–Report: The Review of the Crown Prosecution Service, Sir Ian Glidewell (Chairman), Cm. 3960, HMSO London 1998 (Review of the CPS)

Göhring, Stefan: Polizeiliche Kontrollstellen und Datenverarbeitung, Schriften zum Strafrecht und Strafprozeßrecht, Band 7, Frankfurt am Main 1992 (Polizeiliche Kontrollstellen)

Gössel, Karl Heinz: Die Stellung des Verteidigers im rechtsstaatlichen Strafverfahren, ZStW 1982, S. 5 - 36 (Stellung des Verteidigers)

Gössel, Karl Heinz: Empfehlen sich Änderungen des Strafverfahrensrechts mit dem Ziel, ohne Preisgabe rechtsstaatlicher Grundsätze den Strafprozeß, insbesondere die Hauptverhandlung zu beschleunigen?, Gutachten C für den 60. Deutschen Juristentag in Münster, Ständige Deputation des DJT (Hrsg.), Einzelausgabe, München 1994 (Verfahrensbeschleunigung – Gutachten C)

Gössel, Karl Heinz: Ermittlung oder Herstellung von Wahrheit im Strafprozeß?, Vortrag gehalten vor der Juristischen Studiengesellschaft zu Berlin am 2. Juni 1999, Schriftenreihe der Juristischen Studiengesellschaft zu Berlin, Heft 165, Berlin 2000 (Ermittlung oder Herstellung)

Gössel, Karl Heinz: Strafverfahrensrecht, 1. Auflage, Stuttgart 1977 (Strafverfahrensrecht)

Gössel, Karl Heinz: Überlegungen über die Stellung der Staatsanwaltschaft im rechtsstaatlichen Strafverfahren und über ihr Verhältnis zur Polizei, Goltdammer's Archiv für Strafrecht 1980, S. 325 - 354 (Stellung der Staatsanwaltschaft)

Götting, Bert: Gesetzliche Strafrahmen und Strafzumessungspraxis – Eine empirische Untersuchung anhand der Strafverfolgungsstatistik für die Jahre 1987 bis 1991, Criminalia Band 16, Berlin 1997 (Empirische Untersuchung zur Strafzumessungspraxis)

Graffy, Colleen: Coming to terms with keeping terms, Counsel March/April 1997, S. 14 (Keeping Terms)

Grasmann, Günther (u.a.): Einführung in die großen Rechtssysteme der Gegenwart, 2. Auflage, München 1988 (Große Rechtssysteme)

Greiser, Peter: Die gestörte Hauptverhandlung – Praktische Fälle mit Lösungsvorschlägen, 1. Auflage, Bielefeld 1985 (Gestörte HV)

Griffith, J. A. G.: The Politics of the Judiciary, 5. Auflage, London 1997 (Politics of the Judiciary)

Griffith-Williams, Brenda: Legal Services in England and Wales: The New Framework, in: The Changing Shape of the Legal Profession, Joanna Shapland / Rose LeGrys , Institute for the Study of the Legal Profession, Faculty of Law / University of Sheffield, Sheffield 1994, S. 5 - 11 (New Framework)

Gropp, Walter: Lauschangriff im PKW: der Ermittlungsrichter als Hoffnungsträger?, JZ 1998, S. 501 - 505 (Ermittlungsrichter als Hoffnungsträger)

Großfeld, Bernhard: Kernfragen der Rechtsvergleichung, 1. Auflage, Tübingen 1996 (Rechtsvergleichung)

Grosskurth, Anne: From anger to action, Legal Action, Heft 12/1993, S. 6 (Anger to Action)

Grote, Rainer: Die Inkorporierung der Europäischen Menschenrechtskonvention in das britische Recht durch den Human Rights Act 1998, ZaöRV 1998, S. 309 - 352 (Inkorporierung durch den Human Rights Act)

Günther, Hans-Ludwig: Systematische Grundlagen der Strafzumessung – Eine Bestandsaufnahme, JZ 1989, S. 1025 - 1030 (Systematische Grundlagen)

Haldane, Richard Burdon: An Autobiography, London 1929 (Autobiography)

Hall, Jean Graham / Martin, Douglas F.: A Ministry of Justice?, New Law Journal 1998, S. 830 - 831 (Ministry of Justice)

Haller, Klaus / Conzen, Klaus: Das Strafverfahren – Eine systematische Darstellung mit Originalakten und Fallbeispielen, Heidelberg 1995 (Das Strafverfahren)

Halsbury's Laws of England: Volume 3 (1), Lord Hailsham of St. Marylebone (Hrsg.), Lord Mackay of Clashfern, (Editor in Chief), 4. Auflage, London 1989; Volume 9 (1), Lord Hailsham of St. Marylebone (Hrsg.), Lord Mackay of Clashfern(Editor in Chief), 4. Auflage, London 1998; Volume 10, Lord Hailsham of St. Marylebone (Hrsg.), 4. Auflage, London 1975 (Halsbury's Laws of England, Vol. ...)

Halsbury's Statutes of England and Wales: Volume 17: Evidence, Lord Hailsham of St. Marylebone (Hrsg.), 4. Auflage, London 1999 (Halsbury's Statutes of England, Vol. 17)

Hamm, Rainer: Von der Unmöglichkeit, Informelles zu formalisieren – Das Dilemma der Urteilsabsprachen, in: Strafverfahrensrecht in Theorie und Praxis, Festschrift für Lutz Meyer-Goßner zum 65. Geburtstag, Albin Eser / Jürgen Goydke / Kurt Rüdiger Maatz / Dieter Meurer (Hrsg.), München 2001, S. 33 - 48 (Dilemma der Urteilsabsprachen)

Hammerstein, Gerhard: Kann die Reihenfolge der Beweiserhebung das Urteil beeinflussen?, in: Festschrift für Rudolf Schmitt zum 70. Geburtstag, Klaus Geppert / Joachim Bohnert / Rudolf Rengier (Hrsg.), Tübingen 1992, S. 323 - 330 (Reihenfolge der Beweiserhebung)

Hampton, Celia: Criminal Procedure, 3. Auflage, London 1982 (Criminal Procedure)

Hanack, Ernst-Walter: Vereinbarungen im Strafprozeß, ein besseres Mittel zur Bewältigung von Großverfahren?, StV 1987, S. 500 - 504 (Bewältigung von Großverfahren)

Hanbury, Harold Greville / Yardley, D. C. M.: English Courts of Law, 5. Auflage, Oxford 1979 (Courts of Law)

Harding, Alan: The law courts of medieval England, London 1973 (Law courts of medieval England)

Harris, Phil: An introduction to law, 2. Auflage, London 1984 (Introduction to law)
Hartley, T. C. / Griffith, J. A. G.: Government and Law: An Introduction of the Working of the Constitution in Britain, 2. Auflage, London 1981 (Working of the Constitution)
Harvey, C. P.: The Advocate's Devil, London 1958 (Advocate's Devil)
Hatchard, John / Huber, Barbara / Vogler, Richard: Comparative Criminal Procedure, London 1996 (Comparative Criminal Procedure)
Hattenhauer, Hans: Juristenausbildung – Geschichte und Probleme, JuS 1989, S. 513 - 520 (Geschichte und Probleme)
Hawthorne, Stephanie: The Silk Cut, Counsel Heft 2/2000, S. 32 – 33 (Silk Cut)
Hazell, Robert: The Bar on Trial, London 1978 (Bar on Trial)
Heckenberger, Wolfgang: Aufgaben und Befugnisse der Vollzugspolizei in England und Deutschland – Ein Vergleich der Polizeirechtssysteme, Ius Criminale, Schriftenreihe zum Europäischen Strafrecht, Band 5, Köln 1997 (Vollzugspolizei in England und Deutschland)
Heghmanns, Michael: Das Zwischenverfahren im Strafprozeß: Entwicklung, Zustand und Vorschläge zu einer Reform, München 1991 (Zwischenverfahren im Strafprozeß)
Heidelberger Kommentar: Kommentar zur Strafprozeßordnung, Michael Lemke / Karl-Peter Julius / Cristoph Krehl / Hans-Joachim Kurth / Erardo Cristoforo Rautenberg / Dieter Temming (Hrsg.), 3. Auflage, 2001 (Bearbeiter in HK-StPO)
Heimeshoff, Erich: Parteipolitische Betätigung von Richtern, DRiZ 1975, S. 261 - 265 (Parteipolitische Betätigung)
Hellmann, Uwe: Strafprozeßrecht, 1. Auflage, Berlin 1998 (Strafprozeßrecht)
Henham, Ralph J.: Sentencing Principles and Magistrates' Sentencing Behaviour, Aldershot 1990 (Magistrates' Sentencing Behaviour)
Hensen, Horst-Diether / Kramer, Wolfgang: Gutachten F für den 58. Deutschen Juristentag: Welche Maßnahmen empfehlen sich – auch im Hinblick auf den Wettbewerb zwischen Juristen aus den EG-Staaten – zur Verkürzung und Straffung der Juristenausbildung?, in: Verhandlungen des 58. Deutschen Juristentages, Band I (Gutachten), Ständige Deputation des DJT (Hrsg.), München 1990 , S. F 1 - 142 (Gutachten F 58. DJT)
Herrmann, Joachim: Die Reform der deutschen Hauptverhandlung nach dem Vorbild des anglo-amerikanischen Strafverfahrens, Rechtsvergleichende Untersuchungen zur gesamten Strafrechtswissenschaft, Heft 44, Bonn 1971 (Reform der Hauptverhandlung)
Herrmann, Joachim: Die Unabhängigkeit des Richters, DRiZ 1982, S. 286 - 294 (Die Unabhängigkeit)
Hesse, Konrad: Grundzüge des Verfassungsrechts der Bundesrepublik Deutschland, 20. Auflage, Heidelberg 1995 (Verfassungrecht)

Hettinger, Michael: Zum Geltungsbereich des Doppelverwertungsverbots und zum Begriff des "normalen Erscheinungsbildes", GA 1993, S. 1 - 27 (Doppelverwertungsverbot)

Heuston, R. F. V.: Essays in Constitutional Law, 2. Auflage, London 1964 (Essays)

Hilger, Hans: Über den "Richtervorbehalt" im Ermittlungsverfahren, in: Gedächtnisschrift für Karlheinz Meyer, Klaus Geppert / Diether Dehnicke (Hrsg.), Berlin 1990, S. 209 - 225 (Richtervorbehalt im Ermittlungsverfahren I)

Hilger, Hans: Über den "Richtervorbehalt" im Ermittlungsverfahren, JR 1990, S. 485 – 489 (Richtervorbehalt im Ermittlungsverfahren II)

Hill, Derek: The Role of the Judicial Studies Board, Judicial Studies Board Journal, Heft 1/1997, S. 20 (Role of the JSB)

Höcherl, Hermann: Die richterliche Überzeugung, in: Wahrheit und Gerechtigkeit im Strafverfahren, Festgabe für Karl Peters aus Anlaß seines 80. Geburtstages, Klaus Wasserburg / Wilhelm Haddenhorst (Hrsg.), Heidelberg 1984, S. 17 - 22 (Richterliche Überzeugung)

Hodge, Harry / Hodge, James H.: Famous Trials, London 1984 (Famous Trials)

Hoffmann-Riem, Wolfgang / Willand, Achim: Forum: Neue Perspektiven der Juristenausbildung (Teil I) – Die Einheitsausbildung als Fixpunkt?, JuS 1997, S. 208 - 215 (Neue Perspektiven I)

Holdsworth, Sir William Searle: A History of English Law, Volume II, 4. Auflage, London 1936; Volume IV, 3. Auflage, London 1945; Volume VI, 2. Auflage, London 1937; Volume XII, 1. Auflage, London 1938 (History of English Law, Vol. ...)

Holland, Tony: Training Judges, New Law Journal 1993, S. 895 (Training Judges)

Home Affairs Committee: Third Report, Judicial Appointments Procedures, Volume 1, London HMSO 1996 (Judicial Appointments Procedures)

Home Office: Complaints Against the Police – A Consultation Paper, London HMSO 2000 (Complaints against the Police)

Home Office: Mode of Trial – A Consultation Paper, Cm. 2908, London HMSO 1995 (Mode of Trial)

Home Office: The Sentence of the Court: A Handbook for Courts on the Treatment of Offenders, London HMSO 1990 (Sentence of the Court)

Huber, Barbara: Die Stellung und Ausbildung von Richtern an Strafgerichten in England und Wales, JZ 1983, S. 133 - 137 (Richter an Strafgerichten)

Huber, Barbara: Funktion und Tätigkeit des Anklägers in England und Wales, in: Funktion und Tätigkeit der Anklagebehörde im ausländischen Recht, H.-H. Jeschek / R. Leibinger (Hrsg.), Baden-Baden 1979, S. 545 - 583 (Funktion der Anklagebehörde)

Huber, Barbara: Landesbericht England und Wales, in: Die Beweisaufnahme im Strafverfahrensrecht des Auslands – Rechtsvergleichendes Gutachten im Auftrag des Bundesministerium der Justiz, Beiträge und Materialien aus dem Max-Planck-Institut für ausländisches und internationales Strafrecht / Band S 51, Walter Perron (Hrsg.), Freiburg im Breisgau 1995, S. 11 - 88 (Strafverfahren in England)

Huber, Barbara / Klumpe, Birgit: Landesbericht England und Wales, in: Besondere Ermittlungsmaßnahmen zur Bekämpfung der Organisierten Kriminalität, Beiträge und Materialien aus dem Max-Planck-Institut für ausländisches und internationales Strafrecht Freiburg im Breisgau, Band S 36, Walter Gropp (Hrsg.), Freiburg im Breisgau 1993, S. 211 - 300 (Besondere Ermittlungsmaßnahmen in England)

Hughes, Sally: The Circuit Bench – A Woman's Place?, The Law Society (Hrsg.), London 1991 (A Woman's Place)

Humphreys, Steve: Conduct and Competence, The Magistrate 2000, S. 74 - 75 (Conduct and Competence)

Hunter, Mary: Judicial Discretion: Section 78 in Practice, Criminal Law Review 1994, S. 558 - 565 (Section 78 in Practice)

Hurlin, Ingo: Sei ohne Furcht ..., Betrifft Justiz 1995, S. 62 – 63 (Ohne Furcht)

Ingman, Terence: The English Legal Process, 4. Auflage, London 1993 (Legal Process)

Isensee, Josef / Kirchhof, Paul: Handbuch des Staatsrechts der Bundesrepublik Deutschland, Band I: Grundlagen von Staat und Verfassung, Heidelberg 1987; Band VII: Normativität und Schutz der Verfassung, Internationale Beziehungen, Heidelberg 1992 (Bearbeiter in Isensee/Kirchhof, Handbuch des Staatsrechts ...)

Jackson, John: Public Satisfaction with the Criminal Courts: Lessons for Legal Professionals, in: The Changing Shape of the Legal Profession, Joanna Shapland / Rose LeGrys , Institute for the Study of the Legal Profession, Faculty of Law / University of Sheffield, Sheffield 1994, S. 92 - 99 (Public Satisfaction with Criminal Courts)

Jackson, John: The Judicial Role in Criminal Trials, in: Judging and Decision Making, Gerard Hanlon / John Jackson / Anne Atkinson (Hrsg.), Institute for the Study of the Legal Profession, University of Sheffield, Sheffield 1995, S. 6 - 15 (Judicial Role in Criminal Trials)

Jackson, John / Doran, Sean: Judge without Jury – Diplock Trials in the Adversary System, Oxford 1995 (Judge without Jury)

Jakobs, Horst Heinrich: Gewaltenteilung in der Sicht von Roman Herzog, JZ 1996, S. 17 - 18 (Gewaltenteilung nach Roman Herzog)

Jarass, Hans D. / Pieroth, Bodo: Grundgesetz für die Bundesrepublik Deutschland, Kommentar, 5. Auflage, München 2000 (GG-Kommentar)

Jason-Lloyd, Leonard: The Criminal Cases Review Commission – one year on, New Law Journal 1998, S. 1174 - 1175 (CCRC one year on)
Jenks, Edward: Short History of English Law: From the earliest times to the end of the year 1911, London 1912 (Short History of English Law)
Jennings, Ivor: The Law and the Constitution, 5. Auflage, London 1959 (Law and Constitution)
Jerouschek, Günter: Wie frei ist die freie Beweiswürdigung? – Überlegungen zur Genese, Funktion und Perspektiven eines strafprozessualen Rechtsinstituts, GA 1992, S. 493 - 515 (Freie Beweiswürdigung)
Johnstone, Quintin / Hopson, Dan Jr.: Lawyers and their Work – An Analysis of the Legal Profession in the United States and England, New York 1967 (Lawyers' Work)
Jowell, J. L. / McAuslan, J. P. W. B.: Lord Denning: The Judge and the Law, London 1984 (Lord Denning and the Law)
Jowitt, Earl / Walsh, Clifford: Jowitt's Dictionary of English Law, Volume 2 (L - Z), 2. Auflage, London 1977 (Dictionary of Law)
Jung, Heike: Strafverteidigung in Europa, StV 1990, S. 509 - 517 (Strafverteidigung in Europa)
JUSTICE: The Judiciary in England and Wales, London 1992 (Judiciary in England)

Karlsruher Kommentar: Kommentar zur Strafprozeßordnung und zum Gerichtsverfassungsgesetz mit Einführungsgesetz, Gerd Pfeiffer (Hrsg.), 4. Auflage, München 1999 (Bearbeiter in KK-StPO)
Kaufman, Irving R.: The Essence of Judicial Independence, Columbia Law Review 1980, S. 671 - 701 (Essence of Independence)
Kaufmann, Arthur: Der BGH und die Sitzblockade, NJW 1988, S. 2581 - 2584 (Sitzblockade)
Kaupen, Wolfgang: Die Hüter von Recht und Ordnung: Die soziale Herkunft, Erziehung und Ausbildung der deutschen Richter – Eine soziologische Analyse, Neuwied 1969 (Hüter von Recht)
Kaupen, Wolfgang / Rasehorn, Theo: Die Justiz zwischen Obrigkeitsstaat und Demokratie: Ein empirischer Beitrag zur Soziologie der deutschen Justizjuristen, Neuwied 1971 (Die Justiz)
Kayser, Uwe: Die Auswahl der Richter in der englischen und amerikanischen Rechtspraxis, Schriften zum öffentlichen Recht, Band 94, Berlin 1969 (Richterauswahl)
Keeling, David: Das Richterbild in Großbritannien, DRiZ 1994, S. 98 - 101 (Richterbild in Großbritannien)
Keller, Rainer: Offenkundigkeit und Beweisbedürftigkeit im Strafprozeß, ZStW 1989, S. 381 - 418 (Beweisbedürftigkeit)
Kellermann, Eva-Maria: Zum Standesrecht der englischen Anwaltschaft, Kiel 1986 (Standesrecht)

Kennedy, G. A.: Training for Judges?, University of New South Wales Law Journal 1987, S. 47 - 59 (Training for Judges)

Kentridge, Sidney: A Quiet Revolution?, Counsel 1998, S. 24 - 25 (Quiet Revolution)

Kern, Eduard: Gerichtsverfassungsrecht, 4. Auflage, München 1965 (Gerichtsverfassungsrecht)

Kerridge, Roger / Davis, Gwynn: Reform of the Legal Profession: An Alternative Way Ahead, Modern Law Review 1999, S. 807 - 823 (Alternative Way Ahead)

King, L. J.: Minimum Standards of Judicial Independence, Australian Law Journal 1984, S. 340 - 345 (Minimum Standards)

Kiralfy, Albert K. R.: The English Legal System, 7. Auflage, London 1984 (Legal System)

Kirby, M.: The Judges, The Boyer Lectures, Sidney 1983 (The Judges)

Kirchhof, Hans-Peter: Erste Tagung hoher englischer und deutscher Richter, ZEuP 1994, S. 352 - 355 (Richtertagung)

Kirchhof, Hans-Peter: Werdegang und Tätigkeit der Richter in Deutschland, RabelsZ 1994, S. 449 - 455 (Richter in Deutschland)

Kissel, Otto Rudolf: Gerichtsverfassungsgesetz, Kommentar, 3. Auflage, München 2001 (GVG-Kommentar)

Kissel, Otto Rudolf: Grenzen der rechtsprechenden Gewalt, NJW 1982, S. 1777 - 1785 (Grenzen der Rechtsprechung)

Kleinknecht, Theodor: Die Beweisverbote im Strafprozeß, NJW 1966, S. 1537 - 1538 (Beweisverbote im Strafprozeß)

Kleinknecht, Theodor / Meyer-Goßner, Lutz: Strafprozeßordnung, Gerichtsverfassungsgesetz, Nebengesetze und ergänzende Bestimmungen, Kommentar, 45. Auflage, München 2001 (StPO-Kommentar)

Klip, André: Harmonisierung des Strafrechts – eine fixe Idee?, NStZ 2000, S. 626 - 630 (Harmonisierung des Strafrechts)

KMR: Kommentar zur Strafprozeßordnung, Bernd von Heintschel-Heinegg / Heinz Stöckel (Hrsg.), Loseblattsammlung in 3 Bänden, Stand April 2001 (Bearbeiter in KMR-StPO)

Knemeyer, Franz-Ludwig: Polizei- und Ordnungsrecht, 6. Auflage, München 1995 (Polizeirecht)

Knemeyer, Franz-Ludwig / Deubert, Michael: Kritische Überlegungen zum Verhältnis Staatsanwaltschaft – Polizei / Polizei – Staatsanwaltschaft, NJW 1992, S. 3131 - 3135 (Kritische Überlegungen)

Koch, Elisabeth: Tätigkeit und Selbstverständnis der obersten Richter in der Bonner Republik, in: Europäische und amerikanische Richterbilder, André Gouron / Laurent Mayoli / Antonio Padoa Schioppa / Dieter Simon (Hrsg.), Franfurt am Main 1996, S. 333 - 357 (Selbstverständnis der obersten Richter in der Bonner Republik)

Koch, Harald: Neuere Entwicklungen in der englischen und amerikanischen Juristenausbildung, RabelsZ 1975, S. 197 - 223 (Neuere Entwicklungen)

Koch, Karl-Heinz: Überlegungen zur Reform der Juristenausbildung, ZRP 1990, S. 41 - 46 (Überlegungen zur Reform)

Kötz, Hein: Abschied von der Rechtskreislehre?, ZEuP 1998, S. 493 - 505 (Rechtskreislehre)

Kötz, Hein: Justiz in Deutschland und England: Ein Stilvergleich, JA 1991, S. 257 - 261 (Justiz im Stilvergleich)

Kötz, Hein: Über den Stil höchstrichterlicher Entscheidungen – Eine rechtsvergleichende Studie, Teil I, DRiZ 1974, S. 146 - 149 (Entscheidungsstil I)

Kötz, Hein: Über den Stil höchstrichterlicher Entscheidungen – Eine rechtsvergleichende Studie, Teil II, DRiZ 1974, S. 183 - 185 (Entscheidungsstil II)

Krauß, Detlef: Richter und Sachverständiger im Strafverfahren, ZStW 1973, S. 320 - 359 (Richter und Sachverständiger)

Kreft, Gerhard: Anm. zu OLG Karlsruhe, Beschl. v. 26.09.1968, NJW 1969, S. 1784 - 1785 (Anm. zu OLG Karlsruhe v. 26.09.1968)

Krey, Volker: Zur Problematik richterlicher Rechtsfortbildung contra legem (I), JZ 1978, S. 361 - 368 (Rechtsfortbildung contra legem I)

Krey, Volker: Zur Problematik richterlicher Rechtsfortbildung contra legem (II), JZ 1978, S. 428 - 432 (Rechtsfortbildung contra legem II)

Krey, Volker: Rechtsfindung contra legem als Verfassungsproblem (III), JZ 1978, S. 465 - 468 (Rechtsfortbildung contra legem III)

Krey, Volker: Strafverfahrensrecht, Band 1, 1. Auflage, Stuttgart 1988 (Strafverfahrensrecht I)

Krey, Volker: Strafverfahrensrecht, Band 2, 1. Auflage, Stuttgart 1990 (Strafverfahrensrecht II)

Krey, Volker: Studien zum Gesetzesvorbehalt im Strafrecht - Eine Einführung in die Problematik des Analogieverbots, Berlin 1977 (Studien zum Gesetzesvorbehalt)

Kritzer, Herbert M.: Courts, Justice, and Politics in England, in: Courts, Law, and Politics in Comparative Perspective, Herbert Jacob / Erhard Blankenburg / Herbert M. Kritzer / Doris Marie Provine / Joseph Sanders (Hrsg.), London 1996, S. 81 - 176 (Courts, Justice, and Politics in England)

Krützmann, Karl: Zur richterlichen Unabhängigkeit im verfaßten Allgemeinwesen des Grundgesetzes, DRiZ 1985, S. 201 - 209 (Gemeinwesen des Grundgesetzes)

Kühne, Hans-Heiner: Anmerkung zum Beschluß des LG Wiesbaden vom 03.03.1978, NJW 1979, S. 1053 - 1054 (Anm. zu LG Wiesbaden v. 03.03.1978)

Kühne, Hans-Heiner: Laienrichter im Strafprozeß, ZRP 1985, S. 237 - 239 (Laienrichter im Strafprozeß)

Kühne, Hans-Heiner: Strafprozeßrecht – Ein Lehrbuch zum deutschen und europäischen Strafverfahrensrecht, 5. Auflage, Heidelberg 1999 (Strafprozeßrecht)

Kühne, Hans-Heiner: Strafprozessuale Beweisverbote und Art. 1 I Grundgesetz – Zugleich ein Beitrag zur Auslegung des Rechtsbegriffes Menschenwürde, Köln 1970 (Strafprozessuale Beweisverbote)

Küper, Wilfried: Historische Bemerkungen zur "freien Beweiswürdigung" im Strafprozeß, in: Wahrheit und Gerechtigkeit im Strafverfahren, Festgabe für Karl Peters aus Anlaß seines 80. Geburtstages, Klaus Wasserburg / Wilhelm Haddenhorst (Hrsg.), Heidelberg 1984, S. 23 - 46 (Historische Bemerkungen)

Kutzner, Dorothee: Lord Denning: Englische Auslegungstradition und Europäisches Recht, Münsteraner Studien zur Rechtsvergleichung, Band 71, Münster 2001 (Lord Denning und Auslegungstradition)

Lamprecht, Rolf: Das Richterbild Außenstehender, DRiZ 1988, S. 161 - 167 (Richterbild Außenstehender)

Lamprecht, Rolf: Ringparabeln des Rechts, DER SPIEGEL, Heft 49/1990, S. 28 - 30 (Ringparabeln)

Landau, Herbert / Eschelbach, Ralf: Absprachen zur strafrechtlichen Hauptverhandlung, NJW 1999, S. 321 - 326 (Absprachen zur Hauptverhandlung)

Lansnicker, Frank: Richteramt in Deutschland – Im Spannungsfeld zwischen Recht und Politik, Europäische Hochschulschriften, Reihe II: Rechtswissenschaften, Band 1916, Frankfurt am Main 1996 (Richteramt in Deutschland)

Larenz, Karl: Methodenlehre der Rechtswissenschaft, 4. Auflage, Berlin 1979 (Methodenlehre)

Laski, Harold Joseph: Studies in Law and Politics, London 1932 (Studies in Law and Politics)

Law Centres Federation: What is a Law Centre?, Informationsbroschüre der Law Centres Federation, London 1990 (Law Centre)

Law Society: Becoming a Solicitor, London 1997 (Becoming a Solicitor)

Law Society: The Students' Guide to Qualification as a Solicitor, 16. Auflage, London 1999 (Solicitor Qualification)

Law Society: The Training Regulations 1990, Version 4, London 1998 (Training Regulations 1998)

Lawrenson, Leslie: The Legal Professions in England and Wales – Solicitors in England and Wales, in: The Legal Professions in the New Europe, Alan Tyrrell / Zahd Yaqub, 2. Auflage, London 1996, S. 316 - 334 (Solicitors in England)

Legal Action Group: Preventing Miscarriages of Justice, A Summary and Initial Response to the Report of the Royal Commission on Criminal Justice, London 1993 (Miscarriages of Justice)

Ley, Nigel: A New Partnership, New Law Journal 1998, S. 1082 - 1083 (New Partnership)

Liebehentze, August: Opportunitätsprinzip und Legalitätsprinzip in England, Marburg 1971 (Opportunitätsprinzip in England)

Lightman, Justice: The Case for Judicial Intervention, New Law Journal 1999, S. 1819 f, 1835 f (Case for Judicial Intervention)

Lilie, Hans: Das Verhältnis von Polizei und Staatsanwaltschaft im Ermittlungsverfahren, ZStW 1994, S. 625 - 643 (Polizei im Ermittlungsverfahren)

Limbach, Jutta: Die richterliche Unabhängigkeit – ihre Bedeutung für den Rechtsstaat, Neue Justiz 1995, S. 281 - 283 (Bedeutung der Unabhängigkeit)

Limbach, Jutta: "Im Namen des Volkes": Macht und Verantwortung der Richter, Stuttgart 1999 (Im Namen des Volkes)

Limbach, Jutta: The Concept of the Supremacy of the Constitution, Modern Law Review 2001, S. 1 - 10 (Supremacy of the Constitution)

Limon, Sir Donald / McKay, W. R.: Erskine May's Treatise on The Law, Privileges, Proceedings and Usage of Parliament, 22. Auflage, London 1997 (Treatise on Parliament)

Lippold, Rainer: Der Richter auf Probe im Lichte der Europäischen Menschenrechtskonvention, NJW 1991, S. 2383 - 2390 (Richter auf Probe)

Lisken, Hans / Mokros, Reinhard: Richter- und Behördenleitervorbehalte im neuen Polizeirecht, NVwZ 1991, S. 609 - 614 (Richtervorbehalte im Polizeirecht)

Lord Chancellor's Department: Lord Chancellor's Directions for Advisory Committees on Justices of the Peace, London 1998 (Directions for Advisory Committees)

Lord Chancellor's Department: Rights of Audience and Rights to Conduct Litigation in England and Wales: The Way Ahead, London 1998 (The Way Ahead)

Lord Gardiner: Two Lawyers or one?, Current Legal Problems 1970, S. 1 - 22 (Two Lawyers)

Lord Goff of Chieveley: Coming Together – The Future, in: The Clifford Chance Millenium Lectures: The Coming Together of the Common Law and the Civil Law, Basil S. Markesinis (Hrsg.), Oxford 2000, S. 239 - 249 (Coming Together)

Lord Goff of Chieveley: The role of the judge in England, RabelsZ 1994, S. 443 - 448 (Role of the judge in England)

Lord Hailsham: Appointment to Silk and the Judiciary, Law Society's Gazette 1985, S. 2335 - 2338 (Appointment to Silk)

Lord Hailsham: On the Constitution, London 1992 (The Constitution)

Lord Irvine of Lairg: Interview, New Statesman, 06.12.1991, S. 18 (Interview)

Lord Irvine of Lairg: Judicial Appointments go from strength to strength, Judicial Studies Board Journal, Heft 4/1998, S. 2 - 3 (From strength to strength)

Lord Irvine of Lairg: The Influence of Europe on Public Law in the United Kingdom, in: The Clifford Chance Millenium Lectures: The Coming Together of the Common Law and the Civil Law, Basil S. Markesinis (Hrsg.), Oxford 2000, S. 11 - 25 (The Influence of Europe)

Lord Irvine of Lairg: Training in a modern world, Judicial Studies Board Journal, Heft 2/1997, S. 2 (Modern World)

Lord Justice Auld: Review of the Criminal Courts of England and Wales, Report, HMSO London 2001 (Criminal Courts Review)

Lord Justice Brooke: Judicial Independence – Its History in England and Wales, in: Fragile Bastion – Judicial Independence in the Ninties and Beyond, Helen Cunningham (Hrsg.), S. 89 - 112, Sidney 1997 (History of Independence)

Lord Justice Glidewell: The Judicial Studies Board, in: Sentencing, Judicial Discretion and Training, Colin Munro / Martin Wasik (Hrsg.), London 1992, S. 165 - 172 (Judicial Studies Board)

Lord Kilmuir: The Migration of the Common Law: Introduction, Law Quarterly Review 1990, S. 41 - 44 (Migration of the Common Law)

Lord Lester of Herne Hill: Human Rights and the British Constitution, in: The Changing Constitution, Jeffrey Jowell / Dawn Oliver, 4. Auflage, Oxford 2000, S. 89 - 110 (Human Rights and the Constitution)

Lord Mackay of Clashfern: Judicial Appointments – The Lord Chancellor's Policies and Procedures, Lord Chancellor's Department (Hrsg.), HMSO London 1990 (Appointment Policies and Procedures)

Lord Mackay of Clashfern: The Chancellor in the 1990's, Current Legal Problems 1991, S. 241 - 259 (Chancellor in the 1990's)

Lord Steyn: The Role of the Bar, The Judge and the Jury: Winds of Change, Public Law 1999, S. 51 - 63 (Winds of Change)

Lord Steyn: The Weakest and Least Dangerous Department of Government, Public Law 1997, S. 84 95 (Weakest Department of Government)

Loritz, Hartmut: Kritische Betrachtungen zum Wert des strafprozessualen Zwischenverfahrens, Schriften zum Strafrecht und Strafprozeßrecht, Band 21, Frankfurt am Main 1996 (Wert des Zwischenverfahrens)

Loveland, Ian: Redefining Parliamentary Sovereignty? – A New Perspective on the Search for the Meaning of Law, Parliamentary Affairs 1993, S. 319 - 332 (Redefining Parliamentary Sovereignty)

Löwe , Ewald / Rosenberg, Werner: Die Strafprozeßordnung und das Gerichtsverfassungsgesetz, Großkommentar der Praxis, Hanns Dünnebier / Peter Rieß (Hrsg.), Band 1: §§ 1 - 111n, Band 2: §§ 112 - 197, Band 3: §§ 198 - 295, Band 4: §§ 296 - 373, Band 5: §§ 374 - 474, 24. Auflage, Berlin 1987 (Bearbeiter in LR-StPO); z.T. bereits 25. Auflage, Berlin 2000/2001 (Bearbeiter in LR-StPO (25))

Lücking, Erika: Die strafprozessuale Überwachung des Fernmeldeverkehrs – Eine rechtsvergleichende Untersuchung, Beiträge und Materialien aus dem Max-Planck-Institut für ausländisches und internationales Strafrecht / Band S 34, Freiburg im Breisgau 1992 (Überwachung des Fernmeldeverkehrs)

Lyons, Shaun: Disclosure: The New Procedures, Judicial Studies Board Journal, Heft 2/1997, S. 9 - 11 (New Disclosure Procedures)

Maguire, Mike / Morgan, Rod / Reiner, Robert: The Oxford Handbook of Criminology, 2. Auflage, Oxford 1997 (Bearbeiter in Maguire / Morgan / Reiner, Handbook of Criminology)

Makowka, Roland: Effektuierung der Justiz ohne Bevormundung durch die Legislative oder: Sind Richter Zinnsoldaten der Macht?, DRiZ 1992, S. 205 - 213 (Zinnsoldaten der Macht)

Malleson, Kate: Judicial Training and Performance Appraisal: The Problem of Judicial Independence, Modern Law Review 1997, S. 655 - 667 (Judicial Training)

Malleson, Kate: The New Judiciary – The effects of expansion and activism, Dartmouth 1999 (New Judiciary)

Marsh, Stanley Brian / Soulsby, J.: Outlines of English Law, 3. Auflage, London 1982 (Outlines of English Law)

Marshall, Geoffrey: Parliamentary Sovereignty: The New Horizons, Public Law 1997, S. 1 - 5 (New Horizons)

Martin, Sigmund: Zur Zulässigkeit der „Doppelbegründung" beim Beschluß über die Nichteröffnung des Hauptverfahrens (§ 204 StPO), NStZ 1995, S. 528 - 531 (Doppelbegründung)

Matussek, Hans: Zum mehr als 100sten Jahrestag eines gespannten Verhältnisses: Staatsanwaltschaft und Polizei, Kriminalistik 1983, S. 583 - 586 (Staatsanwaltschaft und Polizei)

Maul, Heinrich: Die gerichtliche Aufklärungspflicht in Sicht der Rechtsprechung des Bundesgerichtshofes, in: Wahrheit und Gerechtigkeit im Strafverfahren, Festgabe für Karl Peters aus Anlaß seines 80. Geburtstages, Klaus Wasserburg / Wilhelm Haddenhorst (Hrsg.), Heidelberg 1984, S. 47 - 60 (Gerichtliche Aufklärungspflicht)

Maunz, Theodor / Dürig, Günter: Grundgesetz Kommentar in 5 Bänden, Band I: Artikel 1 - 11, Band II: Artikel 12 - 21, Band III: Artikel 22 - 69, Band IV: Artikel 70 - 91, Band V: Artikel 92 - 146, München, Loseblattsammlung, Stand: August 2000 (Bearbeiter in Maunz/Dürig-GG)

Maunz, Theodor / Zippelius, Reinhold: Deutsches Staatsrecht, 30. Auflage, München 1998 (Staatsrecht)

McCleary, George Frederick / Grabowsky, Adolf: Die englische Rechtsprechung, 2. Auflage, Köln 1985 (Englische Rechtsprechung)

McConville, M. / Hodgson, J. / Bridges, L. / Pavlovic, A.: Standing Accused: The Organisation and Practises of Criminal Defence Lawyers in Britain, Oxford 1994 (Standing Accused)

McConville, M. / Sanders, A.: Weak Cases and the CPS, Law Society Gazette Jan/Feb 1992, S. 24 - 25 (Weak Cases)

McConville, Mike: A Comedy of Errors, Legal Action, Heft 11/1993, S. 8 (Comedy of Errors)

McConville, Mike: An Error of Judgement, Legal Action, Heft 9/1993, S. 6 - 7 (Error of Judgement)

McConville, Mike / Mirsky, Chester: Balancing Acts and Constitutionalism, New Law Journal 1993, S. 1579 (Balancing Acts)

McConville, Mike / Mirsky, Chester: The Disordering of Criminal Justice, New Law Journal 1993, S. 1446 - 1447 (Disordering of Criminal Justice)

McConville, Mike / Sanders, Andrew / Leng, Roger: The case for the Prosecution: Police Suspects and the Construction of Criminality, London 1991 (Case for the Prosecution)

McGechie, Lynne: Roots and Branches – The Role of the Mentor, The Magistrate 1998, S. 79 (Roots and Branches)

McGlynn, Clare: Will woman judges make a difference?, New Law Journal 1998, S. 813 - 814 (Woman Judges)

McGlynn, Clare: The woman lawyer – making the difference, London 1998 (Making the difference)

McKenna, Brian: The Judge and the Common Man, Modern Law Review 1969, S. 601 - 614 (Common man)

Megarry, Sir Robert: Inns ancient and modern, London 1972 (Inns ancient and modern)

Megarry, Sir Robert: Lawyer and Litigant in England, London 1962 (Lawyer and litigant)

Mehle, Volkmar: Warum das alle angeht, AnwBl. 1990, S. 138 (Warum alle)

Meier, Bernd-Dieter: Strafrechtliche Sanktionen, 1. Auflage, Berlin 2001 (Strafrechtliche Sanktionen)

Meine, Hans-Gerd: Der Schuldrahmen in der Praxis der Strafzumessung, NStZ 1984, S. 159 - 164 (Schuldrahmen)

Meister, Herbert: Der Richter im Rechtssystem Englands, Mitteilungen der deutschen Patentanwälte 1991, S. 65 - 74 (Rechtssystem Englands)

Meister, Herbert: Zur englischen Strafgerichtsbarkeit, DRiZ 1978, S. 306 - 309 (Englische Strafgerichtsbarkeit)

Merten, Karlheinz: Das Abrufrecht der Staatsanwaltschaft aus polizeilichen Daten, NStZ 1987, S. 10 - 15 (Abrufrecht der Staatsanwaltschaft)

Merten, Karlheinz / Merten, Heike: Vorbeugende Verbrechensbekämpfung – Rechtsweg- und Standortfragen, ZRP 1991, S. 213 - 220 (Vorbeugende Verbrechensbekämpfung)

Meurer, Dieter: Dogmatik und Pragmatismus – Marksteine der Rechtsprechung des BGH in Strafsachen, NJW 2000, S. 2636 - 2945 (Dogmatik und Pragmatismus)

Meyer, J.: Strafverfolgungspflicht und Handlungsspielraum der Staatsanwaltschaft im europäischen Vergleich, in: Ist das Legalitätsprinzip noch zeitgemäß?, Ministerium für Justiz, Bundes- und Europaangelegenheiten Baden-Württemberg (Hrsg.), 1990, S. 57 - 97 (Strafverfolgungspflicht im europäischen Vergleich)

Meyer, Jürgen: Zur Verwertung polizeilicher Protokolle in der Hauptverhandlung, ZStW 1993, S. 386 - 395 (Verwertung polizeilicher Protokolle)

Meyer-Goßner, Lutz: Anmerkung zum Urteil des BGH vom 30.03.1995, NStZ 1996, S. 607 - 608 (Anm. zu BGH v. 30.03.1995)

Meyer-Goßner, Lutz: Die Zulässigkeit richterlicher Beweiserhebungen im Strafprozeß nach Zulassung des Anklage, NJW 1970, S. 415 - 416 (Richterliche Beweiserhebungen)

Meyer-Goßner, Lutz: Hinweise zur Abfassung eines Strafurteils aus revisionsrechtlicher Sicht, NStZ 1988, S. 529 - 537 (Abfassung eines Strafurteils)

Mitchell, Jeremy / Davies, Anne: Reforming the Lords, Institute for Public Policy Research (Hrsg.), London 1993 (Reforming the Lords)

Montenbruck, Axel: In dubio pro reo: aus normtheoretischer, straf- und strafverfahrensrechtlicher Sicht, Schriften zur Rechtstheorie, Band 114, Berlin 1985 (In dubio pro reo)

Moore, T. G.: Anthony & Berryman's Magistrates' Court Guide 2001, London 2000 (Magistrates' Court Guide 2001)

Morison, John / Leith, Philip: The barrister's world and the nature of law, Bristol 1992 (Barrister's World)

Munday, Roderick: The Bench Books: Can the Judiciary keep a secret?, Criminal Law Review 1996, S. 296 - 305 (Bench Books)

Mußgnug, Reinhard: Würzburger Thesen des Juristen-Fakultätentages zur Juristenausbildung, JuS 1995, S. 749 - 753 (Fakultätentag)

N. N.: 1. Europäischer Juristentag in Nürnberg, DRiZ 2001, S. 451 - 453 (Europäischer Juristentag)

N. N.: Divided we fall ..., New Law Journal 1976, S. 1054 (Divided we fall)

N. N.: High Court Call, Law Society's Gazette, Heft 34/1997, S. 4 (High Court Call)

N. N.: In the News: Pembridge Speech prompts Young's resignation, New Law Journal 1995, S. 514 - 515 (In the News)

N. N.: Judicial Intervention, Justice of the Peace & Local Government Law 1994, S. 217 (Judicial Intervention)

N. N.: Launch of the JSB Annual Report, Judicial Studies Board Journal, Heft 3/1997, S. 20 (JSB Annual Report)

N. N.: Report on Council Meeting held on 12 November 1999, Law Society Gazette, Jan/Feb 2000, S. 40 - 41 (Council Meeting on 12.11.1999)

N. N.: Report on Council Meeting held on 10 December 1999, Law Society Gazette, Jan/Feb 2000, S. 40 - 41 (Council Meeting on 10.12.1999)

N. N.: Richterliche Unabhängigkeit – Herzstück einer bürgerfreundlichen Justizreform, Neue Justiz 1999, S. 190 - 192 (Herzstück der Justizreform)

N. N.: Rights of Audience Responses, New Law Journal 1998, S. 1346 (Responses)

N. N.: Second Women Lawyers Conference, Counsel, Heft 6/1996, S. 8 (Second Women Lawyer Conference)

N. N.: Strafverfolgung nach dem 11.9.2001 – Entwicklung in Europa, DRiZ 2002, S. 1 - 4 (Strafverfolgung in Europa)

Nagel, Karl-Friedrich: Beweisaufnahme im Ausland – Rechtsgrundlagen und Praxis der internationalen Rechtshilfe für deutsche Strafverfahren, Beiträge und Materialien aus dem Max-Planck-Institut für ausländisches und internationales Strafrecht / Band S 10, Freiburg im Breisgau 1988 (Beweisaufnahme)

Nelles, Ursula: Ansätze für eine Strukturreform des Ermittlungsverfahrens, in: 16. Strafverteidigertag vom 15. - 17. April 1992 in Hamburg, Strafverteidigervereinigungen (Hrsg.), Köln 1992, S. 147 - 171 (Strukturreform des Ermittlungsverfahrens)

Nelles, Ursula: Europäisierung des Strafverfahrens – Strafprozeßrecht für Europa, ZStW 1997, S. 727 - 755 (Europäisierung des Strafverfahrens)

Nelles, Ursula: Kompetenzen und Ausnahmekompetenzen in der Strafprozeßordnung – Zur organisationsrechtlichen Funktion des Begriffs „Gefahr im Verzug" im Strafverfahrensrecht, Berlin 1980 (Kompetenzen und Ausnahmekompetenzen)

Newman, K. M.: Das englisch-amerikanische Beweisrecht, Heidelberg ohne Jahresangabe (Beweisrecht)

Niebler, G.: Die Stellung des Richters in der Bundesrepublik Deutschland, DRiZ 1981, S. 281 - 288 (Stellung des Richters)

Niemöller, Martin: Absprachen im Strafprozeß, StV 1990, S. 34 - 38 (Absprachen)

O'Doherty, Stephen: Implications of the Human Rights Act, The Magistrate 2000, S. 79 (Implications of the HRA)

Oakley, Jenny: Viewpoints: Committee Standpoint, The Magistrate 1998, S. 156 (Viewpoint)

Oliver, Dawn: The Changing Constitution in the 1990s, Current Legal Problems 1997, S. 1 - 23 (Changing Constitution)

Oliver, Dawn: The Lord Chancellor, the Judicial Committee of the Privy Council and Devolution, Public Law 1999, S. 1 - 5 (Lord Chancellor and Devolution)

Olivier, Pièrre: Parliamentary Supremacy and "Judge-Made Law", Judicial Review and Legislation, in: Parliamentary Supremacy and Judicial Independence – A Commonwealth Approach, John Hatchard / Peter Slinn (Hrsg.), London 1999, S. 53 - 58 (Parliamentary Supremacy)

P. M.: Das Dienstrechtsreformgesetz tritt am 1. Juli in Kraft, DRiZ 1997, S. 141 - 144 (Dienstrechtsreformgesetz)

Paeffgen, Hans-Ullrich: "Verpolizeilichung" des Strafprozesses – Chimäre oder Gefahr?, in: Zur Theorie und Systematik des Strafprozeßrechts, Symposium zu Ehren von Hans-Joachim Rudolphi (1994, Bonn), Jürgen Wolter (Hrsg.), Berlin 1995, S. 13 - 47 (Verpolizeilichung des Strafprozesses)

Palmer, Robert C.: The Origins of the Legal Profession in England, The Irish Jurist 1976, S. 126 - 146 (Origins of the Legal Profession)

Papier, Hans-Jürgen: Richterliche Unabhängigkeit und Dienstaufsicht, NJW 1990, S. 8 - 14 (Unabhängigkeit und Dienstaufsicht)

Partington, M.: Training the Judges in England and Wales: The work of the Judicial Studies Board, Civil Justice Quarterly 1994, S. 319 - 336 (Training the Judges)

Passmore, Colin: The advocates' immunity, New Law Journal 1998, S. 1450 - 1452 (Advocates' immunity)

Pattenden, Rosemary: Judicial Discretion and Criminal Litigation, 2. Auflage, Oxford 1990 (Judicial Discretion)

Peters, Karl: Anmerkung zum Beschluß des BGH vom 07.06.1979, JR 1980, S. 169 - 170 (Anm. zu BGH v. 07.06.1979)

Peters, Karl: Fehlerquellen im Strafprozeß – Eine Untersuchung der Wiederaufnahmeverfahren in der Bundesrepublik Deutschland, Band 2: Systematische Untersuchungen und Folgerungen, Karlsruhe 1972 (Fehlerquellen II)

Pfeiffer, Gerd: Der Richter und seine Aufgaben heute und morgen, DRiZ 1981, S. 241 - 249 (Aufgaben heute und morgen)

Pfeiffer, Gerd: Die innere Unabhängigkeit des Richters, in: Festschrift für Wolfgang Zeidler, Walther Fürst / Roman Herzog / Dieter C. Umbach (Hrsg.), Band 1, Berlin 1987, S. 67 - 79 (Innere Unabhängigkeit)

Pfeiffer, Gerd: Richter in heutiger Zeit, DRiZ 1079, S. 229 - 233 (Richter heute)

Pfeiffer, Gerd: Strafprozeßordnung und GVG, Kommentar, 3. Auflage, München 2001 (StPO-Kommentar)

Pfiszter, Franz: Die Zusammenarbeit von Polizei und Justiz bei der Verfolgung von Wirtschaftsstraftaten – aus der Sicht der Polizei, DRiZ 1984, S. 95 - 99 (Zusammenarbeit aus der Sicht der Polizei)

Pieth, Mark: Internationale Harmonisierung von Strafrecht als Antwort auf transnationale Wirtschaftskriminalität, ZStW 1997, S. 756 - 779 (Internationale Harmonisierung)

Pitchers, Christopher: The Future of Judicial Training, Judicial Studies Board Journal, Heft 3/1997, S. 18 - 19 (Future of Judicial Training)

Plowden, William: Tomorrow's Lawyers, in: Lord Devlin u.a., British Broadcasting Corporation (Hrsg.), What's wrong with the Law?, London 1970, S. 98 - 126 (Tomorrow's Lawyers)

Pohl, Günter: Praxis des Strafrichters, Heidelberg 1987 (Praxis des Strafrichters)

Pollock, Seton: Legal Aid – The first 25 years, London 1975 (Legal Aid)

Polyviou, Polyvious. G.: Search and Seizure: Constitutional and Common Law, 1. Auflage, London 1982 (Search and Seizure)

Rachor, Frederik: Vorbeugende Straftatenbekämpfung und Kriminalakten, Baden-Baden 1989 (Vorbeugende Straftatenbekämpfung)

Radbruch, Gustav: Der Geist des englischen Rechts, 4. Auflage, Göttingen 1958 (Geist des englischen Rechts)

Ranft, Otfried: Strafprozeßrecht, 2. Auflage, Stuttgart 1995 (Strafprozeßrecht)

Ranieri, Filippo: Juristenausbildung und Richterbild in der Europäischen Union, DRiZ 1998, S. 285 - 294 (Richterbild in der EU)

Rawert, Frauke: Die Zweiteilung der englischen Anwaltschaft, Kiel 1993 (Zweiteilung)

Read, James S.: The Constitution, Parliament and the Courts: Towards a Commonwealth Model, in: Parliamentary Supremacy and Judicial Independence – A Commonwealth Approach, John Hatchard / Peter Slinn (Hrsg.), London 1999, S. 35 - 38 (The Constitution)

Rebmann, K. / Schoreith, A.: Elektronische Datenverarbeitung (EDV) in Strafverfolgungsangelegenheiten und Datenschutz, NStZ 1984, S. 1 - 7 (Strafverfolgung und Datenschutz)

Reiner, Robert: Policing a Postmodern Society, Modern Law Review 1992, S. 761 - 781 (Policing a Postmodern Society)

Reinhardt, Michael: Konsistente Jurisdiktion - Grundlegung einer verfassungsrechtlichen Theorie der rechtsgestaltenden Rechtsprechung, Ius Publicum: Band 24, Tübingen 1997 (Konsistente Jurisdiktion)

Ress, Georg: Die Autorität des Verfassungsrechts, in: Die Autorität des Rechts – Verfassungsrecht, Völkerrecht, Europarecht, Referate und Diskussionsbeiträge des wissenschaftlichen Kolloquiums aus Anlaß des 65. Geburtstages von Karl Doehring, Torsten Stein (Hrsg.), Heidelberg 1985, S. 5 - 34 (Autorität des Rechts)

Richter, Christian: Zum Bedeutungswandel des Ermittlungsverfahrens: Bestandsaufnahme und Reformtendenzen, StV 1985, S. 382 - 389 (Bedeutungswandel des Ermittlungsverfahrens)
Richter, Walther: Zur soziologischen Struktur der deutschen Richterschaft, Stuttgart 1968 (Soziologische Struktur)
Rieß, Peter: Der Hauptinhalt des Ersten Gesetzes zur Reform des Strafverfahrensrechts (1. StVRG), NJW 1975, S. 81 - 94 (1. StVRG)
Rieß, Peter: Die Prüfungskompetenz des Ermittlungsrichters, NStZ 1991, S. 513 - 517 (Prüfungskompetenz des Ermittlungsrichters)
Rieß, Peter: Die Urteilsabsetzungsfrist (§ 275 I StPO), NStZ 1982, S. 441 - 446 (Urteilsabsetzungsfrist)
Rieß, Peter: Prolegomena zu einer Gesamtreform des Strafverfahrensrechts, in: Festschrift für Karl Schäfer zum 80. Geburtstag, Helwig Hassenpflug (Hrsg.), Berlin 1980 (Prolegomena)
Rieß, Peter: Über Aufhebungsgründe in Revisionsentscheidungen des Bundesgerichtshofes, NStZ 1982, S. 49 - 54 (Aufhebungsgründe)
Rieß, Peter: Zur Revisibilität der freien tatrichterlichen Überzeugung, GA 1978, S. 257 - 277 (Revisibilität der Überzeugung)
Rieß, Peter / Thym, Jörg: Rechtsschutz gegen strafprozessuale Zwangsmaßnahmen, GA 1981, S. 189 ff (Rechtsschutz gegen Zwangsmaßnahmen)
Riley, David / Vennard, Julie: Triable-either-way cases : Crown Court or Magistrates' Court?, Home Office Research Study No. 98, HMSO, London 1988 (Triable-Either-Way Cases)
Roberts-Wray, Kenneth Sir: Commonwealth and Colonial Law, London 1966 (Colonial Law)
Roesen, A.: Die Stellung des Vorsitzenden in der Hauptverhandlung, NJW 1958, S. 977 - 979 (Stellung des Vorsitzenden)
Romberg, Harold Percy: Die Richter Ihrer Majestät – Porträt der englischen Justiz, 3. Auflage, Stuttgart 1971 (Richter Ihrer Majestät)
Rottmann, Joachim: Politische Betätigung und Neutralitätspflicht, DRiZ 1987, S. 317 - 323 (Neutralitätspflicht)
Rowe, Gerhard C.: Tensions in the Role of the Common Law Judge – The Problem of Formalist Reasoning and Political Activism, RabelsZ 1985, S. 607 - 677 (Common Law Judge)
Roxin, Claus: Die Reform der Hauptverhandlung im deutschen Strafprozeß, in: Probleme der Strafprozeßreform, Berliner Gastvorträge von Hans-Heinrich Jeschek, Hans Dünnebier, Claus Roxin, Herbert Tröndle, Karl Peters, Hans Lüttger (Hrsg.), Berlin 1975, S. 52 - 72 (Reform der Hauptverhandlung)
Roxin, Claus: Strafverfahrensrecht – Ein Studienbuch, 25. Auflage, München 1998 (Strafverfahrensrecht)
Roxin, Claus: Zur richterlichen Kontrolle von Durchsuchungen und Beschlagnahmen, StV 1997, S. 654 - 656 (Richterliche Kontrolle)

Royal Commission on Assizes and Quarter Sessions: Report under the Chairmanship of Lord Beeching, Cm. 4153, London 1969 (Beeching Report)
Royal Commission on Criminal Justice: Report, Viscount Runciman of Doxford (Chairman), Cm. 2263, HMSO London 1993 (Report 1993)
Royal Commission on the Reform of the House of Lords: A House for the Future, Cm. 4534, London: The Stationary Office 2000 (Report 2000)
Rozenberg, Joshua: The Search for Justice, London 1994 (Search for Justice)
Rozenberg, Joshua: Trial of Strength: The Battle between the Ministers and Judges Over Who Makes the Law, Wellingborough 1997 (Battle between Ministers and Judges)
Rudolph, Kurt: Die Unabhängigkeit des Richters, DRiZ 1984, S. 135 - 143 (Unabhängigkeit des Richters)
Rüping, Hinrich: Das Strafverfahren, 3. Auflage, München 1997 (Strafverfahren)

Sailer, Christian: Anklageerhebung und Gleichbehandlung, NJW 1977, S. 1138 - 1139 (Anklageerhebung)
Samuels, G.: Judicial Competency: How it can be maintained, Australian Law Journal 1980, S. 581 - 587 (Judicial Competency)
Sarstedt, Werner: Auswahl und Leitung des Sachverständigen im Strafprozeß (§§ 73, 78 StPO), NJW 1968, S. 177 - 182 (Auswahl und Leitung)
Scarman, Leslie: The English Judge, Modern Law Review 1967, S. 1 - 5 (English Judge)
Scarman, Lord Leslie George: English Law: The New Dimension, London 1974 (New Dimension)
Schäfer, Gerhard: Die Praxis des Strafverfahrens an Hand einer Akte, 5. Auflage, Berlin 1992 (Praxis des Strafverfahrens)
Schäfer, Gerhard: Freie Beweiswürdigung und revisionsgerichtliche Kontrolle, StV 1995, S. 147 - 157 (Freie Beweiswürdigung)
Schäfer, Gerhard: Praxis der Strafzumessung, 3. Auflage, München 2001 (Praxis der Strafzumessung)
Schaffer, Wolfgang: Die Unabhängigkeit der Rechtspflege und des Richters, BayVBl. 1991, S. 641 - 648 (Unabhängigkeit der Rechtspflege I)
Schaffer, Wolfgang: Die Unabhängigkeit der Rechtspflege und des Richters, BayVBl. 1991, S. 678 - 683 (Unabhängigkeit der Rechtspflege II)
Schellenberg, Frank: Die Hauptverhandlung im Strafverfahren, Köln 1996 (Hauptverhandlung)
Schellenberg, Frank: Zur Zulässigkeit staatsanwaltlicher Vernehmungsersuchen im Ermittlungsverfahren, NStZ 1991, S. 72 - 73 (Staatsanwaltliche Vernehmungsersuchen)
Schier, Wolfgang: Richteramt und Grundgesetz, in: Festschrift für Karl Firsching zum 70. Geburtstag, Dieter Hernich / Bernd von Hoffmann (Hrsg.), München 1985, S. 231 - 261 (Richteramt und Grundgesetz)

Schild, Wolfgang: Der Richter in der Hauptverhandlung, ZStW 1982, S. 37 - 45 (Richter in der HV)

Schimke, Hans-Jürgen: Der Beurteilungsspielraum der Einstellungsbehörde bei der Einstellung von „Radikalen“ in den öffentlichen Dienst, Münster 1980 (Beurteilungsspielraum der Einstellungsbehörde)

Schlothauer, Reinhold: Der Beweiserhebungsanspruch des Beschuldigten gegenüber dem Ermittlungsrichter (§ 166 Abs. 1 StPO), StV 1995, S. 158 - 165 (Beweiserhebungsanspruch)

Schmid, Werner: Zur Anrufung des Gerichts gegen den Vorsitzenden (§ 238 StPO), in: Beiträge zur gesamten Strafrechtswissenschaft, Festschrift für Hellmuth Mayer zum 70. Geburtstag, Friedrich Geerds / Wolfgang Naucke (Hrsg.), Berlin 1966, S. 543 - 563 (Anrufung des Gerichts)

Schmidt, Andrea: Grundsätze der freien richterlichen Beweiswürdigung, Europäische Hochschulschriften, Reihe II: Rechtswissenschaften, Band 1550, Frankfurt am Main 1994 (Freie richterliche Beweiswürdigung)

Schmidt, Jörg: Der Schutz der persönlichen Unabhängigkeit des Richters bei Personalentscheidungen und dienstlichen Beurteilungen, DRiZ 1981, S. 81 - 85 (Personalentscheidungen und Beurteilungen)

Schmidt-Jortzig, Edzard: Aufgabe, Stellung und Funktion des Richters im demokratischen Rechtsstaat, NJW 1991, S. 2377 - 2383 (Aufgabe, Stellung und Funktion)

Schmidt-Jortzig, Edzard: Richteramt und politische Betätigung, NJW 1984, S. 2057 - 2063 (Politische Betätigung)

Schmidt-Räntsch, Günther / Schmidt-Räntsch, Jürgen: Deutsches Richtergesetz und Richterwahlgesetz, Kommentar, 5. Auflage, München 1995 (DRiG-Kommentar)

Schmidt-Salzer, Joachim: Der Beurteilungsspielraum der Verwaltungsbehörden, Schriften zum Öffentlichen Recht, Band 74, Berlin 1968 (Der Beurteilungsspielraum)

Schmitthoff, Clive M.: Systemdenken und Fallrecht in der Entwicklung des englischen Privatrechts, DRiZ 1967, S. 1 - 6 (Systemdenken und Fallrecht)

Schnarr, Karl Heinz: Zur Verknüpfung von Richtervorbehalt, staatsanwaltlicher Eilanordnung und richterlicher Bestätigung, NStZ 1991, S. 209 - 216 (Verknüpfung von Richtervorbehalten)

Schneider, Egon: Plaudereien zur richterlichen Unabhängigkeit, AnwBl. 1990, S. 113 - 117 (Plaudereien zur Unabhängigkeit)

Schneider, Egon: Von der Unabhängigkeit der Richter, ZIP 1990, S. 551 (Von der Unabhängigkeit)

Schnellenbach, Helmut: Die dienstliche Beurteilung der Beamten und Richter, 2. Auflage, Heidelberg 1995 (Dienstliche Beurteilung)

Schnellenbach, Helmut: Personalpolitik in der Justiz, NJW 1989, S. 2227 - 2233 (Personalpolitik)

Schöbel, Heino: Der "Freischuß" auf dem Prüfstand, BayVBl. 1996, S. 257 - 264 (Freischuß auf dem Prüfstand)

Schöbel, Heino: Zwei Jahre "Freischuß" in Bayern – Versuch einer ersten Bilanz, Jura 1993, S. 126 - 128 (Freischuß in Bayern)

Schöch, Heinz: Die Reform der Hauptverhandlung, in: Strafprozeß und Reform, Hans-Ludwig Schreiber (Hrsg.), Neuwied 1979, S. 52 - 81 (Reform der HV)

Schöch, Heinz: Neues Strafrecht und Struktur der Hauptverhandlung – Kooperatives Verfahren und kontradiktorischer Prozeß, in: Hans-Ludwig Schreiber / Rudolf Wassermann (Hrsg.), Internationales Christian-Broda-Symposium (Bad Homburg v.d.H. 1986), Neuwied 1987, S. 99 - 111 (Struktur der HV)

Schomburg, Wolfgang: Auf dem Wege zu einem europäischen Rechtsraum? – Die Internationale Zusammenarbeit in Strafsachen: Welcher Platz für die Justiz?, DRiZ 1999, S. 107 - 113 (Europäischer Rechtsraum)

Schönke, Adolf / Schröder, Horst: Strafgesetzbuch, Kommentar, 25. Auflage, München 1997 (Bearbeiter in Schöncke/Schröder)

Schreiber, Hans-Ludwig: Wie unabhängig ist der Richter?, in: Festschrift für Hans-Heinrich Jescheck zum 70. Geburtstag, Band I, Theo Vogler (Hrsg.), Berlin 1985, S. 757 - 775, (Wie unabhängig)

Schulte-Nover, Sandra / Mahnken, Eva: Tagung über EUROJUST am 26.03.2001 in der Europäischen Rechtsakademie in Trier, StV 2001, S. 541 - 542 (EUROJUST)

Schultz, Dietrich / Leppin, Rudolf: Staatsanwaltschaft contra Polizei – Staatsanwaltschaft im Spannungsfeld zwischen Legalitätsprinzip und Grundsatz der Verhältnismäßigkeit, Jura 1981, S. 521 - 534 (Staatsanwaltschaft contra Polizei)

Schultz, Günther: Blick in die Zeit – Meinungsfreiheit des Richters, MDR 1984, S. 191 - 193 (Meinungsfreiheit des Richters)

Schulz, Joachim: Die Erosion des Beweisantragsrechts – Zum Entwurf eines Gesetzes zur Entlastung der Rechtspflege, StV 1991, S. 354 - 362 (Erosion des Beweisantragsrechts)

Schulz, Joachim: Die Stellung des Richters in der Beweisaufnahme – Eine historische Skizze, in: Der Richter in Strafsachen, Griechisch-deutsches Symposium, Günter Bemmann / Ioannis Manoledakis (Hrsg.), Baden-Baden 1992, S. 91 - 105 (Historische Skizze)

Schünemann, Bernd: Der Richter im Strafverfahren als manipulierter Dritter? – Zur empirischen Bestätigung von Perseveranz- und Schulterschlußeffekt, in: Verfahrensgerechtigkeit – Rechtspsychologische Forschungsbeiträge für die Justizpraxis, Günter Bierbrauer / Walther Gottwald / Beatrix Birnbreier-Stahlberger (Hrsg.), Köln 1995, S. 215 - 232 (Manipulierter Richter)

Schütz, Dietrich: Der Grundsatz der Verhältnismäßigkeit bei strafprozessualen Maßnahmen, Tübingen 1969 (Verhältnismäßigkeit bei strafprozessualen Maßnahmen)

Scrutton, T. E.: The Work of the Commercial Courts, Cambridge Law Journal 1923, S. 6 - 20 (Commercial Courts)

Sedley, Stephen: The Sound of Silence: Constitutional Law without a Constitution, Law Quarterly Review 1994, S. 270 - 291 (Sound of Silence)

Seifert, Bernd: Studenten im Beratungszimmer – Ein Verstoß gegen § 193 I GVG?, MDR 1996, S. 125 - 128 (Studenten im Beratungszimmer)

Sendler, Horst: Was dürfen Richter in der Öffentlichkeit sagen?, NJW 1984, S. 689 - 698 (Richter in der Öffentlichkeit)

Sessar, Klaus: Wege zu einer Neugestaltung de Hauptverhandlung, ZStW 1980, S. 698 - 722 (Neugestaltung der HV)

Shetreet, Shimon: Judges on trial – A study of the Appointment and Accountability of the English Judiciary, Amsterdam 1976 (Judges on trial)

Shetreet, Shimon / Deschênes, Jules: Judicial Independence: The contemporary debate, Dordrecht 1985 (Judicial Independence)

Siewert, Wolfgang / Mattheus, Axel: Die Nachermittlungspflicht von Gericht und Staatsanwaltschaft vor Eröffnung des Hauptverfahrens, DRiZ 1993, S. 353 - 358 (Nachermittlungspflicht)

Simon, Dieter: Die Unabhängigkeit des Richters, Erträge der Forschung, Band 47, Darmstadt 1975 (Unabhängigkeit des Richters)

Sir Thomas Bingham: The English Criminal Trial: The Credits and the Debits, in: Bridging the Channel, The Clifford Chance Lectures, Volume I, Basil S. Markesinis (Hrsg.), Oxford 1996, S. 91 - 110 (The Credits and the Debits)

Skyrme, Sir Thomas: The changing image of the magistracy, London 1979 (Changing Image)

Slobogin, Christopher: Criminal Procedure: Regulation of Police Investigation – Legal, Historical, Empirical and Comparative Materials, Charlottesville / U.S.A. 1993 (Regulation of Police Investigation)

Smerin, Jessica: Focus Women Lawyers – Different for Girls?, Law Society's Gazette, Heft 12/1997, S. 17 - 19 (Focus Women Lawyers)

Smith, A. T. H.: The Criminal Procedure System in England and Wales, in: Criminal procedure systems in the European Community, Christine van de Wyngaert / C. Gane / H.-H. Kühne / F. McAuley (Hrsg.), London 1993, S. 73 - 104 (Criminal Procedure System)

Smith, A. T. H.: The Human Rights Act: The Human Rights Act and the Criminal Lawyer: The Constitutional Context, Criminal Law Review 1999, S. 251 - 260 (Constitutional Context)

Smith, Graham: Police Complaints and Criminal Prosecutions, Modern Law Review 2001, S. 372 - 392 (Police Complaints)

Sommermeyer, Jörg: Schutz der Wohnung gegenüber strafprozessualen Zwangsmaßnahmen, ein Phantom?, JR 1990, S. 495 - 500 (Schutz der Wohnung)

Spaetgens, Martin: Das strafprozessuale Akteneinsichtsrecht – Die deutsche und englische Perspektive, Berlin 2000 (Strafprozessuales Akteneinsichtsrecht)

Speiermann, Joachim: Anmerkung zum Urteil des BGH vom 30.03.1995, NStZ 1996, S. 397 - 398 (Anm. zu BGH v. 30.03.1995)

Spencer, John: The Case for a Code of Criminal Procedure, Criminal Law Review 2000, S. 519 ff (Code of Criminal Procedure)

Sprack, John: Emmins on Criminal Procedure, 7. Auflage, London 1997 (Criminal Procedure)

Stamp, Frauke: Die Wahrheit im Strafverfahren – Eine Untersuchung zur prozessualen Wahrheit unter besonderer Berücksichtigung der Perspektive des erkennenden Gerichts in der Hauptverhandlung, Kieler Rechtswissenschaftliche Abhandlungen (NF), Band 16, Baden-Baden 1998 (Wahrheit im Strafverfahren)

Staple, Georg: Serious and Complex Fraud: A New Perspective, Modern Law Review 1993, S. 127 - 137 (Serious and Complex Fraud)

Steiger, Heinhard: Deutsche Juristenausbildung und das Jahr 1992, ZRP 1989, S. 283 - 287 (Juristenausbildung 1992)

Stein, Ekkehart: Staatsrecht, 17. Auflage, Tübingen 2000 (Staatsrecht)

Stern, Klaus: Das Staatsrecht der Bundesrepublik Deutschland, Band I: Grundbegriffe und Grundlagen des Staatsrechts, Strukturprinzipien der Verfassung, München 1984 (Staatsrecht I); Band V: Die geschichtlichen Grundlagen des deutschen Staatsrechts, München 2000 (Staatsrecht V)

Stevens, Robert: A Loss of Innocence?: Judicial Independence and the Separation of Powers, Oxford Journal of Legal Studies 1999, S. 365 - 402 (Loss of Innocence)

Stevens, Robert: The independence of the Judiciary: The view from the Lord Chancellor's Office, Oxford 1993 (Independence)

Stobbe, Ulrich: Der Einheitsjurist – Leitbild oder Trugbild der Juristenausbildung?, DRiZ 1990, S. 439 - 443 (Leitbild oder Trugbild)

Strate, Gerhard: Zur Kompetenzordnung im Hauptverfahren – Zugleich eine Anmerkung zur V-Mann-Entscheidung des 5. Strafsenats, StV 1985, S. 337 - 343 (Kompetenzordnung im Hauptverfahren)

Strecker, Christoph: Willensgeber und Willensnehmer – Thesen zum Thema "Unabhängigkeit der Richter", Betrifft Justiz 1991, S. 141 - 142 (Thesen zur Unabhängigkeit)

Stümper, Alfred: Wer ist Herrin des Strafverfahrens? – 8 Thesen zur Kompetenzfrage zwischen Staatsanwaltschaft und Polizei, Kriminalistik 1986, S. 395 - 399 (Herrin des Strafverfahrens)

Sturm, Roland: Politische Willensbildung, in: Informationen zur politischen Bildung, Bundeszentrale für politische Bildung (Hrsg.), Heft 262/1999 – Großbritannien, S. 14 - 20 (Politische Willensbildung)

Sturm, Roland: Regierung und Verwaltung, in: Informationen zur politischen Bildung, Bundeszentrale für politische Bildung (Hrsg.), Heft 262/1999 – Großbritannien, S. 6 - 14 (Regierung und Verwaltung)

Sturm, Roland: Staatsordnung und politisches System, in: Länderbericht Großbritannien, Schriftenreihe der Bundeszentrale für politische Bildung – Band 354, Hans Kastendiek / Karl Rohe / Angelika Volle (Hrsg.), Bonn 1998, S. 194 - 223 (Staatsordnung)

Stürner, Rolf: Schutz des Gerichtsverfahrens vor öffentlicher Einflußnahme? JZ 1978, S. 161 - 169 (Schutz des Gerichtsverfahrens)

Systematischer Kommentar: Kommentar zur Strafprozeßordnung und zum Gerichtsverfassungsgesetz, Hans-Joachim Rudolphi / Hans-Ullrich Paeffgen / Ellen Schlüchter / Wolfgang Frisch / Klaus Rogall / Edda Weßlau / Jürgen Wolter (Hrsg.), Neuwied, Loseblattsammlung, Stand 09/2001 (Bearbeiter in SK-StPO)

Tatham, Allan Francis: The Sovereignty of Parliament after Factortame, EuR 1993, S. 188 - 196 (Sovereignty after Factortame)

Taylor, John Pitt: A Treatise on the Law of Evidence as administered in England and Ireland : with Illustrations from Scotch, Indian, American, and other Legal Systems, 12. Auflage, London 1931 (Treatise on Evidence)

The Constitution Unit: Reform of the House of Lords, London 1996 (Reform of the HOL)

Theune, Werner: Grundsätze und Einzelfragen der Strafzumessung: aus der Rechtsprechung des Bundesgerichtshofes (Teil I), StV 1985, S. 162 - 168 (Grundsätze und Einzelfragen I)

Theune, Werner: Grundsätze und Einzelfragen der Strafzumessung: aus der Rechtsprechung des Bundesgerichtshofes (Teil II), StV 1985, S. 202 - 210 (Grundsätze und Einzelfragen II)

Thomas, Cheryl: Judicial Appointments in Continental Europe, Research Series No. 6/97, Lord Chancellor's Department (Hrsg.), London 1997 (Judicial Appointments in Europe)

Thomas, Jürgen: Richterrecht, in: Handbuch des öffentlichen Dienstes, Walter Wiese (Hrsg.), Band 2 - Teil 3, München 1986 (Richterrecht)

Thomson, R. T.: The Judges, Sidney 1987 (Judges)

Triebel, Volker: Wie findet der deutsche Rechtssuchende den „richtigen" Anwalt in England?, in: Facetten des Anwaltsberufes – Der vielseitige Jurist, Alfred Gleiss (Hrsg.), Heidelberg 1990, S. 182 - 196, (Facetten des Anwaltsberufes)

Tröndle, Herbert / Fischer, Thomas: Strafgesetzbuch und Nebengesetze, Kommentar, 50. Auflage, München 2001 (StGB-Kommentar)

Uhlig, Sigmar: Anspruch der Polizei: Herrin des Strafverfahrens?, StV 1986, S. 117 - 120 (Herrin des Strafverfahrens)

Vile, M. J. C.: Constitutionalism and the Separation of Powers, Oxford 1967 (Separation of Powers)

Vogel, Hans-Jochen: Gewaltenvermischung statt Gewaltenteilung? – Zu neueren Entwicklungen im Verhältnis der Verfassungsorgane zueinander, NJW 1996, S. 1505 - 1511 (Gewaltenvermischung)

Volk, Klaus: Napoleon und das deutsche Strafrecht, JuS 1991, S. 281 - 285 (Napoleon und Strafrecht)

Volk, Klaus: Strafprozeßrecht, 1. Auflage, München 1999 (Strafprozeßrecht)

Volle, Angelika: Probleme mit der EU-Mitgliedschaft, in: Informationen zur politischen Bildung, Bundeszentrale für politische Bildung (Hrsg.), Heft 262/1999 - Großbritannien, S. 25 (Probleme mit der EU)

von Arnim, Hans Herbert: Grundfragen der Kontrolle von Gesetzgebung und Verwaltung, DÖV 1982, S. 917 - 925 (Grundfragen der Kontrolle)

von Kühlewein, Malte Rabe: Der Richtervorbehalt im Polizei- und Strafprozeßrecht, Schriften zum Strafrecht und Strafprozeßrecht, Band 50, Frankfurt am Main 2001 (Der Richtervorbehalt)

von Mangoldt, Hermann / Klein, Friedrich: Das Bonner Grundgesetz, Kommentar in 3 Bänden, Christian Starck (Hrsg.), Band 1: Präambel, Artikel 1 - 19, München 1999; Band 2: Artikel 20 - 78, München 2000; Band 3: Artikel 79 - 146, München 2001(Bearbeiter in v. Mangoldt/Klein-GG)

von Münch, Ingo: Grundgesetz-Kommentar in 3 Bänden, Band 1: Präambel - Artikel 20, 5. Auflage, München 2000; Band 2: Artikel 21 - 69, 5. Auflage, München 2001; Band 3: Artikel 70 - 146, 3. Auflage, München 1996 (Bearbeiter in von Münch-GG)

Vultejus, Ulrich: Der Zugang zum Richterberuf, Arbeit und Recht 1995, S. 251 - 255 (Zugang zum Richterberuf)

Wade, H. W. R.: What has happened to the Sovereignty of Parliament?, Law Quarterly Review 1991, S. 1- 4 (Sovereignty of Parliament?)

Wade, H. W. R.: Sovereignty – Revolution or Evolution?, Law Quarterly Review 1996, S. 568 - 575 (Revolution or Evolution)

Wade, H. W. R.: The Basis of Legal Sovereignty, Criminal Law Review 1955, S. 172 ff (Basis of Sovereignty)

Wagner, Albrecht: Sind Richter Beamte?, DÖV 1955, S. 167 - 172 (Richter und Beamte)

Walker, G. de Q.: Dicey's Dubious Dogma of Parliamentary Sovereignty: A Recent Fray with Freedom of Religion, American Law Journal 1985, S. 276 - 284 (Dubious Dogma)

Walker, Ronald / Ward, Richard: Walker & Walker's English Legal System, 7. Auflage, London 1994 (English Legal System)

Wank, Rolf: Gewaltenteilung – Theorie und Praxis in der Bundesrepublik Deutschland, Jura 1991, S. 622 - 628 (Gewaltenteilung)

Wassermann, Rudolf: Der politische Richter, München 1972 (Politischer Richter)

Watson, Andrew: Could the Legal System be more Humane?, in: What's wrong with the Law?, Lord Devlin u.a., British Broadcasting Corporation (Hrsg.), London 1970, S. 61 - 69 (Humane Legal System)

Watzek, Jens: Rechtfertigung und Entschuldigung im englischen Strafrecht – Eine Strukturanalyse der allgemeinen Strafbarkeitsvoraussetzungen aus deutscher Perspektive, Beiträge und Materialien aus dem Max-Planck-Institut für ausländisches und internationales Strafrecht / Band S 69, Freiburg im Breisgau 1997 (Englisches Strafrecht)

Weber, Helmut: Recht und Gerichtsbarkeit, in: Länderbericht Großbritannien, Schriftenreihe der Bundeszentrale für politische Bildung – Band 354, Hans Kastendiek / Karl Rohe / Angelika Volle (Hrsg.), Bonn 1998, S. 178 - 193 (Englische Gerichtsbarkeit)

Weber, Max: Grundriss der Sozialökonomik, III. Abteilung: Wirtschaft und Gesellschaft, Tübingen 1922 (Wirtschaft und Gesellschaft)

Wegerich, Thomas Christian: Das englische Anwaltsrecht – Bestandsaufnahme und berufsrechtliche Neuregelung, Regensburg 1992 (Anwaltsrecht)

Weigend, Thomas: Abgesprochene Gerechtigkeit – Effizienz durch Kooperation im Strafverfahren?, JZ 1990, S. 774 - 782 (Effizienz durch Kooperation)

Weigend, Thomas: Absprachen in ausländischen Strafverfahren: Eine rechtsvergleichende Untersuchung zu konsensualen Elementen im Strafprozeß, Beiträge und Materialien aus dem Max-Planck-Institut für ausländisches und internationales Strafrecht / Band S 19, Freiburg im Breisgau 1990 (Absprachen in ausländischen Strafverfahren)

Weigend, Thomas: Die kurze Freiheitsstrafe – Eine Sanktion mit Zukunft?, JZ 1986, S. 260 - 269 (Kurze Freiheitsstrafe)

Weigend, Thomas: Eine Prozeßordnung für abgesprochene Urteile?, NStZ 1999, S. 57 - 63 (Abgesprochene Urteile)

Weigend, Thomas: Strafzumessung durch die Parteien – Das Verfahren des plea bargaining im amerikanischen Recht, ZStW 1982, S. 200 - 226 (Strafzumessung durch die Parteien)

Weimar, Robert: Psychologische Strukturen richterlicher Entscheidung, Schriften zur Rechtspsychologie, Band 2, Bern 1996 (Psychologische Strukturen)

Weist, Günter: Die Entwicklung der Dienstaufsicht über Richter, DRiZ 1968, S. 223 - 228 (Entwicklung der Dienstaufsicht)
Werle, Raymund: Justizorganisation und Selbstverständnis der Richter – Eine empirische Untersuchung, Kronberg 1977 (Justizorganisation)
Wessels, Johannes: Die Aufklärungsrüge im Strafprozeß, JuS 1969, S. 1 - 10 (Aufklärungsrüge)
Weßlau, Edda: Anmerkung zum Beschluß des BGH vom 23.03.1996, StV 1996, S. 579 - 580 (Anm. zu BGH v. 23.03.1996)
Weßlau, Edda: Anmerkung zum Urteil des BGH vom 07.03.1995, StV 1995, S. 506 - 509 (Anm. zu BGH v. 07.03.1995)
Weyand, Raimund: Anmerkung zum Beschluß des LG Saarbrücken vom 13.09.1989, NStZ 1989, S. 132 - 133 (Anm. zu LG Saarbrücken v. 13.09.1989)
Whitlam, E. G.: The Labor Government and the Constitution, in: Labor and the Constitution, Gareth Evans (Hrsg.), Melbourne 1977, S. 305 - 330 (Labor and Constitution)
Wick, Manfred: Gefahrenabwehr – Vorbeugende Verbrechensbekämpfung – Legalitätsprinzip, DRiZ 1992, S. 217 - 222 (Gefahrenabwehr)
Widmaier, Gunter: Der strafprozessuale Vergleich, StV 1986, S. 357 - 359 (Strafprozessualer Vergleich)
Williams, Glanville: The Proof of Guilt – A Study of the English Criminal Trial, 3. Auflage, London 1963 (Proof of Guilt)
Williams, Jason: Civil and Criminal Procedure – The Conduct of Litigation in the Courts of England and Wales, London 1997 (Conduct of Litigation)
Willock, I. D.: Scottish Judges Scrutinised, Juridicial Review 1969, S. 193 - 205 (Scottish Judges)
Willoweit, Dietmar / Großfeld, Bernhard: Juristen für Europa, JZ 1990, S. 605 - 609 (Juristen für Europa)
Winterton, George: Parliamentary Supremacy and the Judiciary, Law Quarterly Review 1981, S. 265 - 274 (Parliamentary Supremacy)
Wipfelder, Hans-Jürgen: Der Richter – ein Bürger wie jeder andere?, DRiZ 1987, S. 117 - 129 (Der Richter)
Witt, Peter: Die juristische Ausbildung in Großbritannien, JuS 1969, S. 346 - 348 (Juristische Ausbildung)
Woddhouse, Diana: The Office of Lord Chancellor, Public Law 1998, S. 617 - 632 (Lord Chancellor)
Wolf, Manfred: Die Rolle von Laien in zivil-, arbeits- und sozialrechtlichen Streitigkeiten, in: Anwaltsberuf und Richterberuf in der heutigen Gesellschaft – Deutsche Landesberichte zur IX. Weltkonferenz für Prozeßrecht in Coimbra und Lissabon, Peter Gilles (Hrsg.), 1. Auflage, Baden-Baden 1991, S. 133 - 151 (Rolle von Laien)
Wolf, Rainer: Richtervorbehalt – Anspruch und Wirklichkeit, Betrifft Justiz, Heft 33/1993, S. 1 - 2 (Anspruch und Wirklichkeit)

Wolter, Jürgen: Beweisverbote und Informationsübermittlung der Polizei bei präventiver Videoüberwachung eines Tatverdächtigen – BGH, NJW 1991, 2651, Jura 1992, S. 520 - 533 (Präventive Videoüberwachung)

Wood, John: Relations with the police and the public, and with overseas police and judicial authorities, in: The Role of the Prosecutor, Report of the International Criminal Justice Seminar held at the London School of Economics and Political Science in January 1987, J. E. Hall Williams (Hrsg.), London 1988, S. 19 - 26 (CPS Relations with the Police)

Working Party on Judicial Training and Information: Consultative Working Paper, Chairman Lord Bridges, London 1976 (Working Paper)

Wrege, Wolf Reinhard: Das System der Gewaltenteilung im Grundgesetz, Jura 1996, S. 436 - 440 (System der Gewaltenteilung)

Yaqub, Zahd: The Legal Professions in England and Wales – Barristers in England and Wales, in: The Legal Professions in the New Europe, Alan Tyrrell / Zahd Yaqub, 2. Auflage, London 1996, S. 300 - 316 (Barristers in England)

Yardley, D. C. M.: Introduction to British Constitutional Law, 6. Auflage, London 1984 (Constitutional Law)

Zaczyk, Rainer: Prozeßsubjekte oder Störer? Die Strafprozeßordnung nach dem OrgKG – dargestellt an der Regelung des Verdeckten Ermittlers, StV 1993, S. 490 - 498 (Prozeßsubjekte oder Störer)

Zander, M. / Henderson, P.: The Crown Court Study, Royal Commission on Criminal Justice Research Study No. 19, HMSO London 1993 (Crown Court Study)

Zander, Michael: An Error of Judgement?, Legal Action, Heft 11/1993, S. 6 - 7 (Error of Judgement?)

Zander, Michael: Lawyers and the public interest – A study in restrictive practices, London 1968 (Public Interest)

Zander, Michael: More Louis XIV than Cardinal Wolsey, New Law Journal 1998, S. 1084 (Cardinal Wolsey)

Zander, Michael: Pears Guide to Law, 1. Auflage, London 1979 (Guide to Law)

Zander, Michael: The long shadow of the Bar, New Law Journal 1998, S. 1422 - 1423 (Long Shadow)

Zander, Michael: The Police and Criminal Evidence Act 1984, 2. Auflage, London 1990 (PACE 1984)

Zander, Michael: The Report of the Royal Commission on Criminal Justice, Counsel, Heft 10/1993, S. 14, 16 (Report of the RCCJ)

Zander, Michael: What is going on?, New Law Journal 1993, S. 1507 - 1508 (Going on)

Zander, Michael: Where the Critics got it wrong, New Law Journal 1993, S. 1338 f, 1341; 1364 - 1366 (Wrong Critics)

Zander, Michael: Will the reforms serve the public interest, New Law Journal 1998, S. 969 (Reforms and Public Interest)
Zander, Michael / Henderson, Paul: The Royal Commission on Criminal Justice – Crown Court Study, Research Study No. 19, London HMSO 1993 (Crown Court Study)
Zeidler, Wolfgang: Richter und Verfassung, DÖV 1971, S. 6 - 16 (Richter und Verfassung)
Zuck, Rüdiger: Was heißt das – der Richter ist unabhängig?, MDR 1991, S. 589 - 590 (Unabhängige Richter)
Zweigert, Konrad: Empfiehlt es sich, die Bekanntgabe der abweichenden Meinung des überstimmten Richters (Dissenting Opinion) in den deutschen Verfahrensordnungen zuzulassen?, Gutachten D zum 47. DJT in Nürnberg, Ständige Deputation des DJT (Hrsg.), Verhandlungen des 47. DJT in Nürnberg, Band I, Teil D, München 1968 (Gutachten D – Dissenting Opinion)
Zweigert, Konrad: Zum richterlichen Charisma in einer ethisierten Rechtsordnung, in: Festgabe für Carlo Schmid zum 65. Geburtstag, Theodor Eschenburg / Theodor Heuss / Georg-August Zinn (Hrsg.), Tübingen 1962, S. 299 - 311 (Ethisierte Rechtsordnung)
Zweigert, Konrad / Kötz, Hein: Einführung in die Rechtsvergleichung auf dem Gebiete des Privatrechts, Band I: Grundlagen, 2. Auflage, Tübingen 1984 (Rechtsvergleichung)

Verzeichnis der Internet-Nachweise

(Diese sind in den Fußnoten durch ein Sternchen (*) gekennzeichnet und werden ohne Angabe der entsprechenden Website zitiert.)

10 Downing Street: Manifesto Commitments,
http://www.number-10.gov.uk/default.asp?PageID=36
(Stand: 06.01.2002)

Bar Council: The General Council of the Bar – Main Page,
http://www.barcouncil.org.uk/main.htm (Stand: 06.01.2002)

Bar Council: The General Council of the Bar – Profession of the Bar,
http://www.barcouncil.org.uk/profession.htm (Stand: 12.04.2001)

Bar Council: The General Council of the Bar – Role of the Bar Council,
http://www.barcouncil.org.uk/role.htm (Stand: 12.04.2001)

Bar Council: The General Council of the Bar – Summary of Activities,
http://www.barcouncil.org.uk/summary.htm (Stand: 12.04.2001)

Bar Council: The Role of the Bar Council,
http://www.barcouncil.org.uk/ (Stand: 12.04.2001)

Community Legal Service: Just Ask,
http://www.justask.org.uk/index.htm (Stand: 06.01.2002)

Community Legal Service: Just Ask – The Directory,
http://www.justask.org.uk/public/en/directory/ (Stand: 06.01.2002)

Court Service: Practice Statement (Royal Courts of Justice: Judgements) – 22.04.1998, http://www.courtservice.gov.uk/pds/crim/crpd0498.htm
(Stand: 06.01.2002)

Criminal Courts Review: A Short Summary,
http://www.criminal-courts-review.org.uk/summary.htm
(Stand: 06.01.2002)

Criminal Courts Review: Comments Received,
http://www.lcd.gov.uk/criminal/auldcom/index.htm (Stand: 20.03.2002)

Criminal Courts Review: Homepage,
http://www.criminal-courts-review.org.uk/ (Stand: 06.01.2002)

Criminal Courts Review: Ministers' Thanks for Comments Received, http://www.lcd.gov.uk/criminal/auldcom/thanks.htm (Stand: 20.03.2002)

Criminal Courts Review: Stakeholder Comments Welcomed, http://www.lcd.gov.uk/criminal/auldcomments.htm (Stand: 06.01.2002)

Criminal Courts Review: The Government's Statement on the Review, http://www.lcd.gov.uk/criminal/rccstat.htm (Stand: 06.01.2002)

Criminal Justice System: White Paper "Justice for All", http://www.cjsonline.org.uk/library/pdf/CJS_whitepaper.pdf (Stand: 22.10.2002)

Criminal Justice System: White Paper "Justice for All" - Summary, http://www.cjsonline.org.uk/publications/whitepaper_2002/cjs_white_paper_summary1.html (Stand: 22.10.2002)

Criminal Justice System: Homepage, http://www.cjsonline.org.uk/home.html (Stand: 22.10.2002)

Crown Prosecution Service: Glidewell-Report Summary – Contents, http://www.official-documents.co.uk/document/cm39/3972/contents.htm (Stand: 06.01.2002)

Crown Prosecution Service: Glidewell-Report Summary – Part I, http://www.archive.official-documents.co.uk/document/cm39/3972/summary.htm (Stand: 06.01.2002)

Crown Prosecution Service: Glidewell-Report Summary – Part II, http://www.official–documents.co.uk/document/cm39/3972/summary2.htm (Stand: 06.01.2002)

Crown Prosecution Service: What does the CPS do?, http://www.cps.gov.uk/cps_b/what_does.htm (Stand: 06.01.2002)

Crown Prosecution Service: What is the CPS?, http://www.cps.gov.uk/cps_a/what_is.htm (Stand: 06.01.2002)

Crown Prosecution Service: Where is the CPS?, http://www.cps.gov.uk/ (Stand: 06.01.2002)

Darbyshire, Penny / Maughan, Andy / Stewart, Angus: What can the English Legal System learn from Jury Research published up to 2001?, http://www.kingston.ac.uk/~la_s025/elsres01.pdf (Stand: 06.01.2002)

European Committee for the Prevention of Torture and Inhuman or Degrading Treatment or Punishment: Report to the United Kingdom Government on the Visit to the United Kingdom from 8 to 17 September 1997, http://www.cpt.coe.int/en/reports/inf2000-01en.htm (Stand: 13.01.2002)

Europol: Europol-Informationen (Facts), http://www.europol.eu.int/content.htm?facts/en.htm (Stand: 13.01.2002)

Hansard: Debatte im House of Lords vom 27.01.1997 – Criminal Justice Bill, http://www.parliament.the-stationery-office.co.uk/pa/ld199697/ldhansrd/pdvn/lds97/text/70127-04.htm#70127-04_head0 (Stand: 12.04.2001)

Hansard: Debatte im House of Lords vom 28.10.1998 – Scotland Bill, http://www.parliament.the-stationery-office.co.uk/pa/ld199697/ldhansrd/pdvn/lds98/text/81028-08.htm#81028-08_ignore0 (Stand: 12.04.2001)

Hansard: Debatte im House of Lords vom 17.02.1999 – Separation of Powers, http://www.parliament.the-stationery-office.co.uk/pa/ld199697/ldhansrd/pdvn/lds99/text/90217-08.htm#90217-08_head0 (Stand: 12.04.2001)

Hansard: Debatte im House of Lords vom 01.03.1999 – Judicial Appointments, http://www.parliament.the-stationery-office.co.uk/pa/ld199697/ldhansrd/pdvn/lds99/text/90301-20.htm#90301-20_unstar0 (Stand: 12.04.2001)

Hansard: Debatte im House of Lords vom 24.06.1999 – Lord Chancellor: Judicial Functions, http://www.parliament.the-stationery-office.co.uk/pa/ld199697/ldhansrd/pdvn/lds99/text/90624-02.htm#90624-02_star0 (Stand: 12.04.2001)

Hansard: Debatte im House of Lords vom 02.03.2000 – McGonnel Judgement, http://www.parliament.the-stationery-office.co.uk/pa/ld199697/ldhansrd/pdvn/lds00/text/00302-01.htm#00302-01_star1 (Stand: 12.04.2001)

Hansard: Debatte im House of Lords vom 14.03.2000 – Magistrates‘ Appointments: Duchy of Lancaster, http://www.parliament.the-stationery-office.co.uk/pa/ld199697/ldhansrd/pdvn/lds00/text/00314-03.htm#00314-03_star0 (Stand: 12.04.2001)

Hansard: Schriftliche Antworten im House of Lords vom 20.10.1998 – The Lord Chancellor and Separation of Powers, http://www.parliament.the-stationery-office.co.uk/pa/ld199697/ldhansrd/pdvn/lds98/text/81020w01.htm#81020w01_sbhd3 (Stand: 12.04.2001)

Her Majesty's Stationary Office (HMSO): Explanatory Notes to the Access to Justice Act 1999, http://www.hmso.gov.uk/acts/en/1999en22.htm (Stand: 06.01.2002)

Her Majesty's Stationary Office (HMSO): Explanatory Notes to the House of Lords Act 1999, http://www.legislation.hmso.gov.uk/acts/en/1999en34.htm (Stand: 06.01.2002)

Home Office: Determining Mode of Trial in Either-Way Cases – Consultation Paper, July 1998, http://www.homeoffice.gov.uk/contrial.htm (Stand: 06.01.2002)

Home Office: Human Rights Act – Training Opportunities, http://www.homeoffice.gov.uk/hract/events.htm (Stand: 06.01.2002)

Home Office: News Release of 18.05.1999 – Implementation Date for the Human Rights Act, http://www.homeoffice.gov.uk/hract/pr153.htm (Stand: 06.01.2002)

Home Office: News Release of 30.03.2000 – Human Rights Task Force condems rights law scaremongering, http://www.homeoffice.gov.uk/hract/scaremon.htm (Stand: 06.01.2002)

Home Office: Reducing Delay in the Criminal Justice System: Evaluation of the Pilot Schemes by Ernst & Young, http://www.homeoffice.gov.uk/cpd/pvu/delay1.htm (Stand: 06.01.2002)

Home Office: Rights Brought Home: The Human Rights Bill – Chapter 1, http://www.official–documents.co.uk/document/hoffice/rights/chap1.htm (Stand: 12.04.2001)

Home Office: Rights Brought Home: The Human Rights Bill – Chapter 2, http://www.official–documents.co.uk/document/hoffice/rights/chap2.htm (Stand: 12.04.2001)

House of Lords: Judgments - Arthur J.S Hall and Co. v. Simons (A.P.), and others, http://www.parliament.the-stationery-office.co.uk/pa/ld199900/ldjudgmt/jd000720/hall-1.htm (Stand: 06.01.2002)

House of Lords: List of Lords of Appeal, http://www.parliament.the-stationery-office.co.uk/pa/ld199697/ldinfo/ld08judg/lawlords.htm (Stand: 06.01.2002)

House of Lords: The Judicial Work of the House of Lords, http://www.parliament.the-stationery-office.co.uk/pa/ld199697/ldinfo/ld08judg/ld08judg.htm (Stand: 06.01.2002)

Human Rights Unit: Human Rights Act: Frequently Asked Questions, http://www.homeoffice.gov.uk/hract/hrafaqs.htm (Stand: 06.01.2002)

Judicial Studies Board: Annual Report 1998/1999, http://www.cix.co.uk/~jsb/annrep2/index.htm (Stand: 06.01.2002)

Judicial Studies Board: Annual Report 1998/1999 – Message from the Chairman, http://www.cix.co.uk/~jsb/annrep2/ch1.htm (Stand: 06.01.2002)

Judicial Studies Board: Crown Court Bench Book 1 – Burden and Standard of Proof, http://www.cix.co.uk/~jsb/specdir/general.htm#part2 (Stand: 06.01.2002)

Judicial Studies Board: Crown Court Bench Book 1 – Foreword by Lord Bingham, http://www.cix.co.uk/~jsb/specdir/bingfor.htm (Stand: 06.01.2002)

Judicial Studies Board: Crown Court Bench Book 1 – Functions of Judge and Jury, http://www.cix.co.uk/~jsb/specdir/general.htm#part1 (Stand: 06.01.2002)

Judicial Studies Board: Crown Court Bench Book 1 – Specimen Directions, http://www.cix.co.uk/~jsb/specdir/sindex.htm (Stand: 06.01.2002)

Judicial Studies Board: Introduction, http://www.cix.co.uk/~jsb/intro.htm (Stand: 06.01.2002)

Judicial Studies Board: Specimen Directions – Sentencing / Forms of Words, http://www.cix.co.uk/~jsb/specdir/sent.htm (Stand: 06.01.2002)

Justizministerium Rheinland-Pfalz: Pressemeldung vom 30.01.2001: 38. Ehrenamtskongress der Justiz, http://www.justiz.rlp.de/cms/main.asp?Seite=Ministerium (Stand: 06.01.2002)

Law Society: Overview of the Law Society, http://www.lawsociety.org.uk/index.html (Stand: 12.04.2001)

Lord Chancellor, Lord Irvine of Lairg: Foreword by the Lord Chancellor, http://www.open.gov.uk/lcd/judicial/appointments/jappforw.htm (Stand: 12.04.2001)

Lord Chancellor, Lord Irvine of Lairg: Judicial Appointments – Circuit Judge, http://www.open.gov.uk/lcd/judicial/appointments/jappcirc.htm (Stand: 06.01.2002)

Lord Chancellor, Lord Irvine of Lairg: Judicial Appointments - District Judge and Deputy District Judge, http://www.open.gov.uk/lcd/judicial/appointments/jappdist.htm (Stand: 06.01.2002)

Lord Chancellor, Lord Irvine of Lairg: Judicial Appointments - Metropolitan and Provincial Stipendiary Magistrate, http://www.open.gov.uk/lcd/judicial/appointments/a-stipfr.htm (Stand: 06.01.2002)

Lord Chancellor, Lord Irvine of Lairg: Judicial Appointments - Open Competition Selection Procedures, http://www.open.gov.uk/lcd/judicial/appointments/opensec.htm (Stand: 06.01.2002)

Lord Chancellor, Lord Irvine of Lairg: Judicial Appointments - Recorder and Assistant Recorder, http://www.open.gov.uk/lcd/judicial/appointments/japprec.htm (Stand: 06.01.2002)

Lord Chancellor, Lord Irvine of Lairg: Judicial Appointments - Senior Judicial Appointments, http://www.open.gov.uk/lcd/judicial/appointments/jappsen.htm (Stand: 12.04.2001)

Lord Chancellor, Lord Irvine of Lairg: Judicial Appointments - The Lord Chancellor's Policies and Procedures, http://www.open.gov.uk/lcd/judicial/appointments/japplcpp.htm (Stand: 06.01.2002)

Lord Chancellor, Lord Irvine of Lairg: Ministerial Statement to the House of Lords vom 29.10.1997 – The Organisation of the Magistrates' Courts, http://www.gtnet.gov.uk/lcd/magist/magcour.htm (Stand: 06.01.2002)

Lord Chancellor, Lord Irvine of Lairg: Speech to Association of Women Barristers (AWB) am 11.02.1998, http://www.open.gov.uk/lcd/judicial/women.htm (Stand: 06.01.2002)

Lord Chancellor, Lord Irvine of Lairg: Speech to Minority Lawyers' Conference am 29.11.1997, http://www.open.gov.uk/lcd/speeches/1997/speechfr.htm (Stand: 06.01.2002)

Lord Chancellor's Department: About the Department, http://www.open.gov.uk/lcd/lcd-defr.htm (Stand: 06.01.2002)

Lord Chancellor's Department: A New Pilot Scheme to Speed up Justice in the Magistrates' Courts – September 1998, http://www.open.gov.uk/lcd/criminal/pilot.htm (Stand: 06.01.2002)

Lord Chancellor's Department: Circuit Judge 2001- 2002 Competition – Guide for Applicants, http://www.open.gov.uk/lcd/judicial/appointments/cjudge/guidefr.htm (Stand: 06.01.2002)

Lord Chancellor's Department: Current Judicial Appointment Competitions – Circuit Judge 2001-2002, http://www.open.gov.uk/lcd/judicial/appointments/cjudge/indexfr.htm (Stand: 06.01.2002)

Lord Chancellor's Department: Current Judicial Appointment Competitions – Recorder 2001-2002, http://www.open.gov.uk/lcd/judicial/appointments/recorder/indexfr.htm (Stand: 06.01.2002)

Lord Chancellor's Department: High Court 2000 – Guide for Applicants, http://www.open.gov.uk/lcd/judicial/appointments/hc2000appguide.htm (Stand: 06.01.2002)

Lord Chancellor's Department: High Court 2000 – Guide for Consultees, http://www.open.gov.uk/lcd/judicial/appointments/hc2000conguide.htm (Stand: 06.01.2002)

Lord Chancellor's Department: How to Become a Magistrate, http://www.open.gov.uk/lcd/magist/mag2.htm (Stand: 06.01.2002)

Lord Chancellor's Department: Judicial Appointments, http://www.open.gov.uk/lcd/judicial/judapp.htm (Stand: 13.01.2002)

Lord Chancellor's Department: Judicial Salaries 2001-2002, http://www.lcd.gov.uk/judicial/2001salfr.htm (Stand: 06.01.2002)

Lord Chancellor's Department: LCD Press Notice vom 25.10.1999 – LC continues search for alternatives to political balance in the lay magistracy, http://www.open.gov.uk/lcd/magist/progrep.htm (Stand: 06.01.2002)

Lord Chancellor's Department: Political Balance in the Lay Magistracy, http://www.open.gov.uk/lcd/consult/general/jp-pol.htm (Stand: 06.01.2002)

Lord Chancellor's Department: Political Balance in the Lay Magistracy – Annex A, http://www.open.gov.uk/lcd/consult/general/jp-pol-a.htm (Stand: 06.01.2002)

Lord Chancellor's Department: Queen's Counsel Information, http://www.lcd.gov.uk/judicial/qcinfofr.htm (Stand: 06.01.2002)

Lord Chancellor's Department: Recorder 2001- 2002 Competition - Guide for Applicants, http://www.open.gov.uk/lcd/judicial/appointments/recorder/guidefr.htm (Stand: 06.01.2002)

Lord Chancellor's Department: Revised Circuit Boundaries and Court Groups with effect from 1 April 2001, http://www.lcd.gov.uk/circuitsew.pdf (Stand: 13.01.2002)

Lord Chancellor's Department: Senior Judiciary List, http://www.open.gov.uk/lcd/judicial/senjudfr.htm (Stand: 06.01.2002)

Lord Chancellor's Department: The Legal Services Consultative Panel – Advice to the Lord Chancellor vom 06.09.2000, http://www.open.gov.uk/lcd/lscpfr.htm (Stand: 06.01.2002)

Lord Chancellor's Department: The Lord Chancellor and the Constitutional Framework, http://www.open.gov.uk/lcd/lc-const.htm (Stand: 06.01.2002)

Lord Chancellor's Department: The Magistrate, http://www.open.gov.uk/lcd/magist/mag.htm (Stand: 06.01.2002)

Lord Chancellor's Department: What is the Trials Issues Group?, http://www.open.gov.uk/lcd/criminal/backgrd.htm (Stand: 06.01.2002)

Lord Chancellor's Department: Women in the Judiciary, http://www.open.gov.uk/lcd/judicial/womapp.htm (Stand: 06.01.2002)

Lord Chief Justice, Lord Bingham: Foreword to Specimen Directions, http://www.cix.co.uk/~jsb/specdir/bingfor.htm (Stand: 06.01.2002)

Magistrates' Association: All about Magistrates, http://www.magistrates-association.org.uk/Navigation.htm (Stand: 06.01.2002)

Magistrates' Association: Circular from S A Humphreys, Deputy Secretary of Commissions vom 20.07.1999, http://www.magistrates-association.org.uk/all_about_magistrates/magistrates'_sittings.htm (Stand: 12.04.2001)

Magistrates' Association: Inside a Magistrates' Court, http://www.magistrates-association.org.uk/magistrates_courts/inside_a_magistrates_court.htm (Stand: 06.01.2002)

Peach Report: Judicial Appointments and QC Selection – Main Report, http://www.open.gov.uk/lcd/judicial/peach/report.htm (Stand: 06.01.2002)

Police Services of the UK: Homepage, http://www.police.uk/ (Stand: 06.01.2002)

Serious Fraud Office: Homepage, http://www.sfo.gov.uk/ (Stand: 06.01.2002)

Udo Hochschild: Europäische Charta über die Rechtsstellung der Richterinnen und Richter, http://www.gewaltenteilung.de/richter_6.htm (Stand: 06.01.2002)

Anhang: Graphische Darstellung der englischen Gerichtsbarkeit

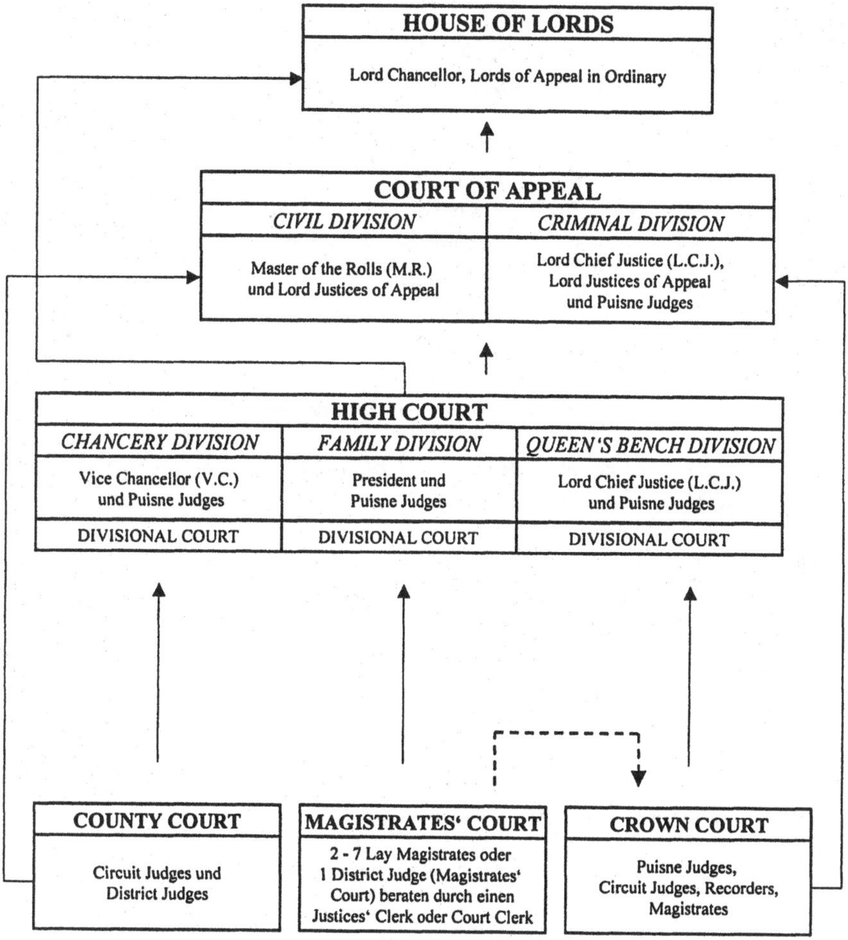

SCHRIFTEN ZUM STRAFRECHT UND STRAFPROZESSRECHT

Herausgegeben von Manfred Maiwald

Band 1 Christian-Peter Frees: Die steuerrechtliche Selbstanzeige. Zur kriminalpolitischen Zweckmäßigkeit des § 371 AO. 1991.

Band 2 Norbert Joachim: Der Hörensagenbeweis im Strafverfahren. 1991.

Band 3 Alfred A. Göbel: Die Einwilligung im Strafrecht als Ausprägung des Selbstbestimmungsrechts. 1991.

Band 4 Karl-Heinz Vehling: Die Abgrenzung von Vorbereitung und Versuch. 1991.

Band 5 Heiko Hartmut Lesch: Das Problem der sukzessiven Beihilfe. 1992.

Band 6 Dirk Schwerdtfeger: Besondere persönliche Unrechtsmerkmale. 1992.

Band 7 Stefan Göhring: Polizeiliche Kontrollstellen und Datenverarbeitung. § 163 d StPO und novellierte Polizeigesetze der Länder zwischen Strafverfolgung, Gefahrenabwehr und vorbeugender Straftatenbekämpfung. 1992.

Band 8 Werner Kemper: Horizontale Teilrechtskraft des Schuldspruchs und Bindungswirkung im tatrichterlichen Verfahren nach der Zurückverweisung. §§ 353, 354 Abs. 2 StPO. 1993.

Band 9 Owadias Namias: Die Zurechnung von Folgeschäden im Strafrecht. 1993.

Band 10 Jan Zopfs: Unfallflucht bei eindeutiger Haftungslage? Unverzüglichkeitsgebot und Wahlmöglichkeit in § 142 Abs. 2 und 3 StGB. 1993.

Band 11 Stefan Hiebl: Ausgewählte Probleme des Akteneinsichtsrechts nach § 147 StPO. 1994.

Band 12 Ralf Krack: List als Straftatbestandsmerkmal. Zugleich ein Beitrag zu Täuschung und Irrtum beim Betrug. 1994.

Band 13 Henning Radtke: Zur Systematik des Strafklageverbrauchs verfahrenserledigender Entscheidungen im Strafprozeß. 1994.

Band 14 Bernd J. A. Müssig: Schutz abstrakter Rechtsgüter und abstrakter Rechtsgüterschutz. Zu den materiellen Konstitutionskriterien sog. Universalrechtsgüter und deren normentheoretischem Fundament – am Beispiel der Rechtsgutsbestimmung für die §§ 129, 129a und 324 StGB. 1994.

Band 15 Heinz Koriath: Über Beweisverbote im Strafprozeß. 1994.

Band 16 Burkhard Niepoth: Der untaugliche Versuch beim unechten Unterlassungsdelikt. 1994.

Band 17 Karsten Altenhain: Die Strafbarkeit des Teilnehmers beim Exzeß. 1994.

Band 18 Ina Walbaum: Schuldspruch in der Revisionsinstanz nach freisprechendem Urteil des Tatgerichts. 1996.

Band 19 Birgit Dalbkermeyer: Der Schutz des Beschuldigten vor identifizierenden und tendenziösen Pressemitteilungen der Ermittlungsbehörden. 1994.

Band 20 Thomas Hackner: Der befangene Staatsanwalt im deutschen Strafverfahrensrecht. 1995.

Band 21 Hartmut Loritz: Kritische Betrachtungen zum Wert des strafprozessualen Zwischenverfahrens. 1996.

Band 22 Heinz-Hermann Berghof: Therapie und Strafe im Betäubungsmittelrecht. Recht und Wirklichkeit der Behandlung Drogenabhängiger unter besonderer Berücksichtigung der §§ 35 ff BtMG. 1995.

Band 23 Oliver Mertens: Strafprozessuale Grundrechtseingriffe und Bindung an den Wortsinn der ermächtigenden Norm. 1996.

Band 24 Sönke Bahnsen: Das Akteneinsichtsrecht der Verteidigung im Strafverfahren. Dogmatische Grundlagen und Einzelprobleme im Lichte einer rechtsstaatlichen Verfahrensgestaltung. 1996.

Band 25 Dirk Schwieger: Der Vorteilsbegriff in den Bestechungsdelikten des StGB. 1996.

Band 26 Stephanie Meinecke: Die Auswirkungen von Verfahrensfehlern auf die Strafbarkeit nach den Aussagedelikten. 1996.

Band 27 Ute Lambrecht: Strafrecht und Disziplinarrecht. Abhängigkeiten und Überschneidungen. 1997.

Band 28 Carsten Momsen: Verfahrensfehler und Rügeberechtigung im Strafprozeß. Die Strukturen der Revisionsberechtigung unter besonderer Berücksichtigung des Begriffs "Rechtsnormen, die lediglich zugunsten des Angeklagten gegeben sind" in § 339 StPO. 1997.

Band 29 Ursula Epp: Die Abgeordnetenbestechung – § 108 e StGB. 1997.

Band 30 Bernd Scheiff: Wann beginnt der Strafrechtsschutz gegen kriminelle Vereinigungen (§ 129 StGB)? 1997.

Band 31 Ulrike Fontaine: Max Grünhut (1893-1964). Leben und wissenschaftliches Wirken eines deutschen Strafrechtlers jüdischer Herkunft. 1998.

Band 32 Claudia Keiser: Das Kindeswohl im Strafverfahren. Zur Notwendigkeit eines am Kindeswohl orientierten Umgangs mit minderjährigen Opfern und Zeugen, den Möglichkeiten de lege lata und den Erfordernissen de lege ferenda. 1998.

Band 33 Wiebke Schürer-Mohr: Erlaubte Risiken. Grundfragen des "erlaubten Risikos" im Bereich der Fahrlässigkeitsdogmatik. 1998.

Band 34 Stephan Voigtel: Zum Freibeweis bei Entscheidungen der Strafvollstreckungskammer. Eine Untersuchung zu ausgewählten Fragen des Beweisrechts im gerichtlichen Verfahren in Strafvollstreckungs- und Strafvollzugssachen. 1998.

Band 35 Volkmar Wißgott: Das Beweisantragsrecht im Strafverfahren als Kompensation der richterlichen Inquisitionsmaxime. Die Judikatur des Reichsgerichts zum strafprozessualen Beweisrecht. 1998.

Band 36 Susanne Merz: Strafrechtlicher Ehrenschutz und Meinungsfreiheit. 1998.

Band 37 Uwe Schlömer: Der elektronisch überwachte Hausarrest. Eine Untersuchung der ausländischen Erfahrungen und der Anwendbarkeit in der Bundesrepublik Deutschland. 1998.

Band 38 Michael Liedke: Die Vermögensstrafe gemäß § 43a StGB in ihrer kriminalpolitischen Bedeutung. 1999.

Band 39 Danja Domeier: Gesundheitsschutz und Lebensmittelstrafrecht. Zur Konkretisierung der Verkehrspflichten und ihrer Strafbewehrung, insbesondere mit Blick auf §§ 8 ff. LMBG. 1999.

Band 40 Ritva Westendorf: Die Pflicht zur Verhinderung geplanter Straftaten durch Anzeige. Eine kritische Betrachtung der §§ 138, 139 StGB im Kontext der Unterlassungsdelikte. 1999.

Band 41 Hans Theile: Tatkonkretisierung und Gehilfenvorsatz. 1999.

Band 42 Nicole Lange: Vorermittlungen. Die Behandlung des staatsanwaltschaftlichen Vorermittlungsverfahrens unter besonderer Berücksichtigung von Abgeordneten, Politikern und Prominenten. 1999.

Band 43 Tanja Gunder: Der Umgang mit Kindern im Strafverfahren. Eine empirische Untersuchung zur Strafverfolgung bei Sexualdelinquenz. 1999.

Band 44 Sven-Markus Thiel: Die Konkurrenz von Rechtfertigungsgründen. 2000.

Band 45 Jan Schlüter: Die Strafbarkeit von Unternehmen in einer prozessualen Betrachtung nach dem geltenden Strafprozeßrecht. 2000.

Band 46 Detlef Heise: Der Insiderhandel an der Börse und dessen strafrechtliche Bedeutung. Eine Untersuchung des neuen deutschen Insiderrechts speziell unter Bezugnahme auf die strafrechtstheoretischen und strafrechtsdogmatischen Grundlagen. 2000.

Band 47 Hermann Wichmann: Das Berufsgeheimnis als Grenze des Zeugenbeweises. Ein Beitrag zur Lehre von den Beweisverboten. 2000.

Band 48 Rainer T. Cherkeh: Betrug (§ 263 StGB), verübt durch Doping im Sport. 2000.

Band 49 Kristian Hohn: Die Zulässigkeit materieller Beweiserleichterungen im Strafrecht. Eine Untersuchung über Erscheinungsformen und Grenzen der Lösung beweisrechtlicher Probleme im materiellen Strafrecht. 2000.

Band 50 Malte Rabe von Kühlewein: Der Richtervorbehalt im Polizei- und Strafprozeßrecht. 2001.

Band 51 Donata Meinecke: Die Gesetzgebungssystematik der Versuchsstrafbarkeit von Verbrechen und Vergehen im StGB. 2001.

Band 52 Joachim Bock: Begriff, Inhalt und Zulässigkeit der Beweislastumkehr im materiellen Strafrecht. 2001.

Band 53 Gabriele Rose: Grenzen der journalistischen Recherche im Strafrecht und Strafverfahrensrecht. 2001.

Band 54 Wiebke Reitemeier: Täuschungen vor Abschluß von Arbeitsverträgen. Zum Verhältnis zwischen dem Straftatbestand des Betrugs und dem Anfechtungsrecht wegen arglistiger Täuschung (§§ 263 Abs. 1 StGB, 123 Abs. 1 Alt. 1 BGB). 2001.

Band 55 Peter Rackow: Das DNA-Identitätsfeststellungsgesetz und seine Probleme. 2001.

Band 56 Frank Zschieschack: Geiselnahme und erpresserischer Menschenraub (§§ 239a, 239b StGB) im Zwei-Personen-Verhältnis. 2001.

Band 57 Natascha Sëyfi: Das Sicherungsverfahren (§§ 413 - 416 StPO). 2002.

Band 58 Dirk Seiler: Die *Sperrwirkung* im Strafrecht. 2002.

Band 59 Dorothee Sydow: Die actio libera in causa nach dem Rechtsprechungswandel des Bundesgerichtshofs. 2002.

Band 60 Inga Metrikat: Die Unterbringung in einer Entziehungsanstalt nach § 64 StGB – Eine Maßregel im Wandel? Eine vergleichende, empirische Untersuchung zur Entscheidung des Bundesverfassungsgerichts vom 16.03.1994, BVerfGE 91, 1 ff. 2002.

Band 61 Sabine Caroline Bechtoldt: Die Erledigungserklärung im Maßregelvollzug des § 63 StGB. Eine empirische Untersuchung der Erledigungserklärung und zugleich rechtsdogmatische Erörterung ihrer Rechtskraftproblematik. 2002.

Band 62 Sandra Schulte-Nover: Strafrichter in Deutschland und England. Ein systematischer Rechtsvergleich im Hinblick auf die richterlichen Kompetenzen im Strafverfahren. 2003.

Kolibri 360 GmbH
Ferdinand-Jühlke-Straße 7
99095 Erfurt, Deutschland
produktsicherheit@kolibri360.de

Druck:
CPI Druckdienstleistungen GmbH
im Auftrag der
Kolibri 360 GmbH
Ferdinand-Jühlke-Str. 7
99095 Erfurt